ACCESO GRATIS *a la Lectura en la Nube*

Para visualizar el libro electrónico en la nube de lectura envíe junto a su nombre y apellidos una fotografía del código de barras situado en la contraportada del libro y otra del ticket de compra a la dirección:

ebooktirant@tirant.com

En un máximo de 72 horas laborables le enviaremos el código de acceso con sus instrucciones.

La visualización del libro en **NUBE DE LECTURA** excluye los usos bibliotecarios y públicos que puedan poner el archivo electrónico a disposición de una comunidad de lectores. Se permite tan solo un uso individual y privado.

LA PREVENCIÓN DE LA CORRUPCIÓN EN LAS EMPRESAS PÚBLICAS

LA PREVENCIÓN DE LA CORRUPCIÓN EN LAS EMPRESAS PÚBLICAS

MIRIAM CUGAT MAURI
Directora

tirant lo blanch
Valencia, 2025

En caso de erratas y actualizaciones, la Editorial Tirant lo Blanch publicará la pertinente corrección en la página web www.tirant.com.

EDITA: TIRANT LO BLANCH
C/ Artes Gráficas, 14 - 46010 - Valencia
TELFS.: 96/361 00 48 - 50
FAX: 96/369 41 51
Email: tlb@tirant.com
www.tirant.com
Librería virtual: www.tirant.es
DEPÓSITO LEGAL: V-3041-2025
ISBN: 978-84-1095-266-9

Si tiene alguna queja o sugerencia, envíenos un mail a: *atencioncliente@tirant.com*. En caso de no ser atendida su sugerencia, por favor, lea en *www.tirant.net/index.php/empresa/politicas-de-empresa* nuestro procedimiento de quejas.

Responsabilidad Social Corporativa: http://www.tirant.net/Docs/RSCTirant.pdf

Autores

JOAN BAUCELLS LLADÓS
Catedrático (Acr.) de Derecho Penal de la Universitat Autònoma de Barcelona

ANTONI CARDONA BARBER
Profesor Lector de Derecho Penal de la Universitat Autònoma de Barcelona

JORDI CASAS HERVILLA
Fiscal

MIRIAM CUGAT MAURI
Catedrática de Derecho Penal de la Universitat Autònoma de Barcelona

ELISENDA ESCODA RUANES
Técnica de Prevención de la Oficina Antifrau de Catalunya

LUIGI FOFFANI
Professore ordinario di Diritto penale. Università degli studi di Modena e Reggio Emilia

DANIELA GADDI
Profesora Lectora de Derecho Penal de la Universitat Autònoma de Barcelona

MERCEDES GARCÍA-ARAN
Catedrática de Derecho Penal jubilada

MIGUEL ÁNGEL GIMENO JUBERO
Magistrado. Director de la Oficina Antifrau de Catalunya

Mª JESÚS GUARDIOLA-LAGO
Profesora Titular de Derecho Penal de la Universitat Autònoma de Barcelona.

PAZ LLORIA GARCÍA
Catedrática de Derecho Penal de la Universitat de València

LAVINIA MESSORI
Jueza del Tribunal de Rovigo y colaboradora de la Cátedra de Derecho Penal de la Università degli studi di Modena e Reggio Emilia

ADAN NIETO MARTÍN
Catedrático de Derecho Penal de la Universidad de Castilla-La Mancha

CARLOS PADRÓS REIG
Catedrático de Derecho Administrativo de la Universitat Autònoma de Barcelona

RAFAEL REBOLLO VARGAS
Catedrático de Derecho Penal de la Universitat Autònoma de Barcelona

Mº JOSE RODRÍGUEZ-PUERTA
Profesora Titular de Derecho Penal de la Universitat Autònoma de Barcelona

JOSE MANUEL VALDERRAMA
Doctorando en el Programa de Doctorado en Derecho de la Universitat Autònoma de Barcelona

ANNA VILÀ CUÑAT
Becaria de investigación La Caixa INPhINIT Retaining Universidad de Castilla-La Mancha.

Índice

SEGUNDA PARTE
LAS FORMAS DE CORRUPCIÓN EN LAS EMPRESAS PÚBLICAS

TERCERA PARTE
LAS CONSECUENCIAS JURÍDICAS DEL DELITO

II. LA SITUACIÓN EN ITALIA

Abreviaturas y acrónimos

ANAC	Autoridad Nacional Anticorrupción italiana
AGE	Administración general del Estado
APLTIAGP	Anteproyecto de Ley de Transparencia e Integridad en las Actividades de los Grupos de Interés
ATS	Auto del Tribunal Supremo
CEOE	Confederación Española de organizaciones empresariales
CFGE	Consulta de la Fiscalía General del Estado
CGPJ	Consejo General del Poder Judicial
CM/Rec (2018) 8	Recomendación 8/2018 del Comité de Ministros de los Estados miembros sobre la justicia restaurativa en el ámbito penal
CNUCC	Convención de Naciones Unidas Contra la Corrupción
CP	Código Penal español
CPC	Cuadernos de Política Criminal
DFGE	Decreto del Fiscal General del Estado
EBEP	Estatuto Básico del Empleado Público
ECLI	European Case Law Identifier. Identificador europeo de jurisprudencia utilizable para localización de las sentencias del TJUE y de los órganos judiciales de los países miembros.
EPE	Entidad Pública Empresarial
FGE	Fiscalía General del Estado

GRECO	Grupo de Estados contra la Corrupción (Consejo de Europa
ICN	Institut des comptes nationaux (Bélgica)
INVENTE	Inventario de entes del sector público
ISFL	Instituciones Sin Finalidad de Lucro
LCSP	Ley 9/2017 de 8 de noviembre de Contratos del Sector Público por la que se transponen al ordenamiento jurídico español las Directivas del Parlamento Europeo y del Consejo 2014/23/UE y 2014/24/UE, de 26 de febrero de 2014
LEBEP	Real Decreto Ley 5/2015 de 30 de Octubre, Texto Refundido de Ley del Estatuto Básico del Empleado Público
LGP	Ley General Presupuestaria
LGS	Ley 38/2003, de 17 de noviembre, General de Subvenciones
LIPSAP	Ley 53/1984, de 26 de diciembre, de incompatibilidades del personal al servicio de las Administraciones Públicas
LJCA	Ley de la Jurisdicción Contencioso Administrativa
LO	Ley Orgánica
LREAC	Ley 3/2015 de 30 de marzo Reguladora del Ejercicio Del Alto Cargo de la Administración General del Estado
LRBRL	Ley 7/1985 de 2 de abril Reguladora de Bases del Régimen Local
LRJSP	Ley 40/2015 de Régimen Jurídico del Sector Público

LTAIBG	Ley 19/2013, de 9 de diciembre, de transparencia, acceso a la información pública y buen gobierno
MFP	Marco financiero plurianual de la UE
MPD	Modelos de prevención de delitos
MRR	Mecanismo de Recuperación y Resiliencia
NGUE	Plan de recuperación Next Generation
NNA	Niños, niñas y adolescentes
OAC	Oficina Antifrau de Catalunya
OCDE	Organización para la Cooperación y el Desarrollo Económicos
PEF	Punto de encuentro familiar
PPRP	Plan de prevención de riesgos penales
PRTR	Plan de recuperación, transformación y resiliencia
RDL	Real Decreto Ley
RGDP	Revista General de Derecho Penal
RPPJ	Responsabilidad penal de las persones jurídicas
RTVE	Radio Televisión Española
SEPI	Sociedad Estatal de Participaciones Industriales
SIEG	Servicio de interés económico general
SME	Sociedad Mercantil Estatal, (ver SMP)
SMP	Sociedad Mercantil Pública (denominación ampliada de las SME para abarcar las empresas de ámbito local y autonómico)
SPE	Sector público empresarial
SPI	Sector público institucional

STC	Sentencia del Tribunal Constitucional español
STJUE	Sentencia del Tribunal de Justicia de la Unión Europea
STS	Sentencia del Tribunal Supremo
TFUE	Tratado de Funcionamiento de la Unión Europea
TJUE	Tribunal de Justicia de la Unión Europea
Tol	Referencia en la base de datos tirantonline.com
TREBEP	Real Decreto Legislativo 5/2015, de 30 de octubre, por el que se aprueba el texto refundido de la Ley del Estatuto Básico del Empleado Público
TUE	Tratado de la Unión Europea
UE	Unión Europea

Presentación

MIRIAM CUGAT MAURI

Catedrática de Derecho Penal de la Universitat Autónoma de Barcelona

Investigadora principal del Proyecto "Prevención de la corrupción en el sector público empresarial" en que se inscribe esta obra

El trabajo que el lector tiene entre sus manos empezó con un estudio de campo sobre el grado de implantación de los códigos éticos y de buenas prácticas en el sector público empresarial (SPE), en el marco de un Convenio de colaboración institucional entre la Oficina Antifrau de Catalunya (OAC) y las Universidades de Castilla-La Mancha, Autónoma de Barcelona y Vigo (durante los años 2020-2022), a las que se sumaron las de Santiago de Compostela y la *Università degli studi di Modena e Reggio Emilia* (entre 2022 y 2023), y concluyó con un Informe sobre el estado de la cuestión (2023) que puede hallarse en la página web de la OAC[1].

El objeto de análisis fueron 23 entidades representativas por tamaño, territorio y función del sector público empresarial de Cataluña, ámbito territorial de actuación de la OAC. La radiografía de la situación no nos sorprendió mucho. Como se expone en el Capítulo a cargo de BAUCELLS LLADÓS, VALDERRAMA JIMÉNEZ y ESCODA RUANES, la implantación de los programas éticos era extendida (88 %), pero no tanto la de los programas más específicamente dirigidos a la prevención de delitos y responsabilidades penales (50%)cuyo verdadero empuje viene determinado por la reforma del Código penal

---

1 https://www.antifrau.cat/sites/default/files/Documents/Recursos/compliment-normatiu-integritat-entitats-sector-public-institucional-catalunya-informe-final.pdf).

de 2015. Además, en ninguno de los dos casos se revisaban con periodicidad bastante ni habían sido especialmente utilizados.

A distintas conclusiones se llegó en el estudio sobre la situación en la *Emilia Romagna*, a cargo de FOFFANI y MESSORI, pues, en Italia, la adopción de compliance públicas se impulsa desde la *Ley anticorrupción* de 6 noviembre 2012, núm. 190, cuya aplicación viene reforzada por la creación de la *Autoridad Nacional Anticorrupción* (ANAC), de la que emana el *Plan Nacional Anticorrupción* que deben tener en cuenta las Administraciones públicas obligadas a adoptar su propio Plan Anticorrupción, lo que hace que allí la experiencia aplicativa haya sido del todo distinta a la española y podamos aprender de ella.

En contraste con Italia, en España, había mucho margen de mejora en el camino hacia la implantación de medidas de autogobierno corporativo dirigidas a la prevención de la corrupción, y, desde la OAC, podía contribuirse a ello. Pero para poder informar adecuadamente a los entes involucrados acerca de los concretos riesgos que arrostraban, antes, era preciso el estudio en profundidad de las posibilidades y limitaciones aplicativas que suscitaban los principales delitos contra la Administración pública en este ámbito.

A este objeto se ha dedicado el i+d+i sobre *La prevención de la corrupción en el sector público empresarial* (2021-2024), que se ha podido llevar a cabo gracias a la ayuda institucional[2], la contribución de expertos de distintas Universidades con los que hemos podido trabajar en red[3], así como la colaboración de una importante red

2 Convocatoria 2020 de «Proyectos de I+D+i», en el marco de los Programas Estatales de Generación de Conocimiento y Fortalecimiento Científico y Tecnológico del Sistema de I+D+i y de I+D+i Orientada a los Retos de la Sociedad, del Plan Estatal de Investigación Científica y Técnica y de Innovación 2017-2020. PID2020-117526RB-I00. Financiado por MCIN/ AEI/10.13039/501100011033

3 Universidad de Castilla-la Mancha, Universidad de Las Palmas de Gran Canaria, Universidad de Santiago de Compostela, Universitat d'Alacant, Universitat de Barcelona, Universidad Complutense de

de profesionales del sector público (principalmente, la Oficina Antifrau de Catalunya y la Diputació de Barcelona) y entes del sector empresarial (esenciales para la realización del estudio de campo original, así como la posterior reflexión acerca de la experiencia aplicativa, a través de múltiples talleres, seminarios y jornadas).

Para informar adecuadamente a los entes integrantes del SPE acerca de los riesgos penales que deben tenerse en cuenta en la elaboración de los planes de prevención del delito y la corrupción en particular, era necesaria la previa aclaración normativa y conceptual. Pero no se nos confunda, ello no significa que solo estuviéramos interesados en transmitir nuestro mensaje a los entes que por el hecho de contar con responsabilidad penal (las sociedades mercantiles públicas – SMPs–mencionadas en el ap. 2 del art. 31 quinquies CP) pueden tener interés en librarse de ella a través de las llamadas "compliance".

El objetivo final era contribuir a la prevención de la corrupción a la que ningún ente del sector público puede ser ajeno, aunque esté excluido de RP (como sucede con los entes públicos empresariales – EPEs–a los que se refiere el ap. 1 del art. 31 quinquies CP). Como se afirma en las *Directrices en materia de Lucha Contra La Corrupción e Integridad en las Empresas Públicas* de la Organización para la Cooperación y el Desarrollo Económico (OCDE), de 2019: "*en el mundo empresarial del futuro serán las empresas estatales quienes deban dar ejemplo en el sector público de los esfuerzos en materia de prevención de la corrupción.*" Por lo tanto, el hecho de que algunos entes no tengan responsabilidad penal, como sucede con las EPEs no impide exigir a todas multiplicar sus esfuerzos en la lucha contra la corrupción.

Es cierto que, por lo general, los programas dirigidos a evitar la comisión de delitos se asocian a los modelos de buen gobier-

---

Madrid, Universidad Pública de Navarra, Universitat de València, Universidad de Salamanca. Acción Integrada de los Proyectos de Investigación PID2022-138775NB-I00 (USAL); PID2020-117562RB-100 (UAB), PID2020-118854GB-100 (UPNA), PID2020-119878GB-100 (UA), PID2021-123028OB-I00 (UCM); TED2021-130682B-I00 (UCLM).

no de las sociedades mercantiles privadas. Pero eso es solo una cuestión cultural, pues basta con la previsión de responsabilidad penal para los entes públicos (como las SMP) para que adquieran especial sentido motivador, como también sucede con los Partidos políticos que, además, desde 2012 (LO 7/2012), pueden tener responsabilidad penal, que, desde 2015 (LO 1/2015), se extiende al delito de financiación ilícita, motivo por el que, desde ese mismo año, se les insta para que adopten programas de prevención de delitos (art. 9 bis de la Ley Orgánica 6/2002, de 27 de junio, *de Partidos Políticos*, tras la reforma por LO 3/2015, 30-3).

Por otro lado, en Italia, cuyo modelo de RPPJ ha sido el más influyente para España – ciertamente, con el matiz de que, formalmente, allí la responsabilidad es administrativa– sus indicaciones para las compliance públicas podrían, de nuevo, volver a erigirse en punto de referencia para España. Por este motivo, consideramos importante exponer la experiencia italiana, sobre la que nos ilustran FOFFANI y MESSORI.

Llegados a este punto, parece fuera de toda duda que cualquier ente del sector público es destinatario potencial de las medidas anticorrupción, pueda ser sujeto o no de responsabilidad penal. Cuestión distinta es que sea importante tener en cuenta no solo si pueden tener RPPJ, sino también su concreta configuración y objeto social, a fin de poder adaptar mejor el detalle de los planes de prevención a la concreta estructura, procesos de toma de decisiones y objeto social de cada uno de ellos.

A tal fin PADRÓS REIG expone los criterios y problemas de deslinde entre los distintos ámbitos del sector público, a la luz de la normativa administrativa (principalmente, la LRJSP[4]), como paso previo para identificar los distintos regímenes de RPPJ, previstos en el art. 31 quinquies CP, de los que trata CARDONA BARBER, todo ello en la Primera parte del trabajo

---

4 Ley 40/2015, de 1 de octubre, de *Régimen Jurídico del Sector Público*.

Admitida la necesidad de prevenir la corrupción en el conjunto del SPE, a caballo entre lo público y lo privado, el siguiente paso será identificar los delitos aplicables para, a partir de ahí, valorar los concretos riesgos y remedios.

La jurisprudencia nos daba muestras aplicativas de los delitos de corrupción en el sector público empresarial, pero también la señal de alerta de las dificultades que planteaba la calificación de las conductas realizadas desde fuera de la Administración nuclear. Frente a la generalizada aceptación de la posibilidad de considerar funcionarios a quienes actúan en el seno de las SMP – con las condiciones y límites que se verán -, y el amplio ámbito aplicativo del delito de malversación, que en su modalidad impropia se extiende incluso a quienes no reúnen la cualidad de funcionario, otros delitos oponían más resistencias aplicativas, de lo que es exponente el delito de prevaricación, admitido por unas sentencias y rechazado por otras (por todas, caso BITEL, STS 166/2014).

Desde el punto de vista doctrinal, no se apreciaba apriorismo alguno en contra de la extensión del derecho penal de la función pública a las sociedades instrumentales, como ya habían empezado a apuntar los primeros estudios en la materia (Valeije Álvarez, Gómez Rivero, Quintero Olivares). Ello era debido, en especial, a la tradicional aceptación, en Derecho penal, de conceptos materiales (como, tradicionalmente, el de funcionario público, y, más recientemente el de caudales o patrimonio público) capaces de superar las limitaciones de los conceptos formales más propios del Derecho administrativo, a lo que dedica su contribución GARCÍA ARÁN, al tratar del concepto de funcionario, también en la Primera parte.

Ahora bien, con esa sola premisa no se resolvían todos los problemas. Por ello, se ha seleccionado una lista de algunos de los más significativos, que se analizan en la Segunda parte. A ello se dedican las contribuciones de CASAS HERVILLA, que trata de los delitos de prevaricación y malversación, REBOLLO VARGAS, sobre el delito de negociaciones prohibidas a funcionarios,

RODRIGUEZ PUERTA, acerca del delito de cohecho, CUGAT MAURI, el delito de tráfico de influencias, y LLORIA GARCÍA, la revelación de secretos y uso de información privilegiada.

Una vez constatadas las posibilidades aplicativas de estos delitos y, con ellas, la existencia de riesgos penales en el ámbito de las SMP, era preciso definir la concreta clase de riesgo que afrontaban sus responsables, lo que nos ha llevado a tratar en la Tercera parte las consecuencias jurídicas del delito.

Sobre ello versa el Capítulo a cargo de GUARDIOLA LAGO, en el que, tras exponer el elenco de penas aplicables a las personas jurídicas, valora el sentido de su imposición a las SMP; así como la contribución de DANIELA GADDI que, ante la general insatisfacción sobre las penas aplicables a las SMP por su posible impacto sobre los intereses generales, trata de las soluciones alternativas que ofrece la justicia restaurativa.

Por fin, era preciso también poder informar acerca de las medidas útiles para la prevención de la corrupción con la que está comprometido todo el SP y que, además, en el caso de las SMP, pueden facilitar la exención de responsabilidades penales. Este es el objeto de la Cuarta Parte, en la que se confronta la experiencia española con la italiana.

Sobre los condicionantes normativos y experiencia aplicativa en España tratan los Capítulos de BAUCELLS LLADÓS/VALDERRAMA JIMÉNEZ/ESCODA RUANES, que van seguidos de unas reflexiones teórico-prácticas de NIETO MARTÍN y GIMENO JUBERO, que lideraron el estudio inicial sobre la realidad aplicativa en Cataluña; y finalizan con una mirada al futuro, a partir de las pautas de actuación europeas que se derivan de las condiciones de aplicación de los Fondos Next Generation y se vislumbran en el Proyecto de Directiva anticorrupción analizado por VILÀ CUÑAT.

Confiamos en que las aportaciones del conjunto de autores puedan servir para continuar avanzando en la construcción del nuevo Derecho penal de la función pública.

PRIMERA PARTE
CUESTIONES GENERALES EN LA CRIMINALIDAD DEL SECTOR PÚBLICO EMPRESARIAL

Capítulo I
Las entidades del sector público empresarial y el concepto penal de funcionario público

MERCEDES GARCÍA ARÁN

Catedrática de Derecho Penal (jubilada). Universidad Autónoma de Barcelona

1. PLANTEAMIENTO Y CONVIVENCIA DE CONCEPTOS PENALES DE FUNCIONARIO

Hace tiempo que la Administración Pública recurre a entidades instrumentales para la prestación de servicios o desarrollo de actividades de interés público, en lo que se conoce como "descentralización funcional" que permite, además, una actividad con menor sometimiento a los controles del derecho administrativo. Es lo que se conoce como *sector público empresarial,* según la clasificación del art. 3 de la Ley 47/2003 General Presupuestaria (LGP), en el que se incluyen las Entidades Públicas Estatales (EPE) y las Sociedades Mercantiles Estatales (SME)[1] -también denominadas Sociedades Mercantiles Públicas (SMP) para incluir las empresas del ámbito local y autonómico- , diferenciándose del sector público administrativo y el sector público fundacional. El art. 84 de la Ley 40/2015 de Régimen Jurídico del Sector Público (LRJSP) utiliza una clasificación distinta incluyendo EPEs y SMEs en lo que denomina *sector público institucional.*

Se trata de entes en los que conviven elementos de derecho público y derecho privado, a veces "asexuados" como dice PARADA [2], configurando un ámbito en el que se plantean numerosos problemas propios de la responsabilidad criminal, que ya han sido abordados por la literatura penal en relación, por ejemplo, a la afectación al bien jurídico penal "administración pública" desde entidades del sector público empresarial. En estas páginas se abordará la inclusión o no de las EPE y las SME en el concepto penal de funcionario público, tanto en lo que se refiere a la persona jurídica en sí, como a las personas físicas que la gestionan.

Antes de entrar en ello, recordemos brevemente las características de unas y otras entidades, de las que puede encontrarse una exposición más completa en el capítulo II de esta misma obra . Las EPE son entidades de derecho público, con patrimonio propio y

---

1 En el mismo precepto ,junto a las EPE y las SME se incluyen también "cualesquiera organismos y entidades de derecho público vinculados o dependientes de la Administración del Estado, los consorcios y los fondos sin personalidad jurídica no incluidos en el sector público administrativo"

2 PARADA VAZQUEZ, R. *Derecho administrativo. I.* Ediciones Universitarias, 2013, p.23

autonomía de gestión que se financian con ingresos de mercado. Pueden ejercer potestades administrativas y también actividades prestacionales, de gestión de servicios o producción de bienes. (ver art. 103 LRJSP). En la clasificación general del art. 84.1 LRJSP están incluidas en la letra a) junto a los Organismos Autónomos y las Agencias Estatales y se crean por un acto normativo[3]

En cambio, las sociedades mercantiles estatales (SME), son sociedades mercantiles controladas por la Administración General o por alguna entidad del sector público institucional mediante una participación directa en el capital superior al 50% (art. 111 LRJSP). No requieren un acto normativo para su creación, sino sólo autorización del Consejo de Ministros. Se rigen por el derecho privado en la gestión de su patrimonio, pero el sometimiento al control público afecta a varias materias: actuación presupuestaria, contable, contratación etc. En principio, no pueden ejercer potestades administrativas, aunque excepcionalmente la ley puede atribuírselas (art. 113 LRJSP).

Las EPE y las SME están en situación distinta respecto a la responsabilidad penal: las EPE están excluidas de la misma en virtud del art. 31 quinquies del CP lo que plantea numerosos problemas en los que aquí no entraremos, pero en cambio, las SME pueden ser responsables penales, aunque el mismo art. 31 quinquies CP diferencia su régimen penológico: si ejecutan políticas públicas o prestan servicios de interés general sólo podrán recibir las penas de las letras a) y g) del artículo 33.7 CP (multa o intervención judicial), mientras que en caso contrario,

---

3 Sobre la caracterización de dichas entidades, VALEIJE ALVAREZ, I. "Sobre la responsabilidad penal de las sociedades públicas mercantiles que ejecuten políticas públicas o presten servicios de interés económico general (art. 31 quinquies 2 CP)" en AA.VV. *Los lobbies: ¿instrumento de participación democrática o medios de corrupción?*, Vazquez-Portomeñe (dir.)/Sanjurjo Rivo (Coord.), Tirant lo Blanch, Valencia, 2022, p. 77

se someten al régimen general del art. 33.7 CP pudiendo ser acreedoras, por tanto, de todas las penas allí previstas.

Lo anterior podría parecer suficiente para excluir a las EPE (irresponsables penalmente) de las líneas que siguen y centrarlas exclusivamente en las SME. Sin embargo, la prestación de funciones públicas por parte de las EPE resulta relevante para plantear la condición de funcionario a efectos penales de las personas físicas que actúan en su ámbito. Dicho esto, a los efectos que aquí interesan manejaremos un único concepto aglutinador de EPEs y SMEs: el de *empresas públicas* como integrantes del sector público empresarial. Soy consciente de la necesidad de matizaciones internas a tal concepto pero lo entiendo preferible para simplificar la redacción y, obviamente, facilitar la lectura.

El contenido de estas páginas demanda una última advertencia previa. En efecto, el concepto penal de funcionario se encuentra en la parte general del CP (actualmente, en el art. 24 CP) prácticamente desde el primer Código Penal. Pero en la parte especial y concretamente en el delito de cohecho, también hace tiempo que se maneja un concepto con menos requisitos que los del concepto general, a lo que se ha añadido en tiempos recientes nuevas ampliaciones procedentes de la normativa europea en la materia que serán analizadas en el apartado 4 de este capítulo y que alcanzan a los delitos de malversación y tráfico de influencias.

Por tanto, el clásico concepto general del art. 24 CP convive con los manejados en la parte especial para los delitos de cohecho, malversación y tráfico de influencias. Estos tres delitos constituyen el núcleo duro de la corrupción por lo que, en principio, podría parecer innecesario analizar el concepto general del art. 24 CP. Sin embargo, me parece necesario abordarlo por varias razones entre las que se encuentra dar noticia de la situación doctrinal y jurisprudencial al respecto, aunque ya existe una abundante bibliografía sobre el tema. Pero también por razones de aplicabilidad de cada uno de los regímenes.

En primer lugar, como veremos, los arts. 431 y 435 bis CP (para tráfico de influencias y malversación) remiten al régimen previsto para el cohecho en el art. 427 CP, pero *también* al art. 24 CP, lo que permite preguntarse qué papel desempeña este último en el régimen de la parte especial. En principio, dada la posición sistemática, parece que la función del art. 24 CP (en la parte general) debería ser la de norma supletoria que complete el sentido de los términos utilizados en la parte especial. Sin embargo, como veremos, las normas que definen los sujetos equiparados a los funcionarios en la parte especial construyen un concepto más amplio que el del art. 24 CP, lo que hace difícil que éste pueda "suplir" las insuficiencias de la norma especial. En este sentido, la elaboración desarrollada respecto del art. 24 CP puede desempeñar una función interpretativa de los términos manejados en la parte especial . Me refiero, concretamente, a la amplitud con que el concepto de "función pública"-como veremos a continuación- se ha establecido en el art. 24 CP, lo que puede resultar relevante para su manejo en la parte especial.

Y en segundo lugar, porque más allá del cohecho, la malversación y el tráfico de influencias, existen otros delitos en lo que conocemos como corrupción en los que puede ser determinante la condición de funcionario de algún interviniente que sólo puede establecerse a partir del art. 24 CP: la prevaricación (STS 5733/1995 *Tol 4921990*), o los fraudes y negociaciones prohibidas a funcionarios (art. 439 CP) que se abordan en el capítulo VI de esta obra .

Por todo ello, en lo que sigue, se exponen separadamente las líneas generales de cada uno de los regímenes enunciados.

2. CONCEPTO GENERAL DE FUNCIONARIO A EFECTOS PENALES: LA VÍA PRAGMÁTICA DE LA JURISPRUDENCIA.

Como resulta casi innecesario recordar, el art. 24 del Código Penal (CP) establece un concepto de funcionario "a efectos penales" que es mucho más amplio que el concepto administrativo. En este último, se incluye el personal *funcionario de régimen estatutario* en el Texto Refundido de la Ley del Estatuto Básico del Empleado Público (RDL 5/2015 de 30 de octubre. LEBEP, arts. 1 y 2). Dicha ley administrativa es aplicable también al *personal laboral al servicio de la Administración,* que no es personal funcionario estatutario, pero que por dicha relación de servicio no sólo está afectado por la norma administrativa, sino que puede incluirse sin problemas en la "participación en el ejercicio de funciones públicas" del art. 24.2 CP.

Por tanto, el concepto " a efectos penales", pretende incluir situaciones que van más allá del régimen estatutario y del personal al servicio de la Administración. Tal ampliación, sobre la que nos detendremos, se asienta sobre los dos pilares del concepto penal de funcionario: lo que debe entenderse por "función pública" (a los efectos de establecer quiénes participan en ella) y, además, por los títulos habilitantes de dicha participación, esto es, "disposición inmediata de la ley o por elección o por nombramiento de autoridad competente".

Partiendo de lo anterior, es sabido cómo la jurisprudencia ha delimitado un concepto penal de funcionario público tan amplio que incluso ha permitido a RAMON RIBAS hablar de "derogación jurisprudencial" del art. 24 CP[4]. Por otra parte, la ampliación es relevante en dos órdenes de cuestiones: a) la

---

4 RAMON RIBAS, E. "La derogación jurisprudencial del art. 24.2 del Código Penal (concepto de funcionario público)", *Estudios penales y criminológicos*, 2014, 34, *passim.*

responsabilidad penal de la empresa como persona jurídica en orden a ser considerada como funcionario y por tanto, posible sujeto activo de los delitos especiales cometidos por funcionarios, y b) la responsabilidad penal de las personas físicas que puedan ser consideradas funcionarios porque actúan en el ámbito de una empresa que desempeñe funciones públicas.

Veamos en primer lugar las líneas generales establecidas doctrinal y jurisprudencialmente para el concepto penal de funcionario, para abordar a continuación su aplicabilidad tanto a las personas jurídicas como a las personas físicas que actúan en su ámbito.

2.1 Participación en el ejercicio de funciones públicas

a) Panorama doctrinal

Habida cuenta que el concepto penal de funcionario es esencialmente ampliatorio del concepto administrativo, no debe extrañar que el concepto de función pública resulte igualmente amplio. En la doctrina penal nos referimos casi siempre al concepto *penal* de función pública al destacar que el concepto del art.24.2 CP se establece sólo "a efectos penales", tal como reza el número 1 del mismo artículo, claramente extensible al número 2. Sin embargo, en mi opinión, cabe matizar que el concepto amplio que expondremos a continuación no es, propiamente, el resultado de una interpretación realizada "desde" el derecho penal, sino que ha venido propiciada ya por la realidad afectada por el derecho administrativo, esto es, la arriba mencionada descentralización funcional y la externalización de actividades administrativas que se encomiendan a empresas públicas o a sociedades mercantiles, realidad que el derecho administrativo ya ha reconocido y de la que no puede prescindirse a los efectos que ahora comentamos. Es decir, si la función pública ha pasado a desempeñarse desde sedes externas a la Administración como estructura orgánica, no sólo es la ejercida directamente por ésta, sino también de manera indirecta por entes más o menos alejados de su encuadre orgánico y sometidos tanto a normas de derecho público como privado. Tal es una realidad ampliamente reconocida en la doctrina administrativa[5], por lo que la amplitud del concepto "a efectos" penales coincide en gran parte, con la concepción mantenida en ésta.

De los criterios que se han propuesto para atribuir la participación en funciones públicas, el de corte objetivo que se limita al régimen jurídico público o privado al que esté sometida la entidad, resulta claramente insatisfactorio puesto que es frecuente la convivencia de normas de derecho público y derecho privado en la prestación de funciones por parte de la Administración, como demuestra la existencia de SME arriba mencionadas.

En cambio, el criterio teleológico resulta menos formal porque atiende a la persecución de fines de interés social o colectivo apuntando a la orientación de la función pública. De esta forma resulta, en principio, más adaptable a la realidad concreta de los entes públicos o semipúblicos[6].

Sin embargo, la consideración exclusiva de los fines públicos presenta no sólo el problema de su definición, sino también el de una cierta tautología que no aclara el concepto de función pública : la Administración, de acuerdo al art. 103 de la Constitución, "sirve con objetividad a los intereses generales", que son públicos en tanto que asumidos por la Administración. Y cuando

---

5 CANALS AMETLLER, D. "El ejercicio de potestades administrativas por operadores privados en régimen de mercado", en Gamero Casado (dir.), *La potestad administrativa. Concepto y alcance práctico de un criterio clave para la aplicación del derecho administrativo.* Tirant lo Blanch, Valencia2021, pp.343-345. En dicha obra colectiva se incluyen otros trabajos en la misma línea, algunos de los cuales (Bening, Navarro) serán citados más adelante.

6 Así, OCTAVIO DE TOLEDO,E. *La prevaricación de funcionario público.* Civitas, Madrid, 1980, p. 151

la Administración utiliza entes instrumentales de naturaleza mixta público-privada, lo hace para perseguir los fines que le son propios, de manera que también tales entes se orientan a la persecución de fines públicos. Es decir, las empresas públicas participan en funciones públicas porque se crean para prestar o colaborar con funciones públicas, siendo éstas las prestadas por la Administración. En todo caso, las actividades de la Administración dirigidas a la satisfacción de necesidades de las personas individualmente consideradas (la enseñanza, la sanidad), no por su beneficio a sujetos privados pasan a ser finalidades privadas, sino que se mantienen claramente en el ámbito de los fines públicos.

Ello explica que el criterio exclusivamente teleológico haya sido completado por dos posibles vías: la sumisión -objetiva- de los actos a derecho público y, desde un punto de vista subjetivo, la realización de la actividad por la Administración, sea directamente, sea a través de otras formas organizativas. El criterio objetivo relativo a las normas reguladoras puede ser complementario, pero plantea el problema ya apuntado de la convivencia de regímenes jurídicos en la actividad de la Administración[7], por lo que el criterio subjetivo del encuadre en la Administración resulta imprescindible. Sin embargo, la precisión importante radica en admitir la laxitud de dicho encuadre, que alcanza a cualquier forma organizativa utilizada por la Administración para la persecución de sus fines [8]

---

7 Aunque se utiliza, junto a los criterios teleológico y subjetivo entre otros, por OLAIZOLA FUENTES, I, "Concepto de funcionario público a efectos penales", en Asúa Batarrita (ed.) *Delitos contra la Administración pública,* Instituto Vasco de Administración Pública, 1997, p.80

8 Entre otros, VALEIJE,I, "Reflexiones sobre los conceptos penales de funcionario, función pública y personas que desempeñan una función pública", *Cuadernos de Política Criminal,* 1997 (62), p.446 y ss. Se adhiere expresamente , MARTIN LORENZO, M. "Concepto penal de funcionario y externalización de funciones públicas", en Maqueda/ Martín/Ventura, *Derecho Penal para un estado social y democrático de*

En realidad, la vinculación de los fines propios del interés común con la calidad pública del órgano que los persigue estaba presente ya en la doctrina sobre el viejo art. 119 del CP de 1973 antecesor del vigente art. 24 CP. Así, DEL TORO MARZAL, partiendo de la persecución del intereses generales, colectivos o sociales precisaba: "La dificultad de determinar, en abstracto, la esfera de los mencionados intereses se mitiga con la posibilidad de acudir a la calidad pública del órgano de gestión que los persigue"[9]. Las aportaciones de la doctrina posterior y más moderna, toman en consideración que las funciones administrativas se desempeñan también de forma descentralizada y externalizada, lo que lleva a manejar el criterio subjetivo sin limitarlo a los órganos encuadrados en la Administración en sentido estricto. Así, MUÑOZ CONDE, junto a los fines colectivos o sociales menciona la realización por "órganos estatales o paraestatales"[10], expresión también recogida en la STS 876/2006 de 6 de noviembre (*Tol 1002895)*.

En suma, la Administración sirve a intereses generales que son públicos también porque los desempeña dicha Administración, y puede desempeñarlos mediante entidades instrumentales no integradas orgánicamente en la Administración que incluso pueden estar sometidas, al menos parcialmente, al derecho privado. Por ello, no resulta extraño que la participación en el ejercicio de funciones públicas que menciona el art. 24.2 CP incluya no sólo la inevitable relación con fines públicos, sino también un criterio subjetivo relativo a las características del participante en la función considerablemente

---

derecho. Estudios penales en homenaje al profesor Emilio Octavio de Toledo y Ubieto. Universidad Complutense de Madrid, Madrid, 2016, p. 215

9 DEL TORO MARZAL, A. "Comentario al art. 119", en Córdoba/ Rodriguez Mourullo/del Toro/Casabó, *Comentarios al Código Penal, T.II.* Ariel, Barcelona, 1972, p.739.

10 Vinculando igualmente la finalidad con el órgano que la persigue, MUÑOZ CONDE,F. *Derecho penal, Parte especial,* 20ª edición, Tirant lo Blanch, Valencia, 2015, p. 843

amplio y flexible porque debe abarcar todos los sujetos mediante los que la Administración desempeña sus funciones.

Hasta aquí, las características (teleológico-subjetivas) de los entes u órganos que desempeñan funciones públicas a efectos penales. Sin embargo, en el ámbito de la Administración y en el de sus entes instrumentales, actúan también otros sujetos (personas físicas o jurídicas) que se relacionan con la actividad principal de prestación de función pública, pero sin "participar" directamente en ella.

En esta línea, se ha planteado el tratamiento que merecen las entidades que desempeñan funciones de colaboración en la prestación de la función pública (ECA), por ejemplo, de inspección y control. En estos dos ejemplos, en la doctrina administrativa y particularmente, CANALS AMETLLER, admite la caracterización como función pública de las funciones de inspección, control y certificación [11]. Para BERNING PRIETO, que agentes privados realicen tales actividades es una consecuencia más de la externalización de funciones, en la que cabe incluir casos como las auditorías o las mediciones para un deslinde[12] Por otra parte, el mismo autor se refiere a actividades meramente auxiliares que aun propiciando el desarrollo y resolución de un procedimiento *no* condicionan ni suponen el ejercicio de "potestades"[13] de las

---

11 CANALS AMETLLER, D. "El ejercicio de potestades administrativas …" cit. Tirant lo Blanch, Valencia2021, pp.343-345

12 BERNING PRIETO, A.D. "Delimitación entre potestades administrativas y actividades técnicas o auxiliares", en Gamero Casado (dir.) *La potestad administrativa, concepto y alcance práctico de un criterio clave para la aplicación del derecho administrativo,* Tirant lo Blanch, Valencia, 2021, p.281

13 En la literatura administrativa es relativamente frecuente la utilización indistinta de los términos "potestad" y "función pública". Así, aunque parte de la importancia de distinguir los conceptos, termina por admitir que el ordenamiento jurídico frecuentemente los utiliza indistintamente "con significado equivalente", NAVARRO GONZALEZ, R. "La atribución de las potestades administrativas, en Gamero Casado,E (dir), *La potestad administrativa. Concepto y alcance práctico*

que señala una enumeración debida a la jurisdicción contenciosa: funciones propias de oficios tales como los relacionados con mantenimiento de equipos e instalaciones, funciones relacionadas con artes gráficas (confección de emblemas etc.), encuestas, comunicación social, tareas de asistencia psicológica o similar etc.[14]

En suma, el ejercicio de función pública por entes privados se trata de una realidad que ya goza de un claro consenso doctrinal, aunque según TOSCANO GIL, subsiste algún problema como la falta de anclaje para su control jurisdiccional en el orden contencioso administrativo[15], lo que no es un problema a los efectos penales que aquí nos interesan.

En la doctrina penal, MARTIN LORENZO, siguiendo a Casals Ametller, ha admitido que participan en funciones públicas aquellas entidades que son competentes para la toma de decisiones vinculantes mediante el ejercicio de funciones de "control, inspección y certificación del cumplimiento de la legalidad vigente"[16]. Es decir, actividades que acompañan a la prestación o ejercicio de la función, a veces de forma tan estrecha que prácticamente se confunden con ella. Por ejemplo, las empresas que realizan la ITV (Inspección Técnica de Vehículos) no son, formalmente, las que conceden el permiso de circulación del vehículo, pero lo condicionan totalmente. En cambio, una empresa de mantenimiento o limpieza de las estaciones de ITV, desempeña una actividad auxiliar que, a mi juicio, no supone el ejercicio de función pública alguna.

---

de un criterio clave para la aplicación del derecho administrativo", Tirant lo Blanch, Valencia, 2021, p.237

14 BERNING PRIETO, A.D. "Delimitación…",pp.291-293.

15 Así, TOSCANO GIL, "Análisis de las transformaciones actuales del derecho administrativo en España", *Revista digital de derecho administrativo, 22,2019,* p. 355, mencionando entidades colaboradoradoras dedicadas a la seguridad industrial y la protección medioambiental

16 MARTIN LORENZO, M, "Concepto penal…", p.217,

b) La jurisprudencia

La jurisprudencia ha seguido una vía pragmática consagrando la amplitud del concepto penal de funcionario e incluyendo, en ocasiones, entidades a las que *a priori* resultaría algo extraño atribuir funciones públicas. Pero, como veremos más adelante, la ampliación resulta más cuestionable en relación al segundo elemento mencionado en el art. 24.2 CP, esto es, los títulos habilitantes para participar en el ejercicio de funciones públicas.

El TS justifica el pragmatismo a partir de una idea clave: la huida del derecho administrativo que explica el recurso a entes semiprivados (esto es, la misma ampliación del concepto de función pública) no puede convertirse en huida del derecho penal[17] utilizando como subterfugio el concepto de funcionario y excluyendo de él a las entidades instrumentales o acompañantes de la Administración (STS 166/2014 de 28 de febrero. *Tol 4144637)*, porque el art. 24.2 CP permite atribuirles la participación en el ejercicio de funciones públicas.

En esta línea, de lo que se trata es de proteger determinados bienes jurídicos atendiendo a los fines propios del derecho penal (STS 1590/2003 de 22 de abril, remitiéndose a jurisprudencia anterior), lo que significa que el derecho penal debe extender su intervención sancionadora y preventiva a todos aquellos que estén en condiciones de afectar a los bienes protegidos penalmente. En esta sentencia, se condena por cohecho al presidente de IMPROASA, empresa encargada de la privatización de Intelhorce, manifestando que lo importante es proteger el ejercicio de la función pública, "así como también" los intereses de la Administración en sus diferentes facetas y modos de operar. Se trata

---

17 Preocupación también manifestada en la doctrina penal: GOMEZ RIVERO,C. "El castigo penal de la corrupción en el ámbito del llamado sector público instrumental", *Revista electrónica de Ciencia Penal y Criminología,* 18,2016, p.6

por tanto -según la misma sentencia-, de un concepto funcional presidido por la lógica de "protección de determinados bienes jurídicos", que permite abarcar entidades públicas "incluso con personalidad jurídica propia, en ocasiones, de sociedad mercantil"

Por tanto, la jurisprudencia maneja un concepto teleológico de funcionario en sentido penal, complementado por el criterio subjetivo entendido en sentido amplio, porque admite prácticamente cualquier forma de conexión con la estructura orgánica de la Administración. En cuanto al concepto objetivo (sumisión al derecho administrativo), es cierto que algunas sentencias lo mencionan al afirmar que son funcionarios los entes públicos sometidos a derecho público y con pretensión de satisfacer intereses públicos (STS 186/2012 de 14 de marzo[18] *Tol 2494412*). En mi opinión, ello se entiende en relación a la concreta entidad afectada por la sentencia, pero llevándolo a declaración de validez general, sólo puede entenderse como sumisión, *total o parcial* al derecho público, puesto que de lo contrario, no se entenderían otras sentencias en las que se incluyen sociedades mercantiles (parcialmente regidas por el derecho privado) ni la misma realidad actual de la actividad de la Administración.

Esta línea generosa con los límites del concepto penal de funcionario alcanza a considerar funcionarios en sentido penal a los Presidentes de Colegios profesionales (STS 1233/1997 de 10 de octubre. *Tol 5136878*) y los miembros de sus Juntas de Gobierno (STS 789/2001 de 10 de mayo. *Tol 4926280*). Aunque se aleja de las entidades que aquí nos interesan, este último ejemplo sirve para ilustrar la convivencia de normas públicas y privadas en las entidades incluibles en el art. 24.2 CP, porque el TS en el último caso citado, define al Colegio de Diplomados en Enfermería como corporación de derecho público, basándose en sus competencias de inspección administrativa y sus

18 Se trata de un contratado del Ayuntamiento de Cártama para desempeñar funciones de control y vigilancia del ámbito rural

sanciones recurribles ante la jurisdicción contenciosa. Es decir, la finalidad en la búsqueda del interés general parece pasar aquí a un segundo plano si nos atenemos a los fines que el art. 52 CE atribuye a las organizaciones profesionales, esto es, contribuir "a la defensa de los intereses que les sean propios".

Por último, en relación a lo que antes hemos denominado actividades "auxiliares" de la función pública, la jurisprudencia también mantiene un concepto más amplio que el que puede deducirse de la doctrina antes citada. Así, en el caso BITEL, empresa pública de naturaleza mercantil dedicada a proporcionar asistencia técnica a la Administración en temas telemáticos e informáticos desempeña función pública porque sin esa asistencia "no se puede desarrollar la actividad de la Administración" (STS 166/2014 de 28 de febrero, *Tol 4144637*). Aunque se trata de una empresa creada por la Administración que recibe subvenciones para sufragar las pérdidas, el TS no se contenta con tal criterio formal y añade la consideración de la esencialidad de su trabajo para el desempeño de la función pública, aunque no incida en la toma de decisiones ni suponga trabajo de inspección ni control alguno.

En resumen, según la jurisprudencia penal, para que una entidad encaje en el art. 24.2 CP los tradicionales criterios objetivo, subjetivo y teleológico son manejables de manera alternativa (no acumulativa) y entendidos de forma absolutamente laxa: objetivamente, basta con que la entidad esté parcialmente sometida al derecho público; teleológicamente, debe perseguir fines de interés general -aunque tampoco de manera exclusiva- e incluso aplicarse a organizaciones defensoras de intereses profesionales privados si pueden imponer sanciones a sus miembros recurribles ante la jurisdicción contenciosa; desde un punto de vista subjetivo, la relación con la Administración puede existir en cualquiera de las formas posibles y, por último, la participación en la función puede incluir actividades técnicas de asesoramiento sobre infraestructuras como el sistema informático, cuando sin él no se puede desempeñar la función.

Así las cosas, en mi opinión, de la jurisprudencia se desprende que para participar en el ejercicio de la función pública a efectos penales, basta con realizar actividades que mantengan algún tipo de vinculación con la actividad de la Administración o los fines públicos que ésta persigue. La aparente -y a mi juicio, inevitable-, radicalidad de dicho resumen puede completarse con la valoración, también destacada jurisprudencialmente, de que el comportamiento realizado sea apto para afectar al o los bienes jurídicos protegidos por el tipo penal que se pretende aplicar al sujeto en cuestión. Con todo, la concepción amplia de los conceptos manejados en el art. 24.2 CP se produce con aun mayor claridad en la aplicación del segundo requisito del concepto penal de funcionario, esto es, el título habilitante por el que se participa en el ejercicio de la función pública: disposición inmediata de la ley, elección o nombramiento de autoridad competente, cuestión que se aborda a continuación.

2.2. *El título habilitante de la participación en el ejercicio de funciones públicas: disposición inmediata de la ley, elección o nombramiento de la autoridad competente.*

La doctrina penal ha denunciado frecuentemente el olvido de este segundo requisito del art. 24.2 del CP[19] lo que , como dice RAMON RIBAS, no sólo ignora el tenor literal de la norma penal, sino que se contradice con otras disposiciones del CP como el art. 423 (relativo al cohecho) en las que se menciona a cualesquiera personas que participen en el ejercicio de la función pública, *con independencia del título en el que apoyen su*

---

[19] Hace ya un tiempo, VALEIJE ALVAREZ, I, "Reflexiones sobre los conceptos penales de funcionario público, función pública y 'personas que desempeñan función pública' ", *Cuadernos de Política Criminal,* 62, 1997, p.448. La sigue, entre otros, RAMON RIBAS, "La derogación jurisprudencial..." cit., p.181 y 189 y ss.

participación. Tales previsiones especiales ponen de manifiesto una excepción respecto del régimen general del art. 24.2 CP que, por ello, se mencionan expresamente en algunos tipos penales. Y, *sensu contrario,* confirma el carácter esencial de este requisito en dicho régimen general.[20]

a) Participación en la función pública por disposición inmediata de la ley

Al respecto se ha planteado si la "ley" debe entenderse en sentido formal, como norma emanada de las Cortes Generales[21] o bien si se refiere a cualquier norma de carácter general. En mi opinión, debe manejarse la segunda posibilidad, especialmente por la exigencia de que sea una disposición "inmediata", que apunta a una previsión normativa que atribuye directamente la función pública a un sujeto o sujetos determinados, lo que se lleva a cabo en normas de rango inferior. En esta línea, VALEIJE ALVAREZ considera que tal disposición inmediata es la resolución publicada en el BOE por la que se nombra a los funcionarios de carrera[22]. Se trata de una considerable restricción por la que se pretende incluir a los funcionarios de carrera en el art.24.2 CP, del que sería un contrasentido excluirlos. En todo caso, la rigidez de este título se compensa por la amplitud de los dos restantes[23]

Por el mismo carácter "inmediato" de la disposición, no creo que ésta sea una expresión que incluye a los otros dos títulos (elección y nombramiento), basados también en habilitaciones

---

20 RAMON RIBAS, "La derogación jurisprudencial..." cit., p.190.

21 En tal sentido, PORTILLA CONTRERAS, G. *El delito de práctica ilegal de detención por funcionario público,* Edersa, Madrid, 1990 p. 145 ss.

22 VALEIJE ALVAREZ, "Reflexiones.." cit, p. 456, seguida por RAMON RIBAS, E. "La derogación..." cit. p.197

23 REBOLLO VARGAS,R. "Comentario al artículo 24 del CP", en Córdoba Roda/García Arán, *Comentarios al Código Penal. Parte General,* Marcial Pons, Madrid,2011, p.319

legales pero que no disponen de manera inmediata la participación en la función de determinados sujetos.

b) Participación en la función pública por elección

Existe unanimidad en que el concepto no se limita a la elección "popular" -que sin duda se incluye aquí- sino que abarca también elecciones de segundo grado (por ejemplo, los Alcaldes, elegidos por el pleno de Concejales), pues carecería de sentido atribuir la condición de funcionario público a los directamente elegidos (Diputados, Concejales) y negársela a los elegidos por ellos (Presidente del Gobierno, Alcalde). Pero la jurisprudencia ha sido también generosa en este sentido, al admitir la "elección" corporativa directa o indirecta, en el caso ya citado de los Colegios Profesionales.

c) Participación en la función pública por nombramiento de la autoridad competente.

Este es, sin duda, el concepto más aplicado en los casos que nos interesan y también el más discutible. Dos son los temas a considerar en relación a este requisito: 1) si las empresas públicas o semipúblicas que participan en el ejercicio de funciones públicas (requisito comentado en el apartado anterior) han sido nombradas por la autoridad competente y 2) la misma cuestión, aplicada a las personas físicas. En este caso, la persona física puede haber sido nombrada directamente por un órgano administrativo o bien por una empresa pública previamente nombrada para el ejercicio de funciones públicas.

Respecto al nombramiento de empresas públicas para el ejercicio de funciones públicas, una vez reconocida tal participación, la ampliación jurisprudencial del concepto de funcionario no podía detenerse aquí. Es más, como veremos a continuación se atribuye la condición penal de funcionario a personas físicas nombradas por una empresa pública -que es el caso más habitual-, de manera que sería incoherente negar que tal empresa pública tiene capacidad de nombramiento si previamente no ha sido "nombrada por autoridad competente" para el ejercicio de funciones públicas.

Por tanto, se entiende que las empresas públicas han sido nombradas por autoridad competente para el ejercicio de funciones públicas. No existe duda en relación a las EPEs,–aunque el art. 31 quinquies CP excluye su responsabilidad penal- creadas por un acto normativo de la Administración, pero en el caso de las SME sometidas sólo parcialmente al derecho público, el "nombramiento" debe situarse en la autorización del Consejo de Ministros . Según MARTIN LORENZO, la autorización puede incluirse o no en la previa acreditación de la entidad, de manera que consiste, en realidad en una modalidad de "nombramiento" por la autoridad competente[24].

Todo ello configura, de nuevo, un amplísimo espacio para el concepto penal de funcionario: todas las sociedades mercantiles estatales desempeñan funciones públicas a estos efectos, razón por la cual CARDONA BARBER ha propuesto atender a la función concreta desempeñada por la sociedad como criterio restrictivo[25]. En línea también diferenciadora, VAZQUEZ PORTOMEÑE ha planteado la posibilidad de tratar de manera diferente las heterogéneas situaciones que pueden cobijarse en el concepto penal de funcionario, (que abarca desde funcionarios de carrera hasta personal laboral), acudiendo a algún instrumento atenuatorio inspirado en el tratamiento del *extraneus* partícipe en delitos especiales[26]

---

24 MARTIN LORENZO,M. "Concepto penal…cit", p.221

25 CARDONA BARBER,A. "La responsabilidad penal de los gestores del sectorpúblico empresarial", *Revista General de Derecho Penal,* 37, 2022, p.16

26 VAZQUEZ PORTOMEÑE, F. "El concepto penal de funcionario público: algunas cuestiones problemáticas", en Ferré Olivé/Serrano Piedecasas/Demetrio Crespo/Perez Cepeda/Núñez/ Zúñiga Rodriguez/ Sanz Mulas, *Liber Amicorum Derechos humanos y derecho penal, T.*

En el caso de personas físicas que participan en funciones públicas por haber sido nombradas por la Administración, el nombramiento no plantea problemas más allá de si el órgano en cuestión tiene competencia para hacerlo. En cambio, cuando la persona física ha sido nombrada por una empresa pública a la que *previamente* se han atribuido funciones públicas, la competencia para el nombramiento pasa a ser de segundo grado o por delegación.

También este caso ha sido resuelto en sentido positivo por el TS, por ejemplo, en la ya citada STS 166/2014 (caso BITEL. *Tol 4144637*) en la que se reconoce la condición penal de funcionario al titular de un contrato laboral como Gerente. Esta STS ha sido ampliamente comentada por RAMON RIBAS en relación al requisito del nombramiento por autoridad competente, en el que mantiene un concepto material de nombramiento que, según este autor incurre en analogía[27]. En efecto, el TS entiende que el nombramiento por el Consejo de Administración de la entidad, en realidad se debe a la Administración autonómica porque se realiza a propuesta del Consejero de Economía. Es decir, no lo nombra la Administración pero es "como si" lo nombrara. En mi opinión, ello sería inobjetable si la propuesta fuera vinculante, lo que no es el caso[28]. El mismo concepto de propuesta -no vinculante-, se opone al de nombramiento de manera que el criterio del TS cierra el círculo de todo lo resumido hasta aquí: participan en el ejercicio de funciones públicas nombrados por autoridad competente, quienes actúan en el ámbito de la función pública en sentido material, nombrados de manera igualmente material por la autoridad competente. Autoridad que, por otra parte, también se entiende en sentido más amplio que el concepto de autoridad del art. 24.1 CP (ejercer mando o tener jurisdicción propia).

II. Homenaje al Prof. Ignacio Berdugo Gómez de la Torre, Ed. Universidad de Salamanca, 2022, p.440

27 RAMON RIBAS, "La derogación…cit", pp.211 y ss.

28 También en contra, RAMON RIBAS, "La derogación…" cit.p.215

Así las cosas, no es extraño que se produzcan problemas de inseguridad jurídica y aplicaciones desiguales del concepto de funcionario como las denunciadas por VAZQUEZ PORTOMEÑE: se considera funcionario a los empleados de notarías y auxiliares del registro de la propiedad pero no a los de las cámaras agrarias, es funcionario el titular de administración de lotería pero no sus empleados etc. Recuerda el mismo autor que la Circular de la Fiscalía General del Estado 2/2008 de 25 de noviembre rechaza la consideración de funcionario en empleados de empresas concesionarias, en contra de lo mantenido por la jurisprudencia [29]. Esta situación que deja en la indefinición a los sujetos activos de los delitos de funcionarios, ha llevado a plantear *de lege ferenda* la modificación del art. 24 CP, incluyendo en él a los particulares que participan en el ejercicio de funciones públicas en la línea de lo establecido en los tipos penales que, como el art. 423 relativo al cohecho, se centran en dicha participación con independencia de la forma de nombramiento[30].

3. RECAPITULACIÓN: LA RESPONSABILIDAD PENAL DE LAS EMPRESAS PÚBLICAS Y LA DE LAS PERSONAS FÍSICAS QUE ACTÚAN EN SU NOMBRE.

Visto, a grandes rasgos, el concepto penal de funcionario y su aplicabilidad a las empresas instrumentales de la Administración según la jurisprudencia del TS, conviene recapitular las consecuencias que se derivan para las empresas arriba mencionadas, a las que dedicamos estas páginas, esto es las EPE (empresas

---

29 VAZQUEZ PORTOMEÑE, "El concepto…"cit.p. 442

30 Así, CUENCA GARCÍA,MJ. "La aplicabilidad del concepto penal de funcionario a los cargos internos de los partidos", en García Arán/ Botella (dirs.) *Responsabilidad jurídica y política de los partidos en España,* Tirant lo Blanch, Valencia, 2018, p.244. VAZQUEZ PORTOMEÑE, F. "El concepto…" cit.p.444

públicas estatales) y las SME (sociedades mercantiles estatales). Al respecto, diferenciaremos la responsabilidad penal de las mismas en tanto que personas jurídicas y la responsabilidad penal de las personas físicas que actúan en su ámbito o en su nombre.

3.1. Algunas personas jurídicas, funcionarios a efectos penales

De entrada, recordemos una vez más que las denominadas EPEs encajan en el concepto de funcionario a efectos penales del art. 24.2 CP, en tanto participan claramente de las funciones públicas que se les han encomendado. Sin embargo, una eventual responsabilidad penal no puede serles imputada ya que el art. 31 quinquies 1 CP les excluye de tal responsabilidad, equiparándolas al Estado, las Administraciones públicas territoriales e institucionales, los Organismos Reguladores y las Agencias Estatales.

En cuanto a la responsabilidad penal de las personas jurídicas que pueden ser responsables penalmente, debe tenerse presente una primera limitación, radicada en el sistema de *numerus clausus* por el que se regula dicha responsabilidad en nuestro sistema: obviamente, la primera condición para establecer dicha responsabilidad será que en el delito en cuestión se encuentre prevista expresamente la responsabilidad penal de dichos entes. Limitándonos a los delitos contra la Administración Pública (antes denominados "de funcionarios en el ejercicio de sus cargos"), cabe la responsabilidad penal de personas jurídicas en el delito de cohecho (art. 427 bis CP) y en el tráfico de influencias (art. 430 CP), y en la malversación (art. 435,5º CP) si su patrimonio puede considerarse como caudales públicos (vid. Art. 433 ter). Por otra parte, en ámbitos económicos en los que es imaginable la actuación de empresas existen varios casos más como por ejemplo, los delitos contra la Hacienda Pública y la Seguridad Social (art. 310 bis), o los delitos contra los recursos naturales o el medio ambiente (art. 328 CP), aunque en ellos no es necesaria la condición de funcionario. Pero ésta es exigible, como se dijo más arriba en delitos como la prevaricación o los fraudes y negociaciones prohibidas a funcionarios

En cuanto a las SMEs, como se ha visto en el apartado anterior, la jurisprudencia no encuentra inconveniente a su consideración como participantes en el ejercicio de funciones públicas, por lo que pueden ser sujetos activos de los delitos que admiten la responsabilidad penal de las personas jurídicas. Sin embargo, contando con su consideración como funcionario en sentido penal, no sólo pueden gozar del régimen penológico especial que recordaremos más abajo (vid. art. 31 quinquies, 2 CP), sino incluso llegar a quedar exentas de responsabilidad penal a partir del número 1 del art. 31 quinquies del CP

En efecto, tal enunciado exime también de responsabilidad penal "..a aquellas *otras* [entidades] que ejerzan potestades públicas de soberanía o administrativas". Es decir, tras la excepcional exención de los órganos del Estado y entes asimilables, se introduce un concepto de tal amplitud e indefinición, que puede llevar a eximir de responsabilidad a un sinfín de sociedades mercantiles[31]. En efecto, en principio, éstas no ejercen potestades administrativas, pero se les pueden atribuir "excepcionalmente" según el art. 113 de la Ley de Régimen Jurídico del Sector Público (LRJSP), lo que reenvía al concepto de potestad administrativa.

Respecto de la potestad de soberanía, suele haber acuerdo en que se ubica en el ejercicio del poder legislativo, ejecutivo y judicial que, lógicamente, no pueden ejercerse por entidades mercantiles. Pero respecto a la "potestad administrativa" lo cierto es que la doctrina administrativa no proporciona un concepto claro aplicable, ni más ni menos, que a la exención

---

[31] En tal sentido, SILVA SANCHEZ, J. "Empresas prevaricadoras. Delitos especiales de funcionarios públicos, sociedades mercantiles y medio ambiente", en *Estudios jurídicos en memoria de la Pro. Dra. Elena Gorriz Royo,* Valencia, Tirant lo Blanch, 2020, p.798

de responsabilidad penal e incluso lo utiliza en ocasiones de manera equivalente a "función pública", identificación que no puede asumirse desde la perspectiva penal puesto que, de hacerse así, se llegaría a la absurda conclusión de que todos los funcionarios ejercen potestades administrativas[32].

El desarrollo de la interpretación del art. 31 quinquies 1 CP en cuanto a la exención de SMEs por ejercicio de potestades administrativas se lleva a cabo, por CARDONA BARBER,[33] en otro el Capítulo III de esta obra colectiva. Baste aquí señalar que la interpretación penal de la potestad administrativa debería ser forzosamente restrictiva en tanto conlleva la exención de responsabilidad penal de entidades mercantiles sometidas -al menos parcialmente- al derecho privado, lo que ampliaría desmesuradamente la ya discutible exención de los órganos estatales[34]. De no ser posible tal interpretación restrictiva, debería demandarse una reforma legal que descarte tan desmesurado privilegio.

En un plano más alejado de los límites de la responsabilidad penal que abordamos aquí, cabe destacar que, de no ejercer las enigmáticas potestades administrativas, las SMEs pueden ser acreedoras de responsabilidad penal en dos niveles: por un lado, si ejecutan políticas públicas o prestan servicios de interés económico general, el art. 31 quinquies 2 CP incluye una restricción penológica por la que sólo les pueden ser impuestas las penas de las letras a) y g) del art. 33.7 del CP (multa e intervención judicial para

---

32 Ver nota 13.

33 Puede verse, también, CARDONA BARBER, "La responsabilitat penal de les societats mercantils publiques", *Revista Jurídica de Catalunya,* 4, 2021, p.947

34 En mi opinión, incluso existen argumentos para negar que las SMEs resulten exentas de responsabilidad por la vía del art. 31 quinquies 1 del CP. GARCÍA ARAN,M. "Autonomía interpretativa del derecho penal y delincuencia de las empresas públicas", *Revista de Estudios jurídicos y criminológicos,* 6, 2022, pp.281 y ss.

proteger los derechos de los trabajadores o los acreedores). Por otro, el régimen general del art. 31 bis CP, en caso de no ejecutar políticas públicas ni prestar servicios de interés económico general.

Una vez más, debe denunciarse la irresponsabilidad y desidia del legislador al introducir el art. 31 quinquies CP en la reforma penal habida por LO 1/2015. Tanto el concepto de "políticas públicas" como el de "servicios de interés económico general", de interpretarse con la amplitud con que lo hace el derecho administrativo, pueden llevar a incluir en este beneficio penológico a todas las SMEs, lo que resulta contradictorio con el propio tenor del art. 31 quinquies 2 CP, que pretende referirse sólo a "algunas". Sin embargo, recuérdese que las SME se crean con autorización del Consejo de Ministros y con un mínimo de 50% de fondos públicos, lo que hace pensar que todas intervienen en la ejecución de alguna política pública (Museo del Prado, RTVE, Loterías y Apuestas del Estado, Correos, Renfe) aunque a veces se manifieste con cierta dificultad (Hipódromo de la Zarzuela).

La Circular 1/2016 de la Fiscalía General del Estado, apela a valorar la calificación y *relevancia* del servicio prestado, lo que mantiene la interpretación totalmente abierta. En mi opinión, la vía de restricción conceptual a estos efectos -de considerarse necesaria-, puede venir de la mano de la finalidad de la restricción penológica, ubicable en la pretensión de evitar que con penas más graves como la disolución, suspensión de actuación o clausura de locales, se perjudique la ejecución de la política pública por parte de la SME. Sin embargo, tal restricción podría obtenerse, sin más, por la regla de determinación de la pena de la persona jurídica establecida en el art. 66 bis CP, según la cual, la imposición de penas distintas de la multa a las personas jurídicas en general, debe tener en cuenta las consecuencias "económicas y sociales". Teniéndolo presente, incluso con una remisión expresa, nos hubiéramos ahorrado un nuevo e innecesario problema interpretativo.

No mayor claridad cabe esperar del concepto de "servicio de interés económico general" abreviado como SIEG en el ámbito de la Unión Europea para admitir algunas excepciones a la regla suprema de la competencia, mediante la autorización de ayudas públicas, por ejemplo[35]. Los SIEG se oponen a los SIGNE (servicios de interés general no económico), lo que tampoco resulta definitivo: en efecto, el interés económico -o no- del servicio, o bien resulta dudoso porque servicios personales como la educación o la sanidad también se insertan en el sistema económico, o bien conduce al contrasentido de que servicios sin un interés económico directo (como los citados, además de los culturales, de asistencia social etc.) no resultarían incluibles en la repetida cláusula del art. 31 quinquies 2 CP y, por tanto, tratados con una mayor dureza penológica.

3.2. Las personas físicas actuantes en el ámbito de empresas públicas y su consideración como funcionarios a efectos penales.

Si nos encontramos ante un delito común, cuyo sujeto activo no debe reunir especial condición personal, lógicamente, no se plantean problemas respecto a su condición profesional. Por tanto, nos limitamos aquí a aquellos supuestos de *delitos especiales cuyo sujeto debe ser funcionario.* Existen otros delitos especiales cuyo sujeto es especial por razones distintas de la condición de funcionario (por ejemplo, los delitos contra la Hacienda Pública y la Seguridad Social, cuyo autor debe ser el deudor tributario), a los que son aplicables consideraciones sobre la autoría y la participación en delitos especiales que exponemos aquí, pero que no afectan al concepto penal de funcionario al que se dedican estas páginas.

En apartados anteriores hemos visto la amplitud con que tal condición puede ser atribuida a las empresas instrumentales de

---

35 DIEZ PICAZO,l. "La idea de servicios de interés económico general", *Revista española de Derecho Europeo,* 2, 2002, p.252. TORNOS MAS, J. "El concepto de servicio público a la luz del derecho comunitario", *Revista de Administración Pública, 200,2016,p.*202.

la Administración, por lo que ahora nos corresponde abordar en qué casos, la persona física que actúa en su ámbito recibe -o no-, la misma consideración, basada en su vínculo con la empresa pública o sociedad mercantil. Resumidamente: personas físicas, en principio, *extranei* del correspondiente delito especial, que han realizado los actos típicos del delito en cuestión.

a) Responsabilidad independiente de la persona física

El supuesto más frecuente será aquel en que la persona física resulta responsable, pero no así la persona jurídica. En efecto, como se ha recordado, las EPEs y muchas SME están exentas de responsabilidad, de manera que, de existir, deberá recaer sobre la persona física actuante. Además, puede darse la comisión de un delito que no se encuentre incluido en el *numerus clausus* de delitos con posible responsabilidad penal de la persona jurídica y que, por tanto, no puede serle imputado, aunque ello deja subsistente la responsabilidad penal de la persona física que lo haya cometido en su beneficio, lo que nos lleva a un catálogo más amplio de posibles delitos.

Recuérdese también, que la cuestión es independiente de si la persona jurídica *intraneus* tiene o no responsabilidad penal porque el art. 31 bis ter CP consagra la independencia de las respectivas responsabilidades y, además, porque la exención del art. 31 quinquies CP para las empresas públicas no puede alcanzar a las personas físicas que han cometido el hecho. Es consecuencia necesaria del sistema español mayoritariamente entendido como basado en la heterorresponsabilidad de la persona jurídica, que necesita de la actuación material típica de una persona física.

La persona física, por tanto, habrá sido nombrada por la empresa para el desempeño de determinada actividad en la que nos planteamos si ha cometido un delito especial propio de funcionarios. Al respecto, se han enunciado dos posibilidades: la ya mencionada interpretación amplia del art. 24.2 CP y la vía del art. 31 CP.

Con arreglo a la primera, admitido que las EPEs y las SME participan del ejercicio de funciones públicas, dicha participación sólo puede llevarse a cabo mediante actuaciones de personas físicas. La cuestión es si se lleva a cabo mediante una de las formas de acceso a la participación en la función pública que hemos visto anteriormente. Y hemos visto también que el criterio jurisprudencial es especialmente laxo, admitiéndose el acceso a la condición de funcionario mediante contrato laboral suscrito con el órgano de la persona jurídica encargada de la función.

Los problemas de interpretación extensiva del art. 24.2 CP que ello plantea, han llevado a proponer la solución de tales casos por la vía del art. 31 CP que permite que, en los delitos especiales, la cualidad personal de la persona jurídica de transmita a las personas físicas que actúan en su nombre. Cabe acudir a dicha vía si el sujeto no puede ser incluido en el concepto de funcionario ni siquiera contando con los amplios límites atribuidos jurisprudencialmente al art. 24.2 CP, pero también si no se admite tal interpretación jurisprudencial extensiva [36].

b) La transmisión de la condición de funcionario a los administradores

Como se ha destacado desde su introducción en el CP, en su art. 31 se establece una regla de extensión de la condición de autor en los delitos especiales, para aquellos casos en que quien ha realizado la acción típica no reúne las condiciones típicas personales, pero que actúa como administrador (de hecho o de derecho) o bien en nombre o representación de aquel en quien sí concurren. Por tanto, no se refiere sólo a la actuación

---

[36] Considera que es la solución adecuada, MARTIN LORENZO, M. "Concepto penal de funcionario…", cit.p. 225. En relación a los delitos contra el medio ambiente, SILVA SANCHEZ, J. "Empresas prevaricadoras.." cit. p. 793 y ss., basándose en el sistema de heterorresponsabilidad por el que quien actúa es la persona física.

en nombre o por cuenta de una persona jurídica, sino de cualquier "otro", lo que incluye a las personas físicas.

En una aproximación general, administrador de derecho es aquel que tiene facultades de dirección y toma de decisiones conforme a las leyes, mientras que lo será de hecho quien ejerce dichas facultades sin que se las atribuya la ley[37]. Acudiendo a los concretos conceptos mercantiles, el administrador de derecho es el que ha sido designado de acuerdo a la ley y los estatutos sociales, ha aceptado el cargo y ha sido inscrito en el Registro Mercantil (arts.212-215 Ley de Sociedades de Capital). El administrador de hecho es el que, ejerciendo materialmente la gestión de la empresa, presenta alguna irregularidad en su nombramiento.

La cuestión es si para concretarlo basta con los requisitos mercantiles o es admisible una cierta autonomía de los conceptos penales. Gran parte de la doctrina se manifiesta por la autonomía del concepto penal[38], de manera que, para transmitir a los administradores la condición de funcionario de la empresa, vía art. 31 CP, éstos deben estar en condiciones de lesionar el bien jurídico protegido. FERNANDEZ BAUTISTA, destaca con razón que especialmente en el caso del administrador de hecho, debe reforzarse el concepto extrapenal puesto que no se trata meramente de producir efectos mercantiles, sino de fundamentar la imputación penal[39]. La STS 606/2010 de 25 de junio (*Tol 1911252)* son administradores de hecho quienes,

---

37 CORDOBA RODA,J. *Comentario al art. 31,* en Cordoba Roda/García Arán, *Comentarios al Código Penal. Parte General,* Marcial Pons, Madrid, 2011, p.383

38 FARALDO CABANA,P. *Los delitos societarios.* Tirant lo Blanch, Valencia, 1996, p. 147. NIETO MARTIN, A. *El delito de administración fraudulenta, Praxis,* Barcelona, 1996, p.268

39 FERNANDEZ BASTIDA,S. *El administrador de hecho y de derecho. Aproximación a los delitos con restricciones con sede de autoría.* Tirant lo Blanch, Valencia, 2007, p.283

aun sin investidura formal, asumen actuaciones propias de los administradores o influyen decisivamente en ellos

Aun en el ámbito del art. 31 CP, resulta también evidente que no basta con ostentar la condición de administrador de hecho o de derecho, sino, además el sujeto debe haber realizado la tipicidad objetiva y subjetiva del correspondiente delito en tanto lo contrario supondría una anómala responsabilidad objetiva.

A mi juicio, lo anterior conduce a una limitada aplicación del art. 31 CP a los casos que estamos abordando. En primer lugar, en el caso del administrador de derecho de una empresa a la que se reconoce el ejercicio de funciones públicas, resulta difícil negar que participa también de dicho ejercicio en el sentido del art. 24 CP, por lo que la vía del art. 31 -que conduce a los mismos resultados-, sólo sería necesaria cuando no se cumple el requisito del nombramiento por autoridad competente, lo que resulta extraño si partimos del concepto de administrador de derecho. En suma, la vía del art. 31 CP resulta útil en casos dudosos o cuando no se comparte la interpretación extensiva del art. 24 CP antes resumida. Entre los casos dudosos pueden estar los consistentes en una delegación de funciones, mediante la que el funcionario o administrador de derecho nombra (delega) a otro para determinada actividad.

En cambio, el administrador de hecho difícilmente puede incardinarse en el art.24 CP puesto que su situación es, precisamente, la del que no ha sido nombrado para la función que desempeña. Tal es el caso que, en principio, debe remitirse al art. 31 CP, pero para poder transferir efectivamente la condición de funcionario de la persona jurídica al administrador en cuestión, no sólo rige la obvia exigencia de realización de actos típicos, sino que realmente, se desempeñen funciones de administración. Al respecto, la arriba citada STS 606/2010 de 25 de junio, niega tal transferencia (de la condición de deudor tributario en un delito fiscal) a distintos cargos de dirección (técnica, comercial, industrial...) basándose en que las funciones de gestión desempeñadas, dependientes de los órganos de la persona jurídica, no son, propiamente, funciones de administración. La STS declara responsables a los *extranei* como cooperadores necesarios del delito fiscal.

Efectivamente, la vía de la participación en delito especial (de funcionario) es posible siempre que se cumpla con el principio de accesoriedad -en mi opinión, limitada- de la participación, lo que demanda la existencia de un autor *intraneus* que haya actuado de manera típica y no justificada. Ello deberá probarse respecto de la persona jurídica en cuya gestión participa el *extraneus.*

4. EL FUNCIONARIO PÚBLICO EN LA PARTE ESPECIAL Y EN LA NORMATIVA EUROPEA.

Como quedó apuntado más arriba (apartado 2.2), en la regulación de los delitos en la parte especial del CP existen algunas normas que amplían, todavía más, el concepto de funcionario del art. 24 CP.

Por un lado, se encuentra una disposición ya antigua que amplía el concepto del artículo 24 CP cuando se trata del sujeto del delito de cohecho pasivo. En efecto, el art. 423 CP lo declara aplicable a "cualesquiera personas que participen en el ejercicio de la función pública", expresión de recogida que viene precedida de una enumeración de sujetos cuyo denominador común es, precisamente su participación en la función pública, por lo que puede considerarse ejemplificativa[40]. También en el cohecho activo, el funcionario al que se ofrece o entrega dádiva etc., es todo aquél que participa en el ejercicio de la función pública (art. 424).

---

[40] Art. 423 CP "...jurados y árbitros, nacionales o internacionales, así como a mediadores, peritos, administradores o interventores designados judicialmente, administradores concursales o a cualesquiera personas que participen en el ejercicio de la función pública".

Por otra parte, también en la regulación del cohecho, la LO 1/2015 modificó el art. 427 CP, incluyendo la aplicabilidad de sus tipos penales a personas actuantes en el ámbito público de la Unión Europea y organismos internacionales: a) cargos legislativos, administrativos o judiciales por nombramiento o elección, b) cualquier *ejerciente* de función pública en país de la UE u otro extranjero, *incluido un organismo público o una empresa pública para la UE o para otra organización internacional pública* y, c) cualquier funcionario o agente de la UE o de una organización internacional pública. La LO 1/2019 de 20 de febrero, traspuso Directivas de la UE en el ámbito financiero y de terrorismo, añadiendo un cuarto supuesto, en la letra d): los *ejercientes de servicio público* consistente en la gestión de intereses financieros de la UE, en los Estados miembros o en terceros países y también aquellos que tomen decisiones sobre dichos intereses.

4.1 Quienes ejercen funciones públicas según la UE (art. 427 b) CP)

Debe observarse que la ampliación conceptual al ejercicio de función pública afecta tanto al cohecho activo como al pasivo, puesto que el art. 427 CP se refiere "a los artículos precedentes", lo que se entiende como los incluidos en todo el capítulo V (del Título XIX del Libro II), rubricado "Del Cohecho").

Los arts. 431 y 435 bis CP, extienden este régimen especial, respectivamente a los delitos de tráfico de influencias y malversación, en los que se declara aplicable tanto el concepto especial del art. 427 CP como el general del art. 24 CP.

Veamos las diferencias entre este régimen especial y el general del art. 24 CP.

La primera especialidad de este caso respecto del concepto general del art. 24 CP es que, en el caso del cohecho pasivo no se exige el "nombramiento por autoridad competente" que, como hemos visto es interpretado de manera muy laxa en el régimen general. Tal laxitud fue criticada por RAMON RIBAS[41] precisamente a partir de la regulación específica del cohecho, en el que no se exige tal "nombramiento" lo que, según este autor, destaca el carácter esencial del mismo en el concepto general. En materia de cohecho y asimilados, el "nombramiento" y la "elección" sólo se mencionan en la letra a) del art. 427 CP relativo a cargos y empleos legislativos, administrativos y judiciales en países de la UE o cualquier otro extranjero, esto es, situaciones claramente incluibles en la función pública que sólo planteaban la duda cuando se producen fuera de España. Pero, en todo caso, ello confirma que, en el ámbito de las empresas públicas (letra b) del mismo art. 427 CP no se exige una forma especial que sustente la vinculación con la función pública.

La segunda observación recae sobre la utilización del concepto de *ejercicio* de la función pública que se maneja en este art. 427 b) CP ("...persona que ejerza función pública.."), distinto de la mera *participación en el ejercicio* de la función pública que se maneja en el art. 24 CP. Ello podría llevar a plantear una diferenciación según la cual el art.427 b) CP incluiría sólo casos de titularidad de la función pública en sentido estricto que, en cambio, no sería exigible en el art. 24 CP.

A mi juicio, tal matización no resulta necesaria. Por un lado, ya vimos en el art. 24 CP cómo es posible aplicarlo a supuestos en los que la entidad no es titular exclusivo ni siquiera preferente de la función pública. Por otro, el art. 427 b) CP se refiere expresamente a empresas públicas, muchas de las cuales están incluso sometidas al derecho privado, lo que hace extraño atribuirles dicha titularidad de la función pública en sentido estricto y distinto de la "participación en el ejercicio" que no ha impedido mantenerlas en el art. 24 CP. Por último, mantener un concepto de "ejercicio" más restrictivo que el de "participar en el ejercicio"

41 Vid. Supra apartado 2.2 y nota 20

del art. 24 CP, supondría restringir el ámbito del art. 427 b) CP respecto del concepto general, cuando lo que parece evidente es que la voluntad de la ley no es restrictiva sino ampliatoria.

4.2 La función de servicio público en la gestión de intereses financieros de la UE (art. 427 d) CP).

En cuanto a la reciente letra d) del art. 427 CP, incorpora el concepto de prestación de *función de servicio público*, aún más controvertido que el de función pública. El redactado del CP es trasposición literal del art. 4 de la Directiva 2017/1371 en el que directamente se considera funcionarios a los ejercientes de "una función de servicio público" que consista en la gestión de intereses financieros de la Unión o en "tomar decisiones sobre dichos intereses".

La idea de "función de servicio público" provoca aquí una cierte extrañeza porque, como se recordó más arriba (apartado 3.2) en la UE el viejo concepto de servicio público ha sido sustituido por los servicios de interés general (SIG) en los que se incluyen tanto los de interés económico (SIEG) como los que no poseen tal característica (SIGNE), definidos en el art. 86 (ahora 106) del Tratado de funcionamiento de la UE. TORNOS MAS define el servicio público en su concepción española como actividad prestacional asumida por la Administración de acuerdo a los principios de asequibilidad, igualdad, continuidad y calidad[42], lo que ya no se corresponde necesariamente con los conceptos europeos.

No corresponde a este trabajo entrar en el debate sobre hasta qué punto el viejo concepto de servicio público ha periclitado[43], pero suele destacarse que la cuestión se ubica en la evolución de

---

42 TORNOS MAS, J. "El concepto de servicio público...cit", pp.194 y ss y pp.210 y 211.

43 Vid. PAREJO ALFONSO, L. "Servicios públicos y servicios de interés general: la renovada actualidad de los primeros", *Revista de Derecho de la*

conceptos a partir de la liberalización europea de los servicios, por lo que, a mi juicio, no resulta determinante para interpretar el sentido de los términos "función de servicio público" en el concepto de la Directiva 2017/1371, traspuesto literalmente a la letra b) del art. 427 CP. El hecho de que se acuñe en una norma europea parece impedir identificarlo con el viejo concepto de servicio público y tampoco con el servicio de interés general que en la UE se maneja con la finalidad de permitir algunas excepciones a la libre concurrencia admitiendo, por ejemplo, recibir ayudas públicas a las entidades que lo presten.

Lo determinante en esta previsión legal son los intereses financieros de la UE como objeto en cuya gestión pueden intervenir entidades que por dicha actividad se entienden prestadoras de una función de servicio público. En otras palabras, no se trata tanto de delimitar un concepto específico de "función de servicio público" a estos efectos, sino que son los intereses financieros -en tanto que públicos-, los que determinan la apreciación de tal función en quienes los gestionan. De aceptarse lo anterior, la amplitud del concepto de funcionario en esta materia puede ser desmesurada: la Directiva (apartado 4 del preámbulo) menciona la gestión del IVA y su fraude como ámbito especialmente relevante para los intereses financieros de la Unión, de manera que, a salvo de alguna interpretación restrictiva, podría conllevar la consideración como funcionario de todo aquél que gestiona la recaudación de tal impuesto europeo, incluyendo a todos los profesionales y comerciantes. Por último, la interpretación restrictiva es ineludible en la modalidad de "tomar decisiones sobre esos intereses" que, en primer lugar, debería limitarse a sujetos con capacidad para tomar decisiones relevantes sobre los intereses financieros y, además, que la decisión concreta tuviera -al menos- aptitud para afectar a la repetida gestión.

Unión Europea, 7,2004, p.57, manteniendo la adecuación de los conceptos europeos al concepto español si éste se maneja en todas sus acepciones.

Por último, la Propuesta de Directiva del Parlamento europeo y del Consejo sobre la lucha contra la corrupción presentada el 3 de mayo de 2023, amplía todavía más el concepto de funcionario añadiendo a "toda persona a la que se haya asignado y esté ejerciendo una función de servicio público en los Estados miembros o en terceros países para una organización internacional o para un órgano jurisdiccional internacional.

5. CONCLUSIÓN

A la par que la Administración ha descentralizado y semiprivatizado sus funciones mediante el llamado sector público empresarial, el concepto de funcionario público a efectos penales, históricamente contenido en el art. 24 CP ha visto ampliados sus contornos en una concepción jurisprudencial dominada por el pragmatismo que, pretendiendo evitar la impunidad en las formas hibridas de la gestión pública, ha llegado a un concepto penal de funcionario absolutamente laxo en el que basta con que el sujeto se encuadre, prácticamente por cualquier título habilitante, en una entidad parcialmente sometida al derecho público y que persiga fines públicos aunque no sea de manera exclusiva. Ello afecta tanto a las empresas públicas como a posibles sujetos activos de delitos de funcionarios, como a las personas físicas que actúen en su ámbito.

Tal laxitud conlleva la inseguridad jurídica respecto de lo que debe ser o no considerado como participación en el ejercicio de funciones públicas. Con todo, en aquellos casos dudosos sobre la condición de funcionario de una persona física actuante en el nombre de una persona jurídica que reúne tal condición, es posible acudir a la regla del "actuar en nombre" de una persona jurídica contenida en el art. 31 CP.

En cuanto a la equiparación al sujeto funcionario que se contiene en los delitos de cohecho, tráfico de influencias y malversación (arts. 427, 431 y 435 bis CP), resulta más amplia que la definición del art. 24 CP porque no exige determinados títulos habilitantes ni especial forma que sustente la vinculación con la función pública. El circulo de posibles sujetos activos queda así ampliado extraordinariamente, especialmente desde la reforma por LO 1/2019 en relación a quienes actúan en la gestión de intereses financieros de la UE, lo que incluye la gestión del IVA. Tal tendencia ampliatoria y sus problemas de inseguridad jurìdica demandan una interpretación restrictiva y definiciones típicas más meditadas.

6. BIBLIOGRAFÍA CITADA

BERNING PRIETO, A.D. "Delimitación entre potestades administrativas y actividades técnicas o auxiliares", en Gamero Casado (dir.) *La potestad administrativa, concepto y alcance práctico de un criterio clave para la aplicación del derecho administrativo,* Tirant lo Blanch, Valencia, 2021,

CANALS AMETLLER, D. "El ejercicio de potestades administrativas por operadores privados en régimen de mercado", en Gamero Casado (dir.), *La potestad administrativa. Concepto y alcance práctico de un criterio clave para la aplicación del derecho administrativo.* Tirant lo Blanch, Valencia 2021

CARDONA BARBER, A. "La responsabilidad penal de los gestores del sector público empresarial", *Revista General de Derecho Penal,* 37, 2022

CARDONA BARBER, "La responsabilitat penal de les societats mercantils publiques", *Revista Jurídica de Catalunya,* 4, 2021,

CORDOBA RODA,J. *Comentario al art. 31,* en Cordoba Roda/García Arán, *Comentarios al Código Penal. Parte General,* Marcial Pons, Madrid, 2011

CUENCA GARCÍA,MJ. "La aplicabilidad del concepto penal de funcionario a los cargos internos de los partidos", en García Arán/Botella (dirs.) *Responsabilidad jurídica y política de los partidos en España,* Tirant lo Blanch, Valencia, 2018,

DEL TORO MARZAL, A. "Comentario al art. 119", en Córdoba/Rodriguez Mourullo/del Toro/Casabó, *Comentarios al Código Penal, T.II.* Ariel, Barcelona, 1972

DIEZ PICAZO,l. "La idea de servicios de interés económico general", *Revista española de Derecho Europeo,* 2, 2002

FARALDO CABANA,P. *Los delitos societarios.* Tirant lo Blanch, Valencia, 1996, p. 147.

FERNANDEZ BAUTISTA,S. *El administrador de hecho y de derecho. Aproximación a los delitos con restricciones con sede de autoría.* Tirant lo Blanch, Valencia, 2007

GARCÍA ARAN,M. "Autonomía interpretativa del derecho penal y delincuencia de las empresas públicas", *Revista de Estudios jurídicos y criminológicos,* 6, 2022

GOMEZ RIVERO,C. "El castigo penal de la corrupción en el ámbito del llamado sector público instrumental", *Revista electrónica de Ciencia Penal y Criminología,* 18,2016,

MARTIN LORENZO, M. "Concepto penal de funcionario y externalización de funciones públicas", en Maqueda/Martín/Ventura, *Derecho Penal para un estado social y democrático de derecho. Estudios penales en homenaje al profesor Emilio Octavio de Toledo y Ubieto.* Universidad Complutense de Madrid, Madrid, 2016

MONTANER FERNANDEZ, R. *Gestión empresarial y atribución de responsabilidad penal. A propósito de la gestión medioambiental.* Atelier, Barcrlona. 2008.

MUÑOZ CONDE,F. *Derecho penal, Parte especial,* 20ª edición, Tirant lo Blanch, Valencia, 2015

NAVARRO GONZALEZ, R. "La atribución de las potestades administrativas, en Gamero Casado,E (dir), *La potestad administrativa. Concepto y alcance práctico de un criterio clave para la aplicación del derecho administrativo",* Tirant lo Blanch, Valencia, 2021

NIETO MARTIN, A. *El delito de administración fraudulenta, Praxis,* Barcelona, 1996

OCTAVIO DE TOLEDO,E. *La prevaricación de funcionario público.* Civitas, Madrid, 1980

PARADA VAZQUEZ, R. *Derecho administrativo,I.* Ediciones universitarias, 2013

PAREJO ALFONSO, L. "Servicios públicos y servicios de interés general: la renovada actualidad de los primeros", *Revista de Derecho de la Unión Europea,* 7,2004,

PORTILLA CONTRERAS, G. *El delito de práctica ilegal de detención por funcionario público,* Edersa, Madrid, 1990

RAMON RIBAS, E. "La derogación jurisprudencial del art. 24.2 del Código Penal (concepto de funcionario público)", *Estudios penales y criminológicos,* 34, 2014

REBOLLO VARGAS,R. "Comentario al artículo 24 del CP", en Córdoba Roda/García Arán, *Comentarios al Código Penal. Parte General,* Marcial Pons, Madrid,2011

SILVA SANCHEZ, J. "Empresas prevaricadoras. Delitos especiales de funcionarios públicos, sociedades mercantiles y medio ambiente", en *Estudios jurídicos en memoria de la Pro. Dra. Elena Gorriz Royo,* Valencia, Tirant lo Blanch, 2020,

TORNOS MAS, J. "El concepto de servicio público a la luz del derecho comunitario", *Revista de Administración Pública, 200,2016*

TOSCANO GIL, "Análisis de las transformaciones actuales del derecho administrativo en España", *Revista digital de derecho administrativo, 22,2019*

VALEIJE ALVAREZ,I. "Sobre la responsabilidad penal de las sociedades públicas mercantiles que ejecuten políticas públicas o presten servicios de interés económico general (art. 31 quinquies 2 CP)" en AA.VV. *Los lobbies: ¿instrumento de participación democrática o medios de corrupción?,* Vazquez-Portomeñe (dir.)/Sanjurjo Rivo (Coord.), Tirant lo Blanch, Valencia, 2022,

VALEIJE,I, "Reflexiones sobre los conceptos penales de funcionario, función pública y personas que desempeñan una función pública", *Cuadernos de Política Criminal,* 62, 1997

VAZQUEZ PORTOMEÑE, F. "El concepto penal de funcionario público: algunas cuestiones problemáticas", en Ferré Olivé/Serrano Piedecasas/ Demetrio Crespo/Perez Cepeda/Núñez/ Zúñiga Rodriguez/ Sanz Mulas, *Liber Amicorum Derechos humanos y derecho penal, T. II. Homenaje al Prof. Ignacio Berdugo Gómez de la Torre,* Ed. Universidad de Salamanca, 2022

Capítulo II
El problema del sujeto administrativo en la atribución de responsabilidad penal de las sociedades mercantiles públicas[1]

CARLOS PADRÓS REIG
Catedrático (Ac) de Derecho Administrativo
Universidad Autónoma de Barcelona
Ex-Letrado del Tribunal Constitucional

---

1 Estas páginas resumen el resultado de la exposición y debate del tema que tuvo lugar en el seminario del grupo de investigación PRECOSPE (Prevención de la Corrupción en el Sector Público Empresarial) en la sesión mantenida en febrero de 2022. Todo ello en el conjunto de actividades comprendidas en el Proyecto de Investigación I+D+i (PID2020-117526RB-100- IP. Dra. Miriam Cugat Mauri), cuyos primeros resultados empiezan a ver la luz: CARDONA BARBER, A. (2022) "La responsabilidad penal de los gestores del sector público empresarial" *Revista General de Derecho Penal* 37; GARCÍA ARÁN, M. "Autonomía interpretativa del derecho penal y delincuencia de las empresas públicas" *Revista de Estudios Jurídicos y Criminológicos*, nº. 6. 2022. Agradezco a mis colegas de Derecho penal las "incómodas" preguntas que suscitó el debate cuya conclusión preliminar podría apuntar a la futilidad del enfoque dogmático de la cuestión entre las dos disciplinas (penal-administrativo).

SUMARIO. 1. INTRODUCCIÓN. 2. EL SUJETO EN LA LEGISLACIÓN ADMINISTRATIVA GENERAL. *2.1. Específicamente la distinción entre empresa pública y sociedad mercantil pública.* 3. EL SUJETO EN LA LEGISLACIÓN ADMINISTRATIVA ESPECIAL. *3.1. Normas de contabilidad, 3.2. Contratación. 3.3. Un reciente ejemplo práctico: las escuelas privadas concertadas en Bélgica, ¿son una unidad institucional pública? STJUE (Sala 10ª) de 28 de abril de 2022. 3.4. La Ley 2/2023, de 20 de febrero, reguladora de la protección de las personas que informen sobre infracciones normativas y de lucha contra la corrupción.* 4. FINAL. 5. BIBLIOGRAFÍA.

I. INTRODUCCIÓN

El Derecho administrativo se define canónicamente en la tradición continental-francesa como el Derecho especial (estatutario) de las Administraciones públicas. Se trata de un derecho distinto del común por razón del sujeto al que se aplica en lo que se conoce como la teoría subjetiva o estatutaria del Derecho administrativo.

Esta construcción no es ni universal ni inmutable sino que responde a un momento histórico (Revolución francesa), como un intento de afianzar el nuevo poder (ejecutivo) sobre el poder del monarca absoluto pero también frente al poder legislativo asambleario (Administración pública como poder simplemente vicario del poder legislativo). Tanto los jueces como la Administración misma podían frenar las veleidades de la asamblea revolucionaria.[2] Esta dualidad de justificaciones – no necesariamente mutuamente excluyentes–abre la puerta a una doble visión: la Administración necesita un Derecho especial como límite a su gran poder (lucha contra las inmunidades del poder en afortunada terminología del profesor García de Enterría); la Administración necesita de un Derecho especial como privilegio para la mejor defensa del interés público general.

---

2 De ahí la famosa frase del Conde de Romanones: "Hagan ustedes las leyes, que yo haré los reglamentos."

Sin ninguna pretensión dogmática, lo que a continuación se expone es una cuestión recurrentemente debatida entre la doctrina administrativista[3] y que tiene plasmaciones en varias normativas (Derecho administrativo común pero también Derecho administrativo especial en campos como la contratación, el empleo público, el ejercicio de autoridad, la contabilidad, o la defensa de la libre competencia empresarial). Existen innumerables y brillantes aportaciones al respecto[4], por lo que nada podríamos avanzar en la clarificación de la cuestión. Nuestro enfoque huye deliberadamente de la ontología dogmática para explorar modestamente la pragmática realidad.

El tema suscita interés por una poderosa razón: la legislación administrativa de 1992 (Ley 30/1992, de 26 de noviembre, de Régimen Jurídico de las Administraciones Públicas y del Procedimiento Administrativo Común) todavía seguía anclada en el concepto subjetivo de Administraciones Públicas, clasificando las mismas entre territoriales y no territoriales. Entre las primeras, el Estado, las Comunidades Autónomas y los entes locales. Entre las segundas, una gran constelación de entidades (colegios, federaciones, cámaras oficiales, organismos autónomos, agencias, autoridades independientes, empresas públicas, consorcios, y otros monstruos legales: entidades de Derecho público sujetas al

---

3 Entre nuestros clásicos administrativistas PARADA VÁZQUEZ, J.R. "Derecho Administrativo, Derecho Privado, Derecho garantizador" *Revista de Administración Pública* n. 52, 1967; PAREJO ALFONSO, L. *El concepto de Derecho Administrativo.* Editorial Jurídica Venezolana. Caracas 1984; ORTEGA ALVAREZ, L. *La concepción subjetiva del Derecho administrativo tras la Constitución española de 1978,* ed. Bomarzo, 1989; p. 268; GARCÍA DE ENTERRÍA, E. , "El concepto de personalidad jurídica en el Derecho público", *Revista de Administración Pública* , n. 129, 1992.

4 MUÑOZ MACHADO, S. *Tratado de Derecho administrativo y Derecho público general, III. la organización territorial del Estado. Las Administraciones públicas.* IUSTEL 2009; SANTAMARIA PASTOR, J.A. *Principios de Derecho administrativo general.* Tomo I. Iustel, 2018, 5ª ed.

Derecho privado). En cambio, la nueva legislación (Ley 39/2015, de 1 de octubre, del Procedimiento Administrativo Común de las Administraciones Públicas y Ley 40/2015, de 1 de octubre, de Régimen Jurídico del Sector Público), supera el término de "*Administraciones Públicas*" para abrazar ahora el más amplio de "*Sector Público*". Si bien toda Administración pública (sujeto) formará parte del Sector público (objeto), no todos los sujetos administrativos serán Administración pública. Esta evolución se debe en gran parte a dos razones:

(i) la recepción del Derecho de la Unión europea que no comparte de forma monolítica la concepción francesa del Derecho administrativo;

(ii) la constatación de la pasmosa facilidad con la que la Administración ha sabido sacudirse las rigideces que le impone su Derecho especial mediante el recurso a la personificación privada.[5]

Lo cierto es que en la concepción del Derecho administrativo como límite del poder, se imponen toda una serie de regulaciones

---

5 Sin ninguna pretensión de exhaustividad DEL SAZ, S. "La huida del Derecho administrativo: últimas manifestaciones: Aplausos y críticas". *Revista de Administración Pública,* nº 133, 1994, págs. 57-98; MARTÍN-RETORTILLO BAQUER , S. "Reflexiones sobre la "huida" del Derecho administrativo" *Revista de Administración Pública,* nº 140, 1996; LINDE PANIAGUIA.E. "El Derecho administrativo como derecho instrumental versus la huida del derecho administrativo" *Revista del Poder Judicial,* nº 49, 1998; CHINCHILLA MARÍN, C. "El derecho de la Unión Europea como freno a la huida del derecho administrativo". *Revista de Administración Pública,* nº 200, 2016 (Ejemplar dedicado a: El Derecho administrativo a los 30 años de nuestro ingreso en la Unión Europea), págs. 361-383; GARCÍA-ANDRADE, J. "¿Huida o expansión del derecho administrativo? *Revista Española de Derecho Administrativo,* nº 209, 2020, págs. 139-170.

especiales que hacen el funcionamiento administrativo poco ágil.[6] La Administración no puede contratar con quien le plazca (cfr. los desastrosos efectos de la ablación del procedimiento administrativo en la contratación de emergencia por razón de la pandemia). Tampoco puede seleccionar libremente a sus empleados y agentes (con la escandalosa patología que supone que la mayor temporalidad y precariedad laboral tiene lugar en la propia Administración pública que debería combatirla (30,9% del total de la plantilla)).[7]

Esta evolución[8], constituye el contexto de la complicada aplicación práctica del artículo 31 quinquies del Código Penal de 1995 añadido por el art. único. 23 de la Ley Orgánica 1/2015, de 30 de marzo. Efectivamente, una vez que el Derecho penal supera la máxima "*societas delinquere non potest*"[9] y extiende la

---

6 Lo describe magistralmente el profesor Sánchez Morón: "La ineficacia de la acción burocrática, debida en gran parte a la lentitud de los procedimientos de decisión y a los controles administrativos previos además de a la rigidez del régimen funcionarial, debía ser combatida abandonando ese modelo propio del sistema de dominación de las élites políticas y de los cuerpos superiores de funcionarios, para optar siempre que fuera posible por otro régimen de decisión más parecido al de la empresa privada". SÁNCHEZ MORÓN, M. "El retorno del derecho administrativo" *Revista de Administración Pública,* nº 206, 2018, pp. 37-66. doi: https://doi.org/10.18042/cepc/rap.206.02, p.45. Y más lapidariamente: "Cuando el derecho administrativo no evoluciona ni ofrece respuesta efectiva a estos problemas, la huida hacia el derecho privado de la organización es difícil de contener" Ibidem, p. 65.

7 INE. *Asalariados del sector público por tipo de contrato o relación laboral, sexo y comunidad autónoma. Valores absolutos y porcentajes respecto del total de cada comunidad.* Disponible en https://www.ine.es/jaxiT3/Tabla.htm?t=4963&L=0

8 resulta útil la lectura de SÁNCHEZ MORÓN, M. "El retorno del derecho administrativo" *Revista de Administración Pública,* nº 206, 2018, pp. 37-66. doi: https://doi.org/10.18042/cepc/rap.206.02

9 Cfr. AAVV. *La responsabilidad penal de las personas jurídicas. Libro homenaje al Excmo. Sr. D. José Manuel Maza Martín.* FGE. Madrid. 2018. Texto disponible en: https://www.fiscal.es/documents/20142/284182/La

exigencia de responsabilidad penal a las personas jurídicas, resulta que pueden tener que responder penalmente no solo los funcionarios y agentes públicos sino las propias entidades jurídicas que integran el sector público (si es que ello fuera posible bajo la idea del carácter siempre personal de la responsabilidad).

La disposición penal contiene básicamente dos reglas generales:

1. Exclusión de la responsabilidad penal de las "Administraciones" específicamente enumeradas: "*Las disposiciones relativas a la responsabilidad penal de las personas jurídicas no serán aplicables al Estado, a las Administraciones públicas territoriales e institucionales, a los Organismos Reguladores, las Agencias y Entidades Públicas Empresariales, a las organizaciones internacionales de derecho público, ni a aquellas otras que ejerzan potestades públicas de soberanía o administrativas.*" Nace pues la nueva máxima "*Republica delinquere non potest*".
2. Modulación de la exigencia de responsabilidad penal de las sociedades mercantiles públicas según su objeto. "*En el caso de las Sociedades mercantiles públicas que ejecuten políticas públicas o presten servicios de interés económico general, solamente les podrán ser impuestas las penas previstas en las letras a) y g) del apartado 7 del artículo 33.*[10] *Esta limitación no será aplicable cuando el juez o tribunal aprecie que se trata de una forma jurídica creada por sus promotores, fundadores, administradores o representantes con el propósito de eludir una eventual responsabilidad penal*."

+responsabilidad+penal+de+las+personas+jur%C3%ADdicas.+Libro+homenaje+al+ex+Fiscal+General+del+Estado+Jos%C3%A9+Manuel+Maza+Mart%C3%ADn.pdf/c833b8ad-07b4-3b9a-4a1f-732f5d88e04a?version=1.0&t=1563363452216

10 respectivamente, multa por cuotas o proporcional; e intervención judicial para salvaguardar los derechos de los trabajadores o de los acreedores por el tiempo que se estime necesario que no podrá exceder de cinco años.

Aunque volveremos más adelante sobre la cuestión, basta ahora destacar cómo la precisa definición de conceptos como el sujeto administrativo, el ejercicio de potestades administrativas o la ejecución de políticas públicas o servicios de interés económico general, conllevan irremediablemente aparejada la necesidad de abordar su análisis, ya sea autónomamente por el Derecho penal o heterónomamente por el Derecho administrativo. Y pese a que la reforma penal es siete meses anterior a la administrativa, no parece que hubiera ningún "diálogo" entre los autores de cada una de las leyes.

El tema no es de mero lucimiento para académicos y amantes de la dogmática sino que tiene un notable impacto en la vida real del poder administrativo y de los ciudadanos. El Ministerio de Hacienda y Función Pública proporciona una herramienta extremadamente útil (Inventario de Entes del Sector Público)[11] para comprobar la dimensión cuantitativa del sector público institucional (4.936 entes) con diversas funcionalidades e informes de evaluación que pueden ser objeto de consulta.

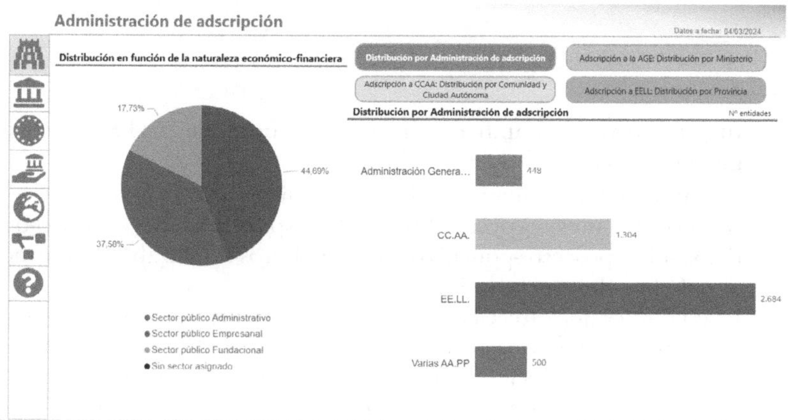

11 https://www.pap.hacienda.gob.es/invente2/PagMenuPrincipalV2.aspx?Entorno=2

En el gráfico puede apreciarse la gran importancia cuantitativa del sector público empresarial (EPE y sociedades) que supera al administrativo. Territorialmente, la Comunidad con más entes es Cataluña con 282 que duplica a la segunda (Andalucía con 135) y triplica a las siguientes (Madrid, País Vasco, Comunitat Valenciana y Galicia, con cerca de 100 cada una).

También es de interés la recopilación de datos sobre ejecución presupuestaria que realiza la Servicio Nacional de Coordinación Antifraude de la Intervención General del Estado.[12] La liquidación del ejercicio contable de 2021 (último disponible) para el conjunto de organismos de la AGE es expresiva de su relevancia dentro del conjunto del presupuesto español, alcanzando una dimensión superior a los 22.200 millones de euros.

E igualmente, los datos CGPJ sobre el año 2021 arrojan procesamientos por corrupción a 273 personas físicas y 71 personas jurídicas[13], así como el dictado de 65 sentencias, de las cuales 44 condenatorias (67,6%).

---

12 https://www.igae.pap.hacienda.gob.es/sitios/igae/es-ES/snca/Paginas/inicio.aspx

13 consulta por anualidad (2021) en repositorio CGPJ. https://www.poderjudicial.es/cgpj/es/Temas/Transparencia/Repositorio-de-datos-sobre-procesos-por-corrupcion/Ficheros-reutilizables/Informe-anual-2021-Resumen-nacional
La estadística que ofrece el repositorio comprende procesamientos tanto contra funcionarios públicos como contra políticos en el ejercicio de sus cargos (distinción entre corrupción administrativa y corrupción política). Se incluyen los delitos de prevaricación urbanística, prevaricación administrativa, infidelidad en la custodia de documentos y violación de secretos, cohecho, tráfico de influencias, malversación, fraudes y exacciones ilegales, negociaciones y actividades prohibidas a los funcionarios públicos y abusos en el ejercicio de su función y corrupción en las transacciones comerciales internacionales. Todos ellos comparten el menoscabo o afectación de dinero público.

II. EL SUJETO EN LA LEGISLACIÓN ADMINISTRATIVA GENERAL.

El art. 2.1. tanto de la Ley 39/2015 como de la 40/2015 detallan el ámbito subjetivo de lo que deba entenderse por sector público que comprende:

a) La Administración General del Estado;

b) Las Administraciones de las Comunidades Autónomas;

c) Las Entidades que integran la Administración Local;

d) El sector público institucional.

Se reproduce, pues, la clásica división entre entes territoriales (letras a, b y c) y entes institucionales o instrumentales (letra d). Hay que notar que pese a la denominación lo que distingue a unos y otros no es propiamente el territorio (los entes institucionales puede ser igualmente estatales, autonómicos o locales) sino su pluralidad o unicidad de fines. Mientras que la Administración General del Estado tiene como territorio el ámbito nacional, ADIF, con el mismo ámbito territorial tiene un único fin. Por ello, son los fines y no el espacio lo que hay que contemplar. No presentando los entes territoriales mayor necesidad de aclaración, sí en cambio los segundos.

El sector público institucional se integra por (art 2.2):

a) Cualesquiera organismos públicos y entidades de derecho público vinculados o dependientes de las Administraciones Públicas.

b) Las entidades de derecho privado vinculadas o dependientes de las Administraciones Públicas que quedarán sujetas a lo dispuesto en las normas de esta Ley que específicamente se refieran a las mismas, en particular a los principios previstos en el artículo 3, y en todo caso, cuando ejerzan potestades administrativas.

c) Las Universidades públicas que se regirán por su normativa específica y supletoriamente por las previsiones de la presente Ley.

Dejando ahora de lado las Universidades, el precepto dibuja una ulterior división dentro de la categoría institucional. De una parte los organismos y entidades de derecho público; de otra, las entidades de derecho privado. La forma de constitución de la entidad será relevante a efectos de su consideración como Administración o como Sector Público institucional: Tienen la consideración de Administraciones Públicas la Administración General del Estado, las Administraciones de las Comunidades Autónomas, las Entidades que integran la Administración Local, así como los organismos públicos y entidades de derecho público previstos en la letra a) del apartado 2. En cambio, las entidades de derecho privado (sociedades mercantiles) entran dentro de la categoría de sector público pero no dentro de la categoría de Administraciones públicas. Quedan sujetas a la Ley de forma parcial (principios) y según lo que hagan (ejercicio o no de potestades administrativas).

El primer aspecto que salta a la vista es la discordancia entre el precepto penal (31 quinquies) y el precepto administrativo (2.2 Ley 40/2015). En el ámbito penal, la exención de responsabilidad distingue igualmente en base a la forma (pública o privada), de manera que engloba a las primeras (inclusive los Organismos Reguladores, las Agencias y Entidades Públicas Empresariales). En principio pues, las sociedades mercantiles (entidades de derecho privado), quedarían excluidas de la responsabilidad penal de entidad, al referirse el precepto a "*las Administraciones públicas territoriales e institucionales*". Puede afirmarse que la más moderna noción de "Sector Público" se traslada a la regulación penal, incluso antes de su adopción por la propia legislación administrativa. Es cierto que para las sociedades mercantiles privadas, prevé la Ley 40/2015, la aplicación limitada de los principios de buena regulación[14]. Igualmente, en el traslado de la responsabilidad

---

14 Además de los principios constitucionales del art. 103 CE (eficacia, jerarquía, descentralización, desconcentración y coordinación) se añaden también en el art. 3, entre otros los principios de objetividad y

penal, solo se aplicarán a las sociedades mercantiles determinadas figuras penológicas (multa e intervención judicial).

Más confusamente, el art. 84 de la Ley 40/2015[15] abunda en la delimitación de la composición y clasificación del sector público institucional estatal: *"Integran el sector público institucional estatal las siguientes entidades:*

a) Los organismos públicos vinculados o dependientes de la Administración General del Estado, los cuales se clasifican en:

1. Organismos autónomos.

2. Entidades públicas empresariales.

3. Agencias estatales.

b) Las autoridades administrativas independientes.

c) Las sociedades mercantiles estatales.

d) Los consorcios.

e) Las fundaciones del sector público.

f) Los fondos sin personalidad jurídica.

---

transparencia de la actuación administrativa; racionalización y agilidad de los procedimientos administrativos y de las actividades materiales de gestión; buena fe, confianza legítima y lealtad institucional; responsabilidad por la gestión pública (lo que no incluiría la responsabilidad penal); planificación y dirección por objetivos y control de la gestión y evaluación de los resultados de las políticas públicas; eficacia en el cumplimiento de los objetivos fijados (reiterando la Ley el mismo principio constitucional); economía, suficiencia y adecuación estricta de los medios a los fines institucionales; eficiencia en la asignación y utilización de los recursos públicos.

15 el redactado original de 2015 ha sido modificado por la DF 15.2 Ley 9/2017, de 8 de noviembre, de contratos del sector público (que excluye a las empresas de reconversión o reindustrialización) y por la DF 34.1 Ley 11/2020, de 30 de diciembre, de Presupuestos Generales del Estado para el año 2021 (añade las agencias estatales).

g) Las universidades públicas no transferidas.

Parecería que solo las letras a) y g) del art. 84 corresponderían a la noción de Administración pública como en el art. 2. Sin embargo, también las autoridades administrativas independientes integran el sector público institucional y no tiene la característica de la vinculación o dependencia. Y aparecen ahora expresamente nominadas las agencias estatales como categoría. Tampoco se mencionaban antes las fundaciones públicas y los fondos sin personalidad jurídica. También resulta confusa la comparación entre el ámbito subjetivo y su concreción para el Estado en lo referente a las empresas (sociedades mercantiles). Mientras que para el art. 2 solo son sector público aquellas empresas vinculadas o dependientes de las Administraciones Públicas, para el 88 parece que la condición se aplica a cualquiera de ellas, con independencia del vínculo. Esta cuestión no es meramente semántica puesto que una sociedad mercantil con una participación del 25% del Estado puede que no sea ni tan siquiera un ente del sector público si esa participación accionarial no implica una dependencia del gobierno corporativo al poder público. Volveremos más adelante sobre ello.

Junto con lo anterior, conviene también precisar la noción de "organismos públicos". Según el art. 88 Ley 40/2015, se arrastra la ya obsoleta diferenciación entre organismo autónomo administrativo y organismo autónomo industrial. Son organismos públicos dependientes o vinculados a la Administración General del Estado, bien directamente o bien a través de otro organismo público (vinculación derivada):

- los organismos creados para la realización de actividades administrativas, sean de fomento, prestación o de gestión de servicios públicos o de producción de bienes de interés público susceptibles de contraprestación. Correspondería al *nomen iuris* de Organismo Autónomo[16] o de Agencia Estatal.[17]

- los organismos que realicen actividades de contenido económico reservadas a las Administraciones Públicas. Correspondería a las Entidades Públicas Empresariales.
- los organismos cuya misión sea la supervisión o regulación de sectores económicos, y cuyas características justifiquen su organización en régimen de descentralización funcio-

---

16 Los organismos autónomos son entidades de derecho público, con personalidad jurídica propia, tesorería y patrimonio propios y autonomía en su gestión, que desarrollan actividades propias de la Administración Pública, tanto actividades de fomento, prestacionales, de gestión de servicios públicos o de producción de bienes de interés público, susceptibles de contraprestación, en calidad de organizaciones instrumentales diferenciadas y dependientes de ésta (art. 98 Ley 40/2015). Constituyen ejemplos de lo anterior: el Organismo Autónomo Parques Nacionales; el Servicio Público de Empleo Estatal; el Instituto Nacional de Técnica Aeroespacial; el Centro de Investigaciones Sociológicas; el Consejo Superior de Deportes; la Inspección de Trabajo y Seguridad Social; el Instituto Nacional de Estadística; el Instituto de la Cinematografía y de las Artes Audiovisuales o la mutualidad de funcionarios MUFACE.

17 Las Agencias Administrativas suponen un claro ejemplo del fenómeno natural de "los ojos del Guadiana" en la organización administrativa española. Aparecen con la Ley 28/2006, de 18 de julio, de Agencias estatales, que es posteriormente derogada por DA 4ª Ley 40/2015. La Ley 11/2020, de 30 de diciembre, de Presupuestos Generales del Estado para el año 2021 modifica la Ley 40/2015, de 1 de octubre, de Régimen Jurídico del Sector Público, y recupera las agencias estatales como organismos públicos integrantes del sector público institucional estatal. Constituyen ejemplos de estos sujetos administrativos: la Agencia Española de Medicamentos y Productos Sanitarios; la Agencia Española de Cooperación Internacional para el Desarrollo; la Agencia Estatal Antidopaje o la Agencia Estatal Boletín Oficial del Estado.

nal o de independencia. Correspondería a la etiqueta de Administraciones Independientes.[18]

En definitiva, cuando el art. 31 quinquies CP hace referencia a "*las Administraciones públicas territoriales e institucionales*" con la finalidad de delimitar los sujetos exentos, caben dos posibilidades interpretativas: (i) que el legislador penal estuviera pensando en el esquema de 1992 (legislación vigente en ese momento) y por tanto incluyera dentro de las administraciones públicas a las administraciones institucionales que comprendían a las sociedades mercantiles públicas (exención en grado máximo). (ii) la segunda interpretación posible es que el legislador penal ya se anticipó a la posterior reforma administrativa y pensaba en dos grados de exención: para la personificación pública (apartado 1 art. 31 quinquies) de forma completa; para la personificación privada (apartado 2 art. 31 quinquies) de forma parcial según su campo de actividad. La primera interpretación, sin embargo, adolece de cierta incoherencia interna en el precepto pues si bien nos fijamos, lo que regula el apartado primero es la exención para el núcleo público de las Administraciones (las territoriales y los Organismos Reguladores, las Agencias y Entidades Públicas Empresariales así como a las organizaciones internacionales de derecho público). Se trataría siempre de la personificación pública del poder administrativo. En la segunda interpretación, se presentaría el problema de cómo interpretar la referencia literal en plano de igualdad de las Administraciones públicas territoriales e institucionales. De hecho, una mejor técnica legislativa permitiría suprimir del precepto penal "e institucionales" manteniendo perfecta coherencia y sentido.

---

18 Constituyen ejemplos de autoridades independientes: la Agencia Española de Protección de Datos; la Comisión Nacional de los Mercados y la Competencia; la Comisión Nacional del Mercado de Valores; el Consejo de Seguridad Nuclear; el Consejo de Transparencia y Buen Gobierno o la Autoridad Independiente de Responsabilidad Fiscal.

En otro orden de cosas, el sector público alcanza incluso entidades no personificadas como los fondos públicos sin personalidad[19], que no serían más que un instrumento presupuestario de gestión de recursos.[20] Aparecen en el artículo 2.2 de la Ley 47/2003, de 26 de noviembre, General Presupuestaria donde junto con la definición del sector público estatal, establece que los fondos forman parte del mismo. "Estos fondos son masas patrimoniales afectas a fines específicos en virtud de una disposición legal ajena a la LGP, cuya gestión se realiza con arreglo a normas financieras más propias del subsector empresarial que del administrativo, en parte específicas y en parte contenidas en la LGP [...], pese a lo cual, si se atiende a su forma de financiación, la mayoría forman parte del sector administrativo."[21]

---

19 Para el PGE de 2021 se contemplan los siguientes fondos: Fondo de Financiación a Comunidades Autónomas; Fondo de Financiación a Entidades Locales; Fondo de Cooperación para Agua y Saneamiento; Fondo de Carbono para una Economía Sostenible; Fondo para Inversiones en el Exterior; Fondo Nacional de Eficiencia Energética, Fondo para la Promoción del Desarrollo–AECID; Fondo para la Internacionalización de la Empresa, entre otros. Cfr. https://www.sepg.pap.hacienda.gob.es/Presup/PGE2021Ley/MaestroDocumentos/PGE-ROM/doc/3/1/4/6/N_21_E_A_1_3_6_5.PDF

20 Vide la novedad que supone la Resolución de 22 de diciembre de 2021, de la Intervención General de la Administración del Estado, por la que se modifica la de 1 de julio de 2011, por la que se aprueban las normas contables relativas a los Fondos carentes de personalidad jurídica a que se refiere el apartado 2 del artículo 2 de la Ley General Presupuestaria y al registro de operaciones de tales fondos en las entidades aportantes del sector público administrativo. BOE nº 312 de 29 de diciembre de 2021.

21 PASCUAL GARCIA, J. "La huida del Derecho Administrativo, del Presupuesto y de los controles financieros por los nuevos entes del sector público." *Presupuesto y Gasto Público* nº 60, 2010, pp. 109-128. Citado por CASADO ROBLEDO, S. "El régimen jurídico de los fondos carentes de personalidad jurídica cuya dotación se efectúa mayoritariamente desde los Presupuestos Generales del Estado" *Revista española de control externo,* Vol. 16 nº 47, 2014. Disponible en https://

En resumen, para el más moderno Derecho administrativo, existe una especie de regulación por círculos. (i) El **núcleo esencial** son las llamadas administraciones territoriales (Estado, Comunidades y Entes locales). También en este núcleo, los organismos de Derecho Público o lo que es lo mismo la personificación pública de determinados entes instrumentales: Organismos autónomos; Entidades públicas empresariales; Agencias estatales y Autoridades administrativas independientes. (ii) **Superado este primer círculo**, aparecen las entidades de derecho privado vinculadas o dependientes de las Administraciones Públicas. No se habla ya de Administración propiamente dicha sino de sector público y la intensidad en la aplicación de la legislación administrativa es menor y circunstancial ("*cuando ejerzan potestades administrativas*" según el art. 2.2 Ley 40/2015). Y (iii) **finalmente**, las entidades privadas en su forma como en la actividad que desarrollan.

De forma paralela, para el Derecho penal y la excepción a la extensión de la responsabilidad a las personas jurídicas, aparecen tres grados:

- (i) **Exención completa**: Estado, otras Administraciones públicas territoriales (autonómicas y locales) y parcialmente las institucionales. También para otras personificaciones ejerzan potestades públicas de soberanía o administrativas.
- (ii) **Exención parcial**: Sociedades mercantiles públicas que ejecuten políticas públicas o presten servicios de interés económico general.
- (iii) **No exención o plena sujeción**: las entidades mercantiles públicas restantes (ni ejercen potestades ni ejecutan políticas públicas ni prestan servicios de interés económico general).

---

www.tcu.es/repositorio/41a8fba0-7509-4d47-a83b-b9c2b337697c/N47CasadoRegimenjuridicofondos.pdf

Para las entidades que ejerzan potestades públicas de soberanía, no se presentaba mayor problema, puesto que por definición, existía una reserva legislativa de esas actividades a las personificaciones públicas.[22] Para la prestación de servicios, nótese como se combina el paradigma subjetivo y el objetivo. Son merecedoras de excepción las personificaciones mercantiles públicas siempre que realicen un SIEG (no, por ejemplo, si fabrican vehículos o zapatos). Ello concuerda con la necesidad de garantizar la regularidad y continuidad de la prestación de ciertas actividades pese a los eventuales casos de corrupción.[23]

---

22 Según la DA 12ª de la Ley 6/1997, de 14 de abril, de Organización y Funcionamiento de la Administración General del Estado, "En ningún caso podrán (las sociedades mercantiles) disponer de facultades que impliquen el ejercicio de autoridad pública." (paréntesis añadido). Ello ha dejado de ser así con la derogación expresa de la Ley de 6/1997 por la 40/2015 y la introducción del art. 113 de esta última por el que se establece que las sociedades mercantiles: "En ningún caso podrán disponer de facultades que impliquen el ejercicio de autoridad pública, sin perjuicio de que excepcionalmente la ley pueda atribuirle el ejercicio de potestades administrativas", lo que a nuestro juicio implica abandonar la prohibición absoluta para pasar a una prohibición relativa según disponga la legislación sectorial. No se puede más que suscribir la acertada crítica que realiza la profesora CHINCHILLA, "Si la huida del derecho administrativo es una técnica criticable, no puede serlo menos la que consiste en crear una persona jurídico-privada para, luego, atribuirle potestades públicas. Ahora bien, si se acepta que una sociedad mercantil puede ejercer potestades administrativas, la consecuencia lógica y necesaria ha de ser que se rija por el derecho administrativo". CHINCHILLA MARÍN, C. "Las sociedades mercantiles públicas. Su naturalez jurídica privada y su personalidad jurídica diferenciada: ¿Realidad o Ficción?" *Revista de Administración Pública* 203, 2017. pp. 17-56. p. 26.

23 Mi colega Joan Baucells detalla como este es precisamente el razonamiento que utiliza el Consejo de Estado en su Dictamen 358/2013 de 27 de junio de 2013, emitido a propósito del Anteproyecto de Ley Orgánica de modificación del Código Penal. Según el máximo órgano consultivo del Estado: "El apartado 1 del nuevo artículo 31 quinquies reproduce

en parte el apartado 5 del vigente artículo 31 bis, declarando en todo caso exentos de responsabilidad penal al Estado, a las Administraciones Públicas territoriales e institucionales, a los Organismos Reguladores, a las Agencias y Entidades Públicas Empresariales, a las organizaciones internacionales de derecho público y a aquellas otras que ejerzan potestades públicas de soberanía o administrativas. Pero a continuación, el Anteproyecto (apartado 2 del nuevo artículo 31 quinquies) excluye de este elenco de entidades exentas a "las Sociedades mercantiles estatales que ejecuten políticas públicas o presten servicios de interés económico general", que, con la reforma, pasarían, pues, a ser penalmente responsables, aunque "solamente les podrán ser impuestas las penas previstas en las letras a) y g) del número 7 del artículo 33", esto es, la pena de multa y la de intervención judicial, sin que pueda acordarse, por ejemplo, su disolución, la suspensión temporal de sus actividades o la clausura de sus locales. No obstante, el propio apartado 2 del nuevo artículo prevé que "esta limitación no será aplicable cuando el Juez o Tribunal aprecie que se trata de una forma jurídica creada por sus promotores, fundadores, administradores o representantes con el propósito de eludir una eventual responsabilidad penal".
El Consejo de Estado valora positivamente esta extensión del ámbito de aplicación de la responsabilidad penal de las personas jurídicas, una reforma que también ha recomendado el informe de la OCDE antes referido en orden a garantizar, en particular, la responsabilidad de las sociedades estatales en los casos de corrupción de agentes públicos extranjeros (páginas 21 y 74 del informe). Ahora bien, sería preferible que el Anteproyecto se refiriera a la responsabilidad penal de las Sociedades mercantiles públicas, en general, englobando así también al extenso sector público económico de las Comunidades Autónomas y a las sociedades mercantiles que pueden constituir las Entidades locales (artículo 85.2.d) de la Ley 7/1985, de 2 de abril, Reguladora de las Bases de Régimen Local), y no exclusivamente a las Sociedades públicas de titularidad estatal contempladas en el artículo 166.1.c) de la Ley 33/2003, de 3 de noviembre, de Patrimonio de las Administraciones Públicas. A este respecto, cabe recordar que el mismo informe de la OCDE reiteradamente citado resalta que "en España, la exclusión de la responsabilidad penal de estas sociedades es aún más preocupante por el hecho de que en muchos casos están controladas por gobiernos regionales".

2.1. Específicamente la distinción entre empresa pública y sociedad mercantil pública.[24]

La Ley 40/2015 distingue entre entidad pública empresarial (EPE) y Sociedad mercantil pública (SME) El artículo 103 contiene la definición de EPE:

1. *Las entidades públicas empresariales son* ***entidades de Derecho público****, con personalidad jurídica propia, patrimonio propio y autonomía en su gestión,* ***que se financian con ingresos de mercado****, (...) y que junto con el* ***ejercicio de potestades administrativas*** *desarrollan actividades prestacionales, de gestión de* ***servicios o de producción de bienes*** *de interés público, susceptibles de contraprestación.*

2. *Las entidades públicas empresariales dependen de la Administración General del Estado o de un Organismo autónomo vinculado o dependiente de ésta, al que le corresponde la dirección estratégica, la evaluación de los resultados de su actividad y el control de eficacia.*[25]

La limitación de la clase de penas que se puede imponer a las Sociedades mercantiles públicas resulta, igualmente, una decisión acertada para garantizar la adecuada protección de los intereses públicos y la correcta prestación de los servicios económicos de interés general encomendados a estas sociedades, y que podrían resultar perjudicados en caso de imponerse penas como la suspensión de actividades o la clausura de locales, por ejemplo. Tal limitación no tendría sentido, sin embargo, cuando tales sociedades hayan sido creadas, como correctamente prevé el nuevo artículo 31 quinquies.2, "con el propósito de eludir una eventual responsabilidad penal" BAUCELLS LLADÓ, J. "Las empresas del sector público empresarial responsables penalmente". Inédito. 2022.

24 Vide *in toto*, GUIMERÁ RICO, J.J. *Las sociedades públicas: fundamento y límites de la huida al Derecho privado*. INAP, Madrid, 2020.

25 Son ejemplos de EPE: Instituto para la Diversificación y Ahorro de la Energía; Consejo Superior de Investigaciones Científicas (CSIC); RENFE; Administrador de Infraestructuras Ferroviarias (ADIF); Agencia EFE (EFE); Fábrica Nacional de Moneda y Timbre (FNMT); Sociedad de Salvamento y Seguridad Marítima (SASEMAR); Entidad Pública Empresarial de Suelo (SEPES); Sociedad Estatal de Parti-

Como puede verse, una EPE tiene una naturaleza dual: por una parte es un organismo público (sea crea por acto normativo) y ejerce potestades administrativas, pero por otra parte, produce bienes y servicios que vende en el mercado. Como organismo público, depende una Administración matriz que la controla y dirige. En todo caso se considerará sector público institucional aunque no Administración pública.

Aunque las entidades públicas empresariales deben financiarse ordinariamente con los ingresos que se deriven de sus operaciones, obtenidos como contraprestación de sus actividades comerciales, excepcionalmente, cuando así lo prevea la Ley de creación, podrá financiarse con los recursos económicos que provengan de otras fuentes:

- las consignaciones específicas que tuvieran asignadas en los Presupuestos Generales del Estado.
- las transferencias corrientes o de capital que procedan de las Administraciones o entidades públicas.
- las donaciones, legados, patrocinios y otras aportaciones de entidades privadas y de particulares.

Por tanto, que una EPE produzca bienes no la transforma automáticamente en una empresa en el sentido de sujeción a las estrictas reglas de mercado. Es frecuente que una EPE arroje pérdidas, algunas de tal magnitud que, de considerarse un sujeto privado, sería expulsado del mercado.

Junto con lo anterior, el artículo 111 define las sociedades mercantiles estatales (SME) como aquella forma societaria (privada y constituida ante notario) sobre la que se ejerce el control por la Administración. Este control puede revestir varias formas:

---

cipaciones Industriales (SEPI); Instituto de Crédito Oficial (ICO); Instituto Español de Comercio Exterior (ICEX España Exportación e Inversiones); ENAIRE, de la cual depende AENA.

a) la **participación directa, en su capital social** de la Administración General del Estado o alguna de las entidades que, conforme a lo dispuesto en el artículo 84, integran el sector público institucional estatal, incluidas las sociedades mercantiles estatales, sea **superior al 50 por 100.** Para la determinación de este porcentaje, se sumarán las participaciones correspondientes a la Administración General del Estado y a todas las entidades integradas en el sector público institucional estatal, en el caso de que en el capital social participen varias de ellas.

b) la sociedad mercantil se encuentra en el supuesto previsto en el artículo 4 de la Ley 24/1988, de 28 de julio, del Mercado de Valores (grupos de sociedades) respecto de la Administración General del Estado o de sus organismos públicos vinculados o dependientes.[26]

Una sociedad mercantil pública se diferencia pues por su naturaleza (privada), por su origen (escritura de constitución) y por su forma de control (accionarial). En puridad, una participación accionarial minoritaria en una sociedad privada no convertiría a la misma en pública pese al que el propietario de dichas acciones fuera una Administración Pública. En lo que refiere al funcionamiento, no puede ejercer potestades administrativas y su régimen económico es el de mercado, en el sentido de que, en caso de arrojar pérdidas, queda obligada a su disolución igual que otra empresa mercantil.[27]

---

26 La referencia a la Ley 24/1988, de 28 de julio, del Mercado de Valores ha de entenderse hecha ahora a su Texto refundido puesto que la misma ha sido derogada, con efectos de 13 de noviembre de 2015, por la disposición derogatoria única, letra a) del Real Decreto Legislativo 4/2015, de 23 de octubre, por el que se aprueba el texto refundido de la Ley del Mercado de Valores.

27 sobre la cuestión crucial de la asunción de pérdidas por parte de la matriz, pese a reconocer la importancia de su análisis, debemos remitirnos

Respecto a este último aspecto, hay que tener en cuenta lo que dispone la Ley Estabilidad Presupuestaria (Ley Orgánica 2/2012, de 27 de abril, de Estabilidad Presupuestaria y Sostenibilidad Financiera) y el traslado de sus prescripciones a la administración pública local por la Ley 27/2013, de 27 de diciembre, de racionalización y sostenibilidad de la Administración Local. En principio, el objetivo de estabilidad presupuestaria no requiere por sí mismo ninguna alteración de las personificaciones legales de las que se pueda dotar un ente administrativo territorial para la prestación de servicios públicos obligatorios.[28] Sin embargo, la legislación local trata de manera más estricta las sociedades mercantiles que sean de segundo grado, es decir, aquellas personificaciones privadas que dependan de entes locales instrumentales (por ejemplo, un consorcio o mancomunidad, en contraste a los entes locales territoriales del art. 3.1 LRBRL). Desde la reforma local de 2013, los entes locales instrumentales no pueden crear personificaciones privadas (en principio en ninguna circunstancia). Y para las sociedades mercantiles existentes, si reflejan pérdidas de explotación, se prescribe su cambio de adscripción o nivel o la disolución. No así, en cambio, para las adscritas a un ente territorial que pueden, con condiciones, presentar un plan de reestructuración o saneamiento económico.[29]

Si bien una EPE puede recibir fondos presupuestarios, una SME no, aunque se permite que se compensen pérdidas con

---

a CHINCHILLA MARÍN, C."Las sociedades mercantiles públicas. Su naturalez jurídica privada y su personalidad jurídica diferenciada: ¿Realidad o Ficción?" *Revista de Administración Pública* 203, 2017. pp. 17-56.

28 Cuestión distinta es la regulación mucho más estricta para la creación ex novo de personificaciones privadas. (art. 114 de la ley 27/2013, de 27 de diciembre).

29 Un panorama general (anterior a la reforma) puede verse en MARTÍNEZ-ALONSO CAMPS, J.L. e YSA FIGUERAS, T. *Las personificaciones instrumentales locales en Cataluña. Organismos autónomos, consorcios, mancomunidades y sociedades públicas.* INAP-Generalitat de Catalunya. 2003.

aportaciones de capital. Hay que advertir al lector que esta construcción sobre la prohibición de las ayudas de Estado a las empresas se halla notablemente en cuestión con las sucesivas crisis (financiera en 2008 y sanitaria en 2020).

Y para cerrar la somera descripción de la constelación de sujetos administrativos, la Ley 40/2015 prevé regímenes singulares que pueden excepcionar las categorías generales en sendas disposiciones adicionales del texto legal: Autoridades Portuarias y Puertos del Estado; Entidades gestoras y servicios comunes de la Seguridad Social; Agencia Estatal de Administración Tributaria; Centro Nacional de Inteligencia; Banco de España; Fondo de Reestructuración Ordenada Bancaria, entre otros.

III. EL SUJETO EN LA LEGISLACIÓN ADMINISTRATIVA ESPECIAL.30

3.1. Normas de contabilidad.

El Reglamento (UE) nº 549/2013 del Parlamento europeo y del Consejo de 21 de mayo de 2013 aprueba el que se llama

---

[30] Deliberadamente y por su importancia dejamos fuera del análisis la cuestión de la condición de funcionario público, la reserva de determinadas actividades y la aplicación de las medidas anticrisis a los empleados públicos. En parte esta cuestión se ha tratado ya en CARDONA BARBER, A. (2022) op. cit. nota 1; MONTILLA PÉREZ. S. “La reserva funcionarial establecida en el artículo 9.2. del Estatuto Básico del Empleado Público” *Revista General de Derecho Administrativo* nº 58, 2021. También en nuestros trabajos previos: PADROS REIG, C. *La Administración invisible. Panorama general y ejemplos prácticos de las entidades colaboradoras de la Administración.* Dykinson 2010, y en PADROS REIG, C. y COELLO MARTÍN, C. “La extensión del concepto “empleo público” a las empresas mercantiles. *Aranzadi social.* Abril nº 1. 2013. En este último aspecto resulta interesante el caso de los trabajadores de AENA en las SSTS 2309/2021, de 1 de junio y

Sistema Europeo de Cuentas (SEC) Nacionales y Regionales de la Unión Europea. La norma de 727 páginas resulta capital para determinar, a efectos contables, qué tipos de sujetos integran el sector público y que otros quedan fuera de él. A nadie se le escapa que una de las patologías del gasto público excesivo (déficit) puede disimularse mediante la "externalización" o la desviación del mismo hacia las personas públicas con forma jurídico-privada.

Para fijar qué entidades deben ser clasificadas en términos de contabilidad nacional según SEC pese a no estar incluidas en el Sector Público Institucional deben realizarse tres pasos:

1°. Determinar si la entidad es una **unidad institucional**. Es necesario hacer la clasificación por sectores de las unidades institucionales, definidas en el sistema como unidades que gozan de **autonomía de decisión** y disponen de un conjunto completo de cuentas. Por tanto, deben ser entidades dotadas de **personalidad jurídica** propia, independientes de otros entes.

2°. Determinar si la unidad institucional **es privada** (no está controlada por las Administraciones públicas) **o pública** (está controlada por las Administraciones públicas). El control se define como la capacidad para determinar la política general.

3° Determinar si la unidad institucional pública es de **mercado o no de mercado**. Podemos encontrar a productores públicos, ya sea en el sector sociedades (si son de mercado), ya sea en el sector institucional. A la hora de decidir a qué

2075/2021, de 25 de mayo. También resultan relevantes otros análisis de derecho administrativo especial: régimen económico-financiero según Ley 47/2003, de 26 de noviembre, General Presupuestaria y Ley Orgánica 2/2012, de 27 de abril, de Estabilidad Presupuestaria y Sostenibilidad Financiera; régimen subvencionador según Ley 38/2003, de 17 de noviembre, General de Subvenciones; así como régimen de los bienes públicos según Ley 33/2003, de 3 de noviembre, del Patrimonio de las Administraciones Públicas.

sector debe asignarse la unidad institucional pública, es necesario comprobar si dicha unidad es o no de mercado; es decir, si **sus ventas cubren el 50% de sus costes de producción o no**. El sector administraciones públicas sólo incluye las unidades institucionales públicas que no son de mercado, es decir que se financian mayoritariamente de los presupuestos de las entidades de las que dependen.

La clasificación por sectores de las instituciones sin ánimo de lucro constituye un caso particular: para ser considerada pública, una institución de este tipo debe estar controlada y, además, financiada principalmente por las administraciones públicas. Según el criterio del volumen de ventas, a efectos contables, una sociedad mercantil local cuyos ingresos no cubran el 50% de los costes, consolida presupuestos con la matriz. Sería, el ejemplo de la entidad Transportes Metropolitanos de Barcelona-TMB (2020): de un total de 896 M de ingresos, solamente 196 lo son por ventas.

Para la determinación del criterio de control, art. 2 del RD 1463/2007 (ámbito subjetivo del Inventario de Entes del Sector Público Local), se considera como integrantes del mismo a las sociedades mercantiles cuando concurran alguna de las siguientes circunstancias:

- *que la entidad local, sus entes dependientes, vinculados o participados por la misma, participen en su capital social, directa o indirectamente, de* ***forma mayoritaria****.*

- *que cualquier órgano, organismo o sociedad mercantil integrante o dependiente de la entidad local, disponga de* ***derechos de voto mayoritarios*** *en la sociedad, bien directamente, bien mediante acuerdos con otros socios de esta última.*

- *que cualquier órgano, organismo o sociedad mercantil integrante o dependiente de la entidad local,* ***tenga derecho a nombrar o a destituir a la mayoría de los miembros de los órganos de gobierno de la sociedad****, bien directamente, bien mediante acuerdos con otros socios de esta última.*

- *que el administrador único o la mayoría de los miembros del consejo de administración de la sociedad, hayan sido designados en su calidad de miembros o consejeros por la entidad local, organismo o sociedad mercantil dependientes de la entidad local.*

En definitiva, las normas de contabilidad pública permiten una interpretación muy amplia del concepto de sujeto administrativo, con independencia de su personificación pública o privada. Será un sujeto administrativo, a efectos contables, toda entidad bajo el control de la administración y cuya financiación sea pública en más del 50% (que sus ventas no cubran el 50% de los costes de producción).

3.2. Contratación.

Con la misma finalidad –extensión del sujeto administrativo e introducción de la idea de sector público más amplio que el de Administración– la Ley 9/2017, de 8 de noviembre, de contratos del sector público (LCSP), en su art. 3.1 (ámbito subjetivo) establece que será aplicable a:

g) las Entidades Públicas Empresariales a las que se refiere la Ley 40/2015, de 1 de octubre, de Régimen Jurídico del Sector Público, y cualesquiera entidades de derecho público con personalidad jurídica propia vinculadas a un sujeto que pertenezca al sector público o dependientes del mismo.

h) las sociedades mercantiles en cuyo capital social la participación, directa o indirecta, de entidades de las mencionadas en las letras a), b), c), d), e), g) y h) del presente apartado sea superior al 50 por 100, o en los casos en que sin superar ese porcentaje, se encuentre respecto de las referidas entidades en el supuesto previsto en el artículo 5 del texto refundido de la Ley del Mercado de Valores, aprobado por Real Decreto Legislativo 4/2015, de 23 de octubre.

(…)

j) cualesquiera entidades con personalidad jurídica propia, que hayan sido creadas específicamente para **satisfacer necesidades de interés general que no tengan carácter industrial o mercantil**, siempre que uno o varios sujetos pertenecientes al sector público financien mayoritariamente su actividad, controlen su gestión, o nombren a más de la mitad de los miembros de su órgano de administración, dirección o vigilancia.

A los efectos de la aplicación de la legislación administrativa de contratos, es administración pública: cualquier **entidad de derecho público** que pueda ser considerada poder adjudicador y estando vinculada a una o varias Administraciones Públicas o dependientes de las mismas, no se financien mayoritariamente con ingresos de mercado. En cambio es poder adjudicador y aplica de manera más limitada dicha legislación especial cualquier **entidad con personalidad jurídica propia** distinta de las expresadas en las letras anteriores que hayan sido creadas específicamente para satisfacer necesidades de interés general que no tengan carácter industrial o mercantil, siempre que uno o varios sujetos que deban considerarse poder adjudicador de acuerdo con los criterios de este apartado 3 (financiación y control de la gestión).

Para el resto de casos – por ejemplo, entidad mercantil pública que fabrique y venda en condiciones de mercado – no se considerará sujeta a la LCSP y por ello se considerará como un sujeto privado.

Mención aparte merecen las llamadas operaciones "*in house providing*". Se trata de un medio propio personificado regulado en los prolijos arts. 30 y ss. LCSP.[31] En determinados supuestos

---

31 La disposición original de 2017 ha sido modificada en los apartados 2 y 3 por la disposición final 8 del Real Decreto-ley 17/2020, de 5 de mayo. BOE núm. 126, de 6 de mayo de 2020 y por la disposición final 40.2 de la Ley 11/2020, de 30 de diciembre, de PGE para 2020. BOE núm. 341, de 31 de diciembre de 2020.

que prevé el propio precepto[32] la ejecución de obras públicas, fabricación de bienes o prestación de servicios podrá realizarse por los servicios de la Administración Pública, ya sea empleando exclusivamente medios propios no personificados o con la colaboración de empresarios particulares. En esos casos, estaremos ante un encargo de la Administración a un privado que actuará en su nombre y no ante un contrato, con la correspondiente exención de la aplicación del derecho administrativo especial.

Se trata de un sistema de cooperación (no de mercado), en una doble modalidad: **cooperación vertical** consistente en el uso de medios propios personificados en el sentido y con los límites establecidos en el artículo 32 para los poderes adjudicadores, y en el artículo 33 para los entes del sector público que no tengan la consideración de poder adjudicador, en el ejercicio de su potestad de auto organización, mediante el oportuno acuerdo de encargo; o **cooperación horizontal** entre entidades

---

32 a) Que la Administración tenga montadas (sic) fábricas, arsenales, maestranzas o servicios técnicos o industriales suficientemente aptos para la realización de la prestación, en cuyo caso deberá normalmente utilizarse este sistema de ejecución; b) Que la Administración posea elementos auxiliares utilizables, cuyo empleo suponga una economía superior al 5 por 100 del importe del presupuesto del contrato o una mayor celeridad en su ejecución, justificándose, en este caso, las ventajas que se sigan de la misma; c) Que no haya habido ofertas de empresarios en la licitación previamente efectuada; d) Cuando se trate de un supuesto de emergencia, de acuerdo con lo previsto en el artículo 120; e) Cuando, dada la naturaleza de la prestación, sea imposible la fijación previa de un precio cierto o la de un presupuesto por unidades simples de trabajo; f) Cuando sea necesario relevar al contratista de realizar algunas unidades de obra por no haberse llegado a un acuerdo en los precios contradictorios correspondientes; g) Las obras de mera conservación y mantenimiento, definidas en el artículo 232.5.; h) Excepcionalmente, la ejecución de obras definidas en virtud de un anteproyecto, cuando no se aplique el artículo 146.2 relativo a la valoración de las ofertas con más de un criterio de adjudicación.

pertenecientes al sector público, previa celebración de los correspondientes convenios, en las condiciones y con los límites que se establecen en el apartado 1 del artículo 6.

Desde el punto de vista administrativo, la exención, por bien que compleja, es clara. No se sujetan las operaciones *"in house providing"* a las rigideces del Derecho de la contratación. Se trataría de un sujeto administrativo personificado de forma privada (societaria) que no aplicaría las mismas reglas al tratarse una actividad meramente interna o ejecutiva. La cuestión puede tener su relevancia al centrarse la exención del CP en las "sociedades mercantiles públicas que ejecuten políticas públicas o presten servicios de interés económico general". (regla segunda el art. 31. Quinquies).

Para que una empresa privada pueda considerarse como un medio propio de la Administración (poder adjudicador de una determinada prestación), es necesario (art. 32 LCSP) que el poder adjudicador que pueda conferirle encargos ejerza sobre el ente destinatario de los mismos un **control, directo o indirecto, análogo al que ostentaría sobre sus propios servicios o unidade**s, de manera que el primero pueda ejercer sobre el segundo una influencia decisiva sobre sus objetivos estratégicos y decisiones significativas, y que **más del 80 % de las actividades del ente destinatario del encargo se lleven a cabo en el ejercicio de los cometidos** que le han sido confiados por el poder adjudicador que hace el encargo y que lo controla o por otras personas jurídicas controladas del mismo modo por la entidad que hace el encargo.

Junto con ello, el ente destinatario del encargo sea un ente de personificación jurídico-privada, además, la totalidad de su capital o patrimonio tendrá que ser de titularidad o aportación pública.[33]

---

[33] vide las dudas que ello suscita en SANTIAGO IGLESIAS, D. "¿Es posible crear sociedades de economía mixta para la gestión de servicios públicos locales en el marco de contratos de servicios y de concesión de servicios?" *Revista de Estudios de la Administración Local y Autonómica*, nº 16, 2021.

Y en cuanto a la formación de los precios del encargo adjudicado, el RDL 17/2020 unifica la cuestión para los supuestos del art. 32 y del art 33 LCSP, de manera que ésta se establezca por referencia a tarifas aprobadas por la entidad pública de la que depende el medio propio personificado para las actividades objeto de encargo realizadas por el medio propio directamente y atendiendo al coste efectivo soportado por el medio propio para las actividades debiendo adecuarse dicha compensación y las demás condiciones del encargo a las generales del mercado de forma que no se distorsione la libre competencia.

En resumen, tanto el sistema de contabilidad pública como el derecho especial de los contratos públicos tienen un enfoque claramente superador de la teoría meramente subjetiva del derecho administrativo. Ya no será tan importante la forma jurídica (pública o privada), sino el sistema de control de la gestión y la financiación de la entidad. Ello supone una extensión del ámbito de aplicación subjetiva de los principios de Derecho administrativo que, sin embargo, vuelve a escaparse en los casos de encargos y convenios con privados. Cuando el control y la financiación sean públicos, el ente quedaría sujeto.

3.3. Un reciente ejemplo práctico: las escuelas privadas concertadas en Bélgica, ¿son una unidad institucional pública? STJUE (Sala 10ª) de 28 de abril de 2022.

La STJUE de 28 de abril de 2022 (As. C-277/21), no examina un supuesto como el que aquí planteamos (relación entre sujeto administrativo y responsabilidad penal de la empresa pública), pero resultará interesante para ver la operación de deslinde entre lo público y lo privado que hace el tribunal europeo a los efectos de la contabilidad de los centros de enseñanza concertados (tanto confesionales como no confesionales). Efectivamente, el pleito nacional enfrentaba por una parte al *Secrétariat général de l'Enseignement catholique ASBL* (SeGEC) y otras seis asociaciones sin ánimo de lucro y no confesionales que operan en el sector de la enseñanza en Bélgica y , por otra parte, al *Institut des comptes nationaux* (Instituto de Cuentas Nacionales, Bélgica; en lo sucesivo, «ICN») y la *Banque Nationale de Belgique* (Banco Nacional de Bélgica) en relación con la clasificación efectuada por el ICN de las asociaciones en cuestión en el sector de las administraciones públicas, subsector de la administración regional, con arreglo al Sistema Europeo de Cuentas de 2010 establecido por el Reglamento nº 549/2013, que ya vimos ut supra.

No cabe duda de que el sistema educativo constituye la ejecución de una política pública en la que concurren tanto centros públicos como centros privados concertados, como centros puramente privados. La cuestión es, precisamente, determinar si los centros privados concertados pueden clasificarse como administraciones en el sentido de recibir fondos públicos para el desarrollo del servicio educativo y estar sujetos a una normativa sobre los estudios que condiciona en gran medida la oferta educativa.

Se traza una distinción bastante didáctica entre:

Criterio	**Sector público**	**Sector privado**
Producción no de mercado	Administraciones públicas	Instituciones sin ánimo de lucro al servicio de los hogares (ISFL)
Producción de mercado	Sociedades públicas	Sociedades privadas

En la primera de las columnas, se dividirá entre mercado y no mercado, aspecto que se verificará, sobre todo, a través del criterio cuantitativo habitual (el criterio del 50 %), utilizando la ratio de las ventas sobre los costes de producción. Para ser un productor de mercado, la unidad pública deberá cubrir como mínimo el 50 % de sus costes mediante sus ventas a lo largo de un período que se prolongue varios años.

El control de una entidad se define como la capacidad para determinar la política general de dicha entidad, lo que es especialmente inapropiado para el sector de la enseñanza protegido por el derecho a la libertad de creación de centros y la libertad de enseñanza. Este control puede revestir varias formas:

a) Derechos de designación, veto o destitución de la mayoría de los funcionarios, miembros del consejo, etc. Los derechos de designación, destitución, aprobación o veto de la mayor parte del consejo de administración de una entidad son suficientes para determinar su control. Dichos derechos pueden recaer directamente en una unidad del sector público, o indirectamente en las unidades del sector público en su conjunto. Si la primera serie de nombramientos es controlada por el sector público, pero las siguientes sustituciones no están sujetas a estos controles, la entidad se mantiene en el sector público hasta el momento en que la designación de la mayoría de los miembros del consejo no está controlada.

b) Derechos de designación, veto o destitución del personal clave. Si el control de la política general viene determinado de manera efectiva por miembros influyentes del consejo, como el consejero delegado, el presidente y el director financiero, se da una mayor importancia a las competencias para nombrar, vetar o destituir a dicho personal.

c) Derechos de designación, veto o destitución de la mayoría de los nombramientos en los principales comités de la entidad. Si factores clave de la política general, como la remuneración del personal directivo y la estrategia de negocio, se delegan en subcomités, los derechos para nombrar, destituir o vetar a los directores de estos subcomités son un elemento de control determinante.

En cuanto a la financiación, la decisión del Instituto de Contabilidad de clasificar a los centros de enseñanza gratuita concertada en el sector de las administraciones públicas se basaba esencialmente en que las diferentes obligaciones que se les imponen para poder beneficiarse de la financiación concedida por la administración regional justifica su equiparación al ámbito contable público. Sin embargo, se constata por las partes – y por el propio TJUE – que el indicador económico no permite por sí solo determinar que existe control. Aunque la enseñanza gratuita concertada esté principalmente financiada por la comunidad regional francófona, esto es, por una Administración pública, el indicador de la financiación no permite por sí solo apreciar la existencia de control público sobre una ISFL si esta última mantiene la capacidad para definir su política o programa de manera significativa.

La cuestión prejudicial elevada al TJUE se resuelve entonces en la determinación del control a través de una regulación sectorial. Cuando la regulación es tan intensa que determina de manera efectiva la política general de la entidad, nos hallamos ante una forma de control. Las autoridades públicas pueden, en algunos casos, tener una fuerte participación a través de normativas, en particular en áreas tales como los monopolios y las sociedades de servicios públicos privatizados, en los que existe un elemento de servicio público. Puede existir intervención reguladora en áreas importantes, como el establecimiento de los precios, sin que la entidad ceda el control de su política general. La decisión de si entrar u operar en un entorno altamente regulado es igualmente un indicador de que la entidad no está sujeta a control.

En el caso, pese a una aparente deferencia a las apreciaciones de la jurisdicción nacional, el TJUE acaba fallando que: *"El Reglamento (UE) nº 549/2013 del Parlamento Europeo y del Consejo, de 21 de mayo de 2013, relativo al Sistema Europeo de Cuentas Nacionales y Regionales de la Unión Europea, en relación con los puntos 2.39, letra b), y 20.15, letra b), de ese anexo, debe interpretarse en el sentido de que el concepto de «regulación excesiva»*[34] *incluye una normativa nacional referida a las instituciones sin fines de lucro (ISFL) que operan*

---

34 Creemos que el concepto de "regulación excesiva" ("*réglementation excessive*" en francés, lengua original del procedimiento), resulta de una mala traducción del original inglés de la norma "*excessive regulation*") y que sería mucho más adecuado el término "regulación exagerada o desmedida" que refiere al grado de intensidad de la regulación que no a su cantidad.

en el ámbito de la enseñanza que, pese a estar subvencionadas por la Administración pública nacional competente, disfrutan de la libertad de enseñanza garantizada por la Constitución, si esa normativa nacional confía a dicha Administración la función o el derecho:

- *de aprobar los planes de estudio;*
- *de regular tanto la estructura de los estudios como las tareas prioritarias y específicas; de establecer el control de los requisitos de matriculación y de expulsión de los alumnos, de las decisiones de los consejos de clase y de la participación financiera; de organizar la agrupación de centros escolares en redes estructuradas, y de exigir la elaboración de proyectos educativos, pedagógicos y del centro escolar, así como la presentación de un informe de actividad;*
- *de llevar a cabo una tarea de control e inspección, especialmente en lo que respecta a las materias impartidas, el nivel de estudios y la aplicación de las leyes lingüísticas, con exclusión de los métodos pedagógicos, y*
- *de imponer un número mínimo de alumnos por clase, sección, curso u otras subdivisiones, salvo excepción ministerial, siempre que esas funciones y derechos sean suficientemente intrusivos para determinar, en la práctica, la política general o el programa de las ISFL de que se trate, permitiendo ejercer de manera duradera y permanente una influencia real y sustancial en la definición y realización mismas de los objetivos de esas ISFL, de sus actividades y de sus aspectos operativos, así como de las orientaciones estratégicas y de las directrices que dichas ISFL tengan el propósito de seguir en el ejercicio de sus actividades, extremo que corresponde comprobar al órgano jurisdiccional remitente.*"

En conclusión, y aunque podríamos discurrir más extensamente sobre el asunto, el TJUE respalda en cierto modo que puede existir un control sobre una personificación privada por razón de la intensidad de la regulación de la prestación que realiza. De este modo, resulta inapropiada (por defecto) la inclusión en el precepto penal de la exención a sociedades mercantiles públicas que ejecuten políticas públicas o presten servicios de interés económico general. En realidad según el TJUE el carácter público o menos del sujeto – a efectos contables al menos – puede venir por la regulación sectorial y por ello, debería abarcar a todas las sociedades mercantiles (públicas y privadas) que presten servicios (económicos o no) de interés general.

3.4. La Ley 2/2023, de 20 de febrero, reguladora de la protección de las personas que informen sobre infracciones normativas y de lucha contra la corrupción.

No hay duda de que uno de los elementos clave en la persecución de la corrupción es la protección de las personas que, conocedoras o involucradas en una actividad irregular o delictiva, denuncian ante las autoridades judiciales los hechos punibles. Como indica el preámbulo de la norma: La colaboración ciudadana resulta indispensable para la eficacia del Derecho y debe protegerse a los ciudadanos que informan sobre vulneraciones del ordenamiento jurídico en el marco de una relación profesional.

La reciente Ley efectúa una distinción entre las obligaciones de los sujetos privados y la de los sujetos públicos. Como llevamos indicando en las páginas precedentes, el deslinde entre uno y otro será determinante para la correcta aplicación de la normativa protectora. Además, junto con las obligaciones de las empresas privadas (sistema interno de protección y comunicación), se prevé también (Capítulo III) un sistema interno de información en el sector público.

El artículo 13 delimita subjetivamente las entidades obligadas en el sector público. A los efectos de esta ley se entienden comprendidos en el sector público:

a) La Administración General del Estado, las Administraciones de las comunidades autónomas, ciudades con Estatuto de Autonomía y las entidades que integran la Administración Local.

b) Los organismos y entidades públicas vinculadas o dependientes de alguna Administración pública, así como aquellas otras asociaciones y corporaciones en las que participen Administraciones y organismos públicos.

c) Las autoridades administrativas independientes, el Banco de España y las entidades gestoras y servicios comunes de la Seguridad Social.

d) Las universidades públicas.

e) Las corporaciones de Derecho público.

f) Las fundaciones del sector público.

Irónicamente, el legislador no ha perdido la oportunidad de aumentar la confusión entre la delimitación del derecho administrativo común y la regulación sectorial. Hubiera sido más clarificador efectuar una remisión general a las leyes administrativas (leyes 39 y 40/2015) que hemos visto más arriba, pero ello no es así.

De interés para nuestra problemática, se mencionan los sujetos del sector público institucional. Desaparece la tripartición entre Organismos Autónomos, Entidades Públicas Empresariales y Agencias estatales que utiliza el art. 84 de la Ley 40/2015 y que deben entenderse comprendidas dentro del genérico "organismos y entidades públicas vinculadas o dependientes de alguna Administración pública". Se trata solamente de una discordancia técnica entre una redacción más detallada (ley 40/2015) y una más genérica (Ley 2/2023). En cambio, sí aparecen mencionados el Banco de España (que es una autoridad independiente) y las entidades gestoras y servicios comunes de la Seguridad Social (que son también organismo público). Más problemático, sin embargo, es contemplar como, a efectos del régimen de protección del denunciante, desaparecen algunas entidades del sector público institucional "general": los consorcios administrativos y los fondos sin personalidad jurídica.

En tercer lugar, para las fundaciones, se establece una útil delimitación especial: a efectos de esta ley, se entenderá por fundaciones del sector público aquellas que reúnan alguno de los siguientes requisitos:

1.º Que se constituyan de forma inicial, con una aportación mayoritaria, directa o indirecta, de una o varias entidades integradas en el sector público, o bien reciban dicha aportación con posterioridad a su constitución.

2.º Que el patrimonio de la fundación esté integrado en más de un cincuenta por ciento por bienes o derechos aportados o cedidos por sujetos integrantes del sector público con carácter permanente.

3.º Que la mayoría de derechos de voto en su patronato corresponda a representantes del sector público.

De especial interés para nosotros es la regulación del apartado g) del precepto: a efectos de la delimitación subjetiva de la Ley 2/2023, forman parte del sector público institucional: "las sociedades mercantiles en cuyo capital social la participación, directa o indirecta, de entidades de las mencionadas en las letras a), b), c), d) y g) del presente apartado sea superior al cincuenta por ciento, o en los casos en que, sin superar ese porcentaje, se encuentre respecto de las referidas entidades en el supuesto previsto en el artículo 5 del texto refundido de la Ley del Mercado de Valores, aprobado por Real Decreto Legislativo 4/2015, de 23 de octubre." Como hemos visto más arriba[35], la distinción entre EPE (art. 103 Ley 40/2015) y SME (art. 111 Ley 40/2015) depende de la participación accionarial o el control. Ahora, a los efectos de la ley 2/2023, desaparecen las entidades públicas empresariales que deben entenderse incluidas dentro del más genérico: "organismos y entidades públicas vinculadas o dependientes de alguna Administración pública".

---

35 epígrafe 2.1.

La aplicación del concepto de sujeto administrativo (art. 13 de la Ley 2/2023) se extiende impropiamente a los órganos constitucionales, los de relevancia constitucional e instituciones autonómicas análogas a los anteriores. Aunque el Consejo de Estado, por ejemplo, deba dotarse de un sistema interno de información, en los mismos términos requeridos para las entidades del sector público, no resulta apropiado incluirlo en el mismo precepto que regula el concepto administrativo de "sector público". Nótese además que la dicción del precepto habla por igual de órganos constitucionales (por ejemplo el Tribunal Constitucional) y de "órganos de relevancia constitucional" (el Consejo de Estado en la Ley Orgánica 3/1980, de 22 de abril, del Consejo de Estado o el Consejo Ecónomico y Social en la Ley 21/1991, de 17 de junio, por la que se crea el Consejo Económico y Social).[36]

Y, finalmente, de manera muy perturbadora, se incluyen las asociaciones y las corporaciones. Tradicionalmente, las corporaciones de derecho público (por ejemplo colegios profesionales y cámaras de comercio) se incluían en la administración institucional. Pueden obviamente hoy reconducirse a organismos y entidades públicas vinculadas o dependientes de alguna Administración pública, pero ello choca con el enfoque económico de la doctrina TJUE que los califica como operador económico. A modo de ejemplo, un colegio profesional no puede publicar baremos siqueira orientativos de sus profesionales bajo el riesgo de incurrir en una práctica de concertación de precios contraria a la competencia.[37] Cuando los colegios y las cámaras pierden claramente protagonismo en la legislación administrativa general, parecen recobrarlo ahora de manera disonante en la legislación

36 Sobre la distinción entre órgano constitucional y órgano de relevancia constitucional, cfr. PADROS REIG, C. *El asesoramiento y defensa legal de las Administraciones Públicas.* Barcelona, Ed. Atelier. 2021.

37 cfr. STS 1684/2022, de 19 de diciembre de 2022. Rec. Cas. 7573/2021. ECLI:ES:TS:2022:4841. (TOL 9.356.688).

especial de protección del denunciante. Más chocante, si cabe, es la mención del art. 13 de la Ley 2/2023 con respecto a las asociaciones. La mera participación de una Administración u organismo en una asociación privada la convierte, según el legislador especial, en integrante del sector público. Nada se dice, en cambio de organizaciones típicamente privadas como por ejemplo la CEOE es una organización privada que cumple una función pública en el marco del diálogo social y la negociación colectiva. Tampoco se distingue como en las empresas mercantiles por un porcentaje de participación ni por una capacidad de control. La mera participación de la Administración en una asociación privada la sitúa en el ámbito subjetivo del sector público (a los solos efectos de la protección del denunciante).

Finalmente, resultan interesantes dos novedades en el ámbito subjetivo que atienden a las distintas capacidades de los muchos sujetos que integran la constelación de Administraciones públicas y organismos. Todo el régimen administrativo general trata por igual a un gran municipio que a uno pequeño o a una gran empresa pública que a una pequeña empresa municipal de limpieza. Parece útil adaptar las obligaciones administrativas también a las capacidades del sujeto y no solo a su naturaleza. As, se prevé la posibilidad de compartir medios (artículo 14) entre entes locales y Administraciones territoriales y entes de ella dependientes.

Y, en segundo lugar, el artículo 15 abre la puerta a la gestión del sistema interno de información por tercero externo para los sujetos administrativos que acrediten insuficiencia de medios propios, conforme a lo dispuesto en el artículo 116 apartado 4 letra f) de la Ley 9/2017, de 8 de noviembre, de Contratos del Sector Público, por la que se transponen al ordenamiento jurídico español las Directivas del Parlamento Europeo y del Consejo 2014/23/UE y 2014/24/UE, de 26 de febrero de 2014. "Esta gestión comprenderá únicamente el procedimiento para la recepción de las informaciones sobre infracciones y, en todo caso, tendrá carácter exclusivamente instrumental."

4. FINAL

La definición del sujeto administrativo resulta un elemento clave en la determinación del grado de exención de la responsabilidad penal de las entidades públicas. Excluida la administración territorial clásica, la responsabilidad penal tampoco es exigible a la administración instrumental cuando la personificación es pública (EPE). La naturaleza pública de la entidad sirve pues de escudo a la responsabilidad penal de la persona jurídica.

En la personificación privada, la cuestión resulta algo más complicada puesto que la definición del "sector público" o de "unidad contable" o de "poder adjudicador" abarca a las empresas mercantiles siempre que exista un control de la gestión (sea por la participación o por los derechos de voto). Mientras que el criterio del Derecho administrativo general se basa exclusivamente en la capacidad de dirección (o en correspondencia en el grado de vinculación y control), la del derecho administrativo especial (por ejemplo en la contratación), se distingue según la actividad (satisfacer necesidades de interés general que no tengan carácter industrial o mercantil) y su modo de financiación (50% de los costes de explotación cubiertos por ingresos por ventas). El criterio muta ahora a la condición de operador de mercado de la entidad.

También se considerará sector público la empresa mercantil privada que reciba un encargo de la Administración para ejecutar una obra o servicio siempre que la Administración tenga control, directo o indirecto, análogo al que ostentaría sobre sus propios servicios o unidades, de manera que el primero pueda ejercer sobre el segundo una influencia decisiva sobre sus objetivos estratégicos y decisiones significativas, y que más del 80% de las actividades del ente destinatario sean precisamente el encargo público. En estas operaciones, la entidad privada es simplemente un medio instrumental de la Administración.

Va más allá la formulación que hace la propia jurisprudencia europea según la cual, el carácter público o privado de una entidad (al menos a efectos de contabilidad nacional), no depende tanto ni del modo de personificación ni del modo de financiación sino del marco regulatorio que le es aplicable. Una entidad mercantil estrictamente privada cuyo ámbito de actividad esté sujeto a una fuerte regulación (lo que se llaman sectores regulados que son los herederos de los antiguos servicios públicos, ahora servicios de interés general), es encuadrable dentro de la idea de sector público. Se podría hablar pues de empresas públicas que por su actividad son privadas (operadores de mercado que producen bienes no de interés general) a la vez que de empresas privadas que por su actividad son públicas (entidades sin ánimo de lucro que prestan servicios de interés general (no económicos o personales).[38]

La pregunta que cabría hacerse es si estos varios criterios (naturaleza legal, control de la gestión societaria, financiación de mercado y sector de actividad) pueden ser combinados a los efectos de apreciar la exención penal de la responsabilidad de la persona jurídico-público. Un ejemplo de la cuestión puede verse en el Acuerdo del Pleno no jurisdiccional de la Sala II del TS de 25 de mayo de 2017 [39] que fija el criterio para considerar qué sujetos administran recursos públicos y, por tanto, pueden ser objeto material del delito de malversación. Según su literal:

---

38 sobre la aplicación extensiva del derecho administrativo a fenómenos estrictamente privados cfr. CABALLERO, R. "La extensión del derecho administrativo y su proyección contencioso-administrativa" *Revista de Derecho Público: Teoría y Método.* Vol. 4, 2021, pp. 7-65. DOI:10.37417/RPD/vol_4_2021_637

39 Pleno no jurisdiccional de la Sala segunda del Tribunal Supremo de 25 de mayo de 2017, convocado para para analizar el carácter público o privado de los caudales de una sociedad mixta. Disponible en https://www.poderjudicial.es/cgpj/es/Poder-Judicial/Tribunal-Supremo/Jurisprudencia-/Acuerdos-de-Sala/Acuerdo-del-Pleno-No-Jurisdiccional-de-la-Sala-Segunda-del-Tribunal-Supremo-de-25-05-2017—sobre-el-caracter-publico-o-privado-de-los-caudales-de-una-sociedad-mixta

" Los bienes, efectos, caudales o cualesquiera otros de cualquier índole que integren el patrimonio de las sociedades mercantiles participadas por el Estado u otras Administraciones u Organismos Públicos, deben tener la consideración de patrimonio público y, por tanto, pueden ser objeto material del delito de malversación siempre que concurra alguno de los supuestos siguientes:

1.1. Cuando la sociedad mercantil esté participada en su totalidad por las personas públicas referidas.

1.2.- Cuando esté participada mayoritariamente por las mismas.

1.3.- Siempre que la sociedad pueda ser considerada como pública en atención a las circunstancias concretas que concurran, pudiéndose valorar las siguientes o cualesquiera otras de similar naturaleza:

1.3.1.- Que el objeto de la sociedad participada sea la prestación, directa o indirecta, de servicios públicos o participen del sector público.

1.3.2.- Que la sociedad mixta se encuentre sometida directa o indirectamente a órganos de control, inspección, intervención o fiscalización del Estado o de otras Administraciones Públicas.

1.3.3.- Que la sociedad participada haya percibido subvenciones públicas en cuantía relevante, cualquiera que fuera la Administración que las haya concedido, para desarrollar su objeto social y actividad."

Es cierto que el pronunciamiento de la Sala queda limitado a la cuestión patrimonial y a los efectos de la conducta típica de la malversación de caudales públicos cuando el fenómeno de la corrupción resulta más complejo y abarca más comportamientos que la sola malversación. También que el TS utiliza una terminología administrativamente superada (servicios públicos en vez de servicios de interés general). Pero lo relevante es la combinación de los criterios de propiedad accionarial (plena o mayoritaria), con los de actividad, (1.3.1), contabilidad e intervención (1.3.2) y financiación (1.3.3). También en este último aspecto se utiliza de forma administrativamente impropia el término subvenciones puesto que no toda financiación pública es una subvención (como hemos visto en las operaciones *"in house"*, donde la personificación privada tiene en realidad un único cliente: la Administración que le encarga ejecutar una obra o servicio).

Todo ello requerirá una operación valorativa que, vista la complejidad y diversidad de los contornos del sujeto administrativo, llama a una cierta casuística más que a la fijación tipológica definitiva. Refuerza la idea anterior la noción objetiva donde el carácter público o privado dependerá de la intensidad de la regulación administrativa sectorial en sectores regulados (telecomunicaciones, energía o servicios financieros). En similar sentido puede valorarse el párrafo final del art. 31 quinquies cuando, en un descarnado ejercicio de realismo, se habilita al juez penal a indagar sobre el desviado propósito administrativo de personificarse privadamente para eludir una eventual responsabilidad penal, manifestación última de la patología que combate la teoría del levantamiento del velo societario.

En otras palabras, que una personificación privada (sociedad mercantil), sea una mera utilización de la flexibilidad que ofrece el derecho privado y por tanto se trate de un único sujeto administrativo o, por el contrario, se trate de una verdadera actuación económica desligada del ámbito estrictamente administrativo dependerá de aspectos como: (i) la existencia o menos de socios privados junto con los públicos y el porcentaje que ostenta cada uno de ellos: (ii) la fuente de los ingresos de la sociedad (mercado o fondos públicos); (iii) control o tutela administrativos sobre la actividad (por ejemplo aprobación de tarifas); (iv) la elección de los miembros del gobierno corporativo de la empresa (confusión entre la condición política y la empresarial, que se da por ejemplo en el concejal que es miembro de un consejo de administración de una sociedad local); (v) la existencia o menos de patrimonios separados y de responsabilidad conjunta por las pérdidas de explotación. Todo ello conlleva que – aunque a todas les llamamos sociedad mercantil pública–deba tratarse distintamente a una sociedad 100% pública que a una mixta; a una sociedad que fabrica y vende en condiciones de mercado frente a aquella que presta un transporte subvencionado; y a una sociedad con capacidad de decisión gestora frente a una controlada por el poder político matriz.

Al final, como reconoce críticamente la profesora CHINCHILLA, "A pesar de adoptar una forma de personificación privada (la de las sociedades de capital), las sociedades mercantiles públicas no se rigen, o mejor dicho, no se rigen solo, ni siquiera principalmente, por el derecho privado, sino que el legislador ha establecido para ellas numerosas normas, del más variado contenido, que vienen a poner en entredicho su naturaleza privada y que, en definitiva, demuestran que se trata de unas entidades que están a medio camino entre una Administración pública y una empresa privada, pues no siendo ni lo uno ni lo otro, tienen elementos característicos de ambas".[40] Esta inadecuación tipológica (sociedades mercantiles que se rigen por el derecho privado salvo en lo que el derecho público les sea de aplicación) trata de evitar una situación que nos conduciría "a un espacio jurídico en el que reina la indefinición y, en el que, ante un problema concreto, no se sabe qué derecho hay que aplicar, con lo cual la huida del derecho administrativo que se produce con la actuación de las administraciones públicas a través de sociedades mercantiles termina convirtiéndose, simplemente, en una huida del derecho"[41]. Pero hay que reconocer que el sacrificio pragmático tiene como contrapartida una cierta incoherencia dogmática que hace más difícil sostener la posición de que el Derecho penal deba atender a las categorías del Derecho administrativo para construir la interpretación del art. 31 quinquies CP.

---

40 CHINCHILLA MARÍN, C. "Las sociedades mercantiles públicas. Su naturaleza jurídica privada y su personalidad jurídica diferenciada: ¿Realidad o Ficción?" *Revista de Administración Pública* 203, 2017, pp. 17-56. p. 25.

41 ibidem p. 23.

5. BIBLIOGRAFÍA.

AAVV. *La responsabilidad penal de las personas jurídicas. Libro homenaje al Excmo. Sr. D. José Manuel Maza Martín.* FGE. Madrid. 2018. Texto disponible en: https://www.fiscal.es/documents/20142/284182/La+responsabilidad+penal+de+las+personas+jur%C3%ADdicas.+Libro+homenaje+al+ex+Fiscal+General+del+Estado+Jos%C3%A9+Manuel+Maza+Mart%C3%ADn.pdf/c833b8ad-07b4-3b9a-4a1f-732f5d88e04a?version=1.0&t=1563363452216

BAUCELLS LLADÓS, J. "Las empresas del sector público empresarial responsables penalmente". Manuscrito Inédito 2022.

CABALLERO SÁNCHEZ, R. "La extensión del derecho administrativo y su proyección contencioso-administrativa" *Revista de Derecho Público: Teoría y Método.* Vol. 4, 2021. pp. 7-65. DOI:10.37417/RPD/vol_4_2021_637.

CARDONA BARBER, A. "La responsabilidad penal de los gestores del sector público empresarial" *Revista General de Derecho Penal* 37, 2022.

CASADO ROBLEDO, S. "El régimen jurídico de los fondos carentes de personalidad jurídica cuya dotación se efectúa mayoritariamente desde los Presupuestos Generales del Estado" *Revista española de control externo,* Vol. 16, nº 47. 2014. Disponible en https://www.tcu.es/repositorio/41a8fba0-7509-4d47-a83b-b9c2b337697c/N47CasadoRegimenjuridicofondos.pdf

CHINCHILLA MARÍN, C. "El derecho de la Unión Europea como freno a la huida del derecho administrativo". *Revista de Administración Pública,* nº 200, 2016 (Ejemplar dedicado a: El Derecho administrativo a los 30 años de nuestro ingreso en la Unión Europea), págs. 361-383;

CHINCHILLA MARÍN, C. "Las sociedades mercantiles públicas. Su naturalez jurídica privada y su personalidad jurídica diferenciada: ¿Realidad o Ficción?" *Revista de Administración Pública* 203, 2017. pp. 17-56.

DEL SAZ CORDERO, S. "La huida del Derecho administrativo: últimas manifestaciones: Aplausos y críticas". *Revista de Administración Pública,* nº 133, 1994. pp. 57-98.

GARCÍA-ANDRADE, J. "¿Huida o expansión del derecho administrativo? *Revista Española de Derecho Administrativo,* nº 209, 2020. pp. 139-170.

GARCÍA ARÁN, M. "Autonomía interpretativa del derecho penal y delincuencia de las empresas públicas" *Revista de Estudios Jurídicos y Criminológicos,* nº. 6, 2022.

GARCÍA DE ENTERRÍA, E. "El concepto de personalidad jurídica en el Derecho público", *Revista de Administración Pública* , n. 129, 1992.

GUIMERÁ RICO, J.J. *Las sociedades públicas: fundamento y límites de la huida al Derecho privado.* INAP, Madrid. 2020.

LINDE PANIAGUIA.E. "El Derecho administrativo como derecho instrumental versus la huida del derecho administrativo" *Revista del Poder Judicial*, nº 49, 1998.

MARTÍNEZ-ALONSO CAMPS, J.L. e YSA FIGUERAS, T. *Las personificaciones instrumentales locales en Cataluña. Organismos autónomos, consorcios, mancomunidades y sociedades públicas.* INAP-Generalitat de Catalunya. 2003.

MARTÍN-RETORTILLO BAQUER , S. "Reflexiones sobre la "huida" del Derecho administrativo" *Revista de Administración Pública*, nº 140, 1996.

MUÑOZ MACHADO, S. *Tratado de Derecho administrativo y Derecho público general, III. la organización territorial del Estado. Las Administraciones públicas.* IUSTEL. 2009.

NAVARRO FRÍAS, I. "Sociedades públicas: derecho mercantil vs. derecho administrativo. En particular, deberes y responsabilidad de los administradores de sociedades públicas estatales" *Revista de Derecho de Sociedades*, 56, 2019.

ORTEGA ALVAREZ, L. *La concepción subjetiva del Derecho administrativo tras la Constitución española de 1978*, Ed. Bomarzo. 1989.

PADROS REIG, C. *La Administración invisible. Panorama general y ejemplos prácticos de las entidades colaboradoras de la Administración.* Dykinson. 2010.

PADROS REIG, C. *El asesoramiento y defensa legal de las Administraciones Públicas.* Barcelona, Ed. Atelier. 2021.

PADROS REIG, C. y COELLO MARTÍN, C. "La extensión del concepto "empleo público" a las empresas mercantiles. *Aranzadi social*. Abril nº 1 2013.

PARADA VÁZQUEZ, J.R. "Derecho Administrativo, Derecho Privado, Derecho garantizador" *Revista de Administración Pública* n. 52 1967.

PAREJO ALFONSO, L. *El concepto de Derecho Administrativo.* Editorial Jurídica Venezolana. Caracas. 1984.

PASCUAL GARCIA, J. "La huida del Derecho Administrativo, del Presupuesto y de los controles financieros por los nuevos entes del sector público." *Presupuesto y Gasto Público* nº 60. 2010. pp. 109-128.

SÁNCHEZ MORÓN, M. "El retorno del derecho administrativo" *Revista de Administración Pública*, nº 206, 2018. pp. 37-66. doi: https://doi.org/10.18042/cepc/rap.206.02,

SANTAMARIA PASTOR, J.A. *Principios de Derecho administrativo general.* Tomo I. Iustel, 2018, 5ª ed.

SANTIAGO IGLESIAS, D. "¿Es posible crear sociedades de economía mixta para la gestión de servicios públicos locales en el marco de contratos de servicios y de concesión de servicios?" *Revista de Estudios de la Administración Local y Autonómica*, nº 16, 2021.

CONCLUSIONES. El derecho penal superó la limitación que suponía el carácter estrictamente personal de la atribución de responsabilidad por hechos delictivos. Desde la reforma de 2015 del CP, las empresas también pueden delinquir. Este cambio tiene su impacto en las personificaciones privadas que utiliza la Administración para el desarrollo de sus cometidos y para la prestación de bienes y servicios. El art. 31 quinquies CP prevé une exención por razón del carácter público del sujeto y una limitación cuando la entidad pública es privada y gestiona un servicio de interés general. El artículo analiza la evolución del concepto más restringido de Administración hacia el más amplio de sector público, tanto en la legislación administrativa general como en la especial (contabilidad pública o contratación). Como el ordenamiento jurídico debería ser un conjunto coherente se confrontan la formulación penal con la administrativa resaltando algunas divergencias.

PALABRAS CLAVE. Personificación privada; sector público empresarial; responsabilidad penal de las sociedades mercantiles; teoría objetiva del Derecho administrativo.

ABSTRACT. Spanish criminal law has recently overcome the limitation of the strictly personal nature of the attribution of responsibility for criminal acts. Since 2015, companies can also commit crimes. This change has its impact on the private entities created and used by public administration for the fulfillment of its tasks and for the provision of goods and public services. Art. 31 quinquies of the Criminal Code provides for an exemption due to the public nature of the subject aa well as a limitation when the public entity is a private entity which provides a service of general interest. The article analyzes the evolution of the more restricted concept of "public Administration" towards the broader one of "public sector", both in the general administrative legislation and in procurement or public accounting regulations. Since the legal system should be a coherent whole, the criminal law formulation is confronted with the administrative one, and some discrepancies are underlined.

KEYWORDS. Private personification of administrative powers; public sector entities; criminal responsibility of firms; objective theories of administrative law.

Capítulo III
Los presupuestos de responsabilidad penal de las sociedades mercantiles públicas

ANTONIO CARDONA BARBER

Profesor lector de Derecho penal en la Universidad Autónoma de Barcelona

1. INTRODUCCIÓN

Como es de común conocimiento, la responsabilidad penal de las personas jurídicas forma parte de nuestro sistema jurídico penal. En concreto, por medio de la Ley Orgánica 5/2010, de 22 de junio, de reforma del Código penal, el legislador español introdujo en el ordenamiento jurídico la posible responsabilidad penal de las personas jurídicas, responsabilidad que ha sido modificada y ampliada, primero por medio de la Ley Orgánica 7/2012, de 27 de diciembre, la Ley Orgánica 1/2015, de 30 de marzo después, y, más recientemente, por la Ley Orgánica 1/2019, de 20 de febrero[1].

Así, desde hace algo más de diez años (si no se tiene en cuenta la prácticamente inaplicada previsión de RPPJ en el art. 31.2 CP, entre 2003 y 2015) el ordenamiento jurídico penal español permite que las personas jurídicas (sociedades, fundaciones y otros entes dotados de personalidad jurídica) sean castigadas penalmente. Con ello, el clásico aforismo *societas puniri non potest*[2] (la sociedad no puede ser penada) ha sido superado por un sistema penal que, además de las personas físicas, también posibilita que las personas jurídicas sean castigadas con la imposición de una pena.

---

1 Ley que, entre otras cuestiones, ha introducido el delito de malversación en el catálogo de delitos que pueden generar responsabilidad penal para las personas jurídicas, cuestión muy relevante en cuanto al campo de actuación de las Sociedades mercantiles públicas, más después del Acuerdo del Pleno no jurisdiccional de la Sala segunda del Tribunal Supremo, de fecha 25 de mayo de 2017, donde el alto Tribunal señaló que los bienes, efectos, caudales o cualesquiera otros de cualquier índole que integren el patrimonio de las sociedades mercantiles participadas por el Estado u otras Administraciones u organismos Públicos, tienen que tener la consideración de patrimonio público y, por lo tanto, su perjuicio puede dar lugar al delito de malversación.

2 En este sentido, la mayoría de las publicaciones sobre esta temática se refieren a la derogación del principio "*societas deliquere non potest*" (la sociedad no puede delinquir), pero esta afirmación, a juicio de parte de la Doctrina penal, es discutible, ya que podría defenderse que las personas jurídicas siguen sin poder "cometer" delitos al venir a responder éstas por los delitos cometidos por otras personas (físicas), como son, de forma resumida, sus representantes legales o sus trabajadores (artículo 31 bis del CP, (a) y (b)). En esta posición encontramos, por ejemplo: GÓMEZ MARTÍN, V. "Falsa alarma: societas deliquere non potest", en ONTIVEROS ALONSO (coordinador) *La responsabilidad penal de las personas jurídicas. Fortalezas, debilidades y perspectivas de cara al futuro.* Valencia: Tirant lo Blanch, 2014, p. 209.

Ahora bien, no todas las personas jurídicas están sometidas a la amenaza penal. En este sentido, el legislador español, por razones de política criminal, ha decidido establecer un sistema de imputación penal societaria desigual, dependiendo del tipo concreto de persona jurídica analizada, siendo para ello capital el examen de la naturaleza pública o privada de la empresa potencialmente responsable.

En concreto, según se dispone en el artículo 31 quinquies del Código penal, las disposiciones relativas a la responsabilidad penal de las personas jurídicas no serán aplicables al Estado, a las administraciones públicas territoriales e institucionales, a los organismos reguladores, a las agencias y las entidades públicas empresariales, a las organizaciones internacionales de derecho público, ni a aquellas otras que ejerzan potestades públicas de soberanía o administrativas. Así, puede decirse que, en general, las diferentes manifestaciones del Estado no responderán penalmente por los delitos que se hayan cometido dentro de su estructura orgánica.

Ahora bien, en el apartado segundo del artículo 31 quinquies del Código penal se configura una excepción a la excepción muy relevante, a saber: se permite, si se dan los presupuestos legales necesarios, la responsabilidad penal de las sociedades mercantiles públicas.

Pues bien, por medio de este estudio intentaré analizar los referidos presupuestos de responsabilidad penal de las sociedades mercantiles. En este contexto, primero, intentaré poner algo de luz a la no siempre fácil identificación de los distintos entes que forman parte del Sector público empresarial, de los cuales, como se ha apuntado más arriba, solamente pueden tener responsabilidad penal las sociedades mercantiles públicas (no así no los entes públicos empresariales, ni otros entes -como por ejemplo los consorcios o las fundaciones públicas- que en cierto modo podrían operar en el mercado de bienes y servicios y, con ello, formar parte del "sector público empresarial" desde un punto de vista global).

Después, seguiré tratando aquellos elementos de responsabilidad penal de las sociedades mercantiles públicas que se configuran en modo "positivo" (esto es: han de concurrir imprescindiblemente en el caso concreto para que la empresa pública pueda ser condenada penalmente) para, finalmente, valorar los posibles presupuestos "negativos" (aquéllos que no pueden concurrir en el caso objeto de enjuiciamiento penal, o, de lo contrario, debería negarse -o cuanto menos limitarse- la responsabilidad penal de la sociedad mercantil pública encausada).

2. EL DELITO HA DE COMETERSE EFECTIVAMENTE DENTRO DE LA ESTRUCTURA DE UNA SOCIEDAD MERCANTIL PÚBLICA

Más arriba se ha apuntado que, según el artículo 31 quinquies del CP, de todos los organismos públicos del Estado, solo pueden responder penalmente las sociedades mercantiles públicas. Por eso, es fundamental poder identificar este tipo de sociedades dentro del resto de organismos públicos, en especial, buscando las principales características materiales que las diferencian de los entes públicos empresariales, y que tal como defenderé *infra*, pueden ayudar a justificar la posible responsabilidad penal de las primeras.

En este sentido, el Estado, en cualquier de sus manifestaciones territoriales, puede participar e intervenir empresarialmente en el mercado[3], fabricando bienes y/o prestando servicios, en ambos casos con la posibilidad de obtener una contraprestación económica[4]. En el marco de esta posibilidad, y para poder competir

---

3 CUBERO MARCOS, J.I. "Regulación, iniciativa pública económica y libre competencia: hacia un modelo sin inmunidades" en *Revista de Administración Pública, núm. 184, Madrid.* 2011, p. 122.

4 El fundamento constitucional de esta posibilidad lo encontramos en el artículo 128.2 de la Constitución española, precepto donde se señala que se reconoce la iniciativa pública en la actividad económica: MELLADO RUÍZ, L. "Las sociedades mercantiles públicas: marco europeo y constitucionalidad de su actividad", en GARCÍA RUBIO (Cordinador) *Estudio sobre empresas públicas.* Madrid: Dykinson, 2011, p. 40.

con las mismas armas y opciones que los empresarios privados, durante las últimas décadas se han dado vida a una serie de entes instrumentales la función de los cuales ha sido (y es) la de canalizar la actividad económica de las administraciones públicas, de tal manera que éstas puedan "escapar" de los formalismos y rigorismos de los procedimientos administrativos (fenómeno este conocido como el de la "huida del derecho administrativo[5]").

En este sentido, en todas las instancias de nuestro ordenamiento jurídico (comunitaria, estatal, autonómica y local) tenemos una pluralidad de normas que regulan (o cuanto menos tratan) la cuestión de los entes institucionales del Estado.

A nivel estatal, como punto de partida, podríamos acudir a lo que se dispone en el artículo 84 de la Ley 40/2015, de 1 de octubre, del Régimen Jurídico del Sector Público (de ahora en adelante "Ley 40/2015"), precepto donde se señala que integran el sector público institucional: (a) los organismos públicos vinculados o dependientes de la Administración (clasificándose estos en (1) organismos autónomos vinculados, (2) entidades públicas empresariales, y, (3) agencias estatales); (b) las autoridades administrativas independientes; (c) las sociedades mercantiles estatales; (d) los consorcios; (e) las fundaciones del sector público, (f) los fondos sin personalidad jurídica; y, (g) las universidades públicas.

Ahora bien, de entre todos estos entes institucionales públicos solo unos pocos son genuinamente instrumentos de competencia empresarial en el sector privado de bienes y servicios, y, por eso, solamente éstos pueden calificarse como entes del sector público empresarial.

---

5 Al respeto, y entre muchos otros, ver a: MARTÍN-RETORTILLO BAQUER, S. "Reflexiones sobre la "huida" del Derecho administrativo" en *Revista de Administración pública, Nº140,* 1996; o, GONZÁLEZ LÓPEZ, JJ. "La "huida" del derecho administrativo como factor criminógeno" en *Revista de derecho penal y criminología, 3ª Época, nº16,* 2016.

De hecho, aclara en cierto modo esta cuestión la Ley 47/2003, de 26 de noviembre, General presupuestaria, norma que clasifica a los diferentes entes públicos del Estado en tres subsectores: (a) el administrativo, (b) el sector público fundacional, y, (c) el sector público empresarial, y, dentro de este último sector público empresarial se incluyen, según el artículo 3 de la referida Ley: (1) las entidades públicas empresariales; y (2) las sociedades mercantiles públicas.

2.1 Las entidades públicas empresariales

En cuanto a los entes públicos empresariales, a nivel Estatal, en la Ley 40/2015 (artículos 103 y siguientes) se señala que son entidades de Derecho público, con personalidad jurídica propia, patrimonio propio y autonomía en su gestión, que se rigen esencialmente por el Derecho privado[6] y que se financian con ingresos de mercado y que, junto con el ejercicio de potestades administrativas, desarrollan actividades prestacionales, de gestión de servicios o de producción de bienes de interés público, susceptibles de contraprestación.

Formalmente, y con independencia de cuál sea su denominación, cuando un organismo público tenga naturaleza jurídica de entidad pública empresarial, tendrá que figurar en su denominación la indicación "de entidad pública empresarial" o su abreviatura "E.P.E".

---

6 Excepto en la formación de la voluntad de sus órganos, en el ejercicio de las potestades administrativas que tengan atribuidas y en los aspectos específicamente regulados en su Ley de creación, sus estatutos, la Ley de Procedimiento Administrativo Común, el Real decreto legislativo 3/2011, de 14 de noviembre, la Ley 33/2003, de 3 de noviembre, y el resto de las normas de derecho administrativo general y especial que le sean aplicable.

2.2 Las sociedades mercantiles públicas

Las sociedades mercantiles públicas se encuentran reguladas en el artículo 111 de la Ley 40/2015, donde se señala que, por sociedad mercantil estatal se entiende aquella sociedad mercantil sobre la cual se ejerce control estatal. En este contexto el control estatal puede realizarse por las dos siguientes vías:

(i) Porque la participación directa en su capital social, de la Administración General del Estado o alguna de las entidades que, conforme a lo que se dispone en el artículo 84, integran el sector público institucional estatal, incluidas las sociedades mercantiles estatales, es superior al 50 por 100.

(ii) Porque la Administración General del Estado o alguno de sus organismos públicos vinculados o dependientes, respecto de la sociedad mercantil pública, se encuentran en alguna de las siguientes formas de control empresarial (previstas en el artículo 42 del Código de Comercio[7]): (a) que posean la mayoría de los derechos de voto; (b) que tengan la facultad de nombrar o destituir la mayoría de los miembros del órgano de administración; (c) que puedan disponer, en virtud de acuerdos celebrados con terceros, de la mayoría de los derechos de voto; o, (d) que hayan designado con sus votos a la mayoría de los miembros del órgano de ad-

---

7 Técnicamente el artículo 111 de la Ley 40/2015 señala que el segundo supuesto de control estatal de las sociedades mercantiles públicas lo será porque éstas estén en el supuesto previsto en el artículo 4 de la Ley 24/1988, de 28 de julio, del Mercado de Valores respecto de la Administración General del Estado o de sus organismos públicos vinculados o dependientes, ahora bien, esta norma fue derogada por el Real decreto legislativo 4/2015, de 23 de octubre, por el cual se aprueba el Texto Refundido de la Ley del Mercado de Valores, y, por lo tanto, su remisión tendrá que entenderse a esta última norma, la cual, a su vez, se remite a lo que se dispone en el artículo 42 del Código de Comercio (precepto que regula la cuestión del grupo de sociedades mercantiles).

ministración, que ejerzan su cargo en el momento en que tengan que formularse las cuentas consolidadas y durante los dos ejercicios inmediatamente anteriores.

Formalmente, en la denominación de las sociedades mercantiles que tengan la condición de estatales tendrá que figurar necesariamente la indicación "sociedad mercantil estatal" o su abreviatura "S.M.E".

2.3 Las diferencias entre los entes públicos empresariales y las sociedades mercantiles públicas que pueden justificar el doble estatuto de responsabilidad penal del sector público empresarial

De todo lo anterior se puede ver como la identificación concreta de las diferencias que pueden justificar el doble estatuto penal entre los entes públicos empresariales (irresponsables penalmente) y las sociedades mercantiles públicas (potencialmente responsables penalmente) presenta cierta complicación.

En este sentido, y más allá de algunas cuestiones formales (como la denominación/etiqueta E.P.E en las entidades públicas empresariales o S.M.P en las sociedades mercantiles públicas, o también la dicotomía competencial entre el poder ejecutivo y el legislativo en el proceso formal para materializar su constitución[8]), considero que dos son los principales puntos de diferenciación material que justifican la diferente consideración penal de estas empresas públicas, a saber: (i) la posible participación de capital privado, y, (ii) la posibilidad de ejercer potestades públicas.

---

8 Las sociedades mercantiles públicas son creadas por medio de un acuerdo del poder ejecutivo (art. 114 de la Ley 40/2015) y, en cambio, los entes públicos empresariales requieren una Ley de creación y, por lo tanto, son creados por el poder legislativo (art. 104 Ley 40/2015), con la excepción de los entes empresariales municipales, la constitución de los cuales requiere acuerdo del Pleno de la Entidad Local (art. 85 bis Ley 7/1985).

Así, y a diferencia de lo que puede pasar en las sociedades mercantiles públicas, sociedades en las cuales la Ley permite que parte de su capital social (incluso de forma mayoritaria) sea aportado por fuentes privadas (y, por lo tanto, en su actividad societaria se evidencia la posible concurrencia de intereses empresariales privados diferentes a los del Estado), la participación en los entes públicos empresariales es íntegramente pública (sea de las administraciones territoriales o institucionales), y, por lo tanto, los intereses económicos de estas empresas públicas son intereses exclusivamente públicos.

Además, resulta que, a diferencia de lo que pasa en las sociedades mercantiles públicas, la Ley permite que, de forma ordinaria, y para la consecución de sus fines, los entes públicos empresariales puedan ejercer potestades públicas.

En este contexto, por "potestades públicas" nos referimos al instrumento público privilegiado que ostentan las administraciones públicas en sus relaciones con los ciudadanos[9], instrumentos que se concretan en cuestiones como la potestad de autotutela declarativa administrativa, mediante la cual la administración puede generar una presunción *iuris tantum* de legalidad con fuerza suficiente para modificar la situación jurídica de los administrados; y, la autotutela administrativa ejecutiva, potestad que permite a la administración ejecutar de oficio todo tipo de resoluciones sobre el patrimonio de los ciudadanos (como las sanciones, embargos, o expropiaciones de bienes)[10].

Esta doble dicotomía (capital privado sí a las sociedades mercantiles públicas, no a los entes públicos empresariales; y, potestades públicas sí en los entes públicos empresariales, no

---

9 BLANQUER CRIADO, D.V. *Derecho administrativo, El fin, los medios y el control.* Valencia, Tirant lo blanch, 2010, p. 40.

10 DE LA CUÉTARA MARTÍNEZ, J.M. *Las potestades administrativas,* Madrid: Tecnos, 1986.

en las sociedades mercantiles públicas[11]) muestra claramente la diferente naturaleza de estos dos entes del sector público empresarial, de la que también puede derivarse que solo los entes públicos empresariales son realmente administraciones públicas, y, que en cambio, las sociedades mercantiles públicas son, como máximo, empresas "de" las administraciones públicas[12].

Así, por ejemplo, cuando las administraciones territoriales quieran competir en el mercado de bienes y servicios, en el desarrollo de un servicio mercantil que podría ofrecer el mercado privado, pero, que de alguna manera entienden que su calidad o frecuencia tiene que asegurarse a través de presupuesto público (pensamos por ejemplo en las televisiones públicas o las empresas de autobuses municipales), el instrumento idóneo y lógico sería la constitución de una sociedad mercantil pública, la cual, se configuraría realmente como una empresa "de" la administración, es decir, una sociedad pública que entraría a competir en el mercado contra otras mercantiles privadas[13].

---

11 De todos modos, si bien ha sido criticado por parte de la doctrina administrativa, en el art. 113 de la Ley 40/2015 se apunta que, excepcionalmente, las sociedades mercantiles públicas también podrán contar con el uso de potestades públicas administrativas.

12 Ver en este sentido: MELLADO RUÍZ, L. "Las sociedades mercantiles públicas: marco europeo y constitucionalidad de su actividad", en GARCÍA RUBIO (Coordinador) *Estudio sobre empresas públicas.* Madrid: Dykinson, 2011, p. 28.

13 "Sociedades Públicas que se someten al régimen general de las Sociedades de Capital, con escasas, irrelevantes o inexistentes especialidades y que básicamente coinciden con aquellas el objeto social de las cuales es de carácter puramente industrial o comercial, actuando en régimen competitivo o de mercado": SUAN RODRÍGUEZ, C. "La empresa pública bajo forma societaria. ¿Supone si régimen jurídico una derogación del derecho común de sociedades?" en *Academia Sevillana del Notariado, Tomo 7,* 1993, p. 41.

Por lo tanto, una vez defendido que las sociedades mercantiles públicas son empresas "de" las administración públicas y no propiamente administraciones públicas, la necesidad de su sumisión al Derecho penal, como cualquier otra sociedad mercantil que opera en el mercado de bienes y servicios, se evidencia, no ya solo desde una óptica de igualdad de armas competenciales, a la luz de los principios de la libre competencia, sino, sobre todo, a la luz de los principios de la misma responsabilidad penal de las personas jurídicas, principios según los cuales, solo las administraciones públicas (territoriales o institucionales) no pueden responder penalmente.

En este sentido, parte de la doctrina ha interpretado que el fundamento de la irresponsabilidad penal de las administraciones públicas se encuentra en la incongruencia (o absurdo[14]) de que el Estado se autocastigue a sí mismo. Otros en que la imposición de una pena de multa sobre estas entidades incidiría negativamente en su capacidad para la correcta prestación de las funciones públicas que tienen encomendadas[15]. Además de lo anterior, yo añadiría que la irresponsabilidad penal de las administraciones públicas (territoriales o institucionales) sirve para evitar que el Estado se autoimponga una pena que, al final, lesionaría el patrimonio público y, por extensión, los intereses generales que (teóricamente) persiguen las administraciones públicas[16].

---

14 BARONA VILAR, S. "La persona jurídica como responsable penal, parte pasiva en el proceso penal y parte en la mediación penal en España". en ONTIVEROS ALONSO (coordinador) *La responsabilidad penal de las personas jurídicas. Fortalezas, debilidades y perspectivas de cara al futuro.* Valencia: Tirant lo Blanch, 2014, p. 82.

15 GÓMEZ MARTÍN, V. "Articulo 31 quinquies del CP", en CORCOY BIDASOLO y MIR PUIG (coordinadores), *Comentarios al Código Penal, reforma LO 1/2015 y LO 2/2015.* Valencia: Tirant lo Blanch, 2015, p. 178.

16 En la misma línea, DOPICO GÓMEZ-ALLER, J. "Responsabilidad penal de las personas jurídicas" en DE LA MATA BARRANCO, DOPICO GÓMEZÁLLER, LASCURAÍNS SÁNCHEZ, NIETO MARTÍN. *Derecho Penal Económico y de la Empresa.* Madrid: Dykinson, 2018, p. 134,

De todos modos, esta justificación de irresponsabilidad penal podría tener sentido en cuanto a la pena de multa, pero no se sostiene cuando la pena a imponer es una pena interdictiva, como por ejemplo la intervención judicial de lo público, o, incluso, en escenarios de criminalidad manifiesta, su disolución. De hecho, si se ha llegado a disolver administrativamente a un Ayuntamiento (recuérdese el caso Marbella[17]) ¿qué problema teórico habría en posibilitar la disolución judicial de una entidad pública empresarial de actividad delictiva continuada?

Además, si finalmente aceptamos que la justificación de la irresponsabilidad penal de las administraciones públicas es la evitación de la lesión de los intereses públicos a través de su patrimonio público, ¿no tendrían que quedar fuera del alcance de la pena de multa las sociedades mercantiles públicas con capital social íntegramente público? De hecho, creo que la pena de multa, en el caso de las sociedades mercantiles públicas, solo tiene sentido cuando analizamos la operativa de las sociedades mercantiles mixtas o participadas, pero no cuando la empresa sea una sociedad mercantil pública formada íntegramente por capital social exclusivamente público. Es más, cuesta identificar las diferencias materiales que justifiquen un sometimiento penal diferenciado entre una sociedad mercantil íntegramente pública, que ejecuta actividades de interés público, y, por ejemplo, un organismo regulador, una agencia pública, o, mucho menos, una entidad pública empresarial.

De hecho, en este punto, y quizá a modo de breve "excurso", me gustaría señalar que en la responsabilidad penal de las per-

---

autor que señala que la justificación de la irresponsabilidad es la de evitar que el perjuicio de la sanción revierta sobre los administrados.

17 Dónde con la llegada del partido político G.I.L (Grupo Independiente Liberal) al poder del consistorio se crearon una serie de sociedades mercantiles municipales que fueron utilizadas instrumentalmente para acometer una actividad delictiva continuada de malversación de caudales públicos (STS 1394/2009).

sonas jurídicas en general (tanto privadas como públicas) sería muy recomendable estudiar y reflexionar sobre las consecuencias penales previstas para estos entes en el artículo 33.7 del CP, y, valorar de *lege ferenda* si pudieran diseñarse, o cuanto menos, elegirse, otras consecuencias jurídicas más idóneas.

De hecho, (y si bien este tema será objeto de desarrollo en el Capítulo relativo a las penas aplicables de esta obra) en el campo del derecho penal de las empresas, soy de la opinión que sería muy conveniente que nos replanteásemos el modelo normativo vigente de responsabilidad penal de las personas jurídicas para que éstas, en el caso de ser condenadas, respondieran con medidas de enfoque más restaurativo que punitivo, es decir, no con las penas actualmente previstas en el art 33.7 del CP[18], de cuya severa imposición podría incluso resultar el cierre de la empresa y con ello, indeseables daños colaterales sobre las que se convertirían de forma sobrevenida en las nuevas víctimas del conflicto (me refiero sobre todo a los trabajadores y proveedores de la empresa condenada)[19], o, en el caso de las mercantiles públicas íntegramente de capital público, multas que lesionarían en cierto modo el patrimonio público presupuestado para llevar a cabo alguna actividad de interés general. Como alternativa podrían

---

18 Tal y como se dispone en el art. 33.7 del CP, las penas aplicables a las personas jurídicas son las siguientes (a) Multa por cuotas o proporcional. (b) Disolución de la persona jurídica. (c) Suspensión de sus actividades. (d) Clausura de sus locales y establecimientos. (e) Prohibición de realizar en el futuro las actividades en cuyo ejercicio se haya cometido, favorecido o encubierto el delito. (f) Inhabilitación para obtener subvenciones y ayudas públicas, para contratar con el sector público y para gozar de beneficios e incentivos fiscales o de la Seguridad Social. (g) Intervención judicial para salvaguardar los derechos de los trabajadores o de los acreedores por el tiempo que se estime necesario.

19 Sobre este tema, de lectura obligada, ver: NIETO MARTÍN, A; DE PABLO, A., "Sanciones restaurativas para personas jurídicas", en, *Justicia Restaurativa Empresarial, Un modelo para armar*, NIETO MARTÍN, A; CALVO SOLER, R (Coord.), Madrid, Reus Editorial, 2023, pp. 188 y ss.

utilizarse medidas, como, por ejemplo, penas de trabajos en beneficio de la comunidad, consecuencia, por cierto, no incluida en el catálogo de penas del artículo 33.7 del CP[20], pero, que en el caso de habilitarse para ventilar la responsabilidad penal de las empresas, podría servir para obligar a la persona jurídica a poner a disposición de la comunidad parte de sus capacidades empresariales (medios, instrumentos, personal y *know how*) para reparar el daño del delito, sin que la pena reparadora tuviera porque afectar de forma negativa a los intereses de sus trabajadores y/o proveedores ni, tampoco, al patrimonio público de las sociedades mercantiles estatales eventualmente condenadas[21].

3. REQUISITOS DE LA RESPONSABILIDAD PENAL EN LAS SOCIEDADES MERCANTILES PÚBLICAS

3.1 Que el delito cometido lo haya sido por algunas de las personas físicas elegidas por el legislador penal

Tal y como he apuntado en la introducción de esta contribución, hasta hace poco más de diez años, la responsabilidad penal

---

20 En la misma línea, es nuestro país, NIETO MARTÍN defiende que en el campo del derecho penal societario deben priorizarse aquellos instrumentos sancionadores que cuenten con algún contenido restaurativo o reparador, postergándose aquellos otros que solamente tengan una mirada retributiva. En este sentido, este autor cita algunas experiencias desarrolladas en otros países, en especial los Estados Unidos, como las condenas a empresas a trabajos en beneficio de la comunidad o las posibles penas pecuniarias en beneficio de la comunidad: NIETO MARTÍN, A., "Empresas, víctimas y sanciones restaurativas..." *Op.cit,* p. 319 y ss.

21 De hecho, tal y como se señala en el artículo 49 del Código penal, las penas a trabajos en beneficio de la comunidad también pueden consistir en labores de reparación de los daños causados o, de apoyo o asistencia a las víctimas en delitos de similar naturaleza al cometido

solamente podía exigirse a las personas físicas, y, en el campo de los delitos especiales cometidos dentro de las empresas, las personas físicas que respondían penalmente, a la luz del artículo 31 del CP, eran, o bien sus administradores de hecho (después de normalmente realizar la operación del levantamiento del velo[22]) o, más habitualmente, sus administradores de derecho.

En este sentido, esta limitación de imputación era plenamente coherente, tanto con la lógica de la necesidad de contar con una acción penalmente relevante (entendiéndose ésta como una conducta humana dominada por la voluntad con capacidad de producir una consecuencia en el mundo externo[23]) y, más especialmente, con un sistema de atribución de responsabilidad que, en todo caso, exigía un escrupuloso respecto al principio de culpabilidad en general y, la sumisión de las acusaciones al principio del reproche penal por el propio hecho en particular, conocido éste como el principio de personalidad de la pena[24].

---

22 AYALA GARCÍA, JM. "Doctrina del Levantamiento del velo. Su aplicabilidad en el proceso penal. Aspectos sustantivo y procesal penal" en *Revista española de seguros. Publicación Doctrinal de Derecho y Economía de los Seguros privados, N°86,* 1996; BACIGALUPO, S. "Caso del levantamiento del velo de las personas jurídicas", en SÁNCHEZ-OSTIZ GUTIERREZ (coordinador) *Casos que hicieron doctrina en el Derecho penal.* Madrid: La Ley. 2011; o, FARALDO CABANA, P. "Sobre la irresponsabilidad penal de las sociedades instrumentales" en RODRÍGUEZ-GARCÍA, N Y RODRÍGUEZ-LÓPEZ, F (Editores), *Compliance y responsabilidad de las personas jurídicas.* Valencia: Tirant lo Blanch, 2021, p. 77.

23 MIR PUIG, S. *Derecho Penal. Parte General.* Barcelona: Reppertor, 2016, p. 195.

24 Principio que impide castigar a alguien por un hecho ajeno: MIR PUIG, S. *El Derecho penal en el Estado Social y Democrático de Derecho.* Barcelona: Ariel. 1994, p. 175. De hecho, cuando a mediados del siglo pasado la cuestión de la posible responsabilidad de las empresas se empezó a hablar en Alemania, y después de una intensa discusión doctrinal entre las principales figuras de la dogmática penalti de aquel país, se acabó rechazando la punibilidad de las personas jurídicas por la cuestión de la ausencia de capacidad de acción propia y real; es decir, "por la ido-

Pues bien, en el campo de la responsabilidad penal de las personas jurídicas, el principio de la limitación de la respuesta penal a la responsabilidad por el propio hecho se ha puesto en entredicho (más allá de que el Tribunal Supremo haya interpretado que la falta de control de la actividad empresarial es el fundamento de la culpabilidad penal de la empresa, derivada ésta de la ausencia de mecanismos o medidas eficaces, tendentes a prevenir y a controlar la comisión de delitos en la propia persona jurídica[25]), puesto que, como he apuntado más arriba, en nuestro sistema penal las personas jurídicas no cometen delitos (entendidos como la propia realización de una conducta típica, antijuridica y culpable), sino que las empresas responden penalmente por los delitos cometidos por otras personas (las físicas).

En concreto, del literal del vigente artículo 31 bis del CP se puede leer, claramente, que las personas jurídicas solo podrán responder penalmente por los delitos "cometidos por", o bien: (i) sus representantes legales; o, (ii) por las personas físicas que, actuando individualmente o como integrantes de un órgano de la persona jurídica, están autorizados para tomar decisiones en nombre de la persona jurídica u ostentan facultades de organización y control dentro de esta; o, (iii) por los trabajadores de la empresa, cuando éstos hayan podido realizar los hechos delictivos porque se han in-

---

neidad de una amenaza penal para la protección de bienes jurídicos frente a un destinatario en absoluto incapaz de acción; y por ausencia de culpabilidad, porque culpabilidad significa el reproche de no cumplir su deber a pesar de la libertad de actuar de otro modo que falta en la persona jurídica": SCHÜNEMANN, B. "La responsabilidad penal de las empresas: Para una necesaria síntesis entre dogmática y política criminal" en ONTIVEROS ALONSO (coordinador) *La responsabilidad penal de las personas jurídicas. Fortalezas, debilidades y perspectivas de cara al futuro.* Valencia: Tirant lo Blanch. 2014, p. 499.

25 Así se dijo a la primera resolución importante al respeto, la STS 154/2016 de 29 de febrero, y se ha seguido la misma línea hasta el momento en las siguientes Sentencias del TS sobre este tema.

cumplido gravemente los deberes de supervisión de su actividad por parte de las personas responsables del debido control y vigilancia.

Esta previsión legal, en el campo de la responsabilidad penal de las sociedades mercantiles públicas, conlleva dos consecuencias muy relevantes: (i) la primera es que solamente podrá exigirse una posible responsabilidad penal a la empresa pública si se da este primer presupuesto de responsabilidad: que pueda probarse que alguno de los sujetos (personas físicas) señalados por el legislador penal en el artículo 31 bis ha cometido un delito; y, en línea de continuidad con lo anterior, (ii) la segunda consecuencia (capital en el campo de lo operativo judicial) es que la responsabilidad penal de la sociedad mercantil pública lo será a la luz del delito cometido por las personas físicas mencionadas, cuestión que determinará el título de imputación por el cual se le podrá exigir responsabilidad a la empresa pública.

Es decir, ante la posible duda de qué delito puede utilizarse para exigir la posible responsabilidad penal de la sociedad mercantil pública, la respuesta pasará por determinar qué concreto delito ha cometido la persona física y, una vez individualizada esa subsunción jurídica, si se dan el resto de presupuestos que permitirían la sanción penal de las sociedades mercantiles públicas (que se irán analizando en las páginas siguientes), afirmar la posible condena de la empresa pública por esa concreta calificación jurídica previamente realizada.

Así, por ejemplo: (a) imaginemos al gestor de una empresa pública que, con ánimo de apropiación, y sin concurrir causa legal habilitante, ordena la transferencia de parte del patrimonio de la sociedad a una cuenta de la que él es el único titular; o, quizá, (b) imaginemos al gestor de una empresa pública que, con ánimo de favorecer a un tercero, y sin concurrir causa legal habilitante, ordena la cesión del uso y disfrute de parte de los bienes productivos de la empresa, causándole de este modo un grave perjuicio económico a la sociedad; o, también, (c) imaginemos al gestor de una empresa pública que, a cambio de recibir un soborno por parte de un contratista, decide formalizar con el corruptor un contrato de suministro con unas condiciones peores que las alternativas que podría encontrar en el mercado.

En este sentido, si entendemos que la corrupción en una empresa pública, aunque aquélla estuviera compitiendo en el mercado privado de bienes y servicios, lesionase un interés público y, además, sus directivos o trabajadores pudieran ser considerados "funcionarios públicos", podríamos encontrar la solución en los tipos penales contra la administración pública. Así, tal y como viene haciendo la jurisprudencia penal de forma habitual, y al margen de posibles escenarios concursales, la primera (a) y segunda posibilidad (b) podrían encajar en un delito de malversación de patrimonio público[26] previsto y penado en artículo 432 del CP[27], y, la tercera (c), en el delito de cohecho pasivo regulado en el artículo 419 y ss. del CP.

Contrariamente, si se defendiese que la conducta corrupta realizada por el gestor de una sociedad mercantil pública causaría una lesión sobre un interés esencialmente de naturaleza privada y/o, que aquél sujeto no puede ser considerado funcionario público, la primera posibilidad podría encajar en un delito de apropiación indebida previsto en el artículo 252 del CP, la segunda en un delito de administración desleal previsto en el

---

26 Cuyo sujeto de la acción «es el funcionario público que tenga una determinada relación con los caudales públicos»: ZABALEGUI MUÑOZ, M. (1994), «La malversación de caudales públicos», en, E. ORTS BERENGUER, (Dir.), *Delitos de los funcionarios públicos*, Madrid: Cuadernos de Derecho Judicial, Consejo General del Poder Judicial, p. 162.

27 Al respecto GÓMEZ RIVERO recuerda que el delito previsto en el artículo 432 CP es perfectamente posible en el campo de actuación de las sociedades instrumentales públicas, siempre que concurra el «requisito de que la actuación irregular recaiga sobre fondos que se consideren públicos»: GÓMEZ RIVERO, "El castigo penal de la corrupción en el ámbito del llamado sector público instrumental", en Revista Electrónica de Ciencia Penal y Criminología, 2016, p. 32.

artículo 253 del CP, y, la tercera, en un delito de corrupción en los negocios previsto en el artículo 286 bis del CP.

Por todo ello, para poder encontrar la correcta subsunción ante los hechos delictivos acaecidos dentro de las estructuras de las sociedades mercantiles públicas, el operador jurídico deberá analizar y resolver las cuestiones vinculadas, esencialmente, a qué tipo de bien jurídico se ha lesionado con el delito cometido por la persona física (¿bien jurídico de naturaleza pública o privada?), y, también, cuál es la condición de la persona física: ¿es un sujeto común o es un sujeto especial revestido con la condición de funcionario público?[28].

En cuanto a la primera cuestión, el artículo 128.2 de la Constitución española reconoce la iniciativa pública en la actividad

---

28 De todos modos, debemos recordar que en algunos de los delitos contra la administración pública el legislador ha previsto expresamente la posibilidad de considerar autores de estos tipos penales a sujetos particulares, sin exigirles que se les pueda considera funcionarios públicos a efectos penales. Así, por ejemplo, en el artículo 423 del CP se señala que lo dispuesto en los artículos que regulan las distintas formas del delito de cohecho también será aplicable a cualquier persona que participe en el ejercicio de la función pública. O, también, en el artículo 435.1 del CP se indica que las disposiciones del delito de malversación también serán extensivas a los que se hallen encargados, por cualquier concepto, de fondos, rentas o efectos de las administraciones públicas. Así, con las anteriores disposiciones, y siempre que en el caso concreto concurrieran sus presupuestos materiales (el ejercicio de una función pública en el primero y la malversación de fondos, rentas o efectos de las administraciones públicas en el segundo) también podría castigarse a los gestores de una empresa pública en algunos de los delitos contra la administración pública (en concreto en los delitos de cohecho o malversación) sin necesidad de que los operadores jurídicos tuvieran que forzar el alcance real del concepto funcionario público previsto en el artículo 24.2 del CP.

económica[29] y, de antiguo, la doctrina especializada, de forma mayoritaria, ha venido afirmando que esta habilitación constitucional está limitada a las prestaciones de bienes y servicios que tengan un contenido vinculado al interés público o general[30]. De hecho, en el artículo 103.1 de la Constitución española se recuerda que, en todo caso, la administración pública sirve con objetividad a los intereses generales, y, por ello, parece razonable defender que tanto entes públicos empresariales como sociedades mercantiles públicas encuentran su justificación en una actividad prestacional al servicio de un interés público o general[31].

Es más, el bien jurídico protegido en los delitos contra la administración pública es un interés vinculado a la tutela de la Administración Pública desde una perspectiva orientada a los fundamentos constitucionales que imponen su correcto funcionamiento[32]. Así, lo que debe protegerse con estos tipos

---

29 En este sentido, MELLADO RUIZ señala que: «(...) el art. 128.2 reconoce claramente la (posible) coexistencia de los sectores público y privado en la economía. Existe, pues, un reconocimiento y una habilitación constitucional directa, del Estado-empresario»: Véase MELLADO RUÍZ, L. "Las sociedades mercantiles públicas: marco europeo y constitucionalidad de su actividad", en GARCÍA RUBIO (Cordinador) *Estudio sobre empresas públicas.* Madrid: Dykinson, 2011, p. 40).

30 Por ejemplo, ARIÑO ORTIZ, G, "La iniciativa pública en la Constitución. Delimitación del Sector público y control de su expansión", en *Revista de Administración Pública, número 88,* 1979, pp. 64 y ss., en cuya pág. 69 afirma categóricamente que «(...) la esfera de legítima intervención del Gobierno en un modelo de sociedad libre debe venir justificada por la existencia de un interés público».

31 Al respecto, BLANQUER CRIADO, D.V. *Derecho administrativo, El fin, los medios y el control.* Valencia, Tirant lo blanch, 2010, p. 120.

32 En términos aproximados se expresan RODRÍGUEZ LÓPEZ, P y SOBRINO MARTÍNEZ, A, *Delitos contra la administración pública. Delincuencia Administrativa. Cuando el representante de la administración participa en el delito,* Barcelona: Bosch, 2009, p. 230. De todos modos, actualmente todavía pueden encontramos alternativas doctrinales sobre el bien

penales «no es un ente abstracto con independencia de su función jurídico-social[33]», sino que la tutela debe versar sobre el correcto funcionamiento del Sector Público[34] para que éste pueda servir con eficacia y objetividad a los intereses generales que la Constitución Española le obliga respetar[35]. Por ello, desde una perspectiva funcional del patrimonio público y a la luz del interés general que justifica la creación tanto de los entes públi-

---

jurídico del delito de cohecho, las cuales, esquemáticamente, serían las siguientes: (i) la existencia en los delitos de cohecho de un bien jurídico vinculado a la incorruptibilidad e integridad del funcionario y el quebrantamiento de su deber de fidelidad, lealtad y probidad; y, (ii) la necesaria protección de la buena imagen, prestigio y dignidad de la Administración Pública, posición doctrinal actualmente minoritaria y «de dudosa legitimación desde las concepciones actuales del Derecho Penal, al ofrecer una visión autoritaria de la Administración en cuanto se concibe como fin en sí misma y no organización al servicio del ciudadano»: DE LA MATA BARRANCO, N.J, *La respuesta a la corrupción pública. Tratamiento penal de la conducta de los particulares que contribuyen a ella,* Granada: Comares, 2004, p. 64, o, también, DE LA MATA BARRANCO, N.J, Y ETXEBARRIA, X, *Malversación y lesión del patrimonio público. Apropiación, distracción y desviación por funcionario, de caudales públicos,* Barcelona: Bosch, 1995.

33 Véase DE LA MATA BARRANCO, N.J, *La respuesta a la corrupción pública, ob.cit...*, p. 66.

34 Al respecto también véase VALEIJE ÁLVAREZ, I, “Consideraciones sobre el bien jurídico protegido en el delito de cohecho”, en *Estudios Penales y criminológicos, número 18,* 1995.

35 Al respecto RODRÍGUEZ PUERTA señala que: «La constitucionalización del principio de objetividad o imparcialidad supone, por una parte, el reconocimiento de su operatividad como parámetro de valoración de toda la actividad administrativa, pero al mismo tiempo sirve como garantía para los ciudadanos de que las decisiones administrativas no van a ser influidas por intereses económicos o sociales o por cualquier otro tipo de preferencias o discriminación ajenas o contrarias a los intereses generales»: RODRÍGUEZ PUERTA, M.J, *El Delito de cohecho: Problemática jurídico-penal del soborno de funcionarios,* Pamplona: Aranzadi, 1999, págs. 69 y 70.

cos empresariales como de las sociedades mercantiles públicas, la lesión de su patrimonio o de sus intereses empresariales puede considerarse un daño a un interés púbico sin mayores problemas.

De hecho, al respecto puede traerse a colación el Acuerdo del Pleno no jurisdiccional de la Sala segunda del Tribunal Supremo, de fecha 25 de mayo de 2017, donde el alto Tribunal señaló que los bienes, efectos, caudales o cualesquiera otros de cualquier índole que integren el patrimonio de las sociedades mercantiles participadas por el Estado u otras Administraciones u Organismos Públicos, deben tener la consideración de patrimonio público[36].

Ciertamente, este pronunciamiento versaba únicamente sobre la posible aplicación del delito de malversación en el campo de actuación de las sociedades mercantiles públicas. Ahora bien, a mi juicio, su interpretación es perfectamente extensible a todas las conductas que lesionen el patrimonio o los intereses de las sociedades mercantiles públicas y, a su luz, entender que todo acto de gestión fraudulenta en su seno compromete los «intereses públicos» que justifican su constitución y actividad.

De todos modos, (y a diferencia de lo que ocurren en los entes públicos empresariales) que en las sociedades mercantiles

---

36 Cuando se den algunos de los siguientes requisitos: (a) Cuando la sociedad mercantil esté participada en su totalidad por las personas públicas referidas; (b) cuando esté participada mayoritariamente por las mismas; (c) siempre que la sociedad pueda ser considerada como pública en atención a las circunstancias concretas que concurran, pudiéndose valorar las siguientes o cualesquiera otras de similar naturaleza: (1) que el objeto de la sociedad participada sea la prestación, directa o indirecta, de servicios públicos o participen del sector público; (2) que la sociedad mixta se encuentre sometida directa o indirectamente a órganos de control, inspección, intervención o fiscalización del Estado o de otras Administraciones Públicas; y/o, (3) que la sociedad participada haya percibido subvenciones públicas en cuantía relevante, cualquiera que fuera la Administración que las haya concedido, para desarrollar su objeto social y actividad.

públicas se reconozca un interés público evidente, no impide, en absoluto, que en su actividad empresarial también puedan concurrir legítimos intereses privados: recuérdese que, en nuestro ordenamiento jurídico, incluso, se permite que una mercantil pública esté participada «mayoritariamente» por capital privado. Por todo ello no puede afirmarse que, en todo caso, y de forma mecánica, los delitos cometidos en el seno de una sociedad mercantil pública deban subsumirse siempre en el catálogo de delitos contra la administración pública. Por lo visto hasta aquí, en general, pueden serlo a partir de los conceptos patrimoniales que están implicados, pero antes todavía quedaría pendiente resolver una segunda cuestión, a saber:

¿Encaja el concepto «funcionario público» en el perfil de los gestores de las sociedades mercantiles públicas?

Antes de seguir quiero avisar al lector que las cuestiones relativas al concepto penal de "funcionario público" serán ampliamente tratadas en el Capítulo de esta obra específicamente dedicado a ello, pero, en lo que sigue, intentaré esbozar algunos puntos básicos de esta cuestión, ya que, por ejemplo, para poder asegurar que, mediante el tipo del cohecho o el delito de malversación, entre otros, se puede castigar como autor de ese delito a un gestor de una sociedad mercantil pública, deberemos antes afirmar que ese sujeto tiene la condición de funcionario público[37].

En este contexto, en el artículo 8.1 del Real Decreto Legislativo 5/2015, de 30 de octubre, por el que se aprueba el Texto refundido de la Ley del Estatuto Básico del Empleado Público, se apunta que son funcionarios públicos quienes desarrollan funciones retribuidas en las Administraciones Públicas al servicio de los intereses generales.

---

37 La condición de delitos especiales de estos tipos penales es destacada sin problemas por toda la doctrina. Así, QUINTERO OLIVARES, G, "Comentario al artículo 24 CP", en *Comentarios al Código Penal Español. Tomo I (Artículos 1 a 233)*, (dir.) Quintero Olivares, Pamplona: Aranzadi, 2011, pp. 318 y 319.

De todos modos, como es ampliamente aceptado, la definición «auténtica» del concepto de funcionario público que ofrece el legislador penal permite que, en sede penal, se trabaje con un concepto mucho más amplio que el que ofrece el derecho administrativo[38]. En concreto, el artículo 24.2 del CP explica que, a efectos penales, tendrá la consideración de funcionario público: «todo el que por disposición inmediata de la Ley o por elección o por nombramiento de autoridad competente participe en el ejercicio de funciones públicas».

(a) Primer requisito: que el sujeto participe de forma efectiva en el ejercicio de «funciones públicas»

En la actualidad, tanto la jurisprudencia de la Sala Segunda del Tribunal Supremo como la doctrina penal mayoritaria entienden, de una forma muy amplia, que, a efectos penales, «participar en funciones públicas» incluye participar en cualquier actividad que pueda considerarse, en un sentido muy amplio, como de interés público, siempre que haya sido realizada por alguna entidad del sector público (tanto territorial como institucional)[39].

---

38 Muy extensamente al respecto ver a VÁZQUEZ-PORTOMEÑE SEIJAS, F, *Los delitos contra la Administración pública. Teoría general,* Instituto Nacional de Administración Pública, Madrid, 2003. También, en esta misma línea, y entre otros, puede citarse a: REBOLLO VARGAS, R, *La revelación de secretos e información por funcionario público,* Barcelona: Cedecs, 1996, pp. 78 y ss.; OLAIZOLA NOGALES, I, "Concepto de funcionario a efectos penales", en *Delitos contra la Administración pública/Adela Asua Batarrita,* 1997, pp. 77 y ss.; o, GÓMEZ RIVERO, C, "El castigo penal de la corrupción en el ámbito del llamado sector público instrumental", en *Revista Electrónica de Ciencia Penal y Criminología, nº18,* 2016, pp. 10 y ss.

39 Entre otros, GARCÍA ARÁN, M, «Sobre la tipicidad penal de la financiación irregular de los partidos políticos», en Maqueda Abreu, Martín Lorenzo y Ventura Puschel (coord.) *Derecho Penal para un Estado social y democrático de Derecho: estudios penales en homenaje al profesor Emilio Octavio de Toledo y Ubieto,* Madrid: UCM, 2016.

En este sentido, por ejemplo, en el Fundamento jurídico octavo de la Sentencia del Tribunal Supremo 546/2019, de 11 de noviembre, se señaló que: «La cualidad de autoridad o funcionario público del agente es un concepto suministrado por el artículo 24 CP, bastando a efectos penales con la participación legítima en una función pública». Y, que: «el concepto de funcionario público se asienta en bases materiales y no en la pura apariencia o el ropaje externo jurídico o administrativo» ya que éste es «un concepto marcadamente funcional». Y, en concreto sobre la posible subsunción del gestor de una empresa pública, en esta Sentencia se recordó que: «es doctrina consolidada de esta Sala que puede presentarse la participación en el ejercicio de funciones públicas tanto en las del Estado, entidades locales y comunidades autónomas, como en las de la llamada administración institucional que existe cuando una entidad pública adopta una forma independiente, incluso con personalidad jurídica propia, en ocasiones de sociedad mercantil, con el fin de conseguir un más ágil y eficaz funcionamiento, de modo que "cualquier actuación de estas entidades donde exista un interés público responde a este concepto amplio de función pública"»[40].

De todos modos, aun aceptando una interpretación amplia de «funciones públicas», considero que aquí también deberían evitarse automatismos o subsunciones mecánicas sin un previo análisis de la prestación realmente realizada por parte de la empresa pública corrompida ya que, quizá, en algunas ocasiones, podríamos encontrarnos con sociedades mercantiles que realmente no estuviera realizando funciones públicas, ni siquiera en el amplio sentido enunciado.

---

40 De hecho, la interpretación plasmada en la Sentencia referida es una interpretación constante y pacífica por parte del Tribunal Supremo (ver entre otras: STS de 11 de octubre de 1993; STS de 4 de diciembre de 2001; STS de 27 de enero de 2003; y, STS de 14 de febrero de 2017).

Es más, esta afirmación encuentra respaldo indirecto en el artículo 31 quinquies del Código penal, precepto donde se afirma que las disposiciones relativas a la responsabilidad penal de las personas jurídicas no serán aplicables a las entidades públicas empresariales (consideradas por el legislador penal como administración pública y por tanto irresponsables), pero, no obstante, abre la puerta a la posible imputación de las sociedades mercantiles públicas, si bien estableciendo un doble régimen de responsabilidad: uno «limitado» para las sociedades mercantiles públicas que ejecuten «políticas públicas» o presten «servicios de interés económico general» y, consecuentemente, otro «pleno» para todas las demás, es decir, para aquellas sociedades mercantiles que no que ejecuten políticas públicas o que no presten servicios de interés económico general[41].

Incluso, el doble estatuto de imputación que presentan las sociedades mercantiles públicas, en el curso de procedimientos penales judiciales, avala plenamente las técnicas del levantamiento del velo para determinar si aquéllas realmente desarrollan políticas públicas o actividades de interés general, o, quizá, su actividad mercantil tiene un objetivo espurio particular: el que utilizan sus promotores para obtener un rédito personal[42]; recuérdese aquí

---

41 que, por tanto, coherentemente, sus directivos no podrían ser considerados funcionarios públicos, ya que estos no estarían participando en funciones públicas.

42 Como ocurrió, por ejemplo, en el conocido como «caso Marbella» (sentenciado en la STS 1394/2009) donde con la llegada del partido político G.I.L (Grupo Independiente Liberal) al poder del consistorio se crearon una serie de sociedades mercantiles municipales que fueron utilizadas instrumentalmente para acometer una actividad delictiva continuada de malversación de caudales públicos. De hecho, en la referida sentencia puede leerse que: «Tales sociedades municipales se nutrían patrimonialmente de las subvenciones y transferencias de dinero público que se les concedía desde el Ayuntamiento, el destino de cuyas partidas en muchas ocasiones se desconoce y en otras se

el aforismo clásico contractual (adaptado al caso concreto): las sociedades son lo que son, y no lo que digan sus estatutos que son.

A mayor abundamiento, en la Circular 1/2016, de 22 de enero, de la Fiscalía General del Estado, sobre la responsabilidad penal de las personas jurídicas conforme a la reforma del Código penal efectuada por la Ley Orgánica 1/2015, podemos leer lo siguiente: «Para que sea aplicable esta cláusula limitativa de las penas a las sociedades mercantiles públicas es necesario que las mismas "ejecuten políticas públicas o presten servicios de interés económico general". Si bien la ejecución y prestación de tales políticas y servicios se atribuye de ordinario en el ámbito estatal a los organismos autónomos, los consorcios o a las entidades públicas empresariales (Ley 6/1997 y la Ley 40/2015, de 1 de octubre), no resulta infrecuente que las sociedades estatales, especialmente las de capital exclusivo público, presten servicios públicos de interés económico general. Será finalmente el análisis del concreto fin público que desarrolla cada sociedad el que determine la calificación y relevancia del servicio prestado, pues el concepto de servicio público, desde una perspectiva funcional del patrimonio público, no ha de entenderse ligado o encorsetado por categorías administrativas (...)».

En este sentido, y como he apuntado *supra*, las funciones públicas son aquellas actividades de interés general realizadas (directa o indirectamente) por alguna entidad del sector público. Por ello, todos los entes públicos empresariales, y la mayoría de las sociedades mercantiles públicas, realizarán de algún modo funciones públicas. Pero, en ocasiones, en la operativa de algunas sociedades mercantiles públicas, no solamente aquéllas creadas de forma torticera por parte de sus fundadores para la realización de fines exclusivamente espurios, sino, también, aquéllas otras legítimas, pero participadas mayoritariamente

---

emplea en abonos muy distantes de los fines públicos y de interés social a que deberían dedicarse».

por capital privado, sometidas al derecho privado, huérfanas de potestades públicas y, con la simple misión de competir en el mercado capitalista de bienes y servicios, el mayor desvalor de acción que justificaría la sumisión de sus gestores en los delitos contra la administración pública solamente se podría encontrar partiendo de una interpretación muy extensiva (y contra reo) del elemento típico necesario «participar en funciones públicas».

(b) Segundo requisito: que se acceda al cargo por disposición inmediata de la Ley, por elección o, por nombramiento de autoridad competente

Como muy bien ha criticado parte de la doctrina penal[43], en las resoluciones judiciales donde se castigan como funcionarios públicos a gestores de empresas públicas se enfoca casi toda la carga axiológica sobre la cuestión de la participación en funciones públicas, despreciándose a una cuestión casi adicional el tratamiento que merece la segunda exigencia del artículo 24.2 del CP, esto es: que el sujeto haya accedido al cargo por disposición inmediata de la Ley, por elección o, por nombramiento de autoridad competente[44].

De hecho, este segundo requisito se refiere a una tipología de acto formal para la toma de posesión o de acceso al cargo que determina que, para que un sujeto pueda ser reconocido como funcionario a efectos penales, su concurrencia debería considerarse imprescindible. Es más, al respecto, ventilando una consulta sobre la extensión del concepto funcionario público

---

43 Muy especialmente RAMÓN RIBAS, E, «La derogación jurisprudencial del artículo 24.2 CP (concepto de funcionario público)», en, *Estudios penales y criminológicos, vol. XXXIV,* 2014.

44 En este sentido ver REBOLLO VARGAS, R, “Comentario al artículo 24 del CP”, en J. Córdoba Roda y M. García Arán (directores), en *Comentarios al Código Penal, Parte General,* Barcelona: Marcial Pons, 2011, pp. 316 y ss.

previsto en el delito de atentado a la autoridad[45], la Fiscalía General del Estado señaló que, a su juicio, si el trabajador de una administración institucional (aunque ésta participase en el ejercicio de funciones públicas), no había accedido al puesto de trabajo mediante alguna de las tres formas previstas en el artículo 24.2 CP: (a) disposición inmediata de la Ley; (b) por elección; o, (c) por nombramiento de autoridad competente, no ostentaría la condición de funcionario público a efectos penales[46].

Por lo que respecta a los directivos de los entes públicos empresariales, (como se ha explicado *supra*) éstos normalmente acceden al cargo por nombramiento de autoridad competente, y, por ello, estos profesionales cumplen con la primera exigencia para que puedan ser reconocidos como funcionarios públicos a efectos penales. En cambio, en la operativa normal de las sociedades mercantiles públicas sus gestores o directores acceden al cargo gracias a un nombramiento por parte de la Junta general de la sociedad y, por tanto, en principio, no quedaría cumplido el requisito formal típico de referencia, ya que éstos no habrían sido nombrados (no al menos directamente) por parte de una autoridad competente.

De todos modos, en este tema la jurisprudencia penal ha venido utilizando una interpretación muy generosa y amplia a la hora de valorar el tipo de acceso al cargo como acceso idóneo a la luz del artículo 24.2 CP. En este contexto, por ejemplo, las elecciones corporativas han sido consideradas suficientes[47]. Además, la

---

45 Art. 550.1 CP: «Son reos de atentado los que agredieren o, con intimidación grave o violencia, opusieren resistencia grave a la autoridad, a sus agentes o funcionarios públicos, o los acometieren, cuando se hallen en el ejercicio de las funciones de sus cargos o con ocasión de ellas».

46 Consulta de la Fiscalía General del Estado 2/2008, de 25 de noviembre, sobre la calificación jurídico-penal de las agresiones a funcionarios públicos en los ámbitos sanitario y educativo: https://www.fiscal.es/memorias/estudio2016/CONS/CON_02_2008.html (enlace consultado en fecha 11 de mayo de 2021).

47 Por ejemplo, STS 789/2001, de 10 de mayo.

jurisprudencia del Tribunal Supremo no solamente ha aceptado expresamente como válido el nombramiento «indirecto»[48], sino que también ha venido apostando por orillar la cuestión formal del acceso al cargo para centrarse en un acto material de la contratación por parte de alguna autoridad competente[49].

Aquí, en principio, que la realidad material (de corte fáctico: contratación de hecho y no de derecho) postergue a la que haya sido la realidad formal del título de acceso al puesto directivo me parece correcto[50]. Ahora bien, este criterio debe utilizarse

---

48 Por ejemplo, en la STS 421/2014, de 16 de mayo (caso Mercasevilla) se consideran funcionarios públicos tanto al director general como al subdirector de Mercasevilla porque estos, en palabras del Tribunal, habían sido nombrados *por la autoridad pública «a través» de la Junta General que gobernaba la sociedad.*

49 Por ejemplo, en la reciente sentencia del Tribunal Supremo, 482/2020, de 30 de septiembre, se señala que: «La huida del derecho administrativo, fenómeno bien conocido y teorizado por la doctrina especializada, no puede ir acompañada de una "huida del Derecho Penal", sustrayendo de la tutela penal reforzada bienes jurídicos esenciales, por el expediente de dotar de apariencia o morfología privada a lo que son funciones propias de un organismo público desarrolladas por personas que han accedido a su cargo en virtud de la designación realizada por una autoridad pública, aunque la formalidad jurídica externa (contrato laboral de alta dirección, elección por el órgano de gobierno de una mercantil) encubra o se superponga de alguna manera a esa realidad material».

50 De hecho, también en sentido inverso: un gestor público que no dispone materialmente de competencias ejecutivas no debe considerase gestor público a efectos penales. Al respecto, Jiménez Asensio señala que: «El directivo público, para ser considerado efectivamente (y no sólo formalmente) como tal, requiere disponer de una serie de atribuciones o facultades decisorias, así como de disponibilidad sobre los medios necesarios para llevar a cabo la gestión de la organización. (...) Y ello es un punto central en la configuración de un directivo público, puesto que un directivo carente de atribuciones o de poderes de decisión no puede caracterizarse propiamente como "directivo público", salvo que tal definición tenga un componente

de forma restrictiva ya que, como señala Villada, «si no existiera un límite de atribución de la responsabilidad penal, se podría caer en una infinita extensión del ámbito de punibilidad de la norma, a conductas ilícitas que se desarrollen dentro del ámbito de responsabilidad de ese funcionario[51]».

A mayor abundamiento, también entiendo que en un procedimiento judicial la carga de probar (al menos indiciariamente) que detrás de la contratación del gestor de una sociedad mercantil pública, llevado a cabo por la Junta general, se esconde la voluntad material de una autoridad pública, debería pesar, a la luz del principio *in dubio pro reo*, sobre la parte acusadora, y, en caso de que ello no pudiera darse, debería presumirse que el tipo de contratación laboral del gestor público no ha colmado las formas descritas en el artículo 24.2 del CP y, por tanto, no se le podría castigar a título de funcionario público.

3.2 Que el delito cometido sea uno de los previstos en el listado cerrado determinado por el legislador penal

Otro requisito de la responsabilidad penal de las personas jurídicas en general y de las mercantiles públicas en particular, es que el delito cometido por la persona física, revestida de las características apuntadas *supra*, sea uno de los concretos tipos penales elegidos por el legislador.

---

exclusivamente "formal"»: JIMÉNEZ ASENSIO, R, "Directivos Públicos", *Instituto Vasco de Administración Pública*, Oñati, 2006, pp. 49 y 50.

51 VILLADA, J.L, "La protección penal de la función pública", en ÁNGEL BASILICO y J.Mª. TERRADILLOS BASOCO, (directores), *Delitos contra la administración pública*, Montevideo: editorial B de F, 2019, p. 15.

En este sentido, el sistema español (a diferencia por ejemplo del sistema penal francés[52]) ha apostado por establecer un listado cerrado de delitos (*numerus clausus*) que pueden generar responsabilidad en las personas jurídicas. Así, las empresas no responderán por todos los delitos previstos al CP. Por ejemplo, el legislador ha dejado fuera, de forma muy discutible, los delitos de homicidio imprudente, o los delitos contra los derechos de los trabajadores, o, entre otros, el delito de coacciones.

En este contexto, en el tema objeto de este estudio, es decir, en el campo operativo de las mercantiles públicas, sí pueden utilizarse los delitos de cohecho (artículo 427 bis del CP), el delito de tráfico de influencias (artículo 430 del CP) o, los delitos de malversación de patrimonio público (artículo 435.5 del CP) para llegar a condenarlas penalmente, pero, en cambio, no servirían para este fin (porque estos tipos penales no forman parte del listado de delitos que pueden generar responsabilidad a las empresas) por ejemplo, ni el delito de apropiación indebida, ni, el delito de administración desleal.

Este hecho evidencia nuevamente la importancia que tendrá en el campo práctico la correcta calificación jurídica de los hechos (ver *supra*), ya que, dependiendo del delito concretamente cometido por la persona física (¿es uno de los tipos penales de la lista del CP?), la sociedad mercantil pública podrá ser (o no ser) responsable penalmente.

---

52 Sistema donde las personas jurídicas son susceptibles de ser perseguidas por cualquier delito, excepto en los casos que se excluya expresamente: POELEMANS, M. "Responsabilidad penal de las personas jurídicas: el caso francés" *Eguzkilore, Cuaderno del Instituto Vasco de Criminología. Nº28,* 2014, p. 121.

3.3 Que el delito se haya cometido en beneficio (directo o indirecto) de la sociedad mercantil pública

De todos modos, en este punto, todo lo anterior es condición necesaria, pero no suficiente. Me refiero a que, para poder vincular los hechos cometidos por el directivo o trabajador de la sociedad mercantil con la posible responsabilidad penal de ésta, no nos basta con que el delito haya sido cometido por las personas físicas elegidas por el legislador penal, y, además, que el tipo penal cometido esté en la lista de los delitos que pueden generar responsabilidad penal a las personas jurídicas, todo lo contrario, todavía faltaría resolver una cuestión más, que, a mi juicio, en el campo de la posible responsabilidad penal de las mercantiles estatales, puede presentarse como una barrera limitante muy importante, a saber: deberemos poder afirmar que el delito cometido lo haya sido "en beneficio" de la sociedad mercantil pública.

En concreto, el legislador penal español ha decidido que, como medida de limitación de la responsabilidad penal de las personas jurídicas es necesario que los delitos cometidos por las personas físicas (señaladas más arriba) se hayan realizado en beneficio directo o indirecto de la empresa[53]. Así, puede leerse en el literal del artículo 31 bis del CP.

Pues bien, este requisito, en el campo de las sociedades mercantiles públicas, podría llegar a determinar su absolución en la mayoría de los procedimientos penales en los que aquéllas sean protagonistas. Ciertamente la posible casuística es prácticamente inagotable, y la imaginación de cada uno puede dar para mucho, pero, en el operar normal de las cosas, cuando un directivo o un trabajador de una mercantil estatal cometa un delito dentro de

---

[53] diferencia por ejemplo del sistema penal de los Estados Unidos, donde no se exige tal beneficio empresarial; GÓMEZ-JARA DÍEZ, C. *La responsabilidad penal de las empresas en los EE.UU.* Sevilla: Editorial Universitaria Ramón Areces, 2006.

la estructura de la empresa pública, lo habitual y ordinariamente esperable no será que lo haya realizado en beneficio (directo o indirecto) de la sociedad mercantil pública, más bien lo contrario, seguramente lo habrá realizado contando en su perjuicio: ya sea lesionando directamente el patrimonio societario, sea lesionando los intereses públicos que justificarían la creación de aquella empresa pública, y, en todo caso, lesionando (en el caso de ser descubierto) la reputación social empresarial de la mercantil estatal en cuya estructura orgánica se hubiera cometido el delito.

4. LOS DISTINTOS TIPOS DE SOCIEDADES MERCANTILES PÚBLICAS PREVISTAS EN EL CÓDIGO PENAL Y SU DISTINTO RÉGIMEN DE RESPONSABILIDAD PENAL

Finalmente, deben traerse a colación las distintas consecuencias que el legislador penal ha previsto para los diferentes tipos de sociedades mercantiles públicas que ha descrito en el texto del Código penal, en concreto: (i) mercantiles públicas que ejecuten políticas públicas o realicen servicios económicos de interés general; (ii) mercantiles públicas que no ejecuten políticas públicas ni realicen servicios económicos de interés general; y, (iii) aquellas mercantiles públicas que hayan sido creadas con el propósito de eludir una eventual responsabilidad penal.

En este contexto, y según se dispone en el primer inciso del segundo aparatado del artículo 31 quinquies, "en el caso de las Sociedades mercantiles públicas que ejecuten políticas públicas o presten servicios de interés económico general, solamente les podrán ser impuestas las penas previstas en las letras a) y g) del apartado 7 del artículo 33", es decir, la pena de multa y la pena de su intervención judicial.

De este modo el legislador, por medio de la reforma del Código penal operada por la Ley Orgánica 1/2015, de 30 de marzo, ha establecido un doble régimen de responsabilidad penal para las sociedades mercantiles públicas: uno "limitado" para las que ejecuten "políticas públicas" o presten "servicios de interés económico general" y, consecuentemente, otro "pleno" para todas las otras, es decir, para aquellas sociedades que no que ejecuten políticas públicas o que no presten servicios de interés económico general[54].

De todos modos, tal como también se dispone en el mismo precepto, esta limitación penológica no será de aplicación (como obviamente no podría ser de otro modo) cuando la sociedad no sea más que un instrumento fraudulento para cometer delitos. Por lo tanto, se evidencia que, en el curso de procedimientos penales judiciales, se tendrá que determinar si aquellas sociedades realmente desarrollaban actividades mercantiles ordinarias, o, quizás, su actividad tenía un objetivo espurio particular: el que utilizaban sus promotores para obtener un rédito personal.

En cuanto a la interpretación concreta de los conceptos "ejecutar políticas públicas" o "prestar servicios de interés económico general", el texto del Código penal, y algunos pronunciamientos jurisprudenciales y doctrinales, nos sirven de ayuda para ir perfilando algunas ideas de lo que al menos "no" formaría parte de estos conceptos.

Así, por ejemplo, no puede considerarse que los conceptos "ejecutar políticas públicas" o "prestar servicios de interés económico general" sean lo mismo que la capacidad "de ejercer potestades públicas", puesto que: (i) estos conceptos no tienen la misma naturaleza: las políticas públicas o los servicios de interés económico general son objetivos o finalidades públicas, y, en cambio, la capacidad de ejecutar potestades públicas es un medio o instrumento jurídico privilegiado del que se usa

---

54 Antes de la reforma del Código penal del año 2015 las sociedades mercantiles públicas que ejecutaran políticas públicas o prestaran servicios de interés público general, no podían ser castigadas penalmente (según el arte. 31 bis.5 del texto penal vigente hasta el día 1 de julio del 2015).

la administración (como por ejemplo sancionar administrativamente, o materializar alguna expropiación); y, además, (ii) porque según el literal del primer apartado (*in fine*) del artículo 31 quinquies del CP, el ejercicio de potestades públicas determina directamente la imposibilidad de castigar penalmente a las personas jurídicas públicas que ejerzan potestades públicas, no su moderación penológica[55].

Tampoco se tendría que igualar el concepto "ejecutar políticas públicas" o "prestar servicios de interés económico general" con el concepto de la "participación en el ejercicio de funciones públicas" integrante de la tipicidad del artículo 24.2 del CP, y que sirve para decidir si un sujeto puede ser reconocido como funcionario público a efectos penales", puesto que, actualmente, tanto la jurisprudencia de la Sala Segunda del Tribunal Supremo, como la doctrina penal mayoritaria, entienden que, a efectos penales, "participar en funciones públicas" significa participar en cualquier actividad que pueda considerarse, en un sentido muy amplio, como

---

55 De todos modos, esta causa de irresponsabilidad penal, sobre que las personas jurídicas públicas que ejerzan potestades administrativas o de soberanía no pueden ser castigadas penalmente, despierta cierto debate doctrinal sobre si también podría alcanzar a aquellas sociedades mercantiles públicas que, excepcionalmente, en su operar, estuvieran ejerciendo alguna potestad pública. Así, por ejemplo, se posiciona en contra de esta posibilidad: BAUCELLS LLADÓS, J: *Las empresas del sector público empresarial responsables penalmente,* en Estudios penales y criminológicos, Nº 42, 2022, y, más recientemente, BAUCELLS LLADÓS, J: *Especificidades de los modelos de cumplimiento penal para prevenir la corrupción en el sector público empresarial,* en La Ley compliance penal, Nº 17, 2024. En cambio, a favor: CARDONA BARBER, A: *La responsabilitat penal de les Societats mercantils públiques,* en Revista Jurídica de Catalunya, 2021, y, más concretamente, en CARDONA BARBER, A: "Las potestades públicas como criterio delimitador de responsabilidad penal en las sociedades mercantiles públicas", en Revista de Estudios Penales y Criminológicos [*en prensa*].

"de interés público", siempre que haya sido realizada por alguna administración pública (tanto territorial como institucional)[56].

En este sentido, el artículo 128.2 de la Constitución española, precepto donde se reconoce la iniciativa pública en la actividad económica, viene interpretado por la doctrina a la luz del artículo 103.1 de la misma carta magna, donde se recuerda que, en todo caso, la administración pública sirve con objetividad a los intereses generales, y, por eso, se entiende que todas las empresas públicas necesitan, al menos indirectamente, de algún tipo de interés público que justifique la utilización de capital público en la hora de proceder a su constitución[57].

Por lo tanto, considerando que toda sociedad mercantil pública realizará, de algún modo, una función vinculada al interés público, y, sabiendo que la jurisprudencia ha utilizado este concepto para definir qué es participar en funciones públicas a efectos penales, identificar "ejecutar políticas públicas" o "prestar servicios de interés económico general" del mismo modo que se ha interpretado el artículo 24.2 del CP, comportaría, necesariamente, que toda responsabilidad penal de una sociedad mercantil pública (menos para aquellas que excepcionalmente hubieran sido creadas para cometer delitos) quedaría limitada a la pena de multa o a la de la intervención judicial[58], resultado interpretativo que pervertiría la voluntad del legislador, el cual, claramente, ha decidido configurar un doble estatuto penal para las sociedades mercantiles públicas, uno con una respuesta penal limitada, y otro (vigente por cierto desde la misma entrada en

---

56 Por ejemplo, en el Fundamento jurídico octavo de la Sentencia del Tribunal Supremo 546/2019, de 11 de noviembre, se señaló que: "cualquier actuación de estas entidades donde exista un interés público responde a este concepto amplío de función pública".

57 ARIÑO ORTIZ, G "La iniciativa pública..." ob cit. p. 64).

58 Porque la sociedad estaría ejecutando políticas públicas o prestando servicios de interés económico general.

vigor de la Ley Orgánica 5/2010[59]), sin las limitaciones punitivas previstas en el artículo 31 quinquies del CP.

Es más, en esta línea exegética (la de defender un doble estatuto de responsabilidad penal por las sociedades mercantiles públicas) también encontramos la Circular 1/2016, de 22 de enero, de la Fiscalía General del Estado, sobre la responsabilidad penal de las personas jurídicas, donde podemos leer lo siguiente: "Para que sea aplicable esta cláusula limitativa de las penas a las sociedades mercantiles públicas es necesario que las mismas "ejecuten políticas públicas" o "presten servicios de interés económico general". Si bien la ejecución y prestación de tales políticas y servicios se atribuye de ordinario en el ámbito estatal a los organismos autónomos, los consorcios o a las entidades públicas empresariales, no resulta infrecuente que las sociedades estatales, especialmente las de capital exclusivo público, presten servicios públicos de interés económico general. Será finalmente el análisis del concreto fin público que desarrolla cada sociedad el que determine la calificación y relevancia del servicio prestado, pues el concepto de servicio público, desde una perspectiva funcional del patrimonio público, no ha de entenderse ligado o encorsetado por categorías administrativas (...)".

En definitiva, "ejecutar políticas públicas" o "prestar servicios de interés económico general" son conceptos jurídicos que no se podrán definir a partir de apriorismos, sino que se tendrá que estar al caso concreto para poder analizar su concurrencia, estudiando las concretas funciones de la sociedad mercantil penalmente investigada. Pero, en todo caso, su concreción se tendrá que encontrar en un espacio conceptual distinto al de la

---

59 Recordemos que en la Ley Orgánica 5/2010 el legislador no dispuso que las sociedades mercantiles públicas (es decir, todas) serían irresponsables, dijo que serían irresponsables (sólo) cuando ejecutaran políticas públicas o prestaran servicios de interés económico general (las otras, por lo tanto, estaban sometidas a la amenaza de la pena).

cuestión de la ejecución de potestades públicas (que se mueven en un espacio mucho más estricto y reducido), y, por debajo de la cuestión de la participación en funciones públicas[60] o actividades prestacionales de interés general (que representan un campo de actuación mucho más general y transversal)[61].

5. CONCLUSIONES

Como ya se ha señalado al inicio de estas páginas, la responsabilidad penal de las personas jurídicas se ha configurado con un alcance general para todas las personas jurídicas (art. 31 bis del CP), con la excepción de las administraciones públicas territoriales o institucionales (apartado 1 del art. 31 quinquies del CP), y la excepción de la excepción para las sociedades mercantiles públicas (apartado 2 del art. 31 quinquies del CP).

Así, dentro del marco de responsabilidad penal vigente para las personas jurídicas, de entre todas las instituciones que operan en el Sector público empresarial, solamente las Sociedades mercantiles públicas pueden tener algún tipo de responsabilidad penal. En este escenario, esta posibilidad penal presenta algunas contingencias interpretativas y aplicativas. Por ejemplo, he manifestado que la identificación concreta de las sociedades mercantiles públicas dentro del campo de actividad del sector

---

60 De todos modos, la Doctrina administrativa ha reconocido la difícil delimitación del que tiene que entenderse por función pública, entre otras: GALÁN GALÁN, A y PRIETO ROMERO, C. "El ejercicio de funciones públicas por entidades privadas colaboradoras de la Administración" en *Anuario de Derecho Municipal Nº2*, 2008, p. 81.

61 De hecho, recuérdese aquí, que incluso "la administración pública no monopoliza la satisfacción del interés general" y que, por lo tanto, también las empresas privadas pueden realizar prestaciones o servicios que en cierto modo sean considerados de interés público o general: BLANQUER CRIADO, *Derecho administrativo, El fin... ob cit.* p. 128.

público empresarial, donde comparten espacio con las entidades públicas empresariales, entidades penalmente irresponsables, y la justificación de su doble estatuto penal, puede generar alguna dificultad. Para intentar poner un poco de luz sobre estas cuestiones he usado los elementos "potestades públicas" (que ordinariamente solamente tienen reconocidas las entidades públicas empresariales) y la posible concurrencia de capital privado (que es una característica de las sociedades mercantiles públicas).

A partir de estas cuestiones he acabado defendiendo que solo las entidades públicas empresariales son realmente administración pública y, que, en cambio, las sociedades mercantiles públicas participadas son empresas "de" las administraciones públicas, lo que justificaría su sumisión al derecho penal como cualquier otra empresa que opera en el mercante capitalista de bienes y servicios.

De todos modos, hasta el año 2015, los delitos cometidos dentro de las mercantiles públicas que "ejecutasen políticas públicas" o "realizasen servicios económicos de interés general", solamente podían generar responsabilidad penal a las personas físicas que hubieran realizado, o participado, en la conducta delictiva. Ahora bien, por medio de la Ley Orgánica 1/2015, de 30 de marzo (con entrada en vigor el día 1 de julio del mismo año) el legislador penal decidió ampliar el alcance de responsabilidad de este tipo de sociedades, eliminado aquella limitación, sometiéndose ahora a todas las mercantiles públicas a la amenaza penal, si bien las que ejecuten políticas públicas o servicios económicos de interés general solamente podrán responder con las penas de multa o su intervención judicial.

Además, obviamente, la responsabilidad penal de las mercantiles públicas necesitará la concurrencia de todos los elementos generales previstos en el art. 31 bis del CP, a saber: (1) la comisión de un delito por parte (i) de sus representantes legales; o, (ii) de las personas físicas que, actuando individualmente o como integrantes de un órgano de la persona jurídica, están autorizados para tomar decisiones en nombre de la empresa u ostentan facultades de organización y control dentro de la misma; o, (iii) por sus trabajadores cuando estos hayan podido realizar los hechos delictivos porque se hayan incumplido gravemente los deberes de supervisión de su actividad; (2) que el delito se haya cometido en beneficio directo o indirecto de la sociedad; y, (3) que el delito realizado sea uno de los que concretamente pueden generar responsabilidad penal a la empresa, según el sistema del "numerus clausus" decidido por el legislador.

BIBLIOGRAFÍA

ARIÑO ORTIZ, G. (1979). "La iniciativa pública en la Constitución. Delimitación del Sector público y control de su expansión", en *Revista de Administración Pública,* 1979.

AYALA GARCÍA, JM. "Doctrina del Levantamiento del velo. Su aplicabilidad en el proceso penal. Aspectos sustantivo y procesal penal" en *Revista española de seguros. Publicación Doctrinal de Derecho y Economía de los Seguros privados, Nº86,* 1996.

BACIGALUPO, S. "Caso del levantamiento del velo de las personas jurídicas", en SÁNCHEZ-OSTIZ GUTIERREZ (coordinador) *Casos que hicieron doctrina en el Derecho penal.* Madrid: La Ley. 2011.

BAUCELLS LLADÓS, J. "Las empresas del sector público empresarial responsables penalmente" en *Estudios penales y criminológicos,* Nº 42, 2022.

BAUCELLS LLADÓS, J. "Especificidades de los modelos de cumplimiento penal para prevenir la corrupción en el sector público empresarial", en *La Ley compliance penal, Nº 17,* 2024.

BLANQUER CRIADO, D.V. *Derecho administrativo, El fin, los medios y el control.* Valencia, Tirant lo blanch, 2010.

CARDONA BARBER, A: "La responsabilitat penal de les Societats mercantils públiques", en *Revista Jurídica de Catalunya,* 2021.

CARDONA BARBER, A: "Las potestades públicas como criterio delimitador de responsabilidad penal en las sociedades mercantiles públicas", en Revista de Estudios Penales y Criminológicos, [*en prensa*].

CUBERO MARCOS, J.I. "Regulación, iniciativa pública económica y libre competencia: hacia un modelo sin inmunidades" en *Revista de Administración Pública, núm. 184, Madrid.* 2011.

DE LA CUÉTARA MARTÍNEZ, J.M. *Las potestades administrativas,* Madrid: Tecnos, 1986.

DE LA MATA BARRANCO, N.J, Y ETXEBARRIA, X, *Malversación y lesión del patrimonio público. Apropiación, distracción y desviación por funcionario, de caudales públicos,* Barcelona: Bosch, 1995.

DE LA MATA BARRANCO, N.J. *La respuesta a la corrupción pública. Tratamiento penal de la conducta de los particulares que contribuyen a ella.* Granada: Comares, 2004.

DOPICO GÓMEZ-ALLER, J. "Responsabilidad penal de las personas jurídicas" en DE LA MATA BARRANCO, DOPICO GÓMEZÁLLER, LASCURAÍNS SÁNCHEZ, NIETO MARTÍN. *Derecho Penal Económico y de la Empresa.* Madrid: Dykinson, 2018.

BARONA VILAR, S. "La persona jurídica como responsable penal, parte pasiva en el proceso penal y parte en la mediación penal en España". en ONTIVEROS ALONSO (coordinador) *La responsabilidad penal de las personas jurídicas. Fortalezas, debilidades y perspectivas de cara al futuro.* Valencia: Tirant lo Blanch, 2014.

FARALDO CABANA, P. "Sobre la irresponsabilidad penal de las sociedades instrumentales" en RODRÍGUEZ-GARCÍA, N Y RODRÍGUEZ-LÓPEZ, F (Editores), *Compliance y responsabilidad de las personas jurídicas.* Valencia: Tirant lo Blanch, 2021.

GALÁN GALÁN, A y PRIETO ROMERO, C. "El ejercicio de funciones públicas por entidades privadas colaboradoras de la Administración" en *Anuario de Derecho Municipal Nº2,* 2008.

GARCÍA ARÁN, M. "Sobre la tipicidad penal de la financiación irregular de los partidos políticos" en MAQUEDA ABREU, MARTÍN LORENZO y VENTURA PUSCHEL (coordinadores) *Derecho Penal para un Estado social y democrático de Derecho: estudios penales en homenaje al profesor Emilio Octavio de Toledo y Ubieto.* Madrid: UCM, 2016.

GÓMEZ-JARA DÍEZ, C. *La responsabilidad penal de las empresas en los EE.UU.* Sevilla: Editorial Universitaria Ramón Areces, 2006.

GÓMEZ RIVERO, "El castigo penal de la corrupción en el ámbito del llamado sector público instrumental", en Revista Electrónica de Ciencia Penal y Criminología, 2016

GÓMEZ MARTÍN, V. "Falsa alarma: societas deliquere non potest", en ONTIVEROS ALONSO (coordinador) *La responsabilidad penal de las personas jurídicas. Fortalezas, debilidades y perspectivas de cara al futuro.* Valencia: Tirant lo Blanch, 2014.

GÓMEZ MARTÍN, V. "Articulo 31 quinquies del CP", en CORCOY BIDASOLO y MIR PUIG (coordinadores), *Comentarios al Código Penal, reforma LO 1/2015 y LO 2/2015.* Valencia: Tirant lo Blanch, 2015.

GONZÁLEZ LÓPEZ, JJ. "La "huida" del derecho administrativo como factor criminógeno" en *Revista de derecho penal y criminología, 3ª Época, nº16,* 2016.

JIMÉNEZ ASENSIO, R, "Directivos Públicos", *Instituto Vasco de Administración Pública,* Oñati, 2006

MARTÍN-RETORTILLO BAQUER, S. "Reflexiones sobre la "huida" del Derecho administrativo" en *Revista de Administración pública, Nº140,* 1996.

MELLADO RUÍZ, L. "Las sociedades mercantiles públicas: marco europeo y constitucionalidad de su actividad", en GARCÍA RUBIO (Cordinador) *Estudio sobre empresas públicas.* Madrid: Dykinson, 2011.

MIR PUIG, S. *El Derecho penal en el Estado Social y Democrático de Derecho.* Barcelona: Ariel. 1994.

MIR PUIG, S. *Derecho Penal. Parte General.* Barcelona: Reppertor, 2016.

NIETO MARTÍN, A; DE PABLO, A., "Sanciones restaurativas para personas jurídicas", en, *Justicia Restaurativa Empresarial, Un modelo para armar,* NIETO MARTÍN, A; CALVO SOLER, R (Coord.), Madrid, Reus Editorial, 2023

OLAIZOLA NOGALES, I, "Concepto de funcionario a efectos penales", en *Delitos contra la Administración pública/Adela Asua Batarrita,* 1997.

POELEMANS, M. "Responsabilidad penal de las personas jurídicas: el caso francés" *Eguzkilore, Cuaderno del Instituto Vasco de Criminología. Nº28,* 2014.

QUINTERO OLIVARES, G. "Comentario al artículo 24 CP". en QUINTERO OLIVARES (director) *Comentarios al Código Penal Español. Tomo I (Artículos 1 a 233).* Pamplona: Aranzadi, 2011.

RAMÓN RIBAS, E, «La derogación jurisprudencial del artículo 24.2 CP (concepto de funcionario público)», en, *Estudios penales y criminológicos, vol. XXXIV,* 2014

RODRÍGUEZ LÓPEZ, P y SOBRINO MARTÍNEZ, A, *Delitos contra la administración pública. Delincuencia Administrativa. Cuando el representante de la administración participa en el delito,* Barcelona: Bosch, 2009

REBOLLO VARGAS, R, *La revelación de secretos e información por funcionario público,* Barcelona: Cedecs, 1996

REBOLLO VARGAS, R (2011), "Comentario al artículo 24 del CP" en CÓRDOBA RODA y GARCÍA ARÁN (directores), en *Comentarios al Código Penal, Parte General.* Barcelona: Marcial Pons, 2011.

RODRÍGUEZ PUERTA, M.J, *El Delito de cohecho: Problemática jurídico-penal del soborno de funcionarios,* Pamplona: Aranzadi, 1999

SCHÜNEMANN, B. "La responsabilidad penal de las empresas: Para una necesaria síntesis entre dogmática y política criminal" en ONTIVEROS ALONSO (coordinador) *La responsabilidad penal de las personas jurídicas. Fortalezas, debilidades y perspectivas de cara al futuro.* Valencia: Tirant lo Blanch. 2014.

SUAN RODRÍGUEZ, C. "La empresa pública bajo forma societaria. ¿Supone si régimen jurídico una derogación del derecho común de sociedades?" en *Academia Sevillana del Notariado, Tomo 7,* 1993.

VALEIJE ÁLVAREZ, I, "Consideraciones sobre el bien jurídico protegido en el delito de cohecho", en *Estudios Penales y criminológicos, número 18,* 1995.

VALEIJE ÁLVAREZ, I. "Reflexiones sobre los conceptos penales de funcionario público, función pública y "personas que desempeñan una función pública", en *Cuadernos de Política Criminal, núm. 62,* 1997.

VÁZQUEZ-PORTOMEÑE SEIJAS, F. *Los delitos contra la Administración pública. Teoría general.* Madrid: Instituto Nacional de Administración Pública, 2003.

VILLADA, J.L, "La protección penal de la función pública", en ÁNGEL BASILICO y J.Mª. TERRADILLOS BASOCO, (directores), *Delitos contra la administración pública,* Montevideo: editorial B de F, 2019.

ZABALEGUI MUÑOZ, M. (1994), «La malversación de caudales públicos», en, E. Orts Berenguer, (Dir.), *Delitos de los funcionarios públicos,* Madrid: Cuadernos de Derecho Judicial, Consejo General del Poder Judicial.

SEGUNDA PARTE
LAS FORMAS DE CORRUPCIÓN EN LAS EMPRESAS PÚBLICAS

Capítulo IV
El objeto material del delito de prevaricación administrativa: aproximación al concepto de "resolución en asunto administrativo"

JORDI CASAS HERVILLA
Fiscal

SUMARIO: 1. CONSIDERACIONES PRELIMINARES. 2. APROXIMACIÓN AL DELITO DE PREVARICACIÓN ADMINISTRATIVA. 3. OBJETO MATERIAL DEL DELITO DE PREVARICACIÓN. 3.1. *La discutible identificación entre los conceptos de "resolución administrativa" y "resolución en asunto administrativo".* 3.2. *Resoluciones y actos de trámite.* 3.3. *Expansión del Derecho penal y ampliación del objeto material del delito de prevaricación.* 3.4. *Resoluciones de los órganos constitucionales.* 4. BIBLIOGRAFÍA CITADA

1. CONSIDERACIONES PRELIMINARES.

El ordenamiento jurídico español no define la corrupción ni tampoco ofrece pautas que permitan delimitar los requisitos o características que una concreta acción debe reunir para ser considerada corrupción. Lo mismo sucede en el plano internacional donde ni la Convención de las Naciones Unidas contra la Corrupción (CNUCC), hecha en Nueva York el 31 de octubre de

2003, ni ningún otro tratado o instrumento internacional ofrecen una definición de este concepto ni tampoco criterios que permitan delimitar qué conductas deben ser consideradas corrupción[1].

Hasta la fecha nadie ha sido capaz de ofrecer una definición de corrupción que haya logrado generar verdadero consenso en la doctrina. Solo en un sentido muy amplio, se ha mantenido por un sector que la corrupción constituye un abuso de poder que se realiza con el propósito de obtener una ventaja ilícita o indebida, patrimonial o de otro tipo, en beneficio propio o de tercero[2].

Las causas a las que ello obedece no están del todo claras y, en cualquier caso, resultan difíciles de precisar[3]. No obstante,

---

1 *Vid.* RODRÍGUEZ-DRINCOURT ÁLVAREZ, J., "Democracia y corrupción pública", en QUERALT JIMÉNEZ, J./M. SANTANA VEGA, D. (Dirs.), *Corrupción pública y privada en el Estado de Derecho,* Tirant lo Blanch, Valencia, 2017, pág. 101: "Definir la corrupción incluso en un sentido amplio, no es una cuestión sencilla como demuestra que no hay una definición definitiva y cerrada ni siquiera en la United Nations Convention Against Corruption (UNCAC) de Naciones Unidas. Tampoco la ING más relevante en materia de corrupción, Transparencia Internacional, utiliza en sus publicaciones, a lo largo de los años, una sola definición".

2 *Vid.* CASTRO CORREDOIRA, M., "Algunas reflexiones introductorias en materia de corrupción", en VÁZQUEZ-PORTOMEÑE SEIJAS, F. (Dir.), *Los Lobbies: ¿Instrumento de participación democrática o medios de corrupción,* Tirant lo Blanch, Valencia, 2023 pág. 141: "En términos generales se entiende por corrupción el abuso de poder con la finalidad de obtener una ventaja ilegítima o indebida (patrimonial o de otro tipo) en beneficio particular -ya sea propio o de un tercero- [...] No existe, sin embargo, una definición unívoca de lo que ha de considerarse corrupción".

3 *Vid.* ARTAZA VARELA, O., "La utilidad del concepto de corrupción de cara a la delimitación de la conducta típica en el delito de cohecho", en CARNEVALI RODRÍGUEZ, R./ ARTAZA VARELA, O. (Dirs.), *Los delitos de corrupción. Perspectiva pública y privada,* Tirant lo Blanch, Valencia, 2021, págs. 24 y 25: "Suele reconocerse que el concepto de corrupción es complejo de delimitar debido a múltiples motivos [...] Como se intentará demostrar, estos problemas de delimitación tienen que ver principalmente con la vaguedad del término".

no me parece aventurado afirmar que estas dificultades se encuentran estrechamente conectadas con el carácter poliédrico de la corrupción, al igual que con la enorme complejidad que entraña unificar, mediante una definición omnicomprensiva, modalidades delictivas cuyos contenidos típicos resultan difícilmente reconducibles a la unidad tales como el cohecho, el tráfico de influencias, la malversación, el fraude a la Administración, o el enriquecimiento ilícito o injustificado, por poner algún ejemplo[4]. Como señala GADDI, "[a]l aproximarse al fenómeno, puede resultar frustrante el constatar que existen tantas concepciones y definiciones de corrupción que se torna casi imposible identificar un punto de partida claro para la reflexión"[5].

Con carácter general, solo en un sentido muy amplio se ha admitido por la doctrina que el delito de prevaricación administrativa constituya una modalidad típica susceptible de ser considerada corrupción[6]. En mi opinión, parece razonable entender que sí lo es, pues, la prevaricación administrativa, incluso cuando no persigue la obtención de un lucro u otra ventaja o beneficio de distinta naturaleza, comporta un uso desviado y abusivo del poder que erosiona el Estado de Derecho[7].

---

4 *Vid.* QUINTERO OLIVARES, G., "La lucha contra la corrupción y pancriminalización del autoblanqueo", en *Estudios penales y criminológicos,* nº 38, 2018, pág. 246, "Un primer problema, orillado pese a su evidencia, es la inconcreción misma del concepto de "corrupción", que es un adjetivo común a muy diferentes modalidades delictivas, pero no privativa de un grupo preciso. Más aún: se hace continua referencia a los nuevos modos que tiene la corrupción para colarse en los más diferentes ámbitos, cual si se tratara de un gas tóxico, invisible e intangible".

5 GADDI, D., "Corrupción, pérdida de confianza social y justicia restaurativa", en *Estudios penales y criminológicos,* nº 43, 2023, pág. 2.

6 *Vid.* NIETO GARCÍA, A., *Corrupción en la España democrática,* Ariel, Barcelona, 1997.

7 *Vid.* TERRADILLOS BASOCO, J., "Corrupción política y delitos contra la Administración Pública", en BASILICO, R.A./TERRADILLOS BASOCO, J., *Delitos contra la Administración Pública,* B de f, Buenos

Así lo entiende también el Consejo General del Poder Judicial que en su repositorio de datos sobre procesos de corrupción precisa que, entre otros, se consideran delitos relacionados con la corrupción las prevaricaciones de autoridades y funcionarios públicos castigadas en los arts. 404, 405, 408, 320, y 322 CP. Asimismo, debe recordarse que la prevaricación es una de las modalidades delictivas que autoriza la intervención de la Fiscalía contra la Corrupción y la Criminalidad Organizada (art. 19.4.b) Estatuto Orgánico del Ministerio Fiscal)[8].

En cualquier caso, se conciba como corrupción o no, resulta sencillamente inobjetable que la prevaricación administrativa constituye una de las modalidades delictivas que más y mejor contribuyen a luchar contra esta lacra[9]. En apoyo de esta idea, el repositorio de datos sobre procesos por corrupción revela que la prevaricación administrativa constituye, con mucho, el tipo penal por el que más se condena en nuestro país en causas penales seguidas por hechos susceptibles de ser considerados corrupción pública[10].

En este sentido, nótese que la mayor parte de ilícitos ejecutados en contextos de corrupción pública persiguen, en última instancia, que una autoridad o funcionario público dicten una

---

Aires, 2019, pág. 51; BETANCOR RODRÍGUEZ, A., "Corrupción: conceptos, tipos, perjuicios, causas, consecuencias, reacciones y autoridades", en BETANCOR RODRÍGUEZ, A. (Dir.), *Corrupción, corrosión del Estado de Derecho*, Aranzadi, Navarra, 2017, pág. 45.

8 *Vid.* Instrucción FGE 4/2006, de 12 de julio, *sobre atribuciones y organización de la Fiscalía Especial para la represión de los delitos económicos relacionados con la corrupción y sobre la actuación de los Fiscales especialistas en delincuencia organizada.*

9 *Vid.* GARCÍA SÁNCHEZ, B., *La corrupción penal en España: su persecución penal en la última década*, Iustel, Madrid, 2024, pág. 77: "La prevaricación constituye el tipo delictivo más común en las tramas de corruptela junto con la malversación de caudales públicos".

10 https://www.poderjudicial.es/cgpj/es/Temas/Transparencia/Repositorio-de-datos-sobre-procesos-por-corrupcion/

determinada resolución con manifiesto abuso de poder. Asimismo, no parece ocioso recordar que a diferencia de otros delitos, como el cohecho, el fraude en la contratación o las negociaciones prohibidas, el delito de prevaricación administrativa, por lo general, deja vestigios accesibles para los investigadores. De ahí, en definitiva, la contrastada relevancia de esta modalidad típica en la lucha contra la corrupción pública.

2. APROXIMACIÓN AL DELITO DE PREVARICACIÓN ADMINISTRATIVA

La doctrina y la jurisprudencia mayoritarias convienen en que el delito de prevaricación administrativa tutela el correcto funcionamiento de la Administración Pública. La actuación de las autoridades y funcionarios públicos debe estar dirigida a la satisfacción de los intereses generales de los ciudadanos, con pleno sometimiento a la ley y al derecho (arts. 9.1 y 103 CE), de modo que se respete la exigencia constitucional de garantía de los principios de legalidad, de seguridad jurídica y de interdicción de la arbitrariedad de los poderes públicas (art. 9.3 CE). Criterio reiterado, entre otras muchas, en las SSTS 808/2023, de 26 de octubre [Tol 10000673]; 766/2022, de 15 de septiembre [Tol 9230033]; 649/2022, de 27 de junio [Tol 9142561]; 523/2021, de 16 de junio [Tol. 8485004]; 427/2021, de 20 de mayo [Tol 8454418].

Existe consenso, asimismo, acerca de que la lesión del correcto ejercicio de la función pública, castigada por el art. 404 CP, se concreta en la quiebra del principio de legalidad que tiene lugar cuando quienes ejercen funciones públicas ejecutan actuaciones contrarias al ordenamiento jurídico. De ahí que en opinión mayoritaria el bien jurídico específicamente protegido por el art. 404 CP sea el principio de legalidad. En palabras de la STS 277/2018, de 8 de junio [Tol 6634012] , "la sanción de la prevaricación garantiza el debido respeto, en el ámbito de la función pública, al principio de legalidad como fundamento básico de un Estado social y democrático de derecho, frente a ilegalidades severas y dolosas, respetando coetáneamente el principio de intervención mínima del ordenamiento penal" (*vid.* SSTS 766/2022, de 15 de septiembre [Tol 9230033]; 823/2022, de 28 de octubre [Tol 9274802]; 8/2023, de 19 de enero [Tol 9379665]; 650/2023, de 19 de septiembre [Tol 9723288]; 772/2023, de 18 de octubre [Tol 9750895]; 808/2023, de 26 de octubre [Tol 10000673]; AATS 20288/2024, de 21 de marzo [Tol 9965572]; 20367/2024, de 11 de abril [Tol 9975442]; 20548/2024, de 22 de mayo [Tol 10035032]; 20636/2024, de 6 de junio [Tol 10053370]).

Por lo general, la jurisprudencia se ha mostrado constante a la hora de delimitar los elementos objetivos y subjetivos de la modalidad típica que constituye objeto de estudio. A propósito de esta cuestión, la STS 200/2018, de 25 de abril [Tol 6594506], precisaba que "[u]na jurisprudencia reiterada de esta Sala (SSTS 1021/2013, de 26 de noviembre, y 743/2013, de 11 de octubre, entre otras) ha señalado que, para apreciar la existencia de un delito de prevaricación será necesario: 1º) una resolución dictada por autoridad o funcionario en asunto administrativo; 2º) que sea objetivamente contraria al derecho, es decir, ilegal; 3º) que la contradicción con el derecho o ilegalidad, que puede manifestarse en la falta absoluta de competencia, en la omisión de trámites esenciales del procedimiento o en el propio contenido sustancial de la resolución, sea de tal entidad que no pueda ser explicada con una argumentación técnico jurídico mínimamente razonable; 4º) que ocasione un resultado materialmente injusto; 5º) que la resolución sea dictada con la finalidad de hacer efectiva la voluntad particular de la autoridad o funcionario y con el conocimiento de actuar en contra del derecho. (*vid.*, en otras muchas, las SSTS 808/2023 de 26 de octubre [Tol 10000673]; 368/2023, de 18 de mayo [Tol 9569332]; 638/2022, de 23 de junio [Tol 9124108]; 439/2022, de 4 de mayo [Tol 8927497]; AATS 20367/2024, de 11 de abril [Tol 9975442] 20288/2024, de 21 de marzo [Tol 9965572]; 20175/2023, de 3 de marzo [Tol 9446789]).

Llegados a este punto, no parece ocioso recordar que de forma mayoritaria se ha venido admitiendo que la arbitrariedad de la resolución y el dolo con el que obra el sujeto activo, constituyen las notas que singularizan al delito de prevaricación administrativa frente a otros posibles ilícitos administrativos de similares contornos.

La arbitrariedad de la resolución constituye un elemento cualitativo añadido a la mera contravención del ordenamiento jurídico que, en apretada síntesis, se identifica con la patente y notoria vulneración de la legalidad. Así las cosas, para que una resolución merezca el calificativo de arbitraria la ilegalidad en la que incurre deberá ser tan fácilmente cognoscible que la misma no pueda ser racionalmente sostenida mediante ningún cánon interpretativo admitido en Derecho (*vid.* SSTS 772/2023, de 18 de octubre [Tol 9750895]; 808/2023, de 26 de octubre [Tol 10000673]; 708/2022, de 12 de julio [9140666]; 439/2022, de 4 de mayo [Tol 8927497]; 245/2022, de 16 de marzo [Tol 8893296]; ATS 20548/2024, de 22 de mayo).

No obstante, a pesar de que el delito de prevaricación administrativa de autoridades y funcionarios públicos del art. 404 CP cuenta con una larga tradición en el ordenamiento jurídico español, siendo una modalidad típica sobre la que existe abundante jurisprudencia y numerosos estudios doctrinales, lo cierto es que aún a fecha de hoy su interpretación suscita no pocas dudas en aspectos tales como la admisibilidad del dolo eventual y de la comisión por omisión, la sanción del *extraneus* o la delimitación del objeto material del delito.

3. OBJETO MATERIAL DEL DELITO DE PREVARICACIÓN.

El objeto material del delito de prevaricación administrativa del art. 404 CP se identifica con la "resolución en asunto administrativo" que dicta el responsable del delito. Resolución que, tal y como hemos visto, para resultar subsumible en el tipo penal ahora examinado, no solo debe ser ilegal sino que además debe ser reputada arbitraria.

Con carácter general se entiende por resolución todo acto decisorio que resuelve sobre el fondo de un asunto y goza de eficacia ejecutiva. Más adelante volveremos sobre esta cuestión. Baste por ahora, con subrayar, que para que una decisión ostente la consideración de "resolución en asunto administrativo" no precisa gozar de forma escrita ni tampoco reunir ninguna otra característica formal. Se trata, por consiguiente, de un concepto material que exige estar al contenido del acto y no a la concreta forma que adopta.

La jurisprudencia ha proclamado con insistencia que el concepto de resolución en asunto administrativo "no está sujeto a un rígido esquema formal" (*vid.* SSTS 772/2023, de 18 de octubre [Tol 9750895]; 245/2022, de 16 de marzo [Tol 8893296]; 908/2021, de 24 de noviembre [Tol 8674720]) . De ahí que se haya admitido que los actos verbales (*vid.* 464/2023, de 14 de junio [Tol 9615763]) e incluso las cartas (*vid.* STS 507/2020, de 14 de octubre [8147989]) pueden erigirse en objeto material del delito de prevaricación administrativa.

También resultan idóneas para ello las denominadas "resoluciones presuntas, es decir, las resultantes del silencio administrativo"[11]. No en vano, si bien es una cuestión técnicamente discutible, la jurisprudencia y la doctrina han aceptado de un modo abrumadoramente mayoritario la posibilidad de que el delito de prevaricación administrativa pueda ser cometido en comisión por omisión (*vid.* SSTS 493/2023, de 22 de junio [Tol 9636219]; 772/2023, de 18 de octubre [Tol 9750895]; 823/2022, de 18 de octubre [Tol 9274802]).

---

11 *Vid.* MUÑOZ CONDE, F., *Derecho Penal. Parte especial*, Tirant lo Blanch, Valencia, 2023, pág. 976, "Aunque el término "resolución" parece referirse a una comisión activa, ha de recordarse la existencia de "actos presuntos" y la eficacia jurídica que puede tener el silencio administrativo (véase la Ley 39/2015, de 1 de octubre, del Procedimiento Administrativo Común de las Administraciones Públicas), por lo que también cabe prevaricación en comisión por omisión".

3.1. La discutible identificación entre los conceptos de "resolución administrativa" y "resolución en asunto administrativo".

A pesar del tenor literal del art. 404 CP, no son pocos los que han identificado el objeto material del delito de prevaricación administrativa con el concepto de "resolución administrativa".

Este uso indistinto de los conceptos de "resolución administrativa" y "resolución en asunto administrativo", como si de uno solo se tratara, también lo encontramos en algunos pronunciamientos jurisprudenciales.

Así, por ejemplo, la STS 908/2021, de 24 de noviembre [Tol 8674720], afirma que "el dictado de una resolución administrativa de carácter decisorio" constituye uno de los elementos integrantes del tipo penal que nos encontramos examinando (en idéntico o similar sentido, *vid.* SSTS 8/2023, de 19 de enero [Tol 9379665]; 481/2019, de 14 de octubre [Tol 7544488]); ATS 20175/2023, de 3 de marzo (Tol 9446789].

La STS 245/2022, de 16 de marzo [Tol 8893296], con cita de otras muchas, identifica el objeto material del delito de prevaricación con el concepto de "acto administrativo": existe resolución porque con arreglo a la Jurisprudencia de esta Sala en la misma debe comprenderse cualquier acto administrativo que conlleve una declaración de voluntad afectante al ámbito de los derechos de los administrados, es decir, cualquier acto administrativo que suponga una declaración de voluntad de contenido decisorio que afecte a los derechos de los administrados y a la colectividad en general, bien sea expresa o tácita u oral". En idéntico o similar sentido *vid.* las SSTS 464/2023, de 14 de junio [Tol 9615763]; 823/2022, de 18 de octubre [Tol 9274802]; 787/2013, de 23 de octubre [Tol 4008263]; 443/2008, de 1 de julio [Tol 1351207]; 935/2003, de 26 de junio [Tol 4926535]; 857/2003, de 13 de junio [308192]; AATS 20288/2024, de 21 de marzo [Tol 9965572]; de 14 de septiembre de 2021 [Tol 8594758].

Dando un paso más allá, la STS 520/2021, de 16 de junio [Tol 8484768], concluía que el delito de prevaricación administrativa tutela "la confianza en las resoluciones administrativas".

En esa misma dirección, la STS 227/2020, de 26 de mayo [Tol 7960758], afirmaba que según reiterada doctrina "la conducta típica contemplada por el artículo 404 del Código Penal requiere el dictado de una resolución administrativa pues la misma es la que conforma el objeto material del delito" (*vid.* ATS 20179/2024, de 14 de febrero [Tol 9904171].

Lo anterior constituye un simple esbozo del indistinto uso que en ocasiones realiza la jurisprudencia de los conceptos de "resolución administrativa" o "acto administrativo" y de "resolución en asunto administrativo". A mi modo de ver, si bien la identificación entre los conceptos de "resolución en asunto administrativo" y de "resolución administrativa" pudiera parecer a primera vista razonable, un análisis detenido de la cuestión aconseja distinguir claramente entre ambos pues, al margen del interés técnico que esta cuestión pueda suscitar, se trata de un tema que presenta notable relevancia práctica.

La legislación española no contiene ninguna definición de acto administrativo. A pesar de que se trata de un concepto que dista de ser pacífico en la doctrina, parece posible afirmar con carácter general que, al menos para un nutrido sector de esta, los "actos administrativos" son actos jurídicos dictados unilateralmente por la Administración que consisten en una declaración de voluntad, de juicio, de conocimiento o de deseo, realizada en ejecución de una potestad administrativa distinta de la reglamentaria[12].

---

12 *Vid.* GARCÍA DE ENTERRÍA, E./FERNÁNDEZ RODRÍGUEZ, T.R., *Curso de Derecho Administrativo. Tomo I,* Civitas, Navarra, 2022, pág. 593 y ss.; SÁNCHEZ MORÓN, M., *Derecho administrativo. Parte General,* Tecnos, Madrid, 2023, pág. 530; TRAYTER JIMÉNEZ, J.M., *Derecho administrativo. Parte General,* Atelier, Barcelona, 2022, pág. 332; GAMERO CASADO, E./FERNÁNDEZ RAMOS, S., *Manual básico de Derecho administrativo.*

Existe, asimismo, amplio consenso en la doctrina administrativa acerca de que ni los reglamentos, ni los contratos del sector público[13], ni tampoco los convenios administrativos son susceptibles de ser conceptualizados como auténticos actos administrativos[14].

No parece aventurado afirmar que una de las características esenciales de todo acto administrativo es su procedencia de una Administración Pública. Llegados a este punto, conviene recordar que el ordenamiento jurídico administrativo no ofrece un concepto unívoco de Administración Pública. Así, por ejemplo,

---

13 No obstante, la jurisprudencia penal ha llegado a atribuir en alguna ocasión la consideración de actos administrativos a los contratos en el bien entendido de que constituyen el eslabón final de la cadena de un procedimiento administrativo. Así, por ejemplo, la STS 200/2018, de 25 de abril [Tol 6594506], "entendemos que el contrato tiene con la resolución de adjudicación una línea relacional de tracto sucesivo, e inseparable, al formar parte esa redacción del contrato del procedimiento seguido como ejecución vehicular de la resolución administrativa de adjudicación. [...] Debe resultar evidente que el eslabón final de la cadena del procedimiento administrativo que dimana de la resolución de adjudicación es la redacción y firma del contrato, y éste no se ubica en la ruptura causal con respecto a todo el procedimiento administrativo en sí mismo considerado, sino que forma parte del iter procedimental administrativo y, por ello, integra la condición técnica de resolución y es propiamente dicho "acto administrativo", y, como hemos dicho, operando en razón al tracto sucesivo entre resolución y contrato, lo que integra el delito de prevaricación al alterarse este último". Criterio reiterado, entre otras muchas, en las SSTS 277/2018, de 8 de junio [Tol 6634012] ; 163/2019, de 26 de marzo [Tol 7141207] y 520/2021, de 16 de junio [Tol 8484768].

14 *Vid.* GARCÍA DE ENTERRÍA E./FERNÁNDEZ RODRÍGUEZ, T.R., *op.cit,* págs. 215 y 216: "el Reglamento no es ni una ley material ni un acto administrativo general, es sin duda, un *quid aliud* frente a esas dos instituciones más comunes y conocidas. La distinción más obvia entre el Reglamento y el acto es que aquél forma parte del ordenamiento jurídico, en tanto que el acto es algo "ordenado", producido en el seno del ordenamiento y que está previsto como simple ampliación del mismo".

sin ánimo de exhaustividad, los entes que ostentan la consideración de Administración Pública con arreglo a la Ley 40/2015, de 1 de octubre del Régimen Jurídico del Sector Público (art. 2.3) y de la Ley 39/2015, de 1 de octubre, del Procedimiento Administrativo Común de las Administraciones Públicas (art. 2.3), no son exactamente los mismos que los que lo hacen con arreglo a la Ley 9/2017, de 8 de noviembre, de Contratos del Sector Público, o la Ley 19/2013, de 9 de diciembre, de transparencia, acceso a la información pública y buen gobierno.

En cualquier caso, puede concluirse que con carácter general el ordenamiento jurídico administrativo no reconoce la condición de Administración Pública -en sentido estricto- a las entidades de derecho privado vinculadas o dependientes de las Administraciones Públicas, extremo que ha conducido a un sector de la doctrina a poner en tela de juicio el hecho de que dichas entidades se encuentren facultadas para dictar actos administrativos, aún y para el caso de que estos se encuentren sometidos al Derecho administrativo[15]. Todo ello, sin perjui-

---

[15] *Vid.* FUENTETAJA PASTOR, J.A., "El acto administrativo I: concepto, clases y requisitos", en Fernández Rodríguez, C. (Coord.), *Derecho administrativo II: Régimen jurídico de la actividad administrativa*, Tirant lo Blanch, Valencia, 2023, págs. 51 y 52: "Tampoco son actos administrativos los actos de los ciudadanos o particulares que se rijan por el Derecho administrativo (por ejemplo, una solicitud). No obstante, la Ley puede considerar ficticiamente que determinados actos de sujetos públicos o incluso privados son actos administrativos a efectos de su régimen jurídico y de su posterior control. Es el caso de determinados actos de los Colegios profesionales (v.gr. colegiación, sanciones disciplinarias) o, en el ámbito de la contratación pública, los actos de poderes adjudicadores que son Administraciones Públicas (art. 44 LCSP), así como los actos de los denominados "ejercientes privados de funciones públicas" (Notarios, Registradores, Auditores de Cuentas, etc). Asimismo, no son actos administrativos, por no provenir de una Administración, los actos de entes del sector público que no son Administración (caso de las empresas públicas) ni los actos en materia

cio de que excepcionalmente la ley considere, "ficticiamente", que algunos de sus actos sí son actos administrativos, como por ejemplo hace el art. 41.2 LCSP[16]. Excepción que, en opinión

---

de personal, administración y gestión patrimonial de otros Poderes públicos (Cortes Generales, Parlamentos autonómicos, Tribunal Constitucional, por ejemplo), aunque se sujeten al Derecho administrativo y su control lo ejerza la Jurisdicción Contencioso administrativa". V*id.* PAREJO ALFONSO, L., *Lecciones de Derecho Administrativo,* Tirant lo Blanch, Valencia, 2022, pág. 730: "La declaración ha de emanar, como regla general, de una persona que tenga la condición subjetiva de AP (sea o tenga la consideración de tal) y, además y dentro de ella, de uno de sus órganos capaz de imputarla a dicha AP en su relación con terceros o en razón a ser preceptiva su actuación, como ya nos es conocido (art. 5 LRJSP y las correspondientes normas reguladoras de la AP de cada CA); todo ello, en los términos del art. 2 LPAC. Esta característica coloca fuera del ámbito del concepto de acto administrativo los emanados de poderes públicos distintos de la AP [...] Esto no significa la inexistencia de actos que, aun procediendo de entidades -sean de Derecho público o Derecho privado- que no tienen la consideración de AAPP, son objetivamente administrativos en tanto que fruto del ejercicio de potestades administrativas atribuidas a aquellas entidades. Es el caso, por ejemplo, de las entidades de Derecho privado vinculadas a las AAPP (en el caso de la AGE: las sociedades mercantiles estatales), las Universidades Públicas y las Corporaciones de Derecho público [art. 2.2, b) y c) y 4, en relación con los arts. 2.2, b) c) y 113 LRJSP], así como, en su caso, los concesionarios de servicios públicos. Por lo tanto, algunos de los actos de estas entidades (los dictados en el ejercicio de las referidas potestades) pueden ser considerados administrativos, cuando menos a efectos de su impugnación [art. 2, d) y c), respectivamente LJCA]". A propósito del carácter controvertido de esta cuestión, vid., asimismo, SÁNCHEZ MORÓN, M., *op. cit.*, pág. 532; Trayter Jiménez, J.M., *op.cit.* pág. 333.

16 Art. 41.2 LCSP: "A los exclusivos efectos de la presente Ley, tendrán la consideración de actos administrativos los actos preparatorios y los actos de adjudicación de los contratos de las entidades del sector público que no sean Administraciones Públicas, así como los actos preparatorios y los actos de adjudicación de los contratos subvencionados a que se refiere el artículo 23 de la presente Ley".

de algunos, refuerza la idea de que los actos de los entes del sector público que no ostentan la consideración de Administración Pública en sentido estricto no son, por lo general, actos administrativos pues, de lo contrario, no resultaría preciso la introducción de este tipo de cláusulas.

El análisis de esta cuestión ciertamente desborda los estrechos límites de este trabajo. No es mi intención adentrarme ahora en una controversia de naturaleza extrapenal tan compleja como esta y mucho menos tomar partido en ella. Sin embargo, creo que las consideraciones antes realizadas acerca del concepto de acto administrativo revelan la importancia de diferenciar correctamente entre los conceptos de "resolución administrativa" y de "resolución en asunto administrativo". No en vano de ello depende en buena medida, la posibilidad de entender que la aprobación de las disposiciones administrativas de carácter general o la suscripción de los contratos y los convenios administrativos constituyen actos susceptibles de incardinarse en el delito de prevaricación administrativa. También, tal y como hemos tenido ocasión de ver, puede considerarse relevante al objeto de dilucidar si los actos de los entes que, a pesar de no ostentar la consideración de Administración Pública en sentido estricto, se encuentran sometidos al Derecho administrativo, pueden ser subsumidos en el tenor del art. 404 CP.

Esta problemática, en realidad, no ha pasado inadvertida para la jurisprudencia. Y es que, a pesar de que en no pocas ocasiones los tribunales han identificado los conceptos de "resolución administrativa" y de "resolución en asunto administrativo" en otras muchas han subrayado que el objeto material del delito de prevaricación administrativa no se refiere a las "resoluciones administrativas".

En este sentido, la STS 520/2021, de 16 de junio [Tol 8484768], precisaba que «[l]a doctrina científica más reciente viene dando un paso más allá en el concepto de lo que se entiende por "resolución" en el contexto del delito de prevaricación administrativa del 404 CP, para entender que el delito de prevaricación no se refiere de modo expreso a resoluciones administrativas, sino a resoluciones arbitrarias dictadas en un asunto administrativo, es decir, a resoluciones en el sentido de actos decisorios adoptados sobre el fondo de un asunto y de carácter ejecutivo, que se han dictado de modo arbitrario por quienes ostentan la cualidad de funcionarios públicos o autoridades en el sentido amplio prevenido en el Código Penal, en un asunto que cuando afecta a caudales públicos y está condicionado por principios administrativos, como los de publicidad y concurrencia, puede calificarse a estos efectos como administrativo».

Criterio que, en similares términos, aparece expresado entre otras, en las SSTS 786/2023, de 24 de octubre [Tol 9772157]; 650/2023, de 19 de septiembre [Tol 9723288]; 8/2023, de 19 de enero [Tol 9379665]; 245/2022, de 16 de marzo [Tol 8893296]; 481/2019, de 14 de octubre [Tol 7544488]; 163/2019, de 26 de marzo [Tol 7141207] ; 277/2018, de 8 de junio [Tol 6634012] y 200/2018, de 25 de abril [Tol 6594506].

En mi opinión, por las razones ya expuestas anteriormente, esta distinción entre los conceptos de "resolución administrativa" y de "resolución en asunto administrativo" es la que ha permitido a nuestros tribunales admitir que las disposiciones administrativas de carácter general pueden ser objeto material del delito de prevaricación. A modo de ejemplo, la STS 359/2019, de 15 de julio, precisa a propósito de este particular que el concepto de resolución en asunto administrativo: "[c]omprende tanto la realización del derecho objetivo a situaciones concretas o generales, lo que supone que abarca tanto los actos de contenido singular, nombramientos, decisiones, resoluciones de recursos, como los generales, órdenes y reglamentos con un objeto administrativo" (*vid.* asimismo en muy similar sentido las SSTS 409/2020, de 20 de julio [Tol 8030764]; 294/2019, de 3 de junio y 311/2019, de 14 de junio [Tol 7292373]; ATS 20288/2024, de 21 de marzo [Tol 9965572]).

Al margen de las indeseables consecuencias político-criminales asociadas a la identificación plena entre los conceptos de "resolución administrativa" y de "resolución en asunto administrativo", creo que existen argumentos dogmáticos de peso en apoyo de la opción interpretativa que aquí se defiende.

En primer lugar, debe subrayarse que la interpretación gramatical del art. 404 CP aconseja diferenciar entre ambos conceptos. El legislador, lejos de emplear la locución "resolución administrativa" al describir el objeto material del delito de prevaricación opta por usar los términos "resolución en asunto administrativo".

El matiz resulta, a mi juicio, sumamente relevante pues, mientras que no existe ninguna duda de que la "resolución administrativa" constituye una modalidad de acto administrativo regulado por ese sector del ordenamiento jurídico, la "resolución en asunto administrativo" constituye un *quid aliud*.

Diferencia que, por otro lado, no ha pasado desapercibida para el Tribunal Constitucional que en su reciente STC 94/2024, de 2 de julio, afirma que "el concepto de resolución no hace referencia necesariamente al concepto de "acto administrativo".

Atendida la literalidad del precepto, creo que puede concluirse que el objeto material del delito son las resoluciones dictadas en un asunto materialmente administrativo, es decir, sometido al Derecho administrativo. Se trata, en definitiva, de un concepto penal con sustantividad propia, que se erige sobre bases materiales. No en vano, si hubiera sido voluntad del legislador circunscribir el objeto material del delito a los actos administrativos que ostenten la condición de "resolución administrativa", fácilmente podría haberlo logrado empleando a tal efecto la locución "resolución administrativa".

Esta exégesis del precepto resulta, asimismo, la más razonable desde una perspectiva teleológica. Y es que, desde la óptica del bien jurídico protegido por el art. 404 CP, no existen razones que justifiquen ofrecer distinto tratamiento a conductas que, cuando menos en abstracto, presentan idéntico desvalor de acción y de resultado. El hecho de que una concreta decisión adoptada por una autoridad o funcionario en el ejercicio del cargo, a pesar de resultar materialmente administrativa, no reúna las condiciones para ser formalmente conceptualizada como acto administrativo, no tiene trascendencia a la hora de valorar su concreta lesividad. En todos los casos, se trata de autoridades o funcionarios públicos que, con infracción de los deberes del cargo, sustituyen el Derecho por su voluntad personal, con grave quiebra del principio de legalidad y del Estado de Derecho.

Por ello, a pesar de ser consciente del rechazo que ha merecido para un cualificado sector de la doctrina española, considero que existen buenas razones para entender, junto con la jurisprudencia de la Sala Segunda del Tribunal Supremo[17], que el acto de aprobación de las disposiciones administrativas de carácter general sí puede llegar a erigirse en objeto material del delito de prevaricación administrativa siempre que la naturaleza de la disposición reglamentaria en cuestión resulte ser materialmente administrativa.

Así parece extraerse de la STC 93/2024, de 2 de julio, de la que a mi juicio cabe inferir que para el máximo intérprete de la CE el acto de aprobación de una disposición administrativa de carácter general, a diferencia de los anteproyectos o proyectos de ley, sí puede constituir una decisión administrativa susceptible de erigirse en objeto material del delito de prevaricación: "[d]esde la perspectiva constitucional no cabe considerar que las decisiones adoptadas en el procedimiento de elaboración del proyecto de ley de presupuestos puedan ser calificadas como "resoluciones" recaídas en "asunto administrativo". [...] Ciertamente, tales actuaciones se integran en un "procedimiento", pues conforman el conjunto de actuaciones, el *iter*, que deben seguir los gobiernos para ejer-

---

17 *Vid.* SSTS 409/2020, de 22 de julio; [Tol 8030764]; 359/2019, de 15 de julio [Tol 7410813]; 311/2019, de 14 de junio [Tol 729373]; 340/2012, de 30 de abril [Tol 2542574]; 627/2006, de 8 de junio [Tol 963466]; AATS 20288/2024, de 21 de marzo [Tol 9965572]; de 13 de septiembre de 2010 [Tol 1952565].

cer esta prerrogativa. Ahora bien, de ello no cabe deducir que la decisión que como consecuencia de esas actuaciones se adopte -el anteproyecto o proyecto de ley- sea una decisión administrativa: ni es un acto administrativo, ni es un reglamento, ni se trata de una decisión sometida al Derecho administrativo".

Esta opción interpretativa, encuentra apoyo en un argumento lógico-sistemático adicional. El propio legislador ha admitido de forma expresa esta posibilidad al erigir en objeto material del delito de prevaricación urbanística del art. 320 CP los actos de aprobación de los instrumentos de planeamiento urbanístico. Recuérdese que si bien es cierto que no es una cuestión del todo pacífica, puede afirmarse que la doctrina mayoritaria y especialmente la jurisprudencia vienen atribuyendo naturaleza reglamentaria a los instrumentos de planeamiento (*vid.* SSTS (Sala Tercera) 569/2020, de 27 de mayo [Tol 7958768]; 1551/2022, de 23 de noviembre [Tol 9310632]; 1062/2023, de 20 de julio [Tol 9662800]; 454/2024, de 13 de marzo [Tol 9944322]).

Como señala GARCÍA DE ENTERRÍA, "el Reglamento no puede presentarse como voluntad de la comunidad, por que la Administración no es un representante de la comunidad, es una organización servicial de la misma [...] en el Reglamento no se expresa por ello una hipotética "voluntad general", sino que es una simple regla técnica"[18]. De ahí que, en mi opinión, la sumisión del reglamento a la ley sea absoluta y, por consiguiente, puedan ser consideradas ilegales y arbitrarias las disposiciones administrativas de carácter general que tratan de dejar sin efecto una ley vigente o que la contradicen abiertamente.

Menor controversia ha suscitado la posibilidad de integrar en el concepto de resolución en asunto administrativo los actos sometidos al Derecho administrativo dictados por entidades de

---

[18] GARCÍA DE ENTERRÍA E./ FERNÁNDEZ RODRÍGUEZ, T.R., *op. cit.*, pág. 210.

Derecho privado que forman parte del sector público, así como los contratos y convenios administrativos[19].

Las anteriores consideraciones a propósito del concepto de "resolución en asunto administrativo" permiten, asimismo, concluir que las decisiones adoptadas en el seno de las entidades de derecho privado vinculadas o dependientes a las Administraciones Públicas, tales como las sociedades mercantiles de capital mixto o las fundaciones públicas, pueden erigirse en objeto material del delito de prevaricación cuando versen sobre materias reguladas por el Derecho administrativo[20]. En definitiva, cuando la resolución sea considerada materialmente administrativa, siempre que el responsable del delito ostente la cualidad de autoridad o funcionario público (art. 24 CP), resultará posible la subsunción en el art. 404 CP, a pesar de que tales entes no ostenten la condición de Administración Pública en sentido estricto con arreglo al Derecho administrativo.

Si en su día pudo ser una cuestión controvertida, en la actualidad la jurisprudencia ha admitido esta posibilidad de forma pacífica. A modo de ejemplo, la STS 481/2019, de 14 de octubre [Tol 7544488], señalaba, a propósito de esta particular, lo siguiente: "estas sociedades están sometidas a los principios de publicidad y concurrencia en su actividad, y estos principios no constituyen meras proclamaciones vacías que puedan saltarse arbitrariamente, sino que determinan las resoluciones que se adopten. Resolucio-

---

19 propósito de los convenios, la STC 94/2024, de 2 de julio, claramente entiende que son susceptibles de erigirse en objeto material del delito de prevaricación.

20 *Vid.* ORTIZ DE URBINA, I., "Tema 16. Delitos contra la Administración pública", en SILVA SÁNCHEZ, J.M., *Lecciones de Derecho Penal. Parte especial*, Atelier, Barcelona, 2023, pág. 390: "Esta última expresión [asunto administrativo] se interpreta en sentido lato para incluir las decisiones tomadas por la administración institucional cuando afecten al interés público".

nes que a estos efectos penales, al adoptarse por personas que mantienen desde la perspectiva del ámbito penal la cualidad de autoridades o funcionarios, y recaer sobre fondos públicos, estando condicionados por principios administrativos, como los de publicidad y concurrencia, pueden estimarse, al menos en el estado actual de la jurisprudencia, como resoluciones en asunto administrativo" Criterio también presente, entre otras muchas, en las SSTS 141/2021, de 17 de febrero; 482/2020, de 30 de septiembre [Tol 8224792]; 163/2019, de 26 de marzo [Tol 7141207]; y, 277/2018, de 8 de junio [Tol 6634012].

Los anteriores razonamientos permiten, *mutatis mutandis,* atribuir la consideración de "resolución en asunto administrativo", a las decisiones adoptadas en el seno de cualesquiera entidades facultadas para dictar resoluciones materialmente administrativas. También permite rechazar que el hecho de que el concreto acto o decisión no haya sido aprobado con arreglo a lo establecido Título III LPAC (*De los actos administrativos*) y por la Sección 2ª, del Capítulo V del Título IV LPAC (*Resoluciones*), o no reúna las características exigidas por el ordenamiento, impida subsumir la conducta en el art. 404 CP por meras razones de forma. No en vano, el precepto examinado, lejos de contener una una remisión expresa -o incluso tácita- a la regulación administrativa de los actos administrativos, acuña un concepto propio en ejercicio de la autonomía tradicionalmente reconocida al Derecho Penal que, entre otras cosas, permite construir los tipos penales sobre bases materiales en aras a la protección de los bienes jurídicos en juego y de la efectiva realización de la justicia[21].

En conclusión, a la vista de que el tenor literal del art. 404 CP lo permite, resulta aconsejable interpretar el objeto del delito

---

21 ABOGACÍA DEL ESTADO, *Delitos cometidos por funcionarios públicos,* Francis Lefebvre, Madrid, 2019, pág. 51: "Se trata, por tanto, nuevamente, de un concepto propio que se aleja del concepto más restrictivo de resolución que resultaría de la regulación contenida en LPAC".

desde parámetros materiales -de carácter teleológico- que atiendan al contenido de la decisión y al tipo de facultades ejercidas por quien la dicta, antes que a criterios de orden meramente formal u orgánico, intrascendentes a la hora de valorar la ofensividad del hecho enjuiciado. De ahí precisamente, la identificación con el concepto de resolución materialmente administrativa o sometida al Derecho administrativo. Este, por lo demás, creo que constituye el criterio pacíficamente admitido por la doctrina mayoritaria[22].

3.2. Resoluciones y actos de trámite.

No todo acto emanado de una autoridad o funcionario público en el ejercicio de una potestad, incluso administrativa, constituye una resolución. En este punto resulta oportuno recordar la distinción entre resoluciones -o actos resolutorios- y actos de trámite.

Con carácter general, tal y como ya se dijo, la jurisprudencia y la doctrina han entendido que solo constituyen resoluciones los actos de contenido decisorio que resuelven sobre el fondo de un asunto y que, además, cuentan con eficacia ejecutiva (*vid.*, entre otras muchas, las SSTS 245/2022, de 16 de marzo [Tol 8893296]; 650/2023, de 19 de septiembre [Tol 9723288]; 772/2023, de 18 de octubre [Tol 9750895]; ATS 20367/2024, de 11 de abril [Tol 9975442]).

---

22 *Vid.* GONZÁLEZ CUSSAC, J.L., *op. cit.*, pág. 738; MUÑOZ CONDE, F., *op. cit.*, pág. 976; MIR PUIG, C., "Capítulo VII. De la Malversación", en CORCOY BIDASOLO, M. y MIR PUIG, S., *Comentarios al Código Penal,* Tirant lo Blanch, Valencia, 2024, pág. 1781; HAVA GARCÍA, E., "Prevaricación de los funcionarios públicos", en ÁLVAREZ GARCÍA, F.J. (Dir.), *Tratado de Derecho Penal español. Parte especial. III. Delitos contra las Administraciones Pública y de Justicia,* Tirant lo Blanch, Valencia, 2013, pág. 134; GARCÍA SÁNCHEZ, B., *op. cit.*, pág. 83; ORTIZ DE URBINA, I., *op.cit.*, pág. 390.

La reciente STC 93/2024, de 19 de junio, claramente apoya esta interpretación al afirmar lo siguiente: "tampoco cabe calificar a estas actuaciones como "resolución", al no tener el carácter de definitivas. Esta naturaleza jurídica no la tiene siquiera el acuerdo del Consejo de Gobierno -como en este caso- por el que se aprueba el anteproyecto, pues incluso este acto no tiene más efectos ad extra que el de, en su caso, posibilitar que el Gobierno ejerza su iniciativa legislativa "sometiendo" al Congreso el proyecto acompañado de una exposición de motivos y los antecedentes necesarios (art. 88 CE)"[23].

Al margen de las decisiones que ponen fin al procedimiento también debe reconocerse esta condición a las que resuelven aspectos incidentales que gozan de sustantividad propia *(v.gr.* las resoluciones por las que se adoptan medidas cautelares para garantizar la efectividad de la resolución final. Tal y como afirma HAVA GARCÍA, "[r]equerir que la [resolución] posea, a efectos penales, contenido decisorio no debe entenderse en el sentido de exigir además que ponga fin a la vía administrativa, ni que suponga la finalización de un procedimiento administrativo determinado"[24].

En palabras de PAREJO, los actos de trámite son aquellos que "dictándose en el curso de un procedimiento, es decir, inscribiéndose en éste, no le ponen fin, constituyendo simples eslabones del proceso decisional que conducen a su finalización, por lo que o se limitan

---

23 En similar sentido, vid. las SSTC 98/2024, de 3 de julio; 97/2024, de 3 de julio; y, 96/2024, de 3 de julio.

24 HAVA GARCÍA, E., *Los delitos de prevaricación*, Aranzadi, Navarra, 2019, págs. 52 y 53.
En similar sentido *vid.*, entre otros muchos, MIR PUIG, C., *op. cit.*, pág. 1779; GONZÁLEZ CUSSAC, J.L., "Artículo 404", en CUERDA ARNAU, M.L. (Dir.), *Comentarios al Código Penal*, Tirant lo Blanch, Valencia, 2023, pág. 2550; CARDENAL MONTRAVETA, S. y ROGÉ SUCH, G., "Prevaricación administrativa y nombramientos ilegales (arts. 404-406)", en CORCOY BIDASOLO, M., *Manual de Derecho Penal. Parte Especial*, Tirant lo Blanch, Valencia, 2023, pág. 699.

a impulsar el procedimiento o no son más que el presupuesto de la decisión y no son por eso impugnables de forma independiente"[25].

En este mismo sentido, la Sala Segunda del Tribunal Supremo ha considerado que los actos de trámite son aquellos que "instrumentan y ordenan el procedimiento para hacer viable la resolución definitiva" (*vid.* SSTS 464/2023, de 14 de junio [Tol 9615763]; 245/2022, de 16 de marzo [Tol 8893296]; 576/2021, de 30 de junio [Tol 8511498]; AATS 20367/2024, de 11 de abril [Tol 9975442]; 20288/2024, de 21 de marzo [Tol 9965572]) tales como los informes, consultas dictámenes y diligencias de todo tipo.

No obstante, debe distinguirse entre los "actos de trámite simples" y los denominados "actos de trámite cualificados". En palabras de la STS (Sala 3ª) 1336/2020, de 15 de octubre [Tol 8142500], "[l]os primeros son actos o proveídos interlocutorios o de mero impulso de un procedimiento, que no pueden ser objeto de una impugnación autónoma e independiente del acto definitivo o final, que actúa como una especie de acto resumen, frente al que se deben dirigir todas las impugnaciones. Sí son impugnables, no obstante, los actos de trámite cualificados (art. 25 LJCA), entiendo por tales los que deciden directa o indirectamente el fondo del asunto determinan la imposibilidad de continuar el procedimiento, producen indefensión o perjuicio irreparable a derechos o intereses legítimos" [*vid.*, entre otras muchas, las SSTS (Sala 3ª) 148/2024, de 30 de enero [Tol 9876591] ; 247/2024, de 13 de febrero [Tol 9954051]; 800/2024, de 9 de mayo [Tol 10038346]].

Excepcionalmente, podemos encontrar pronunciamientos aislados en los que la Sala Segunda del Tribunal ha reconocido la consideración de resoluciones en asunto administrativo, susceptibles de erigirse en objeto material del delito de prevaricación, a los actos de trámite, particularmente en el caso de los informes.

---

25 PAREJO ALFONSO, L., *op. cit.*, págs. 740 y 741.

Así, las cosas la STS 163/2019, de 26 de marzo [Tol 7141207] , afirmaba lo siguiente: "hay que señalar que en el iter que supone el expediente administrativo, y se plasma en la resolución formal final confluyen y concurren determinados actos de relevancia que integran el delito de prevaricación. Y ello, en base, a la "eficacia determinante" del acto o informe desplegado, que coadyuva a la decisión final que se dicta "a sabiendas de su injusticia". De esta manera puede afirmarse que estos actos o informes relevantes se integran en un todo, conformando un tracto sucesivo en la comisión del delito del art. 404 CP, de tal manera que suponen y podrían calificarse como "eslabones de relevancia" en la decisión final, y que son, también, como podríamos denominarles, "decisiones interlocutorias de alto grado y de carácter relevante en la resolución final que se adopta". De esta manera un informe concluyente y relevante de alta eficacia en la decisión final en un expediente administrativo puede calificarse como "resolución" en el marco del tipo penal del art. 404 CP, y dentro de la amplitud conceptual con la que esta Sala está considerando en la cadena del tracto sucesivo del expediente administrativo estas decisiones interlocutorias, pero con eficacia en la resolución final del propio expediente. Recordemos también, que el art. 79 de la Ley 39/2015, de 1 de octubre, del Procedimiento Administrativo Común de las Administraciones Públicas señala que 1. A efectos de la resolución del procedimiento, se solicitarán aquellos informes que sean preceptivos por las disposiciones legales, y los que se juzguen necesarios para resolver, y también ello constaba en la regulación anterior, ya que a nivel general la emisión de informes técnicos o jurídicos viene recogida en el art. 82 de la LRJPA anterior. También podemos recordar que a nivel local también es de señalar el art. 172 del Real Decreto 2568/1986, de 28 de noviembre, por el que se aprueba el Reglamento de Organización y Funcionamiento de las Entidades Locales, que habla del informe jurídico, aunque con carácter general y no sólo en el otorgamiento de licencias, y señala que "en los expedientes informará el Jefe de la Dependencia a la que corresponda tramitarlos, exponiendo los antecedentes y disposiciones legales o reglamentarias en que funde su criterio". Además, abundando en la relevancia a que se refiere el informe objeto de las actuaciones hay que señalar que se trata de informes de relevancia, como hemos expuesto, que en muchos casos llevan forma de propuesta de resolución, por lo que se integran en ese expediente en clave de importancia, que no pueden desconectarse de la decisión final que se adopte" (en similar sentido *vid.* la STS 749/2022, de 13 de septiembre [Tol 9217436])[26].

Sin perjuicio de que resulte posible hallar pronunciamientos aislados que excepcionalmente atribuyen la consideración de "resolución" a los informes técnicos y/o jurídicos, lo cierto es que puede afirmarse que la jurisprudencia de forma abrumadoramente mayoritaria ha rechazado esta posibilidad (*vid.*, por todas, las SSTS 27/2023, de 25 de enero [9379576]; 245/2022, de 16 de marzo [Tol 8893296].

Criterio con el que me muestro plenamente conforme, junto con la doctrina mayoritaria[27], pues al margen de la relevancia que pueda atribuirse a estos informes lo cierto es que "informar" no es "resolver" y, por consiguiente, la equiparación entre ambas conductas por vía interpretativa, a mi modo de ver, desborda el tenor literal del art. 404 CP, incurriendo en una inadmisible interpretación extensiva *in malam partem*. Quiebra del principio de legalidad penal que, además de reconocerse en los casos en que la aplicación de la norma se aparta de la literalidad del precepto,

---

26 Especialmente crítico con esta opción interpretativa se muestra ALCÁCER GUIRAO, R., "Prevaricación administrativa y actos no decisorios: anomalía jurisprudenciales", en ORTEGA BURGOS, E./OCHOA MARCO, R. (Dir.), *Actualidad. Derecho Penal 2021*, Tirant lo Blanch, Valencia, 2021, pág. 63: "Discutible es, en este sentido, desbordar los límites del tenor gramatical del precepto para calificar como "resolución" actos intermedios sin contenido decisorio, tal como hace la STS 163/2019. Por mucho que tengan una influencia decisiva en la resolución final)".

27 *Vid.* GONZÁLEZ CUSSAC, J.L., "Delitos contra la administración pública (I)..., *op.cit.*, pág. 736; MIR PUIG, C., *op.cit.*, pág. 1779.

también tiene lugar en los supuestos en que la exégesis efectuada conduce a soluciones esencialmente opuestas a la orientación material de la norma, resultando por ello imprevisible para sus destinatarios (*vid.* SSTC 13/2003, de 28 de enero [Tol 273914]; 138/2004, de 13 de septiembre [Tol 492236]; 129/2008, de 27 de octubre [Tol 1391041]; 91/2009, de 20 de abril [Tol 1499770]; 57/2010, de 4 de octubre [Tol 1970921]; 33/2022, de 7 de marzo [8892988]; 64/2023, de 5 de junio [Tol 9621214]).

En apoyo de esta opción interpretativa puede emplearse, además, un argumento lógico-sistemático añadido. Las modalidades especiales de prevaricación, tipificadas en los arts. 320, 322 y 329 CP, sancionan de forma expresa la emisión de informes contrarios a la legalidad como modalidad típica autónoma frente al dictado de resoluciones arbitrarias. Opción legislativa que revela algo que, por lo demás resulta evidente, "informar" y "resolver" no son lo mismo. De ahí la necesidad de la tipificación expresa de la conducta de informar cuando lo que se desea es que dichos supuestos encuentren encaje en el delito de prevaricación.

En cualquier caso, debe subrayarse que la emisión de informes contrarios a la legalidad administrativa puede resultar penalmente relevante con arreglo al art. 404 CP en los casos en que la actuación del autor del informe reúna las condiciones para ser castigada como inducción, cooperación o complicidad al delito de prevaricación administrativa[28].

A propósito de esta cuestión la STS 441/2022, de 4 de mayo [Tol 8927592], precisaba que la prevaricación administrativa del art. 404 CP "es una figura penal que constituye un delito especial propio, en cuanto solamente puede ser cometido a título de autores por los funcionarios públicos (art. 24 CP) [...] Los "ex-

---

[28] CASAS HERVILLA, J., "La participación del extraneus en el delito de prevaricación administrativa: principales problemas y propuestas para su solución, en *Estudios penales y criminológicos*", nº 38, 2018.

traneus", es decir, quienes no reuniesen las cualidades especiales de autor que predica el legislador, serían, en su caso, partícipes a título de inducción, cooperación necesaria o complicidad y podrá aplicárseles el art. 65.3 del Código Penal rebajando en un grado la pena, aunque no sea preceptivo" (*vid.*, entre otras muchas las SSTS 808/2023, de 26 de octubre [Tol 10000673]; 815/2022, de 14 de octubre [Tol 9270490]; 86/2022, de 31 de enero [Tol 8800621]; ATS 20288/2024, de 21 de marzo [Tol 9965572]).

3.3. Expansión del Derecho penal y ampliación del objeto material del delito de prevaricación.

De un tiempo a esta parte creo que resulta posible apreciar una tendencia expansiva en la jurisprudencia a propósito de la delimitación del objeto material del delito de prevaricación administrativa. En este sentido, diversas resoluciones de la Sala Segunda del Tribunal Supremo afirman que son "resoluciones en asunto administrativo" todas las que siendo dictadas por autoridad y/o funcionario público[29], no tengan naturaleza jurisdiccional o legislativa. Interpretación amplia que, por ejemplo, en el "Caso Ere" permitió expandir el concepto de "asunto administrativo" para incluir las decisiones adoptadas a lo largo del procedimiento legislativo.

En palabras de la STS 749/2022, de 13 de septiembre [Tol 9217436]: "la cuestión tiene otro enfoque cuando se trata de determinar qué deba entenderse por asunto administrativo a efectos penales. El Gobierno y la Administración no pueden escudarse en la inmunidad parlamentaria para incumplir de forma flagrante y palmaria el procedimiento legalmente establecido en la elaboración del proyecto de ley para perseguir fines ilícitos, cuando es el propio Parlamento el que, a través de la ley, ha or-

---

29 *Vid.*, entre otras, las SSTS 786/2023, de 24 de octubre; 650/2023, de 24 de octubre; 8/2023, de 19 de enero; 749/2022, de 13 de septiembre.

denado que su elaboración deba ajustarse a unas determinadas normas y cuando esas normas son de derecho administrativo y están fuera del procedimiento legislativo. Otra interpretación posibilitaría un ámbito de inmunidad difícilmente justificable. En la STS 259/2015, de 30 de abril [Tol 4948418], dijimos, con cita de otros precedentes (STS 941/2009, de 29 de septiembre [Tol 1627864]) que por "asunto administrativo no han de entenderse los "asuntos regidos por el derecho administrativo", sino "todos los actos y decisiones realizados por autoridades o funcionarios públicos en el ejercicio de sus funciones con exclusión de los actos propiamente jurisdiccionales o legislativos" y entendemos que los procedimientos reglados que culminan en la decisión de elevar un Proyecto de Ley al Gobierno no son actos propiamente legislativos, sino actos de gobierno que, por ser reglados, pueden ser el contexto objetivo para la comisión de un delito de prevaricación".

En mi opinión, semejante interpretación del concepto de "resolución en asunto administrativo" supone una flagrante quiebra del principio de legalidad penal por desbordar el tenor literal del art. 404 CP. En definitiva, el hecho de que el legislador exija, al describir el objeto material del delito, que la resolución haya sido dictada en "asunto administrativo" constituye un límite típico infranqueable también para el caso de que de ello se sigan consecuencias político-criminales no deseables. Quiebra que en el referido "Caso Ere" resultó particularmente grave a la vista de que supuso encajar en el delito de prevaricación administrativa conductas ejecutadas en el ejercicio de potestades legislativas.

Las resoluciones dictadas en "asunto administrativo" son aquellas que se encuentran sujetas, o sometidas al Derecho administrativo, es decir, reguladas por este sector del ordenamiento, y que, precisamente por ello, pueden ser consideradas materialmente administrativas.

En línea con lo dicho, la Sala Tercera del Tribunal Supremo ha precisado que "la sujeción al Derecho Administrativo se concreta en la realización de funciones materialmente administrativas, a las que se refiere el artículo 106.1 de la CE, cuando alude a la actuación administrativa, cuyo control corresponde a los Tribunales. Teniendo en cuenta que la sujeción al enjuiciamiento de la jurisdicción Contencioso-Administrativa de actos y disposiciones emanados de otros órganos públicos que no forman parte de la Administración, procede cuando dichos actos y disposiciones tienen, por su contenido y efectos, una naturaleza materialmente administrativa, según señala la exposición de la LJCA" (*vid.* SSTS 502/2023, de 21 de abril [Tol 9519817]; 1387/2020, de 22 de octubre [Tol 8165401]; 1386/2020, de 22 de octubre [Tol 8165555]).

En apoyo de la hipótesis interpretativa que se defiende en estas páginas acerca del concepto de "asunto administrativo", debe subrayarse que no faltan ejemplos en nuestro ordenamiento jurídico en los que el legislador no condiciona la tutela penal al hecho de que la "resolución" dictada por la autoridad o funcionario público lo sea en "asunto administrativo". Así, por ejemplo, el art. 428 CP castiga al "funcionario público o autoridad que influyere en otro funcionario público o autoridad prevaliéndose del ejercicio de facultades de su cargo o de cualquier otra situación derivada de su relación personal o jerárquica con éste o con otro funcionario o autoridad para conseguir una resolución que le pueda generar directa o indirectamente un beneficio económico para sí o para un tercero". Asimismo, el art. 429 CP maneja un concepto similar de resolución. Concepto de "resolución" no limitado a la "materia administrativa" que permite, aquí sí, una interpretación amplia que abarque la totalidad de actos decisorios susceptibles de ser dictados por autoridades o funcionarios públicos en el ejercicio del cargo, abstracción hecha de si se trata de actos materialmente administrativos por tratarse de materias reguladas por el Derecho administrativo. De ahí que, por ejemplo, exista amplio consenso acerca de la posibilidad de aplicar el delito de tráfico de influencias a quienes ejercen influencia con el fin de obtener una resolución judicial favorable[30].

En conclusión, no toda resolución dictada por una autoridad o funcionario público goza de naturaleza materialmente administrativa. Así, por ejemplo, debe recordarse que determinadas actuaciones del sector público, aún y ser ejecutadas por quienes reúnan las condiciones personales exigidas por el art. 24 CP, están sometidas al Derecho civil, mercantil o laboral, no pudiendo ser consideradas "resoluciones en asunto administrativo" sin incurrir en interpretación extensiva o en analogía *in malam partem.*

En mi opinión, no resulta aventurado afirmar que esta exégesis del precepto es la que se encuentra en la base del amparo otorgado por el Tribunal Constitucional en relación al "Caso Ere". Según señala la STC 93/2024, de 19 de junio:

"[c]omo se ha expuesto, en el recurso de amparo se argumenta que tal calificación ha incurrido en una aplicación extensiva del tipo penal, al haber efectuado una interpretación extravagante e imprevisible de los elementos típicos "resolución", "asunto administrativo" y "arbitraria", que es lesiva del derecho a la legalidad penal del art. 25.1 CE. [...] Desde la perspectiva constitucional no cabe considerar que las decisiones adoptadas en el procedimiento de elaboración del proyecto de ley de presupuestos puedan ser calificadas como "resoluciones" recaídas en "asunto administrativo". [...] Como se ha adelantado, el ejercicio de la iniciativa legislativa que corresponde al Gobierno o a los gobiernos autonómicos no genera actos que formen parte de un procedimiento administrativo. Ciertamente, tales actuaciones se integran en un "procedimiento", pues conforman el conjunto de actuaciones, el iter, que deben seguir los gobiernos para

---

30 propósito de esta cuestión *vid.* VÁZQUEZ-PORTOMEÑE SEIJAS, F., *Los delitos de ejercicio y ofrecimiento de influencias en el Código Penal español,* Tirant lo Blanch, Valencia, 2020, págs. 115 y 116.

ejercer esta prerrogativa. Ahora bien, de ello no cabe deducir que la decisión que, como consecuencia de esas actuaciones se adopte -el anteproyecto o proyecto de ley-, sea una decisión administrativa: ni es un acto administrativo, ni es un reglamento, ni se trata de una decisión que se encuentra sometida al Derecho administrativo. La elaboración de un anteproyecto o un proyecto de ley no es una actividad administrativa, sino una actividad propia de la función de gobierno en sentido estricto, pues es una prerrogativa que corresponde al Gobierno en virtud de su posición institucional, no a la organización a su servicio, que es la Administración Pública.[...]Esta conclusión no es compatible con la interdicción de interpretaciones extensivas o analógicas que el principio de legalidad (art. 25.1 CE) impone a los aplicadores de las normas de carácter punitivo. La determinación del sentido de los elementos típicos "resolución recaída en asunto administrativo" que ha efectuado la Sala Segunda no puede deducirse del hecho de que sean actuaciones que hayan de adoptarse en un procedimiento regulado por normas, pues deducir de tales hechos su carácter de "resolución" y de "asunto administrativo" no encuentra respaldo en el entendimiento que de estos conceptos tiene la comunidad jurídica".

Criterio que el máximo intérprete de la CE reitera en las SSTC 98/2024, de 3 de julio; 97/2024, de 3 de julio; y 96/2024, de 3 de julio.

3.4. Resoluciones de los órganos constitucionales.

La doctrina ha evidenciado la existencia de órganos que tienen una doble condición, administrativa y constitucional, dualidad que explica que en ocasiones un mismo órgano pueda actuar simultáneamente como entidad administrativa sometida al Derecho administrativo y como órgano constitucional no sometido a esa rama del ordenamiento jurídico. En definitiva, existen órganos constitucionales que no aparecen integrados en la Administración Pública y que, al margen de su misión constitucional, también desarrollan actuaciones materialmente administrativas. De ahí que el orden jurisdiccional contencioso-administrativo no cuente con una competencia fiscalizadora general de la actuación de estos órganos constitucionales como la tiene respecto de las Administraciones Públicas (*vid.* ATS (Sala 3ª) de 6 de mayo de 2008 [Tol 49609333]).

La actuación de estos órganos en ejercicio de su misión constitucional, es decir, en ejercicio de una potestad constitucional, no se encuentra sometida al Derecho administrativo, ni constituye actividad materialmente administrativa. De ahí que, ni las resoluciones judiciales ni los actos de naturaleza legislativa resulten susceptibles de ser reputados "resolución en asunto administrativo" por más que hayan sido dictadas por una autoridad o funcionario público en el ejercicio del cargo.

También parece existir amplio consenso acerca de que no constituye actividad materialmente administrativa, ni por consiguiente pueden ser considerados "resolución en asunto administrativo, los denominados actos políticos o de gobierno (*vid.* 504/2023, de 2 de abril; 464/2023, de 14 de junio [Tol 9615763]; 245/2022, de 16 de marzo [Tol 8893296]; 908/2021, de 24 de noviembre [Tol 8674720]; 576/2021, de 20 de junio [Tol 8511498]; 152/2015, de 24 de febrero [Tol 4771288]; 597/2014, de 30 de julio [Tol 4468145]). Como recuerda la STC 83/2016, de 28 de abril [Tol 5791872], "no toda la actuación del Gobierno, cuyas funciones se enuncia en el art. 97 del texto constitucional está sujeta al Derecho Administrativo. Es indudable, por ejemplo, que no lo está, en general, la que se refiere a las relaciones con otros órganos constitucionales, como son los actos que regula el Título V de la Constitución, o la decisión de enviar a las Cortes un proyecto de Ley, u otras semejantes, a través de las cuales el Gobierno cumple también la función de dirección política [...] En tales casos, "el Gobierno actúa como órgano político y no como órgano de la Administración, no ejerce potestades administrativas ni dicta actos de esa naturaleza y, por lo mismo, su actuación no puede calificarse como "administrativa"» (*vid.* STC 47/2011, de 12 de abril [Tol 2103617]).

Sin embargo, la actuación de quienes integran los órganos constitucionales sí podrá ser subsumida en el delito de prevaricación del art. 404 CP cuando resulte materialmente administrativa. Así, por ejemplo, la contratación de servicios, obras o suministros, o las sanciones disciplinarias que puedan imponerse.

4.BIBLIOGRAFÍA

ABOGACÍA DEL ESTADO, Delitos cometidos por funcionarios públicos, Francis Lefebvre, Madrid, 2019.

ALCÁCER GUIRAO, R., "Prevaricación administrativa y actos no decisorios: anomalía jurisprudenciales", en ORTEGA BURGOS, E./OCHOA MARCO, R., *Actualidad. Derecho Penal 2021,* Tirant lo Blanch, Valencia, 2021.

ARTAZA VARELA, O., "La utilidad del concepto de corrupción de cara a la delimitación de la conducta típica en el delito de cohecho", en CARNEVALI RODRÍGUEZ, R./ ARTAZA VARELA, O., (Dirs.), *Los delitos de corrupción. Perspectiva pública y privada,* Tirant lo Blanch, Valencia, 2021.

BETANCOR RODRÍGUEZ, A., "Corrupción: conceptos, tipos, perjuicios, causas, consecuencias, reacciones y autoridades", en BETANCOR RODRÍGUEZ, A. (Dir.), *Corrupción, corrosión del Estado de Derecho,* Aranzadi, Navarra, 2017.

CASAS HERVILLA, J., "La participación del extraneus en el delito de prevaricación administrativa: principales problemas y propuestas para su solución", en *Estudios penales y criminológicos*", nº 38, 2018.

CASTRO CORREDOIRA, M., "Algunas reflexiones introductorias en materia de corrupción", en VÁZQUEZ-PORTOMEÑE SEIJAS (Dir.), *Los Lobbies:* ¿Instrumento de participación democrática o medios de corrupción, Tirant lo Blanch, Valencia, 2023.

CARDENAL MONTRAVETA, S./ROGÉ SUCH, G., "Prevaricación administrativa y nombramientos ilegales (arts. 404-406)", en CORCOY BIDASOLO, M., *Manual de Derecho Penal, Parte Especial,* Tirant lo Blanch, Valencia, 2023.

FUENTETAJA PASTOR, J.A., "El acto administrativo I: concepto, clases y requisitos", en Fernández Rodríguez, C. (Coord.), *Derecho administrativo II: Régimen jurídico de la actividad administrativa,* Tirant lo Blanch, Valencia, 2023.

GADDI, D., "Corrupción, pérdida de confianza social y justicia restaurativa", en *Estudios penales y criminológicos,* nº 43, 2023.

HAVA GARCÍA, E., Los delitos de prevaricación, Aranzadi, Navarra, 2019.

HAVA GARCÍA, E., "Prevaricación de los funcionarios públicos", en ÁLVAREZ GARCÍA, F.J. (Dir.), *Tratado de Derecho Penal español. Parte especial. III. Delitos contra las Administraciones Pública y de Justicia,* Tirant lo Blanch, Valencia, 2013.

GARCÍA DE ENTERRÍA E./FERNÁNDEZ RODRÍGUEZ, T.R., *Curso de Derecho Administrativo. Tomo I,* Civitas, Navarra, 2022.

GARCÍA SÁNCHEZ, B., *La corrupción penal en España: su persecución penal en la última década,* Iustel, Madrid, 2024.

GONZÁLEZ CUSSAC, J.L., "Artículo 404", en CUERDA ARNAU, M.L. (Dir.), *Comentarios al Código Penal,* Tirant lo Blanch, Valencia, 2023.

MIR PUIG, C., "Capítulo VII. De la Malversación", en CORCOY BIDASOLO, M. y MIR PUIG, S., *Comentarios al Código Penal,* Tirant lo Blanch, Valencia, 2024.

MUÑOZ CONDE, F., *Derecho Penal. Parte especial,* Tirant lo Blanch, Valencia, 2023.

NIETO GARCÍA, A, *Corrupción en la España democrática,* Ariel, Barcelona, 1997.

ORTIZ DE URBINA, I., "Tema 16. Delitos contra la Administración pública", en SILVA SÁNCHEZ, J.M., *Lecciones de Derecho Penal. Parte especial,* Atelier, Barcelona, 2023.

PAREJO ALFONSO, L., *Lecciones de Derecho Administrativo,* Tirant lo Blanch, Valencia, 2022.

QUINTERO OLIVARES, G., "La lucha contra la corrupción y pancriminalización del autoblanqueo", en *Estudios penales y criminológicos,* nº 38, 2018.

RODRÍGUEZ-DRINCOURT ÁLVAREZ, J., "Democracia y corrupción pública", en QUERALT JIMÉNEZ, J./M. SANTANA VEGA, D. (Dirs.), *Corrupción pública y privada en el Estado de Derecho,* Tirant lo Blanch, Valencia, 2017.

SÁNCHEZ MORÓN, M., *Derecho administrativo. Parte General,* Tecnos, Madrid, 2023.

TERRADILLOS BASOCO, J., "Corrupción política y delitos contra la Administración Pública", en BASILICO, R.A./TERRADILLOS BASOCO, J., *Delitos contra la Administración Pública,* B de f, Buenos Aires, 2019.

TRAYTER JIMÉNEZ, J.M., *Derecho administrativo. Parte General,* Atelier, Barcelona, 2022.

VÁZQUEZ-PORTOMEÑE SEIJAS, F., *Los delitos de ejercicio y ofrecimiento de influencias en el Código Penal español,* Tirant lo Blanch, Valencia, 2020.

Capítulo V
Aproximación a la reforma de los delitos de malversación operada por la lo 14/2022, de 22 de diciembre

JORDI CASAS HERVILLA

Fiscal

SUMARIO: 1. CONSIDERACIONES PRELIMINARES A PROPÓSITO DE LOS DELITOS DE MALVERSACIÓN. 2. LA REFORMA DE LOS DELITOS DE MALVERSACIÓN (LO 14/2022, DE 22 DE DICIEMBRE): CUESTIONES INTRODUCTORIAS. 3. EL ACTUAL ART. 432 CP. 3.1.- *Malversación y ánimo de lucro. 3.2.- Objeto material del delito. 3.3.- Administración desleal del patrimonio público.* 4. MALVERSACIÓN DE USO (ART. 432 BIS CP). 5.- DESVÍO DE FONDOS PÚBLICOS A FINALIDADES PÚBLICAS (ART. 433 CP). 6.- CLÁUSULA PREMIAL (ART. 434 CP). 7. BIBLIOGRAFÍA CITADA

1. CONSIDERACIONES PRELIMINARES A PROPÓSITO DE LOS DELITOS DE MALVERSACIÓN

A pesar de tratarse de una modalidad delictiva con gran tradición en nuestro ordenamiento jurídico la delimitación del bien jurídico protegido por el delito de malversación no resulta una cuestión pacífica.

En mi opinión, la introducción de nuevos tipos penales cuyos contornos no resultan del todo homogéneos con el resto de figuras delictivas que castigan la apropiación o desvío del patrimonio público a finalidades privadas, singularmente de la "nueva" modalidad sancionada en el art. 433 CP, dificulta identificar un bien jurídico tutelado de forma unívoca en el Capítulo VII del Título XIX del Libro II CP.

Por lo que se refiere a las modalidades apropiatoria y de uso que castigan los arts. 432 y 432 bis CP, así como por extensión el art. 435 CP, la doctrina y la jurisprudencia admiten de forma generalizada la naturaleza pluriofensiva del bien jurídico protegido.

A mi modo de ver, frente a las tesis netamente patrimonialistas y las que colocan el acento en el deber de fidelidad o en la probidad del funcionario, las modalidades de malversación castigadas por los arts. 432, 432 bis y, en su caso, 435 CP, tutelan, además del patrimonio público, el correcto funcionamiento de la actividad prestacional de las Administraciones Públicas. Esto es, precisamente, lo que justifica que se dote a estas modalidades de sustantividad propia y se les confiera un tratamiento autónomo frente a los delitos contra el patrimonio y el orden socioeconómico que regula el Título XIII del Libro II CP[1]. En definitiva,

---

1 En el mismo o similar sentido, *vid.* NUÑEZ CASTAÑO, E., "¿Cualquier tiempo pasado fue mejor? La malversación de usos públicos distintos a los establecidos", en *Revista General de Derecho Penal*, nº 41, 2024, pág. 21; GONZÁLEZ CUSSAC, J.L., "Lección XXXVIII. Delitos contra la administración pública (II): cohecho. Tráfico de influencias. Malversación. Fraudes y exacciones ilegales. Actividades prohibidas. Abusos en el ejercicio de la función pública", en GONZÁLEZ CUSSAC, J.L. (Coord.), *Derecho Penal. Parte especial*, Tirant lo Blanch, Valencia, 2023, pág. 771; ROCA AGAPITO, L., "Lección 14ª. Malversación", en ÁLVAREZ GARCÍA, F.J. (Dir.), *Tratado de Derecho Penal español. Parte especial. III. Delitos contra la Administración Pública*, Tirant lo Blanch, Valencia, 2013, pág. 499; RODRÍGUEZ LÓPEZ, P./ SOBRINO MARTÍNEZ, A.I., *Delitos contra la Administración Pública*,

esta vertiente prestacional asociada al patrimonio público es la que singulariza a los tipos penales ahora examinados[2].

Opción interpretativa que cobra fuerza tras la última reforma de los delitos de malversación operada en virtud de la LO 14/2022, de 22 de diciembre, en la que, de nuevo, las distintas conductas típicas se describen de forma autónoma y, por consiguiente, sin remisión directa a los delitos de apropiación indebida o de administración desleal o, en general, a cualesquiera otros delitos patrimoniales.

En línea con la exégesis que se defiende en estas páginas, el preámbulo de la LO 14/2022, de 22 de diciembre, precisa que las modificaciones que dicha norma introduce en la regulación de los delitos de malversación, "subraya[n] su naturaleza pluriofensiva de infracción patrimonial, de una parte, pero también lesiva del interés general al afectar justamente al patrimonio común, y con ello al cumplimiento de las funciones y finalidades públicas".

Si bien la Sala Segunda del Tribunal Supremo ha sostenido en múltiples resoluciones que el delito de malversación tutela, junto al patrimonio público, "el deber de fidelidad del funcionario", creo que se trata de una opción interpretativa que debe ser rechazada con firmeza[3].

Bosch, Barcelona, 2008, págs. 308 y 309; MORALES GARCÍA, O., *Los delitos de malversación,* Aranzadi, Navarra, 1999, págs. 98 a 100; DE LA MATA BARRANCO, N. J./ ETXEBARRÍA, J., *Malversación y lesión del patrimonio público,* Bosch, Barcelona, 1995, págs. 79 y 80.

2 *Vid.* AATS 1442/2018, de 29 de noviembre [Tol 6963036]; de 19 de marzo de 2019 [Tol 7151400]; SSTS 228/2013, de 22 de marzo [Tol 3671312]; 166/2014, de 28 de febrero [Tol 4144637]; 806/2014, de 23 de diciembre [Tol 4748326]; o 498/2019, de 23 de octubre [Tol 7571605].

3 *Vid.* SSTS 735/2023, de 5 de octubre [Tol 9737798]; 498/2019, de 23 de octubre [Tol 7571605], 362/2018, de 18 de julio [Tol 6676967]; 627/2019, de 18 de diciembre [Tol 7764230]; 613/2018, de 29 de noviembre [Tol 6955627]; 865/2016, de 16 de noviembre [Tol 5883360]. En apoyo de esta opción, *vid.* MUÑOZ CONDE, F., *Derecho Penal. Parte especial,* Tirant lo Blanch, Valencia, 2023, págs. 1016 y 1017;

Comparto, junto con un autorizado sector de la doctrina, la conveniencia de rehusar las opciones interpretativas que fundamentan lo injusto penal, sea del delito de malversación o de cualquier otra figura delictiva, en torno a la idea de "deber del cargo". A mi juicio, la configuración de lo injusto penal en torno a esta noción, no resulta la más respetuosa con los postulados constitucionales sobre los que se erige el Estado social y democrático de Derecho que proclama la Constitución española. La mera infracción de los deberes del cargo, incluso para el caso de tratarse de servidores públicos, no justifica por sí sola la intervención del *ius puniendi.* El Derecho penal no puede limitarse a garantizar la vigencia de las normas soslayando, de ese modo, el sustrato material del que deriva la existencia del deber cuya indemnidad pretende preservarse a través de la amenaza penal.

Los deberes que el ordenamiento jurídico impone a los funcionarios tienen carácter instrumental. Su implementación persigue proteger un interés valioso conforme a las pautas axiológicas y los valores propios del Estado social y democrático de Derecho, es decir, se dirige a la consecución de una finalidad ulterior que se identifica con la tutela de auténticos bienes jurídicos. La infracción de deberes que persiguen otro tipo de finalidades, incluso para el caso de reputarse legítima, no autoriza la intervención de un Derecho penal que opera como *ultima ratio.*

Por lo que se refiere al delito de malversación, encontramos un argumento lógico-sistemático añadido en apoyo de esta opción interpretativa. Si el objeto de tutela se identifica con la infracción de los deberes que incumben a la autoridad

---

GRANADOS PÉREZ, C./LÓPEZ BARJA DE QUIROGA, J., *Contestaciones al Programa de Derecho Penal. Parte especial para acceso a las carreras judicial y fiscal (Tomo II),* Tirant lo Blanch, Valencia, 2015, pág. 382; DE VICENTE MARTÍNEZ, R. (Coord.), *Vademécum de Derecho Penal,* Tirant lo Blanch, Valencia, 2024, pág. 390; ENTRENA FABRE, R., *El delito de malversación,* Tirant lo Blanch, Valencia, 1999.

o funcionario, o con la probidad de estos, no se alcanza a entender cómo puede el art. 435 CP extender el ámbito típico de los delitos de malversación a supuestos de hecho en los que el sujeto activo del delito no ostenta la condición de autoridad o funcionario público y que, no obstante, se castigan con la misma pena. Desde la perspectiva de la mera infracción de los deberes del cargo no parecería razonable equiparar la respuesta penal que deba ofrecerse. Coherencia lógico-sistemática que, por el contrario, si se mantiene para el caso de poner el acento en la especial naturaleza del objeto material del delito y su afectación para el correcto funcionamiento de la Administración Pública.

En conclusión, existen buenas y poderosas razones para concluir que los delitos de malversación analizados protegen la funcionalidad del patrimonio público y, con ello, la efectiva realización del Estado social y democrático de Derecho. No obstante, es dudoso si las anteriores consideraciones resultan predicables de los delitos de falseamiento de la contabilidad pública del art. 433 bis CP y, muy especialmente, del nuevo delito de desviación presupuestaria del art. 433 CP, cuyo análisis se abordará en el epígrafe 5 del presente trabajo.

2. LA REFORMA DE LOS DELITOS DE MALVERSACIÓN (LO 14/2022, DE 22 DE DICIEMBRE): CUESTIONES INTRODUCTORIAS

La LO 1/2015, de 1 de marzo, introdujo una novedosa regulación de los delitos de malversación que, rompiendo con nuestra tradición jurídica e inspirándose en el modelo germánico, pasaron a definirse, a excepción del delito de falsedad contable pública del art. 433 bis CP, por remisión a los delitos de apropiación indebida (art. 253 CP) y administración desleal (art. 252 CP).

En opinión prácticamente unánime de la doctrina, que aquí se comparte[4], la introducción como modalidad malversadora de la administración desleal del patrimonio público supuso una notable ampliación del ámbito típico de los delitos de malversación. Tal y como precisó la STS 281/2019, de 30 de mayo [Tol 7270035], "[e]sta modalidad típica [era] mucho más amplia que la que definía al delito de malversación con anterioridad a la reforma y en ella cab[ían] actuaciones distintas de la mera sustracción tales como la asunción indebida de obligaciones"[5].

En línea con esta opción interpretativa, el preámbulo de la LO 14/2022, de 22 de diciembre, afirma que la reforma operada por la LO 1/2015, de 1 de marzo, "introdujo como típicas cualquier conducta no solo de las clásicas de apropiación o distracción de recursos públicos con ánimo de lucro propio o de tercero, sino que lo extendió a conductas de deficiente o abusiva administración, esto es, desleal e infiel, y en consecuencia posibilitó abiertamente la punición de comportamientos consistentes en desviaciones presupuestarias, despilfarro o gastos de difícil justificación y, por supuesto, cualquier gasto de dudosa legalidad o de incierta finalidad pública".

---

4 Vid. CASTRO MORENO, A., "Artículo 432", en GÓMEZ TOMILLO, M. (Dir.), *Comentarios prácticos al Código Penal. Tomo V*, Aranzadi, Navarra, 2015, págs. 352 y 353; RODRÍGUEZ FERNÁNDEZ, I., "La malversación como administración desleal de patrimonio público: nuevas perspectivas jurisprudenciales en la lucha contra la corrupción (con especial atención al Caso del Procés)", en *Diario la Ley*, nº 9963, 2021; PAVÓN HERRADÓN, D., "El tipo básico de malversación como modalidad de corrupción pública", en LÓPEZ GONZÁLEZ, S.P./GÓMEZ PAVÓN, P. (Coords.), *Delitos contra la Administración Pública y corrupción*, Tirant lo Blanch, Valencia, 2021, pág. 142; MIR PUIG, C., "Capítulo VII. De la Malversación", en CORCOY BIDASOLO, M. y MIR PUIG, S. (Dirs.), *Comentarios al Código Penal*, Tirant lo Blanch, Valencia, 2015, pág. 1440.

5 *Vid.* SSTS 459/2019, de 14 de octubre [Tol 7515425]; 277/2018, de 8 de junio [Tol 6634012]; 232/2018, de 17 de mayo [Tol 6621280].

La reforma mereció una valoración desigual en la doctrina. Para algunos la "nueva" regulación permitió colmar una importante laguna que hasta entonces había impedido subsumir en el delito de malversación conductas que, a pesar de no implicar apropiación o apoderamiento, resultaban objetivamente idóneas para ocasionar un perjuicio al patrimonio público, tales como la condonación de deudas, el despilfarro u otras modalidades de gestión desleal. Asimismo, también se subrayaba que la nueva redacción ofrecida a los arts. 252 y 432.1 CP enfatizaba la idea de proteger el patrimonio desde una perspectiva funcional y, por consiguiente, más coherente con una concepción del interés general que trasciende lo estrictamente económico[6].

Para otros, sin embargo, la nueva modalidad de administración del patrimonio público introducía una fórmula amplia e indeterminada susceptible de generar inseguridad jurídica. Asimismo, la descripción típica por remisión a las modalidades comunes de apropiación indebida y de administración desleal resultaba inadecuada y acentuaba el carácter patrimonial de estos delitos[7].

---

6 DE LA MATA BARRANCO, N.J., "Malversación: la administración desleal del patrimonio público", en *Teoría y Derecho. Revista de Pensamiento jurídico,* nº 26, 2019; RODRÍGUEZ FERNÁNDEZ, I., *op. cit.*, págs. 3 y 4; VALLE MARISCAL DE GANTE, M., "La eficacia de las reformas penales contra la corrupción", en *Cuadernos Manuel Giménez Abad,* nº 23, 2022, pág. 213.

7 VALEIJE ÁLVAREZ, I., "Malversación (arts. 432, 433, 434 y 435)", en GONZÁLEZ CUSSAC, J.L. (Dir.), *Comentarios a la Reforma del Código Penal de 2015,* Tirant lo Blanch, Valencia 2015, págs. 1152 y 1153; GARCÍA SÁNCHEZ, B., *La corrupción en España: su persecución penal en la última década,* Iustel, Madrid, 2024. págs. 166 y 167; QUINTERO OLIVARES, G., *op. cit.*, pág. 1774.
propósito de la posible lesión del principio de taxatividad, la STS 735/2023, de 5 de octubre [Tol 9737798] precisaba: "El núcleo de la acción típica se condensa en la expresión verbal "excederse" que ha sido objeto de profundas discusiones doctrinales ya que se ha cuestionado si el nuevo tipo con su formulación tan genérica puede

Sea como fuere, la reforma de los delitos de malversación operada por LO 14/2022, de 22 de diciembre, se orienta, según se precisa en el propio preámbulo de la ley, a reinstaurar la regulación tradicional de los delitos de malversación, por constituir, en opinión del legislador, una opción técnicamente más correcta[8].

Nos hallamos ante una contrarreforma a través de la que se persigue derogar el singular modelo configurado por la LO 1/2015, de 30 de marzo y, en particular, a revisar en profundidad la modalidad de administración desleal del patrimonio público. Para ello, el legislador afirma distinguir ahora tres niveles de malversación que, en opinión de la doctrina, se identifican con las siguientes modalidades de malversación: i) modalidad de apropiación (art. 432 CP); ii) modalidad de uso (art. 432 bis CP); y, iii) modalidad de desvío a un fin público (art. 433 CP)[9].

---

o no lesionar el principio de tipicidad de las normas penales. Al tratarse de un delito patrimonial, que tiene vocación de recoger las muy diversas modalidades en que se puede manifestar la conducta típica, entendemos que la definición de la acción no lesiona el principio de taxatividad lo que, sin embargo, nos obliga a precisar su ámbito".

8 Según el preámbulo, "[l]a reforma implica un regreso al modelo tradicional español, es decir, al anterior a la reforma de 2015. En efecto, porque la Ley Orgánica supuso también en esta materia una ruptura con nuestra tradición codificadora ya bicentenaria. Lo hizo al reformar drásticamente la regulación de los delitos de malversación siguiendo parcialmente el modelo alemán, al definirlos en referencia a los delitos de apropiación indebida y administración desleal. Es decir, como figuras de naturaleza eminentemente patrimonial. Sin embargo, y a diferencia del modelo alemán, los mantuvo dentro de los "Delitos contra la Administración Pública". Con este cambio construyó un híbrido entre delitos contra el patrimonio y delitos contra el correcto funcionamiento de los servicios públicos".

9 Según se indica en el preámbulo de la LO 14/2022, de 22 de diciembre, "el texto distingue claramente entre tres niveles de malversación: la apropiación de fondos por parte del autor o que éste consienta su apropiación por terceras personas (artículo 432), que integra la conducta más grave y contiene diversas agravaciones; el uso temporal

Con todo, creo posible afirmar que la vuelta al pasado anunciada por la LO 14/2022, de 22 de diciembre, resulta, en el mejor de los casos, incompleta. El Código Penal recupera en gran medida la modalidad apropiatoria del art. 432 CP anterior a la reforma de 2015, al igual que la malversación de uso que castigaba el art. 433 CP. Sin embargo, conserva la configuración del objeto material del delito ofrecida por la LO 1/2015, de 30 de marzo, así como la cláusula premial del vigente art. 434. Resulta más que discutible que reinstaure el delito de aplicación de bienes públicos a fines privados que castigaba el art. 434 CP anterior a 2015. Recupera la modalidad típica castigada por el art. 397 CP (1944) e introduce por primera vez una definición auténtica de patrimonio público en el nuevo art. 433 ter CP.

3. EL ACTUAL ARTÍCULO 432 CP

El artículo 432.1 del Código penal, en su redacción anterior a la reforma llevada a cabo por la LO 1/2015, de 30 de marzo, castigaba en su apartado primero a "[l]a autoridad o funcionario público que, con ánimo de lucro, sustrajere o consintiere que un tercero con igual ánimo, sustraiga los caudales o efectos públicos que tenga a su cargo por razón de sus funciones, incurrirá en la pena de prisión de tres a seis años e inhabilitación absoluta por tiempo de seis a diez años".

El nuevo art. 432.1 CP resultante de la reforma operada por la LO 14/2022, de 22 de diciembre, reproduce de forma prácticamente mimética la redacción originariamente ofrecida al precepto por la Ley Orgánica 10/1995, de 23 de noviembre. Dejando de lado el marco penológico, únicamente se aprecian tres diferencias significativas: i) se sustituye el verbo rector del tipo "sustraer" por

---

de bienes públicos sin animus rem sibi habendi y con su posterior reintegro (artículo 432 bis) y un desvío presupuestario o gastos de difícil justificación (artículo 433)".

"apropiarse"; ii) la relación funcional o vínculo exigido entre el sujeto activo y el objeto material del delito se flexibiliza; y, por último, iii) el objeto material del delito pasa de ser los "caudales o efectos públicos" a identificarse con el "patrimonio público", del que además se ofrece una definición auténtica en el art. 433 ter CP.

Se recuperan de ese modo las dos modalidades comisivas tradicionalmente castigadas por el tipo básico de malversación del art. 432.1 CP. Por un lado, la modalidad activa consistente en la apropiación del patrimonio público con ánimo de lucro. Por otro, la modalidad omisiva en que la autoridad o funcionario, con infracción de sus deberes de garante, consiente que un tercero, con igual ánimo, se apropie del patrimonio público.

En opinión mayoritaria de la doctrina y la jurisprudencia la sustitución del término "sustraer" por el actualmente vigente, "apropiarse", resulta intrascendente a efectos prácticos.[10] Ciertamente, tal y como señala el DFGE "debe recordarse que al examinar el art. 432.1 CP anterior a la reforma de 2015 la jurisprudencia interpretó de forma unánime que la conducta típica ("sustraer") equivalía a la apropiación sin ánimo de reintegro, apartando los bienes de su destino o desviándolos del mismo (*vid.*

---

10 En este mismo sentido MIR PUIG, C., "Capítulo VII. De la malversación ", en CORCOY BIDASOLO, M./MIR PUIG., S. (Dirs.), Comentarios al Código Penal, Tirant lo Blanch, Valencia, 2023, pág. 1839; ORTIZ DE URBINA, I., "Tema 16. Delitos contra la Administración Pública", en SILVA SÁNCHEZ, J.M. (Dir.), *Lecciones de Derecho Penal. Parte especial*, Atelier, Barcelona, 2023, pág. 407; MORALES HERNÁNDEZ, M.A., "La reforma del delito de malversación de patrimonio público en el Código Penal español: ¿Un avance o un retroceso en la lucha contra la corrupción?", en *Revista Electrónica de Ciencia Penal y Criminología*, nº 25, *2023*, págs. 12 y 13; MOSQUERA BLANCO, A.J., "Reforma y contrarreforma del delito de malversación", en *Estudios penales y criminológicos*, nº 43, 2023, pág. 10; ROCA AGAPITO, L., "Una primera valoración de la reforma de la malversación: vuelta al pasado", en *Diario la Ley*, nº 10230, 2023.

SSTS 948/2022, de 13 de diciembre [Tol 9335925]; 442/2022, de 5 de mayo [Tol 9827610]; 727/2021, de 29 de septiembre [Tol 8606035]; 695/2019, de 19 de mayo [Tol 7947561])"[11].

Criterio que, por lo demás, parece ser asumido de forma pacífica por la jurisprudencia[12]. En palabras de la STS 600/2024, de 13 de junio [Tol 10074007], "[t]anto en la redacción anterior a la LO 1/2015, como la resultante de la reforma, el verbo que determina la acción típica, aunque en un caso fuera sustraer y en otro apropiarse, mantiene un mismo significado y contenido. Indicábamos en la STS 900/2013, que: [...] el verbo que utilizaba el art. 394 del CP TR/73, así como el art. 432 en la redacción inicial del CP 1995 y mantiene la reforma que surge con la LO 15/2003, vigente al momento de autos, efectivamente es sustraer, y la jurisprudencia de manera constante entendió el término sustraer como equivalente a "apropiación sin propósito de ulterior reintegro" [...] Es decir, en contra de la alegación de los recurrentes, el verbo descriptivo de la acción, sustraer, no tiene significado típico diverso de apropiarse en la conducta de malversación examinada" (*vid.*, en este mismo sentido, las SSTS 273/2024, de 20 de marzo [Tol 9955865]; 900/2023, de 30 de noviembre [Tol 9807039]; 803/2023, de 25 de octubre [Tol 10000702]).

De ahí que pueda concluirse, tal y como hace el DFGE que, "las conductas que hasta la fecha encontraban acomodo en la modalidad apropiatoria del delito de malversación (derogado

---

11 Decreto del Fiscal General del Estado de 25 de enero de 2023.

12 mi modo de ver, la referida modificación sí podría resultar relevante en el caso de los "servidores de la posesión" para el caso de interpretarse que la apropiación, para ser típica, precisa de la recepción del objeto material del delito en virtud de un título traslativo de la posesión. Opción interpretativa que, no obstante, no comparto, en el bien entendido de que el art. 253 CP no lo exige y menos aún el art. 432 CP. Precepto este último que de forma expresa precisa el vínculo funcional que debe existir entre el sujeto activo y el patrimonio público que se erige en objeto material del delito.

art. 432.2 CP) pasan ahora a subsumirse en el nuevo art. 432.1 CP. Idéntica conclusión cabe ofrecer respecto a las conductas incardinadas en el art. 432.1 CP anterior a la reforma operada por la Ley Orgánica 1/2015, de 30 de marzo".

Si bien es cierto que la delimitación entre la apropiación indebida y la administración desleal en los casos de "distracción" de dinero es una cuestión enjundiosa, debe admitirse sin dificultad la posibilidad de subsumir en el nuevo art. 432 CP los casos de "distracción" de dinero público que impliquen una expropiación o disposición definitiva en concepto de dueño. Por el contrario, tal y como más adelante analizaremos, los supuestos de distracción con ánimo de ulterior restitución o reintegro deben ser calificados como malversación de uso del art. 432 bis CP, abstracción hecha de si la restitución o reintegro llegan a hacerse efectivos.

Por lo que se refiere a la nueva configuración típica del vínculo funcional entre el sujeto activo y el objeto material del delito, lo cierto es que el legislador se limita a hacer suya, incorporándola a la descripción típica, la interpretación ofrecida sobre este particular por la jurisprudencia[13].

La STS 806/2014, de 23 de diciembre [Tol 4748326], condensa a la perfección la doctrina de la Sala Segunda del Tribunal Supremo a propósito de este particular: "[e]l Código no se contenta con que el funcionario o autoridad tenga a su cargo los caudales públicos. Exige que los tenga a su cargo por razón de sus funciones. Tal condicionante ha sido objeto de interpretaciones diversas. La concepción más amplia considera que basta con que esa relación con los efectos públicos nazca de la condición de fun-

---

13 *Vid.* ORTIZ DE URBINA, I., *op. cit.* pág. 407, GONZÁLEZ CUSSAC, J.L., "El retorno de las figuras autónomas de malversación (arts. 432 y siguientes), en GONZÁLEZ CUSSAC, J.L. (Coord.), *Comentarios a la LO 14/2022, de reforma del Código Penal,* Tirant lo Blanch, Valencia, 2023, pág. 148; ROCA AGAPITO, L., "Una primera...", *op. cit.*, pág. 13; GARCÍA SÁNCHEZ, B. *op.cit.*, pág. 174; MUÑOZ CONDE, F., *op. cit*, pág. 1018.

cionario público, con independencia de que el cuidado y gestión de esos fondos forme parte de las funciones anudadas al puesto concreto desarrollado. Sería suficiente una situación fáctica: hay capacidad de hecho de disponer de los bienes precisamente por la cualidad del funcionario aunque la normativa no atribuya al sujeto los deberes específicos de su custodia y administración. Es esta la posición más afianzada en la jurisprudencia".

En similar sentido, la STS 411/2013, de 6 de mayo [Tol 3745985], precisaba que "[e]l tipo penal se consuma, pues, con la sola realidad dispositiva de los caudales por parte del agente, ya sea por disposición de hecho, ya sea por disposición de derecho, por lo cual no es imprescindible que el funcionario tenga en su poder los caudales y efectos públicos por razón de la competencia que las disposiciones administrativas adjudiquen al Cuerpo u Organismo al que pertenezca, sino que basta con que hayan llegado a su poder con ocasión de las funciones que concreta y efectivamente realizase el sujeto como elemento integrantes del órgano público".[14]

Interpretación que, como era de esperar, ha sido reiterada tras la reforma de los delitos de malversación operada por la LO 14/2022, de 22 de diciembre (vid. STS 464/2023, de 14 de junio [Tol 9615763]).

Según una jurisprudencia consolidada, los elementos objetivos y subjetivos del tipo son lo siguientes: a) La condición de autoridad o funcionario público del responsable del delito de conformidad con lo establecido en los artículos 24 CP -y, desde la reforma operada por la LO 1/2019, de 20 de febrero, 435 bis CP; b) una facultad decisoria pública o una detentación material de los caudales o efectos, ya sea de derecho o de hecho, con tal, en el primer caso, de que en aplicación de sus facultades,

---

14 *Vid.* SSTS 222/2022, de 9 de marzo [Tol 8874567]; 633/2020, de 24 de noviembre [Tol 8227295]; 591/2020, de 11 de noviembre [Tol 8218624]; 482/2020, de 30 de septiembre [Tol 8224792]; 163/2019, de 26 de marzo [Tol 7141207]).

tenga el funcionario una efectiva disponibilidad material; c) el carácter público de los caudales; d) sustraer -o consentir que otro sustraiga- lo que significa apropiación sin ánimo de reintegro, apartando los bienes propios de su destino o desviándolos del mismo. Se consuma con la sola realidad dispositiva de los caudales; e) Ánimo de lucro propio o de tercero[15].

La contracción de los supuestos de sustracción a las modalidades de apropiación por parte de la doctrina y la jurisprudencia resultaba de todo punto razonable a la vista de la estructura típica del art. 432 CP (1995).Así las cosas, parece evidente que el vínculo funcional exigido entre el sujeto activo y el objeto material del delito circunscribía las posibilidades de apoderamiento a los supuestos de apropiación.

En otro orden de cosas, el nuevo art. 432.2 CP tipifica tres subtipos agravados de malversación apropiatoria que implican un incremento relevante de las penas (prisión de 4 a 8 años e inhabilitación absoluta de 10 a 20 años): a) cuando se hubiera ocasionado un daño o entorpecimiento graves al servicio público; b) cuando el valor del perjuicio causado o del patrimonio público apropiado excediere de 50.000 euros; c) cuando las cosas malversadas gocen de valor artístico, histórico, cultural o científico, o se tratara de efectos destinados a aliviar una calamidad pública.

El precepto también contiene un subtipo hiperagravado en su último párrafo, para los casos en los que el valor del perjuicio causado o del patrimonio público apropiado exceda de 250.000 euros (pena en su mitad superior, pudiendo llegar a la superior en grado).

A su vez, el apartado tercero del art. 432 CP incorpora un subtipo atenuado cuando el perjuicio ocasionado o el valor del patrimonio

---

15 *Vid.* SSTS 273/2024, de 20 de marzo [Tol 9955865]; 545/2023, de 5 de julio [Tol 9638543]; 442/2022, de 5 de mayo [Tol 8927610]; 627/2019, de 18 de diciembre [Tol 7764230]; 163/2019, de 26 de marzo [Tol 7141207].

público apropiado sea inferior a 4.000 euros (prisión de 1 a 2 años, multa de 3 meses y 1 día a 12 meses e inhabilitación especial para cargo o empleo público derecho de sufragio pasivo de 1 a 5 años).

3.1. Malversación y ánimo de lucro

Mención aparte merece, a la vista del debate suscitado en los últimos meses a propósito del ánimo de lucro, el análisis de la vertiente subjetiva del delito de malversación.

Las modalidades de malversación apropiatoria que castigan los arts. 432 y, por extensión, el art. 435 CP, se caracterizan por configurarse como tipos penales dolosos que incorporan un elemento subjetivo añadido que se identifica con el ánimo de lucro.

La incorporación de esta exigencia de carácter subjetivo, no comporta novedad alguna pues, si bien es cierto que la modalidad de apropiación indebida del patrimonio público del art. 432.2 CP -versión LO 1/2015, de 30 de marzo- no requería de forma expresa que el responsable del delito obrare con ánimo de lucro, no lo es menos que tradicionalmente la jurisprudencia y doctrina mayoritarias entendieron que se trataba de una exigencia implícita -tanto del vigente art. 253 CP, como del art. 252 CP anterior a la reforma de 2015- (*vid.* SSTS 320/2024, de 16 de abril [Tol 9987467]; 274/2024, de 20 de marzo [Tol 9963528]; 197/2024, de 1 de marzo [Tol 9950322]; 189/2024, de 29 de febrero [Tol 9925129])[16].

---

16 *Vid.* VÁZQUEZ GONZÁLEZ, C., "Lección 13. Delitos contra el patrimonio y el orden socioeconómico (II). Defraudaciones", en SERRANO TÁRRAGA, M.D. (Coord.); *Derecho Penal. Parte especial,* Tirant lo Blanch, Valencia, 2023, pág. 495; GONZÁLEZ CUSSAC, J.L., "Lección XXIV. Delitos contra el patrimonio y el orden socioeconómico (VII): administración desleal. Apropiación indebida. Defraudaciones de fluido eléctrico y análogas", en GONZÁLEZ CUSSAC (Dir.), *Derecho Penal. Parte especial,* op. cit., pág. 479; GALLEGO SOLER, J.I., "III.

El significado jurídico que debe darse al ánimo de lucro no es unánime en la doctrina y en no pocas ocasiones varía en función de la modalidad delictiva. Por lo que se refiere al delito de malversación, mientras que algunos lo han identificado con el propósito de enriquecimiento que guía la conducta del responsable del delito o con la intención de obtener cualquier utilidad o ventaja de carácter patrimonial, mayoritariamente se ha entendido que el ánimo de lucro se identifica con el "*animus rem sibi habendi*", esto es, con la intención de tener la cosa para sí y de disponer de ella en concepto de dueño.

Tampoco existe pleno consenso acerca de cuál sea su concreta ubicación dentro de la teoría del delito. Si bien la doctrina y la jurisprudencia mayoritarias (*vid.* SSTS 600/2024, de 13 de junio [Tol 10074007]; 900/2023, de 30 de noviembre [Tol 9807039]) entienden que nos hallamos ante un elemento subjetivo del injusto -opinión que comparto-, no faltan quienes lo conciben como una suerte de dolo específico inherente a la realización de la conducta típica.

Según se indica en el DFGE, resulta razonable identificar el ánimo de lucro exigido por el art. 432 CP, tal y como se ha venido haciendo tradicionalmente por la jurisprudencia, con el *animus rem sibi habendi*. A tal efecto, según se dice en el meritado decreto, "debe recordarse que el elemento subjetivo del delito de apropiación indebida consiste en el *animus rem sibi habendi*, es decir, en la consciente realización de actos de disposición de naturaleza dominical sobre el objeto material del delito, elemen-

Apropiación indebida (arts. 253-254)", en CORCOY BIDASOLO, M. (Dir.), *Manual de Derecho Penal. Parte especial. Tomo 1*, Tirant lo Blanch, Valencia, 2023; pág. 586; MUÑOZ CONDE, F. *op. cit.*, pág. 470; ZUGALDÍA ESPINAR, J.M., "Lección 15. Delitos contra la propiedad, el patrimonio y el orden socioeconómico (I)"; en DE ESPINOSA CEBALLOS, E.M. (Dir.), *Lecciones de Derecho Penal. Parte especial*, Tirant lo Blanch, Valencia, 2023, pág. 352.

to que la jurisprudencia mayoritaria identifica con el ánimo de lucro (ATS 1055/2022, de 24 de noviembre [Tol 9338508]; SSTS 815/2022, de 14 de octubre [Tol 9270490]; 908/2021, de 24 de noviembre [Tol 8674720]). Por tanto, a la hora de incardinar el nuevo art. 432.1 CP bastará con que en el relato de hechos probados se hubiera consignado que el sujeto, de forma consciente y a sabiendas de su ilicitud, dispuso, como su fuesen propios, de los caudales o bienes sobre los que se ejecutó la acción típica".

Animus rem sibi habendi que el DFGE concibe como elemento subjetivo del injusto e identifica con el propósito de tener y disponer de la cosa como propia con la intención de obtener cualquier ventaja o utilidad, patrimonial o de otro orden: "[e] n definitiva, el ánimo de lucro se apreciará en todos los casos en los que el sujeto activo obre con conciencia y voluntad de disponer de la cosa como si fuera propia, destinándola a unos fines ajenos a la función pública al objeto de conseguir una ventaja o beneficio personal de cualquier tipo".

Criterio que, en la práctica, ha sido ampliamente asumido por la jurisprudencia a la hora de aplicar el art. 432 CP actualmente vigente. Así, por ejemplo, la STS 644/2024, de 24 de junio [Tol 10083970], precisa que el ánimo de lucro se identifica con el "animus rem sibi habendi", que no exige necesariamente enriquecimiento, sino que, como esta Sala viene señalando desde antiguo, es suficiente con que el autor haya querido tener los objetos ajenos bajo su personal dominio. Bien entendido que el tipo no exige como elemento del mismo el lucro personal del sustractor, sino su actuación con ánimo de cualquier beneficio, incluso no patrimonial, que existe aunque la intención de lucrar se refiera al beneficio de un tercero (SSTS 1404/1999, de 11 de octubre y 310/2003, de 7 de marzo)"[17].

---

17 Opción interpretativa reiterada, entre otras, en las SSTS 600/2024, de 13 de junio [Tol 10074007]; 900/2023, de 30 de noviembre [Tol 9807039];

Esta exégesis resulta de todo punto coherente con la interpretación que la jurisprudencia ha venido realizando tradicionalmente del *animus rem sibi habendi,* que de forma reiterada ha subrayado que este elemento no se identifica con un propósito de enriquecimiento, sea propio o ajeno, sino con el ánimo de disponer de la cosa como propia o con ánimo apropiatorio, esto es, de disposición dominical[18].

3.2. Objeto material del delito

Tras la reforma del Código penal operada por la LO 1/2015, de 30 de marzo, el objeto material de los delitos de malversación dejó de identificarse con los "caudales o efectos públicos" puestos a cargo del sujeto activo del delito, para hacerlo con el "patrimonio público". De ahí que, a mi modo de ver, no resulte correcto seguir empleando la denominación "malversación de caudales públicos" para referirse a los tipos penales comprendidos en el Capítulo VII del Título XIX del Libro II del Código penal.

La LO 14/2022, de 22 de diciembre, introduce ahora una definición auténtica de "patrimonio público", con la que el legislador trata de subsanar lo que en opinión de la jurisprudencia y de un sector de la doctrina constituía una laguna legal.[19] Según establece el nuevo art. 433 ter CP, "[a] los efectos del presente Código, se entenderá por patrimonio público todo el conjunto de bienes y derechos, de contenido económico-patrimonial, pertenecientes a las Administraciones públicas".

545/2023, de 5 de julio [Tol 9638543]; y en los AATS de 21 de marzo de 2023 [Tol 9469596]; de 12 de enero de 2023 [Tol 9447132].

18 *Vid.* AATS de 20 de julio de 2023 [Tol 0713157]; de 14 de septiembre de 2023 [Tol 9713004]; de 23 de noviembre de 2023 [Tol 9802752]; de 22 de febrero de 2024 [Tol 9950558]; de 28 de abril de 2024 [Tol 10016935].

19 *Vid.* STS 166/2014, de 28 de febrero; 627/2014, de 7 de octubre [Tol 4525400]).

En mi opinión, la definición que el legislador incorpora al Código penal resulta en gran medida superflua pues, en realidad, no resuelve las principales dudas interpretativas que tradicionalmente se han suscitado en torno a la delimitación del objeto material del delito de malversación. En concreto, el art. 433 ter CP nada añade a la hora de resolver si el patrimonio de los entes del sector público que no constituyen Administración pública en sentido estricto, en particular las entidades de derecho privado vinculadas o dependientes de las Administraciones, debe ser considerado patrimonio público. Tampoco contribuye a determinar si el Código Penal acoge un concepto jurídico, económico, mixto o funcional de patrimonio.

Lejos de ello, se limita el legislador a introducir en el Código penal una definición de patrimonio público coincidente con la que mayoritariamente venían manejando la doctrina y la jurisprudencia incluso con anterioridad a la reforma del año 2015. Al igual que ahora hace el art. 433 ter CP, el patrimonio tradicionalmente se adjetivó como público por razón de su pertenencia a la Administración[20]. En concreto, la Sala Segunda del Tribunal Supremo afirmó reiteradamente que el carácter público de los caudales se reconocía "por su pertenencia a los bienes propios de la Administración, adscripción producida a partir de la recepción de aquéllos por funcionario legitimado, sin que precise su efectiva incorporación el erario público"[21].

---

[20] En este mismo sentido, *vid.* ORTS BERENGUER, E., "Lección XXXIX. Delitos contra la Administración Pública (II): Cohecho. Tráfico de influencias. Malversación. Fraude y exacciones ilegales. Actividades Prohibidas. Abusos en el ejercicio de la función pública. Corrupción en las transacciones comerciales internacionales, en VVAA, *Derecho Penal. Parte especial*, Tirant lo Blanch, Valencia, 2010, pág. 725; MUÑOZ CONDE, F., *Derecho Penal. Parte especial*, Tirant lo Blanch, Valencia, 2013, págs. 503 y 504.

[21] *Vid.* SSTS de 6 de junio de 1986 [Tol 2322110]; de 31 de enero de 1991 [Tol 2430538]; de 14 de mayo de 1992 [Tol 5018803]; 236/1996, de 15 de marzo [Tol 5135294]; 545/1999, de 26 de marzo [Tol 5128145];

Caracterización del patrimonio público que no impidió erigir en objeto material del delito al patrimonio de las entidades que, a pesar de no gozar de la consideración de Administración Pública con arreglo al Derecho administrativo, formaban parte del sector público[22], en el bien entendido de que el Código penal maneja un concepto propio y amplio de Administración Pública[23].

132/2010, de 18 de febrero [Tol 1792974]; 657/2013, de 15 de julio [Tol 3852259]; 548/2017, de 12 de julio [Tol 6209260]; 558/2017, de 13 de julio [Tol 6205764]; 362/2018, de 18 de julio [Tol 6676967]; 608/2018, de 29 de noviembre [Tol 6940659]; 627/2019, de 18 de diciembre [Tol 7764230]; 442/2022, de 5 de mayo [Tol 8927610]; AATS 1445/2017, de 8 de noviembre [Tol 6448544]; 1442/2018, de 29 de noviembre [Tol 6963036]; de 12 de enero de 2023 [Tol 9447132]; de 21 de marzo de 2023 [Tol 9469596].

22 Según el acuerdo del Pleno no Jurisdiccional de la Sala Segunda del Tribunal Supremo de 25 de mayo de 2017 [Tol 6190156]: "1.- Los bienes, efectos, caudales o cualesquiera otros de cualquier índole que integren el patrimonio de las sociedades mercantiles participadas por el Estado u otras Administraciones u Organismos Públicos, deben tener la consideración de patrimonio público y, por tanto, pueden ser objeto material del delito de malversación siempre que concurra alguno de los supuestos siguientes: 1.1. Cuando la sociedad mercantil esté participada en su totalidad por las personas públicas referidas. 1.2.- Cuando esté participada mayoritariamente por las mismas. 1.3.- Siempre que la sociedad pueda ser considerada como pública en atención a las circunstancias concretas que concurran, pudiéndose valorar las siguientes o cualesquiera otras de similar naturaleza: 1.3.1.- Que el objeto de la sociedad participada sea la prestación, directa o indirecta, de servicios públicos o participen del sector público. 1.3.2.- Que la sociedad mixta se encuentre sometida directa o indirectamente a órganos de control, inspección, intervención o fiscalización del Estado o de otras Administraciones Públicas. 1.3.3.- Que la sociedad participada haya percibido subvenciones públicas en cuantía relevante, cualquiera que fuera la Administración que las haya concedido, para desarrollar su objeto social y actividad".

23 ROCA AGAPITO, L., "Lección 14ª...", *op. cit.*, pág. 487: "La Administración -a los efectos de determinar la pertenencia a la misma de

Creo que hubiera sido conveniente que el legislador hubiera aprovechado la ocasión para precisar qué debe entenderse por Administración Pública a los efectos penales.

El Derecho administrativo no ofrece un concepto unívoco de Administración Pública. De ahí que difícilmente resulte admisible entender que la legislación penal efectúa una remisión a la definición de Administraciones Públicas que contienen las diversas leyes administrativas que regulan esta cuestión, máxime cuando el art. 433 ter CP no precisa a cuál de las distintas definiciones existentes es a la que se remite. En apoyo de esta opción interpretativa, debe recordarse que el referenciado precepto ofrece una definición penal de patrimonio público válida a los solos efectos penales. Se trata, por consiguiente, de un concepto penal propio que, según precisa el preámbulo de la LO 14/2022, de 22 de diciembre, constituye una simple "mejora técnica", que "contiene una definición, a los efectos penales de patrimonio público, con idéntica funcionalidad a la desempeñada por los arts. 24 y 25".

Nótese, por ejemplo, que, con arreglo a los arts. 2.3 de la Ley 39/2015, de 1 de octubre, del Procedimiento Administrativo Común de las Administraciones Públicas, y 2.3 de la Ley 40/2015, de 1 de octubre, solo constituyen Administraciones Públicas en sentido estricto: la Administración General del Estado, las Administraciones de las Comunidades Autónomas, las Entidades que integran la Administración Local y los organismos públicos y entidades de derecho público vinculados o dependientes de las anteriores. Por el contrario, no constituyen Administración Pública en sentido estricto, a pesar de integrarse en el sector público, las universida-

---

los caudales- no ha de ser entendida en un sentido estricto, esto es, comprensiva solamente del Estado, las Comunidades Autónomas, las Provincias y los Municipios, sino en un sentido amplio, según viene ya siendo defendido mayoritariamente por la Doctrina y la Jurisprudencia españolas, al incluirse también otros entes como los Consorcios, los Organismos Autónomos, etc".

des públicas ni tampoco las entidades de derecho privado vinculadas o dependientes de las Administraciones Públicas. A mayor abundamiento, ninguna de estas leyes integra en el concepto de Administración Pública a los entes de la Unión Europea.

De interpretarse que el art. 433 ter CP contiene un concepto estricto de Administración Pública, en los términos antes referidos, se alcanzarían conclusiones, al margen de político-criminalmente indeseables, absurdas desde una perspectiva teleológica y lógico-sistemática.

La Consulta FGE núm. 3/2024, de 16 de mayo, *sobre el concepto penal de patrimonio público del art. 433 ter CP*, defiende que el Código Penal contiene un concepto penal propio de Administración Pública que no se identifica con el concepto estricto que ofrecen algunas leyes administrativas. A tal efecto, afirma que "la interpretación de los conceptos normativos que aparecen incorporados a los delitos contra la Administración pública, sin que ello implique rechazar la necesaria coherencia lógico-sistemática y unidad del ordenamiento jurídico, debe abordarse desde parámetros teleológicos que garanticen una adecuada protección de la función pública y del patrimonio público (vid. SSTS 300/2019, de 7 de junio [Tol 7301055]; 685/2021, de 15 de septiembre [Tol 8592876]; 1008/2022, de 9 de enero de 2023 [Tol 9339783])". Afirma, asimismo que, "[e]l delito de malversación se dirige a tutelar el patrimonio público. La especial protección que se ofrece al mismo frente al patrimonio privado no se justifica, o cuando menos no exclusivamente, por razón de la titularidad pública de los fondos, rentas o efectos, sino por su vinculación a la efectiva realización del interés general (art. 103 CE). En otras palabras, la tutela reforzada que el legislador ofrece al patrimonio público encuentra su razón de ser en los fines que se encuentra llamado a realizar y no en el mero hecho de su titularidad formal. Desde una perspectiva teleológica resulta intrascendente si el quebranto patrimonial ocasionado por el sujeto activo del delito afecta al sector público administrativo, empresarial o fundacional, pues lo que el derecho penal persigue mediante la tipificación de las conductas descritas en los arts. 432 a 434 CP es proteger el correcto ejercicio de la función pública y, más en concreto, la satisfacción del interés general en la gestión de los recursos públicos".

La CFGE contiene profusos argumentos de orden gramatical, teleológico y lógico-sistemático, en apoyo de un concepto amplio de Administración Pública que comparto y que, a mi juicio permiten concluir que el patrimonio de los entes que, a pesar de no ser Administración Pública en sentido estricto, forman parte del sector público, resulta susceptible de erigirse en objeto material del delito de malversación. De ahí que concluya que los criterios expresados en el Acuerdo del Pleno no Jurisdiccional de la Sala Segunda del Tribunal Supremo de 25 de mayo de 2017 [Tol 6190156], sobre el carácter público o privado de los caudales de una sociedad mixta, no se han visto alterados por efecto de la definición auténtica de patrimonio público que, tras la reforma operada por la LO 14/2022, de 22 de diciembre, ofrece el art. 433 ter CP.

En mi opinión, difícilmente cabe alcanzar otra conclusión pues, al margen de que la doctrina y la jurisprudencia ya venían delimitando el carácter público del patrimonio en atención a su pertenencia a las Administraciones Públicas, el propio art. 435.1° CP hacía lo propio al castigar como malversación impropia a los "encargados por cualquier concepto de fondos, rentas o efectos de las Administraciones Públicas". De ahí que pueda concluirse que el nuevo art. 433 ter CP no introduce, al menos en este punto, novedad alguna que justifique un cambio de criterio a propósito de la delimitación del objeto material del delito de malversación. Criterio que, por lo demás, parece asumir la doctrina mayoritaria[24].

---

24 CARRILLO RUÍZ, M.R., *Cuestiones esenciales del delito de malversación*, Reus, Madrid, 2024, págs. 190 y 191; NUÑEZ CASTAÑO, E., *op. cit.*, págs. 24 y 25; MUÑOZ CUESTA, J, "El delito de malversación en la LO 14/2022, de 22 de diciembre", en *Revista Aranzadi Doctrinal*, n° 2, 2023,

Resultaría paradójico entender que el art. 433 ter CP incorpora, a través de un concepto propio de patrimonio público válido a los solos efectos penales, una remisión a las leyes administrativas que exija rechazar la condición pública de los fondos de entes que con arreglo al Derecho administrativo son considerados públicos, por formar parte del sector público, y cuyo patrimonio goza de esa misma consideración hallándose, en lógica coherencia, sometido a fiscalización contable.

En otro orden de cosas, conviene recordar que la jurisprudencia no exige que los bienes se incorporen formalmente y de un modo efectivo al patrimonio de los entes públicos para gozar de la consideración de públicos. A tal efecto, es suficiente que se encuentren destinados a ingresar o adscribirse al patrimonio público y con ese fin hayan sido recibidos por el funcionario, bastando con que se genere un derecho expectante en favor de la Administración. En definitiva, se admite la existencia de dos criterios por los que se puede atribuir naturaleza pública al patrimonio: el de la incorporación o el de su destino (*vid.* SSTS 644/2024, de 24 de junio [Tol 10083970]; 273/2024, de 20 de marzo [Tol 9955865]).

Por lo demás, esta parece ser la hipótesis asumida por el Tribunal Supremo en la STS 1023/2022, de 26 de abril de 2023, dictada tras la reforma. Lo que, asimismo, resulta coherente con el hecho de que los tribunales no hayan promovido la revisión de sentencias firmes tras la introducción del nuevo art. 433 ter CP.

En otro orden de cosas, coincido plenamente con ORTIZ DE URBINA en que "la referencia al contenido económico-patrimonial [que contiene el art. 433 ter CP] excluye la posibilidad de una concepción puramente jurídica del patrimonio público, pero deja abierta el resto de posibilidades"[25]. A pesar

---

pág. 2; ORTIZ DE URBINA, I., *op. cit.*, pág. 404; GARCÍA SÁNCHEZ, B., *op. cit.*, pág. 171; MORALES HERNÁNDEZ, M.A., *op. cit.*, págs. 8 y 9.

25 ORTIZ DE URBINA, I., *op. cit.*, pág. 404.

de que, dados los estrechos márgenes de este trabajo, no puedo detenerme a explicar las razones que así lo justifican, quiero dejar constancia de que entiendo que la más razonable de todas ellas es la concepción funcional del patrimonio.

3.3. Administración desleal del patrimonio público

El delito de administración desleal del art. 252 CP, resultante de la reforma operada por la LO 1/2015, de 30 de marzo, castiga a quienes teniendo facultades para administrar un patrimonio ajeno las infringen, "excediéndose en el ejercicio de las mismas" y causando con ello un perjuicio al patrimonio administrado.

Frente al derogado delito de administración societaria fraudulenta del art. 295 CP, el "nuevo" delito de administración desleal se caracteriza por ampliar el tipo objetivo, extendiendo la tutela penal a todo tipo de patrimonios, abstracción hecha de su titularidad y, por consiguiente, de su pertenencia a una sociedad mercantil[26].

Tras la supresión de la modalidad de administración desleal del patrimonio público del art. 432.1 CP debe concluirse que, al margen de los supuestos de distracción que se analizan en el presente trabajo y que ya resultaban constitutivos de malversación con anterioridad a la reforma de 2015, las conductas de gestión desleal del patrimonio público que no implican apropiación no resultan ya incardinables en el delito de malversación. Piénsese en la condonación de deudas, el despilfarro, o la dejación de acciones legales objetivamente idóneas para ocasionar un perjuicio a las arcas públicas o que hubieran permitido un incremento de las mismas, por poner algún ejemplo. Permítaseme, asimismo, aclarar, por más que resulte evidente, que no me refiero a los supuestos de apropiación de dinero ni tampoco a las conductas

---

26 *Vid.* SSTS 320/2024, de 16 de abril [Tol 9987467]; 230/2024, de 8 de marzo [Tol 9950684]; 735/2023, de 5 de octubre [Tol 9737798].

susceptibles de ser integradas en la modalidad de distracción provisional del patrimonio público del art. 432 bis CP.

A propósito de la destipificación de la malversación en su modalidad de administración desleal del patrimonio público la Sala Segunda del Tribunal Supremo se ha mostrado sorprendentemente oscilante, habiendo llegado a dictar algún que otro pronunciamiento en el que de forma más o menos clara ha llegado a admitir la posibilidad de subsumir en el nuevo art. 432 CP cualesquiera supuestos de administración desleal del patrimonio público, rechazando de todo punto su destipificación (por todas, AATS 20107/2023, de 13 de febrero [Tol 9397849]; de 21 de marzo de 2023 [Tol 9469596]). Opción interpretativa que se fundamenta en razones de orden político-criminal y que, a mi modo de ver, resulta de muy dudosa compatibilidad con el principio de legalidad penal.

En cualquier caso, si convenimos en que con anterioridad a 2015 dichas conductas resultaban atípicas, no se alcanza a comprender cómo, tras la "vuelta al pasado" implementada por la LO 14/2022, de 22 de diciembre, pueden ahora todos los supuestos de gestión desleal del patrimonio público subsumirse sin dificultad en el nuevo art. 432 CP.

Cosa distinta es que, tal y como indica el DGFE, las conductas de administración desleal del patrimonio público que no resultan incardinables en las nuevas modalidades de malversación resultante de la LO 14/2022, de 22 de diciembre, sí puedan ser castigadas con arreglo al delito de administración desleal del art. 252 CP.

Tal y como señala el DFGE, "[c]on anterioridad a la reforma operada por la LO 14/2022 todo delito de malversación en la modalidad de administración desleal del derogado art. 432.1 CP se encontraba en relación de concurso de normas con el delito de administración desleal del art. 252 CP, concurso a resolver en favor de la primera de las modalidades típicas con arreglo a la regla de la especialidad (art. 8.2.ª CP). En consecuencia, tras la desaparición de la referida figura de malversación, las conductas que eran incardinables en el derogado art. 432.1 CP, y que en la actualidad no encuentren encaje en los arts. 432 o 432 bis CP, serán consideradas punibles al amparo del art. 252 CP [...] Tal y como dispone el ATS 724/2021, de 29 de julio, «el art. 252 recoge el tipo de delito societario de administración desleal del art. 295 derogado, extendiéndolo a todos los casos de administración desleal de patrimonios en perjuicio de su titular, cualquier que sea el origen de las facultades administradoras» (vid., igualmente, AATS 537/2022, de 5 de mayo [Tol 8976350]; 995/2021, de 16 de diciembre [8753509]; 67/2021, de 21 de enero [Tol 8356288]; 528/2020, de 21 de octubre [Tol 8191590]; 542/2019, de 6 de noviembre [Tol 7580453]; 304/2019, de 28 de febrero (Tol 7119328]; 462/2018, de 15 de febrero [Tol 6589039]; 358/2017, de 16 de febrero [Tol 5995716]). De ahí que ni la condición de autoridad o funcionario público del sujeto activo ni el carácter público del patrimonio sobre el que recae la acción típica impidan acudir al art. 252 CP ".

Interpretación que un sector de la doctrina[27] y de la jurisprudencia parece compartir (*vid.* AATS de 3 de marzo de 2023 [Tol 9459934]; 20386/2023, de 13 de junio [Tol 9635970]; STS 449/2023, de 14 de junio [Tol 9652224]).

Diversas razones de orden teleológico y lógico-sistemático avalan esta exégesis: i) resultaría absurdo dotar de mayor protección al patrimonio privado que al público, ofreciendo un tratamiento penal diverso a acciones igualmente subsumibles en el tenor del art. 252 CP; ii) nada impide que las autoridades y funcionarios puedan ser considerados responsables de delitos comunes por acciones ejecutadas en el ejercicio del cargo, tal y como revela la existencia misma de la agravante de prevalimiento del cargo público del art.

---

27 ROCA AGAPITO, L., "Una primera...", *op. cit.*, pág. 30; CARRILLO, RUIZ, M.R., *op. cit.*, págs. 407 y ss.; MOSQUERA BLANCO, A.J., *op. cit.*, págs. 18 y 19.

22.7 CP[28]; iii) los delitos patrimoniales pueden tener por objeto tanto el patrimonio público como el privado[29]; iv) resulta la opción interpretativa más respetuosa con el art. 4 de la Directiva (UE) 2017/1731, del Parlamento Europeo y del Consejo de 5 de julio.

4. MALVERSACIÓN DE USO (ART. 432 BIS CP)

Como ya dijimos, el nuevo art. 432 bis CP recupera la modalidad de malversación de uso que, con anterioridad a la reforma de 2015, tipificaba el art. 433 CP. Precepto que castigaba la distracción transitoria, sin ánimo de apropiación, de los caudales o efectos públicos.

Así lo entiende la doctrina mayoritaria, a pesar de la presencia de diferencias fácilmente detectables y que pueden resumirse del siguiente modo:

i) La primera y más llamativa, al margen de la nueva configuración del objeto material del delito, radica en el propio núcleo de la acción típica. Mientras que el art. 433 CP (1995) castigaba la acción consistente en destinar los caudales o efectos públicos a un "uso ajeno a la función pública", el nuevo art. 432 bis CP sanciona el hecho de destinar "a usos privados" el patrimonio público. Si bien es cierto que con arreglo a criterios de orden teleológico y lógico-sistemático cabe atribuir sin dificultad idéntico significado a ambas expresiones, considero técnicamente más correcto el uso de la locución "uso ajeno a la función pública". A mi modo de ver, al margen de hallarse en mejor sintonía con el bien jurídico, resulta más respetuosa con el principio de

---

28 *Vid.* SSTS 274/2022, de 23 de marzo [Tol 8893037]; 128/2022, de 16 de febrero [Tol 8810349]; 793/2021, de 20 de octubre [Tol 8630943]; 188/2017, de 23 de marzo [Tol 6028248].

29 *Vid.* SSTS 1030/2013, de 28 de noviembre [Tol 4111894]; 403/2014, de 13 mayo [Tol 4364864]; 152/2017, de 10 de marzo [Tol 5990931].

taxatividad, pues lo que deba entenderse por "uso privado" admite diversas acepciones y, por consiguiente, da pábulo al planteamiento de diversas opciones interpretativas.

ii) El art. 432 bis CP especifica, a diferencia del art. 433 CP (1995), que el sujeto activo debe obrar sin ánimo de apropiarse del patrimonio público sobre el que se ejecuta el acto de disposición. Opción que a mi juicio resulta acertada, pues contribuye a clarificar la interpretación que debe ofrecerse al precepto, así como también a una mejor delimitación con la modalidad apropiatoria del art. 432 CP.

iii) El art. 433 CP (1995) condicionaba la aplicación de las penas previstas en el tipo del art. 432 CP al hecho de que el responsable del delito hubiera reintegrado el importe de lo distraído dentro de los diez días siguientes al de la incoación del proceso. Sin embargo, el art. 432 bis CP conecta dicha posibilidad a la circunstancia de que, en el mismo plazo desde la incoación del proceso, el responsable del delito reintegre los mismos elementos del patrimonio público distraído.

La modificación introducida en este punto resulta sustancial pues implica que no basta con reparar el daño en los términos contemplados en el art. 434 CP. En este caso, se exige algo más, en concreto que los bienes restituidos sean exactamente los mismos que los que fueron objeto de la acción típica. Exigencia que, a mi juicio, debe modularse en el caso de bienes fungibles cuando la restitución de otro tanto de la misma especie y calidad puede reputarse equivalente cuantitativa y cualitativamente.

iv) En último lugar, se introduce un incremento de las penas respecto de las contempladas en el art. 433 CP (1995).

Frente a la modalidad típica del art. 432 CP, que tipifica la apropiación definitiva del patrimonio público, el art. 432 bis CP castiga la distracción transitoria de aquel, exigiendo, eso sí, idéntica conexión funcional entre el sujeto activo y el objeto material del delito. De ahí que en opinión de la doctrina, la principal diferencia entre ambas modalidades típicas radique en una distinta configuración del elemento subjetivo del injusto que contienen. Mientras que el art. 432 CP exige que el responsable del delito obre movido con *animus rem sibi habendi*, el art. 432 bis CP precisa de *animus utendi*[30]. En ambos casos, el sujeto activo del delito destina el patrimonio público a un uso ajeno a la función pública, pero, mientras que en la modalidad apropiatoria del art. 432 CP el acto de disposición se orienta a lograr la expropiación definitiva del objeto sobre el que recae la acción típica, en el del art. 432 bis CP el agente obra con ánimo de ulterior restitución. De ahí que el hecho de que el responsable del delito no reintegre los mismos elementos del patrimonio público distraídos dentro de los diez días siguientes a la incoación del proceso no autorice a calificar los hechos con arreglo al art. 432 CP. Todo ello, abstracción hecha de las dificultades de prueba inherentes a la determinación del ánimo que orientó la conducta del responsable del delito.

Un sector de la doctrina sostiene que el nuevo art. 432 bis CP también castiga las conductas que con anterioridad a la reforma de 2015 aparecían comprendidas en el delito de aplicación de

---

30 MELÉNDEZ SÁNCHEZ, F.L., "Lección 28. Delitos contra la Administración Pública", en SERRANO TÁRRAGA, M.D. (Coord.), *op. cit.*, pág. 1030; GONZÁLEZ CUSSAC, J.L., "Lección...", *op. cit.*, pág. 775; ROGÉ SUCH, G., "Malversación de caudales públicos (arts. 432-435)", en CORCOY BIDASOLO, M. (Dir.), *Manual de Derecho Penal. Parte especial*, Tirant lo Blanch, Valencia, 2023, pág. 723; MUÑOZ CONDE, F., *op. cit.*, pág.1020; ROCA AGAPITO, L., "Lección 14ª...", *op. cit.*, pág. 239 y ss. *Vid.*, asimismo y entre otras muchas, las SSTS 914/2012, de 29 de noviembre [Tol 2709080]; 497/2012, de 4 de junio [Tol 2567424]; 657/2004, de 19 de mayo [Tol 448595].

bienes públicos a fines privados del art. 434 CP (1995)[31]. Opción interpretativa que, en mi opinión, resulta muy discutible pues del tratamiento que art. 432 bis CP ofrece al reintegro del patrimonio distraído parece inferirse que este tipo penal exige que la distracción comporte desplazamiento del objeto sobre el que recae la conducta, es decir separación efectiva del ámbito de dominio de la Administración titular de dicho patrimonio. Característica que no exigía el art. 434 CP (1995) y que en, particular, resultaba inviable predicar de los supuestos en los que el objeto material del delito fuera un bien inmueble[32].

Por último, conviene subrayar que la remisión en bloque a las penas del art. 432 CP cuando no se produce el reintegro de los elementos distraídos resulta perturbadora. Mientras que el art. 432.3 CP castiga con penas de 1 a 2 años de prisión -además, de multa e inhabilitación especial- los supuestos en los que el perjuicio causado o el valor del patrimonio apropiado sea inferior a 4.000 euros, el art. 432 bis CP castiga con penas de 6 meses a 3 años de prisión -además de suspensión de empleo o cargo público- la distracción transitoria seguida de reintegro. Es decir, que en el caso de que el perjuicio ocasionado o el valor de los bienes sustraídos sea inferior a 4.000 euros la pena privativa de libertad a imponer puede resultar más grave para el caso de no producirse el reintegro que para el caso de producirse. Supuesto de hecho que debería "corregirse" mediante una interpretación restrictiva que en tales casos no permita superar la pena prevista en el art. 432 CP siempre que las reglas de individualización previstas en los arts. 61 CP y ss. lo permitan.

---

31 ROCA AGAPITO, L., "Una primera…", *op. cit.*, pág. 14; MOSQUERA BLANCO, A.J., *op. cit*, pág. 12.

32 *Vid.* MUÑOZ CUESTA, J. *op. cit.*, pág. 2.

5. DESVÍO DE FONDOS PÚBLICOS A FINALIDADES PÚBLICAS (ART. 433 CP)

El nuevo art. 433 CP resultante de la reforma operada por la LO 14/2022, de 22 de diciembre, devuelve a la vida jurídica el delito de malversación de usos públicos[33], que castigaba, en términos muy similares, el art. 397 del Código Penal de 1944.[34] Figura delictiva que no tuvo continuidad en el CP 1995 y cuya recuperación constituye, a la vista de su elevado interés doctrinal y posible relevancia práctica, la principal novedad de la reforma junto con la "destipificación" de la administración desleal del patrimonio público.

El tipo básico de esta modalidad delictiva castiga a la autoridad o funcionario que confiere al patrimonio público que administra una aplicación que, a pesar de resultar pública, es diferente de aquélla a la que estuviera destinado. En otras palabras, tipifica el incumplimiento de la legalidad administrativa en materia de ordenación del gasto público.

Conducta que con anterioridad a la reforma no resultaba susceptible de ser incardinada en ninguna modalidad de malversación pero que, sin embargo, al menos en mi opinión, sí podía llegar a encontrar acomodo en el delito de prevaricación administrativa del art. 404 CP. Recuérdese que, tal y como señala la STS 277/2018, de 8 de junio [Tol 6634012], "la sanción de la prevaricación garantiza el debido respeto, en el ámbito de la función pública, al principio de legalidad como fundamento básico de un Estado

---

33 Según la jurisprudencia, los arts. 397 CP (1944) y 433 CP tipifican la misma conducta (vid. STS 900/2023, de 30 de noviembre [Tol 9807039]; ATS 20107/2023, de 13 de febrero [Tol 9397849]).

34 Art. 397 CP (1944): "El funcionario público que diere a los caudales o efectos que administrare una aplicación pública diferente de aquella a que estuvieren destinados incurrirá en las penas de inhabilitación especial y multa del 5 al 50 por 100 de la cantidad distraída, si resultare daño o entorpecimiento del servicio a que estuvieren consignados y en la de suspensión si no resultare".

social y democrático de derecho, frente a ilegalidades severas y dolosas" (*vid.* SSTS 766/2022, de 15 de septiembre [Tol 9230033]; 823/2022, de 28 de octubre [Tol 9274802]; 8/2023, de 19 de enero [Tol 9379665]; 650/2023, de 19 de septiembre [Tol 9723288]).

La prevaricación castiga la aprobación de resoluciones arbitrarias dictadas de forma dolosa en asunto administrativo. Su consumación no precisa la producción de ningún resultado añadido, es decir, no exige ni la causación de un menoscabo para las arcas públicas ni la constatación de un daño al servicio público, más allá del que resulta inherente a la propia vulneración de la legalidad por quienes resultan sus principales garantes. En palabras de la STS 523/2021, de 16 de junio [Tol 8485004], "el resultado injusto no implica necesariamente perjuicio material. El bien jurídico protegido por este precepto [...] no es otro que el correcto funcionamiento de la Administración pública de acuerdo con los parámetros constitucionales que orientan su actuación [...] Como señalábamos en la sentencia núm. 648/2007, 28 de junio [Tol 1123961], "no exige un efectivo daño objetivo a la cosa pública o servicio de que trate, porque siempre existirá un efectivo daño no por inmaterial menos efectivo"». Idea plasmada en muy similares términos, entre otras muchas, en las SSTS 303/2013, de 26 de marzo [Tol 3706466]; 600/2014, de 3 de septiembre [Tol 4497351]; 244/2015, de 22 de abril [Tol 5002694]; 294/2019, de 3 de junio [Tol 7270082]".

Volviendo al art. 433 CP, debe hacerse hincapié en el hecho de que la doctrina mayoritaria no exige como elemento objetivo del tipo la causación de un perjuicio para el patrimonio público[35]. Conclusión de todo punto lógica, pues el desvío del patrimonio

---

35 *Vid.* NUÑEZ CASTAÑO, E., *op. cit.*, pág. 30; ROCA AGAPITO, L., "Una primera...", *op. cit.*; MUÑOZ CONDE, F., *op. cit*, pág. 1020.

público a la satisfacción de finalidades igualmente públicas difícilmente puede generar un menoscabo para las arcas públicas[36].

Así lo interpretó la jurisprudencia en relación al art. 397 CP (1944). A modo de ejemplo, la STS 783/1995, de 19 de junio [Tol 5104720], señaló que "el daño producido por esta especie de acciones no se refiere, por regla, a un daño patrimonial directo, como el que caracteriza en primera línea al tipo contenido en el art. 394 CP, ni indirecto, es decir, consecuencia de una acción que en principio no daña inmediatamente los fondos públicos. También constituye un daño jurídicamente relevante para este delito la disminución de la transparencia y la "usurpación" de la facultad de decidir sobre la forma y la finalidad del gasto público, sobre todo cuando de esta manera se pone en peligro el control eficaz del mismo"[37].

En apoyo de esta opción interpretativa no parece ocioso subrayar que, a diferencia de las modalidades sancionadas en los arts. 432 y 432 bis CP y, en general, de los delitos patrimoniales, el art. 433 CP no contiene modalidades atenuadas o agravadas en atención al perjuicio patrimonial ocasionado. Tampoco exige, a diferencia de la falsedad contable pública del art. 433 bis CP, que la conducta resulte idónea para ocasionar un perjuicio económico.

Asimismo, existe amplio consenso a propósito de que el ánimo de lucro no constituye una exigencia típica[38]. Conclusión

---

36 mi modo de ver, no resulta admisible integrar en el art. 433 CP los supuestos en los que el menoscabo se produzca, bien porque el precio abonado sea deliberadamente superior al valor de mercado, bien porque se hubiera acordado que en realidad la prestación jamás será realizada, pues en tales caso la conducta deberá ser calificada con arreglo al art. 432 CP (vid. STS 900/2023, de 30 de noviembre).

37 *Vid.*, asimismo, las SSTS de 8 de febrero de 1994 [Tol 404430]; 26 de octubre de 1991 [Tol 2428482]; 17 de abril de 1964 [Tol 4326208]; 2 de mayo de 1959 [4350287]; o de 8 de abril de 1958 [Tol 4351745].

38 NUÑEZ CASTAÑO, E., *op. cit.*, pág. 30; ESQUINAS VALVERDE, P., "Delitos contra la Administración Pública (II), en DE ESPINOSA

ampliamente compartida por la jurisprudencia en relación al art. 397 CP (1944) (*vid.* SSTS de 27 de octubre de 1976; de 13 de diciembre de 1962) y, más recientemente, en relación al art. 433 CP (*vid.* SSTS 900/2023, de 30 de noviembre; 600/2024, de 13 de junio [Tol 10074007]).

El bien jurídico protegido se identifica, por consiguiente, con el principio de legalidad administrativa en materia de ordenación del gasto público.

Tal y como señalara la STS de 7 de febrero de 1980 [Tol 2307127], a propósito del art. 397 CP (1944), "la esencia del delito es alterar el destino público de los bienes, previsto legalmente, lo que equivale, a una inobservancia de la norma reglamentaria u Ordenanza o del plan o presupuesto de destino de esos bienes públicos". En línea con lo anterior, la STS de 26 de noviembre de 1993 [Tol 5139443], precisaba que "la filosofía a que responde el precepto no es otra que proteger la ordenación del gasto público y permitir hacer realidad una determinada política de inversiones, lo que conlleva la gravedad de la conducta que prevé y que, desde una óptica colectiva, puede llegar a tener gravísimas repercusiones". Idea que también late en la STS de 19 de junio de 1995 [Tol 405859].

De ahí que la conducta haya sido considerada típica también en aquellos supuestos en los que el destino ofrecido al patrimonio público fuera loable, puesto que, como precisa la STS de 13 de diciembre de 1963 [Tol 4330426], lo que sanciona ese precepto "no es la deslealtad del funcionario en relación con los caudales administrados, sino la deslealtad de la ordenanza o norma reguladora de su aplicación, diríase que es la sanción a la rebeldía de quien no se somete a lo ordenado por el organismo titular del patrimonio público al darle aplicación distinta a la fijada en los presupuestos [...] rebeldía a la que la ley ha dado

---

CEBALLOS, E. M., *Lecciones de Derecho Penal. Parte especial*, Tirant lo Blanch, Valencia, 2023, pág. 642.

contenido penal para evitar que el funcionario que administra fondos públicos se arrogue funciones propias del organismo rector, que es a éste, y no a aquél, a quien incumbe determinar el bien público a que se deben aplicar los caudales".

En mi opinión, las anteriores consideraciones permiten concluir que, en realidad, la figura delictiva analizada constituye una prevaricación específica, en la que el fundamento de lo injusto penal descansa sobre la vulneración de la legislación administrativa en materia de ordenación del gasto público. De ahí que la conducta se encuentre castigada con una pena de inhabilitación de empleo o cargo público de 1 a 3 años y multa de 3 a 12 meses.

La concreta aplicación ofrecida al patrimonio público constituye uno de los principales medios a través del que nuestros gobernantes pueden hacer efectivas sus políticas públicas. Se trata del vehículo mediante el que lograr la realización del programa político. Quien ofrece al patrimonio público un destino distinto al que le ha sido asignado por disposición legal o reglamentaria, o por mandato de la autoridad competente, usurpa las facultades de quien legítimamente se encuentra autorizado para ordenar el gasto público y, con ello, frustra en gran medida las posibilidades de ejercer de modo efectivo su acción de gobierno. En definitiva, tras la decisión de destinar más recursos a armamento, a educación o a sanidad, subyace una decisión política cuya significación trasciende lo meramente patrimonial.

De ahí que, frente a quienes en el pasado postulaban que se trataba de un ilícito sin contenido material que elevaba a la categoría de delito una mera infracción administrativa, un autorizado sector de la doctrina española replicaba que se trataba de una conducta típica dotada de sustantividad propia y plenamente respetuosa con los principios fundamentales que se encuentran en la base misma del Derecho penal.

Ciertamente, resulta imprescindible introducir una interpretación restrictiva del art. 433 CP que dote a esta modalidad delictiva de contenido material y que, lejos de contribuir a la administrativización del Derecho penal, aporte criterios que contribuyan a delimitar entre el delito y la mera infracción administrativa. A mi modo de ver, al igual que sucede en la prevaricación del art. 404 CP y el resto de prevaricaciones específicas, dos son los elementos que deben permitir trazar esta línea divisoria: la arbitrariedad de la decisión y su carácter doloso. Únicamente aquellas desviaciones presupuestarias ejecutadas dolosamente y que supongan una vulneración clamorosa y flagrante de la legalidad administrativa en materia de ordenación del gasto público podrán incardinarse en el art. 433 CP.

Por el contrario, debe rechazarse la posibilidad de subsumir en el precepto las meras infracciones procedimentales cuando concurran los presupuestos materiales para autorizar el desvío y la autoridad o funcionario actuantes gocen de facultades para ello. En otras palabras, si de haberse cumplido las formalidades legales nada hubiera impedido la modificación presupuestaria deberá convenirse en que la conducta no resulta arbitraria y menos aún colma las exigencias derivadas del principio de fragmentariedad del Derecho penal.

En otro orden de cosas, debe precisarse que la satisfacción de finalidades ilícitas en ningún caso puede incardinarse en el art. 433 CP pues estas no pueden ser consideradas públicas (*vid.* AATS 20417/2023, de 26 de junio [Tol 9636196]; 20386/2023, de 13 de junio [Tol 9635970]; 20107/2023, de 13 de febrero [Tol 9530337]). En definitiva, parece fuera de todo duda que únicamente pueden ser consideradas tales, es decir, públicas, aquellas atenciones que el ordenamiento jurídico autoriza en abstracto a satisfacer a las administraciones públicas.

Ahora bien, a mi modo de ver, esta exclusión únicamente debe operar en aquellos supuestos en los que la ilicitud sea predicable en origen, por tratarse de finalidades materialmente ilícitas que en ningún caso resulten susceptibles de ser atendidas por la Administración Pública. Debe, por lo tanto huirse de concepciones formalistas que rechacen el carácter público de las prestaciones o finalidades lícitas en origen cuya ejecución resulta, no obstante, ilícita por razones procedimentales. Así, por ejemplo, el hecho de que el funcionario desobedezca la orden de suspensión de adjudicación del contrato de suministro de uniformidades para los agentes de la policía no permite rechazar el carácter público de la prestación. En idéntico sentido, la adjudicación irregular de un contrato por ser efectuada sin seguir el procedimiento administrativo, no permite entender que carece de carácter público la prestación que resulte lícita en origen (*v.gr.* fraccionamiento irregular para la adquisición de material sanitario para un hospital, adjudicación directa de un contrato para adquirir un vehículo policial).

El art. 433 CP contiene, asimismo, un subtipo agravado, para los casos en los que la conducta típica produzca un "daño o entorpecimiento graves del servicio" al que el patrimonio público estuviera consignado. Daño o entorpecimiento que no se identifican con un perjuicio patrimonial. Mientras que el primero se concibe como la lesión en el prestigio u organización administrativa de forma duradera o definitiva, el segundo se identifica con el retraso en la prestación del servicio.

6. CLÁUSULA PREMIAL (ART. 434 CP)

La reforma operada por la LO 14/2022, de 22 de diciembre, introduce relevantes modificaciones en la causa premial del art. 434 CP que la LO 1/2015, de 30 de marzo, introdujo previamente, y que, en apretada síntesis, comporta la rebaja de la pena en uno o dos grados cuando el responsable del delito repare de modo efectivo e íntegro el perjuicio producido o colabore activamente para la obtención de pruebas que permitan la identificación o captura de otros responsables o el completo esclarecimiento de los hechos.

En primer lugar, se incorpora la exigencia de que la colaboración además de activa, tal y como ya se preveía, también sea eficaz. Es decir, que la rebaja punitiva solo se producirá cuando la colaboración permita la efectiva obtención de pruebas decisivas para lograr la consecución de la identificación o captura de otros responsables o para el completo esclarecimiento de los hechos delictivos.

En segundo lugar, se introduce un requisito de carácter temporal, consistente en que la colaboración tenga lugar antes del inicio del juicio oral.

BIBLIOGRAFÍA

CARRILLO RUÍZ, M.R., *Cuestiones esenciales del delito de malversación*, Reus, Madrid, 2024

CASTRO MORENO, A., "Artículo 432", en GÓMEZ TOMILLO, M (Dir.), *Comentarios prácticos al Código Penal. Tomo V*, Aranzadi, Navarra, 2015

DE LA MATA BARRANCO, N. J./ETXEBARRÍA, J., *Malversación y lesión del patrimonio público*, Bosch, Barcelona, 1995

DE LA MATA BARRANCO, N.J., "Malversación: la administración desleal del patrimonio público", en *Teoría y Derecho. Revista de Pensamiento jurídico*, nº 26, 2019

DE VICENTE MARTÍNEZ, R. (Coord.), *Vademécum de Derecho Penal*, Tirant lo Blanch, Valencia, 2024

ENTRENA FABRE, R., *El delito de malversación*, Tirant lo Blanch, Valencia, 1999

ESQUINAS VALVERDE, P., "Delitos contra la Administración Pública (II), en DE ESPINOSA CEBALLOS, E. M., *Lecciones de Derecho Penal. Parte especial*, Tirant lo Blanch, Valencia, 2023

GALLEGO SOLER, J.I., "III. Apropiación indebida (arts. 253-254)", en CORCOY BIDASOLO, M. (Dir.), *Manual de Derecho Penal. Parte especial. Tomo 1*, Tirant lo Blanch, Valencia, 2023

GARCÍA SÁNCHEZ, B., *La corrupción en España: su persecución penal en la última década*, Iustel, Madrid, 2024.

GONZÁLEZ CUSSAC, J.L., "Lección XXXVIII. Delitos contra la administración pública (II): cohecho. Tráfico de influencias. Malversación. Fraudes y exacciones ilegales. Actividades prohibidas. Abusos en el ejercicio de la función pública", en GONZÁLEZ CUSSAC, J.L. (Coord.), *Derecho Penal. Parte especial*, Tirant lo Blanch, Valencia, 2023.

GONZÁLEZ CUSSAC, J.L., "El retorno de las figuras autónomas de malversación (arts. 432 y siguientes), en GONZÁLEZ CUSSAC, J.L. (Coord.), *Comentarios a la LO 14/2022, de reforma del Código Penal*, Tirant lo Blanch, Valencia, 2023.

GRANADOS PÉREZ, C./LÓPEZ BARJA DE QUIROGA, J., *Contestaciones al Programa de Derecho Penal. Parte especial para acceso a las carreras judicial y fiscal (Tomo II)*, Tirant lo Blanch, Valencia, 2015.

MACÍAS ESPEJO, B., *El delito de malversación como forma de corrupción política: estudio dogmático y casuística jurisprudencial*, Aranzadi, Navarra, 2020.

MIR PUIG, C., *Los delitos de malversación del patrimonio público en el Código Penal como delitos de corrupción pública y política*, Atelier, Barcelona, 2024.

MIR PUIG, C., "Capítulo VII. De la Malversación", en CORCOY BIDASOLO, M./ MIR PUIG, S. (Dirs.), *Comentarios al Código Penal*, Tirant lo Blanch, Valencia, 2015.

MIR PUIG, C., "Capítulo VII. De la malversación ", en CORCOY BIDASOLO, M./MIR PUIG., S. (Dirs.), *Comentarios al Código Penal*, Tirant lo Blanch, Valencia, 2023.

MELÉNDEZ SÁNCHEZ, F.L., "Lección 28. Delitos contra la Administración Pública", en SERRANO TÁRRAGA, M.D. (Coord.), *Derecho Penal. Parte especial*; Tirant lo Blanch, Valencia, 2023.

MORALES GARCÍA, O., *Los delitos de malversación*, Aranzadi, Navarra, 1999.

MORALES HERNÁNDEZ, M.A., "La reforma del delito de malversación de patrimonio público en el Código Penal español: ¿Un avance o un retroceso en la lucha contra la corrupción?, en *Revista Electrónica de Ciencia Penal y Criminología*, nº 25, *2023*.

MOSQUERA BLANCO, A.J., "Reforma y contrarreforma del delito de malversación", en *Estudios penales y criminológicos*, nº 43, 2023.

MUÑOZ CONDE F., *Derecho Penal. Parte especial*, Tirant lo Blanch, Valencia, 2023.

MUÑOZ CONDE F., *Derecho Penal. Parte especial*, Tirant lo Blanch, Valencia, 2013.

MUÑOZ CUESTA, J, "El delito de malversación en la LO 14/2022, de 22 de diciembre", en *Revista Aranzadi Doctrinal*, nº 2, 2023.

NUÑEZ CASTAÑO, E., "¿Cualquier tiempo pasado fue mejor? La malversación de usos públicos distintos a los establecidos", en *Revista General de Derecho Penal*, nº 41, 2024.

OCTAVIO DE TOLEDO, E, *La prevaricación del funcionario público*, Civitas, Navarra, 1980.

OLAIZOLA NOGALES, I., *El delito de cohecho*, Tirant lo Blanch, Valencia, 1999.

ORTIZ DE URBINA, I., "16.- Delitos contra la Administración Pública", en SILVA SÁNCHEZ, J.M. (Dir.), *Lecciones de Derecho Penal. Parte especial*, Atelier, Barcelona, 2023.

ORTS BERENGUER, E., "Lección XXXIX. Delitos contra la Administración Pública (II): Cohecho. Tráfico de influencias. Malversación. Fraude y exacciones ilegales. Actividades Prohibidas. Abusos en el ejercicio de la función pública. Corrupción en las transacciones comerciales internacionales, en VVAA, *Derecho Penal. Parte especial*, Tirant lo Blanch, Valencia, 2010.

PAVÓN HERRADÓN, D., "El tipo básico de malversación como modalidad de corrupción pública", en LÓPEZ GONZÁLEZ, S.P./GÓMEZ PAVÓN, P. (Coords.), *Delitos contra la Administración Pública y corrupción*, Tirant lo Blanch, Valencia, 2021.

QUINTERO OLIVARES, G., *Comentarios a la parte especial del Derecho Penal*, Aranzadi, Navarra, 2016.

ROCA AGAPITO, L., "Lección 14ª. Malversación", en ÁLVAREZ GARCÍA, F.J., *Tratado de Derecho Penal español. Parte especial. III. Delitos contra la Administración Pública*, Tirant lo Blanch, Valencia, 2013.

ROCA AGAPITO, L., "Una primera valoración de la reforma de la malversación: vuelta al pasado", en *Diario la Ley*, nº 10230, 2023.

RODRÍGUEZ FERNÁNDEZ, I., "La malversación como administración desleal de patrimonio público: nuevas perspectivas jurisprudenciales en la lucha contra la corrupción (con especial atención al Caso del Procés), en *Diario la Ley*, nº 9963, 2021.

RODRÍGUEZ LÓPEZ, P./SOBRINO MARTÍNEZ, A.I., *Delitos contra la Administración Pública*, Bosch, Barcelona, 2008.

ROGÉ SUCH, G., "Malversación de caudales públicos (arts. 432-435)", en CORCOY BIDASOLO, M. (Dir.), *Manual de Derecho Penal. Parte especial*, Tirant lo Blanch, Valencia, 2023.

SUÁREZ MONTES, R.F., *El delito de malversación de caudales públicos*, Reus, Madrid, 1966.

VALEIJE ÁLVAREZ, I., "Malversación (arts. 432, 433, 434 y 435), en GONZÁLEZ CUSSAC, J.L. (Dir.), *Comentarios a la Reforma del Código Penal de 2015*, Tirant lo Blanch, Valencia 2015.

VALLE MARISCAL DE GANTE, M., "La eficacia de las reformas penales contra la corrupción", en *Cuadernos Manuel Giménez Abad*, nº 23, 2022.

VÁZQUEZ GONZÁLEZ, C., "Lección 13. Delitos contra el patrimonio y el orden socioeconómico (II). Defraudaciones", en SERRANO TÁRRAGA, M.D. (Coord.); *Derecho Penal. Parte especial*; Tirant lo Blanch, Valencia, 2023.

ZUGALDÍA ESPINAR, J.M., "Lección 15. Delitos contra la propiedad, el patrimonio y el orden socioeconómico (I)"; en DE ESPINOSA CEBALLOS, E.M. (Dir.), *Lecciones de Derecho Penal. Parte especial*, Tirant lo Blanch, Valencia, 2023.

Capítulo VI
Propuestas para una reinterpretación de los elementos esenciales del delito de negociaciones prohibidas a funcionarios. Art. 439 CP

RAFAEL REBOLLO VARGAS

Catedrático de Derecho penal de la Universidad Autónoma de Barcelona.

1. CUESTIONES PREVIAS.

En una primera aproximación al delito de negociaciones prohibidas a funcionarios, se puede afirmar que se trata de un ilícito que hasta no hace demasiado tiempo apenas había despertado interés. Así, un sector de la doctrina proponía su desaparición al considerarlo "letra muerta" e inaplicado por los tribunales[1]; a lo que se añadía, en el mejor de los casos, su carácter residual con respecto a otras figuras delictivas tipificadas en el Título VII del Código penal de 1973. Desinterés que se revierte progresivamente al aumentar la preocupación por determinados comportamientos vinculados con la corrupción por parte de funcionarios públicos, aunque no sólo, en el ámbito de la contratación pública. Sea como fuere, el delito de negociaciones prohibidas a los funcionarios públicos, art. 439 del Código penal, salvo alguna excepción[2], únicamente ha generado trabajos puntuales en la doctrina, a pesar de su relevancia para castigar comportamientos ilícitos que pudieren revertir en perjuicio del interés general.

El efecto inmediato de esa apatía doctrinal es que se trata de un precepto que, por inercia hermenéutica, continúa interpretándose con los parámetros de su incriminación en el Código penal de 1973[3], y, por lo tanto, sigue caracterizándose, por la mayoría de la doctrina, como un delito de simple actividad, de peligro abstracto, que no requiere que el funcionario público obtenga un beneficio patrimonial ni, tampoco, la causación de un perjuicio para la Administración para considerar consumada

---

1 MIR PUIG, S., "Negociaciones prohibidas a los funcionarios", en *Nueva Enciclopedia Jurídica, T.* XVII, Barcelona, 1982, pág. 202 y notas a pie de página con referencias bibliográficas en ese sentido.

2 FERNÁNDEZ CABRERA, M., *Corrupción en la función pública. El delito de negociaciones prohibidas,* Valencia, 2018. Igualmente, vid., DELGADO GIL, A., *Delitos cometidos por funcionarios públicos,* Valencia, 2008; JAREÑO LEAL, A. *El delito de negociaciones prohibidas a los funcionarios públicos,* Pamplona, 2015.

3 Al respecto, vid., RODRÍGUEZ DEVESA, J.M., -SERRANO GÓMEZ, A, *Derecho penal español, Parte Especial,* Madrid, 18ª edición revisada y puesta al día, 1995, pág. 1194

la infracción[4], incidiéndose en que el ilícito se particulariza por la instrumentalización del cargo para la obtención de fines contrarios a los intereses generales. Comportamiento que, como veremos en su momento, presenta importantes solapamientos con algunos de los ilícitos administrativos recogidos, en particular, en la Ley de Contratos del Sector Público[5].

Por otro lado, quisiera avanzar que lo que aquí se va a formular es una propuesta interpretativa distinta sobre los elementos esenciales del delito de negociaciones prohibidas a funcionarios, que se aparta de la doctrina mayoritaria y que generará desacuerdos. No obstante, ese es realmente el objetivo de estas páginas. Lo pretendido es, modestamente, alimentar el debate, levantar controversias, en definitiva, fomentar la discusión sobre un delito que presenta múltiples interrogantes.

2. UNA BREVE REFERENCIA A LOS ANTECEDENTES INMEDIATOS DEL DELITO DE NEGOCIACIONES PROHIBIDAS A FUNCIONARIOS.

Como es de sobras conocido, el Código penal de 1973 destinaba el Título VII a los "Delitos de los funcionarios públicos en el ejercicio de sus cargos"[6], y, en particular, el Capítulo XI

---

4 Por todos, vid., CASTRO MORENO, A., "Negociaciones prohibidas a los funcionarios públicos y autoridades en Derecho penal", en *La Ley Penal,* núm. 22, diciembre 2005, págs. 24-25.

5 CUGAT MAURI, M., "Negociaciones prohibidas", en *Tratado de Derecho penal español. Parte Especial. Delitos contra las Administraciones Pública y de Justicia,* (Álvarez García, Director), T. III, Valencia, 2013, pág. 585; MORALES PRATS, F.-RODRÍGUEZ PUERTA, M.J., en *Comentarios a la Parte Especial del Derecho Penal* (QUINTERO OLIVARES, Director), 10ª edición, Pamplona, 2016, pág. 1797.

6 Vid., el análisis pormenorizado de la evolución histórica del delito de negociaciones prohibidas a funcionarios, en FERNÁNDEZ CABRERA,

a los "fraudes y exacciones ilegales" (art. 401[7], antecedente de los actuales art. 439 y 440 Código penal), mientras que bajo la rúbrica del Capítulo XII se recogían las "Negociaciones prohibidas a funcionarios" (art. 404[8]).

La primera cuestión sobre la que es preciso llamar la atención es que, a pesar de la denominación de la rúbrica "De las negociaciones prohibidas a funcionarios", el comportamiento típico que se adecuaba con mayor proximidad al actual art. 439 del Código penal es el anterior art. 401, que se ubicaba bajo la rúbrica de los "Fraudes y exacciones ilegales". Con la nueva redacción del Código penal el legislador llevó a cabo una doble tarea, por un lado, la de separar la conducta de las negociaciones prohibidas de aquellas con contenido claramente defraudador y, por otro

---

M., *Corrupción en la función pública. El delito de negociaciones prohibidas*, ob. cit., págs. 204 y ss.

7 Art. 401. "*El funcionario público que, directa o indirectamente, se interesare en cualquier clase de contrato u operación en que deba intervenir por razón de su cargo, será castigado con las penas, de inhabilitación especial y multa del tanto al triplo del interés que hubiere tomado en el negocio.*
Esta disposición es aplicable a los Peritos, Árbitros y Contadores particulares, respecto de los bienes o cosas en cuya tasación, partición o adjudicación hubieren intervenido, y a los tutores o albaceas respecto de los pertenecientes a sus pupilos o testamentarías".

8 Art. 404. "*Los Jueces, los funcionarios del Ministerio fiscal los Jefes militares, gubernativos o económicos, con excepción de los Alcaldes, que durante el ejercicio de sus cargos se mezclaren directa o indirectamente en operaciones de agio, tráfico o granjería, dentro de los límites de su jurisdicción o mando, sobre objetos que no fueren producto de sus bienes propios, serán castigados con las penas de suspensión y multa de 5.000 a 25.000 pesetas.*
Esta disposición no es aplicable a los que impusieren sus fondos en acciones de Banco o de cualquier Empresa o Compañía, siempre que no ejerzan en ellas cargo ni intervención directa, administrativa o económica".

lado, la de modernizar el concepto de negociar prohibidamente, lo que supuso eliminar el art. 404 del Código penal anterior”[9].

Por su parte, el Código penal de 1995 introduce una variación en la incriminación de la conducta típica del delito de negociaciones prohibidas a funcionarios que es verdaderamente trascendental. Así, establecía en su art. 439 del Código penal que: “La autoridad o funcionario público que, debiendo informar, por razón de su cargo, en cualquier clase de contrato, asunto, operación o actividad, se aproveche de tal circunstancia para forzar o facilitarse cualquier forma de participación, directa o por persona interpuesta, en tales negocios o actuaciones, incurrirá en la pena de multa de doce a veinticuatro meses e inhabilitación especial para empleo o cargo público por tiempo de uno a cuatro años”.

Obsérvese como su antecedente inmediato, en el anterior art. 401 (supra nota 7), se circunscribía al funcionario público mientras que el Código penal de 1995 amplía el núcleo de los sujetos activos del delito al incluir también a la autoridad. No obstante, lo realmente significativo es que el Código penal de 1973 se refería al funcionario público que, directa o indirectamente, “*se interesase* en cualquier clase de contrato u operación…”; mientras que lo previsto en la redacción original del art. 439 del Código penal de 1995, es la incriminación de la conducta de la autoridad o funcionario público que “*debiendo informar*”.

Evidentemente, el alcance del “debiendo informar” no es el mismo que el “se interese”. Por otro lado, nótese la levedad de la sanción punitiva prevista en la redacción inicial del precepto, donde se establece una pena de doce a veinticuatro meses de días multa, además de la pena de inhabilitación especial para empleo o cargo público de uno a cuatro años. Sin embargo, más que la levedad de la pena de días multa me resulta de interés

---

9 FERNÁNDEZ CABRERA, M., *Corrupción en la función pública. El delito de negociaciones prohibidas,* ob. cit., pág. 209.

que el legislador la sustituye por la pena de multa proporcional prevista en el anterior art. 401 del "*tanto al triplo del interés que hubiere tomado el negocio*". Circunstancia que, para un sector de la doctrina, es un indicador para desvincular las negociaciones prohibidas de los delitos de fraude y, con ello, rechazar con carácter general la interpretación económica del ilícito[10]; rotundidad que no siempre es razonable.

Además de lo acabado de referir, creo que no puede pasar desapercibido que junto a la restricción típica introducida en la redacción del art. 439 del Código penal de 1995 a través del vocablo "debiendo informar", en el precepto se incorpora un segundo elemento que contribuye a limitar aún más la extensión del tipo, se trata del "aprovechamiento" del deber de informar por parte del funcionario público o autoridad, lo cual implica un abuso o prevalimiento en el ejercicio de la función que está encauzado, por ejemplo, en el ámbito de la contratación pública, a la obtención de un beneficio económico ilícito. Ahora bien, es preciso puntualizar que existen distintas modalidades o formas de aprovechamiento, presididas por el abuso o prevalimiento en el ejercicio de la función, que pueden estar orientadas a la obtención de cualquier beneficio o utilidad, pero no exclusivamente de naturaleza económica. O dinámicas comisivas en las que, como consecuencia de la realización

---

10 MIR PUIG, S., "Nombramientos ilegales, negociaciones prohibidas a los funcionarios públicos y abusos en el ejercicio de su función", en *Los delitos de los funcionarios públicos en el Código penal de 1995*, (GONZÁLEZ CUSSAC, Dir.), Madrid, 1996, págs. 326-327. En este sentido, el referido autor incide en que en la redacción anterior se imponía una pena de multa del tanto al triplo del interés obtenido, mientras que el actual art. 439 no ofrece ninguna pista de cómo se puede entender esa participación en sentido económico. Es más, añade, "ni siquiera queda claro que las actividades a que se refiere este precepto deban ser de naturaleza económica…" Sin olvidar, concluye, que en el Capítulo IX se incriminan tanto abusos económicos como de índole sexual.

del comportamiento típico, se ocasiona un perjuicio a los intereses generales donde no concurre ánimo de lucro.

Es más, la Jurisprudencia considera que el núcleo del precepto reside en el "aprovecharse", de manera que habrá una actuación reprobable penalmente cuando el funcionario público se aproveche de su condición para beneficiar a una empresa "en la que tiene intereses directos o indirectos actuando deliberadamente con la voluntad de poner la función al servicio de esos intereses personales". A lo que puntualiza el TS: "puede existir infracción del deber de abstención, incluso palmaria, sin que exista delito del art. 439 CP cuando se constate que no ha existido ese aprovechamiento…" (STS 613/2016, de 8 de julio *Tol 5775194*)[11].

En todo caso, como avanzaba, la modificación más significativa de la nueva redacción del delito de negociaciones prohibidas a funcionarios, con respecto a su previsión anterior es la sustitución del vocablo "se interesase" (art. 401, Código penal 1973) por el "debiendo informar" (art. 439, Código penal 1995), lo que implicaba una restricción material que tenía como efecto inmediato que únicamente cuando el referido funcionario tenía la obligación de "informar" en alguna clase de procedimiento podía ser autor del delito siempre, claro está, que ello implicara un abuso de su función. Modificación que tenía unas consecuencias importantes dado que, si el actor disponía de la capacidad para dictar una resolución, ya fuera individual o colegiada, el Tribunal estaba obligado a no considerar la conducta como penalmente relevante ya que el sujeto no tenía la obligación de "informar", sino de "resolver"[12] . Es evidente que atendiendo al principio de legalidad y a la prohibición de una interpretación extensiva, con la redacción original del art. 439,

---

11 En el mismo sentido, vid., STS 83/2020, de 3 de marzo *Tol 7819871*.

12 JAREÑO LEAL, A., *Corrupción y delincuencia de los funcionarios en la contratación pública*, Madrid, 2011, pág. 145; de la misma autora, *El delito de negociaciones prohibidas a los funcionarios públicos*, ob. cit., pág. 31.

en el Código penal de 1995 resultaban atípicas y, por lo tanto, quedaban extramuros del tipo los sujetos que decidían en un asunto, aunque hubieren interés en el mismo, ya que tenían la obligación de resolver, pero no de informar[13].

A pesar de lo anterior, algún autor entendía el término "informar" en sentido amplio, al considerar que una concepción estricta del término no se compadecía con los antecedentes históricos del precepto ni con las exigencias político-criminales, ya que no tendría sentido dejar fuera del comportamiento ilícito al funcionario que debiera decidir por razón de su cargo, por ejemplo, en un contrato. Para esa opción, la pretensión del legislador fue la de ampliar el círculo de autores del delito no sólo a los funcionarios con competencia para resolver, sino también a los que debían informar en un contrato[14]. No obstante, más allá de criterios de justicia material, el principio de legalidad imposibilitaba esa propuesta[15].

La interpretación en sentido amplio del vocablo "informar" integrando en esa modalidad de comportamiento ya no sólo a los sujetos que tenían el deber de emitir su opinión en un asunto de su competencia (lo que suponía una reducción de los sujetos activos), sino, también, a aquéllos que disponían de la potestad de resolver, fue asumida por la Jurisprudencia para condenar al funcionario que resolvía o que se interesaba, aunque no informara[16].

En efecto, la Jurisprudencia inmediatamente posterior a la entrada en vigor del Código penal de 1995 considera que entre

---

13 JAREÑO LEAL, A., *Corrupción y delincuencia de los funcionarios en la contratación pública*, ibidem.

14 MIR PUIG, C., *Los delitos contra la Administración pública en el nuevo Código penal*, Barcelona, 2000, pág. 359.

15 Entre otros, en el mismo sentido, DELGADO GIL, A., *Delitos cometidos por funcionarios públicos*, ob. cit., pág. 131.

16 DELGADO GIL, A., *Delitos cometidos por funcionarios públicos*, ob. cit, págs. 80 y ss; JAREÑO LEAL, A., *El delito de negociaciones prohibidas a los funcionarios públicos*, ob. cit., págs. 45 y ss.

los arts. 401 CP 1973 y 439 CP 1995, concurre una identidad estructural y, por lo tanto, no existe ninguna contraposición entre los vocablos "intervenir" e "informar". Añadiendo que la diferencia de matizaciones era no sólo intrascendente, sino que la fórmula "informar" era más amplia y, por lo tanto, abarcaba las conductas consistentes en resolver[17]. Criterio que se mantiene hasta la STS 92/1999, de 1 de febrero (*Tol 5134675)*, en que la Sala 2ª asume que la interpretación dispensada hasta ese momento al vocablo "informar" suponía una interpretación extensiva *in malam partem* contraria al principio de legalidad[18], lo cual impedía aplicar el tipo a conductas análogas, incluso aunque pudieran reputarse como más merecedoras de sanción penal. En otras palabras, la nueva redacción del precepto evitaba que el tipo penal pudiera ser aplicado a los sujetos que criminológicamente eran susceptibles de cometer más delitos contra la Administración pública[19]. Interpretación, la realizada hasta ese momento, que resultaba difícilmente explicable y que no se resolvió hasta la reforma introducida por la LO 5/2010, de 22

---

17 Entre otros, vid., CASTRO MORENO, A., "Negociaciones prohibidas a los funcionarios públicos y autoridades en Derecho penal", ob. cit. págs. 9-10; DELGADO GIL, ob. cit., págs. 80-88, en especial notas a pie de página números 96 a 108, donde detalla exhaustivamente la jurisprudencia que se pronuncia en el sentido indicado. Asimismo, también es destacable que incluso con la redacción original del precepto, hubo pronunciamientos jurisprudenciales donde se consideraba que era atípica la conducta de la autoridad que decidía en un asunto, aunque tuviera interés particular en él, siempre que no emitiera un informe: Alcalde que participa, sin informar, en la adjudicación de un contrato de obras, a una empresa de la que poseía 280 acciones y que presentó la oferta más ventajosa (STS 920/2001, de 16 de mayo). En el mismo sentido, vid., STS 187/2001, de 22 de octubre; o, STS 1586/2000, de 17 de octubre.

18 FERNÁNDEZ CABRERA, M., *Corrupción en la función pública. El delito de negociaciones prohibidas*, ob. cit., pág. 212.

19 FENÁNDEZ CABRERA, M., ob. cit., pág. 213.

de junio, mediante la que se deroga el "debiendo informar" y se sustituye por la fórmula más amplia del "debiendo intervenir"[20].

La modificación, que inicialmente no se preveía en el Proyecto de Ley de modificación del Código penal, de 27 de noviembre de 2009[21], se introduce como consecuencia de la enmienda de adición presentada por el Grupo Parlamentario de Esquerra Republicana-Izquierda Unida-Iniciativa per Catalunya Verds[22], mediante la que se ampliaba el círculo de sujetos activos a todos los funcionarios que intervinieran en cualquier clase de contrato, asunto, operación o actividad y se aprovecharan de tal circunstancia. Ello significaba, se afirma en la enmienda, ampliar el tipo no sólo a "actividades decisorias, sino a cualquier tipo de intervención que pudiera influir en el resultado final de causación de un perjuicio a un ente público". Por lo tanto, con la nueva redacción se posibilitaba exigir responsabilidades a los alcaldes o a los concejales que intervinieran resolviendo un procedimiento que, hasta ese momento, quedaban extramuros

---

20 Sobre el "deber de informar", en su momento, se suscitó una importante polémica en la doctrina acerca del alcance del comportamiento, esto es, de si se trataba de informes preceptivos que debía de emitir el funcionario público o si, por el contrario, la potestad de emitir el informe era genérica y, por lo tanto, eran subsumibles en el comportamiento típico tanto la emisión de informes preceptivos, potestativos e incluso voluntarios, es decir, sin que la Ley los exigiera expresamente. Al respecto, vid., CATALÁN SENDER, J., *Los delitos cometidos por autoridades y funcionarios públicos en el nuevo Código penal*, Barcelona, 1999, pág. 360, quien se mostraba partidario de la interpretación amplia. Cfr., en sentido contrario, GARCÍA ESPAÑA, E., "Negociaciones prohibidas a los funcionarios públicos (Los artículos 439 y 441 del Código penal de 1995), en *Jueces para la Democracia*, núm. 48, 2003, pág. 58.

21 https://www.congreso.es/public_oficiales/L9/CONG/BOCG/A/A_052-01.PDF

22 https://www.congreso.es/public_oficiales/L9/CONG/BOCG/A/A_052-09.PDF, págs. 125-126.

del tipo penal[23]. En otro orden de consideraciones, la propuesta del Grupo parlamentario incluía la imposición de una pena de prisión de dos a cuatro años, aunque en el texto definitivo la pena de prisión que se establece es de seis meses a dos años, mientras que se mantiene la previsión de la pena de días multa de doce a veinticuatro meses y la inhabilitación especial para empleo o cargo público por tiempo de uno a cuatro años.

Finalmente, el precepto vuelve a ser modificado mediante la LO 1/2015, de 30 de marzo que, en este caso, se limita a aumentar la pena de inhabilitación especial para empleo o cargo público de dos a siete años, incluyendo la inhabilitación especial para el ejercicio del derecho a sufragio pasivo por el mismo periodo. Reformas que, además de la sustitución del "intervenir" por el de "informar", en esencia, mantienen la redacción del texto original del Código penal de 1995 y que, por lo tanto, no han contribuido a mejorar la redacción del precepto[24].

3. ALGUNAS REFLEXIONES CONTROVERTIDAS SOBRE EL BIEN JURÍDICO Y LA NATURALEZA DEL DELITO.

La Jurisprudencia del Tribunal Supremo dispensó en su momento al art. 401 del Código penal y, más tarde, al actual art. 439 una interpretación estrictamente formal del delito, probablemente favorecida por la confusa descripción típica del comportamiento ilícito recogido en el precepto, además de por

---

23 REBOLLO VARGAS, R., "Negociaciones y actividades prohibides a funcionarios", en *Comentarios a la Reforma penal de 2010* (ÁLVAREZ GARCÍA, F.J.-GONZÁLEZ CUSSAC, J.L.- Directores), Valencia, 2010, pág. 485.

24 FENÁNDEZ CABRERA, M., *Corrupción en la función pública. El delito de negociaciones prohibidas*, ob. cit., pág. 217.

la inercia derivada de resoluciones ancladas en la rúbrica de del Título VII del Código penal anterior[25].

Una muestra de esa interpretación formal, entre otras muchas, es la STS 2547/1992, de 28 de noviembre en que el Fundamento de Derecho Segundo se afirma que: "...*conculcado el «bien jurídico protegido», el interés de la Administración Pública, más moral que patrimonial*, en preservar la integridad y rectitud del funcionario al resolver, garantizando su imparcialidad...". Resolución donde, asimismo, se cita la STS 572/1992, de 5 de marzo, en la que se considera que: «*la preservación de la dignidad de la función pública* que debe estar por encima de cualquier interés privado, de tal manera que cuando esto no ocurre, el Ordenamiento Jurídico reacciona a través de la vía penal como inequívoca demostración de la importancia que la Comunidad ha de conceder a la salvaguarda de las cosas públicas".

En una línea similar es también digna de mención la STS 2392/1993, de 30 de octubre, donde se afirma que: "*el bien jurídicamente tutelado o protegido en este tipo delictivo no es de carácter patrimonial, sino la moralidad en la actuación del funcionario*: lo que importa al legislador -dice la S 13-3-1992- es preservar la integridad del funcionario...."

Por otro lado, en la STS 2335/1993, 14 de octubre, se hace una referencia expresa al art. 103.1 CE para enlazarla posteriormente con el art. 401 del Código Penal y poner de relieve que: "...*la naturaleza de este delito radica precisamente en la infracción del deber de lealtad* que las Autoridades y Funcionarios deben guardar incondicionadamente en la gestión del servicio público o de una contratación administrativa, cuando actúan en el ejercicio de su cargo representando a la Administración Pública o interviniendo en su nombre...".

---

25 JAREÑO LEAL, A., *El delito de negociaciones prohibidas a los funcionarios públicos,* ob. cit., pág. 21

Es igualmente interesante la STS 1992/1994, 8 de febrero, donde se afirma: "Con tales interferencias padecería -en ocasiones gravemente- el *deber de lealtad que las Autoridades y funcionarios deben guardar escrupulosa e incondicionalmente* en la gestión del servicio público en que intervengan, representando a la Administración Pública [cfr. SSTS de 25 mayo 1989, 1 marzo, 14 y 30 octubre 1993]. *El fundamento de este tipo penal -cual precisa la Sentencia de 1 marzo 1993- es antes moral que material, pues en un primer plano se encuentra la necesidad de preservar la buena imagen de los organismos públicos,* que quedaría dañada si uno de los gestores actuara como tal al mismo tiempo que como particular interesado, y sólo en un segundo lugar aparece el perjuicio patrimonial a las arcas oficiales, si bien únicamente en una perspectiva de riesgo o de peligro".

Como se puede observar, en las resoluciones que se acaban de referir y en otras coetáneas, se menciona la dignidad de la Administración pública, la infracción del deber de lealtad, el interés moral de la Administración pública transgredido, la necesidad de preservar la buena imagen de la Administración, etc.[26], sin perjuicio de que, en alguna ocasión se refiera al art. 103 CE[27]. No

---

26 Sobre la fidelidad o lealtad del funcionario y el prestigio o dignidad de la Administración, como objetos de protección, vid, FERRÉ OLIVE, J.C., "Corrupción y delitos contra la Administración Pública", en *Fraude y corrupción en la Administración pública,* Salamanca, 2002, págs. 17-18. Asimismo, RODRÍGUEZ COLLAO, L-OSSANDÓN WIDOW, M.M., *Delitos contra la función pública. El Derecho penal frente a la corrupción política, administrativa y judicial,* 3ª ed. Santiago de Chile, 2021, págs. 97 y ss.; VÁZQUEZ-PORTOMEÑE SEIJAS, F., *Los delitos contra la Administración Pública. Teoría* general, Santiago de Compostela, 2003, págs.295 y ss.

27 Al respecto, vid., STS. 2335/1993, de 14 de octubre, "El art. 103 de la Constitución Española establece en su ap. 1, que la Administración Pública sirve con objetividad los intereses generales y actúa de acuerdo con los principios de eficacia, jerarquía, descentralización, desconcentración y coordinación, con sometimiento pleno a la Ley y al Derecho, expresión especialmente significativa sobre la que ha de construirse toda la teoría general del Derecho Administrativo en cuanto, no sólo la Ley,

obstante, el objeto de protección no se vinculaba a las actividades públicas que tanto los integrantes de la Administración como el resto de los poderes del Estado desarrollan cuando, en realidad, el objeto de protección ha de recaer sobre las actividades públicas, esto es, los servicios que los diferentes poderes públicos prestan a los ciudadanos en el marco de un Estado social y democrático de Derecho[28]. En otras palabras, el deber del funcionario ha de referirse al aspecto objetivo del deber a cumplir, a la relación de servicio hacia los ciudadanos y toda la comunidad, pero no a su deber subjetivo para hacer referencia al debilitamiento de la estructura administrativa o al principio de autoridad[29].

La Jurisprudencia inmediatamente posterior a la entrada en vigor del Código penal de 1995, en buena medida, insiste en los criterios que acabamos de referir relativos a que el reproche jurídico "*descansa sobre un fondo moral o ético*", al "*reproche claramente moral*", a la "*infracción del deber de lealtad*" o al "*incumplimiento de deberes de abstención como exigencia del deber de imparcialidad*"[30]. No obstante, en relación con los incumplimientos de los deberes de abstención (volveremos a ello más adelante), ya hemos hecho referencia a la STS 613/2016, de 8 de julio (*Tol 5775194)* donde se afirma, con un criterio interpretativo distinto, que puede existir infracción del deber de abstención sin que ello sea subsumible en el art. 439 cuando no ha existido aprovechamiento por parte del funcionario público. Esto es, limitar en sentido estricto el injusto típico al incumplimiento del deber de abstención del funcionario público, sin tomar en consideración

---

como norma concreta o conjunto de normas, sino también el Derecho, en cuanto conformador del Estado, ha de constituir las piezas básicas del quehacer administrativo y ejes de su propia estructura…".

28 DELGADO GIL, A., *Delitos cometidos por funcionarios públicos,* ob. cit., pág. 41.

29 FERRÉ OLIVE, J.C., "Corrupción y delitos contra la Administración Pública", en *Fraude y corrupción en la Administración pública,* ob. cit., pág. 19

30 Vid., STS 696/2013, de 26 de septiembre

su efectiva repercusión, contribuye singularmente a confundir el ilícito administrativo y el penal[31].

En todo caso, a pesar del cambio de la rúbrica del Título, de la distinta ubicación del delito o de la nueva redacción del precepto, no parece que la Jurisprudencia variara de forma sustancial el objeto de tutela en el delito de negociaciones prohibidas, de modo que, en general, se seguía incidiendo en la defensa de la Administración y no en la prestación de funciones públicas orientadas a servir a los intereses generales[32].

Sea como fuere, es imprescindible recordar el mandato previsto en el art. 103.1 CE relativo a que: "La Administración Pública sirve con objetividad los intereses generales y actúa de acuerdo con los principios de eficacia, jerarquía, descentralización, desconcentración y coordinación, con sometimiento pleno a la ley y al Derecho". Por lo tanto, como asevera la STS (Sala 3ª, Sección 5ª) , de 3 de marzo de 2010, "la objetividad exigible por el artículo 103.1 de la Constitución a las Administraciones Públicas no puede confundirse con la independencia e imparcialidad exigible ex artículo 117.1 de la Constitución a los jueces y magistrados, sino que representa una exigencia de objetividad en el desempeño de sus funciones sin interés personal, según ha considerado el Tribunal Constitucional, entre otras en sus Sentencias 234/1991, 172/1996 y 73/1997". Por ello, la imparcialidad de las autoridades y funcionarios públicos en el ejercicio de la función pública constituye el presupuesto imprescindible para garantizar la efectiva realización del principio de objetividad proclamado por el art. 103.1 CE.

---

31 MORALES PRATS, F.-RODRÍGUEZ PUERTA, M.J., en *Comentarios a la Parte Especial del Derecho Penal,* ob. cit., pág. 1799

32 DELGADO GIL, , ibidem.

Así, tanto la doctrina y la jurisprudencia sostienen en la actualidad, de forma mayoritaria[33], que el bien jurídico protegido por el art. 439 CP se identifica con los principios de objetividad e imparcialidad en el ejercicio de la actividad administrativa que, por otro lado, proclama el art. 103 CE (SSTS 697/2019, de 19 de mayo (*Tol 7996086*); 213/2018, de 7 de mayo (*Tol 6594415*); 111/2017, de 22 de febrero (*Tol 5973030*); 696/2013 , de 26 de septiembre (*Tol 69633414*); 765/2014, de 4 de noviembre, *Tol 4563576*). En similares términos la STS 89/2020 (*Tol 78198771*), de 3 de marzo, pone de manifiesto que: "el bien jurídico protegido puede entenderse como un conglomerado de valores -la integridad, la rectitud, la imparcialidad en la actuación del funcionario- reconducibles a la objetividad con que la administración pública debe servir a los intereses generales".

En ese sentido, una de las resoluciones más relevantes del Tribunal Supremo, sobre el delito de negociaciones prohibidas a funcionarios, es la que acabamos de citar, Sentencia 89/2020, de 3 de marzo, donde en el Fundamento de Derecho 1.4 realiza una serie de consideraciones que, a mi entender, consolidan algunos criterios interpretativos anteriores y, por otro lado, abunda en otros en los que hasta ese momento no se había detenido con la atención precisa.

En primer lugar, trae a colación los principios de ultima ratio y de intervención mínima que le permiten trazar una línea divisoria entre el ilícito penal y el ilícito administrativo que, hasta ese momento, en relación con el comportamiento típico del art.

---

33 Por todos, FENÁNDEZ CABRERA, M., *Corrupción en la función pública. El delito de negociaciones prohibidas,* ob. cit., págs. ob. cit., págs. 77 y ss. Igualmente, vid., JAREÑO LEAL, A., *El delito de negociaciones prohibidas a los funcionarios públicos,* ob. cit., págs. 23 y ss. En sentido contrario, vid., GARCÍA ESPAÑA, E., "Negociaciones prohibidas a los funcionarios públicos (Los artículos 439 y 441 del Código penal de 1995), en *Jueces para la Democracia,* núm. 48, 1993, pág. 52, donde manifiesta sus dudas acerca de que en el delito de negociaciones prohibidas se esté protegiendo el principio de imparcialidad.

439, se habían llegado a difuminar. Así, tras fijar como punto de partida que el Derecho penal debe reservar las penas aflictivas para las conductas singularmente desvaloradas hace hincapié en una consecuencia que la misma Sala califica como obvia: "no toda infracción administrativa, no toda contravención de las normas que definen el régimen disciplinario del funcionario, puede traducirse en una sanción penal", a lo que añade que la realización de actividades prohibidas a funcionarios o, incluso, la ejecución de actos abusivos no siempre tienen la entidad suficiente para integrar la infracción penal. Abundando en esa misma línea de consideraciones, trae a colación una resolución a la que nos hemos referido con anterioridad y asevera que puede existir una infracción del deber de abstención sin que concurra el delito del art. 439 cuando no ha existido un aprovechamiento para, entre otros, beneficiar a una empresa en la que el funcionario público tiene intereses directos o indirectos con la voluntad de poner la función al servicio de sus intereses personales (STS 613/2016, de 8 de julio *Tol 5775194*), lo cual le lleva a concluir que existen infracciones del régimen de incompatibilidades que son reprochables en el ámbito administrativo, pero no en el penal (STS 2125/2002, 7 de enero, *Tol 4928047*), de modo que resulta inadmisible el tratamiento de infracciones en sede penal cuando disponen del adecuado acomodo en el régimen disciplinario correspondiente.

Con lo anterior, a mi parecer, la Sala descarta la posibilidad de subsumir en el tipo comportamientos, sin duda reprobables, que se caracterizan por el incumplimiento del deber de abstención del funcionario público donde el reproche penal se fundamentaba hasta entonces en la quiebra del deber de lealtad del funcionario público con la Administración. En otras palabras, la realización de actividades prohibidas por un funcionario o la ejecución de actos abusivos no siempre tienen alcance penal. Es más, sin perjuicio de admitir la complejidad que en ocasiones puede derivarse de la distinción entre ambos ilícitos, creo que es cuestionable la afirmación de que el art. 439 "se limita a establecer una sanción penal a una infracción administrativa", de manera que el tipo se configura como un delito de desobediencia, lo que le lleva a concluir, a una de las monografistas más reputadas de la materia, que no hay diferencia entre la infracción penal y la infracción administrativa, ya que al dispensársele por la jurisprudencia el tratamiento de una infracción meramente formal, es irreconocible la línea divisoria entre ambas infracciones[34].

En ese mismo orden de consideraciones, esto es, abundando en la necesaria diferenciación entre ambos ilícitos, la STS 538/2005, de 28 de abril, ya advertía que: "el control jurisdiccional de la actuación administrativa puede ser desarrollado por la jurisdicción, tanto contencioso administrativa como la penal, reservando esta última a aquellos actos que infringen notoriamente los principios constitucionales de una Administración en un Estado democrático, esto es, cuando se vulneran abiertamente los principios constitucionales de imparcialidad, de igualdad de oportunidades, de legalidad, etc... que conforma la actuación de la Administración"[35].

Sin embargo, un sector de la doctrina cuestiona la idoneidad del régimen sancionador administrativo ya que, a su parecer, las medidas previstas en nuestro ordenamiento jurídico son ineficaces dado que los sujetos que empíricamente incurren en buena medida en este tipo de comportamientos delictivos (se refieren expresamente a los alcaldes y otras autoridades locales) difícilmente pueden ser sancionados a través de esos mecanismos. Añadiendo que los órganos sancionadores previstos por el derecho administrativo están ampliamente politizados, de modo que carecen de la independencia necesaria para imponer sanciones, lo que conlleva que la responsabilidad política derivada de esos

---

34 JAREÑO LEAL, A., *Corrupción y delincuencia de los funcionarios en la contratación pública*, ob. cit., págs. 161-162.

35 Asimismo, vid., SSTS 576/2021, de 30 de junio; 523/2021, de 16 de junio; 189/2021, de 3 de marzo; 497/2020, de 8 de octubre; 245/2020, de 27 de mayo; 359/2019, de 15 de julio o 311/2019, de 14 de junio.

comportamientos se yergue, junto con la responsabilidad penal, en las únicas vías eficaces para combatir esas conductas[36]. En efecto, afirman, que, dadas las escasas posibilidades de aplicación de una sanción severa por la comisión de ese delito o del fracaso disuasorio de las penas de inhabilitación de empleo o cargo público, así como de la pena de multa, los lleva a postular la imposición de la pena de prisión dada la relevancia del bien jurídico y de la gravedad del ataque que constituye el delito de negociaciones prohibidas[37]. Criterio que, con argumentos distintos y de forma indirecta, nos lleva a la misma conclusión que la tesis relativa a la imposibilidad de deslindar la infracción administrativa de la infracción penal, y, con ello, a consolidar el argumento relativo a la tendencia jurisprudencial de contribuir a una voluntarista desviación a la vía administrativa[38].

Por otro lado, y de nuevo a vueltas con la STS 89/2020, 3 de marzo (*Tol 7819887*), otra de las grandes aportaciones de la resolución es la configuración del bien jurídico protegido en este delito. Es cierto, como acabamos de comprobar, que la exigencia de la imparcialidad en la actitud del funcionario, reconducible a la objetividad con que la administración pública debe servir a

---

36 FERNÁNDEZ CABRERA, M., *Corrupción en la función pública. El delito de negociaciones prohibidas,* ob. cit., pág. 191

37 FERNÁNDEZ CABRERA, M., *Corrupción en la función pública. El delito de negociaciones prohibidas,* ob. cit., pág. 201. Vid., de la misma autora, “El delito de negociaciones prohibidas a los funcionarios públicos en el ordenamiento jurídico español”, en *Revista de Derecho penal y Criminología,* Vol. 35, núm. 98, 2014, pág. 78, donde considera que “nada impide entonces que el derecho administrativo se complete con el derecho penal en los casos en que el bien jurídico se vea afectado más gravemente”. No obstante, concluye en línea similar a la anteriormente referida: que: “La importancia de los intereses en juego, unida a las necesidades de prevención general aconseja en este caso su regulación penal”.

38 JAREÑO LEAL, A., *Corrupción y delincuencia de los funcionarios en la contratación pública,* ob. cit., págs. 162

los intereses generales, es una vía interpretativa consolidada en la Jurisprudencia de la Sala Segunda; no obstante, la Sentencia va más allá al considerar que el bien jurídico "radica en la protección del deber de probidad y de imparcialidad de la función pública, así como el patrimonio público, que se ven afectados cuando el funcionario público incumple ilícitamente su obligación"[39].

Como no puede ser de otra manera quisiera detenerme en la afección del patrimonio público como uno de los elementos determinantes de la configuración típica del ilícito. Por lo tanto, me parece imprescindible realizar alguna reflexión acerca de si el tipo penal requiere la existencia de un perjuicio para la Administración, esto es, si el delito de negociaciones prohibidas, a pesar de que el tipo no lo exija expresamente, requiere una afección al interés general. Por ello, conviene recordar que la enmienda de adición presentada al Proyecto de Ley de modificación del Código penal, que dio lugar a la reforma de 2010, hacía mención expresa a: "cualquier tipo de intervención que pudiera influir en el resultado final de causación de un perjuicio a un ente público".

En apretada síntesis, como he dicho al inicio, la doctrina mayoritaria configura la estructura del ilícito como un delito de simple actividad, formal o de tendencia, no de resultado, que se consuma con la sola realización de la conducta, independientemente del resultado alcanzado o producido por la misma[40], esto es, como un delito de peligro abstracto que no requiere

---

39 Al respecto, vid. La STS 1992/1994, de 8 de febrero, donde en relación con el perjuicio patrimonial se refiere a: "sólo en un segundo lugar aparece el perjuicio patrimonial a las arcas oficiales, si bien únicamente en una perspectiva de riesgo o de peligro".

40 CASTRO MORENO, A., "Negociaciones prohibidas a los funcionarios públicos y autoridades en Derecho penal", ob. cit., págs. 20-21. A ese respecto, en su momento, me pronunciaba en términos similares, Vid., REBOLLO VARGAS, R., "Negociaciones y actividades prohibides a funcionarios", en *Comentarios a la Reforma penal de 2010,* ob. cit., pág. 487.

un efectivo perjuicio para la Administración, ni el propósito de perseguirlo ya que el bien jurídico reside en la preservación de la integridad del funcionario al resolver y, con ello, garantizar la imparcialidad frente a los administrados en general[41], de manera que no es necesaria la producción de un perjuicio patrimonial para la Administración pública para considerar consumada la infracción. Es más, se añade que puede darse el tipo incluso cuando la Administración pública se haya visto favorecida por el negocio o actividad en la que ha intervenido el funcionario público[42], hasta el punto de que no es necesario que se alcance el citado beneficio personal ni que se perjudique a la Administración[43]. Línea interpretativa seguida, hasta el momento, por buena parte de la Jurisprudencia que ha continuado enfatizando en la incompatibilidad del funcionario que, en esos casos, asume una doble e ilícita función: la obligación de defender los intereses de la Administración mientras que, a la vez, interviene como particular tratando de que prevalezcan sus intereses particulares sobre los públicos[44].

Interpretación que no es compartida por algunos sectores doctrinales en aspectos puntuales sobre los que, es cierto, han mostrado sus desacuerdos, como es el caso de interpretar el delito de negociaciones prohibidas como un delito de lesión, en lugar de un delito simple actividad, formal, de tendencia y de peligro, como considera la mayoría de la doctrina. Sin embargo, ese sector discrepante creo que no ha sido coherente para extraer de ello

---

41 MIR PUIG, C., *Los delitos contra la Administración pública en el nuevo Código* penal, ob. Cit., pág. 357.

42 VIZUETA FERNANÁNDEZ, "Delitos contra la Administración pública", en *Tutela penal de las Administraciones públicas,* (LA CRUZ LÓPEZ J.M., MELENDO PARDOS, M, Directores), 2ª ed., Madrid, 2015., pág. 309.

43 MORALES PRATS, F.-RODRÍGUEZ PUERTA, M.J., en *Comentarios a la Parte Especial del derecho penal,* ob. cit., pág. 1799.

44 Ampliamente, DELGADO GIL, A., *Delitos cometidos por funcionarios públicos,* ob. cit., págs. 40 y ss.

todas las consecuencias y, en esencia, continúa configurando el ilícito como un delito estrictamente formal donde lo que se reprocha al funcionario es la infracción del deber de abstención para anudarlo a que ese incumplimiento deviene, en todos los casos, un abuso, prevalimiento o aprovechamiento de la función pública para pretender adecuarla a sus intereses particulares. Criterio, asimismo, permítaseme insistir, que es el seguido de forma prácticamente unánime por la Jurisprudencia donde, en virtud de la exigencia de ese criterio de "ejemplaridad" se castigan conductas en las que la intervención del funcionario no sólo no le reporta ningún perjuicio a la Administración[45], sino que su actuación no le genera beneficio o lucro personal alguno.

En virtud de lo anterior, la pregunta que no puedo dejar de formularme en este momento es si, en esos casos, la conducta del sujeto, si se quiere reprobable por vulnerar los deberes de abstención e incompatibilidad, es de la suficiente entidad como para ser merecedora de reproche penal cuando su actuación no lesiona el interés general o si, por el contrario, se trataría de un comportamiento incardínale en una ilícito administrativo. Interrogante al que, como anticipaba unos párrafos atrás, la STS 89/2020, de 3 de marzo, puede contribuir a dar respuesta y significar un punto de inflexión frente a la interpretación formal de estos delitos, ya que, en el caso objeto de controversia, se refiere a la lesión del patrimonio público como uno de los elementos que caracteriza la afección del bien jurídico, lo que significa, me permito añadir, que debemos de atender a criterios de antijuridicidad material[46].

---

45 A título puramente ejemplificativo, vid. entre otras muchas, la STS 931/1994, de 28 de septiembre.

46 Vid., MORALES PRATS, F.-RODRÍGUEZ PUERTA, M.J., en *Comentarios a la Parte Especial del derecho penal*, ob. cit., pág. 1799, quienes, a pesar de que no se pronuncian al respecto, ya señalan que existen resoluciones de los Tribunales que se inclinan por mantener una opinión sustentada en "criterios de lesividad", al excluir la aplicación de este delito por la sola constatación de la incompatibilidad administrativa y exigir que

Por lo tanto, la primera cuestión a dirimir en este momento es si el delito de negociaciones prohibidas a funcionarios es un delito de lesión. A este respecto, existe un sector de la doctrina que así lo considera, pero que alcanza esa conclusión desde distintas líneas de argumentación. En primer lugar, considera que, si el objeto de protección reside en el deber de imparcialidad en el desempeño de la función pública, resulta que la descripción típica del comportamiento ilícito supone una conducta lesiva y no de peligro para dicho bien. Así, cuando el funcionario público interviene en un proceso de contratación, que tiene expresamente prohibido por confluir intereses personales, con su actuación está dañando la imparcialidad y, por lo tanto, la lesiona al dañar los intereses públicos en cuanto pretende que prevalezcan sus intereses personales sobre los públicos. Sin embargo, concluye, y ahí no puedo compartir su propuesta, que se trata de un "delito de actividad y de lesión", ya que el tipo no exige resultado material alguno a consecuencia de la intervención del funcionario en el procedimiento de contratación[47].

Una propuesta intermedia es la que sostiene que los bienes jurídicos protegidos en el delito de negociaciones prohibidas son los principios constitucionales de objetividad, imparcialidad e igualdad. Así, mientras que la objetividad y la imparcialidad se ponen en peligro, el principio de igualdad resulta lesionado cuando el funcionario pretende lograr un beneficio económico inmiscuyendo intereses privados en los públicos, lo que ha de interpretarse en sentido económico, "se trata de evitar el enri-

---

se pruebe un aprovechamiento del cargo por parte del funcionario público que intervino en la contratación o asunto administrativo.

47 JAREÑO LEAL, A., *Corrupción y delincuencia de funcionarios en la contratación pública*, ob. cit., págs. 160-161; de la misma autora, *El delito de negociaciones prohibidas a los funcionarios públicos*, ob. cit., págs. 23 y ss.

quecimiento injusto que puede lograr el sujeto; en definitiva, se protege el patrimonio de terceros[48]".

Un criterio distinto es el que concibe la naturaleza del delito contenido en el art. 439 como un delito de lesión, donde lo protegido es la función pública, que define como la ausencia de interferencias en la toma o ejecución de decisiones o en la realización de actividades de interés general en el ejercicio de los deberes del cargo, aunque el ilícito no reside en el incumplimiento de una norma administrativa, sino "en la aparición de un perjuicio patrimonial a terceros o a la Administración". Perjuicio que debe entenderse en sentido amplio, por lo que alcanza desde una pérdida económica inmediata hasta una expectativa frustrada evaluable económicamente[49]".

Es el momento, por lo tanto, de abordar la cuestión que avanzaba unos párrafos atrás, esto es, si el tipo requiere la exigencia de un perjuicio a los intereses generales a pesar de que el precepto no lo requiere expresamente. Por ello, debo insistir en que la justificación de la enmienda que dio lugar a la reforma de 2010 hacía mención expresa al "perjuicio a un ente público"; perjuicio, es cierto, que no necesariamente ha de llevar aparejado un ánimo de lucro por parte del funcionario público o autoridad que incurre en el comportamiento típico.

En todo caso, la primera cuestión a dilucidar es si la fórmula empleada en la descripción típica relativa a cualquier clase de "contrato, asunto, operación o actividad", que se reconduce posteriormente a "negocios o actuaciones", debe ser interpretada en clave económica o si, por el contrario, pueden revestir otra naturaleza, es decir, si pueden revestir efectos que no sean

48 DELGADO GIL, A., *Delitos cometidos por funcionarios públicos*, ob. cit., pág. 49

49 GARCÍA ESPAÑA, E., "Negociaciones y actividades prohibidas a los funcionarios públicos", ob. cit., pág. 56

de carácter patrimonial[50]. En relación con su tipificación anterior, prevista en el art. 401 CP 1973, bajo la rúbrica fraudes y exacciones ilegales, la doctrina era prácticamente unánime al atribuirle tal condición. Contribuía de manera determinante a esa conclusión el hecho de que la pena prevista, además de la inhabilitación especial, era la del "tanto al triple que hubiera tomado en el negocio", por lo que cuando el funcionario se interesaba en un "contrato u operación" en el que intervenía por razón de su cargo, necesariamente pretendía la obtención de un beneficio propio. Conclusión, la interpretación de los "negocios o actuaciones" en clave económica, que la doctrina postula de forma prácticamente unánime[51]. Un argumento de cierre a la interpretación del precepto en clave económica está relacionado con la interpretación sistemática de los arts. 439 y 440 del Código penal. En efecto, los sujetos activos del art. 440 (peritos, árbitros y contadores partidores, tutores, curadores o albaceas) que se condujeren del modo previsto en el artículo anterior, respecto de los "bienes o cosas" o en relación con los "bienes y derechos integrados en la masa del concurso", requiere una interpretación en términos estrictamente económicos o patrimoniales. En suma, el precepto hace un reenvío del comportamiento típico al art. 439, donde, si bien se trata de distintos sujetos activos, el carácter ilícito de su actuación tiene un inequívoco carácter económico o patrimonial en cuanto irrogan un perjuicio a los

---

50 CÓRDOBA RODA, J, en *Comentarios al Código penal. Parte Especial,* (CÓRDOBA RODA. J-GARCÍA ARÁN, M., Directores), T. II, Madrid, 2004, pág. 2104. En sentido contrario, vid., MIR PUIG, S., "Nombramientos ilegales, negociaciones y actividades prohibidas a los funcionarios públicos y abusos en el ejercicio de la función", ob. cit., págs. 326-327, quien se cuestiona que la participación en el negocio o actividad sea económica o, por el contrario, pueda tener otra naturaleza.

51 Por todos, JAREÑO LEAL, A., *El delito de negociaciones prohibides a los funcionarios públicos,* ob. cit., pág. 25.

intereses de los sujetos cuya salvaguarda tienen atribuidos[52], si bien es cierto que se puede generar un perjuicio patrimonial a la Administración y con ello afectar a los intereses generales sin que exista ánimo de lucro.

Ahora bien, una vez dicho lo anterior, permítaseme reformular la cuestión desde otro ángulo ya que lo cuestionado es si el tipo requiere la exigencia de un perjuicio a la Administración pública a pesar de que el precepto no lo requiera expresamente y es que, si bien en la mayoría de los casos, el carácter económico o patrimonial del perjuicio irrogado a la Administración es indubitado, a la vez, creo que existen situaciones en las que, por ejemplo en el ámbito urbanístico, como consecuencia de un comportamiento subsumible en el tipo de negociaciones prohibidas a funcionarios es posible causar un perjuicio al interés general, aunque ello no sea estrictamente cuantificable en términos económicos.

Como ya he reiterado, la mayoría de la doctrina considera estos ilícitos como delitos de peligro abstracto, de simple actividad, de consumación anticipada, que se caracterizan porque la conducta del sujeto está presidida por el propósito de obtener un beneficio propio; delito que, atendiendo a su estructura, llega a consumarse incluso aunque el beneficio económico del sujeto no se hubiera producido y, desde luego, incluso cuando el patrimonio público no se hubiera visto perjudicado. La Jurisprudencia, ha sido oscilante y progresivamente ha incidido en otros elementos vinculados con los mandatos del art. 103.1 CE, no ha tenido ningún inconveniente en calificar a los delitos de negociaciones prohibidas como un delito formal, donde la actuación del funcionario transgrede lo que debería ser un comportamiento moralmente ético, por lo que el delito se configura por el incumplimiento del deber de lealtad a la Administración o por venir presidido por la quiebra del deber de abstención del funcionario público.

---

52 DELGADO GIL, A., *Delitos cometidos por funcionarios públicos*, ob. cit., pág. 49.

A mi parecer, nos encontramos ante un delito donde lo lesionado, efectivamente, es la objetividad y la imparcialidad en la toma de decisiones de la Administración que resulta condicionada por la conducta de un funcionario público que pretende que prevalezcan sus intereses privados sobre los públicos, lo que supone un perjuicio para el interés general dado que el funcionario público pretende que sus intereses particulares prevalezcan sobre los generales; a lo que cabe añadir que, en algunos casos, ese perjuicio al interés general puede tener un inequívoco componente económico. No creo, que, a diferencia de lo que ha resuelto la Jurisprudencia en repetidas ocasiones y es compartido por la doctrina mayoritaria, pueda postularse la existencia del tipo por el hecho de que el funcionario público haya transgredido su deber de abstención y menos cuando, por ejemplo, la Administración obtiene un beneficio por hallarnos ante la oferta más ventajosa. Evidentemente lo anterior nos aleja del "delito de tendencia", "del ilícito formal", "del delito de peligro abstracto", de elevar a la categoría de delito lo que, en esencia, no es más que una infracción de índole administrativo.

Como afirma la STS 613/2016, de 8 de julio (*Tol 5775194)*, habrá actuación reprobable penalmente "si el funcionario se aprovecha de su condición para beneficiar a una empresa en la que tiene intereses directos o indirectos actuando deliberadamente con la voluntad de poner la función al servicio de esos intereses personales. Por eso puede existir infracción del deber de abstención, incluso palmaria, sin que exista delito del art. 439 CP cuando se constate que no ha existido ese aprovechamiento…" Criterio que, a mi parecer, resulta también corroborado por la STS 89/2020, de 3 de marzo (*Tol 7819871)*, donde explícitamente se hace mención a que el bien jurídico reside en la protección del deber de probidad y de imparcialidad de la función pública, "así como el patrimonio público, que se ven afectados cuando el funcionario público incumple ilícitamente su obligación…". Creo, por lo tanto, que, si el interés general no resulta afectado porque no se afecta a un ente público con la actuación del funcionario público que, en efecto, incumple con su deber de abstención, no nos hallamos frente a un delito del art. 439, sino ante una infracción de orden administrativo.

En suma, no puedo compartir, atendiendo a criterios de antijuridicidad material y de desvalor de resultado, la propuesta de que existe un comportamiento subsumible en el tipo por considerar que el funcionario público obtiene una ventaja por el simple hecho de lograr la adjudicación de un contrato público, ya que constituye por sí mismo una actividad lucrativa dado que ello le permite explotar y desarrollar su empresa[53].

4. CRITERIOS PARA DELIMITAR EL ÁMBITO DE LA SANCIÓN PENAL DEL ILÍCITO ADMINISTRATIVO POR VULNERACIÓN DEL DEBER DE ABSTENCIÓN.

Al abordar la distinción entre el ilícito penal y el ilícito administrativo, hemos puesto de manifiesto como un determinado sector de la doctrina opta abiertamente, atendiendo a diversas razones de política criminal, por la vía penal para sancionar las negociaciones prohibidas a funcionarios[54]. Una opción interpretativa distinta considera que no existe diferencia entre ambas infracciones, de manera que la Jurisprudencia, en realidad, lo que lleva a cabo es una interpretación "voluntarista" con el propósito de desviar algunas infracciones a la vía administrativa ya que, en realidad, el simple hecho de concurrir a una licitación

---

[53] JAREÑO LEAL, A., *Corrupción y delincuencia de funcionarios en la contratación pública*, ob. cit., pág. 151.

[54] FERNÁNDEZ CABRERA, M., *Corrupción en la función pública*, ob. cit., págs. 146 y ss.

pone de manifiesto que se pretende la adjudicación y, por lo tanto, la obtención de un beneficio[55].

En sentido contrario, el Tribunal Supremo, en distintas resoluciones enfatiza de manera explícita sobre el principio "ultima ratio" y el "principio de intervención mínima", que aconsejan, sostiene, reservar las penas aflictivas para aquellas conductas singularmente desvaloradas; "...las consecuencias que se derivan de este punto de partida son obvias: no toda infracción administrativa, no toda contravención de las normas que definen el régimen disciplinario del funcionariado, pueden traducirse en una sanción penal" (STS 89/2020, de 3 de marzo, (*Tol 7819871*)[56]. Así, pues, existen infracciones del régimen de incompatibilidades que pueden ser reprochables en el ámbito administrativo, pero no en el penal (STS 2125/2002, 7 de enero (*Tol 4928047*), de modo que, insiste, resulta inadmisible el tratamiento de infracciones en sede penal cuando disponen del adecuado acomodo en el régimen disciplinario correspondiente[57].

La normativa sobre el régimen de abstención de los funcionarios públicos presenta similitudes típicas con respecto a las previsiones del tipo penal. Probablemente, el paradigma de ellas es el art. 23 de la Ley 40/2015, de 1 de octubre, del Régimen Jurídico del Sector Público[58], donde en sus apartados 1 y 2 a) prevé el deber de abstención en determinadas circunstancias.

---

55 JAREÑO LEAL, A., *Corrupción y delincuencia de funcionarios en la contratación pública*, ob. cit., pág. 162

56 Igualmente, vid. TSJ de Castilla y León (Sala de lo Civil y penal, Sección 1ª), Sentencia 8/2022, de 10 de febrero.

57 Entre otras muchas, STS 51/1998, de 5 de mayo; STS 340/2012, de 20 de abril; STS 613/2016, de 8 de julio).

58 Vid., asimismo, entre otras, la Ley 53/1984, de 26 de diciembre, de Incompatibilidades del personal al Servicio de las Administraciones Públicas; la Ley 3/2015, reguladora el ejercicio del alto cargo de la Administración General del Estado, arts. 11 y ss.; Ley 9/2017, de 8 de noviembre, de Contratos del Sector público, por la que se transponen al ordenamiento

Y a tal efecto, es significativa la "aparente" similitud entre la descripción típica del art. 439 y la previsión dispuesta en el art. 23.2.a), Sin embargo, nótese que, a diferencia del ilícito penal, el precepto de la LJRSP prevé como motivo de abstención en el apartado 2.a) el hecho de: "*Tener interés personal en el asunto de que se trate o en otro en cuya resolución pudiera influir la de aquél; ser administrador de sociedad o entidad interesada, o tener cuestión litigiosa pendiente con algún interesado*"[59].

---

jurídico español las Directivas del Parlamento Europeo y del Consejo 2014/23UE y 2014/24/UE, de 26 de febrero de 2014, arts. 71 y ss.

59 *Artículo 23. Abstención.*

1. *Las autoridades y el personal al servicio de las Administraciones en quienes se den algunas de las circunstancias señaladas en el apartado siguiente se abstendrán de intervenir en el procedimiento y lo comunicarán a su superior inmediato, quien resolverá lo procedente.*

2. *Son motivos de abstención los siguientes:*

a) *Tener interés personal en el asunto de que se trate o en otro en cuya resolución pudiera influir la de aquél; ser administrador de sociedad o entidad interesada, o tener cuestión litigiosa pendiente con algún interesado.*

b) *Tener un vínculo matrimonial o situación de hecho asimilable y el parentesco de consanguinidad dentro del cuarto grado o de afinidad dentro del segundo, con cualquiera de los interesados, con los administradores de entidades o sociedades interesadas y también con los asesores, representantes legales o mandatarios que intervengan en el procedimiento, así como compartir despacho profesional o estar asociado con éstos para el asesoramiento, la representación o el mandato.*

c) *Tener amistad íntima o enemistad manifiesta con alguna de las personas mencionadas en el apartado anterior.*

d) *Haber intervenido como perito o como testigo en el procedimiento de que se trate.*

e) *Tener relación de servicio con persona natural o jurídica interesada directamente en el asunto, o haberle prestado en los dos últimos años servicios profesionales de cualquier tipo y en cualquier circunstancia o lugar.*

3. *Los órganos jerárquicamente superiores a quien se encuentre en alguna de las circunstancias señaladas en el punto anterior podrán ordenarle que se abstengan de toda intervención en el expediente.*

4. *La actuación de autoridades y personal al servicio de las Administraciones Públicas en los que concurran motivos de abstención no implicará, necesariamente, y en todo caso, la invalidez de los actos en que hayan intervenido.*

En efecto, una simple lectura de ambas descripciones evidencia que en el art. 23.2.a) no se requiere el "aprovechamiento" por parte del funcionario público, a diferencia de lo previsto en el art. 439 CP. Un aprovechamiento que, como hemos visto con anterioridad, tiene como consecuencia originar un perjuicio a un ente público. Interpretación que nos permitiría dejar extramuros del Derecho penal el simple incumplimiento del deber de abstención del funcionario público, para sancionarlo únicamente en sede administrativa y circunscribir el Derecho penal a aquellos casos en los que la vulneración del deber de abstención causa un perjuicio a la Administración[60].

En suma, considero que no sólo existen criterios dogmáticos y jurisprudenciales para abordar la vulneración del deber de abstención del funcionario público, exclusivamente, en sede penal, sino que las infracciones subsumibles en las legislación sectorial sobre incompatibilidades deben ser el mecanismo idóneo para sancionarlas, siempre que no concurra un "aprovechamiento" en el ejercicio de la función pública por parte del funcionario público o autoridad que supone que su intervención en los negocios o actuaciones reporte un perjuicio al interés general.

5. EL NÚCLEO DEL COMPORTAMIENTO TÍPICO: EL APROVECHAMIENTO.

En atención a lo dicho hasta este momento, el elemento esencial sobre el que gravita el comportamiento típico del delito de negociaciones prohibidas es el "aprovechamiento" de la condición

---

5. *La no abstención en los casos en que concurra alguna de esas circunstancias dará lugar a la responsabilidad que proceda.*

60 GARCÍA ESPAÑA, E. "Negociaciones y actividades prohibides a los funcionarios públicos, ob. Cit., pág. 56.

de autoridad o funcionario público[61]. La Jurisprudencia, a tal efecto, es prácticamente unánime al incidir en que con su conducta, el funcionario público o autoridad, "con una clara puesta a disposición de sus intereses particulares de las ventajas que le concede su condición pública, aproveche tal circunstancia...lo que pone de manifiesto una clara instrumentalización del cargo público, de suerte que debe existir un claro prevalimiento de su condición pública para en asunto público en el que deba informar, obtenga un interés particular" (SSTS 2208/2001, de 26 de noviembre (*Tol 2601505*); 1887/2002, de 13 de noviembre (*Tol 4922247*); 613/2016, de 8 de julio (*Tol 5775194*); 89/2020, de 3 de marzo (*Tol 7819871*); 577/2021, de 16 de junio).

En directa relación con lo anterior, abundando en el criterio de descartar el ilícito como una infracción puramente formal[62], se puede constatar la existencia de una línea jurisprudencial que rechaza la relevancia penal del proceder de la autoridad o funcionario público cuando no concurre el aprovechamiento que, se afirma, "constituye el núcleo de la actividad delictiva descrita en el indicado precepto penal, de modo que, si bien puede valorarse que ha habido infracción de la citada norma disciplinaria, procede absolverle del indicado delito" (STSJ de Castilla y León (Sala de lo Civil y penal, Sección 1ª, 8/2022, de 10 de febrero).

En definitiva, si no puede acreditarse el aprovechamiento por parte del sujeto activo la conducta no sería subsumible en el delito de negociaciones prohibidas, es decir, la quiebra del deber de abstención con el consiguiente reproche no resulta penalmente relevante para ser subsumido en la descripción

---

61 BASILICO, R.A., "Negociaciones y actividades prohibidas de los funcionarios públicos", en *Delitos contra la Administración Pública*, Montevideo-Buenos Aires, 2019, pág. 198.

62 En el mismo, sentido, vid., CASTRO MORENO, A., "Negociaciones prohibidas a los funcionarios públicos y autoridades en Derecho penal", ob. cit., pág. 20.

legal del tipo cuando no ha existido una actividad concreta de aprovechamiento del cargo para forzar o facilitarse la participación en el negocio (STS 613/2016, de 8 de julio (*Tol 5775194*); 2208/2001, de 26 de noviembre (*Tol 2601505*); 1823/2000, de 27 de noviembre *(Tol 490270)*; 1826/1999, de 28 de noviembre).

En consonancia con lo anterior, el delito de negociaciones prohibidas a funcionarios viene presidido por una finalidad o motivo que va más allá de la realización del hecho típico (el aprovechamiento "para" forzar o facilitarse). Se trata, por lo tanto, de un delito mutilado de dos actos ya que la intención de la autoridad o funcionario público al ejecutar la acción típica, esto es, el aprovechamiento, se dirige a realizar otra actividad posterior del mismo sujeto, en este caso, el forzar o facilitarse cualquier forma de participación en determinados negocios o actuaciones[63], esto es, la preposición "para" denota el propósito de obtención de un beneficio o ventaja de carácter ilícito que no sólo es de carácter patrimonial sino que, además, puede estar desprovisto de ánimo de lucro pero que, en todo caso, implica un perjuicio a un ente público.

Ese aprovechamiento, según el Diccionario de la Real Academia Española, en su sexta acepción consiste en "sacar provecho de algo o de alguien, generalmente con astucia o abuso. Se aprovechaba de su posición", de manera que ese "provecho", a la vez, según el Diccionario, se caracteriza por la obtención de un "beneficio o utilidad que se consigue o se origina de algo por algún medio"[64]. Un aprovechamiento que consiste en el prevalimiento de su condición de autoridad o funcionario público para para forzar o facilitarse cualquier forma de participación para obtener beneficios privados, de manera que, si la finalidad perseguida por el funcionario no es la obtención de una ventaja o beneficio, sino,

---

63 MIR PUIG, S., *Derecho penal. Parte General,* 10ª ed., Barcelona, 2015. pág. 235, 288.

64 DELGADO GIL, A., *Delitos cometidos por funcionarios públicos,* ob. cit., pág. 163.

otra distinta, no se habrá cumplido el tipo[65]. Es imprescindible añadir a lo anterior, que la descripción típica del precepto no es abierta, sino que ese aprovechamiento no está referido a la pretensión de la obtención de cualquier beneficio, sino que se circunscribe a aquellos asuntos en los que el sujeto activo debe intervenir por razón de sus funciones, por lo que quedarían extra muros del ilícito penal los comportamiento en los que el sujeto activo funcionario pretendiera prevalecerse de su condición en un asunto que estuviera fuera de su ámbito competencial[66].

6. LOS PROBLEMAS CONCURSALES EN RELACIÓN CON EL DELITO DE FRAUDE DE SUBVENCIONES, ART. 436 CP.

Las hipótesis concursales que pueden concurrir en el delito de negociaciones prohibidas a funcionarios con otros ilícitos son de lo más diverso, entre otros, cohecho, prevaricación administrativa, malversación, tráfico de influencias, abuso de información privilegiada, etc[67] y, por descontado con el delito de fraudes, con el que presenta importantes zonas de convergencia ya que, como es sabido, ambos injustos se encontraban tipificados en el art. 401

---

65 CÓRDOBA RODA, J, en *Comentarios al Código penal. Parte Especial,* ob. cit., págs. 2104-2105, donde refiere la STS 1887/2002, de 13 de noviembre. Resolución que rechaza la aplicación del tipo en atención a que "la cantidad reflejada como beneficio por la negociación -112.000 pesetas en 5 años- no es relevante de una conducta con suficiente entidad para justificar la intervención del Derecho penal".

66 CASTRO MORENO, A., "Negociaciones prohibidas a los funcionarios públicos y autoridades en Derecho penal", ibidem.

67 Al respecto, entre otros, vid., CUGAT MAURI, M., "Negociaciones prohibidas", en *Tratado de Derecho penal español. Parte Especial,* ob. cit., págs. 600 y ss.; FERNÁNDEZ CABRERA, M., *Corrupción en la función pública,* ob. cit., págs.299y ss.; JAREÑO LEAL, A., *El delito de negociaciones prohibidas a los funcionarios públicos,* ob. cit., págs.81 y ss.

del CP anterior, aunque el Código penal de 1995 les dispensó un tratamiento diferenciado en sus arts. 436 y 439 del Código penal.

La primera similitud entre ambos comportamientos típicos reside en que el sujeto activo tiene la obligación de intervenir en un procedimiento de contratación pública ("interviniendo por razón de su cargo en cualesquiera de los actos de contratación pública..." -art. 436-, o, "debiendo intervenir por razón de su cargo en cualquier clase de contrato..." -art. 439-). Sin embargo, la diferencia esencial entre ambos ilícitos reside en la modalidad de la comisión típica, ya que en el delito de fraudes la conducta del sujeto viene presidida por un comportamiento mixto alternativo, como es el hecho de que "se concertara con los interesados" o "usase de cualquier otro artificio para defraudar a cualquier ente público". Comportamientos a los que algún autor les ha dispensado una interpretación equivalente, entendiendo que esta segunda modalidad, en realidad, es una forma de facilitarse su participación directa o por persona interpuesta[68]. Mientras que en delito de negociaciones prohibidas la modalidad comisiva se caracteriza por "forzar o facilitarse cualquier forma de participación". Creo, por lo tanto, que en el fraude de subvenciones el comportamiento del sujeto, en particular, el relativo al "concertar" con los otros interesados reviste una singularidad propia que diferencia sustancialmente ambos ilícitos. En efecto, el "concertar" precisa un acuerdo de voluntades previo entre dos sujetos, el funcionario público y un tercero, con independencia de que ostente la misma condición, con el objeto de defraudar a cualquier ente público. Modalidad comisiva claramente diferenciada de la conducta que preside el

---

68 CASTRO MORENO, A., "Negociaciones prohibidas a los funcionarios públicos y autoridades en Derecho penal", ob. cit., pág. 32. Vid., sin embargo, del mismo autor, *Fraudes y contrataciones ilegales,* Valencia, 2011, págs. 27 y ss, donde pone de relieve la similitud de la fórmula utilizada por el legislador con las tipificaciones de Códigos penales anteriores con el delito de estafa.

comportamiento típico del delito de negociaciones prohibidas, que no requiere un concierto de voluntades entre dos sujetos y que, básicamente, es de carácter unilateral, sin perjuicio de la intervención de un tercero que interviene como testaferro[69].

Por otro lado, es indudable el carácter absolutamente abierto de la locución "el uso de cualquier artificio para defraudar", lo que genera extraordinarias dudas con respecto al principio de taxatividad[70]. Sin embargo, parece que, a diferencia de la otra modalidad típica, en este caso estamos ante una conducta de carácter unilateral que puede incluir todo tipo de maquinaciones, simulaciones o engaños que tengan por objeto defraudar al ente público, incluso las manipulaciones informáticas en las que, en todo caso, se debe de excluir el concierto al tratarse de acciones individuales[71]. Supuestos de esta modalidad serían "la enajenación de bienes públicos por precios muy inferiores a los de mercado, pero sin concierto entre los compradores; o la auto asignación por los concejales de tributos inferiores a los que debían satisfacer[72]".

Además, no podemos dejar de hacer mención a que la conducta típica del delito de fraudes viene presidida por un elemento subjetivo del injusto, como es el aprovecharse "para" forzar o facilitarse cualquier forma de participación en los negocios o actuaciones. A este respecto, nótese que la propuesta de reinterpretación que hemos formulado para el delito de negociaciones

---

69 FERNÁNDEZ CABRERA, M., *Corrupción en la función pública. El delito de negociaciones prohibidas,* ob. cit., pág. 305. ROCA AGAPITO, L., "Fraudes y exacciones ilegales", en *Tratado de Derecho penal español. Parte Especial,* ob. cit., pág. 559.

70 A este respecto, vid., STS 996/1994, de 14 de mayo, donde explícitamente se afirma que: "al constituir figuras muy abiertas, de contornos, poco definidos y en consecuencia merecedores de algún reproche desde la perspectiva del principio de seguridad, como indica la S. 5 abril 1990, citada en la de 28 noviembre 1992".

71 CASTRO MORENO, A. , *Fraudes y exacciones ilegales,* ob. cit., págs. 27 y ss.

72 ROCA AGAPITO, L., "Fraudes y exacciones ilegales", ibidem, págs. 558-559.

prohibidas viene caracterizada, asimismo, por la estructura típica de un delito de resultado que gravita alrededor de la irrogación de un perjuicio a un ente público.

En definitiva, a mi parecer, es posible establecer una clara línea de diferenciación entre ambos delitos en atención a la descripción de los comportamientos típicos en uno y otro precepto que, a todas luces, presenta un mayor contenido del injusto en el delito de fraudes en atención al mayor desvalor de la conducta descrita en el tipo, lo que se constata con la severidad de la pena prevista por el legislador: prisión de dos a seis años e inhabilitación especial para empleo o cargo público y para el ejercicio del derecho de sufragio pasivo de seis a diez años, mientras que en las negociaciones prohibidas la pena de prisión es de seis meses a dos años.

7. BIBLIOGRAFÍA.

BASILICO, R.A., "Negociaciones y actividades prohibidas de los funcionarios públicos", en *Delitos contra la Administración Pública,* Montevideo-Buenos Aires, 2019.

CÓRDOBA RODA, J, en *Comentarios al Código penal. Parte Especial,* (CÓRDOBA RODA. J-GARCÍA ARÁN, M., Directores), Madrid, 2004.

CASTRO MORENO, A., "Negociaciones prohibidas a los funcionarios públicos y autoridades en Derecho penal", en *La Ley Penal,* núm. 22, diciembre 2005.

CASTRO MORENO, A., *Fraudes contractuales y exacciones ilegales,* Valencia, 2011.

CATALÁN SENDER, J., *Los delitos cometidos por autoridades y funcionarios públicos en el nuevo Código penal,* Barcelona, 1999

CUGAT MAURI, M., "Negociaciones prohibidas", en *Tratado de Derecho penal español. Parte Especial. Delitos contra las Administraciones Pública y de Justicia* (Álvarez García, Director), T. III, Valencia, 2013

DELGADO GIL, A., *Delitos cometidos por funcionarios públicos,* Valencia, 2008.

FERNÁNDEZ CABRERA, M., *Corrupción en la función pública. El delito de negociaciones prohibidas,* Valencia, 2018.

FERNÁNDEZ CABRERA, M., "El delito de negociaciones prohibidas a los funcionarios públicos en el ordenamiento jurídico español", en *Revista de Derecho Penal y Criminología,* Vol. 35, núm. 98, 2014.

FERRÉ OLIVE, J.C., "Corrupción y delitos contra la Administración Pública", en *Fraude y corrupción en la Administración pública,* Salamanca, 2002

GARCÍA ESPAÑA, E., "Negociaciones prohibides a los funcionarios públicos (Los artículos 439 y 441 del Código penal de 1995, en *Jueces para la Democracia,* núm. 48, 2003,

JAREÑO LEAL, A., *Corrupción y delincuencia de los funcionarios en la contratación pública,* Madrid, 2011,

JAREÑO LEAL, A. *El delito de negociaciones prohibidas a los funcionarios públicos,* Pamplona, 2015.

MIR PUIG, C., *Los delitos contra la Administración pública en el nuevo Código penal,* Barcelona, 2000.

MIR PUIG, S., "Negociaciones prohibidas a los funcionarios", en *Nueva Enciclopedia Jurídica, T.* XVII, Barcelona, 1982.

MIR PUIG, S., "Nombramientos ilegales, negociaciones prohibidas a los funcionarios públicos y abusos en el ejercicio de su función", en *Los delitos de los funcionarios públicos en el Código penal de 1995,* (GONZÁLEZ CUSSAC, Director), Madrid, 1996.

MIR PUIG, S., Derecho penal. Parte General, 10ª ed., Barcelona, 2015.

MORALES PRATS, F.-RODRÍGUEZ PUERTA, M.J., en *Comentarios a la Parte Especial del Derecho Penal* (QUINTERO OLIVARES, Director), 10ª edición, Pamplona, 2016,

REBOLLO VARGAS, R., "Negociaciones y actividades prohibidas a funcionarios", en *Comentarios a la Reforma penal de 2010* (ÁLVAREZ GARCÍA, F.J.-GONZÁLEZ CUSSAC, J.L.- Directores), Valencia, 2010.

RODRÍGUEZ DEVESA, J.M., -SERRANO GÓMEZ, A, *Derecho penal español, Parte Especial,* Madrid, 18ª edición revisada y puesta al día, 1995, pág. 1194

VIZUETA FERNANÁNDEZ, "Delitos contra la Administración pública", en *Tutela penal de las Administraciones públicas,* (LA CRUZ LÓPEZ J.M., MELENDO PARDOS, M, Directores), 2ª ed., Madrid, 2015.,

ROCA AGAPITO, L., "Fraudes y exacciones ilegales", en *Tratado de Derecho penal español. Parte Especial. Delitos contra las Administraciones Pública y de Justicia,* (Álvarez García, Director*),* T. III, Valencia, 2013.

RODRÍGUEZ COLLAO, L. – OSSANDÓN WIDOW, M.M., *Delitos contra la función pública. El Derecho penal frente a la corrupción política, administrativa y judicial,* 3ª ed., Santiago de Chile, 2021

VÁZQUEZ- PORTOMEÑE SEIJAS, F., *Los delitos contra la Administración pública. Teoría General,* Santiago de Compostela, 2003.

Capítulo VII
La responsabilidad de las empresas públicas en los delitos de cohecho

Mª JOSÉ RODRÍGUEZ PUERTA

Profesora Titular de Derecho Penal de la Universidad Autónoma de Barcelona

SUMARIO: 1. PLANTEAMIENTO. 2. LA RESPONSABILIDAD DE LOS MIEMBROS DE SOCIEDADES MERCANTILES PUBLICAS POR LA COMISIÓN DE ALGUNA DE LAS FORMAS DE COHECHO PREVISTAS EN LOS ARTS. 419 Y SS. DEL CÓDIGO PENAL. 2.1. *El cohecho pasivo de los art. 419 a 422 CP. a) El sujeto activo. b) El acto propio del cargo. c) ¿Debe limitarse la responsabilidad a los cargos de dirección? 2.2. Cohecho activo del art. 424 CP.* 3. LA RESPONSABILIDAD DE LA PERSONA JURÍDICA POR LA COMISIÓN DE ALGUNA DE LAS FORMAS DE COHECHO PREVISTAS EN LOS ARTS. 419 Y SS. DEL CÓDIGO PENAL. *3.1. Cohecho pasivo. 3.2. Cohecho activo.* 4. LA RESPONSABILIDAD POR LA COMISIÓN DE ALGUNA DE LAS FORMAS DE CORRUPCIÓN EN LOS NEGOCIOS DEL ART. 286 TER) DEL CÓDIGO PENAL. 4.1. *La competencia para conocer de esta clase de cohecho. a) La responsabilidad por cohecho pasivo. b) La responsabilidad por cohecho activo.* 5. BIBLIOGRAFÍA CITADA

1. PLANTEAMIENTO

La cuestión que se analizará en las líneas que siguen parte de la necesidad de identificar qué papel juega el sector público empresarial y más concretamente las sociedades mercantiles públicas (SMP), como parte del sector público, en el delito de cohecho.

Para ello creo conveniente realizar algunas precisiones sobre la responsabilidad penal de estas sociedades, como de otras similares, que actúan en el mercado y también llevan a cabo funciones o gestionan intereses públicos.

En primer lugar, debo recordar que las SMP forman parte del sector público empresarial según el art. 3.2 Ley General Presupuestaria (LGP), junto a las Entidades Públicas Empresariales (EPE) y algunos organismos o entidades de derecho público no incluidos en el sector administrativo, los consorcios y los fondos sin personalidad jurídica no incluidos en el sector público administrativo[1]. Como ha señalado GARCÍA ARÁN, este sector se diferencia del sector público administrativo (Administración en sentido estricto) (art. 3.1 LGP) precisamente porque actúa en el mercado de manera similar a como lo hacen las empresas privadas, o esta es su actividad preponderante[2].

En segundo lugar, las SMP que van a ser objeto de estudio en este trabajo son empresas privadas o sociedades con personalidad jurídico-privada cuyo capital público es superior al 50 % o están controladas por la administración (art. 111 Ley del Régimen Jurídico del Sector Público (LRJSP)[3] y art. 3 1.h) Ley de Contratos del Sector Público (LCSP)). El resto de las sociedades mercantiles

---

1 Aunque, como ha señalado CARDONA BARBER, A., "La responsabilitat penal de les societats mercantils públiques" en *Revista Jurídica de Catalunya*, N. 4., 2021, p. 940, de entre los entes que forman parte del sector empresarial, únicamente las SMP y las EPE son "genuinos instrumentos de competencia empresarial".

2 Sobre las características de cada uno de los tres sectores públicos: el administrativo, al que me referiré como administración en sentido estricto, el empresarial y el fundacional, vid GARCÍA ARÁN, M., "Autonomía interpretativa del derecho penal y delincuencia de las empresas públicas", en *Estudios Jurídicos y Criminológicos*, N. 5, 2022, pp. 279-284.

3 Vid sobre el alcance de este precepto CARDONA BARBER, A., "La responsabilidad penal de los gestores del sector público empresarial", en *Revista General de Derecho Penal*, N. 37, 2022, p. 8, nota 18.

cuya participación pública es inferior a la indicada serán empresas privadas a los efectos administrativos y también penales.

En tercer lugar, creo que también resulta necesario aclarar que excepcionalmente determinadas SMP pueden ejercer potestades administrativas (art. 113 LRJSP). En ese caso, debería exigirse lo mismo que a las EPE, esto es, que tales potestades estén previstas en sus Estatutos y sólo puedan ser ejercidas por aquellos órganos a los que estos se las asignen (art. 105.1 LRJSP). Cuando ello ocurra, es decir, cuando una entidad de derecho privado vinculada o dependiente de la administración ejerza potestades administrativas, respecto al ejercicio de las mismas, quedará sometida a la Ley Procedimiento Administrativo Común (art. 2.2 b)). Esta situación excepcional puede comportar un cambio de régimen en lo atinente a la (ir)responsabilidad penal de la sociedad[4].

En cuarto lugar, parece que existe consenso sobre que las SMP podrán responder penalmente si "ejecutan políticas públicas o prestan servicios de interés económico general". En esos casos su responsabilidad será limitada (2° párrafo del art. 31 quinquies CP).

---

4 Esta aclaración resulta imprescindible a la vista del debate que se ha suscitado en torno a si en esos casos la SMP estaría incluida en el primer párrafo del art. 31 quinquies CP o en el segundo. Yo me inclino por considerar que en esos excepcionales supuestos, siempre que concurra lo señalado en el texto, deberían incluirse en el primer párrafo y excluir su responsabilidad, eso sí, sólo cuando el hecho delictivo se haya llevado a cabo en el concreto ejercicio de esa potestad estatutariamente asignada, no en otros casos. Vid CARDONA BARBER, 2021, pp. 947, 948 y 953.
De otra opinión, GARCÍA ARÁN, cit., pp. 281-283. Sin embargo, entiendo, en contra de lo sostenido por esta autora, que las SMP que tienen atribuidas estas potestades no presentan diferencias sustanciales con los EPE, quedando su actividad en ese ámbito sometida a la ley de procedimiento administrativo. Además, como también indica la autora (p. 283), resulta difícil encontrar entidades de derecho público distintas de las mencionadas expresamente en el art. 31 quinquies.1 CP que ejerzan esas potestades, al margen de las SMP, en virtud del art. 113 LRJSP.

No obstante, el Código Penal no emplea términos claros que permitan delimitar cuáles son esas sociedades. Sin duda, como señala GARCÍA ARÁN, la literalidad del precepto parece dar a entender que hay SMP distintas a las que "ejecutan políticas públicas o prestan servicios de interés económico general", y así lo demuestra el uso de la expresión "En el caso de las..."[5]. Ello obliga a deslindar unas de otras y a indicar si y cómo podrán responder penalmente. En este sentido considero que los criterios establecidos por BAUCELLS permiten alcanzar conclusiones coherentes, encuadrar en el párrafo 2º a las SMP que prestan servicios de interés general y relegar al régimen general de responsabilidad de las personas jurídicas a aquellas otras SMP que sólo desarrollan actividades económicas. Eso sí, como señala el autor, no siempre será sencillo determinar cuándo estamos en uno u otro caso, y eso nos abocará necesariamente a un análisis caso por caso[6].

Y en último lugar, es posible que determinadas sociedades de capital íntegramente privado o mixto con participación minoritaria pública asuman la gestión de potestades de soberanía o administrativas (funciones públicas), por ejemplo, en el ámbito del control y vigilancia de aeropuertos o centros penitenciarios, de inspección medioambiental o en el ámbito de la justicia. Esas empresas privadas no deberían incluirse ni en el primero ni en el

---

5 Vid. GARCÍA ARÁN, cit., p. 284.

6 BAUCELLS LLADÓS, J., "Las empresas del sector público empresarial responsables penalmente", en *Estudios Penales y Criminológicos*, N. 42, 2022, pp. 18 y 19. El autor pone ejemplos que resultan clarificadores y señala que deberán tratarse como empresas privadas aquellas que desempeñan actividades regladas por razón de interés general. En un sentido similar VALEIJE ÁLVAREZ, Inma, "Sobre la responsabilidad penal de las sociedades públicas mercantiles que ejecuten políticas públicas o presten servicios de interés económico general", en VÁZQUEZ-PORTOMEÑE, F. (Dir.), *Lobbies. ¿Instrumento de participación democrática o medios de corrupción?*, Tirant lo Blanch, Valencia, 2022, pp. 77 y 78.

segundo párrafo del art. 31 quinquies CP[7]. Ello es así porque no ejercen potestades, sólo las gestionan[8] y son, a todos los efectos, empresas privadas (el capital público es inferior al 50% y/o no están bajo el control público), tanto en términos administrativos como penales. Entiendo que el ostentar una mera gestión de la potestad y la ausencia de una participación pública suficiente (capital público) las aleja, en demasía, del resto de entes mencionados en el primer párrafo (sector público administrativo y EPE) y también de los incluidos en el segundo. Consecuencia de ello es que responderán como empresas privadas (art. 31 bis CP) con independencia de que las personas físicas que actuaron en su nombre puedan responder por el delito de cohecho, como después se desarrollará.

Hecho este excurso, vuelvo al tema que nos ocupa. Como es conocido, las denominadas empresas públicas, como parte del "sector público", han aumentado exponencialmente su presencia en todos los niveles de la administración[9], estatal, autonómica y local y parece que dicho incremento responde a la necesidad de gestionar más eficientemente determinados servicios públicos

---

7 SILVA SÁNCHEZ, J., "Empresas prevaricadoras. Delitos especiales de funcionarios públicos, sociedades mercantiles y medio ambiente", en GONZÁLEZ CUSSAC, J.L. (Dir.), *Estudios jurídicos en memoria de la profesora doctora Elena Gorriz Royo,* Tirant lo Blanch, Valencia, 2020, p. 798. En contra de lo aquí defendido, el autor considera (y lo crítica) que este tipo de empresas no responderían penalmente precisamente porque ejercen potestades públicas y quedarían exentas por vía del art. 31 quinquies.1 CP, aunque podría, según su propuesta, atribuirse la condición de funcionario a los que dejaron de cumplir con sus funciones, omitieron o falsearon inspecciones.

8 Sobre el vago concepto de potestades públicas de soberanía y administrativas, vid. GARCÍA ARÁN, cit., p. 277, quien distingue entre su titularidad y la gestión de la misma. Distinción que, en mi opinión, resulta sumamente interesante para excluirlas del párrafo 1 del art. 31 quinquies CP.

9 Basta con echar un vistazo al inventario del sector público institucional estatal, autonómico y local que cuenta con 4902 entes.

y a la conveniencia de intervenir desde la Administración en la venta y prestación de determinados bienes y servicios cuya oferta interesa, de manera especial, al Estado u otros entes públicos.

Pero lo cierto es que el incremento cuantitativo y cualitativo de esta parcela del sector público no ha venido acompañada de un estatuto legal claro[10] y no pocos especialistas ya lo habían criticado, entre otras razones, porque relacionaban ese fenómeno con la conveniencia de crear espacios sometidos a un menor control legal[11]. De ser así, una de las primeras consecuencias con relevancia penal que podría provocar esta situación es, sin duda, el aumento del riesgo de comisión de delitos de corrupción y en particular de cohechos[12]. Efectivamente, como es por todos conocido, la ausencia o debilitamiento de controles en la Administración pública (internos y externos) es uno de los motivos que suelen incrementar el riesgo de comisión de estos delitos.

No es por tanto extraño que, desde el derecho penal, nos preguntemos qué papel juegan, en los posibles acuerdos corruptos,

---

10 GARCÍA ARÁN, cit., pp. 2, 3 y 7, quien señala con razón que, cuando las categorías administrativas de las que se "nutre" el derecho penal no están precisamente delimitadas, resulta difícil extraer conclusiones claras a nivel penal, lo que le lleva, junto a otras razones, a acoger una interpretación restrictiva de algunos de los elementos del art. 31 quinquies CP a partir de una interpretación funcional y sistemática del mismo.

11 GÓMEZ RIVERO, M.C., "El castigo penal de la corrupción en el ámbito del llamado sector público instrumental", en *Revista Electrónica de Ciencias Penales y Criminología,* N. 18-06, 2016, pp. 5-6.

12 Así lo destacó, hace ya algún tiempo, la propia OCDE en las "Directrices en materia de Lucha Contra la corrupción e Integridad en las Empresas Públicas" (2019), cuando señalaba que "Un estudio de la OCDE de 2018 concluyó que, en algunos casos, las empresas públicas parecen tener menos capacidad o voluntad que las privadas para evitar actividades de alto riesgo (OCDE, 2018a). Además, el análisis de varios casos juzgados de cohecho entre 1999 y 2014 muestra que los cargos de las empresas públicas recibían sobornos más a menudo que otros cargos públicos (OCDE, 2014)" (pp. 11 y 12).

las personas que intervienen cuando forman parte de la estructura organizativa de una de estas empresas públicas y si dichas empresas responderán penalmente como corporaciones de derecho privado (art. 31 bis CP) o, por el contrario, quedarán sometidas a alguno de los regímenes especiales de atribución de responsabilidad incluidos en el "oscuro" art. 31 quinquies CP[13]. Sobre todo, porque como ha señalado, entre otros, GARCÍA ARÁN, la normativa administrativa y el régimen legal que asiste a este tipo de entes no permite extraer conclusiones claras trasladables al derecho penal[14].

Trataré de dar respuesta a estos interrogantes en lo que sigue, pero para ello es necesario partir de la concreta configuración que el Código Penal hace del delito de cohecho, tanto en los tipos comunes, previstos en los arts. 419 y ss. CP, como en la modalidad especial recogida en el art. 268 ter) CP, de corrupción en los negocios.

2. LA RESPONSABILIDAD DE LOS MIEMBROS DE SOCIEDADES MERCANTILES PÚBLICAS POR LA COMISIÓN DE ALGUNA DE LAS FORMAS DE COHECHO PREVISTAS EN LOS ARTS. 419 Y SS. DEL CÓDIGO PENAL

Para examinar la responsabilidad de las empresas públicas, y en concreto de las SMP, referida en el art. 31 quinquies.2 CP, es imprescindible determinar, en primer lugar, cómo se atribuye responsabilidad a las personas físicas que intervienen en la comisión del delito, pues este es el requisito indispensable para construir

---

13 Hasta donde alcanzo se han planteado múltiples interpretaciones del art. 31 quinquies CP, casi diría que una por autor/a que ha tratado el tema, incluida la Fiscalía General del Estado (Circular 1/2016 de la FGE). Ello por si sólo da cuenta de la imprecisión que rodea al precepto, lo que sin duda dificultará su aplicación.

14 GARCÍA ARÁN, cit., pp. 2, 3 y 7.

la responsabilidad de la empresa o entidad en nombre de la que actúan (art. 31 bis CP). En segundo lugar, confirmado lo anterior, deberá comprobarse si se cumplen los requisitos requeridos por el Código Penal para sancionar a la empresa por la comisión de alguna de las formas de cohecho (arts. 31 bis) y 427 bis) CP).

La previsión del Código Penal relativa al delito de cohecho es compleja y no pueden examinarse en esta sede todas las cuestiones que plantea. Por tanto, me limitaré a estudiar los elementos relevantes para determinar la posible responsabilidad de una SMP. Para ello partiré de la ya clásica distinción entre cohecho pasivo y activo[15], puesto que, como veremos, la posición que ocupe la empresa pública en este delito será decisiva para determinar su posible responsabilidad penal.

Pues bien, como es sabido, el *cohecho activo* lo comete el particular o la empresa que ofrece, promete o entrega una dádiva o regalo a cambio de la obtención de un acto de un funcionario público. El *cohecho pasivo*, por su parte, es el cometido por el funcionario que solicita, acepta la promesa o recibe las dádivas del particular o la empresa a cambio de realizar un acto propio del cargo. En suma, la calificación de activo o pasivo depende de la condición subjetiva del autor, pero sobre todo de la posición que este ocupa en el delito, en el acuerdo corrupto o su intento. Esto es, uno es el que compra el acto público y otro el que vende sus funciones. Debo aclarar que, para simplificar el análisis, a partir de ahora, me referiré a las conductas delictivas de este modo, aunque las diversas modalidades de cohecho no requieren para su consumación que se alcance acuerdo alguno

---

15 Aunque considero que resulta más adecuado a la realidad de las conductas incriminadas denominar al cohecho pasivo cohecho del funcionario y al activo cohecho del particular. Así lo indiqué en RODRÍGUEZ PUERTA, Mª José, *El delito de cohecho: problemas jurídico-penales del soborno de funcionarios públicos*, Aranzadi, Cizur Menor, 1999.

ni que efectivamente se lleve a cabo el acto "público" objeto de este, ni tampoco la efectiva entrega o recepción de la ventaja[16].

La distinción entre estas dos formas de responder por el delito examinado adquiere en este ámbito una trascendencia particular, por cuanto los sujetos cuya conducta nos interesa no pertenecen a la Administración pública en sentido estricto sino a la denominada administración institucional. A diferencia del sector público administrativo, las empresas públicas[17], en particular las SMP, gozan de una doble condición o naturaleza, es decir, son entidades privadas, pero prestan servicios públicos o realizan actividades de interés general[18]. Esta naturaleza híbrida o dual hace posible que los sujetos que actúan en su nombre puedan operar como oferentes de un acto que podría llegar a calificarse

---

16 Evidentemente, si no se alcanza acuerdo alguno, del delito únicamente responderá el sujeto que solicitó u ofertó sin éxito una ventaja. En el caso de que se alcanzara un acuerdo, responderán ambos sujetos con independencia de que las contraprestaciones que corresponden a cada uno de ellos se hayan hecho efectivas, se haya entregado la ventaja o adoptado el acto objeto de soborno. De cerrarse el acuerdo de manera completa, esto es, cuando se entrega la ventaja y se adopta el acto, ello tendrá consecuencias en materia de comiso y podrá acarrear la anulación del acto adoptado (art. 47 Ley 39/2015, de 1 de octubre, del Procedimiento Administrativo Común de las Administraciones Públicas) además de, en ocasiones, ser constitutivo de otro delito, como el de prevaricación o la malversación.

17 El análisis del delito de cohecho no difiere substancialmente cuando la empresa involucrada es una SMP o una EPE. Sin embargo, las consecuencias penales para estos dos tipos de empresas públicas son distintas: las primeras serían responsables y las segundas no.

18 El art. 113 L. 40/2015 establece que este tipo de sociedades públicas se rigen también por lo dispuesto en la Ley 33/2003, del patrimonio de las Administraciones públicas y por el *ordenamiento jurídico privado*, salvo en las materias en que le sea de aplicación la normativa presupuestaria, contable, de personal, de control económico-financiero y de contratación.

de público o como compradores del mismo, cuando entablan trato con otras administraciones u otros entes del sector público.

A partir de esta clasificación se examinarán algunos elementos del delito que pueden plantear problemas cuando es un miembro de una SMP el que actúa, tanto desde la perspectiva del cohecho pasivo y como del activo, por los motivos que se señalaron.

2.1. El cohecho pasivo de los art. 419 a 422 CP

Los elementos propios del cohecho pasivo se encuentran definidos en los art. 419, 420, 421 y 422 CP[19]. Básicamente para apreciar el delito deben concurrir cumulativamente al menos tres elementos: (i) que el sujeto que comete alguna de las acciones típicas sea funcionario público, (ii) que solicite, acepte el ofrecimiento o la promesa de una ventaja (dádiva, favor o retribución) y (iii) que lo haga como contrapartida por la realización, en el ejercicio de su cargo, de un acto (acto propio del cargo)[20].

Veamos entonces si la conducta llevada a cabo por un miembro de una SMP cumple con los requisitos exigidos por este delito, comunes a las distintas formas de cohecho. En concreto,

---

19 Sobre la interpretación de estas modalidades típicas vid, por todos, MORALES PRATS, F. / RODRÍGUEZ PUERTA, M.ª José, "Comentario a los arts. 419 y ss.", en QUINTERO OLIVARES, G. (Dir.), *Comentarios al Código penal español*, Vol. II, 8ª Ed. Aranzadi, Madrid, pp.1357-1430.

20 Este último requisito, la vinculación entre el acto del cargo objeto de soborno y la ventaja ofrecida o prometida, no se requiere en el denominado cohecho de facilitación, el previsto en el art. 422 CP. En ese supuesto, la ventaja admitida por el funcionario no se relaciona con un acto determinado o determinable sino que se admite en consideración al cargo o función. Sobre esta clase de cohecho, vid., por todos, SÁNCHEZ TOMAS, J.M., "Cohecho", en ÁLVAREZ GARCIA, F.J. et al, *Tratado de Derecho penal español parte especial III*, Tirant lo Blanch, Valencia, 2013, pp. 423-427.

si puede ser sujeto activo del delito y si sus actos pueden ser calificados de propios del cargo o función.

a) El sujeto activo

En este terreno el punto de partida es común a todos, o casi todos, los delitos contra la Administración Pública: todas las formas de cohecho pasivo se refieren al sujeto activo como "el funcionario público o autoridad que actúa en el ejercicio de su cargo", lo que remite a la definición que se contiene en el art. 24CP.

El alcance de este precepto ha sido tratado de manera extensa ya en otra parte de este libro, a la que me remito. Simplemente destacaré aquí cuáles son las especificidades que el Código ha previsto en el ámbito del cohecho y su traslación a los sujetos que forman parte de una SMP.

Para ello debemos partir de lo dispuesto en los arts. 24 CP (concepto penal de funcionario), 423 CP (sujetos asimilados a los funcionarios en el delito de cohecho) y 427 CP (funcionarios públicos extranjeros asimilados a los nacionales). De la interpretación conjunta de estos tres preceptos se extrae, como veremos, una noción amplia de funcionario público, cuanto menos a los efectos del delito de cohecho.

Ello es así, en primer lugar, porque el art. 423 CP amplia el alcance de los sujetos que pueden cometer el delito de cohecho pasivo, extendiéndolo a los "jurados y árbitros, nacionales e internacionales, mediadores, peritos, administradores o interventores designados judicialmente, administradores concursales *o a cualesquiera personas que participen en el ejercicio de la función pública*" [21].

---

21 Sobre el alcance de este precepto SÁNCHEZ TOMAS, cit., pp. 408 y ss., DELGADO GIL, A., "El concepto de funcionario público a efectos penales. Una revisión del sujeto activo funcionario en los delitos de cohecho", en *La Ley Penal*, N. 145, 2020, pp. 11 y 12. y VAZQUEZ PORTOMEÑE, F.

La cláusula de cierre empleada para identificar a aquellos que se consideran funcionarios a los efectos de este delito allana el camino para admitir, respetando el principio de legalidad, que también estaremos frente a un funcionario público, a los solos efectos del cohecho, cuando el sujeto desempeñe o participe en el ejercicio de funciones públicas, aún sin un título habilitante[22].

Por tanto, el art. 423 CP permite extender la condición de funcionario, más allá de los límites impuestos por el art. 24.2 CP,

---

"El concepto penal de funcionario público: algunas cuestiones problemáticas", en Ferré Olivé/Serrano Piedecasas/Demetrio Crespo/Perez Cepeda/Núñez/ Zúñiga Rodriguez/ Sanz Mulas, *Liber Amicorum Derechos humanos y derecho penal, T. II. Homenaje al Prof. Ignacio Berdugo Gómez de la Torre*, Ed. Universidad de Salamanca, 2022. pp. 437 y 438.

22 Efectivamente, uno de los interrogantes que se ha suscitado cuando se trata de miembros de una SMP es precisamente la ausencia de título habilitante (ley, nombramiento o elección).
Tal y como ha destacado CARDONA, 2022, cit., p. 10, resulta habitual que los gerentes de empresas participadas con capital público se incorporen a las mismas a través de un contrato laboral y formen parte del Consejo de Administración previo nombramiento de la Junta general de la sociedad, si así lo determinan sus estatutos. En esos casos, como también señala el autor, no se cumple con uno de los requisitos establecidos en el art. 24.2 CP para considerarlos funcionarios a los efectos penales.
En este mismo sentido ya se habían pronunciado críticamente VALEIJE ÁLVAREZ, Inma, "Reflexiones sobre los conceptos penales de funcionario público, función pública y «personas que desempeñan una función pública»", en *Cuadernos de Política Criminal,* N. 62, 1997, pp. 448, 449, QUINTERO OLIVARES, G., "Comentario al art. 24 CP", en *Comentarios al Código penal español,* Tomo I, 7ª Ed., Thomson Reuters Aranzadi, Cizur Menor, 2016, p. 334 y RAMÓN RIBAS, E., "La derogación jurisprudencial del art. 24.2 CP (concepto de funcionario público)", en *Estudios Penales y Criminológicos,* N. 34, 2014, pp. 208 y ss.

esto es, también a supuestos en los que no hay nombramiento, ni siquiera indirecto[23], pero sí participación en funciones públicas.

En consecuencia, cuando el delito a imputar es el de cohecho pasivo, se desvanece la problemática suscitada respecto a las SMP[24] y a las empresas privadas o de capital público minoritario, que llevan a cabo labores de certificación e inspección en materia de seguridad de productos, industrial o medio ambiente, de vigilancia y control en el ámbito del transporte o las prisiones. En esos casos, los sujetos responsables, como ya señalaba, pese a no concurrir el nombramiento (ni directo ni indirecto[25])

---

23 El Tribunal Supremo, en línea con la interpretación amplia que venía haciendo del concepto de funcionario, ha reconocido, entre otras en la STS de 16 de mayo de 2014 (Tol 4355850) y más recientemente en la STS de 15 de septiembre de 2021 (Tol 8592876), la condición de funcionario a efectos penales a los miembros de la SMP Mercasevilla, aduciendo para ello que el requisito del nombramiento del art. 24.2 CP quedaba adecuadamente satisfecho cuando este se llevaba a cabo de manera *"indirecta"*, por ejemplo, cuando el director general y el subdirector de la SMP habían sido nombrados por la autoridad pública a través de la Junta general de la sociedad que se hallaba mayoritariamente controlada por capital público.
Se muestra conforme con esta interpretación también para el delito de prevaricación, CASAS HERVILLA, J., *Prevaricación administrativa de autoridades y funcionarios públicos: análisis de sus fundamentos y revisión de sus límites,* Ed. Reus, Madrid, 2020, pp. 221-224, en particular con abundante jurisprudencia, nota 212.

24 De no admitirse que el nombramiento indirecto al que alude la jurisprudencia colma las exigencias del art. 24.2 CP, debería rechazarse la posibilidad de considerar funcionario público a los miembros de una SMP. En este sentido, RAMÓN RIBAS, cit., p. 189 y ss. Con matices también, CARDONA BARBER, 2022, cit., p. 22 y GONZÁLEZ RUS, J., "La aplicación de la prevaricación a las sociedades mercantiles públicas. Revisión de criterios jurisprudenciales desde la perspectiva del art. 31 quinquies CP", en *La Ley Penal,* N. 9221, 2018, p.3.

25 Debe advertirse que, cuando se trata de empresas privadas o mixtas con capital público minoritario, la interpretación jurisprudencial del nom-

requerido con carácter general en el art. 24.2 CP, podrán ser considerados funcionarios públicos para el delito de cohecho.

Esta interpretación amplia viene también avalada por lo dispuesto en los arts. 424 y 427 CP. El primero de ellos está destinado a establecer la conducta punible para el que compra o intenta comprar un acto del cargo (cohecho activo). Así, cuando el art. 424 CP se refiere al sujeto público al que se dirige la oferta corrupta, menciona, junto a la autoridad o al funcionario público, a la persona que participe en el ejercicio funciones públicas. De ese modo incluye como destinatario de la ventaja o su oferta a todos los sujetos a los que se refiere el art. 423 CP (funcionarios y particulares que desempeñan funciones públicas[26]).

En esta misma dirección, el art. 427 CP amplia también el concepto penal de funcionario[27] al acoger una definición muy

---

bramiento indirecto no resulta aplicable. Tal y como se indicó, esta solo podrá funcionar cuando el capital de la SMP es mayormente público o el Consejo de Administración está en manos públicas, no en otros casos, y sólo respecto a los directores, gerentes o responsables de SMP.
Sin embargo, admite tal posibilidad SILVA SÁNCHEZ, 2020, cit., pp. 797 y ss., cuando sugiere que podría atribuirse la condición de funcionario público a sujetos que forman parte de esas sociedades mercantiles a partir de proyectar lo dispuesto en el art. 31 CP a los delitos especiales cometidos por estos. Esto es, considerarlos funcionarios públicos cuando actúan como administradores de hecho o de derecho de una persona jurídica en quién concurren las condiciones, cualidades o relaciones exigidas por el delito.

26 VALEIJE ÁLVAREZ, 1997, cit., p. 493, quien utiliza esos términos para referirse a los particulares que por mor del art. 423 CP (entonces art. 422 CP), sin ser funcionarios públicos, participan en el ejercicio de funciones públicas.

27 El precepto examinado se incorporó al Código penal en 2010 y se amplió en 2019, proveyéndose a partir de la última reforma su aplicación también a los delitos de malversación y tráfico de influencias. Sobre este precepto vid. DELGADO GIL, cit., pp. 26-26, quien se muestra crítico con el mismo y la falta de correlación entre este y

"generosa" de quiénes se consideran funcionarios de la UE, países extranjeros u organizaciones internacionales públicas. El apartado b) del citado precepto se refiere a "cualquier persona que ejerza una función pública" en un país de la UE o en un país extranjero y alude expresamente a aquellos que forman parte de una "empresa pública"[28]. El apartado d) del mismo precepto indica que también se consideran funcionarios a las personas que ejerzan una función de servicio público que consista en la gestión o toma de decisiones de intereses financieros de la UE.

Nuevamente, el concepto que acoge el Código Penal para referirse a los funcionarios extranjeros y miembros de organismos internacionales prescinde de la necesidad de un título habilitante y acoge la línea político criminal que inspiró la Directiva 2017/1371, de 5 de julio de 2017, sobre la lucha contra el fraude que afecta a los intereses financieros de la Unión a través del derecho penal, que se ha visto confirmada en la Propuesta de Directiva del Parlamento Europeo y del Consejo sobre la lucha contra la corrupción de 2023. Esto es, "extender *la condición de funcionario a todos los que manejen fondos públicos o tomen decisiones relacionadas con estos, aunque no ostenten cargos oficiales y a las personas que trabajen en empresas estatales o controladas por el Estado y empresas de propiedad privada que desempeñen funciones de servicio público*"[29].

---

lo dispuesto en el art. 24.2 CP. A lo que habría que añadir ahora la necesidad de adaptarlo a la Propuesta de Directiva del Parlamento Europeo y del Consejo sobre la lucha contra la corrupción de 2023.

28 El legislador penal realizó en su momento una transposición literal de la definición de "agente público extranjero" contenida en el Convenio OCDE de lucha contra la corrupción de agentes públicos extranjeros en las transacciones comerciales internacionales de 1997, sin tomar en consideración que el concepto de empresa pública es amplio y comprende entes y sociedades de distinta naturaleza.

29 La propuesta de la nueva Directiva sobre la lucha contra la corrupción 2023/0135 concreta, en mi opinión de manera más adecuada, entre los sujetos que deben ser considerados funcionarios públicos (nacionales

Superado este primer escollo en el delito examinado, la cuestión decisiva para poder atribuir responsabilidad a un miembro de una SMP estriba en probar que *desempeña o participa en el desempeño de funciones públicas*[30].

Ciertamente esta cuestión ha sido interpretada por la Sala segunda del Tribunal Supremo de manera amplia, también cuando se trataba de una SMP. Así lo ha hecho el TS en el caso Mercasevillla (STS de 16 de mayo de 2014 (*Tol 4355850*)), donde consideró que tanto el director general de Mercasevilla y gerente de la fundación dependiente de esta SMP como el subdirector debían responder como autores de un delito de cohecho pasivo impropio por haber solicitado dinero a unos empresarios para que les fuera concedida la gestión y explotación de una escuela de hostelería.

Según señala la sentencia, ambos eran funcionarios públicos y desempeñaban funciones públicas (Fundamento jurídico 7). Se afirma allí que la SMP, de naturaleza mixta, ejercía funciones públicas puesto que el fin para el que se creó era la mejora del servicio público del mercado mayorista alimentario que integra una competencia municipal obligatoria, según la ley reguladora

---

y extranjeros) incluye también a "...todas las personas que presten un servicio, que hayan sido investidas de autoridad pública o que *estén sujetas al control o la supervisión de las autoridades públicas en relación con el desempeño de dicho servicio, aunque no ocupen formalmente un cargo.* A los efectos de la presente Directiva, la definición debe abarcar asimismo a *las personas que trabajen en empresas estatales o controladas por el Estado y en fundaciones de administración de activos y empresas de propiedad privada que desempeñen funciones de servicio público,* así como a las personas jurídicas creadas o mantenidas por ellas" (considerando 9).

30 Suele citarse como referencia jurisprudencial la STS 1590/2003, de 22 de abril (Tol 564827), en la que se aborda el concepto de función pública en un sentido amplio, material y de marcado carácter funcional (FJ Decimotercero).

de las bases del Régimen Local (L 7/1985) [31]. Junto a este razonamiento, que extiende tanto a la SMP como a la fundación creada por esta, el tribunal valoró la decisión concreta por la que solicitaron dinero los condenados, el acto objeto del soborno. A ello me referiré en el siguiente apartado.

Sin embargo, conviene aclarar que la participación en funciones públicas (art. 423 CP) no puede equipararse sin más a la gestión o la realización de actividades que afecten a intereses o fines públicos o guarden relación con la prestación de servicios públicos[32]. Podría admitirse que desempeñan estas tareas no sólo los funcionarios públicos en términos penales (art. 24.2CP) sino también otros empleados públicos. Sin embargo, parece complicado extenderla hasta el punto de considerar que participan en el ejercicio de funciones públicas también aquellas personas que forman parte de empresas privadas que gestionan servicios públicos, como una empresa de taxis, una empresa que obtiene una concesión o una empresa que ejecuta una obra, por haber resultado adjudicataria de la misma[33].

---

31 Es posible, por tanto, participar en el ejercicio de funciones públicas y ello no significa ostentar una potestad administrativa. Parece que ello concuerda con lo señalado por GARCÍA ARÁN, cit., p. 280, cuando señala que "En un intento de interpretación penal podría apuntarse que toda potestad incluye funciones (públicas) como actividad, pero no todo ejercicio de funciones constituye ejercicio de potestad".

32 Del mismo modo que tampoco la participación en funciones públicas puede equipararse al desempeño de potestades administrativas. Vid GARCÍA ARÁN, cit., p. 280 y 283.

33 Esas personas no son funcionarios (art. 24.2 CP), ni a los efectos del delito de cohecho (art. 423 CP). Así, por ejemplo, no podrían responder por cohecho pasivo el empleado de una empresa que tiene una concesión y solicita una ventaja a una empresa de suministros para adquirir de manera preferente sus productos, ni tampoco la empresa de taxis que solicita una cantidad de dinero por adquirir vehículos a una determinada marca o a un determinado concesionario. Esas

Por el contrario, entiendo que participan en el ejercicio de funciones públicas los integrantes de empresas privadas (y de SMP) que colaboran con la administración gestionando potestades administrativas o realizando tareas de control y vigilancia de aeropuertos o medioambientales, en centros penitenciarios o para la administración de justicia. En esos supuestos, a diferencia de los anteriores, esas empresas dependen de las administraciones que han delegado en ellas la ejecución de una función pública o la gestión de una potestad administrativa y ostentan su control en el desempeño de esas actividades concretas[34]. Cuestión distinta es cómo responderán estas empresas. A ello me referiré cuando analice la responsabilidad de la empresa por el delito de cohecho pasivo.

b) El acto propio del cargo

Según se indicó en el apartado anterior, la atribución de responsabilidad por cohecho pasivo a una SMP (de capital público o mixto) dependerá de que el funcionario o particular que desempeñe funciones públicas se comprometa a realizar u omitir un acto que tenga la consideración de público y propio de su cargo. Adviértase que este extremo resulta de especial importancia cuando se trata de SMP puesto que estas, como es sabido, desempeñan funciones públicas, pero también de naturaleza privada.

Así, en primer lugar, tal y como se apuntó, la SMP a la que se encuentra adscrito el sujeto debe participar en el ejercicio de funciones públicas. Aunque a esta cuestión ya se hizo referencia en el apartado anterior, conviene recordar que la interpretación de lo que son funciones públicas realizada por la jurisprudencia

conductas podría valorarse, en su caso, como constitutivas de un delito del art. 286 bis.1 CP.

34 En consonancia con lo que indica la nueva Propuesta de Directiva sobre corrupción de 2023, considerando 9, al que ya me referí.

ha discurrido por cauces muy amplios. Así, los tribunales han considerado que "*cualquier actuación de estas entidades donde exista un interés público responde a este concepto amplio de función pública*"[35].

Ello se ha justificado, entre otras, en la STS 1008/2022 de 9 enero de 2023 (*Tol 9339783*) de la siguiente manera:

"*...nuestra jurisprudencia ha destacado que no resulta exigible en el delito de cohecho que el funcionario que solicita o percibe la dádiva sea el encargado del acto sobre el que actúa el cohecho, bastando que el acto que ejercita el funcionario guarde relación o conexión con las actividades públicas que desempeña, de modo que el particular entienda que el corrupto podrá realizar lo pretendido con especial facilidad en atención a la función que desempeña, sin que resulte preciso que se trate de un acto que corresponda precisamente ejercitar al funcionario en el uso de sus específicas competencias (SSTS 1149/2009, 26 de octubre o 186/2012, de 14 de marzo). Y hemos indicado además que tampoco es necesario que el funcionario beneficiado por la dádiva sea el funcionario encargado del acto sobre el que actúa el cohecho, bastando con que el mismo se vea facilitado por la acción del funcionario receptor o que solicita el beneficio (STS 504/2003, de 2 de abril)*"

Sin duda, una interpretación de este tenor puede resultar adecuada cuando se trata de actuaciones de funcionarios que desempeñan su actividad en la administración en sentido estricto, pero no cuando son parte de SMP que manejan fondos privados y realizan actuaciones y toman decisiones estrictamente privadas.

En esos supuestos, antes de analizar el acto objeto de soborno, tendrá que comprobarse cuáles son los intereses generales gestionados por la sociedad examinando sus estatutos de creación, tal y como dispone el art. 114 de la L. 40/205, de manera similar a la prevista para otros entes del sector institucional.

---

35 Ampliamente sobre ello RAMÓN RIBAS, cit., pp. 184-188 y la abundante jurisprudencia en ese sentido allí citada.

Una vez realizada esa comprobación habrá de constatarse que el acto objeto del cohecho[36] se inscribe en esas funciones públicas atribuidas estatutariamente. Esta tarea no siempre resulta sencilla, puesto que son muchas y variadas las acciones que pueden requerirse para llevar a cabo dichas funciones. Sin embargo, creo que puede resultar útil identificar algunas actuaciones que, de realizarse, merecerán la consideración de actos propios del cargo.

Así ocurre, en primer lugar, cuando lo comprometido por el funcionario público es un acto que *guarda relación o afecta a fondos de naturaleza pública*. Por ejemplo, cuando se trata de asignar una subvención otorgada por la Administración.

Esta es la interpretación que predomina en la jurisprudencia[37]. Así por ejemplo en Mercasevilla el TS consideró que la atribución de la gestión de la escuela de hostelería, para la que Mercasevilla había obtenido una subvención de la Junta de

---

36 En este sentido debe precisarse que el delito de cohecho pasivo, en sus distintas modalidades, demanda que el funcionario público o el particular que ejerce funciones públicas se comprometa a adoptar u omitir "un acto propio del cargo" a cambio de una recompensa o ventaja de cualquier naturaleza. Los tipos penales de cohecho no emplean el término resolución, concepto más estricto, como ocurre, por ejemplo en el delito de prevaricación del art. 404 CP o las distintas formas de tráfico de influencias de los arts. 428 y ss. CP.

37 Tanto en el caso de SMP como de EPE los tribunales no han dudado en considerar acto propio del cargo aquel que tenía por objeto disponer de fondos públicos (cuando el capital de la sociedad era entera o mayoritariamente público) por ejemplo a los efectos del delito de malversación. Así, CARDONA BARBER, 2022, cit., p. 17 y la jurisprudencia allí citada para malversación también aplicable a cohecho. Interesa sobre manera al respecto el acuerdo del Pleno no Jurisdiccional de la Sala Segunda del Tribunal Supremo de 25-05-2017 (*Tol* 6190156), sobre el carácter público o privado de los caudales de una sociedad mixta. También sobre la naturaleza pública de los caudales de las SMP interesa la reciente Consulta 3/2023 de la Fiscalía General del Estado, de 16 de mayo, sobre el concepto de patrimonio público del art. 433 CP.

Andalucía, entraría dentro del ámbito del servicio público y lo justifica del siguiente modo:

"se trataba de invertir un dinero público procedente de una subvención concedida por la Consejería de Empleo de la Junta de Andalucía y que se iba a materializar a través de una sociedad integrada de forma abrumadoramente mayoritaria por capital público. El dinero asignado como subvención por la referida Consejería cumplimenta un fin de interés general y público, cual es la creación de empleo a través de la instalación de la Escuela de Hostelería en un ámbito que tiene cuando menos relación con mercado de abastecimiento en el que opera Mercasevilla y su fundación instrumental".

En segundo lugar, también deberá calificarse como acto objeto del cohecho *la participación en cualquier tipo de contratación de obras o servicio, concesión de obras, concesión de servicios o suministro.* Así sucede cuando el acto objeto de soborno cometido por un integrante de una SMP versa sobre materias que la legislación administrativa somete a condiciones similares a las establecidas para la administración pública en sentido estricto. En particular, los actos que guarden relación o conexión con las actividades públicas a las que se refieren los arts. 3.h) y 12 de la L. 9/2017 de contratos del sector público, y el art. 113 de la L. 40/2015. Esto es, presupuestaria, contable, de personal, de control económico-financiero y de contratación[38].

---

[38] Así se ha considerado, por ejemplo, en el caso de empresas del sector público como ADIF (EPE) o AENA (SME). Entendió el alto tribunal que los actos cometidos por integrantes de estas dos empresas públicas eran propios del cargo. Ello, tanto en el caso del responsable de ADIF que solicitó dinero para la concesión de una autorización con el fin de regular obras en zona de protección del Ferrocarril (STS de 28 junio 2021, *Tol 8503880*), como en el del Director de Comunicación de AENA que, aprovechando las competencias que en materia de contratación y ordenación de pagos le otorgaba su cargo en AENA, adjudicó irregularmente a las sociedades del "Grupo CORREA" distintos contratos de AENA para realizar eventos o participar en Ferias, todo ello a cambio de entregarles distintas dádivas (dinero en efectivo o prestaciones de servicios, fundamentalmente viajes turísticos para

Más discutible, sin embargo, parece otorgar la consideración de acto propio del cargo a cualquier actuación de un miembro de la SMP por el solo hecho de tratarse de un funcionario que actúa aprovechando su posición. En este sentido, no resulta convincente la valoración que hacen los tribunales de esta cuestión en el caso Industrialdeas (SAP Álava de 17 de mayo de mayo de 2019 – *Tol* 7638237- y STS de 9 de enero de 2023[39]–*Tol 9339783*). A grandes trazos, en este tema la actuación del que se considera funcionario, gerente de una SMP que luego es nombrado *Diputado Foral de Álava,* consistió en *influir* sobre otros funcionarios (de organismos públicos o de SMP que pertenecían a su mismo partido político) para favorecer que estos adjudicaran obras o servicios a empresas con las que había acordado el pago de comisiones. Se trata de un caso complejo que responde a lo que se ha dado en denominar la *colonización de la administración por parte de los partidos políticos.*

En este asunto, algunos miembros destacados del Partido Nacionalista Vasco instrumentalizaron la posición que ocupaban en la ejecutiva provincial del partido para conseguir que otros funcionarios pertenecientes al mismo partido político se sometieran a su voluntad. Así, lograron que se tomaran decisiones en el ámbito de la contratación y asignación de subvenciones que integran actividades administrativas. Sin embargo, la conducta de "influir" no puede, a mi modo de ver, ser considerada un acto propio del cargo, a los efectos del delito de cohecho. Ello

---

ellos y sus familias, obras de reforma en la vivienda particulares...). SAN 21 de septiembre 2023, *Tol 9734351.*

39 Señala la resolución que: "En el presente supuesto, aun cuando la decisión de contratación fuera adoptada por el Presidente del Consejo de Administración, se aprecia en el recurrente una función pública particularmente próxima a la consecución de la actuación ilícita, pues formaba parte del órgano de dirección de la entidad alavesa y su comportamiento consistió, precisamente, en conducir la voluntad de quien ejercía específicamente la competencia de decidir para todos los parques tecnológicos de la Comunidad Autónoma".

es así porque la acción que llevó a cabo el funcionario no guarda relación o conexión con las actividades públicas que desempeña, pero sobre todo porque la facilidad para lograr lo pretendido por el comisionista no se deriva de la función que desempeña el sujeto como miembro de una SMP o como Diputado Foral, sino de la pertenencia a un mismo partido político. Más concretamente, de la posición de poder que ocupa en éste.

En definitiva, la acción delictiva principal consistió en ejercer influencias y recibir comisiones de los que se beneficiaban de las resoluciones adoptadas por los influidos. Que el funcionario percibiera comisiones no basta para calificar la conducta de cohecho pasivo. De ser así, se estaría desdibujando el delito de cohecho y limitando el espacio que corresponde al de tráfico de influencias, delito que podría cubrir adecuadamente algunos comportamientos corruptos graves, como también ha señalado VÁZQUEZ PORTOMEÑE[40]. Más concretamente, en mi opinión, este tipo de conductas[41] debería llevarse al ámbito del tráfico de influencias del art. 428 o 429 CP y al delito del art. 430 CP compatible con los anteriores[42].

Por último, respecto a la responsabilidad de los miembros de una sociedad mercantil privada (o mixta de participación pública minoritaria) cuando esta tiene funciones de colaboración con la administración, de admitirse que desempeñan

---

40 VÁZQUEZ PORTOMEÑE, F., "El modelo de criminalización del tráfico de influencias en el Código penal español y sus rasgos definitorios", en *La Ley Penal: revista de derecho penal, procesal y penitenciario,* N. 154, 2022, pp. 11 y ss. y OLAIZOLA NOGALES, Inés, "El delito de tráfico de influencias: su relación con el 'lobby'", en VÁZQUEZ-PORTOMEÑE, F. (Dir.), *Lobbies. ¿Instrumento de participación democrática o medios de corrupción?,* Tirant lo Blanch, Valencia, 2022, pp. 48 y ss.

41 Advierte del riesgo de que miembros del mismo partido al que pertenecen los cargos de empresas públicas puedan influir indebidamente en sus decisiones, las Directrices OCDE, 2019, p. 12.

42 VÁZQUEZ PORTOMEÑE, El modelo de incriminación... cit., pp. 12 y 13. En contra OLAIZOLA NOGALES, cit., p. 45.

alguna función pública, sólo los actos realizados en desarrollo de la misma podrán considerarse propios del cargo, públicos a efectos del cohecho. Valgan los siguientes ejemplos para ilustrar estas situaciones. Respondería por el delito de cohecho pasivo el vigilante de la zona azul de aparcamiento que solicita una ventaja por tolerar que se aparque sin realizar el pago debido o por retirar multas por estacionamiento irregular, o también el vigilante del aeropuerto que "hace la vista gorda" a cambio de una ventaja para que se introduzcan productos prohibidos o de contrabando[43] o, por último, el miembro de una empresa privada con funciones de control ambiental que, a cambio de una ventaja, "falsea las inspecciones", no las realiza o incumple sus obligaciones (públicas) en este ámbito[44]. En todos esos casos, será posible considerar funcionario a los efectos del cohecho a los sujetos que cometen el delito cuando los actos comprometidos guarden relación directa con la función pública desempeñada. De admitirse, ello tendrá consecuencias, como luego veremos, en la posible atribución de responsabilidad a la empresa privada (que no es una SMP) por el delito de cohecho pasivo.

c) ¿Debe limitarse la responsabilidad a los cargos de dirección?

Para cerrar las cuestiones que plantea la responsabilidad por el delito de cohecho pasivo, debe tratarse otro tema también controvertido. Me refiero a si la consideración de funcionario

---

43 Ambos ejemplos propuestos por GARCÍA ARÁN, cit., p. 269 y 283 respectivamente.

44 Supuesto que plantea y analiza SILVA SÁNCHEZ, J., 2020, cit., p. 794 y 795. Como se indicó supra, estas personas no podrán responder como autores de una prevaricación del art. 329 CP, puesto que no son funcionarios porque no cumplen los requisitos del art. 24.2 CP al no preverse para este delito una cláusula similar a la dispuesta en el art. 423 CP. Sin embargo, sí podrán responder por el delito de cohecho pasivo en virtud de lo dispuesto en el citado precepto.

público del sujeto corrupto puede predicarse sólo de los directivos y gerentes de las SMP, tal y como ha defendido VALEIJE[45].

La interpretación restrictiva defendida por la autora parece sustentarse sobre la falta de un título habilitante de los sujetos que no ocupan altos cargos de dirección en la SMP. Considera VALEIJE que la condición de funcionario público sólo la ostentan los nombrados (también indirectamente) por la autoridad competente y no el resto de los trabajadores de la SMP, incluso aunque desempeñen funciones públicas. Aun así, VALEIJE se refiere al art. 423 CP, para el delito de cohecho, y sugiere que en esos casos el ejercicio de funciones públicas podría ser suficiente para atribuirles responsabilidad, como ocurre en el delito de malversación.

La limitación de sujetos activos propuesta por esta autora, sin duda aplicable a otros delitos, en el marco del cohecho, por la expresa previsión legal establecida en los artículos 423, 424 y 427 CP, es innecesaria porque, según se señaló, en este delito, el concepto de funcionario público a efectos penales ya ha sido ampliado por el propio Código.

En definitiva, entiendo que sería posible imputar el delito al sujeto que realizó la acción típica, independientemente de la posición jerárquica que ostente en la SMP o en empresas privadas que colaboran con la administración, si el acto objeto del soborno reviste las condiciones para considerarse propio del cargo, según se ha interpretado. Esta cuestión también será determinante a la hora de establecer la posible responsabilidad penal de la sociedad en nombre de la que actúa[46].

---

45 VALEIJE ÁLVAREZ, 2022, cit., pp. 83-86.

46 No examinaré ahora la responsabilidad, que podría nacer como coautor o participe del superior, de los directores y gerentes de la empresa que toleraron ese comportamiento o que, conociendo que se había producido, no hicieron nada. Vid sobre las consecuencias GÓMEZ RIVERO, cit., pp. 17-24.

Cuestión distinta es si la Administración asumirá los daños y perjuicios derivados del acto. Ello efectivamente queda limitado, de acuerdo con el art. 115 L. 40/2015, a los empleados públicos que fueron designados como miembros del Consejo de administración de la SMP por la administración estatal, autonómica o local, contra los que podrá repetirse si se prueba que actuaron con dolo, culpa o negligencia grave[47].

2.2. Cohecho activo del art. 424 CP

La cuestión se plantea en términos radicalmente distintos cuando un miembro de una SMP comete un delito de cohecho activo, esto es, ofrece, entrega o promete una ventaja para obtener de un funcionario público un acto propio de su cargo. En esos casos, a los efectos del delito de cohecho, el miembro de la SMP actúa como particular. Tal y como se señaló, lo decisivo en el cohecho activo no es ostentar o no la condición de funcionario, sino el rol que la persona ocupa en el acuerdo corrupto[48].

En este caso, como en cualquier otro supuesto de cohecho activo, lo que se sanciona es la compra o intento de compra de un acto público (o la gratificación dirigida a un funcionario en consideración a su cargo o función). A los efectos que aquí nos interesan, esta posición también puede ser ocupada por los miembros de una SMP porque, a diferencia de los miembros de la administración pública en sentido estricto, estos en el ejercicio de sus funciones pueden actuar como particulares y entablar relaciones con otros

---

47 En esos supuestos, cuando ha sido un inferior jerárquico, deberá también responder la Administración si el miembro del Consejo de Administración actuó de manera dolosa, en connivencia con la otra persona o con negligencia grave, o no ejercieron el control o supervisión, estando obligados a ello, y se causó un perjuicio.

48 diferencia de lo que ocurre en el delito de tráfico de influencias, que puede ser cometido por un funcionario (428 CP) o por un particular (429 CP).

entes del sector público. Por tanto, de ofrecer, entregar o prometer ventajas a un funcionario, incurrirán en responsabilidad por el delito de cohecho, según dispone el art. 424 CP.

El cohecho activo podrá imputarse a cualquier empleado de la SMP, aunque luego, dependiendo de su posición en la jerarquía de la empresa, habrá de determinarse la posible responsabilidad de la SMP conforme a criterios diversos, según dispone el art. 31 bis.1 a) o b) CP.

3. LA RESPONSABILIDAD DE LA PERSONA JURÍDICA POR LA COMISIÓN DE ALGUNA DE LAS FORMAS DE COHECHO PREVISTAS EN LOS ARTS. 419 Y SS. DEL CÓDIGO PENAL

Una vez identificada la persona física que comete el cohecho pasivo o activo en virtud de los previsto en el art. 427 CP, será posible atribuir responsabilidad a la persona jurídica siempre que se cumplan los requisitos exigidos en el art. 31 bis CP. Como se expuso en el apartado anterior, las particulares condiciones en que se encuentran las SMP permiten que estas puedan asumir ambos roles, tanto de vendedoras como de compradoras de actos públicos.

3.1. Cohecho pasivo

Por lo que respecta a esta forma de cohecho, para poder considerar a la SMP responsable a los efectos del art. 31 quinquies CP, habrá de comprobarse la concurrencia de al menos dos elementos: i) que la persona física a la que se atribuye el cohecho pasivo actuó en nombre o por cuenta de la SMP y ii) que ello ha reportado o reportaría a la SMP un beneficio directo o indirecto[49].

El primero de los requisitos se entenderá cumplido si el miembro de la SMP o de la empresa privada que colabora con la administración se comprometió, a cambio de una ventaja, a realizar un acto propio de su cargo, puesto que ello únicamente es posible si el sujeto actuó por cuenta de la empresa y en ejercicio de funciones públicas.

Mayores problemas plantea la constatación del segundo requisito: el beneficio directo o indirecto que ello reportó o reportaría a la SMP, en particular cuando la SMP actúa como vendedora de actos propios del cargo, es decir, en el caso del cohecho ahora examinado.

En esos supuestos difícilmente podrá afirmarse que el cohecho cometido por un miembro de la SMP reportó o podría reportar un beneficio para la empresa, puesto que normalmente la ventaja, entregada o prometida por el particular, no pasará a engrosar el patrimonio social de la entidad sino el propio de la persona física o el de un tercero. Ocurre algo similar cuando el cohecho se comete en la administración en sentido estricto. Tampoco entonces puede afirmarse que esta resulte beneficiada por la actuación del funcionario, más bien todo lo contrario. Para la administración, igual que para cualquier ente del sector institucional, ello conllevará perjuicios de todo tipo. Por regla general se verá afectada la credibilidad y reputación de la propia administración y, dependiendo del tipo de acto sometido a acuerdo corrupto y de su posible ejecución, se podrán ver afectados negativamente los servicios o intereses públicos gestionados por esta[50].

---

49 Evidentemente, también se requiere comprobar el defecto de organización de la empresa, pero ahora no entraré en esta cuestión.

50 Los costos de la corrupción no siempre son adecuadamente analizados y valorados pero qué duda cabe que cuando se comprometen por "precio" actos públicos, se otorgan contratos o licitaciones de manera arbitraria, se están comprometiendo indebidamente recursos públicos y perjudicando la correcta asignación de estos. GADDI, Daniela,

Ciertamente pueden imaginarse supuestos en los que, por ejemplo, el funcionario corrupto recibe una ventaja de una empresa para que se contraten sus servicios, pero a un precio reducido, por debajo del fijado en el mercado. En esos excepcionales casos en los que el miembro de la sociedad actúa con la intención de beneficiarla y no en su exclusivo interés o beneficio, podrá responder penalmente también la sociedad. Sin embargo, de darse esta situación, la responsabilidad en la que incurrirá la SMP, en principio, debería ser la establecida en el art. 31 quinquies. 2 CP.

Esta cuestión también es tratada en otras partes de este volumen, y me remito al apartado correspondiente. En todo caso, no parece que haya motivos sólidos para mantener que para esta parcela del sector público (cuando la SMP actúa como Administración) la solución deba ser distinta de la que correspondería al resto de entidades públicas en supuestos similares (cohecho pasivo), esto es, irresponsabilidad según dispone el art. 31 quinquies 1 CP. Los argumentos esgrimidos por la doctrina para justificar esa ausencia de responsabilidad resultan igualmente aplicables y discutibles en estos casos [51]. No obstante, si la ventaja solicitada u aceptada por el "funcionario" se incorporara al patrimonio de la SMP o conllevara una reducción de costes o un ahorro para la entidad, según el ejemplo planteado, la SMP podría ser sancionada.

En definitiva, por regla general la SMP no responderá penalmente por no haber obtenido o podido obtener un beneficio. No obstante, excepcionalmente, podrá nacer responsabilidad penal, en dos supuestos.

"Corrupción, pérdida de confianza social y justicia restaurativa", *Estudios Penales y Criminológicos*, N. 43, 2023, pp. 14-16.

51 Se refiere a ellos CARDONA BARBER, 2021, cit, pp. 945-946, y se pregunta si tiene sentido que responda penalmente, atendidos esos argumentos, una SMP de capital íntegramente público. También sobre la irresponsabilidad penal de la Administración y su justificación, vid. GARCÍA ARÁN, cit., pp. 13 y 14.

El primero, cuando la SMP obtenga un beneficio directo o indirecto, porque de adoptarse el acto objeto del cohecho podría conseguir un servicio o contrato a un precio ventajoso, tal y como se proponía en el ejemplo. En esos casos su responsabilidad será limitada, según establece el art. 31 quinquies.2 CP.

El segundo, cuando el cohecho se cometa en una empresa privada que colabora con la administración. En ese caso, si son los directivos los que actúan o toleran el delito, es imaginable que la empresa obtenga un beneficio, por ejemplo porque la dádiva se incorpora al patrimonio de la sociedad. De ser así, como esas empresas no son SMP ni ostentan potestades de administración, sino que sólo las gestionan, responderán como empresas privadas. Sin embargo, a los miembros de la sociedad que actuaron se les imputará por un delito de cohecho pasivo, puesto que son funcionarios a los efectos del cohecho (art. 423 CP). Esta situación no debe sorprender. Se ha admitido sin problema, por ejemplo, que un miembro de un colegio profesional responda por un delito de cohecho pasivo y, sin embargo, el Colegio profesional lo haga, en su caso, como persona jurídico-privada.

Mención separada merecen los casos en los que el miembro de la SMP se corrompe precisamente con la intención de trasferir a su *partido político* toda o parte de la ventaja prometida o entregada por la empresa con la que ha intentado o logrado el acuerdo o, incluso, aquellos casos en los que se corrompe con la intención de que la empresa en favor de quien se compromete a adoptar un acto luego financie a su partido político (ventaja que repercute en su partido de manera directa, pero que también le beneficia a él, puesto que estará en mejor posición ante su partido para ocupar cargos en el sector público)[52].

---

52 Supuesto que se examinó, *mutatis mutandis*, en la primera sentencia del caso GURTEL. Al respecto, LEON ALAPONT, J., "La responsabilidad civil del Partido Popular como partícipe a título lucrativo: a propósito de la SAN 20/2018, de 17 de mayo ", *en Diario La Ley*, N. 9229, 2018.

En esos supuestos podría responder el partido político beneficiado, como tercero favorecido por el cohecho, cuanto menos como partícipe a título lucrativo (art. 122 CP) o incluso como participe con responsabilidad penal, si, como parece probable, este proceder se hubiera acordado previamente con el funcionario miembro de la SMP y "subordinado a las decisiones del partido", con quien le interesa mantener vínculos y las mejores relaciones.

Sin embargo, y sin ánimo de exhaustividad, la responsabilidad del partido como participe del delito de cohecho pasivo cometido por el funcionario dependerá, de un lado, de que se identifique a los que actuaron en nombre del partido político[53], induciendo o cooperando de otra manera en el cohecho pasivo[54] y, de otro, de que se admita la responsabilidad penal de la persona jurídica en supuestos de participación[55]. En esos casos, como han sugerido algunos autores, sería también conveniente limitar las sanciones de modo semejante a como se hace en el

---

53 En las hipótesis que hemos planteado no podrá atribuirse responsabilidad al partido político al que pertenece el funcionario corrupto aunque este forme parte de la estructura organizativa del partido. Es cierto que concurren en él ambas condiciones (la de funcionario y la de representante o miembro del partido), pero ello no puede llevar a afirmar que actuó en nombre del partido, aunque sí en su interés. LEON ALAPONT, J., "Aspectos principales de la responsabilidad penal de los partidos políticos", en *Revista Penal*, N. 42, Julio 2018, p. 128.

54 Debe recordarse que en el partícipe en los delitos especiales no debe concurrir la condición exigida por el tipo especial. En este caso, el que actuó en nombre del partido político, ideando el plan o participando en el acuerdo, no tiene que ostentar la cualidad de funcionario.

55 Sobre este particular no reina acuerdo en la doctrina, pese a que la jurisprudencia y la Fiscalía General del Estado sí parecen admitirla. La admiten tanto la Fiscalía General del Estado en la Circular 1/2016, de 22 de enero, sobre la responsabilidad penal de las personas jurídicas conforme a la reforma del Código Penal efectuada por Ley Orgánica 1/2015, apartado 2.1, como la reciente STS de 8 de abril de 2024 (Tol 9980988), FJ3, entre otras.

art. 31 quinquies.2 CP en atención a las funciones públicas que los partidos políticos desempeñan[56].

3.2. Cohecho activo

La situación se torna completamente distinta cuando se examina la posible responsabilidad de la SMP desde la perspectiva del cohecho activo. En esos casos, será posible atribuir responsabilidad a la sociedad si uno de sus miembros corrompe o intenta corromper a un funcionario público. Para ello deberá comprobarse que concurren los requisitos que permiten activar la responsabilidad penal de las personas jurídicas.

Desde la perspectiva del cohecho activo resulta coherente atribuir responsabilidad a la SMP que actúa como particular. Sólo en esos casos el ente o sociedad pública se beneficia de manera directa o indirecta del cohecho cometido por la persona física. Efectivamente, por regla general, la compra o intento de compra de actos propios del cargo persigue que el funcionario adopte una decisión a la que, presumiblemente, la empresa no tendría derecho o no tendría certeza sobre su obtención. Se trata, en definitiva, de pagar para asegurar una decisión pública que favorece a la empresa a la que pertenece el corruptor.

Así las cosas, deberá constatarse que la persona física cometió el delito sabiendo que ello reportaría un provecho (beneficio) para la persona jurídica en nombre de la que actuó. La exigencia de un constatable beneficio directo o indirecto ha sido interpre-

---

56 BAUCELLS LLADÓS, J., "Las penas previstas para las personas jurídicas en la reforma penal de 2010. Un análisis crítico", en *Estudios Penales y Criminológicos*, N. 33, 2013, pp. 178, 202 y ss. y SANTANA VEGA, Dulce M., "Consideraciones críticas sobre la responsabilidad penal de los partidos políticos como instrumento de lucha contra la corrupción", en *Política Criminal*, Vol. 15, N. 29, 2020, pp. 99 y ss., quien se muestra reacia a atribuir responsabilidad penal a los partidos y propone otras medidas.

tada por la doctrina en el sentido de exigir la comprobación de que la acción delictiva integraba un "modo idóneo de lograr un provecho para la entidad", no siendo necesaria la obtención efectiva del beneficio, siquiera que este resulte directo (incremento patrimonial presente o futuro), pudiendo también ser indirecto, como, por ejemplo, un ahorro de costes para la empresa[57].

La interpretación que el TS ha realizado de este elemento coincide, en lo esencial, con la señalada. Así se aprecia en la reciente sentencia del caso PESCANOVA[58].

En definitiva, podrá responder la SMP si uno de sus miembros comete un cohecho activo y corrompe, intenta corromper o se deja corromper por el funcionario para obtener un acto que en el marco de su actividad pudiera generarle expectativas de beneficio empresarial, sin que pueda alegarse para soslayar este elemento que, descubierto el delito, estas no se obtuvieron o incluso ello repercutió negativamente en la empresa (por ejemplo, daño reputacional o pago de multas o indemnizaciones en concepto de responsabilidad civil derivada del delito).

---

57 Así se expresa, por ejemplo, DOPICO GÓMEZ-ALLE, J., "TEMA 4: La responsabilidad penal de las personas jurídicas", en DE LA MATA BARRANCO, N. / DOPICO GÓMEZ-ALLE, J. / LASCURAIN SÁNCHEZ, J.A. / NIETO MARTÍN, A., *Derecho penal económico y de la empresa,* Ed. Dykinson, Madrid, 2018, p. 140. También se refiere a este elemento, interpretándolo en sentido amplio, PÉREZ MACHÍO, ANA.I., "Responsabilidad penal de las personas jurídicas y delitos de tratos degradantes, acoso laboral, acoso inmobiliario y acoso sexual: ¿un paso más hacia el sistema de incriminación de numerus *apertus?*", en *LA LEY compliance penal,* N. 12, *Sección Estudios,* Primer trimestre de 2023, p. 14.

58 STS de 10 de febrero de 2023 (Tol 9416297), en la que se mantiene la condena a PESCANOVA por el delito del art. 282 bis) CP cometido por el representante legal de la entidad al considerar que el condenado procedió a falsear dolosamente la información económico-financiera con el propósito de captar inversores y obtener así financiación suficiente para continuar con el desarrollo de la empresa y así beneficiarla (FJ 25).

En conclusión, por vía del art. 427 CP en relación con los dispuesto en el art. 31bis).1 CP, podrá considerarse responsable a la SMP cuando uno de sus miembros cometa un delito de cohecho activo (art. 424 CP), del mismo modo que ocurre cuando el cohecho activo lo comete una empresa privada. Eso es lo que distingue a estos entes, su doble naturaleza pública y privada, y justifica que sean tratados, al menos en el ámbito del cohecho activo, de forma similar a cualquier otra empresa que se acerca a la administración para obtener favores.

Sin embargo, también es cierto que, aunque en esos casos resulte justificada la responsabilidad penal a la SMP, no debe olvidarse que los motivos que llevaron a su creación y algunas de las actividades que desempeña son públicas, tanto si gestiona servicios públicos como si oferta en el mercado bienes o servicios. Ello justificaría la exclusión de las posibles sanciones que pudieran repercutir directa o indirectamente en la prestación de esos servicios. En atención a ello, creo adecuado aplicar lo dispuesto en el art. 31 quinques.2 CP, sin perjuicio de que, de no existir esa expresa previsión, se alcanzarían resultados similares (limitación en cuanto a las sanciones) a partir de los establecidos en el art. 66 bis) 1a b) CP también en aquellos supuestos en los que la SMP actuara como particular, esto es, como una empresa privada.

4. LA RESPONSABILIDAD POR LA COMISIÓN DE ALGUNA DE LAS FORMAS DE CORRUPCIÓN EN LOS NEGOCIOS DEL ART. 286 TER) DEL CÓDIGO PENAL

Para concluir con este análisis resta únicamente tratar la posible responsabilidad de las SMP en casos de corrupción en los negocios.

Las dificultades que ha suscitado la interpretación del art. 286 ter) CP no pueden ser abordados en esta sede, aunque tendré inevitablemente que realizar alguna referencia a las mismas. Así pues, para analizar la problemática objeto de estudio, partiré de la interpretación del precepto que ya defendí en otro lugar[59]. Considero que el delito del art. 286 ter) CP es una modalidad especial y agravada de cohecho activo, cuya ubicación entre los delitos contra el mercado y los consumidores persigue destacar su naturaleza pluriofensiva[60].

Es una forma especial porque comparte con las formas de cohecho de los arts. 419 y ss. CP la estructura y los elementos básicos. La única diferencia estriba en el objeto de la corrupción. Mientras en los tipos comunes se trata de un acto propio del car-

---

59 RODRÍGUEZ PUERTA, Mª José, "Comentario al art. 286 ter) CP", en QUINTERO OLIVARES, G. (Dir.), *Comentarios al Código Penal español*, Vol. II, 8ª Ed. Aranzadi, Madrid, pp. 417-431. En contra de esta forma de entender el delito analizado, FEIJOO SÁNCHEZ, B., "El delito de corrupción de agentes públicos en actividades económicas internacionales del art. 286 ter CP como delito contra la competencia a través de la corrupción", en *Diario La Ley*, N. 8987, 2017, p. 7, quien lo considera especial respecto a las formas de cohecho común y autónomo de las mismas.

60 El legislador ha previsto de manera separada una forma de cohecho cuya ofensividad lo hace merecedor, con razón, de un tratamiento más severo. Se trata de un delito pluriofensivo en el que junto al "correcto funcionamiento de la Administración pública" se tutelan otros intereses de carácter económico, como la competencia o el orden socioeconómico mundial. En un sentido similar BENITO SÁNCHEZ, Demelsa, "Análisis de las novedades incorporadas al delito de corrupción en las transacciones comerciales internacionales por la ley orgánica 1/2015, de 30 de marzo", en *Estudios de Deusto*, Vol. 63, N.1, 2015, p. 227 y ARVELO RODRÍGUEZ, P., "La aportación del marco penal español para erradicar la corrupción trasnacional: una doble vía inacabada", en *Euronomía, Revista en cultura de la legalidad*, N. 17, 2019, p. 142. En este sentido recientemente OTERO GONZÁLEZ, Pilar, "Corrupción de empresas multinacionales, ineficacia del tipo y buena gobernanza. (¿Por qué no hay sentencias condenatorias en España por este delito?)", en *Eunomía. Revista en Cultura de la Legalidad*, N. 23, 2022, pp. 83 y 84, considera que este delito tutela los bienes jurídicos indicados y además los derechos humanos de los países emergentes.

go sin mayores especificaciones, en la corrupción del art. 286 ter) CP el acto de carácter público objeto del soborno debe afectar a "actividades económicas internacionales"[61]. La importancia de este tipo de transacciones internacionales, desde la perspectiva económica, justifica que el legislador haya querido mencionarlas de manera expresa, aunque para ello no era necesario ubicarla ente los delitos de naturaleza socioeconómica vinculados con el mercado y la competencia, como luego se expondrá.

Es una forma agravada de cohecho activo respecto a la establecida en el art. 424 CP porque, después de la reforma de 2015, se apareja a su comisión la pena dispuesta en el art. 419 CP (cohecho propio), independientemente de que el acto perseguido sea injusto o conforme a los deberes del cargo y se posibilite la imposición de una multa en atención al beneficio obtenido.

En definitiva, de esta caracterización del cohecho del art. 286 ter) CP se deriva que son punibles tanto las conductas de cohecho pasivo (arts. 419 y ss.) como las de cohecho activo (arts. 424 o 286 ter) CP)[62]. Sin embargo, las penas que correspondan en uno y otro caso son diversas.

---

61 Sobre el alcance de este elemento, ARVELO RODRÍGUEZ, cit., p. 144 y ss., quien expone un ejemplo que resulta interesante para ilustrar las dificultades que puede plantear identificar cuando el objeto del cohecho afecta a actividades económicas internacionales y propone que podría considerarse como tal el supuesto en el que una empresa nacional ofrece o entrega a un funcionario una ventaja para conseguir, por ejemplo, un contrato público cuando a la licitación concurren también empresas extranjeras.
Deberían incluirse aquí no sólo actividades comerciales sino cualquiera con trascendencia económica internacional. BENITO SANCHEZ, 2015, cit., p. 225.

62 De otra opinión DIAZ MAROTO Y VILLAREJO, J., "Corrupción en las transacciones comerciales internacionales", en *Eunomía, Revista en cultura de la legalidad,* N.14, 2018, p. 319, para quien esta forma de corrupción activa tiene carácter autónomo respecto al cohecho y ello

El cohecho pasivo se sanciona con las penas previstas en los arts. 419 CP y ss., dependiendo de cuál sea su objeto (propio, impropio, de facilitación o subsiguiente), con independencia de que el acto propio del cargo afecte o no a actividades económicas internacionales y de que el funcionario que lo cometa sea nacional o extranjero[63].

Por otro lado, el cohecho activo merece una sanción distinta si tiene por objeto alguna actividad económica internacional.

---

acarrea necesariamente la impunidad del funcionario extranjero que sólo podría ser sancionado en su país. No se pronuncia sobre las consecuencias penales que tendría la corrupción de un funcionario nacional cuyo objeto fuera un negocio u otra actividad comercial internacional. En un sentido similar al aquí propuesto, BENITO SANCHEZ, 2015, cit., p 227 y ARVELO RODRÍGUEZ, P., "La aportación del marco penal español para erradicar la corrupción trasnacional: una doble vía inacabada", en *Euronomía, Revista en cultura de la legalidad,* N. 17, 2020, pp. 135 y ss., quien se refiere a una "doble vía", si bien luego por cuestiones de jurisdicción concluye que las formas de cohecho pasivo trasnacionales son pseudo-atípicas o atípicas impropias por la imposibilidad de perseguir y sancionar al funcionario extranjero, en virtud de lo previsto en el art. 23.2 y 3 LOCPJ.
Sin embargo, considero que el admitir la atipicidad del cohecho pasivo en del art. 286 ter) CP (propia o impropia) trasmitiría un mensaje sumamente inadecuado en términos de política criminal. En efecto, se estaría dando a entender que la conducta del funcionario extranjero o nacional no merece reproche penal. Sin embargo, son precisamente esos casos los que merecen el máximo rechazo, con independencia de que, en ocasiones, no puedan ser juzgados en España sino únicamente en los Estados de los que son nacionales los funcionarios. Es más, aun cuando no se juzgaran allí, por falta de voluntad de perseguirlos judicialmente por el Estado del que son nacionales o por no considerarse allí delictivas, el mensaje que debería trasmitir nuestro ordenamiento jurídico es, sin duda, que son delictivas y deberían ser sancionadas.

63 De esta opinión BENITO SÁNCHEZ, 2015, cit., p. 227 y OTERO GONZÁLEZ, cit., p. 69.

En ese caso vendrá en aplicación el art. 286 ter) CP, tanto si el cohecho es propio como impropio[64]. Sin embargo, deberá aplicarse lo dispuesto en el art. 424 CP cuando el cohecho activo fuera subsiguiente o de los denominados de facilitación[65]. Esto es, cuando la ventaja se ofrezca, prometa, entregue o sea solicitada por el funcionario en consideración al cargo o función (los supuestos del art. 422 CP), puesto que la modalidad agravada del art. 286 ter) CP no cubre estos supuestos ni las formas subsiguientes de cohecho (art. 421 CP)[66].

Desde luego la exegesis del precepto no resulta evidente. El legislador no lo ha puesto fácil: ni la ubicación del precepto ni los términos en los que se expresa la conducta típica son claros y ello ha llevado a mantener interpretaciones que, en mi opinión, recortan

---

64 Aunque es más grave el cohecho propio que el impropio, esta equiparación punitiva se ha justificado en el caso del cohecho trasnacional alegando que entrar en esa distinción complicaría en demasía la tarea de los tribunales puesto que, si interviniera un funcionario extranjero, el carácter de contrario o no a derecho debería valorarse conforme a la normativa de su país. Sin embargo, este argumento, tras la reforma de 2015, resulta injustificado, puesto que el funcionario venal puede ser nacional o internacional y la cuestión de la conformidad a derecho deberá valorarse del mismo modo que en las formas comunes de cohecho que también incluyen ahora a los funcionarios extranjeros (art. 427 CP).

65 La cuestión, sin embargo, es controvertida. Mientras que FEIJOO SÁNCHEZ, cit., p. 5-6, y ARVELO RODRÍGUEZ, cit., p. 146-149, limitan el alcance del delito del art. 286 ter) CP a las formas de cohecho propia e impropia dispuestas en los art. 419 y 420 CP, BENITO SÁNCHEZ, 2015, cit., p. 226, incluye el cohecho de facilitación, aunque lo critica

66 Así se desprende de la propia literalidad del precepto que vincula las ventajas con la realización de un acto futuro y esto no ocurre ni en el cohecho subsiguiente ni en el de facilitación. En el primero, porque lo que se sanciona es el cohecho cometido tras la adopción por el funcionario de un acto propio del cargo (art. 421 CP). En el de facilitación del art. 422 CP, porque lo que lo caracteriza es precisamente la falta de vinculación entre la ventaja y un acto determinado o determinable del funcionario.

injustificadamente el ámbito de este precepto. Sin embargo, sólo a partir de su consideración como un *subtipo especial agravado de cohecho activo* pueden alcanzarse conclusiones coherentes y acordes con los compromisos asumidos por España a nivel internacional[67]. Así es, si la voluntad que guió la inclusión del cohecho trasnacional y sus sucesivas modificaciones ha sido la de castigar más severamente el cohecho relacionado con el comercio internacional por presentar una mayor lesividad, la única manera de llevarlo a cabo es relacionándolo con las formas comunes de cohecho. Aunque para ello lo más adecuado, tras la reforma de 2015 del CP, hubiera sido prever en el propio art. 424 CP un apartado específico destinado a agravar la pena por el cohecho activo cuando tuviera ese objeto y hacer lo mismo en los preceptos que cubren las formas de cohecho pasivo, por ejemplo, en relación a las más graves.

Dicho sea de paso, ello soslayaría otro de los inconvenientes que presenta la fórmula legal empleada por el art. 286 ter) CP. En efecto, en el precepto analizado no se menciona la posibilidad de que la acción corrupta se dirija a un "particular que participa en el ejercicio de funciones pública", como en cambio hace el art. 424 CP, ni se prevé una cláusula semejante a la del 423 CP[68]. Ello puede limitar la responsabilidad por cohecho

---

67 En concreto, entre otros, el Convenio penal sobre la corrupción (Convenio 173 del Consejo de Europa) de 1999, ratificado por España en 2010, que impone obligaciones de sancionar el cohecho pasivo y activo (arts. 2, 3, 5 y 69). Así lo recuerda también ARVELO RODRÍGUEZ, cit., p. 138. También la OCDE había requerido a los Estados para que sancionaran el cohecho de agentes públicos extranjeros (como mínimo) de la misma forma que los nacionales.

68 Se remite el art. 286 ter) CP a los art. 24 y 427 CP, relativo a funcionarios nacionales y extranjeros, pero no al art. 423 CP que, como se justificó, resulta decisivo para asignar responsabilidad en algunos supuestos de los examinados, es decir, las SMP y las empresas privadas colaboradoras de la administración.

activo en algunos casos que, no obstante, podrán llevarse según la interpretación aquí defendida al art. 424 CP.

Al margen de lo anterior, el delito examinado plantea otro orden de problemas, los derivados del objeto internacional del soborno. Esta cuestión afecta especialmente[69] en los casos de cohecho cuyo objeto es una transacción comercial internacional, ya que es posible, incluso en ocasiones necesario, que una de las partes sea extranjera. Así, por regla general son los sujetos los que confieren el carácter de internacional al cohecho, pudiendo ser cometido tanto por funcionarios extranjeros como por empresa corruptoras de otros países. Así, pese a que parece que el legislador al introducir esta modalidad de cohecho estaba pensando en sancionar a las empresas españolas que hacían negocios en el extranjero corrompiendo a los funcionarios de otros países para asegurarse buenos resultados, sin embargo, la redacción del precepto admite un abanico de posibilidades amplio y la respuesta penal será diversa dependiendo de quienes intervengan y dónde se cometa el delito, en España o en el extranjero. A ello me referiré en los apartados que siguen.

4.1 La competencia para conocer de esta clase de cohecho

Huelga recordar que del delito de cohecho pueden responder las dos partes implicadas, cuando alcanzan un acuerdo, o una de ellas, cuando se realizan ofertas unilaterales que no son atendidas por la otra parte. Es posible, por tanto, que la acción penal se dirija contra una de ellas, la que solicitó u ofreció sin éxito la ventaja o el acto propio del cargo, o que sean las dos las que respondan penalmente. En este último caso es incluso posible que se juzguen separadamente o en países distintos. Estas

---

69 Aunque debe recordarse que, desde 2015, el art. 427 CP considera funcionarios públicos "a los efectos del cohecho de los arts. 419 y ss". también a los extranjeros y miembros de organizaciones internacionales públicas.

situaciones pueden comportar, como decía, problemas para su persecución, algunos de los cuales abordaré a continuación.

a) La responsabilidad por cohecho pasivo

Como señalaba en el apartado anterior, la nacionalidad del funcionario puede condicionar la posibilidad de enjuiciamiento, sobre todo cuando se trata de funcionarios extranjeros. Esta situación ha conducido a algunos autores a mantener la atipicidad del cohecho pasivo, como ya se señaló. Sin embargo, conforme a lo aquí se ha defendido, sería punible la conducta del funcionario, miembro de una SMP nacional o extranjera, que cometiera en territorio español el delito de cohecho pasivo (se reuniera y pactara o intentara pactar en España). En esas hipótesis los tribunales españoles serán competentes para conocer del delito, tanto si el objeto del cohecho es un acto que afectara al comercio internacional como si no lo es. Se aplicarían a los individuos los arts. 419 y ss., aunque, como ya se justificó, por regla general la SMP no tendría responsabilidad penal. La conclusión sería idéntica si el funcionario fuera nacional y el delito se cometiera fuera de España (art. 23.3 h) LOPJ).

Distinta sería la solución si el funcionario venal fuera extranjero y el cohecho pasivo se cometiera fuera del territorio nacional, esto es, en el caso en que una SMP española corrompiera o intentara corromper a un funcionario de otro país. De ser así, los tribunales españoles no tendrían competencia para conocer esa forma de cohecho pasivo, puesto que no afectaría a la Administración pública española (art. 23.3 h) CP), incluso aunque el objeto cohecho guardara relación con la actividad económica internacional, porque el art. 23.4 CP lo impide[70]. Los argumentos esgrimidos

70 Requiere que el procedimiento se dirija contra un español o un extranjero que resida habitualmente en España. En este sentido FEIJOO SÁNCHEZ, B., "La aplicación extraterritorial de los delitos de corrupción en los ne-

para "justificar" y en ocasiones "criticar" esta situación son de sobra conocidos y no entraré ahora a valorarlos[71].

b) La responsabilidad por cohecho activo

Por lo que respecta al cohecho activo, se aplicaría lo dispuesto en el art. 286 ter CP (delito especial) de manera preferente a lo establecido en el art. 424 CP cuando el cohecho "afecte a actividades económicas internacionales", tanto si el funcionario al que se corrompe o intenta corromper o del que se acepta la propuesta de soborno es nacional como si es extranjero, en el sentido de lo dispuesto en el art. 427 CP.

Como ya defendí líneas más arriba, responderá por la comisión de este delito cualquier miembro de una sociedad, también de una SMP, si el delito se cometiera en España o fuera de España. En ese último caso se requerirá, para atribuir la competencia a los tribunales españoles, que la SMP a la que pertenece el sujeto tenga sede o domicilio social en España (art. 23.4 n) 3º LOPJ) [72]. En ese caso, también podrá declararse responsable a la

---

gocios", en SANTANA VEGA, Dulce María / FERNÁNDEZ BAUTISTA, Silvia / CARDENAL MONTRAVETA, S. / CARPIO BRIZ, D. / CASTELLVÍ MONSERRAT, C. (Dirs.), *Una perspectiva global del Derecho Penal. Libro homenaje al profesor Dr. Joan J. Queralt Jiménez*, Atelier, 2021, p. 576, quien destaca que no podría tampoco atribuirse competencia a los tribunales españoles por vía del art. 23.3 h) LOPJ, en contra de lo defendido por SILVA SÁNCHEZ, J., "Doce tesis sobre el delito de corrupción de funcionarios extranjeros", en GÓMEZ-JARA DÍEZ, C., (Coord.), *Persuadir y razonar: Estudios jurídicos en homenaje a José Manuel Maza Martín*, Tomo II, Thomson Reuters Aranzadi, 2018, p. 648, quien equipara la Administración española y la extranjera a los efectos de ese precepto.

71 Sobre ello, vid., FEIJOO SÁNCHEZ, 2021, cit., p. 578 y 579, y OTERO GONZÁLEZ, cit., pp. 85 y ss.

72 OTERO GONZÁLEZ, cit., p. 85 y 86, quien propone flexibilizar el art. 23.4 LOPJ, para superar las limitaciones que impone el principio de per-

propia SMP y ser juzgada por los tribunales españoles (art. 23.4 n) 4º LOPJ), siempre que esta tuviera su sede o domicilio social en España. Para ello, como vengo señalando, habrá de probarse que concurren los requisitos requeridos en el art. 31 bis) CP. Entre otros, que la sociedad haya obtenido un beneficio directo o indirecto por la comisión del cohecho[73]. Debe repararse que, de ser así, la pena de multa que podría imponerse a la SMP sería superior a la dispuesta en el art. 427 bis) CP, aplicable cuando el objeto del cohecho activo no guardara relación con la actividad comercial internacional o fuera subsiguiente o de facilitación.

No quisiera cerrar este apartado sin destacar que, para lograr descubrir y juzgar a los responsables de esta clase de corrupción trasnacional, lo que se necesita, ante todo, como ha señalado BENITEZ SÁNCHEZ, es aumentar los recursos materiales y humanos, así como reforzar los mecanismos de cooperación internaciona-

---

sonalidad activa, la nacionalidad o el domicilio para la persona jurídica. Para ello plantea la posibilidad de atribuir competencia a los tribunales del lugar dónde la empresa tenga su principal centro de actividad.

73 Así se desprende de la SAN de 24 de febrero de 2023 (Tol 9435923), caso DEFEX (FJ 8), en la que se reconoce que miembros de la SMP DEFEX cometieron delitos de cohecho activo durante el periodo comprendido entre 2005 y 2014, esto es, antes de la entrada en vigor de la reforma que introdujo la extensión del régimen de responsabilidad penal a las sociedades mercantiles estatales, que entró en vigor el 1 julio de 2015. En la resolución citada se acogieron parte de las alegaciones formuladas por la defensa de la sociedad que de manera subsidiaria también alegó la existencia de un modelo de organización y gestión en el momento de los hechos. Sin embargo, lo cierto es que lo que sí quedó patente en la resolución es que la SMP había obtenido unos beneficios directos, como consecuencia del cohecho cometido por sus directivos, de más de 21.990.403 euros. Estas cantidades no han sido decomisadas pese a integrar ganancias ilícitas quizá porque la empresa se encontraba en liquidación, acordada por el Consejo de Ministros el 17 de septiembre del año 2022.

les[74] En todo caso facilitaría enormemente la interpretación de este precepto llevar a cabo el cambio de ubicación propuesto. Trasladar esta forma de cohecho activo al art. 424 CP, y especificar para qué formas de cohecho cuyo objeto es la actividad económica internacional, se quiere establecer una sanción reforzada.

5. BIBLIOGRAFÍA

ARVELO RODRÍGUEZ, P., "La aportación del marco penal español para erradicar la corrupción trasnacional: una doble vía inacabada", en *Eunomía, Revista en cultura de la legalidad,* N. 17, 2019, pp. 135-165, https://doi.org/10.20318/eunomia.2019.5009

BAUCELLS LLADÓS, J., "Las penas previstas para las personas jurídicas en la reforma penal de 2010. Un análisis crítico", en *Estudios Penales y Criminológicos,* N. 33, 2014, pp. 1-44.

BAUCELLS LLADÓS, J., "Las empresas del sector público empresarial responsables penalmente", en *Estudios Penales y Criminológicos,* n. 42, 2022, pp. 1-23, https://doi.org/10.15304/epc.42.8574

BENITO SÁNCHEZ, Demelsa, "Análisis de las novedades incorporadas al delito de corrupción en las transacciones comerciales internacionales por la ley orgánica 1/2015, de 30 de marzo", en *Estudios de Deusto,* Vol. 63, N.1, 2015, pp. 205-228, https://doi.org/10.18543/ed-63(1)-2015pp205-228

BENITO SÁNCHEZ, Demelsa, "Veinte años de delito de corrupción en las transacciones comerciales internacionales", en RODRÍGUEZ-GARCÍA, N. / RODRÍGUEZ-LÓPEZ, F. (Eds.), *Compliance y justicia colaborativa en la prevención de la corrupción,* 2020, Tirant Lo Blanch, Valencia, pp. 245-261.

CARDONA BARBER, A., "La responsabilitat penal de les societats mercantils públiques" en *Revista Jurídica de Catalunya,* N. 4, 2021, pp. 931-959.

[74] BENITO SÁNCHEZ, Demelsa, "Veinte años de delito de corrupción en las transacciones comerciales internacionales", en RODRIGUEZ-GARCÍA, N. / RODRÍGUEZ-LÓPEZ, F (Ed.), *Compliance y justicia colaborativa en la prevención de la corrupción,* 2020, Tirant Lo Blanch, p. 259. En la misma dirección, con algunas propuestas concretas para mejor la eficacia en la persecución de es delito, OTERO GONZÁLEZ, cit., p. 82, 85-86.

CARDONA BARBER, A., "La responsabilidad penal de los gestores del sector público empresarial", en *Revista General de Derecho Penal*, N. 37, 2022, pp. 1-26.

CASAS HERVILLA, J., *Prevaricación administrativa de autoridades y funcionarios públicos: análisis de sus fundamentos y revisión de sus límites*, Ed. Reus, Madrid, 2020.

DELGADO GIL, A., "El concepto de funcionario público a efectos penales. Una revisión del sujeto activo funcionario en los delitos de cohecho", en *La Ley Penal*, N. 145, 2020, pp. 1-26.

DÍAZ MAROTO Y VILLAREJO, J., "Corrupción en las transacciones comerciales internacionales", en *Eunomía, Revista en cultura de la legalidad*, N. 14, 2018, pp. 310-321, https://doi.org/10.20318/eunomia.2018.4172

PARLAMENTO EUROPEO y CONSEJO DE EUROPA, Directiva 2017/1371 sobre la lucha contra el fraude que afecta a los intereses financieros de la Unión a través del Derecho penal 5 de julio de 2017.

PARLAMENTO EUROPEO y CONSEJO DE EUROPA, Propuesta de Directiva 23/0135 sobre la lucha contra la corrupción de 3.5.2023, COM (2023) 234 final.

DOPICO GÓMEZ-ALLER, J., "TEMA 4: La responsabilidad penal de las personas jurídicas", en DE LA MATA BARRANCO, N. / DOPICO GÓMEZ-ALLE, J. / LASCURAIN SÁNCHEZ, J.A. /NIETO MARTÍN, A., *Derecho penal económico y de la empresa*, Ed. Dykinson, Madrid, 2018, pp. 129-168.

FEIJOO SÁNCHEZ, B., "El delito de corrupción de agentes públicos en actividades económicas internacionales del art. 286 ter CP como delito contra la competencia a través de la corrupción", en *Diario La Ley*, 2017, pp. 1-22.

FEIJOO SÁNCHEZ, B., "La aplicación extraterritorial de los delitos de corrupción en los negocios", en SANTANA VEGA, Dulce María / FERNÁNDEZ BAUTISTA, Silvia / CARDENAL MONTRAVETA, S. / CARPIO BRIZ, D. / CASTELLVÍ MONSERRAT, C. (Dirs.), *Una perspectiva global del Derecho Penal. Libro homenaje al profesor Dr. Joan J. Queralt Jiménez*, Atelier, Barcelona, 2021, pp. 571-583.

FISCALÍA GENERAL DEL ESTADO, Circular 1/2016, de 22 de enero, sobre la responsabilidad penal de las personas jurídicas conforme a la reforma del Código Penal efectuada por Ley Orgánica 1/2015.

FISCALÍA GENERAL DEL ESTADO, Consulta 3/2023, de 16 de mayo, sobre el concepto de patrimonio público del art. 433 CP.

GADDI, Daniela, "Corrupción, pérdida de confianza social y justicia restaurativa", en *Estudios Penales y Criminológicos*, N. 43, 2023, pp. 1-31, https://doi.org/10.15304/epc.43.9181

GARCÍA ARÁN, Mercedes, "Autonomía interpretativa del derecho penal y delincuencia de las empresas públicas", en *Revista de Estudios Jurídicos y Criminológicos,* N. 6, 2022, pp. 261–291, https://doi.org/10.25267/REJUCRIM.2022.i6.09

GÓMEZ RIVERO, Mª Carmen, "El castigo penal de la corrupción en el ámbito del llamado sector público instrumental", en *Revista Electrónica de Ciencias Penales y Criminología,* N. 18-06, 2016, pp. 1-36, http://criminet.ugr.es/recpc – ISSN 1695-0194

GONZÁLEZ RUS, J., "La aplicación de la prevaricación a las sociedades mercantiles públicas. Revisión de criterios jurisprudenciales desde la perspectiva del art. 31 quinquies CP", en *La Ley Penal,* N. 9221, 2018, pp. 1-16.

LEON ALAPONT, J., "Aspectos principales de la responsabilidad penal de los partidos políticos", en *Revista Penal,* N. 42, Julio 2018, pp. 122-141.

LEON ALAPONT, J., "La responsabilidad civil del Partido Popular como partícipe a título lucrativo: a propósito de la SAN 20/2018, de 17 de mayo", en *Diario La Ley,* N. 9229, 2018, pp. 1-8.

MORALES PRATS, F. / RODRÍGUEZ PUERTA, Mª José, "Comentario a los arts. 419 y ss.", en QUINTERO OLIVARES, G. (Dir.), *Comentarios al Código penal español,* Vol. II, 8ª Ed. Aranzadi, Madrid, pp.1357-1430.

OCDE Directrices en materia de Lucha Contra la corrupción e Integridad en las Empresas Públicas" (2019).

OCDE (2019), Directrices en materia de Lucha Contra La Corrupción e Integridad en las Empresas Públicas, 2019, www.oecd.org/corporate/Anti-Corruption-Integrity-Guidelines-for-SOEs.htm

OLAIZOLA NOGALES, Inés, "El delito de tráfico de influencias: su relación con los lobbys" en VÁZQUEZ-PORTOMEÑE, F. (Dir.), *Lobbies. ¿Instrumento de participación democrática o medios de corrupción?,* Tirant lo Blanch, Valencia, 2022, pp. 35-60.

OTERO GONZÁLEZ, Pilar, "Corrupción de empresas multinacionales, ineficacia del tipo y buena gobernanza. (¿Por qué no hay sentencias condenatorias en España por este delito?)", en *Eunomía. Revista en Cultura de la Legalidad,* N. 23, 2022, pp. 65-92, https://doi.org/10.20318/eunomia.2022.7109

PÉREZ MACHÍO, Ana I., "Responsabilidad penal de las personas jurídicas y delitos de tratos degradantes, acoso laboral, acoso inmobiliario y acoso sexual: ¿un paso más hacia el sistema de incriminación de numerus *apertus*?", en *LA LEY compliance penal,* N. 12, Sección Estudios, Primer trimestre de 2023, pp. 1-25.

QUINTERO OLIVARES, Q., "Comentario al art. 24 CP", en QUINTERO OLIVARES, G. (Dir.), *Comentarios al Código penal español,* Vol. I, 7ª Ed., 2016, Thomson-Reuters Aranzadi, Cizur Menor, pp. 330-335.

RAMÓN RIBAS, E., "La derogación jurisprudencial del art. 24.2 CP (concepto de funcionario público)", en *Estudios Penales y Criminológicos,* N. 34, 2014, pp. 173-223.

RODRÍGUEZ PUERTA, Mª José, *El delito de cohecho: problemas jurídico-penales del soborno de funcionarios públicos,* Aranzadi, Cizur Menor, 1999.

RODRÍGUEZ PUERTA, Mª José, "Comentario al art. 286 ter) CP", en QUINTERO OLIVARES, G. (Dir.), *Comentarios al Código Penal español,* Vol. II, 8ª Ed. Aranzadi, Madrid, pp.416–431.

SÁNCHEZ TOMAS, J.M., "Cohecho", en ÁLVAREZ GARCIA, F.J. et al., *Tratado de Derecho penal español parte especial III,* Tirant lo Blanch, Valencia, 2013, pp. 375-460.

SANTANA VEGA, Dulce M., "Consideraciones críticas sobre la responsabilidad penal de los partidos políticos como instrumento de lucha contra la corrupción", en *Política Criminal,* Vol. 15, N. 29, Santiago, Junio 2020, pp. 76-110, http://dx.doi.org/10.4067/S0718-33992020000100076

SILVA SÁNCHEZ, J., "Doce tesis sobre el delito de corrupción de funcionarios extranjeros", en GOMEZ-JARA DIEZ, C. (Coord.), *Persuadir y razonar: Estudios jurídicos en homenaje a José Manuel Maza Martín,* Tomo II, Thomson Reuters Aranzadi, 2018, Cizur Menor, pp. 643-655.

SILVA SÁNCHEZ, J., "Empresas prevaricadoras. Delitos especiales de funcionarios públicos, sociedades mercantiles y medio ambiente", en GONZÁLEZ CUSSAC, J.L. (Dir.), *Estudios jurídicos en memoria de la profesora doctora Elena Gorriz Royo,* Tirant lo Blanch, 2020, Valencia, pp. 785-800.

VALEIJE ÁLVAREZ, Inma, "Reflexiones sobre los conceptos penales de funcionario público, función pública y «personas que desempeñan una función pública»", en *Cuadernos de Política Criminal,* N. 62, 1997, pp. 435-498.

VALEIJE ÁLVAREZ, Inma, "Sobre la responsabilidad penal de las sociedades públicas mercantiles que ejecuten políticas públicas o presten servicios de interés económico general", en VÁZQUEZ-PORTOMEÑE, F. (Dir.), *Lobbies. ¿Instrumento de participación democrática o medios de corrupción?,* Tirant lo Blanch, 2022, Valencia, pp. 61-98.

VÁZQUEZ PORTOMEÑE, F., "El modelo de criminalización del tráfico de influencias en el Código penal español y sus rasgos definitorios", en *La Ley Penal: Revista de Derecho Penal, Procesal y Penitenciario,* N. 154, 2022, pp. 1-17.

VAZQUEZ PORTOMEÑE, F. "El concepto penal de funcionario público: algunas cuestiones problemáticas", en Ferré Olivé/Serrano Piedecasas/ Demetrio Crespo/Perez Cepeda/Núñez/ Zúñiga Rodriguez/ Sanz Mulas, *Liber Amicorum Derechos humanos y derecho penal, T. II. Homenaje al Prof. Ignacio Berdugo Gómez de la Torre,* Ed. Universidad de Salamanca, 2022.

Capítulo VIII
Peligros y vías de contención del tráfico de influencias en las SMP

MIRIAM CUGAT MAURI

Catedrática de Derecho Penal de la Universitat Autònoma de Barcelona

1. INTRODUCCIÓN

Cuando se reflexiona acerca de las particularidades del delito de tráfico de influencias en el sector público empresarial, lo primero que se observa es que las oportunidades del delito aumentan a la par que las posibilidades aplicativas se desvanecen.

Nadie duda de que los vínculos políticos entre los entes matrices y los instrumentales son terreno abonado para injerencias y eventual corrupción[1]. Sin embargo, que el ejercicio de influencias sea imaginable y el incentivo económico poderoso no significa que puedan apreciarse todos los elementos típicos del delito. En el ámbito de las SMP: el ejercicio de influencias puede ser lícito dentro de los límites ordinarios de supervisión o tutela del ente matriz sobre el instrumental, su destinatario último puede no tener la condición de funcionario, o, teniéndola, sus decisiones no siempre podrán considerarse resoluciones.

El carácter mixto de estas sociedades, entre lo público y lo privado (art. 113 LRJSP[2]), obliga a valorar la condición de quienes en ellas actúan, así como la naturaleza de las decisiones que se adoptan en su seno. Este es el objeto de este capítulo, en el que se analizan los problemas aplicativos del delito, para, a continuación, poder identificar las fuentes de peligro y vías de contención, en el ámbito de las SMP.

Por último, también se hace mención de la posibilidad de RPPJ por este delito, sobre la que se adelanta que no afecta a la empresa que sufre la influencia–que no es sujeto, sino objeto del delito[3]-, sino a la que la ejerce, sea una SMP – que el art. 31

---

1 OCDE (2019), Directrices en materia de Lucha Contra La Corrupción e Integridad en las Empresas Públicas, www.oecd.org/corporate/Anti-Corruption-Integrity-Guidelines-for-SOEs.htm, prefacio, p. 3.

2 Sobre la complicada confluencia del Derecho público y el privado en la regulación de estos entes, CHINCHILLA MARÍN, C. "Las sociedades mercantiles públicas. Su naturaleza jurídico-privada y su personalidad jurídica diferenciada: ¿Realidad o ficción?", *Revista de Administración Pública*, núm. 203, 2017; VALEIJE ÁLVAREZ, I. "Sobre la responsabilidad penal de las sociedades públicas mercantiles que ejecuten políticas públicas o presten servicios de interés económico general (art. 31.2 quinquies CP)", en VÁZQUEZ-PORTOMEÑE SEIJAS, F., *Los lobbies: ¿instrumento de participación democrática o medios de corrupción?*, Tirant lo Blanch, 2022, pp. 73, 79 ss.

3 Otra cosa es que, a continuación, realice la acción desviada por la que puede responder aparte.

quinquies no excluye de RPPJ–o un ente privado específicamente dedicado a la intermediación y venta de influencias – siempre, por supuesto, que su única actividad no sea delictiva, pues en ese caso, el régimen de RPPJ quedaría desplazado por el del art. 129 CP -.

2. LOS REQUISITOS APLICATIVOS DEL TRÁFICO DE INFLUENCIAS EN EL ÁMBITO DE LAS SMP

2.1 Los sujetos del delito

En contra de lo que a primera vista pudiera parecer, tanto el delito de funcionario como el de particular son tipos especiales, pues no pueden ser cometidos por cualquiera, sino solo por quienes se hallen en alguna de las situaciones (previas al delito) de las que puedan prevalerse, y que, en parte, coinciden en ambos. Situación que distingue a este delito del cohecho y que hace que sea el más expresivo del proceder de las redes de poder.

Desde estas premisas, puede relativizarse la importancia de identificar quién puede ser funcionario a efectos penales, pues, aunque sea decisivo para la elección entre el art. 428 o 429 CP, las penas de prisión y multa son idénticas en ambos, con la única – aunque no despreciable–excepción de las penas privativas de derechos, también previstas como penas principales en ambos preceptos, cuyo contenido varía en función de si su destinatario es un funcionario o un particular.

a) El funcionario como autor de la influencia en el art. 428 CP

La influencia que puede sufrir quien actúa al servicio de una SMP puede proceder tanto del mismo ente al que pertenece como de otro, sin que ello incida sobre las posibilidades aplicativas del delito, pues tan variadas son las situaciones de las que puede derivar el prevalimiento que no es obstáculo que se actúe desde uno u otro lugar. Ahora bien, cada una de estas situaciones presenta particularidades que exigen ser abordadas por separado.

a.1 El funcionario externo a la SMP como autor de la influencia

La influencia por parte de funcionarios externos a la SMP es no solo imaginable, sino especialmente probable, si se tiene en cuenta que los órganos rectores de éstas son de designación política y se hallan bajo el control o tutela de la Administración o ente matriz[4]. Por ello es imaginable la hipótesis de un uso abusivo del poder en favor de intereses privados[5]; o incluso, la creación de ese tipo de sociedades con el concreto fin del posterior control interesado de su actividad y gastos[6].

Como a continuación se verá, si ello ocurriera no habría óbice para considerar autor del art. 428 CP a quien, desde el Ministerio,

---

4 De acuerdo con el art. 114 LRJSP, la creación de las SME se autoriza por acuerdo del Consejo de Ministros, y según el art. 116 LRJSP la tutela corre a cargo de un Ministerio (aps. 1 y 2) que establece el control de eficacia e instruye a la sociedad respecto de las líneas de actuación estratégica y prioridades de ejecución (ap. 3), pudiendo "*dar instrucciones a las sociedades, para que realicen determinadas actividades, cuando resulte de interés público su ejecución*".

5 NAVARRO FRÍAS, I., "Sociedades públicas: derecho mercantil "vs". Derecho administrativo. En particular, deberes y responsabilidad de los administradores de sociedades públicas estatales", *Revista de Derecho de Sociedades,* núm. 56, 2019, p. 315, advierte acerca de los límites del control de la matriz, que carece de un poder de decisión sobre cada uno de los concretos actos de la filial, y denuncia "*La cuestión de la oscilación entre la pasividad y el exceso de injerencia por parte de la Administración*", sobre la que también alertan las Directrices de la OCDE sobre el Gobierno Corporativo de las Empresas Públicas (2015).

6 El "Caso saqueo de Marbella" (STS 1394/2010, 25-1, *Tol 1788428*), es un buen ejemplo de cómo se decidieron los nombramientos de los órganos rectores de las SMP en función de relaciones de fidelidad personal: "*Al frente de las sociedades municipales, el Alcalde sitúa como gerentes a personas de su entera confianza*" (...) y estos "*concertados con otros funcionarios y..., en ejecución de un plan preconcebido, llevaron a efecto ...actuaciones coordinadas tendentes a desviar fondos públicos llegados desde el Ayuntamiento de Marbella a las sociedades municipales*".

Gobierno autonómico o local, ejerciera una influencia indebida dentro de su esfera de poder.

Para empezar, el hecho de que quien influye no pertenezca al mismo ente que el influido no es obstáculo para que, a efectos penales, pueda afirmarse la relación "jerárquica"[7] sobre la que puede fundarse el prevalimiento típico – en todo caso, no excluyente de otras posiciones de poder -.

Además, es pacífico que no hay obstáculo alguno para considerar funcionario a quien ocupa un cargo de representación o designación política, así como tampoco a los asesores, contratados laboralmente.

De acuerdo con el concepto amplio de funcionario ya expuesto en la primera parte de la obra, no queda constreñido a los funcionarios de carrera e interinos[8], sino que se extiende a otros "empleados públicos" como los laborales o eventuales [9], con inclusión de los cargos de representación política[10].

Ello incluye al asesor político que puede haber influido en el nombramiento del cargo de la SMP, en especial, mientras continúe vinculado al órgano matriz del que también dependen los ceses. De hecho, como recuerda VALEIJE[11], los cargos de confianza son en quienes originariamente se pensó al incluir como título habilitante el "*nombramiento de autoridad competente*", que puede materializarse en un contrato laboral.

---

7 En este sentido, STS 537/2002, 5-4 ("Caso de las camisetas", *Tol 4921990*), que admite la relación de dependencia jerárquica entre el Gerente de la Sociedad municipal y el Alcalde del Ayuntamiento.

8 art. 8.a) y b) TREBEP.

9 Art. 8, letras c) y d) TREBEP.

10 Por todos, VALEIJE ÁLVAREZ, I., "Reflexiones sobre los conceptos penales de funcionario público, función pública y personas que desempeñan una función pública", *Cuadernos de política criminal*, núm. 62, 1997, p. 458, sobre Alcaldes, Concejales, Diputados, Senadores, etc.

11 VALEIJE ÁLVAREZ, I., "Reflexiones sobre los conceptos", *cit.*, p. 457.

Por fin, podrían ejercer la influencia los cargos de otras SMP que también pueden disponer de SMP a su servicio[12]. Como se ha dicho, en estos casos, el que la vinculación del cargo de la SMP al sector público sea en virtud de contrato laboral no sería impedimento para considerarlo funcionario a efectos penales. El problema puede derivar de las dificultades para delimitar qué cargos de la SMP cumplen con el requisito del título, como se expone en el siguiente apartado.

a.2 El funcionario interno a la SMP como autor de la influencia

Entre los supuestos en que la influencia procede de quien pertenece al mismo ente que el funcionario sobre el que se influye, los más palmarios son aquellos en los que media una relación de superioridad de la que se abusa (influencias verticales descendentes). Ahora bien, no son los únicos.

Junto a los anteriores, también caben aquellos en que la presión procede de quien se halla en el mismo o inferior nivel jerárquico, pues si el tipo penal no pone límites a la clase de relaciones de las que puede prevalerse el autor (incluidas las ajenas al cargo), también puede incluir las que emanan del familiar con idéntico o inferior rango jerárquico que el influido (influencias horizontales y verticales ascendentes).

Como ha reconocido doctrina[13] y jurisprudencia[14], el hecho de que se actúe al servicio de una SMP no impide apreciar la cualidad

---

12 Art. 111.1, a) LRJSP.

13 VALEIJE ÁLVAREZ, I., "Reflexiones sobre los conceptos", *cit.*, pp. 440, 462, 467 s.

14 La Jurisprudencia ha reconocido la condición de funcionario, a efectos penales, a quien actúa en el marco de distintas formas de externalización de funciones, aunque con límites.
Así, la STS 15-6-1979, atribuye esa condición a los sanitarios contratados por el Instituto Nacional de Previsión, respecto del delito de estafa con abuso del cargo, aunque, en este caso no se apreció respecto del delito

de funcionario en este ámbito, lo que no significa que no puedan surgir obstáculos, a los que se hace referencia a continuación.

---

de falsedad en documento oficial, que aplica la modalidad de particular, dentro de los límites de revisión que permite el recurso de casación; la STS 19-12-1990, al supervisor de la estación de ITV; la STS 5-2-1993 a los contratados por SEMEGA («Servicios de Mejora y Expansión Ganadera, Sociedad Anónima Provincial»); la STS 1140/1995, 14-11 al Concejal que integra la Junta General de la Sociedad municipal del Ayuntamiento de Zaragoza; la STS 590/1997, 29-4, *Tol 407501,* a la Gerente de Radio Autonomía de Madrid; la STS 537/2002, 5-4, *Tol 4921990,* al gerente de la sociedad pública municipal; la STS 1478/2002, 19-9, *Tol 4923056,* al Delegado de la Mutua de Accidentes de Trabajo y Enfermedades Profesionales de la Seguridad Social, cuyo nombramiento confirma el Ministerio; la STS 68/2003, 27-1, *Tol 4927992,* al Delegado de un Fondo de Promoción de Empleo; la STS 1590-2004, 22-4 ("Caso Intelhorce", *Tol 564827*), al Presidente de la SMP nombrado por la Dirección General del Patrimonio, como accionista único de Improasa; la STS 186/2012, 14-3, *Tol 2494412,* al contratado administrativo para la vigilancia de zonas rurales; la STS 429/2012, 21-5, *Tol 2555171,* a los órganos rectores de FGC (ente público empresarial), nombrados por sendos Decretos autonómicos; la STS 166/2014, 28-2 ("Caso BITEL", *Tol 4807326*) al Director Gerente nombrado por el Consejo de Administración, a propuesta del Presidente, que era el Consejero, y por sugerencia del Presidente del Gobierno; la STS 421/2014, 16-5 ("Caso Mercasevilla", *Tol 4355850*), al Director y Subdirector nombrados por la Junta general; o la STS 600/2014, 3-9, *Tol 4497351,* al Teniente de Alcalde y Presidente de la SMP.

Sin embargo, la STS 575/1992, 13-3 niega la condición de funcionario a quien sirve a una entidad privada como Tabacalera, SA, titular de una concesión en régimen de monopolio; también la STS 2340/2001, 10-12, *Tol 4976065,* niega el carácter de funcionario del Presidente de una Caja de ahorros, no obstante haber sido nombrado por las Corporaciones locales y ser Alcalde de uno de los municipios de la Corporación; asimismo la STS 79/2007, 7-2 condena por malversación impropia al titular de una sociedad civil dedicada a la recaudación de impuestos en virtud de contrato con diversos Ayuntamientos.

En los supuestos en que la influencia deriva de los órganos rectores de la SMP, no se aprecia problema alguno para afirmar la condición de funcionario, en consideración al requisito relativo al ejercicio de funciones públicas, toda vez que el cometido de estos cargos es precisamente asegurar la realización del objeto social directamente vinculado con el interés general[15]. Sin embargo, no siempre será evidente que cumplan el requisito del título, esencial para el concepto de funcionario[16]. Si bien tanto el Presidente como el Director ejecutivo pueden ser considerados altos cargos[17], mientras que respecto del primero puede afirmarse el título habilitante cuando ha sido nombrado por autoridad del ente matriz[18], respecto del segundo puede fallar este

---

15 A título de ejemplo, véase la STS 1590/2004, 22-4, *Tol 564827* ("Caso Intelhorce"), FD. 14.

16 No puede asimilarse cualquier "particular encargado de un servicio público" con un funcionario. Las excepciones están tasadas (arts. 416, 423, 427, 435, 440, 511 CP) y no se prevén para el delito de tráfico de influencias.

17 Art. 1.2, d) de la Ley 3/2015, de 30 de marzo, *reguladora del ejercicio del alto cargo de la Administración General del Estado.*

18 Al respecto, GÓMEZ RIVERO, C., "El castigo penal de la corrupción en el ámbito del llamado sector público instrumental", *Revista Electrónica de Ciencia Penal y Criminología,* 18-6, 2016, p.11.
En la jurisprudencia, véase, por ejemplo, el "Caso Intelhorce" (STS 1590/2004, 22-4, *Tol 564827*), siendo nombrado el Presidente, así como al totalidad del Consejo de Administración por la Dirección General del Patrimonio (accionista único de Improasa), resultaba posible apreciar el requisito de nombramiento por parte de la autoridad, como requiere el art. 24.2 CP.

requisito cuando ha sido nombrado por un órgano societario[19], aun cuando no sea óbice que se rijan por el Derecho laboral[20].

No sucede lo mismo con los cargos subalternos, respecto de los cuales pueden fallar ambos requisitos, cuando, como en el caso anterior, el nombramiento lo ha decidido un órgano societario al que no puede reconocerse la categoría de autoridad; y, además, las funciones que se desarrollan quedan alejadas del núcleo duro de las que tienen trascendencia pública, como suelen esgrimir las defensas forenses[21].

En la jurisprudencia, en ocasiones, la cualidad de funcionario de los cargos directivos o gerentes de las SMP ha sido reconocida de modo incontrovertido[22]. Sin embargo, recientemente, se ha desatado un intenso debate doctrinal en torno a la STS 166/2014, 28-2 ("Caso BITEL, *Tol 4807326*"[23]), que afirma la cualidad de funcionario al Gerente nombrado por parte del Consejo de administración

---

19 Así, por ejemplo, en el caso de la SEPI, son nombrados por el Ministro de Hacienda y Función Pública tanto el Presidente y el Vicepresidente de la Sociedad–que tienen la condición de alto cargo -, como el resto del Consejo de Administración (art. 15 Ley 5/1996, de 10 de enero, de creación de determinadas entidades de derecho público).
Sobre el problema, en la jurisprudencia, véase la polémica en torno al caso "BITEL" al que se hace referencia más abajo.

20 De acuerdo con el art. 117.4 LRJSP: "El personal de las sociedades mercantiles estatales, incluido el que tenga condición de directivo, se regirá por el Derecho laboral, así como por las normas que le sean de aplicación en función de su adscripción al sector público estatal".

21 Así, por ejemplo, en el "Caso Mercasevilla" (STS 421/2014, *Tol 4355850*).

22 Así, en la STS 537/2002, 5-4 ("Caso de las camisetas", *Tol 4921990*), se considera funcionario público al Gerente de la Sociedad municipal, nombrada por un órgano de esta, sin ser objeto de discusión si el nombrante es autoridad.

23 En el mismo sentido se pronuncia la STS 4231/2014, 16-5, que considera funcionario al Director y subdirector de Mercasevilla, "*nombrados por la autoridad pública a través de la Junta General que gobierna la sociedad, al hallarse esta controlada de forma abrumadoramente mayoritaria por capital público*".

(en el que había mayoría de representantes de la comunidad) a propuesta del Presidente (Conseller de Economía), en sintonía con el Presidente del Gobierno de la Comunidad. Para algunos autores, considerar funcionario a quien ha sido nombrado formalmente por un órgano societario y no directamente por autoridad, constituye un caso de aplicación analógica de la ley[24]; para otros, en cambio, estos supuestos pueden hallar cobertura legal en el art. 31 CP, en la medida en que estos cargos actúan por cuenta de la sociedad "nombrada" para el ejercicio de funciones públicas[25].

Distinto es el supuesto inverso, en que el sujeto es nombrado por un órgano societario bajo condición de posterior confirmación por autoridad, pues la aprobación por esta despejaría cualquier duda sobre el cumplimiento formal del requisito de título[26].

---

24 RAMÓN RIBAS, E., "La derogación jurisprudencial del artículo 24.2 CP (concepto de funcionario público), *Estudios Penales y Criminológicos*, XXXIV, 2014, p. 213 lo considera aplicación analógica de la ley, pues no puede equipararse proponer a nombrar, que es lo que exige el tipo.

25 Según MARTÍN LORENZO, M., "Concepto penal de funcionario y externalización de funciones públicas", en Maqueda Abreu/Martín Lorenzo/Ventura Püschel, *Derecho Penal para un estado social y democrático de derecho estudios penales en homenaje al profesor Emilio Octavio de Toledo y Ubieto*, Universidad Complutense de Madrid, 2016, pp. 223 ss. y SILVA SÁNCHEZ, J.M., "Empresas prevaricadoras. Delitos especiales de funcionarios públicos, sociedades mercantiles y medio ambiente", *Estudios Jurídicos en Homenaje a la Profesora Doctora Elena Górriz Royo*, en J.L. González Cussac/ J. León Alapont (dirs.), Tirant Lo Blanch, Valencia 2020, pp. 7 ss., podría reconocerse la cualidad de funcionario a quienes no han sido nombrados directamente por la autoridad si actúan en nombre de la sociedad designada por la autoridad para participar en el ejercicio de funciones públicas, en aplicación de la regla del actuar por otro del art. 31 CP.

26 En este sentido, la STS 1478/2002, 19-9, *Tol 4923056* considera funcionario al Delegado de la Mutua de Accidentes de Trabajo y Enfermedades Profesionales de la Seguridad Social, que es nombrado por un procedimiento mixto que concluye con la confirmación del nombramiento por el Ministerio de TSS.

En cuanto al segundo de los requisitos, *a priori*, las SMP no oponen obstáculo para afirmar el carácter público de sus funciones[27]. Se trata de entes que dependen de la Administración – criterio orgánico -, se crean para cumplir fines públicos–criterio teleológico -, cuentan con competencias para ello – criterio funcional o material – y se rigen no solo por el derecho privado, sino también por el público. El problema reside en que – como también sucede en el seno de la Administración nuclear–no todas las actividades desarrolladas por las SMP revisten idéntica trascendencia pública, y no siempre será fácil delimitar el ámbito de lo penalmente relevante[28]. De modo que, en la misma medida en que las funciones se alejan del principal núcleo decisorio de la sociedad, se atenúan las posibilidades de afirmar su naturaleza pública[29]. En todo caso, obliga a tener en cuenta las funciones concretamente desempeñadas por el sujeto en cuestión, sin que sea preciso que sean de alto rango (STS 68/2003, 27-1, *Tol 4927992*). Como ilustrativo ejemplo de la relevancia de las concretas competencias dentro de un mismo ente, entran en consideración los diversos pronunciamientos en torno al personal de las estaciones de ITV, en cuyo seno, en alguna ocasión, se ha reconocido la condición de funcionario a sus empleados – como el supervisor de la estación de ITV, aun cuando la hoja informe que cumplimenta requiera de la firma del "jefe de negociado" (STS 19-12-1990) -, mientras que

---

27 Sobre los distintos tipos de criterios aplicables, la STS 876/2006, 6-11, *Tol 1022895* alude a los criterios: formal o de régimen jurídico, material o relativo a las potestades o funciones, teleológico sobre el interés, y orgánico.

28 La STS 1122/2007, 10-12, *Tol 1235275* descarta la posibilidad de afirmar la condición de funcionario al no quedar probadas las funciones desempeñadas por el acusado.

29 Así, por ejemplo, la STS 166/2014, 28-2, *Tol 4144637* ("Caso BITEL") considera que "*Objetos sociales como la comercialización de bienes de oficina, aparatos informáticos y componentes, no pueden considerarse funciones publicas de ninguna forma.*"

en otras no – como el mecánico del que se desconoce si era el jefe de estación de ITV (STS 1122/2007, 10-12, *Tol 1235275*[30]).

Más allá de los problemas que puede suscitar la aplicación del concepto de funcionario, cuando pueda afirmarse esa condición respecto de un concreto sujeto, si quien ejerce la influencia tiene éxito y consigue su fin, además, podría castigarse por la inducción a los delitos contra la Administración pública que cometa el influido, como, por ejemplo, la prevaricación o la malversación, que entrarían en concurso con el primero.

b) El particular como autor de la influencia del art. 429 CP

El concepto de "particular" – no definido legalmente – puede considerarse residual del de funcionario – sí definido en el art. 24 CP -, por lo que podría acoger a quienes estando al servicio de las SMP no reúnen las condiciones de título o función a las que se acaba de hacer mención.

Entre los supuestos discutidos está el del *ex alto cargo en periodo de enfriamiento* que puede prevalerse de las relaciones atesoradas durante su mandato explotándolas en su beneficio. El cese del título habilitante impide considerarlo funcionario, aunque algún autor[31] defiende que en la determinación de la pena se tenga en cuenta su especial cercanía a la función pública y sometimiento a la legislación administrativa sobre altos cargos en sentido agravante.

---

30 En consecuencia, se descarta aquí la posibilidad de apreciar el delito de cohecho pasivo y falsedad ideológica.

31 SANTANA VEGA, D., SANTANA VEGA, D., *Puertas giratorias de los altos cargos del Estado y delitos de tráfico de influencias*, Tirant lo Blanch, 2023, pp. 241 ss.

Otra situación controvertida es la de los *cargos de los Partidos,* respecto de los que la doctrina también se halla dividida[32]. En mi opinión, no pueden considerarse funcionarios por el solo hecho de que desarrollen funciones constitucionales y de trascendencia pública. El criterio formal del título habilitante es esencial. De modo que el cargo del Partido puede ser considerado funcionario si ocupa un cargo en el Gobierno o la Administración, pero no por el solo hecho de ocupar un cargo interno del Partido. En todo caso, la esencial semejanza entre la modalidad de funcionario y la de particular hace que lo que no admita un tipo pueda derivarse al otro, sin vacíos de punibilidad por este motivo.

Distinto orden de problemas plantea el grupo de los *funcionarios suspendidos* o en situación *de baja laboral,* que, aun en esa circunstancia, mantienen su condición [33] y poder de influencia, y que por ello podrían subsumirse en el tipo de funcionario. No así cuando se trate de funcionarios inhabilitados con pérdida de la condición.

Por fin, también pueden ser autores del tipo de particular los *miembros de la propia SMP* que, no cumpliendo con el requisito de título o función, pueden presionar al superior jerárquico en virtud de una relación personal o política que les confiera especial poder sobre este.

c) El funcionario al servicio de la SMP como objeto de la influencia

De todos los escenarios posibles, el que concentra mayor interés desde el punto de vista de las posibilidades aplicativas del delito aquí analizado es aquel en el que los órganos rectores de la SMP, de los que no se discute su nombramiento por autoridad, son objeto de

---

32 CUENCA GARCÍA, M.J., en GARCÍA ARÁN, M., "La aplicabilidad del concepto penal de funcionario a los cargos internos de los Partidos", *Responsabilidad Jurídica y Política de los Partidos en España,* Tirant lo Blanch, 2018.

33 Según SANTANA VEGA, D., *Puertas giratorias, cit.,* pp. 227 y 235, se incluyen.

influencias procedentes de los entes a los que deben su nombramiento y de los que dependen, cuyo poder aumenta cuanto menor es el peso político y cualificaciones profesionales del nombrado[34].

En esta hipótesis, cuanto se ha dicho acerca de las condiciones para afirmar la cualidad de funcionario requerida para la autoría del art. 428 CP vale aquí para afirmarla en quien es objeto de influencia, con un añadido y es que, excepto en los casos de influencias en cadena debe poseer facultades para adoptar la resolución pretendida, sea como órgano individual o colegiado.

Desde estas premisas, podrían ser objeto de la influencia típica los Presidentes de las SMP directamente nombrados por la autoridad[35] y con competencias decisorias en materia económica[36]. Sin embargo, no todos los supuestos son tan claros.

El requisito del título puede resquebrajarse cuando el cargo es nombrado por un órgano societario del que puede discutirse la condición de autoridad (*supra*). Además, la afirmación de las competencias decisorias puede oscurecerse en casos de fragmentación de estas, sea porque se actúa en el seno de un

---

34 QUINTERO OLIVARES, G.: "El Derecho Penal y las empresas públicas: un problema político criminal", en MORILLAS CUEVAS. L. (DIR.), *Respuestas jurídicas a la corrupción pública*, Dykinson, Madrid 2020, p. 296.

35 Así, por ejemplo, en el caso de la SEPI, el Ministro de Hacienda y Función Pública nombra tanto al Presidente como al Vicepresidente de la Sociedad–que tienen la condición de alto cargo -, como el resto del Consejo de Administración (art. 15 Ley 5/1996, de 10 de enero, *de creación de determinadas entidades de derecho público*).

36 Así, por ejemplo, de acuerdo con el art. 4 de la Orden de 13 de julio de 1995 *de organización y funciones de la SEPI*, entre otras, el Presidente, tiene competencias para "c*) Aprobar los contratos hasta el límite fijado por el Consejo de Administración*",

órgano colegiado[37], se decide bajo condición de aprobación del superior[38] o se delega en otro la decisión final[39].

La existencia de soluciones en doctrina[40] y jurisprudencia[41] para estos supuestos nos permite prescindir de mayores disquisiciones, más allá de advertir acerca del especial peligro de la delegación de funciones del funcionario al particular, que podría actuar como cortafuegos de responsabilidades penales por los hechos cometidos por este último[42].

---

37 De la general posibilidad de responsabilidades penales en el seno de los órganos colegiados son buena muestra los arts. 320.2 y 329.2 CP.

38 La Jurisprudencia admite que la necesidad de autorización del superior no impide la apreciación del delito de funcionario del autor del informe o resolución. Sobre lo primero, véase, por ejemplo, la STS 19-12-1990, que condena por falsedad en documento oficial al supervisor de la estación de ITV dependiente de la Consejería que rellena y firma la hoja informe, a pesar de que para su validez sea precisa la firma del Jefe del negociado; o la STS 5-2-1993, que condena por malversación impropia a la persona de confianza de la Diputación, que actúa como "administrador de hecho" de la sociedad (SEMEGA), aunque para efectuar los pagos con cargo a los fondos de la sociedad necesite de la firma de los cheques (al portador) por parte de otros (Director Gerente y Diputado Ponente). En cuanto a lo segundo, la STS 504/2003, 2-4, *Tol 276414*, en un supuesto en que las adjudicaciones de obras las deciden el Concejal (a cambio de precio) y el arquitecto técnico, se aprecia prevaricación de estos, a pesar de que después deben ser aprobadas por la Jefatura de Compras, la Interventora Delegada o el Pleno.

39 Así, por ejemplo, en el ámbito de la SEPI, se admite, con carácter excepcional, en el art. 3.2 de la referida Orden de 13-7-1995.

40 Sobre los concretos problemas de distribución de responsabilidades en el ámbito de las SMP, en los distintos planos de relaciones (delegación, vigilancia, etc.) que se establecen en las mismas, GÓMEZ RIVERO, C., "El castigo penal de la corrupción", cit., pp. 14 ss. (sobre las relaciones verticales), 21 y ss. (sobre las relaciones horizontales).

41 Como se refiere en notas anteriores.

42 El Caso "Camisetas" (STS 537/2002, 5-4, *Tol 4921990*) es un buen exponente de las maquinaciones a las que puede recurrirse para

Sin embargo, no parece haber obstáculo en negar la tipicidad en los supuestos en que quien reúne la condición de funcionario es "instrumento" en manos de un particular[43]. Así, por ejemplo, cuando el trabajador de confianza amaña la documentación a la luz de la que debe resolver el funcionario competente[44].

Sin perjuicio de ello, cuando la influencia afecta a sujetos de la SMP que no reúnen la condición de funcionarios, pero tienen capacidad decisoria en materias con trascendencia económica, eventualmente podrá recurrirse a otros delitos como la inducción a la malversación que, como es sabido, cuenta con una forma "impropia"[45], en el art. 435 CP.

---

eludir responsabilidades, si bien, en este caso, como la persona a la que se delegaron las funciones para evitar las incompatibilidades del superior era a su vez funcionario con competencias decisorias se apreció el delito de tráfico de influencias.

43 Sobre el problema de la actuación bajo error del intraneus, véase SILVA SÁNCHEZ, J.M., "Empresas prevaricadoras", *cit.,* 7, que considera que no cabe reputar funcionario a quien tiene un dominio incidental, por engaño o coacción, sobre la acción de un funcionario público.

44 El problema se planteó en la STS 1590-2003/4, 22-4 ("Caso Intelhorce", *Tol 564827*), que castigó por estafa con abuso de la condición de funcionario (art. 403 CP 1973) al autor del engaño, y absolvió por prevaricación a quien actúo a la vista de documentación amañada por falta del elemento subjetivo

45 Modalidad apreciada, por ejemplo, en la STS 5-2-1993.
De hecho, en algunos casos, la jurisprudencia ni tan siquiera entra a la valorar el cumplimiento del requisito del título, atendida la posibilidad alternativa de apreciar la modalidad de malversación impropia. Así, la STS 590/1997, 29-4 condena por delito de malversación a la que había sido contratada como gerente de la Sociedad municipal (Radio autonomía de Madrid) sin cuestionarse si el nombramiento procedió de autoridad, lo que a efectos de este delito no era crucial, puesto que de no haberse aplicado la modalidad de malversación propia (art. 3994 CP 1973), hubiera entrado en consideración la modalidad impropia (art. 399 CP 1973); o la STS 482/2020, 30-9 ("Caso Emarsa", *Tol 8224792*): "*lo que resulta relevante, a efectos penales, es la participación legítima en el ejercicio de funciones públicas. El recurrente desempeñaba las funciones de director financiero*

En caso afirmativo, el funcionario objeto de la influencia no respondería por este delito, aunque pudiera responder por los delitos que, como la prevaricación o malversación, hubiera realizado en ejercicio de esta.

d) El intermediario

La figura del intermediario, entendido como eslabón en la cadena de influencias, adquiere centralidad en los supuestos de redes de poder que no atienden a fronteras formales entre el sector público y el privado y multiplican la potencia criminal del mercado de favores por el juego de las influencias indirectas y en cadena.

Cuando esta figura aparece en escena, deberá atenderse a su concreta condición subjetiva para elegir la modalidad delictiva aplicable, puesto que la conducta de ejercicio de influencias no se califica en atención a la condición del influido–como sucedería si de una forma de participación delictiva se tratara–sino a la de quien influye, que es en quien se concentra el reproche penal de esta figura delictiva.

Fuera de los supuestos puntuales en que la casualidad puede hacer que alguien tenga relación simultánea con quien necesita el favor y quien puede satisfacerlo, dando lugar a episodios de tráfico de influencias en cadena a pequeña escala, también están los "intermediarios" de profesión o "conseguidores"[46], que pueden hallarse

---

de la entidad EMARSA, cuya única función era gestionar el servicio público de saneamiento del área metropolitana de la ciudad de Valencia. Participaba, pues, directamente, del ejercicio de funciones públicas, en cuyo cumplimiento ocupa un lugar preponderante la defensa del interés público", y "tenía a su disposición fondos públicos, entregados a la sociedad EMARSA para el cumplimiento de las funciones públicas que se le encomendaban."

46 Así es como OLAIZOLA NOGALES, I., "El delito de tráfico de influencias: su relación con el lobby", en VÁZQUEZ-PORTOMEÑE, F. (dir.), *Los lobbies: ¿instrumento de participación democrática o medios de corrupción?*, Tirant lo Blanch, Valencia, 2022, p. 44, califica a los protagonistas del art. 430 CP.

tanto en el sector público como en el privado. En estos pensaba el legislador al tiempo de la regulación originaria del delito, en la que se preveía como pena obligatoria la inhabilitación del profesional titulado – hoy desaparecida como pena principal[47], -, y como potestativas las de suspensión de las actividades de la sociedad, despacho o empresa, organización o despacho y cierre de dependencias[48]. Se trata de supuestos que encajan en las dinámicas de actuación propias de las redes de poder – como las que pueden anidar en los partidos[49] -, que distinguen la realidad criminal del delito de tráfico

47 En la actualidad, ha desaparecido la previsión de la inhabilitación del profesional titulado como pena principal, tan expresiva del problema de la profesionalización del tráfico de influencias, que se sustituye por otras penas privativas de derechos más anodinas y poco representativas del fenómeno, que varían en las modalidades de funcionario y particular. Con todo, siempre queda la posibilidad de recurrir a las penas accesorias del art. 56 CP. Sobre estas, por todos, VALEIJE ÁLVAREZ, I., *De las penas accesorias a las penas complementarias La descripción de un proceso legislativo inacabado*, Tirant lo Blanch, 2021.

48 Artículo 404 bis c) Cp 1973, desde la reforma de 1991: "*Los que, ofreciendo hacer uso de influencias cerca de las autoridades o funcionarios públicos, solicitaren de terceros dádivas, presentes o cualquier otra remuneración o aceptaren ofrecimiento o promesa, serán castigados con la pena de arresto mayor.*
Si los hechos a que se refiere el párrafo anterior fueren realizados por profesional titulado, se impondrá, además, como accesoria la pena de inhabilitación especial.
En cualquiera de los supuestos a que se refiere este artículo la autoridad judicial podrá imponer también la suspensión de las actividades de la sociedad, empresa, organización o despacho y la clausura de sus dependencias abiertas al público por tiempo de seis meses a tres años.»

49 Los Partidos pueden actuar como grandes intermediarios entre quienes les "financian" y quienes les deben los cargos que ocupan en el sector público, que son muchos, pues en España, la designación política desciende hasta niveles inimaginables en Administraciones más consolidadas y estables que la nuestra como la francesa.
Sobre el problema, GARCÍA ARÁN, M. (dir.), *Responsabilidad Jurídica y Política de los Partidos en España*, Tirant lo Blanch, 2018, *passim.*

de influencias de la del cohecho[50], pues el intermediario adquiere verdadero protagonismo cuando tiene "garantizada" una influencia que no tiene que negociar, y solo a partir de esa seguridad puede hacer de ello su profesión o negocio.

2.2 La influencia con prevalimiento

La amplitud de las fuentes de presión hace que no puedan advertirse particularidades relevantes en este contexto, a salvo del grave problema de delimitación de la frontera entre la influencia lícita y la ilícita.

El problema aquí no es de adecuación social entendida en un sentido sociológico que de aplicarse solo podría resolverse en sentido derogatorio de una norma penal sistemáticamente ignorada, sino de ofensividad y última ratio. Desde este punto de vista, antes de analizar las presiones delictivas deben delimitarse los contornos de lo que es conforme a la ley y por ello mismo queda fuera del foco del Derecho penal.

En este ámbito de licitud se halla la dirección política de la SMP por la Administración tutora (art. 116 LRJSP), así como la actividad de los grupos de interés dentro del ámbito de sus legítimas atribucio-

---

50 Otra cosa es que, en el plano de la tipicidad, se ha identificado (de modo no incontrovertido) un espacio común entre el delito de ejercicio de influencias y el de cohecho, que sería aquél en que se solicita dinero para influir en otro que se halla a su mando, que por un lado, podría considerarse venta de influencias del art. 430 CP, mientras que por otro, cohecho, si se considera que el acto del cargo por el que se cobra es precisamente el de influir al subordinado.
Al respecto, véase, por ejemplo, el "Caso Mercasevilla" (STS 421/2014, 16-5, *Tol 4355850*), en que se castiga al Director General y subdirector de una SMP que solicitaron cantidades a una empresa privada a cambio de concederles la gestión de una Escuela de hostelería, para lo que ejercieron la correspondiente influencia para conseguirlo. Aquí se castigó por cohecho, en consideración a que el ejercicio de las funciones incluía las indicaciones o influencias.

nes, como puede ser proporcionar información a la Administración que pueda precisarlo para el diseño de sus políticas públicas[51].

Fuera de estos supuestos de dirección o colaboración con las SMP, reconocidos por la ley, empieza el terreno de lo que puede ser penalmente relevante. Ahora bien, para que así sea no basta con ejercer influencias, sino que es preciso hacerlo con prevalimiento de una concreta posición de superioridad[52], lo que significa que no toda influencia ilícita es subsumible en este tipo penal. Quien consigue lo que desea porque otro se apresta, oficioso, a satisfacer sus deseos, eventualmente podría considerarse inductor o partícipe a título lucrativo, pero el solo hecho de beneficiarse de una resolución o hasta de haberla sugerido no lo hace responsable de este delito[53].

2.3 La resolución beneficiosa

Generalmente, se admite que el beneficio obtenido – en el tipo cualificado – o al que se aspira – en el tipo básico – debe estar dotado de contenido económico, aunque no deba consistir necesariamente en dinero.

En el caso de las SMP, que cuentan con fondos propios y actúan en el mercado, las posibilidades de adoptar decisiones generadoras de beneficios son innegables y pueden ir desde adjudicar contra-

---

51 Sobre las funciones legítimas de los lobbies, VAZQUEZ-PORTOMEÑE SEIJAS, F., “Los Lobbies: de mecanismo de participación en el sistema democrático a fenómeno jurídico-penalmente relevante”, en VÁZQUEZ-PORTOMEÑE, F. (dir.), *Los lobbies: ¿instrumento de participación democrática o medios de corrupción?*, Tirant lo Blanch, Valencia, 2022.

52 Descarta el delito por ausencia de este requisito la STS 1002/2021, 17-12 (“Caso Ayuntamiento de la Muela- Instituto Aragonés del Agua”, *Tol 8753468*), pues del cargo de Alcaldesa no puede deducirse automáticamente la relación de superioridad sobre cualquier otro.

53 CUGAT MAURI, M., “El tráfico de influencias. Un tipo prescindible”, *Revista electrónica de ciencia penal y criminología*, núm. 16, 2014.

tos de modo irregular al pago de sobreprecios. Pero no basta con ello, además, debe poder afirmarse que el beneficio deriva de una "resolución", lo que, junto al consabido problema de la calificación penal de los informes[54], o los actos meramente ejecutivos, suscita específicos interrogantes en el seno de las sociedades mercantiles.

La posibilidad de considerar que un acuerdo societario reúne las características de la "resolución" típica[55] queda descartada si la reducimos a las decisiones adoptadas en el seno de un órgano de la Administración, regulado íntegramente por el Derecho administrativo y recurrible ante la jurisdicción contenciosa, pues la externalización de las funciones públicas[56] nos aleja de ese ideal. Sin embargo, ello no ha sido obstáculo para considerar resoluciones a algunas de decisiones adoptadas en el seno de las SMP[57],

---

54 En sí mismos no son constitutivos de resolución (por todas, STS 429/2012, 21-5, *Tol 2555171*) y, precisamente por ello cuando se quieren castigar autónomamente, el Código lo prevé expresamente, como en los arts. 320 y 329 CP. En el resto de los supuestos, los autores del informe pueden intervenir a titulo de partícipes (STS 627/2006, 8-6, *Tol 963466* admite la posibilidad, aunque no la aprecia en el caso).

55 Sobre el concepto de resolución véase el capítulo dedicado en este libro al delito de prevaricación.

56 Sobre la doble naturaleza de las SMP, véase a título de ejemplo la STS 5-2-1993, FD 5, según la que: "*si bien esas Sociedades de ente público adoptan externamente y frente a terceros una forma personificada de carácter privado, «ad intra», tanto en sus relaciones con su ente público matriz, como al desarrollo de la función o servicio que se le ha encomendado e, incluso, al funcionamiento interno de sus órganos, las relaciones jurídicas establecidas pertenecen a la órbita del Derecho público, pues de una relación jurídico-pública se trata, al estar gestionando intereses públicos y colectivos. Lo que representa que, aunque en aquella gestión utilicen los medios más ágiles del «ius privatum», lo que están ejerciendo es una función pública.*"

57 VALEIJE ÁLVAREZ, I., "Reflexiones sobre los conceptos", *cit.*, pp. 480 ss, a propósito de la aplicabilidad del delito de prevaricación, con comentario del Caso "Mercasevilla".

como reiteradamente ha hecho la jurisprudencia a propósito del delito de prevaricación[58], aunque con excepciones[59].

---

58 Condenan por prevaricación en el ámbito de las SMP: la STS 1140/1995, 14-11, que condena al Concejal municipal que en esta condición formaba parte de la Junta general de la SMP y además había sido delegado por el Alcalde para la organización de unos juegos. Se considera que, aunque la sociedad adopte una forma privada, actúa a través de actos administrativos que pueden ser objeto de prevaricación cuando carecen completamente de competencia, procedimiento o respeto de la legalidad en cuanto al contenido. En este caso, se trataba de un contrato de ejecución de obras, que de acuerdo con la normativa administrativa debía adjudicarse por concurso, con excepciones justificadas, y, sin embargo, se resolvió en favor del amigo que aportó los tres presupuestos entre los que decidir. También, la STS 537/2002, 5-4 ("Caso de las camisetas", *Tol 4921990*), que condena al Gerente de la Sociedad municipal por prevaricación por acordar contratos de esponsorización al margen de cualquier formalidad procedimental, bajo influencia del Alcalde del municipio. STS 429/2012, 21-5 ("Caso FGC", *Tol 2555171*), que condena a los órganos rectores del ente (público) por prevaricación por el acuerdo de constitución de un fondo de pensiones y su modificación. Nótese que aquí se trata de un EPE y no una SMP, por lo que las decisiones pueden considerarse adoptades en el seno de un "asunto administrativo": "*tratarse de una empresa pública, que se constituye con una finalidad pública, sometidas las retribuciones y percepciones económicas de sus directivos y demás empleados a las normas aprobadas por la autoridad pública, especialmente con las limitaciones contenidas en las leyes de presupuestos que se mencionan en la sentencia, la materia debe ser considerada como un asunto administrativo*"; STS 600/2014, 3-9, *Tol 4497351*; STS 149/2015, 11-3, *Tol 4777353*, "Caso Rilco": "*reconocer en la conducta del Sr. Alexis todas y cada una de las características de la prevaricación administrativa, pues de esta naturaleza participa el acto de adjudicación de un contrato privado realizado por la sociedad instrumental de una entidad pública en cumplimiento de los objetivos que le son propios*", expresamente en contra de la doctrina minoritaria del caso BITTEL; STS 498/2019, 23-10, *Tol 7571605 "Minutas de Marbella"*.

59 En contra, STS 166/2014, 28-2 ("Caso BITEL", *Tol 4807326*), pues considera que, en el ámbito de las sociedades privadas de capital público,

Ahora bien, los requisitos típicos del tráfico de influencias son menos exigentes que los de la prevaricación. Para empezar, a diferencia del art. 404 CP, los arts. 428 y 429 CP no exigen que la resolución se "dicte", basta con que se "consiga", lo que, entre otras cuestiones, abre la puerta a la admisión de la omisión. Además, tampoco se exige que se sitúe en el contexto de un "*asunto administrativo*", como se exige para el delito de prevaricación, lo que podría abrir las puertas a otro tipo de procedimientos decisorios como los que tienen lugar en el seno de las SMP.

Por todo ello, no se advierte problema para apreciar la resolución típica del delito de tráfico de influencias en el seno de las SMP, lo que no significa que valga para cualquier decisión o contrato de la SMP.

2.4 La venta de influencias (art. 430 CP)

Centrado el principal foco de peligro en las influencias de la Administración o el Partido político sobre el responsable de la SMP, en este ámbito de relaciones podría anidar la "oficina" de venta de influencias.

Entre los vendedores de influencias pueden hallarse los Partidos con ascendiente sobre los cargos de las SMP que les deben el puesto, pero no son los únicos. Además, también podrían dedicarse a esta actividad quienes, al cesar en el cargo, vuelven al sector privado, a través del circuito tan bien descrito por SAN-

---

no basta con que el sujeto pueda considerarse funcionario a efectos penales, que sus decisiones deban someterse a las normas de publicidad y concurrencia, o que el capital sea público, para afirmar que nos hallamos ante un "asunto administrativo" como requiere la prevaricación; siguiéndola, también, la STSJ Cantabria 8-4-2014. En el mismo sentido, GONZÁLEZ RUS, J.J., "La prevaricación en las sociedades mercantiles públicas. Revisión del criterio jurisprudencial desde la perspectiva del artículo 31 quinquies CP", *Diario La Ley*, núm. 9221, 2018.

TANA VEGA de las puertas giratorias[60]; y, por qué no, también, quienes aprovechan el paso por la política de sus familiares para organizar en torno a ellos el negocio de venta de las influencias que estos pueden ejercer sobre otros.

En cuanto a las posibilidades aplicativas del tipo, no hay mucho más que añadir a los consabidos requisitos generales de esta modalidad, más allá de recordar que, de momento, y desoyendo las recomendaciones del GRECO, solo se tipifica la venta de influencias y no la compra, aunque tampoco hay vacío de punibilidad cuando, tras esta, se sigue el efectivo ejercicio de influencias que convertiría al comprador en inductor a la modalidad de ejercicio.

3. LA RPPJ POR EL DELITO DE TRÁFICO DE INFLUENCIAS (ART. 430 CP)

En los supuestos en los que la influencia no emana de la Administración sino de un "despacho" privado de venta de influencias, o incluso de un Partido político[61], además, podría plantearse la RPPJ gracias a la inclusión de este delito en la lista de los que lo permiten, ex art. 430 CP.

El único óbice es que cuando el exclusivo fin de la empresa es el ejercicio de influencias ilícitas, el régimen de RPPJ previsto en el art. 31 bis podría quedar desplazado por el de las consecuencias accesorias del art. 129 CP[62]. Otra cosa es que las posibilidades de los delitos de asociación ilícita u organización criminal estén infrautilizadas en el campo de los delitos de corrupción[63].

---

60 SANTANA VEGA, D., *Puertas giratorias, cit.*, pp. 24ss.

61 Con RPPJ desde la LO 7/2012.

62 STS 154/2016, 29-2, *Tol 5651211*.

63 Basta con recordar los delitos que fueron apreciados en el "Caso Marbella" (STS 1394/2010, 25-1, *Tol 1788428*) para comprobar la injustificable poca presencia de estas tipicidades en los casos de corrupción sistemática.

Cuando no es así y la empresa tiene un fin lícito, como el de lobbing, podría exigirse la RPPJ si se traspasaran las fronteras de lo tolerable[64], incurriendo en influencias ilícitas[65]. En estos casos, además, podría aplicarse la circunstancia agravante prevista en el art. 66 bis CP, pár. 2°, b), en los casos en "*Que la persona jurídica se utilice instrumentalmente para la comisión de ilícitos penales. Se entenderá que se está ante este último supuesto siempre que la actividad legal de la persona jurídica sea menos relevante que su actividad ilegal.*"

Ahora bien, la RPPJ no se limita al delito de venta de influencias tipificado en el art. 430 CP. *A minore ad maius*, y por expresa previsión del art. 430 CP, esta también se extiende al resto de los delitos del Capítulo, esto es, también al ejercicio de las influencias de los arts. 428 y 429 CP.

Con todo, se advierten algunos problemas o límites aplicativos. En primer lugar, cuando se ejercen influencias sin contraprestación económica y en favor de tercero, puede ser difícil afirmar que se cumple la condición de actuar en beneficio de la PJ–lo que, por cierto, sirve como piedra de toque de la urgente necesidad de reflexionar acerca de la conveniencia de mantener este requisito legal -. Por otro lado, cuando el autor del delito es un funcionario al servicio de la Administración, no solo será difícil afirmar que actúa en su interés, sino imposible derivar RPPJ cuando se encuadre en alguno de los órganos excluidos de RPPJ en virtud del ap. 1 del art. 31 quinquies CP.

Sin embargo, en alguna ocasión, se han aplicado. Así, STS 394/2014, 7-5, *Tol 1788428*; STS 507/2020, 14-10, *Tol 8147989* "Caso Gürtel".

64 Sobre la frontera entre el ejercicio lícito e ilícito de la actividad, VÁZQUEZ-PORTOMEÑE SEIJAS, F., "Los Lobbies", *cit.*, p. 21.

65 Sobre las posibilidades aplicativas del delito en este ámbito, OLAIZOLA NOGALES, I., "El delito de tráfico de influencias", *cit.*

4. FUENTES DE PELIGRO

Si para la comisión del delito es precisa la existencia de un funcionario público con capacidad decisoria que pueda ser sensible a las solicitudes de otros, la zona de peligro se halla en el ámbito de relaciones entre la cúpula de la SMP, nombrada por autoridad y con capacidad decisoria, y quienes puedan tener ascendencia sobre esta.

4.1 La autoridad designante

Todo lo dicho hasta aquí conduce directamente a situar una de las principales fuentes de riesgo en la falta de control de los nombramientos discrecionales, pues cuando se permite el acceso a la función pública a personas sin méritos, fácilmente comprenderán que deben el cargo a su benefactor y estarán dispuestas a complacerle sin necesidad de contraprestación económica alguna – como sin embargo exige el cohecho[66]-.

Sin embargo, se trata de un peligro difícilmente erradicable *in totum,* si se tiene en cuenta que las relaciones entre los entes a los que pertenecen uno y otro sujeto no solo son lícitas, sino hasta necesarias por la relativa relación de dependencia de los órganos instrumentales respecto de los matrices.

---

[66] Podría considerarse la oferta de nombramiento como pago por el favor futuro. Ahora bien, para poder apreciar el delito de cohecho sería preciso que al tiempo de los hechos el designado para el cargo fuera ya funcionario público; y, seguramente también, que el favor pudiera hacerlo desde la posición que se ocupa al recibir la oferta. Por lo tanto, se observan dificultades para considerar que la promesa de nombramiento a cambio de la posterior actuación en favor del proponente pueda ser considerada cohecho.

4.2 El partido político decisor

Por otro lado, están los Partidos políticos que pueden tener ascendencia sobre los cargos de las SMP[67], sea directamente, o a través del cargo público que nombró a aquel sobre el que se pretende influir. Por ello, también deberán estar en el punto de mira de las medidas de prevención del delito, que los Partidos también deben aplicar[68], en especial, si quieren eludir la responsabilidad penal, de acuerdo con las previsiones del art. 31 bis CP.

4.3 El ex alto cargo

También pueden ser una fuente de peligro quienes han dejado de servir a la Administración y dan el paso al sector privado con la intención de explotar las relaciones tejidas durante su mandato. En estos casos, el riesgo se acrecienta a partir del momento en el que ex alto cargo constituye una empresa para la explotación sistemática y estable de las relaciones de influencia; mientras que puede disminuir con el transcurso del tiempo y la pérdida de actualidad y valor de mercado de las relaciones acopiadas, así como del *knowhow* acerca del funcionamiento de la Administración y sus procesos decisorios – lo que está en la base de la obligación del periodo de enfriamiento -[69].

---

67 La relación entre las SMP y los Partidos políticos es indiscutible, pues el carácter político de los representantes hace que sean un buen conductor de intereses partidistas. De ahí las prevenciones de las Directrices de la OCDE en materia de Lucha Contra La Corrupción e Integridad en las Empresas Públicas, 2019, p. 22, se insta a "*Prohibir el uso de las empresas públicas como instrumento para la financiación de actividades políticas y hacer contribuciones a campañas políticas.*"

68 Art. 9 bis de la Ley Orgánica 6/2002, de 27 de junio, *de Partidos Políticos.*

69 SANTANA VEGA, D., *Puertas giratorias, cit.*

4.4 Familiares, amigos y otros

Por fin, están los particulares que pueden tener capacidad de presión sobre el funcionario por cualquier otro motivo. Las medidas frente a estos serán completamente distintas, pues, a diferencia de los cargos de la Administració o de los Partidos, su actuación no está protocolizada, aunque tenga límites. De acuerdo con ello, la función preventiva aquí se fía a la propia de la amenaza penal o administrativa, así como a las reglas sobre prevención de conflictos de intereses aplicables al funcionario con el que se relacionan.

5. MEDIDAS PREVENTIVAS

5.1 Las medidas aplicables por los propios entes

A diferencia de Italia, en España, no contamos con modelos oficiales de compliance para el sector público (*infra*), ni con un sistema de certificación, como en Chile[70]. Sin embargo, el Derecho administrativo ofrece una buena fuente de principios y pautas de conducta de obligado cumplimiento, como las previstas para las SMP en la LRJSP[71], las relativas a la contratación pública[72], altos

---

70 Sobre el sistema de certificación en Chile, SALVO ILABEL, N., Modelos de imputación penal a personas jurídicas: estudio comparado de los sistemas español y chileno, UAB, 2014, https://www.tesisenred.net/, p. 215.

71 El ámbito subjetivo de aplicación, comprende [art. 2.2, b)LRJSP]: *Las entidades de derecho privado vinculadas o dependientes de las Administraciones Públicas que quedarán sujetas a lo dispuesto en las normas de esta Ley que específicamente se refieran a las mismas, en particular a los principios previstos en el artículo 3, y en todo caso, cuando ejerzan potestades administrativas."*

72 El ámbito subjetivo de la ley viene establecido en el art. 4, en cuyo ap. 1, h) incluye a "*Las sociedades mercantiles en cuyo capital social la participación, directa o indirecta, de entidades de las mencionadas en las letras a), b), c), d), e), g) y h) del presente apartado sea superior al 50 por 100, o en los casos en que sin superar ese porcentaje, se encuentre respecto de las referidas entidades en el*

cargos[73], transparencia[74], o control presupuestario[75]; así como las específicamente concebidas para los grupos de interés[76]. Hasta el punto de que hay quien ha dicho que allí donde hay derecho administrativo es superfluo hablar de programas de cumplimiento.

De todas estas, las que golpean más directamente al núcleo del problema aquí analizado son las relativas a la detección y

---

supuesto previsto en el artículo 5 del texto refundido de la Ley del Mercado de Valores, aprobado por Real Decreto Legislativo 4/2015, de 23 de octubre."

73 Sobre el objeto y ámbito de aplicación, art. 1 LREAC: ". *(…) 2. A los efectos previstos en esta ley, se consideran altos cargos: (…) d) Los Presidentes, los Vicepresidentes, los Directores Generales, los Directores ejecutivos y asimilados en entidades del sector público estatal, administrativo, fundacional o empresarial, vinculadas o dependientes de la Administración General del Estado que tengan la condición de máximos responsables y cuyo nombramiento se efectúe por decisión del Consejo de Ministros o por sus propios órganos de gobierno*".

74 Ley 19/2013, de 9 de diciembre, de transparencia, acceso a la información pública y buen gobierno "*Artículo 2. Ámbito subjetivo de aplicación. 1. Las disposiciones de este título se aplicarán a: (…) g) Las sociedades mercantiles en cuyo capital social la participación, directa o indirecta, de las entidades previstas en este artículo sea superior al 50 por 100.*"
"*Artículo 3. Otros sujetos obligados.*
Las disposiciones del capítulo II de este título serán también aplicables a:
a) Los Partidos políticos, organizaciones sindicales y organizaciones empresariales.
b) Las entidades privadas que perciban durante el período de un año ayudas o subvenciones públicas en una cuantía superior a 100.000 euros o cuando al menos el 40 % del total de sus ingresos anuales tengan carácter de ayuda o subvención pública, siempre que alcancen como mínimo la cantidad de 5.000 euros."

75 Sobre el ámbito de aplicación subjetivo, arts. 1 , 2.2, c) y 3.2,b), de la *Ley 47/2003, de 26 de noviembre, General Presupuestaria* que incluye a las SME.

76 Sobre el ámbito de aplicación, en el art. 2, pár. 2 APLTIAGP se incluye: "*A efectos de esta ley, se considera personal público susceptible de recibir influencia a las personas titulares de los puestos incluidos en el ámbito de aplicación de la Ley 3/2015, de 30 de marzo, reguladora del ejercicio de alto cargo de la Administración General del Estado y al resto del personal de la Administración General del Estado y su sector público que participe en la toma de decisiones, en los procesos de elaboración de disposiciones normativas y políticas públicas, así como en la aplicación de las mismas.*"

prevención de los conflictos de intereses (arts. 3 y 11 LREAC[77]; art. 64 LCSP; art. 27 LTAIBG) – que por ello son objeto de especial atención por los organismos antifraude[78], y aparecen en todas las Recomendaciones[79] y códigos de conducta[80] -.

Así, por ejemplo, las reguladoras de las incompatibilidades (LIPSAP[81]; y, específicamente, para los altos cargos, art. 13 LREAC), las causas de abstención y recusación (arts. 23 y 24 LRJSP; y, para los altos cargos, art. 12 LREAC); o el periodo de enfriamiento para altos cargos, en prevención de los peligros inherentes al fenómeno de las "puertas giratorias"[82] (art. 15 LREAC).

Sin embargo, con estas normas no se agotan todas las fuentes de riesgo. Por ejemplo, la OAC[83] ha detectado una fuente de peligro en las relaciones que nacen al calor de las relaciones continuadas con los proveedores o contratistas que no siempre

---

77 Sobre los principios en el ejercicio del cargo, art. 3 LREAC; sobre los conflictos de intereses, en particular, arts. 11 ss. LREAC, entre los que cabe destacar los recogidos en la letra e) " *Los de personas jurídicas o entidades privadas a las que el alto cargo haya estado vinculado por una relación laboral o profesional de cualquier tipo en los dos años anteriores al nombramiento.* "

78 En especial, la Oficina de Conflictos de Intereses del Ministerio para la transformación digital y la función pública; pero también la OAC, que ha sido especialmente activa en la producción de documentos para el conocimiento y actuación frente al problema: https://www.antifrau.cat/ca/14-la-corrupcio/798-com-reconec-un-conflicte-d-interes.html

79 Así, las *Directrices de la OCDE sobre el Gobierno Corporativo de las Empresas Públicas*, 2015; y OCDE (2019), *Directrices en materia de Lucha Contra La Corrupción e Integridad en las Empresas Públicas*, 33 ss.

80 Así, por ejemplo, el Código de conducta del Ayuntamiento de Barcelona, de 2017, art. 8.

81 Sobre el ámbito subjetivo de aplicación, el art. 2.1, h) incluye: "*El personal que preste servicios en Empresas en que la participación del capital, directa o indirectamente, de las Administraciones Públicas sea superior al 50 por 100.*"

82 Por todos, SANTANA VEGA, D., *Puertas giratorias, cit.*

83 https://www.antifrau.cat/resources/la-gestio-dels-conflictes-dinteres-en-el-sector-public-de-catalunya-informe-oac-cat.pdf

encajan con los supuestos propios de la abstención o recusación. Además, estas reglas pueden evitar conflictos de interés meramente aparentes, pues la relación de parentesco no significa que se esté en disposición moral de favorecer al familiar, mientras que habrá situaciones ajenas a esas relaciones que pueden generar conflictos de interés reales, como en casos de influencias en cadena en los que no hay ninguna relación previa entre el interesado en el acto y el competente en el mismo causante de abstención.

Sirva como ejemplo paradigmático de las limitaciones de las causas de abstención y recusación, uno de los casos más sonados de prevaricación municipal como el conocido como "Caso de las camisetas" (STS 537/2002, 5-4, *Tol 4921990*). Como es sabido, tales "camisetas" eran las que llevaban los jugadores del Club de Fútbol Atlético de Madrid con el logotipo de la ciudad de Marbella, a cambio del cobro de cantidades abonadas, ora por el Ayuntamiento de Marbella, ora por la sociedad mercantil municipal "Eventos 2000". Las obligaciones de abstención impedían al Alcalde aprobar resoluciones en favor de su club. Sin embargo, formalmente no se aprobaron por él, sino unas por el Teniente de Alcalde y otras por el gerente de la Sociedad municipal[84]. Estos fueron condenados por prevaricación, a la vez que el Alcalde por prevaricación y tráfico de influencias, aunque absueltos por malversación, pues no pudo probarse que el precio fuera excesivo.

Por este motivo son tan importantes las medidas de prevención indirecta o difusa de la corrupción, como las que residen en las obligaciones de transparencia (en general, LTAIBG, con garantías de publicidad activa y pasiva; con relación a los contratos públicos, art. 64 LCSP; y respecto de los lobbies, arts. 5

---

84 Así se recoge expresamente en la sentencia, según la que "*en todo momento Pedro R. Z., que ninguna relación tenía con el Atlético de Madrid, actuó en razón a la inducción que para evitar el escollo de la incompatibilidad ejerció sobre él Jesús G. y G., que era superior jerárquico como Alcalde y cabeza de la lista en la que se había presentado a las elecciones municipales.*"

y 11 del APLTIAGP, sobre el Registro y la "huella normativa", respectivamente); el buen funcionamiento de los canales de denuncia[85]; la sujeción a obligaciones y controles presupuestarios (arts. 64 ss. *Ley 47/2003, de 26 de noviembre, General Presupuestaria*) o las obligaciones de la LCSP en el sentido de obligar a la planificación general de la contratación de los entes públicos[86], que, al margen de situaciones excepcionales – como la de la covid19 -, reduce las posibilidades de los contratos a medida; y lo mismo debe decirse de la actuación a través de contratos programa[87].

Por otro lado, también deben tenerse en cuenta las normas reguladoras de la financiación de Partidos políticos[88], cuyo incumplimiento puede dar lugar no solo a sanciones administrativas, sino, en los casos más graves, también penales – sin entrar aquí en el insoluble problema de delimitación entre unas y otras[89]-. Entre las conductas prohibidas, el rechazo de las donaciones de personas jurídicas (inicialmente solo contratistas), puede servir para prevenir las donaciones finalistas (que es otro supuesto prohibido), y, en definitiva, el desvío de poder de las SMP a instancias de los Partidos beneficiados por ellas.

---

85 DIRECTIVA (UE) 2019/1937 DEL PARLAMENTO EUROPEO Y DEL CONSEJO de 23 de octubre de 2019, *relativa a la protección de las personas que informen sobre infracciones del Derecho de la Unión*; y Ley 2/2023, de 20 de febrero, *reguladora de la protección de las personas que informen sobre infracciones normativas y de lucha contra la corrupción.*

86 GONZÁLEZ GARCÍA, J.V., "Ley de Contratos del Sector Público y Entidades Locales: la exigencia de planificación de la contratación", *Cuadernos de Derecho local*, núm. 48, 2018.

87 En este sentido, RIBAS SERRA, *Millora de la governança del sector públic institucional de la Generalitat de Catalunya: la creació d'una unitat departamental de seguiment i avaluació*", Escola d'Administració Pública de Catalunya, 2020, p. 14.

88 OLAIZOLA NOGALES, I., "El delito de tráfico de influencias", *cit.* p. 57, señala el peligro que supone para el sector público la deuda de los Partidos hacia los bancos.

89 GARCÍA ARÁN, M. (dir.), *Responsabilidad Jurídica y Política, cit.*

Todas estas medidas podrían ser consideradas en las pautas de actuación a las que para las SME insta el art. 112 LRJSP, que, además, podrían servir de escudo protector de responsabilidades penales.

Las exigencias generales de las anteriores medidas podrían concretarse en códigos de actuación que, con carácter general, podrían promoverse desde las Administraciones territoriales[90], al margen de las necesarias adaptaciones a las peculiaridades de cada ente. Esta forma de proceder podría ser de especial interés en el ámbito local – en el que mayor presencia tiene el SPI[91]–, con competencias en materias de tanta trascendencia económica como las urbanísticas, en contraste con la falta de recursos para la adopción de planes preventivos de que adolecen los pequeños municipios.

Las ventajas de estos planes de cumplimiento normativo yacen en que, buena parte de las medidas vienen impuestas por la regulación administrativa, de modo que su incumplimiento conlleva una sanción, a diferencia de lo que sucede con los programas aplicables en el sector estrictamente privado, que siendo de aplicación voluntaria no tienen tanta garantía de aplicación y correspondiente prevención del delito[92]

---

90 Sobre la experiencia en Galicia, a propósito de los "Fondos Next Generation", véase VAQUERO CARCÍA, A./CADAVAL SAMPEDRO, M., "Reflexiones y propuestas para combatir la corrupción pública en la administración local", *Revista Española de la Transparencia*, núm. 15, Segundo semestre. Julio-diciembre de 2022. DOI: https://doi.org/10.51915/ret.219, p. 194.

91 De acuerdo con los datos publicados en INVENTE, a fecha de 10-9-2024, el 54,24% del SPI estaba adscrito a la Administración local. https://www.pap.hacienda.gob.es/invente2/pagVisorInformesBI.aspx?tipoInforme=1

92 Debilidad denunciada por TIEDEMANN, K., "El derecho comparado en el desarrollo del derecho penal económico", en ARROYO ZAPATERO, L./NIETO MARTÍN, A. (dirs.), *El derecho penal económico en la era compliance,* Tirant lo Blanch, Valencia, 2013, p. 37, frente a quienes ingenuamente creen en la revolución preventiva de las compliance.

5.2. Las medidas políticas.

Con la aplicación de las anteriores medidas no se contienen todos los peligros. Por ello, son importantes las políticas públicas dirigidas a la racionalización de la discrecionalidad política y rendición de cuentas[93].

En este sentido, pueden ser eficaces los esfuerzos dirigidos a la exigencia de profesionalización de los nombramientos políticos, a la que insta el Banco Mundial o la OCDE[94], que podría llevarse a cabo, por ejemplo, a través de la implantación de comparecencias previas a la designación que permitan la evaluación pública de los méritos del candidato (*hearings*), o posteriores al cese, para la rendición de cuentas[95]. Además de redundar en

---

Sobre la posible interacción entre los sistemas de regulación privados y el estatal, véase, SIEBER, U., "Programas de compliance en el derecho penal de la empresa. Una nueva concepción para controlar la criminalidad económica", en ARROYO ZAPATERO, L./NIETO MARTÍN, A. (dirs.), *El derecho penal económico en la era compliance*, Tirant lo Blanch, Valencia, 2013, p. 79 s.

93 Estas medidas apuntan en el mismo sentido que las Conclusiones del grupo de trabajo: plan "5-25" para la mejora de la gobernanza de las empresas públicas en España, Fundación para la investigación sobre el Derecho y la empresa www.fidefundación.es: "*En definitiva, y de manera resumida, estas propuestas de mejora se articularían a través de tres elementos: 1. Separación en diferentes entes o ministerios de las funciones de propiedad de las funciones de tutela y de fijación de objetivos; 2. Sistema de nombramiento de los máximos responsables a través de mecanismos objetivos de selección (utilizando incluso para ello empresas especializadas); y 3. Comparecencia anual de los presidentes de las empresas públicas en comisiones especializadas del Congreso y/o Senado.*"

94 WORLD BANK GROUP, *Corporate Governance of State-Owned. A toolkit*, 2014, 162 ss.; *Directrices de la OCDE sobre el Gobierno Corporativo de las Empresas Públicas*, 2015, p. 83 ss.; OCDE, *Directrices en materia de Lucha Contra La Corrupción e Integridad en las Empresas Públicas*, 2019.

95 *Conclusiones del grupo de trabajo: plan "5-25" para la mejora de la gobernanza de las empresas públicas en España*, Fundación para la investigación sobre el Derecho y la empresa, www.fidefundación.es., p. 4 s.

beneficio de la calidad del servicio, dotarían al cargo político de mayor inmunidad frente a eventuales presiones.

Por otro lado, como también Recomienda la OCDE[96], el propio Estado debería velar por que, a lo largo de su funcionamiento, estas empresas no fueran objeto de presiones. Ello no implica un corte de comunicación o incluso dirección entre la Administración matriz o tutelar[97] y el ente empresarial, que es necesaria para la realización de los objetivos para los que se crean[98]. Pero una cosa es la definición de la estrategia política y otra la injerencia en las decisiones operativas, en lo que reina acuerdo que no deben entrar.

5.3 Las medidas penales

Por fin, debe mencionarse la existencia de delitos que se sitúan en un ámbito preliminar al tráfico de influencias y cuyas previsiones

---

96 OCDE, *Directrices en materia de Lucha Contra La Corrupción e Integridad en las Empresas Públicas*, 2019, p. 25.

97 Así, la LRJSP estable un sistema de tutela (art. 116), en virtud del cual el Ministerio correspondiente "*ejercerá el control de eficacia e instruirá a la sociedad respecto a las líneas de actuación estratégica y establecerá las prioridades en la ejecución de las mismas, y propondrá su incorporación a los Presupuestos de Explotación y Capital y Programas de Actuación Plurianual, previa conformidad, en cuanto a sus aspectos financieros, de la Dirección General del Patrimonio del Estado si se trata de sociedades cuyo capital corresponda íntegramente a la Administración General del Estado, o del organismo público que sea titular de su capital*" (ap. 3). Además, "En casos excepcionales, debidamente justificados, el titular del departamento al que corresponda su tutela podrá dar instrucciones a las sociedades, para que realicen determinadas actividades, cuando resulte de interés público su ejecución" (ap. 4).

98 De acuerdo con el art. 116, la tutela de las SME corresponde al Ministerio designado por el Consejo de Ministros; y según el art. 169 Ley 33/2003, de 3 de noviembre, *del Patrimonio de las Administraciones Públicas*, corresponde al Consejo de Ministros "*a) Determinar las directrices y estrategias de gestión del sector público empresarial del Estado, en coherencia con la política económica y la estabilidad presupuestaria.*"

sancionadoras pueden tener una función preventiva de este. En especial, los delitos de financiación ilícita de Partidos políticos del art. 304 bis CP (desde LO 1/2015), y las actividades prohibidas del art. 441 CP, que actúan como medidas de refuerzo de las correspondientes sanciones administrativas por incumplimiento de la legislación reguladora de la financiación de partidos políticos[99] o la reguladas en la LRJSP vulneración de las incompatibilidades.

6. CONCLUSIONES

En suma, las medidas de prevención del tráfico de influencias están especialmente relacionadas con las dirigidas a la evitación de los conflictos de intereses en los que el fin público se contrapone al interés privado, que aquí puede imponer quien tiene ascendente de cualquier tipo sobre el funcionario competente para la adopción de resoluciones beneficiosas económicamente.

Por este motivo, la norma de cautela que despunta por encima de todas es la dirigida a la profesionalización de los cargos, pues cuanto menor sea la deuda moral con el órgano designante menor será la capacidad de influencia de este. En este sentido apuntan precisamente las Recomendaciones del Banco Mundial y las Directrices de la OCDE.

Por supuesto, no es esta la única precaución posible, pero sí la más importante, pues es la que incide directamente sobre la disposición delictiva del sujeto actuante. El resto de las medidas, existiendo voluntad criminal pueden quedarse cortas o fallar.

En concreto, las causas de abstención y recusación no alcanzan a los supuestos en los que no hay ninguna relación directa entre el interesado y el influenciado, cuando por ejemplo se recurre a una cadena de influencias, como el tipo penal admite; las medidas de

---

99 Ley Orgánica 8/2007, de 4 de julio, *sobre financiación de los partidos políticos.*

transparencia pueden dejar ver la información más halagadora, pero mantener en la sombra la menos favorecedora, que hasta se puede maquillar o falsear; la planificación de la contratación puede tener excepciones que sean estratégicamente aprovechadas, etc.

De modo que lo principal para que no se cometa el delito es que no haya voluntad de hacerlo, y a ello contribuye la profesionalización de los cargos. Todo lo demás son obstáculos contra una voluntad que, bien organizada, puede encontrar el modo de alcanzar su fin.

Con todo, no se nos oculta que, muchas veces, continuará contando más la docilidad que otros méritos y que la profesionalización, aunque teóricamente prioritaria, será difícil de conseguir, paradójicamente en los cargos de más alto nivel. Todo lo cual frena las posibilidades de erradicación del ejercicio ilícito de influencias y presión.

En su caso, las posibilidades aplicativas del delito son indiscutibles, pero también se han detectado obstáculos que afectan, principalmente, al reconocimiento de la condición de funcionario de los órganos de la SMP que no hayan sido formalmente nombrados autoridad, así como a la posibilidad de afirmar que la decisión reúne las características típicas de la resolución.

Ante tales problemas aplicativos, debería reflexionarse acerca de la posibilidad de recurrir a interpretaciones materiales, en la línea iniciada por el Acuerdo TS de 25-5-2017 sobre el concepto de caudales públicos, o la Sentencia BITEL (STS 166/2014, 28-2, *Tol 4807326*), sobre el concepto de título habilitante. De este modo podría evitarse que el recurso a entes instrumentales se realizara a costa de la desprotección de la función pública, esquivando los peligros de la denostada huida del Derecho administrativo para los que, desde otras disciplinas se reclaman también remedios[100]. Por supuesto, respetando siempre las garantías del Derecho penal

---

[100] Por todos, CHINCHILLA MARÍN, C. "Las sociedades mercantiles públicas", *cit.*, p. 53 ss.

y sin recurrir a aplicaciones analógicas. La cuestión es cuáles son los límites a la interpretación material de los elementos típicos.

7. BIBLIOGRAFÍA

CHINCHILLA MARÍN, C. "Las sociedades mercantiles públicas. Su naturaleza jurídico-privada y su personalidad jurídica diferenciada: ¿Realidad o ficción?", *Revista de Administración Pública,* núm. 203, 2017.

COMISIÓN NACIONAL DE LOS MERCADOS Y LA COMPETENCIA, *Guía de programas de cumplimiento en relación con la defensa de la competencia,* 10-6-2020. https://www.cnmc.es/novedad/cnmc-guia-compliance-competencia-20200610

CUGAT MAURI, M., "El tráfico de influencias. Un tipo prescindible", *Revista electrónica de ciencia penal y criminología,* NÚM. 16, 2014.

CUENCA GARCÍA, M.J., en GARCÍA ARÁN, M., "La aplicabilidad del concepto penal de funcionario a los cargos internos de los partidos", *Responsabilidad Jurídica y Política de los Partidos en España,* Tirant lo Blanch, 2018.

FIDE, *Conclusiones del grupo de trabajo: plan "5-25" para la mejora de la gobernanza de las empresas públicas en España,* Fundación para la investigación sobre el Derecho y la empresa, www.fidefundación.es.

GARCÍA ARÁN, M. (dir.), *Responsabilidad Jurídica y Política de los Partidos en España, Tirant lo Blanch,* 2018.

GÓMEZ RIVERO, C., "El castigo penal de la corrupción en el ámbito del llamado sector público instrumental", *Revista Electrónica de Ciencia Penal y Criminología,* 18-6, 2016.

GONZÁLEZ GARCÍA, J.V., "Ley de Contratos del Sector Público y Entidades Locales: la exigencia de planificación de la contratación", *Cuadernos de Derecho local,* núm. 48, 2018.

GONZÁLEZ RUS, J.J., "La prevaricación en las sociedades mercantiles públicas. Revisión del criterio jurisprudencial desde la perspectiva del artículo 31 quinquies CP", *Diario La Ley,* núm. 9221, 2018.

MARTÍN LORENZO, M., "Concepto penal de funcionario y externalización de funciones públicas", en Maqueda Abreu/Martín Lorenzo/Ventura Püschel, *Derecho Penal para un estado social y democrático de derecho. Estudios penales en homenaje al profesor Emilio Octavio de Toledo y Ubieto,* Universidad Complutense de Madrid, 2016.

NAVARRO FRÍAS, I., “Sociedades públicas: derecho mercantil “vs”. Derecho administrativo. En particular, deberes y responsabilidad de los administradores de sociedades públicas estatales”, *Revista de Derecho de Sociedades*, núm. 56, 2019.

NIETO MARTÍN, A./GARCÍA MORENOI, B. (coords.), *Guía para la prevención de la corrupción en las Administraciones públicas de Castilla-La Mancha*, UCLM-Castilla la Mancha, 2018.

OCDE (2015), *Directrices de la OCDE sobre el Gobierno Corporativo de las Empresas Públicas*, https://www.oecd-ilibrary.org/governance/directrices-de-la-ocde-sobre-el-gobierno-corporativo-de-las-empresas-publicas-edicion-2015_9789264258167-es/all

OCDE (2019), *Directrices en materia de Lucha Contra La Corrupción e Integridad en las Empresas Públicas*, www.oecd.org/corporate/Anti-Corruption-Integrity-Guidelines-for-SOEs.htm

OLAIZOLA NOGALES, I., “El delito de tráfico de influencias: su relación con el lobby”, en VÁZQUEZ-PORTOMEÑE, F. (dir.), *Los lobbies: ¿instrumento de participación democrática o medios de corrupción?*, Tirant lo Blanch, Valencia, 2022.

QUINTERO OLIVARES, G.: “El Derecho Penal y las empresas públicas: un problema político criminal”, en MORILLAS CUEVAS. L. (DIR.), *Respuestas jurídicas a la corrupción pública*, Dykinson, Madrid 2020.

RAMÓN RIBAS, E., “La derogación jurisprudencial del artículo 24.2 CP (concepto de funcionario público), *Estudios Penales y Criminológicos*, XXXIV, 2014.

RIBAS SERRA, Millora de la governança del sector públic institucional de la Generalitat de Catalunya: la creació d’una unitat departamental de seguiment i avaluació”, *Escola d’Administració Pública de Catalunya*, 2020.

SALVO ILABEL, N., *Modelos de imputación penal a personas jurídicas: estudio comparado de los sistemas español y chileno*, UAB, 2014, https://www.tesisenred.net/

SANTANA VEGA, D., *Puertas giratorias de los altos cargos del Estado y delitos de tráfico de influencias*, Tirant lo Blanch, 2023.

SIEBER, U., “Programas de compliance en el derecho penal de la empresa. Una nueva concepción para controlar la criminalidad económica”, en ARROYO ZAPATERO, L./NIETO MARTÍN, A. (dirs.), *El derecho penal económico en la era compliance*, Tirant lo Blanch, Valencia, 2013.

SILVA SÁNCHEZ, J.M., “Empresas prevaricadoras. Delitos especiales de funcionarios públicos, sociedades mercantiles y medio ambiente”, *Estudios Jurídicos en Homenaje a la Profesora Doctora Elena Górriz Royo*, en J.L. González Cussac/ J. León Alapont (dirs.), Tirant Lo Blanch, Valencia, 2020.

TIEDEMANN, K., "El derecho comparado en el desarrollo del derecho penal económico", en ARROYO ZAPATERO, L./NIETO MARTÍN, A. (dirs.), *El derecho penal económico en la era compliance,* Tirant lo Blanch, Valencia, 2013.

VALEIJE ÁLVAREZ, I., "Reflexiones sobre los conceptos penales de funcionario público, función pública y personas que desempeñan una función pública", *Cuadernos de política criminal,* núm. 62, 1997.

VALEIJE ÁLVAREZ, I., *De las penas accesorias a las penas complementarias La descripción de un proceso legislativo inacabado,* Tirant lo Blanch, Valencia, 2021.

VALEIJE ÁLVAREZ, I. "Sobre la responsabilidad penal de las sociedades públicas mercantiles que ejecuten políticas públicas o presten servicios de interés económico general (art. 31.2 quinquies CP)", en VÁZQUEZ-PORTOMEÑE SEIJAS, F., *Los lobbies: ¿instrumento de participación democrática o medios de corrupción?,* Tirant lo Blanch, Valencia, 2022.

VAQUERO CARCÍA, A./CADAVAL SAMPEDRO, M., "Reflexiones y propuestas para combatir la corrupción pública en la administración local", *Revista Española de la Transparencia,* núm. 15, Segundo semestre. Julio-diciembre de 2022.

VÁZQUEZ-PORTOMEÑE SEIJAS, F., Los delitos contra la administración pública: Teoría General, Madrid, *Instituto Nacional de Administración Pública,* 2003.

VÁZQUEZ–PORTOMEÑE SEIJAS, F., *Los delitos de ejercicio y ofrecimiento de influencias en el CP español (arts. 428, 429 y 430),* Tirant Lo Blanch. Valencia 2020.

VAZQUEZ-PORTOMEÑE SEIJAS, F., "Los Lobbies: de mecanismo de participación en el sistema democrático a fenómeno jurídico-penalmente relevante", en VÁZQUEZ-PORTOMEÑE, F. (dir.*), Los lobbies: ¿instrumento de participación democrática o medios de corrupción?,* Tirant lo Blanch, Valencia, 2022.

WORLD BANK GROUP (2014), *Corporate Governance of State-Owned Enterprises. Atoolkit,*https://documents1.worldbank.org/curated/en/228331468169750340/pdf/Corporate-governance-of-state-owned-enterprises-a-toolkit.pdf

Capítulo IX
El delito de revelación de secretos ante la evolución del sector público institucional: la experiencia de los puntos de encuentro familiar

PAZ LLORIA GARCÍA

Catedrática de Derecho penal de la Universitat de València. Estudi general

1. INTRODUCCIÓN

La mera constatación de la realidad nos lleva a confirmar que se está produciendo una progresiva asunción de funciones públicas por parte de personas físicas y jurídicas ajenas a la Administración pública nuclear, en consonancia con lo que se ha venido a denominar la huida del derecho administrativo[1] y esto plantea especiales problemas interpretativos en el delito de revelación de secretos por parte de funcionario, que se recoge en el art. 417 del CP. Como es común advertir, el castigo de esta conducta se dirige a proteger a la ciudadanía frente a ataques contra la intimidad por parte de los empleados públicos, sobre todo cuando el servicio público que se desempeña tiene que ver con actividades relacionadas con ámbitos especialmente sensibles, como situaciones familiares de violencia de género, de salud, de adicciones. Es cierto que el ejercicio de determinadas potestades que afectan a servicios públicos básicos como la salud, la seguridad privada, la administración penitenciaria o los servicios sociales no deben ser sometidos a la tercería empresarial[2], pero una cosa es la cesión de la potestad de soberanía o de la potestad administrativa que implican estas prestaciones y otra su gestión[3].

En el caso que se analiza, los denominados puntos de encuentro familiar (en adelante, PEF) llevan a cabo la prestación de un

---

1 Se barajan diferentes razones que impulsan a buscar formas alternativas de cumplir con los fines públicos. Se habla así de que la creación de entes instrumentales obedece a la búsqueda de una mayor eficacia en la prestación del servicio (entre otros, GARCÍA ARÁN, M., "Autonomía interpretativa del derecho penal y delincuencia de las empresas públicas", en *REJUC,* n.6, 2022) o de la voluntad de "escapar· de las formalidades y rigideces del procedimiento administrativo (CARDONA BARBER, A., "La responsabilidad penal de los gestores del sector público empresarial", en *RGDP,* n. 37, 2022, p. 2).

2 Por ejemplo, labores de vigilancia en aeropuertos o centros penitenciarios y la ejecución de medidas civiles en relación con NNA en situaciones de crisis matrimonial u otras situaciones que exigen de supervisión en los regímenes de visita de las personas menores de edad. (PADROS REIG, C. y COELLO MARIN, C., "La extensión del concepto 'empleo público' a las actividades privadas", en *Revista Doctrinal Aranzadi Social,* n.1, 2013, p. 1).

3 GARCÍA ARÁN, M., "Autonomía interpretativa...", *cit.,* p.277.

servicio público que afecta generalmente a datos sensibles y que se desarrolla por empresas ajenas a la Administración que cede dichas funciones mediante el sistema de gestión indirecta[4] a través de contratación pública mediante licitación[5].

La cuestión que se plantea tiene que ver con si la externalización de servicios esenciales puede llevar a situaciones de falta de tutela o de lagunas de punibilidad y surge también la duda de, hasta qué punto, las empresas que gestionan dichos recursos pueden o no responder penalmente como personas jurídicas, en atención a lo dispuesto en los arts. 31 y concordantes del CP.

Para ello resulta necesario establecer qué preceptos de la parte especial pueden resultar aplicables a los casos en los que se tiene acceso a datos reservados o sensibles por parte de los profesionales que desempeñan estas funciones en el marco de la cesión por parte de la Administración, teniendo en cuenta, además, que no existe una única tipificación para estos hechos que pueden ser cometidos por funcionarios y por particulares y que encuentran cobertura, tanto en delitos especiales propios (art. 417 CP) como impropios (art. 198 en relación con el art. 197 CP).

A partir de este análisis corresponde determinar si las personas jurídicas que dotan de cobertura empresarial a la actividad pueden o no responder penalmente por los hechos realizados en su seno, dada la exención de responsabilidad que se contiene

---

4 *Vid.*, modelos de prestación de servicios públicos por el Estado en CARDONA BARBER, A., "La responsabilidad penal…", *cit.*, pp. 4 y 5. La gestión indirecta viene prevista en el art. 85.2 b de la Ley de Bases de régimen local (Ley 7/1985), donde se establecen los criterios de contratación entre la Administración y las empresas a través del sistema de licitación pública.

5 El pliego de condiciones para la adjudicación del servicio y las funciones a desempeñar están disponible en https://contrataciondelestado.es/wps/wcm/connect/ab6712b2-838e-441d-b175-2de58db69b53/DOC_CD2019-530167.pdf?MOD=AJPERES.

en el art. 31 quinquies del CP para la Administración y los entes que pertenecen al sector público empresarial[6].

Este escenario ineludiblemente lleva a clarificar el concepto de funcionario público que se defiende, a delimitar el alcance del concepto de secreto y el de información reservada y la legitimidad o no de acceso a la información, puesto que de ello depende si los responsables responden como particulares o como funcionarios, lo que está directamente vinculado con la interpretación de los arts. 197 y 198 del CP por un lado y del art. 417 del CP por otro. Solo entonces se podrá exponer cuál es la situación respecto de las empresas que gestionan los PEF y otras que cumplan funciones asimilables, para el caso en que se produjera una situación de revelación de secretos o informaciones reservadas.

2. LOS DELITOS DE REVELACIÓN DE SECRETOS E INFORMACIONES RESERVADAS POR FUNCIONARIO PÚBLICO

Como ocurre con la mayoría de los delitos contra la Administración pública recogidos en el Título XIX del CP y como recordaba ORTS BERENGER, se trata en buena medida de de-

---

[6] Recuérdese que este precepto dispone:
"*1. Las disposiciones relativas a la responsabilidad penal de las personas jurídicas no serán aplicables al Estado, a las Administraciones públicas territoriales e institucionales, a los Organismos Reguladores, las Agencias y Entidades públicas Empresariales, a las organizaciones internacionales de derecho público, ni a aquellas otras que ejerzan potestades públicas de soberanía o administrativas. 2. En el caso de las Sociedades mercantiles públicas que ejecuten políticas públicas o presten servicios de interés económico general, solamente les podrán ser impuestas las penas previstas en las letras a) y g) del apartado 7 del artículo 33. Esta limitación no será aplicable cuando el juez o tribunal aprecie que se trata de una forma jurídica creada por sus promotores, fundadores, administradores o representantes con el propósito de eludir una eventual responsabilidad penal*".

litos especiales reservados a funcionarios y autoridades, lo que no significa que "ni todos los delitos específicos de funcionarios y autoridades se encuentren en el citado título, ni que únicamente funcionarios y autoridades puedan cometerlos todos"[7].

Por lo tanto, habrá que atender, dadas las características de estos ilícitos, tanto al sujeto que puede cometer el delito (el funcionario público) como al bien jurídico concreto que se lesiona con las acciones analizadas[8].

En el caso de los delitos de revelación de secretos e información, la lesión se produce a la intimidad, cuando se trata de informaciones particulares. Se entiende que la afectación se produce también a la objetividad, la imparcialidad y eficacia con que deben producirse la Administración pública en sus actuaciones para garantizar los intereses generales en el resto de casos[9], o como se afirma en la STS 67/2013 de 30 de enero *Tol 3054795),* la preservación y correcta utilización de los medios o instrumentos esenciales para el cumplimiento de los fines de la Administración y la confidencialidad de las informaciones. En definitiva, como afirma REBOLLO VARGAS, con el delito de revelación de secretos e informaciones por funcionario público, se lesionan los intereses generales de la comunidad[10], por el incumplimiento del deber de sigilo exigible a todos aquellos que, de un modo u otro en el

---

7 ORTS BERENGUER, E., "Delitos contra la Administración Pública (I)", en González Cussac, J.L. (Coord.)., *Derecho penal. Parte especial,* Valencia, Tirant lo Blanch, 7ª ed., 2022, p. 699.

8 Es sabido que en los delitos del Título XIX el bien jurídico tutelado se concreta en el correcto funcionamiento de la administración pública, pero que hay que buscar la lesión particular que se produce en cada caso.

9 VALEIJE ÁLVAREZ, I., *El tratamiento penal de la corrupción del funcionario: el delito de cohecho,* Madrid, EDERSA, 1995, pág. 28; REBOLLO VARGAS, R., *La revelación de secretos e informaciones por funcionario público,* Barcelona, Cedecs, 1996, págs. 70 y 71 y ORTS BERENGUER, E., "Delitos contra...", *cit.,* pág. 716.

10 REBOLLO VARGAS, R., *La revelación..., cit.,* págs. 71 y 72.

ejercicio de servicios públicos, se relacionan con informaciones o datos de interés para la administración[11] y que deben ser preservados del conocimiento de terceros[12], lo que no siempre es fácil de determinar y no parece que siempre quede tutelado en los casos de actuaciones de no funcionarios.

2.1. Los delitos cometidos por funcionario público o personal al servicio de la Administración. El concurso de normas entre los arts. 417 y 197-198 del CP

El delito de violación de secretos sistemáticamente se encuentra recogido entre los del Capítulo IV del Título XIX, bajo la rúbrica de "delitos de infidelidad en la custodia de documentos y violación de secretos" que castiga el incumplimiento de la obligación del deber de sigilo que afecta a los funcionarios respecto de aquellos documentos, hechos, datos e informaciones de los que tomen conocimiento por razón de su cargo.

Este tipo básico se complementa con dos tipos agravados, el primero que tiene que ver con la afectación al bien jurídico colectivo (cuando de la acción se deriven graves daños para la causa pública) y el segundo que se ha de vincular con el objeto material (secretos de un particular) que tiene que ver con la idea de intimidad. Conductas que, evidentemente, se relacionan con la necesidad de deslindar el castigo entre los tipos comunes que afectan a la intimidad y los especiales que, además, tienen que ver con la lesión del bien jurídico colectivo vinculado a la causa pública.

---

11 Deber que no cesa aun cuando se cese en el ejercicio del cargo. En este sentido, NIETO MARTÍN, A., "De la infidelidad en la custodia de documentos y de la violación de secretos", en Arroyo Zapatero, L. et alt. (Dirs.)., *Comentarios al Código penal,* Madrid, Iustel, 2007, p. 885.

12 Entre otras, ST Juzgado de lo Penal nº 1 de Pamplona, 248/2018, de 1 de octubre.

En este sentido, el art. 198 del CP, ubicado entre los delitos contra la intimidad (Título X, Capítulo I) castiga al funcionario público que "sin mediar causa por delito" y "fuera de los casos permitidos por la ley" realice alguna de las acciones previstas en el art. 197 del CP que castiga el apoderamiento de documentos u otros soportes que contengan datos, hechos o informaciones intimas, su utilización o modificación y, fundamentalmente en el número 3 la difusión, revelación o cesión de dichos objetos materiales.

Por lo tanto, la característica esencial de estas figuras es que el sujeto activo ha de ser un funcionario o autoridad y el objeto material ha de estar conformado por informaciones, datos o hechos que no deben ser divulgados.

La aplicación de uno u otro precepto dependerá entonces de si el sujeto activo cumple las características que se exigen en el art. 24 del CP, y de la distinción entre un tipo y otro, lo que, además, depende del concepto de secreto y del de información reservada.

Tomando como punto de partida que el delito se cometa por un funcionario público, el concurso de normas se ha de deshacer atendiendo al bien jurídico, al contenido del objeto material y al modo en que se obtiene la información por parte del funcionario[13].

El art. 417 exige que el secreto o la información reservada se conozca por razón de su cargo y en el ámbito de sus funciones, aunque no sea el responsable del secreto[14]. Esto es, puede haber tomado conocimiento en una reunión o por comentarios en el ámbito profesional[15]. Lo determinante es que el acceso a la información haya sido legal, porque entre sus funciones se

---

13 STS 435/2013, de 17 de diciembre.

14 FEIJOO SÁNCHEZ, B., "De la infidelidad de documentos y de la violación de secretos", en Cuerda Arnau, M.L., *Comentarios al Código Penal,* T. I, Valencia, Tirant lo Blanch, 2023, p.2602.

15 En este sentido, SSTS 1239/2001 de 6 de junio y 67/2020, de 9 de marzo, entre otras.

encontraba trabajar con dicha información[16], dejando para la calificación por los arts. 197 y 198 aquellas actuaciones en las que se obtiene la información sin que el acceso a la misma se encuentre entre las funciones del investigado[17]. Por eso el art. 198 refiere a supuestos en los que no existe justificación para el acceso y en los que el funcionario lo que hace es prevalerse de su cargo para realizar un hecho delictivo. Como afirma la STS 305/2014, de 7 de abril (*Tol 4224702)*, son situaciones en las que el funcionario, en lugar de servir al cargo, se sirve del cargo[18].

En todo caso, hay que atender también al objeto material, estrechamente relacionado con el bien jurídico lesionado.

El artículo 417 se refiere a la revelación de "secretos" o "información reservada", que para la previsión del tipo agravado del art. 417.2 tienen que ver con los que pertenecen a los particulares, que es el caso que nos ocupa. Mientras que el art. 197 (para relacionarlo con el 198) alude a documentos u otros soportes o efectos personales (art. 197.1) o datos reservados de

---

16 Es el asunto discutido en la STS 435/2013, de 17 de diciembre, en la que un funcionario del servicio de la Seguridad Social proporciona datos a la Guardia Civil, a la Policía Nacional y a mutuas laborales (también al jefe de seguridad del Corte Inglés) sobre altas y bajas de trabajadores y empresas, vidas laborales, etc., y ante la calificación por los delitos de los arts. 197 y 198, el TS entiende que la norma aplicable, en su caso, sería el art. 417, en atención a que el acceso a dichas informaciones fue legítimo, pues estaba autorizado. Similar, SSTS 1114/2009, de 12 noviembre (*Tol 1768836)* y 377/2013, de 3 de mayo (*Tol 376472*). La sentencia de 2009 trata un asunto en el que un Policía Local escucha a un superior ofrecer apoyo a la Guardia Civil para la realización de un registro en un local comercial de un amigo suyo a quién avisa de lo que va a suceder.

17 En esta línea se pronuncian también las SSTS 435/2013 (*Tol 3791874)*, de 17 de diciembre y 136/2023, de 3 de abril (*Tol 9398142)*

18 *Vid.*, STS 136/2023, de 3 de abril (*Tol 9398142)*

carácter personal o familiar (197.2)[19], que también se relaciona con las informaciones, datos y hechos de los que puede tener conocimiento la persona que trabaja en los PEF[20].

---

19 La STS 725/2004 (*Tol 483488)*, consideró aplicable el art. 198 en relación con el 197 en un asunto en el que se habían obtenido datos de carácter personal (lugar de trabajo) abusando del cargo, lo que implica, según el ponente, un acceso ilegítimo.

20 Se descarta *ex ante* el análisis de la conducta de revelación de secretos de empresa contenida en el art. 278 del CP, ya que entiendo que el concepto de "secreto de empresa" no permitiría contemplar las conductas de revelación de secretos de particular a la que alude tanto el art. 417.2 como el art. 197 en relación con el 198. Como es sabido, se atribuye a GÓMEZ SEGADE la conceptualización de la expresión *secreto de empresa* como "todo conocimiento reservado sobre ideas, productos o procedimientos industriales o comerciales que el empresario, por su valor competitivo para la empresa, desea mantener ocultos" (GÓMEZ. SEGADE, J.A., El secreto industrial. Concepto y protección, Madrid, Tecnos, 1974, pp.51). Es decir, en ningún caso se trata de secretos como a los que se alude en los preceptos analizados, que tienen que ver con cuestiones íntimas y/o personales, por lo que se excluye del análisis. Sobre esta cuestión, en extenso, se puede ver, MARTÍNEZ-BUJÁN PÉREZ, C., Delitos relativos al secreto de empresa, Valencia, Tirant lo Blanch, 2010, pp. 22 y ss. En este sentido, la SAP de Barcelona 675/2023, de 10 de octubre, tomando como base el art. 1.1 de la Ley 11/2019, de 20 de febrero de Secretos empresariales, entiende que el secreto de empresa, a efectos penales, tiene como finalidad evitar acciones de competencia desleal. En este sentido, por secreto de empresa entiende toda la información relativa a la empresa: técnico-industrial, comercial, estratégica, relacional u organizativa, etc. Además, afirma, que según doctrina del Tribunal Supremo, recogida en la ST de 20 de diciembre de 2018, que se cita en el cuerpo de la resolución de la Audiencia, son rasgos característicos del secreto de empresa la confidencialidad, la exclusividad, el valor económico y la licitud, lo que sirve para afianzar que este objeto material nada tiene que ver con los secretos a los que se refieren los artículos objeto de análisis en este trabajo.

Por *secreto* se entiende lo que es sabido por una o muy pocas personas que desean guardarlo para sí[21]. Para que sea un secreto oficial, ha debido ser declarado formalmente como tal[22] lo que implica que precisa de mayor protección, bien por la afectación que su conocimiento por terceros pudiera tener para la función administrativa, bien porque produzca una afectación adicional al ámbito de la intimidad[23].

Las *informaciones reservadas* abarcan aquellos hechos conocidos en atención al cargo que, sin ser secretos, no deben ser revelados sin afectar al deber de sigilo que obliga a todos los funcionarios, por ser reservados. La jurisprudencia[24] vincula el concepto a la descripción que realiza el art. 442 cuando conceptúa la información privilegiada en el segundo inciso de su párrafo segundo que dispone:

> *"A los efectos de este artículo se entiende por información privilegiada toda información de carácter concreto que se tenga*

---

21 En esta línea, SAP de Navarra 111/1999, de 27 de julio. *Vid.*, también, GONZÁLEZ CUSSAC, J.L., "Delitos contra la intimidad, el derecho a la propia imagen y la inviolabilidad del domicilio", en González Cussac, J.L. (Coord.)., *Derecho penal. Parte especial,* Valencia, Tirant lo Blanch, 7ª ed., 2022, p.305; MUÑOZ CONDE, F., *Derecho penal. Parte especial,* 22ª ed., Valencia, Tirant lo Blanch, 2019, p.901 y MOYA FUENTES, M.M., "Violación de secretos y uso indebido de información profesional", en Álvarez García, F. J. (Dir.) y Manjón-Cabeza Olmeda, A. (Coord.), *Tratado de Derecho penal español. Parte especial.* T.III., Valencia, Tirant lo Blanch, 2013, p.333.

22 No necesariamente por la Ley de Secretos oficiales, pero sí deben ser calificados como tales por una disposición general o por una ley (STS 136/2023, de 3 de abril) (*Tol 9398142).*

23 SSTS 1239/2001 de 22 de junio (*Tol 4920537*); 601/2017, de 25 de julio (*Tol 6218164*)y 248/2018, de 1 de octubre. Sobre el bien jurídico intimidad, entre otros, se puede ver JAREÑO LEAL, A., *Intimidad e imagen: los límites de la protección penal,* Madrid, Iustel, 2008, *passim.*

24 SSTS 584/1998, de 14 de mayo; 887/2008, de 10 de diciembre (*Tol 1432482*); 67/2020 de 9 de marzo *Tol 7791212)* y 136/2023, de 3 de abril (*Tol 9398142*).

> *exclusivamente por razón del oficio o cargo público y que no haya sido notificada, publicada o divulgada".*

Ciertamente, los datos e informaciones a los que alude el art. 197 en relación con el 198 no tienen por qué ser secretos, en el sentido de su declaración formal, pero sí que deben pertenecer a la calificación de "íntimo", "personal" y "secreto" en un sentido social, como aquello que no quiere que sea conocido por terceros. Ello supone que en ambos supuestos habrá una afectación de la intimidad o la privacidad y una afectación del correcto funcionamiento de la administración, en la medida en que el funcionario vulnere el deber de sigilo exigido[25], radicando la diferencia en si las informaciones recaían o no en la esfera de actividad propia y, por lo tanto, si se ha tomado conocimiento de las mismas de manera legítima o ilegítima[26].

Si atendemos a la naturaleza de las informaciones que se manejan en los PEF[27], no cabe duda que podrían entrar en la esfera de protección por la afectación de las mismas al ámbito de lo reservado o secreto. Sin embargo, y como inmediatamente expongo, no parece que se pueda hablar de funcionarios o autoridad en el caso de los y las profesionales que desempeñan estas tareas.

---

25 Que ahora se denomina "debida discreción". Así lo establece el art. 53.12 del EBEP, cuando lista los deberes éticos de los funcionario públicos: "*Guardarán secreto de las materias clasificadas u otras cuya difusión esté prohibida legalmente, y mantendrán la debida discreción sobre aquellos asuntos que conozcan por razón de su cargo, sin que puedan hacer uso de la información obtenida para beneficio propio o de terceros, o en perjuicio del interés público*".

26 Entre otras, STS 725/2004, de 11 de junio. También, GONZÁLEZ CUSSAC, J.L., "Delitos contra la intimidad...", *cit.*, p.318 y MOYA FUENTES, M.M., "Violación de secretos...", *cit.*, p.344.

27 *Vid.*, infra, epígrafe 3.

2.2. *El funcionario público y la persona que participa de la función pública como sujetos activos de estos delitos*

La configuración de los delitos de revelación de secretos analizados como delitos especiales obliga a, al menos, indicar quién reúne dicha condición a fin de concretar la responsabilidad penal de los profesionales de los PEF, en su caso. Como es sabido, el art. 24 del CP establece un concepto normativo de funcionario público o autoridad más amplio que el que recoge el art. 8 del Estatuto Básico del Empleado Público (EBEP), lo que obedece, según la mayoría de la doctrina, a la potestad que posee el derecho penal de fijar sus propios conceptos, y más cuando estos no resultan claros o uniformes en el resto del ordenamiento jurídico[28] (más detalles en Capitulo I de esta misma obra)

En esta línea la STS núm. 1030/2007, de 4 de diciembre (*Tol 1229910*), ya señalaba que "se trata de un concepto más amplio" que el regulado por el derecho administrativo, "pues sus elementos son exclusivamente el relativo al origen de sus nombramiento que ha de serlo por una de las vías que el artículo 24 enumera, y de otro lado, la participación en funciones públicas, con independencia de otros requisitos referidos a la incorporación formal a la Administración Pública o relativos a

---

[28] Una extensa y acertada explicación se puede encontrar en VALEIJE ALVAREZ, I., "Reflexiones sobre los conceptos penales de funcionario público, función pública y personas que desempeñan una función pública", en *CPC*, n. 62, 1997, pp. 440 a 443. También, MARÍN DE ESPINOSA CEBALLOS, E. B., "Las consecuencias jurídico-penales del funcionario público delincuente", en *Revista La Ley Penal*, n.º 58, 2009, pp. 1-3; JAVATO MARTÍN, A. M. "El concepto de funcionario y autoridad a efectos penales", en *Revista Jurídica de Castilla y León*, n. 23, enero 2011, p. 152 y ROCA AGAPITO, L. "Concepto de autoridad y de funcionario público a efectos penales", en ÁLVAREZ GARCÍA, F. J. (Dir.); MANJÓN-CABEZA OLMEDA, A (coord.); VENTURA PÜSCHEL, A (coord.). *Tratado de Derecho Penal Español. Parte Especial. III. Delitos contra las Administraciones Públicas y de Justicia*, Valencia, Tirant Lo Blanch, 2013, p. 60.

la temporalidad o permanencia en el cargo". Así, por ejemplo, la reciente STS 317/2024 (*Tol 9987550*), de 16 de abril, considera funcionaria a efectos penales a la persona que sustituye en periodo vacacional al auxiliar administrativo de un ambulatorio médico, en la medida en que dispone de la posibilidad de acceder a información que, de otro modo, no tendría.

Con este punto de partida, hay que recordar que el art. 24 del CP establece que "se considerará funcionario público todo aquel que por disposición inmediata de la Ley o por elección o por nombramiento de autoridad competente participe en el ejercicio de funciones públicas". Es decir, mientras que el EBEP se refiere a los funcionarios de carrera, a los interinos, a los eventuales y al personal laboral temporal o indefinido, el CP establece que serán tenidos por funcionarios o autoridad (a efectos penales) todos aquellos que participando del ejercicio de las funciones públicas accedan a las mismas por cualquiera de los tres títulos habilitadores a los que se refiere el precepto: disposición de la ley, nombramiento por autoridad competente o por elección[29].

De la dicción de la norma parece que son dos requisitos los que han de concurrir para implementar el significado del sujeto activo: el subjetivo (relativo al título habilitante) y el objetivo (la participación en funciones públicas), aunque tanto doctrina como jurisprudencia vienen a coincidir en que lo fundamental es el hecho de desarrollar funciones públicas[30], puesto que

---

29 Las diferentes tesis explicativas de estos títulos habilitantes se pueden ver en VALEIJE ALVAREZ, I., "Reflexiones...", *cit.*, pp. 448 a 463. También GARCÍA ARROYO, C., "La implementación de la normativa internacional en el ordenamiento español: el concepto penal de funcionario público tras la LO 1/2019", en *RGDP*, n. 31, 2019, pp. 12 a 18. Un análisis específico del político como funcionario/autoridad a efectos de la corrupción se puede ver en CERINA, G., "El político corrupto como funcionario público a efectos penales", en *RGDP*, n. 23, 2023, *passim.*

30 Como afirma CARDONA BARBER, la jurisprudencia no atiende prácticamente a este requisito, ya que llega a admitir hasta los nom-

incluso se llega a solicitar la inaplicación del requisito del título habilitador que no resulta suficiente, de suyo, para fundamentar el incremento de sanción que supone realizar el hecho aprovechando la situación de privilegio que otorga la condición de funcionario o autoridad[31]. Además, como ya puso de manifiesto VALEIJE ALVAREZ, la jurisprudencia ha considerado tradicionalmente como funcionarios a sujetos que no poseen título habilitante, pero sí desempeñan estas funciones, como por ejemplo, el caso de los peritos judiciales, los vigilantes jurado, los miembros del jurado, los médicos que certifican defunciones, los concesionarios de servicios públicos, etc.[32].

La participación en las funciones públicas se presenta como el eje principal delimitador del carácter de funcionario público[33]. La misma se viene entendiendo con carácter general por la mayoría de la doctrina y la jurisprudencia de un modo amplio, incluyendo la realización de actividades de manera efectiva que, de alguna manera, supongan la consecución de un fin de interés público, si se realiza a través de un ente público o una empresa pública, es decir, en el seno de la administración pública[34]. En este sentido, la STS 1590/2003, de 22 de abril, incluye las administraciones del Estado, las autonómicas, los entes locales y también "las de la lla-

---

bramientos indirectos (STS 421/2014, de 16 de mayo. (CARDONA BARBER, A., "La responsabilidad penal de los gestores...", *cit.,* p. 16).

31 En este sentido, entre otros, CERINA, G., "El político corrupto como funcionario...", p. 58.

32 VALEIJE ALVAREZ, I., "Reflexiones...", *cit.,* p. 462. Véase también la STS 317/2024, de 16 de abril, citada en el texto.

33 VALEIJE ALVAREZ, I., "Reflexiones...", *cit.,* pp. 448 y 449; también entre otros, En este sentido, entre otros, CERINA, G., "El político corrupto como funcionario...", p.21 y CARDONA BARBER, A., "La responsabilidad penal de los gestores...", *cit.,* pp. 15 y 16.

34 Explica lasa diferentes teorías VALEIJE ALVAREZ, I., "Reflexiones...", *cit.,* pp. 464 y 465, que son retomadas por GARCÍA ARROYO, C., "La implementación de la normativa...", *cit.,* pp.12 a 15.

mada administración institucional" que existe cuando una entidad pública adopta una forma independiente, incluso con personalidad jurídica propia, en ocasiones de sociedad mercantil, con el fin de conseguir un más ágil y eficaz funcionamiento, de modo que "cualquier actuación de estas entidades donde exista un interés público. responde a este concepto amplio de función pública".

Obviamente, estas consideraciones comportan un importante riesgo de extensión del ámbito de aplicación delictiva, ya que se puede llegar a vulnerar el principio de legalidad, lo que ha sido criticado doctrinalmente[35], y debe rechazarse. En este sentido, suscribo las tesis de VALEIJE ALVAREZ cuando afirma que el actual art. 24 del CP no admite "la participación en la función pública como título exclusivo para adjudicar la condición de empleado público"[36], por lo que entiendo que deben concurrir ambos requisitos (participación en el ejercicio de la función y publica y título habilitante) para configurar las exigencias del sujeto especial, y poder así atribuirle responsabilidad.

Todas estas consideraciones han de ser puestas en relación, necesariamente, con la abundancia de entes instrumentales que operan al servicio de la Administración y con el fenómeno creciente de la externalización de servicios, que se incrementa día a día, entre otras

---

35 En este sentido, especialmente crítico, RAMÓN RIBAS, siguiendo a VALEIJE ALVAREZ y QUINTERO OLIVARES (RAMÓN RIBAS, E., "La derogación jurisprudencial del artículo 24.2 CP (concepto de funcionario público)", en *EPC*, vol. XXXIV, 2014, pp. 181 a 184; VALEIJE ALVAREZ, I., "Reflexiones...", *cit.*, pp. 448 y 449 y QUINTERO OLIVARES, G., "Comentario al artículo 24 CP", en Quintero Olivares, G. (Dir.)., *Comentarios al Código Penal Español. Tomo I* (Artículos 1 a 233), Pamplona, Aranzadi, 2011, pp. 321 y 322.

36 VALEIJE ALVAREZ, I., "Sobre la responsabilidad penal de las sociedades públicas mercantiles que ejecuten políticas públicas o presten servicios de interés económico general. (Artículo 31.2. *quinquies* CP, en Vázquez Portomeñe-Seijas, F. (Dir.), *Los lobbies: ¿instrumentos de participación democrática o medios de corrupción?*, Valencia, Tirant lo Blanch, 2023, p. 83.

razones, por las exigencias supranacionales[37], con las ventajas e inconvenientes que ello implica, y que serán abordadas después[38].

Por todo lo expuesto, y a modo de conclusión, a efectos penales y siguiendo a VALEIJE ALVAREZ por funcionario público se entiende a aquellas personas que, al amparo de una relación jurídica previa (de derecho público, administrativo o laboral) según los títulos de atribución imputan su actividad al Estado participando del ejercicio de funciones públicas, lo que establece la línea fronteriza y de responsabilidad entre estos y los particulares que participan en el ejercicio de la función pública, que no pueden ser entendidos como sujetos activos de los delitos especiales de funcionario[39].

2.3. El régimen de la responsabilidad penal de las personas jurídicas en relación con estos ilícitos

Como es sabido, hasta la reforma operada por la Ley Orgánica 5/2010 regía en nuestro derecho el principio *societas delinquere non potets*, lo que cambia con la inclusión de la responsabilidad (penal) directa de las personas jurídicas por mor de una decisión legislativa influenciada, esencialmente, por las normas punitivas americanas y anglosajonas recibidas en el derecho europeo[40].

---

37 GARCÍA ARROYO, C., "La implementación de la normativa…", *cit.*, pp.5 a 7.

38 Según GARCÍA ARROYO, las ventajas de la externalización se centran en la posibilidad de trabajar con personal experto con mayor capacidad técnica al servicio de la Administración, siendo por el contrario un inconveniente, precisamente la naturaleza privada de las personas jurídicas a través de las que se gestionan y dispensan los servicios públicos. (GARCÍA ARROYO, C., "La implementación de la normativa…", *cit.*, p. 7).

39 VALEIJE ALVAREZ, I., "Reflexiones…", *cit.*, p. 493.

40 *Vid.*, GÓMEZ TOMILLO, M., "Los distintos modelos de imputación de responsabilidad de las personas jurídicas: sistema español. Antecedentes" en *Responsabilidad penal y procesal de las personas jurídicas,* Francis Lefebvre, 2015, p. 39 y JUANES PECES, A., "Introducción a

A partir de ese momento, se empieza a establecer la posibilidad, no solo de que se responda por determinados sujetos de manera personal por los delitos cometidos *en* la empresa, sino también que se pueda castigar por los delitos *de* la empresa[41].

En esta primera regulación se excluyó del ámbito de responsabilidad a todos los entes que ejercen potestades públicas, lo que fue duramente criticado por la doctrina[42] y mereció la recriminación de la OCDE.

Con este panorama, el legislador matizó esta regulación en la reforma de 2015, estableciendo la exclusión de la responsabilidad de las personas jurídicas cuando las empresas se hubieren sometido a planes de vigilancia y prevención en el ámbito de la actuación delictiva[43] y también, aunque se mantiene la exclusión de responsabilidad de los organismos públicos, sí se establece la posibilidad de sanción para las sociedades mercantiles públicas que ejecuten políticas públicas o presten servicios de interés

---

la responsabilidad penal de las personas jurídicas. Consideraciones generales y problemas sustantivos y procesales que dicha responsabilidad suscita", en *Responsabilidad penal y procesal de las personas jurídicas,* Francis Lefebvre, 2015, p. 7.

41 GARCÍA ARÁN, M., "Autonomía interpretativa…", *cit.,* p.263.

42 El fundamento de exclusión varía de un autor a otro. Para BAUCELLS LLADOS se trata de evitar el autocastigo, mientras que VALEIJE ÁLVAREZ entiende que lo que se pretende es asegurar la continuidad en la prestación del servicio público, pues si la pena lo impidiera se produciría un grave perjuicio a la ciudadanía. *Vid.,* BAUCELLS LLADÓS, J., "Las empresas del sector público empresarial responsables penalmente" en *EPC,* n.42, 2022, pp. 7 y 8 y VALEIJE ALVAREZ, I., "Sobre la responsabilidad penal de las sociedades públicas mercantiles…", *cit.,* pp. 66 y 67.

43 Con la consecuente dificultad para dictaminar la responsabilidad civil del ente moral en estos casos, tal y como acertadamente señala GOMEZ TOMILLO ("La responsabilidad…", *cit.,* p. 182).

económico general, aunque también con limitaciones específicas en relación con las penas a imponer[44].

Obviamente, esto excluye la responsabilidad penal de la Administración por los hechos cometidos por los funcionarios públicos en el ejercicio de sus funciones, esto es, la responsabilidad de la empresa, por lo que en el caso de que se cometa un delito del art. 417 CP, en cualquiera de sus manifestaciones (tipo básico o agravados), o del art. 198, que solo respondería el funcionario a título personal, esto es, por el delito cometido en "la empresa".

Pero la irresponsabilidad de la Administración no se fundamenta exclusivamente en atención a la regulación que se realiza en el art. 31 quinquies del CP. Junto a lo expuesto, hay que recordar que no todas las acciones delictivas que se cometen en el seno de una persona jurídica por el personal vinculado a la misma van a generar responsabilidad penal. El legislador ha utilizado un sistema de incriminación de *números clausus*, al estilo de lo que se establece para otras figuras, como por ejemplo, la imprudencia, por lo que solo cuando el código penal lo establezca expresamente se podrá exigir tal responsabilidad.

---

44 Sobre esta cuestión se puede ver, entre otros, DÍEZ RIPOLLÉS, J.L., La responsabilidad penal de las personas jurídicas. Regulación española", en *InDret*, 1-2012, p. 10 y 11; FERNÁNDEZ TERUELO, J.: "Regulación vigente: exigencias legales que permiten la atribución de responsabilidad penal a la persona jurídica y estructura de imputación (CP art. 31 bis 1, 2 inciso 1° y 5)", *Responsabilidad penal y procesal de las personas jurídicas*, Francis Lefebvre, 2015, pp. 82 y 83; FEIJOO SÁNCHEZ, B.J., "La persona jurídica sujeto de imputación jurídico penal", en Bajo Fernández, J./Feijoo Sánchez, B.J./Gómez-Jara Díez, C., *Tratado de responsabilidad penal de las personas jurídicas*, 2ª ed., Civitas, 2016, pp. 60 a 66; GONZÁLEZ CUSSAC, J.L., "Responsabilidad penal de las personas jurídicas: arts. 31 *bis, ter, quater y quinquies*" en González Cussac, J.L. (Dir.), *Comentarios a la reforma del Código penal de 2015*, Tirant lo Blanch, Valencia, 2015, p. 205 a 208 y MORALES PRATS, F. "La responsabilidad penal de las personas jurídicas", en Quintero Olivares, G. (Dir.): *La reforma de 2010: análisis y comentarios*, Aranzadi, 2010, p. 61.

Evidentemente, y siendo que la administración en general no va a responder como ente moral por los hechos cometidos por las personas vinculadas a ella, no existe esta previsión para el caso de los delitos de funcionarios. Sin embargo, sí se recoge en el art. 197 *quinquies*[45], la responsabilidad de las personas jurídicas, si se produce la comisión de alguno de los delitos contemplados en los arts. 197, 197 *bis, ter y quater*, lógicamente si se cumplen las exigencias del art. 31 bis: esencialmente deberá comprobarse la realización del hecho, la individualización de la responsabilidad de la persona física y si concurren los requisitos de transferencia de la responsabilidad de la persona física a la jurídica (esto es, el hecho de conexión) y si se actuó en beneficio de la empresa, lo que resulta difícil en relación con las conductas de violación o revelación de secretos de particulares.

En todo caso, queda por decidir si las empresas adjudicatarias de estos servicios (o similares) forman parte de la excepción contenida en el número 2 del art. 31 *quinquies*, en relación con las sociedades mercantiles públicas que ejecuten políticas públicas o presten servicios de interés económico general, que sí pueden ser sancionadas, en su caso, pero solo con las penas previstas en las letras a) y g) del apartado 7 del art. 33, o si por el contrario, caso de cometerse alguno de estos delitos que tienen prevista la posible responsabilidad empresarial, se les podría atribuir la misma.

---

45 El precepto dispone:
"*Cuando de acuerdo con lo establecido en el artículo 31 bis una persona jurídica sea responsable de los delitos comprendidos en los artículos 197, 197 bis y 197 ter, se le impondrá la pena de multa de seis meses a dos años. Atendidas las reglas establecidas en el artículo 66 bis, los jueces y tribunales podrán asimismo imponer las penas recogidas en las letras b) a g) del apartado 7 del artículo 33*".

3. LA RESPONSABILIDAD PENAL DE LOS ENTES INSTRUMENTALES Y LA NATURALEZA DE LOS PUNTOS DE ENCUENTRO FAMILIAR

3.1. Los entes públicos instrumentales

Como es sabido, el Estado tiene encomendada constitucionalmente la tarea de atender determinados servicios básicos para la ciudadanía sujetos a una serie de garantías y controles, como resulta razonable cuando se prestan por la propia administración. Sin embargo, por diferentes razones, como también he apuntado ya, no siempre es posible (o querido) atender a todos estas prestaciones desde el ámbito de la Administración pública, por lo que el Estado, acude a dos maneras de garantizar la prestación de estos servicios: bien mediante la gestión indirecta, que como he dicho tiene que ver con la contratación mediante el sistema de licitación con empresas sometidas a régimen de derecho privado, bien mediante la gestión directa. En este último caso, puede hacerlo a través de sus propios organismos o puede participar en la actividad mediante la creación de lo que se denominan entes públicos institucionales[46]. El art. 84 de la Ley 40/2015, de 1 de octubre, de Régimen Jurídico del Sector Público, clasifica esta clase de organismos[47], entre los que se encuentran las entidades

---

46 Una explicación clara de esta distribución se puede ver en CARDONA BARBER, A., "La responsabilidad penal de los gestores…", *cit.*, pp. 4 y 5.

47 El art. 84 dispone:
"*1. Integran el sector público institucional estatal las siguientes entidades:*
a*) Los organismos públicos vinculados o dependientes de la Administración General del Estado, los cuales se clasifican en:*
1. *Organismos autónomos.*
2. *Entidades públicas empresariales.*
3. *Agencias estatales.*
b*) Las autoridades administrativas independientes.*
c) Las sociedades mercantiles estatales.
d) Los consorcios.

públicas empresariales y las sociedades mercantiles estatales[48], a las que se refiere el art. 31 *quinquies* como las exceptuadas del régimen de exención de responsabilidad, siempre que participen en el ejercicio de funciones públicas.

Como se afirma también en esta norma, [49]se trata de entes de derecho público con personalidad jurídica y patrimonio propio, que se financian con ingresos de mercado y prestan servicio público a través del ejercicio de potestades administrativas (arts. 103 y 107 de la Ley 40/2015); esto es, se trata de entes que se rigen por normas de derecho privado, excepto en la formación de la voluntad de sus órganos a través de los cuales ejercen potestades administrativas (art. 104 de la Ley 40/2015)

La sociedades públicas mercantiles, además, deben estar conformadas por un capital social que pertenezca a la Administración en un porcentaje superior al 50%, tal y como establece el art. 111 de la Ley 40/2015, de manera que, mediante la mayoría del voto y de la elección de los miembros del consejo, pueda mantener el control sobre la sociedad.

La cuestión es que estas, y solo estas empresas, pertenecientes al sector público instrumental pueden responder penalmente a los efectos del art. 31 bis del CP, siempre que ejecuten políticas públicas o presten servicios de interés general[50].

---

e) Las fundaciones del sector público.

f) Los fondos sin personalidad jurídica.

g) Las universidades públicas no transferidas".

48 las que también se refiere el art. 2 de la Ley 47/2003.

49 Sobre esta cuestión se pronuncia CARDONA BARBER, A., "La responsabilidad penal de los gestores…", *cit.*, pp.7 y 8; BAUCELLS LLADÓS, J., "Las empresas del sector público…", *cit.*, pp. 13 y 14.

50 VALEIJE ALVAREZ, I., "Sobre la responsabilidad penal de las sociedades públicas mercantiles…", *cit.*,pp. 73.

Por lo tanto, el siguiente paso es concretar si las empresas que se desempeñan las funciones de PEF entran o no dentro de estas categorías y si pueden o no, tener responsabilidad penal directa.

3.2. La naturaleza jurídica de las empresas que prestan servicios como puntos de encuentro familiar y la caracterización o no como empleados públicos de los trabajadores al servicio de las mismas

A partir del planteamiento del trabajo he de concluir si, según la distinción tradicional de responsabilidad de la empresa y en la empresa, caso de producirse una situación de revelación de secretos en el ejercicio de la actividad que se desarrolla en los PEF, que es el caso que se ha tomado como ejemplo, entrarían en juego los preceptos analizados (el 417, 197 en relación con el 198) -responsabilidad en la empresa- y si, junto a ello, es posible incriminar o no a las entidades adjudicatarias para la prestación del servicio. Analizar la clase de servicio que se presta y su naturaleza como potestad pública o no, resulta esencial para si quiera comenzar a estudiar la responsabilidad en el ámbito de los delitos contra la Administración, pues el carácter público de la actividad es requisito esencial para determinar la responsabilidad tanto *en* la empresa como *de* la empresa.

Ya he adelantado que los PEF constituyen un instrumento de la Administración destinado a dar cumplimiento a los derechos de relación y comunicación de los NNA con sus familiares, en caso de separación o divorcio de los progenitores o de ejercicio de la tutela por parte de la Administración[51].

---

[51] En este sentido, se puede ver el art. 24 de la Ley 26/2018, de 21 de diciembre de la Generalitat Valenciana que establece:
"*Artículo 24. Red de puntos de encuentro familiar.*
1. *El punto de encuentro familiar es un servicio específico que presta temporalmente atención profesional especializada para facilitar que los niños, las niñas y los adolescentes puedan mantener relaciones con sus familiares o personas allegadas*

---

durante los procesos y las situaciones de separación, divorcio, protección de infancia y adolescencia u otros supuestos de interrupción de la convivencia familiar.
2. La Generalitat debe facilitar, mediante una red suficiente de puntos de encuentro familiar que cuente con los recursos adecuados, el ejercicio del derecho de niñas, niños y adolescentes a mantener relación con sus familiares o personas allegadas en estas situaciones, de conformidad con lo dispuesto en el procedimiento administrativo o las causas civiles o penales que las regulen.
3. La red de puntos de encuentro familiar es un recurso social, universal y específico para la infancia y la adolescencia, que atenderá tanto los casos derivados de un órganojudicial como los de un órgano administrativo.
4. La actuación del punto de encuentro familiar debe estar determinada por las dificultades para desarrollar las estancias, vistas o comunicaciones de forma autónoma o por la necesidad de prevenir riesgos y el objetivo debe ser promover las condiciones para que las relaciones de la persona menor de edad con sus familiares o personas allegadas puedan desarrollarse de forma beneficiosa para ella sin necesidad de una intervención externa, salvo que su interés aconseje otra cosa.
5. Los puntos de encuentro familiar deben tener como principios rectores de actuación los siguientes:
a) El interés superior del niño, la niña o el adolescente, que debe prevalecer respecto de cualquier otro concurrente, dando prioridad a su bienestar y seguridad.
b) La neutralidad. La intervención se debe fundamentar en elementos objetivos y debe respetar la igualdad de las partes.
c) La confidencialidad de los datos de carácter personal, salvo aquellas que se deben comunicar al órgano derivante.
d) La subsidiariedad, interviniendo solo cuando sea el único medio posible para facilitar las relaciones entre el niño, la niña y el adolescente y su familia.
e) La responsabilidad parental. Las actuaciones deben dar apoyo, pero no deben sustituir la responsabilidad de las personas progenitoras, u otros miembros de la familia,para que las relaciones objeto de intervención se desarrollen de forma beneficiosa para el niño, la niña o el adolescente.
f) La interdisciplinariedad, basada en la actividad complementaria y conjunta de profesionales de disciplinas diferentes.
g) La eficacia y la eficiencia, llevando a cabo las intervenciones más adecuadas para la consecución de su objetivo con el menor número de recursos posibles.
h) La calidad, cumpliendo los estándares que se establezcan para garantizarla.
i) Todos los puntos de encuentro familiar deben ser accesibles tanto para los niños y las niñas que sufran alguna diversidad como para sus familiares; para ello se deben basar en las normativas de accesibilidad universa"l.

Está actividad, indudablemente, puede ser calificada de servicio público en el área de servicios sociales, en las que se ejerce potestad administrativa de titularidad de la Administración, que gestiona esta potestad de manera indirecta, mediante la adjudicación de su prestación a entidades empresariales de naturaleza pública o privada[52].

En el caso de adjudicación a empresas privadas, parece difícil encajar su forma entre la de los entes públicos empresariales o en la de sociedades mercantiles estatales, pues a pesar de que la Conselleria correspondientes se reserva la dirección técnica del servicio, ni estas empresas tienen la forma de sociedad mercantil participada, ni tiene la capacidad de nombrar o controlar al consejo de administración ni los órganos directivos, como sería lo propio de una empresa pública, que mantiene el control absoluto y se designan los cargos por nombramiento de la autoridad.

Es cierto que, en el caso de la Comunidad Valenciana, es la Conselleria quien dicta los protocolos y realiza la supervisión de la actividad técnica, mediante el seguimiento de los expedientes y reuniones periódicas con las responsables de la coordinación[53]. Pero simplemente con ello, no se puede afirmar que entren ni en la regla general del art. 31.1 *quinquies* (exención de los organismos públicos estatales, territoriales, autonómicos o locales) ni en la excepción a dicha regla del art. 31.2 *quinquies* (posibilidad de sanción de las sociedades mercantiles públicas que ejecuten

---

[52] Así se establece el "Documento marco de mínimos para asegurar la calidad de los puntos de encuentro familiar", (aprobado por acuerdo de la Comisión Interautonómica de Directores y Directoras Generales de Infancia y Familias el día 13 de noviembre de 2008), pág. 3, disponible en https://www.mdsocialesa2030.gob.es/derechos-sociales/familias/otros/docs/2009-marco-minimos-asegurar-calidad-pef.pdf.

[53] El procedimiento de coordinación entre los PEF y el Gobierno valenciano se recoge en el documento "Red de Puntos de Encuentro Familiar de la Comunitat Valenciana", disponible en https://inclusio.gva.es/documents/610740/371369058/Procedimiento+red+PEF+CV.pdf/32f64f2e-7143-f3b1-0f21-2073e32bf0c0?t=1682068094693.

políticas públicas o presten servicios de interés económico general), por lo que, en su caso, *el régimen de responsabilidad de la empresa,* sería el común de las empresas privadas (el del art. 31 *bis,* si se cumplieran todos los requisitos previstos en esta norma).

Por lo que hace a la *responsabilidad en la empresa,* es determinante el concepto de funcionario público o autoridad que, desde el punto de vista material, participe en las actividades públicas. Las que se realizan, por los y las profesiones que ejercen en estos centros se encuentran, entre otras, las de dar cumplimiento al régimen de visitas de NNA con sus progenitores y restos de familiares cuando, en virtud de resolución judicial, ese régimen no puede ser celebrado de manera ordinaria. Ello supone ejecutar decisiones judiciales, pudiendo el PEF hasta matizar el sentido de las resoluciones adoptadas en el proceso, en atención a la evolución de las visitas o de las propias necesidades del servicio[54].

Si, como afirma VALEIJE ALVAREZ, para considerar funcionarios a efectos penales a los dirigentes de las sociedades públicas mercantiles, o a cualquier trabajador de las mismas que participe en el ejercicio de la función pública, es necesario que exista un título de atribución que excluye del concepto al personal laboral al servicio de estas empresas[55], con mayor motivo hay que excluir de esta responsabilidad al personal al servicio de las empresas licitadoras que participan de la tarea pública a través de una empresa privada que forma parte del sistema de gestión indirecta de la Administración.

Resulta evidente, pues, que a pesar de que su actividad queda íntimamente vinculada a la Administración de justicia y a los

---

54 Es posible que el juzgado decrete un régimen de visitas semanal y que el PEF lo convierta en un régimen quincenal, por ejemplo, si se estima conveniente por la situación sicológica del menor o por la falta de adecuación del familiar, e incluso por necesidades del servicio.

55 VALEIJE ALVAREZ, I., "Sobre la responsabilidad penal de las sociedades públicas mercantiles…", *cit.,* pp. 82 a 84.

servicios sociales, no se llevan a cabo por personal funcionario en sentido estricto: la prestación del servicio queda en manos de una entidad privada, encargada de la contratación de los/las profesionales que llevan a cabo el servicio público, a través de una entidad de gestión y de capital privado, pero bajo la dirección técnica de la Administración. Esto supone que en el caso de revelación de secretos no se podría calificar la acción por lo dispuesto en el art. 417 del CP ni tampoco por las previsiones del art. 197.1 en relación con el art. 198, que también exige la condición de funcionario, lo que excluye la responsabilidad *en* la empresa, y también *de* la empresa (pues ni los trabajadores son funcionarios ni la empresa reviste la forma de Sociedad Pública Mercantil, ni está prevista la responsabilidad penal de las personas jurídicas para el caso del art. 417).

Ni siquiera podríamos aplicar el art. 416 que hace referencia a la custodia accidental de documentos por parte de particulares, dado que no se trata de una custodia momentánea, temporal o accidental, sino que se ocupan, de manera principal y directa, de las entrevistas, seguimiento e informe, de todos los asuntos que tienen que ver con la vigilancia del cumplimiento de las visitas supervisadas por profesionales.

La tesis lógica de incriminación, sería, entonces, la de castigar las acciones de violación de secretos en atención a las disposiciones contenidas en el art. 197 del CP, debiendo responder la empresa, en su caso, por las reglas generales del art. 31 bis, en atención a lo previsto en el art. 197 *quinquies.*

Sin embargo, y siendo que esto no deja de resultar curioso, pues es la Administración quien dicta los protocolos de actuación y supervisa la misma, siendo además, que se trata de una actividad de alguna manera vinculada al ámbito de la justicia y, por lo tanto, de las reservadas, tampoco va a ser posible sancionar por esta vía, puesto que el art. 197 exige que el acceso a los datos se produzca sin autorización o de forma ilegítima, y como hemos visto, el personal que trabaja en el ámbito de los PEF está legitimado para acceder a datos sensibles para poder desarrollar su tarea, por lo que, aparentemente, nos encontramos ante un supuesto de laguna de punibilidad, difícil de resolver.

La cuestión no se plantea solo en el ámbito del caso tomado como ejemplo, sino que también se produce en el supuesto, bastante habitual, de vigilantes jurados en lugares como los puertos y aeropuertos, que disponen de información que afecta a la seguridad (rondas de policías, lugares de registro de contenedores, etc.), que revelan dicha información a cambio de precio a los contrabandistas, para eludir la posible persecución policial.

3.3. Laguna de punibilidad y posible solución

Esta huida del derecho administrativo favorece la impunidad de unas acciones que, sin duda, merecen del reproche penal, y que quizá pueda solventarse por la vía del castigo de la vulneración del secreto profesional.

El art. 199 del CP establece:

> *"1. El que revelare secretos ajenos, de los que tenga conocimiento por razón de su oficio o sus relaciones laborales, será castigado con la pena de prisión de uno a tres años y multa de seis a doce meses.*
>
> *2. El profesional que, con incumplimiento de su obligación de sigilo o reserva, divulgue los secretos de otra persona, será castigado con la pena de prisión de uno a cuatro años, multa de doce a veinticuatro meses e inhabilitación especial para dicha profesión por tiempo de dos a seis años".*

Como se observa, y es sencillo concluir, se trata también de un delito especial[56], no por la relación funcionarial, sino por la relación profesional.

56 Por todos, SAP Madrid 584/2022, de 20 de septiembre.

El primer párrafo se refiere a la puesta en conocimiento de terceros de secretos (en el sentido expuesto en este trabajo del término) de los que se tiene conocimiento por una relación laboral[57], mientras que el segundo alude al que podríamos denominar auténtico delito de revelación de secretos de profesional, en el que determinados profesionales se convierten en confidentes necesarios[58], en la medida en que el conocimiento de lo íntimo es imprescindible para poder desarrollar su tarea respecto del titular del secreto, y que es común advertir, se refiere a profesiones reglamentadas que exigen un específico deber de sigilo[59].

Se considera que es profesional, quien presta un servicio cuyo desempeño va unido al conocimiento de una información necesaria para el cumplimiento de su función y que por ello queda legalmente obligado a no revelar[60].

---

57 MUÑOZ CONDE parece referirse a secretos del ámbito laboral entre trabajadores; habla de los que conoce el empleado doméstico, o una secretaria respecto de su superior. (MUÑOZ CONDE, F., "Delitos contra la intimidad y el derecho a la propia imagen y la inviolabilidad del domicilio", en *Derecho penal. Parte Especial*, Valencia, Tirant lo Blanch, 2023, p. 313. La jurisprudencia, por su parte, habla de todo tipo de relaciones laborales que impliquen una prestación de servicio (ATS 417/2002, de 18 de febrero y STS 574/2001, de 4 de abril).

58 SAP Madrid 584/2022, de 20 de septiembre.

59 Existe unanimidad en este sentido, tanto doctrinal como jurisprudencial. Por todos, CASAL FERNANDEZ, A., "Los delitos de descubrimiento y revelación de secretos en el ciberespacio. Especial mención a la prueba pericial digital", en *ADPCP*, vol. LXXVI, 2023, pp. 179 y ss.

60 STS 809/2017, de 11 de diciembre.

Es habitual referirse a la profesión de abogado y procurador[61], o la de profesionales de la salud[62], pero también se habla de los periodistas, aunque en este caso no existe una reglamentación al efecto.

Ciertamente, si los o las profesionales de los PEF revelaran algún secreto de los que tienen conocimiento en atención al desempeño de sus funciones, podrían ser perseguidos por alguno de los delitos contenidos en el art. 199. Pero ni la empresa, ni la administración responderían penalmente, lo que supone también una huida del derecho penal.

4. A MODO DE CONCLUSIÓN

No parece que la tradicional regulación de los delitos de funcionarios que persiste en nuestro CP, sea válida para dotar de protección a los actos de vulneración de la intimidad por el conjunto de profesionales no funcionarios que participan de las funciones públicas en el seno de personas jurídico-privadas. Y ello, en primer lugar, porque al no poder ser calificados como empleados públicos no les resultan de aplicación los preceptos destinados a aquellos que, por estar al servicio de la Administración, tienen un especial deber de sigilo exigido normativamente. Por otro lado, tampoco se les pueden aplicar los tipos comunes de violación y revelación de secretos, en la medida en que su acceso a dicha información es legítimo, por lo que tampoco

61 Así, se puede consultar el art. 542.3 de la LOPJ y los arts. 20 a 23 del Estatuto General de la Abogacía Española. BOIX REIG encuentra el fundamento constitucional de este secreto en el art. 24.2 de la CE donde se establece, expresamente, que "la Ley regulará los casos en que, por razón de parentesco o de secreto profesional no se estará obligado a declarar sobre hechos presuntamente delictivos". (BOIX REIG, J., "El secreto profesional", en Boix Reig, J. (Director) y Jareño Leal, A. (Coordinadora): *La protección jurídica de la intimidad*, Madrid, 2010, pág. 95.).

62 Art. 16.6 de la Ley 41/2002, de 14 de noviembre.

resultan de aplicación los delitos específicos de particulares por revelación de secretos. Solo cabe pues, que, en su caso, los y las profesionales al servicio de los PEF, puedan responder por las previsiones del art. 199 del CP que, es preciso recordar, castiga la vulneración del secreto profesional por la lesión de la intimidad que conlleva, pero no posee el plus de vulneración del correcto funcionamiento de la Administración pública, por lo que este bien jurídico sigue quedando desprotegido.

Desde luego, resulta imposible exigir responsabilidad penal a la empresa adjudicataria de la externalización del servicio público, porque no existe previsión de tal responsabilidad, y además, se trata de un delito que solo se puede perseguir a instancia de parte, por lo que la especial protección que se debe dispensar en el desarrollo de los servicios públicos, vuelve a quedar preterida.

El escenario obliga una vez más a pedir al legislador que reconsidere el concepto de funcionario y/o que tome como modelo el sistema italiano de equiparación entre empleados públicos y personas encargadas de servicios públicos o de pública necesidad[63], como modo de evitar que la fuga de las formalidades administrativas, derive en la falta de protección penal, con todo lo que ello conlleva, cuando hablamos de bienes jurídicos que pueden ser fácilmente dañados por aquellos que tienen el deber de protegerlos, y más en un momento como el actual, donde las tecnologías facilitan la lesión de la intimidad, y pueden incrementar gravemente la afectación del mismo, dejando sin

---

63 En este sentido, entre otros, PICOTTI, L.,"Le «nuove» definizione penali di pubblico ufficale e di encaricato di publico servizio nel sistema dei delitti contro la pubblica amministrazione", en *Rivista trimestrale di diritto penale dell'economia,* nº1-2, 1992, págs. 263 a 323, *passim;* RUSSO, V., *I reati contro la pubblica amministrazione (a seguito della legge n.86/1990),* Napoli, 1992, especialmente págs. 8 a 15 y SEVERINO DI BENEDETTO, P. y PADOVANI, T. (Coord.): *I delitti dei pubblici ufficiale contro la pubblica amministrazione,* Torino, 1996, págs. 448 a 482.

responsabilidad, además, a quienes tienen el deber de vigilar el cumplimiento del sigilo: los órganos directivos y la administración responsable de los servicios públicos adjiudicados.

5. BIBLIOGRAFÍA CITADA

BAUCELLS LLADÓS, J., "Las empresas del sector público empresarial responsables penalmente" en *EPC*, n.42, 2022.

BOIX REIG, J., "El secreto profesional", en Boix Reig, J. (Director) y Jareño Leal, A. (Coordinadora): *La protección jurídica de la intimidad*, Madrid, 2010.

CARDONA BARBER, A., "La responsabilidad penal de los gestores del sector público empresarial", en *RGDP*, n. 37, 2022.

CASAL FERNANDEZ, A., "Los delitos de descubrimiento y revelación de secretos en el ciberespacio. Especial mención a la prueba pericial digital", en *ADPCP*, vol. LXXVI, 2023.

CERINA, G., "El político corrupto como funcionario público a efectos penales", en *RGDP*, n. 23, 2023.

DÍEZ RIPOLLÉS, J.L., "La responsabilidad penal de las personas jurídicas. Regulación española", en *InDret*, 1-2012.

FEIJOO SÁNCHEZ, B., "De la infidelidad de documentos y de la violación de secretos", en Cuerda Arnau, M.L., *Comentarios al Código Penal*, T. I, Valencia, Tirant lo Blanch, 2023.

FEIJOO SÁNCHEZ, B.J., "La persona jurídica sujeto de imputación jurídico penal", en Bajo Fernández, J./Feijoo Sánchez, B.J./Gómez-Jara Díez, C., *Tratado de responsabilidad penal de las personas jurídicas*, 2ª ed., Civitas, 2016.

FERNÁNDEZ TERUELO, J., "Regulación vigente: exigencias legales que permiten la atribución de responsabilidad penal a la persona jurídica y estructura de imputación (CP art. 31 bis 1, 2 inciso 1° y 5)", en *Responsabilidad penal y procesal de las personas jurídicas*, Francis Lefebvre, 2015.

GARCÍA ARÁN, M., "Autonomía interpretativa del derecho penal y delincuencia de las empresas públicas", en *REJUC*, n.6, 2022.

GARCÍA ARROYO, C., "La implementación de la normativa internacional en el ordenamiento español: el concepto penal de funcionario público tras la LO 1/2019", en *RGDP*, n. 31, 2019.

GÓMEZ TOMILLO, M., "Los distintos modelos de imputación de responsabilidad de las personas jurídicas: sistema español. Antecedentes" en *Responsabilidad penal y procesal de las personas jurídicas,* Francis Lefebvre, 2015.

GÓMEZ. SEGADE, J.A., El secreto industrial. Concepto y protección, Madrid, Tecnos, 1974.

GONZÁLEZ CUSSAC, J.L., "Delitos contra la intimidad, el derecho a la propia imagen y la inviolabilidad del domicilio", en González Cussac, J.L. (Coord.)., *Derecho penal. Parte especial,* Valencia, Tirant lo Blanch, 7ª ed., 2022.

GONZÁLEZ CUSSAC, J.L., "Responsabilidad penal de las personas jurídicas: arts. 31 *bis, ter, quater y quinquies*" en González Cussac, J.L. (Dir.), *Comentarios a la reforma del Código penal de 2015,* Tirant lo Blanch, Valencia, 2015.

JAREÑO LEAL, A., *Intimidad e imagen: los límites de la protección penal,* Madrid, Iustel, 2008.

JAVATO MARTÍN, A. M. "El concepto de funcionario y autoridad a efectos penales", en *Revista Jurídica de Castilla y León,* n. 23, enero 2011.

JUANES PECES, A., "Introducción a la responsabilidad penal de las personas jurídicas. Consideraciones generales y problemas sustantivos y procesales que dicha responsabilidad suscita", en *Responsabilidad penal y procesal de las personas jurídicas,* Francis Lefebvre, 2015.

PADROS REIG, C. y COELLO MARIN, C., "La extensión del concepto 'empleo público' a las actividades privadas", en *Revista Doctrinal Aranzadi Social,* n.1, 2013.

MARÍN DE ESPINOSA CEBALLOS, E. B., "Las consecuencias jurídico-penales del funcionario público delincuente", en *Revista La Ley Penal,* n.º 58, 2009.

MARTÍNEZ-BUJÁN PÉREZ, C., *Delitos relativos al secreto de empresa,* Valencia, Tirant lo Blanch, 2010.

MORALES PRATS, F., "La responsabilidad penal de las personas jurídicas", en Quintero Olivares, G. (Dir.): *La reforma de 2010: análisis y comentarios,* Aranzadi, 2010.

MOYA FUENTES, M.M., "Violación de secretos y uso indebido de información profesional", en Álvarez García, F. J. (Dir.) y Manjón-Cabeza Olmeda, A. (Coord.), *Tratado de Derecho penal español. Parte especial.* T.III., Valencia, Tirant lo Blanch, 2013.

MUÑOZ CONDE, F., *Derecho penal. Parte especial,* 22ª ed., Valencia, Tirant lo Blanch, 2019.

NIETO MARTÍN, A., "De la infidelidad en la custodia de documentos y de la violación de secretos", en Arroyo Zapatero, L. et alt. (Dirs.)., *Comentarios al Código penal,* Madrid, Iustel, 2007.

ORTS BERENGUER, E., "Delitos contra la Administración Pública (I)", en González Cussac, J.L. (Coord.)., *Derecho penal. Parte especial,* Valencia, Tirant lo Blanch, 7ª ed., 2022.

QUINTERO OLIVARES, G., "Comentario al artículo 24 CP", en Quintero Olivares, G. (Dir.)., *Comentarios al Código Penal Español. Tomo I* (Artículos 1 a 233), Pamplona, Aranzadi, 2011.

RAMÓN RIBAS, E., "La derogación jurisprudencial del artículo 24.2 CP (concepto de funcionario público)", en *EPC,* vol. XXXIV, 2014.

REBOLLO VARGAS, R., *La revelación de secretos e informaciones por funcionario público,* Barcelona, Cedecs, 1996.

ROCA AGAPITO, L. "Concepto de autoridad y de funcionario público a efectos penales", en ÁLVAREZ GARCÍA, F.J. (dir.); MANJÓN-CABEZA OLMEDA, A (coord.); VENTURA PÜSCHEL, A (coord.). *Tratado de Derecho Penal Español. Parte Especial. III. Delitos contra las Administraciones Públicas y de Justicia,* Valencia, Tirant Lo Blanch, 2013.

VALEIJE ÁLVAREZ, I., *El tratamiento penal de la corrupción del funcionario: el delito de cohecho,* Madrid, EDERSA, 1995.

VALEIJE ALVAREZ, I., "Reflexiones sobre los conceptos penales de funcionario público, función pública y personas que desempeñan una función pública", en *CPC,* n. 62, 1997.

VALEIJE ALVAREZ, I., "Sobre la responsabilidad penal de las sociedades públicas mercantiles que ejecuten políticas públicas o presten servicios de interés económico general. (Artículo 31.2. quinquies CP). En Vázquez Portomeñe-Seijas, F. (Dir.), *Los lobbies: ¿instrumentos de participación democrática o medios de corrupción,* Valencia, Tirant lo Blanch, 2023, p. 83.

TERCERA PARTE
LAS CONSECUENCIAS JURÍDICAS DEL DELITO

Capítulo X
Penas aplicables a las personas jurídicas y régimen especial de las empresas públicas

MARIA JESÚS GUARDIOLA LAGO

Profesora Titular de Derecho penal de la Universidad Autónoma de Barcelona

1. INTRODUCCIÓN

Como se ha tenido ocasión de analizar en páginas precedentes, se constata en la realidad actual una huida del Derecho administrativo por parte del sector público, con el auge y consolidación de entes mixtos público-privados, algunos de los cuales desarrollan actividades esenciales de servicio público[1]. Ello desdibuja las fronteras entre el sector público y privado, introduciendo una complejidad -en lo que aquí interesa destacar- en el régimen de responsabilidad en el caso de que en el seno de dichas entidades se lleve a cabo alguna actividad delictiva. Y no sólo respecto a la consideración de las personas físicas actuantes como funcionarios públicos -lo que determina, entre otras cuestiones, la existencia o no de responsabilidad y el tipo penal aplicable, teniendo en cuenta la existencia de delitos especiales-[2], sino, además, sobre la eventual responsabilidad penal de la propia entidad.

En este último sentido, bajo la rúbrica "De las personas criminalmente responsables de los delitos", el art. 31 *quinquies* del CP establece una triple gradación[3]:

1.- Los que quedan excluidos de la responsabilidad penal de las personas jurídicas: el Estado, las administraciones públicas territoriales e institucionales, los organismos reguladores, las agencias y entidades públicas empresariales, las organizaciones internacionales de derecho público, y aquellas otras que ejercen potestades públicas de soberanía o administrativas (art. 31 *quinquies* ap. 1 CP).

2.- Las entidades que poseen una responsabilidad penal limitada, a las que sólo se les podría imponer las penas previstas en las letras a) y g) del apartado 7 del artículo

---

1 PADRÓS REIG, C. "El problema del sujeto administrativo en la atribución de responsabilidad penal de las sociedades mercantiles públicas", Primera parte, capítulo II.

2 Vid., ampliamente, sobre esta y otras problemáticas que genera en la responsabilidad penal de la persona física cuando actúa en el marco del sector público empresarial, GÓMEZ RIVERO, C. (2016): "El castigo penal de la corrupción en el ámbito del llamado sector público instrumental", *Revista Electrónica de Ciencia penal y Criminología*, 18-06, p. 1-36.

3 Redacción a partir de la reforma penal de 2015 (Ley Orgánica 1/2015, de 30 de marzo, *por la que se modifica la Ley Orgánica 10/1995, del Código penal*)

33 CP (es decir, la multa -por cuotas o proporcional- y la intervención judicial para salvaguardar los derechos de los trabajadores o de los acreedores). En este caso se trata de las sociedades mercantiles públicas que ejecuten políticas públicas o presten servicios de interés económico general (art. 31 *quinquies* ap. 2 CP).

3.- Las entidades que responden según el régimen general de las personas jurídicas y, por lo tanto, para las que no existe limitación de penas previstas en el art. 33.7 CP. En este grupo cabe destacar tres tipos de situaciones, que ha identificado la doctrina: a) las sociedades mercantiles públicas que no ejerzan políticas públicas o que no presten servicios de interés económico general[4]; b) las sociedades mercantiles públicas que, aun declarando ejecutar políticas públicas o prestando servicios de interés económico general, hayan sido creadas por sus promotores, fundadores, administradores o representantes con el propósito de eludir una responsabilidad penal[5]; c) las entidades de naturaleza estrictamente privada, aunque tengan establecida la concesión o gestión de un servicio público. En este caso, si se declarara su responsabilidad, la administración pública podría resolver el contrato y otorgárselo a otra empresa[6].

---

4 En este sentido, CARDONA BARBER, A (2021).: "La responsabilitat penal de les societats mercantils públiques", *Revista Jurídica de Catalunya,* núm. 4, p. 84; GARCÍA ARÁN, M. (2022): "Autonomía interpretativa del Derecho Penal y delincuencia de las empresas públicas", *Revista de Estudios Jurídicos y Criminológicos,* núm. 6, p. 275; BAUCELLS LLADÓS, J. (2022): "Las empresas del sector público empresarial responsables penalmente", *Estudios Penales y Criminológicos,* núm. 42, p. 18.

5 Cfr., art. 31 *quinquies* ap. 2 *in fine* CP.

6 Destaca esta tercera categoría, ZUGALDÍA ESPINAR, J.M. (2013): *La responsabilidad criminal de las personas jurídicas, de los entes sin personalidad y de sus directivos. Análisis de los arts. 31 bis y 129 del Código penal,* Tirant lo Blanch, Valencia, pág. 115.

Se ha desarrollado recientemente un intenso debate doctrinal a raíz de los confines de cada una de estas tres categorías, siendo la técnica legislativa empleada por el art. 31 *quinquies* compleja, en la medida en que se tiene en cuenta el tipo de sujeto afectado (su configuración jurídica) y/o criterios materiales que ofrecen indicios teleológicos de la exclusión o limitación de la responsabilidad, como es el *ejercicio de potestades públicas de soberanía o administrativas* (que excluye la responsabilidad penal, en cualquier tipo de sujeto)[7] o la *ejecución de políticas públicas o prestación de servicios de interés económico general* (que la limita, siempre y cuando se trate de una sociedad mercantil pública)[8].

Las razones que se han argüido sobre la exclusión de la responsabilidad penal -sobre todo (entiendo) pensando en las Administraciones Públicas territoriales e institucionales-, son de diversa índole. En primer lugar, es común sostener que sería incongruente que el Estado se sancionara a sí mismo[9].

---

7 No obstante, un sector doctrinal considera que las sociedades mercantiles públicas que ejercen potestades públicas administrativas se encontrarían en el art. 31 quinquies ap. 2 CP y, por tanto, tendrían una responsabilidad penal limitada. Vid., más ampliamente, BAUCELLS LLADÓS, J. (2022), cit.

8 Sobre la compleja interpretación del art. 31 quinquies CP, vid., con diferentes orientaciones, CASTRESANA FERNÁNDEZ, C. (2019): "La exención de responsabilidad penal del Estado y entidades de él dependientes", *Diario La Ley* núm. 3949, de 1 de febrero de 2019; CARDONA BARBER, A. (2021), cit., pp. 67-92; GARCÍA ARÁN, M. (2022), cit., pp. 261-291; BAUCELLS LLADÓS, J.(2022), cit., pp. 1-22; VALEIJE ÁLVAREZ, I. (2023): "Sobre la responsabilidad penal de las sociedades públicas mercantiles que ejecuten políticas públicas o presten servicios de interés económico general (art. 31.2 quinquies CP)", en VÁZQUEZ-PORTOMEÑE SEIJAS, F. (Dir.): *Los Lobbies: ¿instrumento de participación democrática o medios de corrupción?*, Tirant lo Blanch, Valencia, pp. 61-98; En cuanto a la Fiscalía General del Estado resultan también útiles las Circulares 1/2011, de 11 de junio y 1/2016, de 22 de enero.

9 Por todos, ZUGALDÍA ESPINAR, J.M. (2013), cit., p. 115.

También se intenta fundamentar en la dificultad de verificar los criterios de imputación existentes, pues por regla general, se dice, la persona física que delinque en una empresa pública generalmente lo hará en su propio beneficio y no para engrosar las arcas del Estado[10]. Con todo, el argumento que me parece más importante afectaría a la propia configuración de un Estado democrático, en lo que se refiere a la división de poderes. Admitir la imposición de penas podría suponer una injerencia del poder judicial en el poder ejecutivo, de manera que, directa o indirectamente, aquél estaría decidiendo sobre la gestión de intereses públicos generales que tan solo al poder ejecutivo le corresponde[11]. Descendiendo a un ejemplo más concreto, si se impusiera una pena de multa, por ejemplo, a un Ayuntamiento, podría implicar que durante un tiempo se tuvieran que cerrar algunos servicios públicos, como una guardería o una piscina municipal, cosa que, además, podría generar un castigo electoral al partido político gobernante en las siguientes elecciones[12].

En la línea apuntada, según ZUGALDÍA ESPINAR, si la jurisdicción penal pudiera acordar, por ejemplo, la disolución, la clausura de locales o la intervención de la actividad, ello produciría el efecto de "decidir el poder judicial sobre la consecución de los intereses generales que dicha sociedad mercantil, vicaria de la Administración Pública, persigue y que sólo a esta última constitucionalmente le corresponde"[13].

---

10 ZUGALDÍA ESPINAR, J.M. (2013), cit., p. 115.

11 ZUGALDÍA ESPINAR, J.M. (2013), p. 114.

12 Ilustra con este ejemplo, NIETO MARTÍN, A. (2014): "De la Ética Pública al Public Compliance: sobre la prevención de la corrupción en las administraciones públicas" en NIETO MARTÍN, A./ MAROTO CALATAYUD, M. (Dirs.): *Public compliance: prevención de la corrupción en administraciones públicas y partidos políticos*, Ed., Universidad Castilla la Mancha, Cuenca, p. 38.

13 ZUGALDÍA ESPINAR, J.M. (2013), p. 114. A mayor abundamiento, con argumentos de coherencia de todo el ordenamiento jurídico,

Con todo, como señala GARCÍA ARÁN, "tal debate parece limitado a la responsabilidad *penal*, puesto que en otros ámbitos no es extraño que determinados órganos del Estado ejerzan potestades sobre otros, adoptando decisiones interpretativas que les afectan"; por ejemplo, los Tribunales pueden declarar la responsabilidad civil del Estado, o anular decisiones administrativas[14].

A favor de "romper otro tabú", se pronuncia claramente NIETO MARTÍN, en el sentido de plantear que las Administraciones Públicas puedan ser sancionadas penalmente (que circunscribe a supuestos de corrupción)[15]. A juicio de este autor, "más que el sí o el no de la responsabilidad, la cuestión está en pensar en qué sanciones"[16]. En esta línea, CARDONA BARBER se pregunta qué problema teórico habría en posibilitar la disolución judicial de una mera entidad pública empresarial con una actividad delictiva continuada, si se ha llegado a disolver administrativamente a un ayuntamiento entero (Caso Marbella)[17]. Con todo, sostiene que la irresponsabilidad penal de las Administraciones Públicas "sirve para evitar que el Estado se autoimponga una pena que, al final, lesionaría el patrimonio público y, por extensión, los intereses generales que (teóricamente) persiguen las Administraciones públicas", aunque esta justificación de la irresponsabilidad penal podría tener sentido en relación con la pena de multa, pero no de otro tipo de sanciones, como las interdictivas[18].

---

dicho autor también sostiene que parece lógico que si un órgano judicial (no penal) no puede acordar el embargo de los bienes de una sociedad mercantil que cumpla los requisitos de ejecutar políticas públicas o prestación de servicios de interés económico general, no se puedan acordar las penas previstas en el art. 33.7 del Código penal.

14 GARCÍA ARÁN (2022), cit., p. 276.

15 NIETO MARTÍN, A. (2014), cit., p. 21.

16 Ob. ult. cit., p. 39.

17 CARDONA BARBER (2021), cit., p. 82.

18 CARDONA BARBER (2021), cit., p. 82-83.

Siendo estas reflexiones de gran calado, quizás resulten genéricas, dada la diversa configuración jurídica y funciones de los distintos entes colectivos que, de una manera más o menos intensa, son participados por las Administraciones Públicas, como variadas son también las funciones de interés general que desempeñan. Tanto es así que el propio legislador ha revisado el régimen de irresponsabilidad penal de algunos de estos entes. Así, mientras que en el momento en que se introdujo la responsabilidad penal de las personas jurídicas en 2010 quedaban excluidas "las sociedades mercantiles estatales que ejecuten políticas públicas o presten servicios de interés económico general" (antiguo art. 31 *bis* CP), actualmente, tras la reforma penal de 2015, estas sociedades mercantiles públicas gozan de un régimen de responsabilidad penal limitada, de manera que se les puede imponer una pena de multa o la intervención judicial para salvaguardar los derechos de los trabajadores o de los acreedores (art. 31 *quinquies* del CP vigente)[19].

Planteado el debate, y teniendo en cuenta *de lege data* la triple gradación de responsabilidad penal ya apuntada, lo que nos proponemos en este trabajo es analizar hasta qué punto resulta adecuado el art. 31 *quinquies* del CP en relación con las penas previstas y su limitación. Para ello será necesario, en primer lugar, referirnos a la finalidad de las sanciones aplicables a las personas jurídicas, para después valorar la regulación existente en el código penal español lo que nos conducirá, finalmente, a reflexionar sobre el régimen previsto en el sector público empresarial.

---

[19] Este cambio legislativo tiene su origen en un informe de la OCDE del año 2012, donde se mostraba la preocupación de que estas sociedades pudieran eludir la responsabilidad penal, en especial en lo que atañe a las entidades financieras rescatadas por el Estado a través del FROB. Cfr. MARTÍNEZ PUERTAS, C. (2020): "Responsabilidad penal de la empresa... ¿Pública?", en *La administración práctica, enciclopedia de administración municipal,* núm. 11, p. 6.

2. FINALIDAD(ES) DE LAS PENAS APLICABLES A LAS PERSONAS JURÍDICAS

El objetivo principal de la intervención del Derecho penal en la sanción a las personas jurídicas es, según diversos autores, incentivar a los entes colectivos para que establezcan mecanismos de gestión, organización y control que eviten la comisión de hechos delictivos[20].

Dada la complejidad del sector empresarial, el Estado renuncia (o se dice, más bien no puede) regular por sí solo las condiciones mínimas para prevenir la comisión de delitos en sectores tan complejos, especializados y diversos[21]. Así, la pugna entre el voluntarismo y el intervencionismo del Estado se soluciona con una estrategia de cooperación entre el sector privado y público[22]. Con ello surge la idea de "autorregulación regulada", expresión tan difundida en el ámbito de la responsabilidad de la persona jurídica[23], que no deja de ser manifestación de una tendencia neoliberal[24].

---

20 De esta opinión, NIETO MARTÍN, A. (2008): *La responsabilidad penal de las personas jurídicas: un modelo legislativo,* Iustel, p. 215; MARTÍNEZ PUERTAS, C. (2020), cit., p. 7.

21 Vid., por todos, PÉREZ MACHÍO, A.I. (2017): *La responsabilidad penal de las personas jurídicas en el Código penal español. A propósito de los programas de cumplimiento normativo como instrumentos idóneos para un sistema de justicia penal preventiva,* Comares, Granada, p. 215-216.

22 Realiza una regresión histórica en EE. UU., explicando cómo el voluntarismo y el intervencionismo, en principio eran estrategias opuestas y después complementarias, NIETO MARTÍN (2008), p. 221. La primera ley que instaura esa cooperación es la *Foreing Corrupt Act* (FCPA) tras el escándalo *Watergate* y es la primera vez que el legislador obliga a las empresas a adoptar medidas que hasta ese momento sólo descansaban en imperativos éticos (ob.cit.).

23 Sin ir más lejos, cfr., el elevadísimo número de publicaciones de la doctrina que contiene esta expresión ya en el propio título.

24 De esta opinión, NIETO MARTÍN, A. (2008), cit., p. 223.

El Derecho penal actúa en este contexto incentivando a las empresas para que se autoorganicen, de manera que, en palabras de NIETO MARTÍN, se trata de un modelo de "intervencionismo a distancia"[25]. Según este autor, en aquellas empresas donde se establece una responsabilidad penal se lanza un mensaje: "la responsabilidad social habrá dejado de ser *marketing*, pues de producirse una lesión para los intereses colectivos protegidos por el tipo penal, los sistemas de autoorganización basados en la responsabilidad social serán examinados en el marco del proceso penal, y evaluados finalmente por el juez al establecer la responsabilidad colectiva"[26].

Siendo la finalidad principal del Derecho penal en este campo el establecimiento de mecanismos eficaces por parte de las personas jurídicas para prevenir la comisión de delitos, consideramos que se relaciona con la prevención especial positiva, en la medida en que, con la autorregulación regulada, se pretende que el ente pueda seguir desarrollando sus funciones con un pronóstico favorable de no reincidencia[27].

El debate actual sobre las finalidades de la pena en las personas jurídicas es heredero del que tuvo lugar en el ámbito del *common law* desde finales de los años 60, principalmente en Estados Unidos[28], donde según GOENA VIVES, "se ha demos-

---

25 NIETO MARTÍN, A. (2008), cit., p. 224.

26 NIETO MARTÍN, A. (2008), cit., p. 218.

27 Refiriéndose al Derecho federal de Estados Unidos, sostiene que, entre las teorías preventivas, la que tiene mayor calado en materia de responsabilidad penal de las personas jurídicas es la rehabilitación (*rehabilitation*), la cual vincula a la transformación de las empresas conforme a los estándares jurídicos a través del fomento de los *compliance programs*, GOENA VIVES, B. (2017): *Responsabilidad penal y atenuantes en la persona jurídica*, Marcial Pons, Madrid, pp. 104 y 105.Con todo, afirma que "el fin de rehabilitación es tan importante, que poco a poco las *penas* a las personas jurídicas están pasando a un segundo plano" (ob.cit., p. 105).

28 Considera que las propuestas más interesantes en Europa no son sino reflejo de algunos puntos del debate norteamericano, NIETO

trado que para conseguir la rehabilitación de una empresa es más eficaz contar con ellas como fuente de control de riesgos, que castigarlas por ser una fuente de peligro"[29].

Quizás también por esta influencia norteamericana, se prescinde en esta materia de reflexiones filosóficas -propias más bien del Derecho penal continental- y se relaciona con cuestiones criminológicas y pragmáticas, como veremos a continuación con mayor detalle.

Según la completa investigación de NIETO MARTÍN, las principales teorías o modelos identificados giran en torno a una única finalidad (la autorregulación) y el debate sobre las penas consiste en la mejor manera para alcanzarla[30]. El mencionado autor identifica tres modelos: el económico, el estructural y el de justicia restaurativa.

El modelo económico encuentra su raíz en la explicación de la realización de delitos basada en una elección racional (o cognitiva), tan en boga para la explicación de la criminalidad empresarial, ya sea en el ámbito de las personas físicas como en el de las jurídicas[31]. Si el delincuente en este ámbito actúa con el fin de maximizar beneficios y ahorrar costes, la sanción debe ser coherente y desincentivarlo, de modo que con la sanción se produzca una disminución de su patrimonio. En el análisis racional de coste-beneficio de la comisión del delito, el saldo debe ser negativo, esto es, no debe resultar rentable la realiza-

---

MARTÍN (2008), cit., p. 264.

29 GOENA VIVES (2017), cit., p. 106.

30 NIETO MARTÍN, A. (2008), cit., p. 267.

31 Considera que, en relación con la delincuencia económica, existe un cierto consenso en considerar que esta teoría es especialmente apropiada, NIETO MARTÍN, A. (2018): "Introducción al derecho penal económico y de la empresa", en DE LA MATA BARRANCO, N.J./ DOPIGO GÓMER ALLER, J./ LASCURÁIN SÁNCHEZ, J.A./ NIETO MARTÍN, A.: *Derecho penal económico y de la empresa*, Dykinson, Madrid, p. 44.

ción de actividades delictivas[32]. De ello se colige que la pena de multa sea la reina de las penas en este sector[33]. Con la amenaza o la imposición de la pena de multa se confía también en que los socios y accionistas presionen a los administradores o incrementen su control, adoptando las medidas preventivas que sean necesarias para evitar la futura comisión de delitos[34].

Este modelo ha recibido duras críticas, en diversos sentidos: la consideración de que la elección racional no es el único factor explicativo de la criminalidad económica, sino que más bien el delito se produce por la confluencia de diversos factores de riesgo individuales, sociales y ambientales; la advertencia de que no es la amenaza de una gran pena de multa, sino la certeza en su imposición, la que consigue los efectos preventivos deseados; el hecho de que no siempre los accionistas o socios están en condiciones o tienen interés o capacidad de presionar a los administradores; la asunción de la eventual pena de multa impuesta como un coste más de la empresa; las consecuencias que para terceros provoca la imposición de multas a las personas jurídicas; entre otras cuestiones[35].

---

32 Vid., por todos, REDONDO ILLESCAS, S. (2015): *El origen de los delitos. Introducción al estudio y explicación de la criminalidad,* Tirant Humanidades, Valencia, p. 110 y ss;

33 Vinculan el predominio de la pena de multa con las teorías del delincuente racional, entre otros, NIETO MARTÍN, A. (2008), cit., p. 267 y ss.; FARALDO CABANA, P. (2017): "¿Es la multa apropiada para las personas jurídicas" en PÉREZ CRUZ-MARTÍN, A.J. (Dir.): *Proceso penal y responsabilidad penal de las personas jurídicas,* Aranzadi, Navarra, p. 98; BAUCELLS LLADÓS, J. (2014): "Sistema de penas para la delincuencia económica en derecho penal español", en GARCÍA ARÁN, M. (Dir.): *La delincuencia económica. Prevenir y sancionar,* Tirant lo Blanch, Valencia, p. 411.

34 NIETO MARTÍN, A. (2008), cit., p. 267 y ss.

35 Vid., por todos, el completo análisis realizado por FARALDO CABANA (2018), quien califica de "llamativa" la preferencia de la pena de multa en la responsabilidad penal de la persona jurídica (ob.cit., p. 91). En lo que nos atañe en estos momentos, la autora sostiene que los partidarios del análisis económico del Derecho defienden la multa como sanción

Con todo, cabe advertir que parte de estas objeciones (algunas contradictorias entre sí) tienen más que ver con la regulación concreta y la aplicación de la pena de multa que con su justificación. Por ello, volveremos más adelante sobre estas cuestiones con ocasión del análisis de la regulación española. Pero conviene asentar aquí dos premisas, que nos servirán para valorar la pena de multa, tanto en la responsabilidad penal de los entes privados como, sobre todo, en las sociedades mercantiles públicas: a) Si, según la teoría del delincuente racional, el balance coste-beneficio de cometer un delito debe ser negativo, la pena de multa debe afectar a la capacidad económica de la entidad[36]; b) Este balance guarda estrecha relación con la finalidad preventivo-general negativa de la pena[37], por lo que solo muy indirectamente se fomenta la "autorregulación", fin que se ha destacado como primordial en la responsabilidad penal de las personas jurídicas.

Retomando distintos modelos identificados por NIETO MARTÍN, el segundo de ellos se refiere al modelo estructural (*Structural Reform Model*), que apuesta por sanciones diferentes como la curatela, la intervención judicial o la *probation* para corporaciones. Según el mencionado autor, este modelo tiene su origen en los años 70, cuando jueces norteamericanos, a cambio de no imponer una sanción pecuniaria, exigían a las empresas la realización de determinadas reformas en la organización, encaminadas a prevenir futuras conductas delictivas. También ha sido utilizado en el ámbito del principio de oportunidad: a cambio de no iniciar un proceso

adecuada apoyándose en dos pilares: a) La concepción de la persona jurídica como un ser racional; b) La convicción de que es posible calcular multas suficientemente disuasorias, que pueden ser satisfechas por la persona jurídica y que al mismo tiempo no afecten demasiado a terceros. Ambos aspectos, según FARALDO CABANA, han sido objeto de críticas razonables (ob.cit. p. 108), las cuales expone ampliamente.

36 Esto es, con multas suficientemente disuasorias (FARALDO CABANA, P. (2018), cit., p. 108; NIETO MARTÍN, A. (2018), cit., p. 45, entre otros.

37 Entre otros, GOENA VIVES, B. (2017), cit., p. 113;

penal, se instaba a la empresa a la realización de investigaciones internas por parte de comités nombrados *ad hoc*, que tenían la misión de señalar las irregularidades cometidas en informes que posteriormente se publicaban, adoptando la persona jurídica los cambios internos necesarios para prevenir hechos como los ocurridos[38]. Como se puede observar, en este modelo no se apuesta por la autorregulación libre de la empresa sino "guiada" por el juzgador, el curador o el interventor, que son los que proponen los cambios necesarios para conseguir una mejor autoorganización[39].

Se señalan algunas ventajas de este modelo, además del enfoque predominantemente preventivo especial del propio contenido de la sanción, como evitar los daños colaterales que ocasionaría la pena multa o el efecto preventivo general que pueden desplegar respecto a las personas físicas a las que resulta más eficaz intimidar, pues afecta al prestigio profesional de los gestores de la corporación[40]. El inconveniente principal, es que, dependiendo del grado de intervención, se podría afectar a la libertad de empresa.

Finalmente, el tercer modelo identificado se situaría en el ámbito de la justicia restaurativa. La autorregulación empresarial no quedaría alejada de su filosofía, pues la justicia restaurativa posee como característica principal la delegación de la adopción de medidas a los principales implicados directos en el hecho delictivo, entre los cuales obviamente se encuentra el infractor (en este caso, la persona jurídica). Pero a este sujeto se añaden, en la medida de lo posible, las víctimas del delito y la comunidad más próxima, que resulta afectada y a la vez facilitadora de la recuperación de los anteriores. La finalidad de la justicia restaurativa es más

---

38 NIETO MARTÍN, A. (2008), cit. p. 272.

39 NIETO MARTÍN, A. (2008), cit. p. 273.

40 Ob. ult cit. p. 273.

amplia, pues no sólo se agota en la "recuperación" del infractor, sino también en la reparación a las víctimas y a la comunidad[41].

Trasladado este debate al contexto europeo y, particularmente, español, con una diversa tradición jurídica en cuanto a la reflexión sobre las finalidades de la pena, no deja de producir determinadas tensiones o confusiones, no siempre explicitadas. Se sostiene que la teoría de la pena en las personas jurídicas debe ser diversa a la de las personas físicas. Si distinta es su responsabilidad, se dice, diversa debería ser su justificación, en la que se debe prescindir de referencias antropológicas[42]. En esta línea, se afirma que algunos términos -como la prevención general negativa y la reinserción- en puridad no deberían utilizarse en la responsabilidad de los entes colectivos[43]. Pero en el debate doctrinal español, por regla

---

41 Vid., ampliamente, sobre la justicia restaurativa en el ámbito de la delincuencia económica y empresarial y los desafíos y oportunidades que genera, NIETO MARTÍN, A. (2017): "Empresas, víctimas y sanciones restaurativas: ¿Cómo configurar un sistema de sanciones para personas jurídicas pensando en sus víctimas? en DE HOYOS SANCHO, M. (Dir): *La víctima del delito y las últimas reformas procesales penales*, Aranzadi, Navarra, pp. 315-330; GARCÍA ARÁN, M. (coord.) (2021): *Justicia restaurativa y delincuencia socioeconómica*, Tirant lo Blanch, Valencia; NAVARRO CARDOSO, F./ MONTESDEOCA RODRÍGUEZ, D. (2022). "Proceso restaurativo y responsabilidad penal de las personas jurídicas. Su atenuación por reparación en Derecho penal español", en RAMÍREZ BARBOSA, P.A. (Dir). *Responsabilidad empresarial y cumplimiento normativo*, Tirant lo Blanch, Valencia, pp. 467-507; NIETO MARTÍN, A./ CALVO SOLER, R. (Coords) (2023): *Justicia restaurativa empresarial. Un modelo para armar.* Reus Editorial.

42 GOENA VIVES (2017) cit., p. 116. De esta opinión MIR PUIG (2016): *Derecho penal. Parte General*, Reppertor, Barcelona, p. 210, quien sostiene que estamos ante una clase bien diferenciada de sanciones porque tienen un fundamento, unos presupuestos y una regulación diferentes de las penas clásicas; Por su parte, GOENA VIVES (cit., p. 116) construye una teoría propia de las personas jurídicas, que denomina "prevención reactiva", y que sería próxima a la prevención especial, aunque introduce también algunos elementos de la prevención general e inocuización.

43 NIETO MARTÍN, A. (2008), cit. 266.

general, se sigue aludiendo a los conceptos de prevención general y especial acuñados para las personas físicas, a falta de una teoría de la pena propia de las personas jurídicas consolidada.

Si en las teorías de la pena en las personas físicas, dejando al margen las teorías absolutas, la pena (medio) persigue un fin primordial (la evitación de futuros delitos, es decir, la prevención), en el ámbito de la responsabilidad penal de la persona jurídica se produce un elemento que puede resultar distorsionador. No se trataría, según lo visto hasta el momento, de que a través de la pena se pretenda alcanzar la prevención de delitos sino de prevenirlos *a través del fomento de la autorregulación*, sin haberse constatado que la autorregulación sea la más idónea ni la única vía para prevenir la delincuencia empresarial[44], pues adolece de importantes críticas[45]. A mi juicio, se confunde así el fin con

---

44 Considera que "tampoco es mucho lo que se conoce todavía acerca de la verdadera eficacia práctica de los programas de cumplimiento para prevenir el delito", ESQUINAS VALVERDE, P. (2023): *Corruptos y delincuentes de cuello blanco en España. Un estudio criminológico de sus características, causas y vías de prevención*, Tirant lo Blanch, Valencia, p. 419. Ello podría paliarse con la realización de estudios empíricos sobre la reincidencia de las personas jurídicas que han sido investigadas o condenadas, en cuya metodología debería necesariamente tenerse en cuenta la regulación del país estudiado, sobre todo en cuanto a las maneras "coactivas" de fomentar la autorregulación empresarial y el tipo de sanciones impuestas.

45 Una de las críticas más importantes efectuadas por la doctrina es el cumplimiento superficial de los mandatos autorregulatorios que, en nuestro ordenamiento jurídico, podrían utilizarse para eludir la responsabilidad penal. En relación con esta cuestión, cabe destacar un estudio empírico australiano, que evalúa el grado de implementación de sistemas de cumplimiento de las empresas, que ha sido alentado y en ocasiones obligado por la Comisión Australiana de la Competencia (CAC). El estudio realiza una encuesta a 999 empresas australianas y concluye que la implementación de los sistemas de cumplimiento es "parcial, simbólica y poco entusiasta", "abrumadoramente parcial y posiblemente simbólica", si bien es probable que las medidas coercitivas impuestas por la CAC sean un factor importante para generar

medios: la justificación de la pena en las personas jurídicas se construye en base al medio (fomentar la autorregulación) y no en el fin (la observación de las normas penales). Dicho de otro modo, la sanción penal (un medio) se basa en fomentar otro medio (la autorregulación) que se erige como finalidad última de intervención penal, en lugar de ser la finalidad más amplia de evitar futuros delitos, que puede alcanzarse por diferentes vías.

Con todo, la realidad legislativa ha ido por delante de la elaboración teórica en el campo de las sanciones penales aplicables a la persona jurídica[46]. Y, como veremos a continuación, por el contenido de algunas sanciones previstas legalmente para las personas jurídicas, la doctrina identifica algunas finalidades de la intervención penal que podrían ser contradictorias con la finalidad primordial identificada (el fomento de la autorregulación eficaz de las empresas), al menos para las personas jurídicas directamente involucradas en la comisión de delitos.

3. LAS PENAS PARA LAS PERSONAS JURÍDICAS EN ESPAÑA

3.1 Cuestiones generales

El art. 33.7 CP prevé las siguientes penas para las personas jurídicas: a) Multa por cuotas o proporcional; b) Disolución de la persona jurídica; c) Suspensión de sus actividades; d) Clausu-

---

un compromiso de cumplimiento. (Vid., PARKER, C./ NIELSEN, L. V. (2006): "Do businesses take compliance systems seriously? An empirical study of the implementation of trade practices compliance systems in Australia", *Melbourne University Law Review*, vol. 30, p. 441-494. Cuestión distinta es la que planteamos, y es si este cumplimiento normativo consigue prevenir la comisión de futuros delitos.

46 Afirma en esta materia que el legislador ha ido por delante del debate doctrinal, NIETO MARTÍN, A. (2008), cit., p. 265.

ra de sus locales y establecimientos; e) Prohibición de realizar en el futuro las actividades en cuyo ejercicio se haya cometido, favorecido o encubierto el delito; f) Inhabilitación para obtener subvenciones y ayudas públicas, para contratar con el sector público y para gozar de beneficios e incentivos fiscales o de la Seguridad Social; g) Intervención judicial para salvaguardar los derechos de los trabajadores o de los acreedores.

Adolece este catálogo de escasa imaginación, poniendo de manifiesto la doctrina la falta de previsión de otras sanciones que podrían resultar útiles en la responsabilidad de la persona jurídica[47]. El listado parece ser heredero de las antiguas consecuencias accesorias del art. 129 CP[48] ya que, excepto la pena de multa y la inhabilitación para obtener subvenciones y ayudas públicas, para contratar con el sector público o gozar de beneficios e incentivos fiscales, todas las demás sanciones estaban previstas en el catálogo de "consecuencias accesorias" en el momento de aprobación del Código penal de 1995[49]. Con la anterior regulación, la doctrina ya denunciaba que predominaban aquellas sanciones más graves e inocuizadoras del ente

---

[47] En este sentido, se señalan como sanciones a prever *de lege ferenda*: la publicación de la sentencia en los medios de comunicación del área económica o actividad; la vigilancia judicial; la inscripción de la entidad en determinados registros administrativos de carácter público; la prohibición de cotizar en los mercados; la prohibición de publicitarse; la prohibición de emitir obligaciones o cheques; la amonestación pública; la imposición de la obligación de realizar actividades o prestaciones de servicios a la comunidad; la caución de conducta; la obligación de adoptar medidas específicas para eliminar las consecuencias del delito. Cfr., entre otros, BAUCELLS LLADÓS (2014), cit., p. 422.

[48] De esta opinión GOENA (2017), cit., p. 124.

[49] Cfr. Art. 129 CP en su redacción originaria llevada a cabo por la Ley Orgánica 10/1995, de 23 de diciembre, del Código penal (BOE núm. 281, de 24 de noviembre de 1995).

colectivo[50], mientras que no se preveían otras sanciones menos graves, para los casos en los que fuera necesario "respuestas menos contundentes en proporción al menor peligro de las corporaciones para bienes jurídicos", es decir, más respetuosas con el principio de subsidiariedad y proporcionalidad[51]. Esta misma crítica se produce en la actualidad tras la aprobación del nuevo régimen de responsabilidad penal de la persona jurídica[52].

Sin embargo, la incorporación de la pena de multa en el nuevo sistema de responsabilidad de la persona jurídica resulta de mayor calado que una simple adición al catálogo de sanciones[53]. Tal es su importancia que la doctrina actualmente suele clasificar las penas aplicables a la persona jurídica en dos categorías: la pena de multa (por cuotas o proporcional) y las penas interdictivas (el resto), puesto que la diferenciación puede ser útil en cuanto al régimen de imposición y finalidades perseguidas en su aplicación.

En principio, no existen penas vinculadas a una concreta figura delictiva, de manera que el Juez o Tribunal escogería el tipo de sanción de acuerdo con los criterios establecidos en el

---

[50] Vid., entre otros, GUARDIOLA LAGO, M.J. (2004). *Responsabilidad penal de las personas jurídicas y alcance del art. 129 del Código penal,* Tirant lo Blanch, Valencia, p. 131.

[51] ZÚÑIGA RODRÍGUEZ, L. (2003): *Bases para un modelo de imputación de responsabilidad penal a las personas jurídicas,* Aranzadi, Navarra, p. 213.

[52] Entre otros, BAUCELLS LLADÓS, J. (2011): "Penas aplicables a las personas jurídicas", en CÓRDOBA RODA, J. /GARCÍA ARÁN, M.: *Comentarios al Código penal,* Marcial Pons, p. 425; FEIJOO SÁNCHEZ, B.J. (2012): "Las consecuencias jurídicas del delito", en BAJO FERNÁNDEZ, M. FEIJOO SÁNCHEZ, B.J./ GÓMEZ-JARA DÍEZ, C.: *Tratado de responsabilidad penal de las personas jurídicas. Adaptado a la Ley 37/2011, de 10 de octubre, de Medidas de Agilización procesal,* Civitas, Madrid, p. 244; PÉREZ MACHÍO, A.I. (2017), cit., p. 148.

[53] Con la anterior regulación se manifestaba la perplejidad de su falta de previsión, siendo la sanción a la persona jurídica que más se prevé en Derecho comparado: GUARDIOLA LAGO, M.J. (2004), cit., p. 136.

art. 66 *bis* CP[54]. Sin embargo, si acudimos a los delitos donde se prevé la responsabilidad de la persona jurídica, se observa que la única pena contemplada en todos los supuestos de la parte especial -salvo casos excepcionales- es la pena de multa, siendo la imposición de las restantes sanciones potestativas[55]. Así, según FEIJOO SÁNCHEZ, el Código penal "diferencia claramente entre la pena de multa -de imposición obligatoria- y las restantes "penas" -que tienen un carácter potestativo"[56].

La multa sería la única pena que cumpliría objetivos preventivo-generales y retributivos, mientras que las restantes penas sólo se impondrían si se observara una necesidad preventivo-especial que, atendiendo al catálogo establecido, se vehicula a través de sanciones predominantemente inocuizadoras[57]. Así, la multa sería retrospectiva, y resultaría proporcional al hecho delictivo, mientras que las restantes penas interdictivas serían prospectivas, cumpliendo principalmente fines inocuizadores[58]. Con todo, y siguiendo la teoría preventiva de la unión de ROXIN, que atiende también al momento y fase del sistema penal[59], considero que estas penas también podrían desplegar una función preventivo general intimidatoria con su previsión legal.

---

54 A excepción de las organizaciones, grupos criminales y terroristas y asociaciones ilícitas, donde la disolución posee un papel protagonista. Vid., PÉREZ MACHÍO, A.I. (2017), cit., p. 146-147.

55 FEIJOO SÁNCHEZ, B.J. (2012), cit., p. 237. PÉREZ MACHÍO, A.I. (2017), cit., p. 146-147.

56 FEIJOO SÁNCHEZ (2012), cit., p. 235.

57 De esta opinión, PÉREZ MACHÍO, A.I. (2017), p.148, quien considera que la multa es la única respuesta jurídico-penal que puede disuadir eficazmente a las personas jurídicas de la comisión de delitos, siendo la respuesta más idónea para motivar a directivos, accionistas y trabajadores (ob.cit.).

58 FEIJOO SÁNCHEZ, B.J. (2012), cit., p. 238 y 244.

59 Vid., ROXIN, C. (1997): *Derecho penal. Parte General. Tomo I.* Civitas, Madrid, pp. 95 y ss.

Este tipo de sanciones previstas en el art. 33.7 CP dejan al Juez o Tribunal un escaso margen para adoptar otro tipo de sanciones que permitan una reorganización de la persona jurídica o solventar problemas organizativos de personas jurídicas que tengan vocación de cumplimiento de legalidad o cuya actividad delictiva haya sido llevada a cabo por una mala administración de personas que han cesado en sus funciones[60]. Entiendo que el único camino posible que tiene el juzgador en estos casos sería considerar que no cabe afirmar la responsabilidad penal en consideración a la posesión de programas de prevención de delitos que son idóneos, aunque no necesariamente infalibles, vía art. 31 *bis* ap. 2 y 4 CP; o que debe ser atenuada, apreciando parcialmente las circunstancias previstas en el art. 31 *bis* ap. 2 y 4 CP; o aplicando una circunstancia atenuante de las previstas en el art. 31 *quater* del CP[61].

De ello se colige, a mi juicio, que la pena de multa, aunque parece atender a criterios más retributivos que las penas interdictivas, debe tener en cuenta también la necesidad preventivo-especial de su imposición, al tener que valorar el juzgador hasta qué punto la

---

60 FEIJOO SÁNCHEZ (2012), cit., p 244; PÉREZ MACHÍO, A.I. (2017), cit., p. 148.

61 Destaca que todas las atenuantes previstas en el art. 31 *quáter* del CP son postdelictivas y que, por lo tanto, atienden a la necesidad de pena GOENA VIVES, B. (2017), cit., p. 2017. Entre las circunstancias atenuantes que apuntan a una menor necesidad preventivo-especial se encuentran: "haber establecido, antes del comienzo del juicio oral, *medidas eficaces para prevenir y descubrir los delitos* que en el futuro pudieran cometerse con los medios o bajo la cobertura de la persona jurídica" (art. 31 *quáter* ap. d) CP) y "haber procedido en cualquier momento del procedimiento y con anterioridad al juicio oral a *reparar o disminuir el daño causado por el delito*" (art. 31 *quáter* ap. c) CP). Consideramos que la reparación es un indicio de reinserción de la persona física en GUARDIOLA LAGO, M.J. (2012): "Desarrollo y aplicaciones de la justicia restaurativa en prisión", en TAMARIT SUMALLA, (Coord): *La Justicia Restaurativa: desarrollo y aplicaciones,* Comares, Granada, p. 235; cosa que trasladamos a la persona jurídica.

persona jurídica posee un modelo de organización y gestión que resulte adecuado para prevenir delitos de la naturaleza que se ha cometido, aunque en el caso concreto no haya podido evitarlo[62].

Más explícito ha sido el legislador en cuanto al fundamento preventivo-especial en la imposición de las penas interdictivas, puesto que el art. 66 *bis* CP establece, entre otros criterios, "su necesidad para prevenir la continuidad de la actividad delictiva o sus efectos" (art. 66 bis ap. 1 a) CP)[63]. Esta dicción, heredera de la anterior regulación de las consecuencias accesorias[64], ha sido interpretada por la doctrina de modo restrictivo, en el sentido de que no se trata de prevenir la genérica comisión de delitos. En esta línea, respecto al peligro de "continuidad" delictiva, RAMÓN RIBAS acude a conceptos consolidados en el Código penal -como el delito continuado o la reincidencia- para interpretar este inciso, de manera que lo que se trata de impedir es el peligro de comisión de nuevos delitos de similar naturaleza[65]. Esta previsión, junto con el sistema *numerus clausus* de responsabilidad

---

62 Vid., art. 31 bis ap. 2 y ap. CP. Para un análisis detallado de los requisitos para eximir o atenuar la responsabilidad, vid., ampliamente, GONZÁLEZ CUSSAC, J.L. (2019): "La eficacia eximente de los programas de prevención de delitos", *Estudios penales y criminológicos,* vol. XXXIX, p. 539 a 654.

63 Considera que se trata de una finalidad preventivo especial, entre otros, GARCÍA ARÁN, M. (2011) "De la aplicación de las penas" en *Comentarios al Código Penal,* Marcial Pons, Madrid, p. 640. A este criterio al que se le une "sus consecuencias económicas y sociales, y especialmente los efectos para los trabajadores" (art. 66 bis ap. b) CP) y "el puesto que en la estructura de la persona jurídica ocupa la persona física u órgano que incumplió el deber de control (art. 66 bis ap. c) CP).

64 En el Código penal conforme a la redacción de 1995 se establecía que "Las consecuencias accesorias previstas en este artículo estarán orientades a prevenir la continuidad de la actividad delictiva y los efectos de la misma" (art. 129.3 CP).

65 RAMÓN RIBAS, E. (2009): *La persona jurídica en le Derecho penal. Responsabilidad civil y criminal de la empresa,* Comares, Granada, p. 215.

penal de la persona jurídica, limita las posibilidades aplicativas para interpretar la continuidad de la actividad delictiva[66]. En cuanto a la prevención de los efectos de la actividad delictiva, el mencionado autor sostiene no posee sustantividad propia, sino que se entiende como complemento de la primera[67].

Gran parte de la doctrina ha destacado la enorme flexibilidad en la imposición de penas a las personas jurídicas. Constatada la necesidad preventivo-especial de imponer una pena interdictiva, el juzgador puede escoger una o varias de las previstas en el art. 33.7 CP con lo que, ante un mismo hecho delictivo, pueden resultar sentencias condenatorias absolutamente dispares.

Estas características (flexibilidad y finalidad preventivo especial) han conducido a un sector doctrinal a emparentar las penas aplicables a las personas jurídicas con las medidas de seguridad previstas para las personas físicas[68]. Sea como fuere[69], se insiste en

---

66 RAMON RIBAS, E. (2009), cit., p. 215.

67 Esgrime esencialmente dos argumentos: introducir una función independiente a los efectos de la actividad delictiva no solo resultaría extraño al Derecho penal y próximo al Derecho civil sino que impediría una correcta correspondencia entre el fundamento (peligrosidad criminal objetiva) y fin (prevenir la producción de efectos derivados de la actividad delictiva ya ejecutada o de la actividad delictiva futura (RAMÓN RIBAS, E. (2009), cit., p. 216).

68 Alude a esta semejanza con las medidas se seguridad, sosteniendo que sólo tiene de penas el nombre FEIJOO SÁNCHEZ, B.J.(2012), cit., p. 238; Apuntando esta semejanza, aunque la sigue considerando como pena ROCA AGAPITO, L. (2014): "Sanciones aplicables a las personas jurídicas", en ONTIVEROS ALONSO, M. *La responsabilidad penal de las personas jurídicas. Fortalezas, debilidades y perspectivas de cara al futuro,* Tirant lo Blanch, Valencia, 2014, p. 382-383.

69 En este sentido, cabe recordar que desde hace tiempo se ha producido una aproximación entre penas y medidas en las personas físicas, adoptando las medidas las garantías de las penas y las penas el contenido y función de las medidas. Sobre el monismo, el dualismo

la necesidad de respetar el principio de proporcionalidad[70], que en este caso no vendría referido a la proporcionalidad respecto al injusto cometido, sino a la gravedad de los delitos que se intenten prevenir, aunque el injusto cometido sea el presupuesto legitimador e indicativo de lo que se intenta prevenir[71]. Este principio de proporcionalidad podría concretarse en diferentes aspectos: a) Un juicio de adecuación o idoneidad (la necesidad de la propia imposición de una pena); b) Al elegir entre el catálogo de penas previsto en el art. 33.7 CP, el tipo de pena impuesta debe ser la menos gravosa para alcanzar la finalidad preventivo-especial; c) Proporcionalidad en sentido estricto: la duración de la pena debe ser la mínima imprescindible para alcanzar la finalidad preventiva[72].

En definitiva, existe un primer nivel de exclusión de responsabilidad en aplicación de la eximente prevista en el art. 31 *bis* 2 y 4 del CP, al valorar que la persona jurídica posee modelos de organización y gestión idóneos, aunque en el caso concreto no hayan conseguido evitar el delito. Podrá beneficiarse de una atenuante si se apreciara que "parcialmente" posee modelos de organización y gestión idóneos antes de la comisión del delito. También se podrá atenuar la pena, aunque la persona jurídica no haya poseído ningún programa de cumplimiento para prevenir delitos, pero lo instaura antes del juicio oral (art. 31 *quáter* ap. d) CP). Pasado este umbral del juicio oral, la persona jurídica recibirá una pena de multa (principalmente retributiva) y sólo se le podrá imponer además penas interdictivas si se constata

---

y su evolución, vid. QUINTERO OLIVARES, G. (2000): *Manual de Derecho penal. Parte general*, Aranzadi, Navarra, pp. 137-144.

70 Destacan la necesaria observancia del principio de proporcionalidad, entre otros, ZÚÑIGA RODRÍGUEZ, (2003), cit., p. 243-244; RAMÓN RIBAS, E. (2009), cit., p. 244 y ss. BAUCELLS, J. (2011), cit., p. 428-429;

71 RAMON RIBAS, E. (2009), cit., p. 227.

72 En este sentido, vid., entre otros, ZÚÑIGA RODRÍGUEZ, L. (2003), cit., p. 243; RAMÓN RIBAS, E. (2009), cit., p. 226-227; BAUCELLS LLADÓS. J. (2011), cit.,p. 247-248.

una necesidad preventivo especial adicional. Eso sí, como la mayor parte de este tipo de penas son de carácter inucuizador, se impondrán siempre y cuando (y en la medida en que) no perjudiquen otros intereses económicos y sociales[73].

Una vez dibujada, a grandes trazos, la orientación general de las penas previstas para las personas jurídicas en España se procederá a destacar algunos aspectos de la pena de multa, ya que es la única sanción operativa que se prevé, no sólo en el régimen general de responsabilidad de la persona jurídica, sino también para las sociedades mercantiles públicas que desarrollan políticas públicas o prestan servicios de interés económico general[74]. La aproximación será muy somera, ya que existen completas y detalladas investigaciones que dan cuenta de las lagunas, incoherencias y dislates valorativos que se producen en la regulación[75].

---

73 Actúa como contrapeso de la prevención de la continuidad de la actividad delictiva "las consecuencias económicas y sociales, y especialmente los efectos para los trabajadores" (art. 66 bis 1ª b) CP). Esta previsión, según BAUCELLS LLADÓS (2014, cit., p. 415), responde a "una estrategia deliberada de hacer prevalecer los intereses económicos por encima de los preventivos".

74 También se prevé para las sociedades mercantiles públicas la intervención judicial, pero ésta queda limitada a la finalidad de salvaguardar los derechos de los trabajadores o de los acreedores y de momento resulta de difícil aplicación a falta de desarrollo reglamentario. Vid., sobre el papel residual de esta pena, por todos, FEIJOO SÁNCHEZ (2012), cit., p. 245.

75 Vid., por todos, DE LA MATA, N.J./ HERNÁNDEZ, L. (2013) "Los problemas de congruencia en la concreción y aplicación de las sanciones previstas para las personas jurídicas", en DE LA CUESTA ARZAMENDI, J.L./ DE LA MATA BARRANCO, N.J.: *Responsabilidad penal de las personas jurídicas*, Aranzadi, Navarra, p. 277 y ss.; ABEL SOUTO, M. (2021): "Algunas discordancias legislativas sobre la responsabilidad criminal de las personas jurídicas en el Código penal español", *Revista General de Derecho penal*, núm. 35, p. 41 y ss.

3.2 Especial consideración a la pena de multa.

Nos hemos ocupado en páginas precedentes del fundamento (esencialmente preventivo-general) y de las críticas al mismo. Nos referiremos a continuación someramente a algunos aspectos de la regulación española, que nos servirán para valorar hasta qué punto cumple la pena de multa la misión encomendada.

En cuanto al predominio de la pena de multa en la regulación española, cabe señalar que es también la sanción que más comúnmente se prevé en Derecho comparado para las personas jurídicas. Con todo, se califica de "llamativa" la predilección por su uso, a juzgar por las duras críticas que ha recibido[76]. Y es que la determinación de la pena de multa se mueve en un complejo equilibrio: debe ser suficientemente disuasoria (para cumplir el fin preventivo de la sanción), pero sin ser excesiva (que comprometa la supervivencia de la persona jurídica o que provoque excesivos daños a terceros, a trabajadores, acreedores, clientes, consumidores, etc.). En definitiva, la pena debe afectar a la capacidad económica del ente, pero en su justa medida. Para evitar estos extremos, es preciso un conocimiento por parte del juzgador de la situación económica de la empresa (o del volumen de negocios, del beneficio o del daño social obtenido con el delito, dependiendo de cómo se configure la multa); elementos que, en la práctica, y dados los escasos recursos disponibles en la Administración de Justicia, resulta harto difícil de determinar.

Ambos extremos de la ecuación (pena excesivamente elevada y pena excesivamente suave) creo que pueden conducir al mismo resultado: la inoperatividad de la pena de multa. Me explico: La previsión legal de una pena muy elevada, puede producir el efecto que se conoce como *nullification*[77]: la preocupación por

76 FARALDO CABANA, P. (2017), cit., p. 98.

77 Vid., más ampliamente, NIETO MARTÍN (2008), cit., p. 269 y ss., el cual identifica tres objeciones a la pena de multa: la "Deterrence

el impacto de la pena de multa provocaría la reticencia de Jueces y Tribunales de imponer una pena elevada. En el otro extremo, creo que no requiere una especial justificación el hecho de que la previsión de una pena de multa excesivamente baja no cumple la función de la pena, especialmente la prevención general que, como hemos visto, tiene especialmente encomendada la multa.

Si por la previsión legal o por la aplicación práctica la pena de multa fuera escasa, se convertiría en meramente simbólica. Y la principal diferencia gravosa respecto a las impuestas por el derecho administrativo sancionador no tendría que ver con la sanción, sino con su previsión en el Código penal, el sometimiento a un proceso penal (pena de banquillo) y la condena penal como daño reputacional a la empresa. Otra cosa es que la creciente expansión del Derecho penal en muchos ámbitos provoque, precisamente, una disminución de este efecto simbólico, pero eso es harina de otro costal.

Conviven en nuestro Código penal dos modalidades: el sistema de días-multa y el sistema de multa proporcional, articulándose en ocasiones un sistema mixto. La elección de un tipo u otro no parece responder a ningún criterio, y se califica de "improvisada". Según el estudio realizado por BAUCELLS LLADÓS de 2014, se prevé la multa por cuotas y, alternativamente, multas proporcionales (del doble hasta el quíntuplo del beneficio obtenido) si la cantidad fuese más elevada, en el 18,4% de los casos. El resto se reparte entre un 42,1% donde se prevé la multa por cuotas y el 39,4% que sigue el sistema de multa proporcional[78].

Trap" (la pena de multa no sirve si la persona jurídica es insolvente), las objeciones planteadas por las ciencias del comportamiento y de la sociología de la empresa, y el efecto "overspill" que se refiere a las consecuencias negativas para terceros de la pena de multa. Para contrarrestar este última se produce el efecto llamado "nullification".

78 BAUCELLS LLADÓS, J. (2014), cit., p. 413 y ss. En contra, considera que el sistema adoptado merece una valoración positiva, aunque no está exento de problemas, ROCA DE AGAPITO, L. (2014), cit., p. 38.

Por lo que respecta al sistema de días multa aplicable a las personas jurídicas, se regula en el art. 50 CP, esto es, en el mismo precepto dedicado a la regulación de la pena de multa para las personas físicas. Eso sí, estableciendo diferentes horquillas, tanto en extensión máxima como en cuota. Teniendo en cuenta estos parámetros, junto con los de la parte especial del Código, el importe total de la multa oscila entre un mínimo de 5.400 y un máximo de 9.000.000 de euros[79], cantidad que gran parte de la doctrina considera insuficiente, más teniendo en cuenta las multas previstas en el Derecho administrativo sancionador[80].

El pago de la multa puede fraccionarse cuando su cuantía ponga "probadamente" en peligro la supervivencia de la persona jurídica, o el mantenimiento de puestos de trabajo o cuando lo aconseje el interés general (art. 53.5 CP). Si no se satisface el pago, voluntariamente o por vía de apremio, se puede acordar una intervención de la persona jurídica hasta el pago total, pero ello tan solo es una garantía para que se cumpla la misma[81]. No se prevé, a diferencia de otras regulaciones en Derecho comparado, otras alternativas como la sustitución o la suspensión condicional de la ejecución de la multa[82].

De todo ello, BAUCELLS LLADÓS concluye que "el resultado es un sistema de pena de días multa que impone cantidades escasas, ridículas en comparación con las que ya existen en

---

79 Cfr., ROCA DE AGAPITO, L. (2014), cit., p. 387.

80 De esta opinión, entre otros, ZUGALDÍA ESPINAR, J.M. (2013), cit., p. 134; BAUCELLS LLADÓS (2014), cit., p. 415; Considera que las cuotas previstas son bajas, FARALDO CABANA, P. (2017), cit., p. 104-105.

81 Entre otros, FEIJOO SÁNCHEZ, B.J. (2012), cit., p. 243: ROCA DE AGAPITO, L. (2014), cit. p. 376 pié de página 8; FARALDO CABANA, P. (2017), cit., p. 96.

82 Por todos, ROCA DE AGAPITO, L. (2014), cit., p 389.

derecho sancionador administrativo y con una carga punitiva menor que la prevista para las personas físicas"[83].

En cuanto a la multa proporcional, ésta se calcula con un porcentaje multiplicador respecto a diversos criterios, como el beneficio obtenido, la cantidad defraudada, el perjuicio causado o la cantidad defraudada o indebidamente obtenida, dependiendo de los diferentes tipos delictivos[84]. Como acertadamente señala FARALDO CABANA, deben establecerse mecanismos que permitan coordinar los diversos instrumentos penales existentes, ya que si se aplica la multa proporcional junto con el comiso resultaría absolutamente desproporcionado[85].

Sin haber hallado estudios empíricos que analicen estadísticamente la concreta aplicación de la pena de multa en personas jurídicas, nos preguntamos hasta qué punto la imposición de la pena de días multa cumple una función meramente simbólica y la multa proporcional funciones predominantemente retributivas[86].

---

83 BAUCELLS LLADÓS, J. (2014), cit., p, 415, citando a SANZ GAITE y MAPELLI.

84 BAUCELLS, LLADÓS, J. (2014), cit., p. 413.

85 FARALDO CABANA, P. (2017), cit., p. 107.

86 La única publicación que hace referencia a datos sobre las penas aplicadas en España a personas jurídicas, entre las que se incluye la multa y el importe de las mismas, indica que recoge las condenas "más relevantes". Vid., WOLTERS KLUWER: "Cuadro y gráficos de sentencias de condena a empresas y su sanción, agrupadas por delito", *La Ley Digital* 7154/2019.

4. VALORACIÓN DE LAS SANCIONES PENALES APLICABLES A LAS PERSONAS JURÍDICAS Y A LAS SOCIEDADES MERCANTILES PÚBLICAS.

4.1 Régimen general sancionador de la persona jurídica

En cuanto al régimen sancionador general de la persona jurídica, recordemos que es exigible a las entidades jurídico-privadas (aunque desarrollen un servicio público), a las sociedades mercantiles públicas que no ejerzan políticas públicas o que no presten servicios de interés económico general y a las sociedades mercantiles públicas que hayan sido creadas con el propósito de eludir la responsabilidad penal.

Se ha destacado que la finalidad principal del Derecho penal en la sanción a las personas jurídicas es incentivar la autoregulación, con el establecimiento de mecanismos de gestión, organización y control que eviten la comisión de delitos. Sobre esta cuestión, NAVARRO CARDOSO señala una primera paradoja, afirmando que "no se ha explicado todavía suficientemente por qué hay que desdeñar la respuesta administrativo-sancionadora y optar por la penal; y más cuando la exoneración viene vía autorregulación". Y califica de "tremenda incongruencia lógica" que uno de los principales argumentos para sostener la responsabilidad de la persona jurídica "sea el fracaso de la autorregulación de las empresas, y luego se acuda precisamente a ella para exonerar a esa persona jurídica de su responsabilidad"[87]. Centrarse en la autorregulación como finalidad de la intervención penal genera también, como hemos visto, distorsiones a la hora de reflexionar sobre el fin de las penas.

Así las cosas, hemos identificado la finalidad primordial de fomentar la autorregulación en clave preventivo especial positiva, por los argumentos expuestos *supra.* Y con ello se evidencia una

---

87 NAVARRO CARDOSO, F. (2020). "Retos del Derecho penal global", *Estudios Penales y Criminológicos,* vol. XL, pág. 1075.

segunda paradoja. Toda la regulación se orienta a "premiar" a la persona jurídica que ofrece indicios de mejora, pero esta orientación se detiene en el momento del juicio oral. Traspasado este umbral, las sanciones penales cumplen una función predominantemente retributiva, simbólica o inocuizadora. No existen en España penas a las personas jurídicas coherentes con la finalidad que justifica (teóricamente) su intervención, como sería, como ejemplo paradigmático, la obligación de establecer programas de *criminal compliance* supervisados. La única pena que se le acerca es la intervención judicial, pero esta se encuentra limitada en su aplicación "para salvaguardar los derechos de los trabajadores o de los acreedores" (art. 33.7 ap. g) CP)[88] y resulta inoperativa hasta que no se prevea un reglamento que la desarrolle[89]. Tampoco se prevén otras sanciones con mejor pronóstico "rehabilitador", como los trabajos en beneficio de la comunidad[90], pena particularmente fértil para la reparación en supuestos de afectación a bienes jurídicos colectivos, como los delitos contra el medio ambiente. Como acertadamente señala PÉREZ MACHÍO "sólo se puede prohibir, pero no obligar a rea-

---

88 De esta opinión, resaltando que, por encima de los fines preventivos, persigue la salvaguarda de otras personas, de modo similar que las penas del art. 48 CP para las personas físicas, ROCA DE AGAPITO, L. (2014), cit., p. 399. En contra, considera que la intervención equivale a la "corporate probation" norteamericana con puntualizaciones, FARALDO CABANA, P. (2017), cit., p. 89.

89 Considera que no es posible de momento su aplicación de acuerdo con el principio de legalidad, FEIJOO SÁNCEZ, B.J. (2012), cit., 253; En contra, sostiene que la imposición de esta pena se ve dificultada, pero que mientras tanto pueden aplicarse los arts. 630 y ss. de la LEC, aunque con dificultad, puesto que la LEC no es supletoria del CP, ZUGALDÍA ESPINAR, J.M. (2013), cit., p. 139;

90 Sostenía ya la conveniencia de introducir la pena de trabajos en beneficio de la comunidad para las personas jurídicas en GUARDIOLA LAGO, M.J. (2004), cit., p. 140.

lizar activades, lo cual representa un indicio más del escaso peso de la prevención especial positiva en las sanciones interdictivas"[91].

Más que una finalidad preventivo-especial positiva de la pena, cabría hablar de esta finalidad en el proceso penal, en la medida en que la persona jurídica procesada que ha cometido el delito puede valerse de una atenuante si establece medidas eficaces para prevenir y descubrir delitos antes de la celebración del juicio oral (art. 31 *quáter* ap. d) CP).

Finalmente, si por regla general, en la responsabilidad de las personas físicas, el campo más fértil para hacer efectiva la finalidad preventivo-especial positiva es la ejecución de la pena[92], esta orientación brilla por su ausencia en la responsabilidad penal de las personas jurídicas. Precisamente, es en el ámbito de la ejecución donde las "lagunas se hacen más clamorosas"[93]. La flexibilidad en la ejecución es una de las características que pueden coadyuvar a una finalidad preventivo especial positiva. Pero, nuevamente, la flexibilidad en la responsabilidad de las personas jurídicas se agota en la sentencia con la elección de las penas interdictivas, como se ha apuntado. No existe, ni en la pena de multa ni en las penas interdictivas, un sistema de suspensión condicional de la pena o de *probation*, cosa que ha sido denunciado por un amplio sector doctrina, sosteniendo su necesaria incorporación[94]. Tampoco se ha regulado qué pasa cuando se incumplen las penas, no previéndose en el delito de quebrantamiento de condena la responsabilidad de la persona jurídica[95].

---

91 PÉREZ MACHÍO, A.I. (2017), cit., p. 155.

92 Vid., ROXIN, C. (1997): *Derecho penal. Parte General. Tomo I.* Civitas, Madrid, pp. 95 y ss.

93 En este sentido, ROCA DE AGAPITO, L. (2014), cit., p. 376.

94 Entre otros, ZUGALDÍA ESPINAR, J.J. (2013), cit., p. 145; NIETO MARTÍN, A. (2014), cit., p. 39; BAUCELLS LLADÓS, J. (2014), cit., p. 422; GOENA VIVES, B. (2017), cit., p. 126;

95 ROCA DE AGAPITO, L. (2014), cit., p 389. Proponen como alternativa el delito de desobediencia, BAUCELLS LLADOS, J. (2011), cit.,

4.2 Régimen penológico limitado de las sociedades mercantiles públicas

El régimen previsto de responsabilidad penal limitada para las sociedades mercantiles públicas que ejecutan políticas públicas o prestan servicios de interés económico general también adolece de importantes inconvenientes y de algún acierto. Con todo, todavía no ha sido objeto de sanción ninguna sociedad mercantil pública[96].

En primer lugar, considero que el legislador acierta en excluir las sanciones interdictivas, puesto que las que se prevén en la actualidad tienen un contenido claramente inocuizador del ente o limitador de sus actividades, lo cual podría comprometer el desarrollo de políticas o servicios públicos que pueden poseer trascendencia social[97]. Con todo, *de lege data*, no se trata de un argumento definitivo o absolutamente coherente, puesto que este tipo de penas podrán acordarse respecto de cualquier ente estrictamente privado que posea la concesión de un servicio

---

p. 432; FARALDO CABANA, P. (2017), cit., p. 90, entre otros.

96 Al menos, hasta 2023, pone de manifiesto este hecho, NAVARRO CARDOSO, F. (2023): "Corrupción pública en el contexto de un programa de cumplimiento normativo penal", en MATALLÍN EVANGELIO, A./ FERNÁNDEZ HERÁNDEZ, A.: *Criminal Compliance programs y mapas de riesgos*, Tirant lo Blanch, Valencia, p. 317.

97 En esta línea, sobre el Anteproyecto de reforma del Código penal de 2013, el Consejo de Estado afirmaba que "la limitación de la clase de penas que se puede imponer a las Sociedades mercantiles públicas resulta, igualmente, una decisión acertada para garantizar la adecuada protección de los intereses públicos y la correcta prestación de los servicios económicos de interés general encomendados a estas sociedades, y que podrían resultar perjudicados en caso de imponerse penas como la suspensión de actividades o la clausura de locales, por ejemplo. Tal limitación no tendría sentido, sin embargo, cuando tales sociedades hayan sido creadas, como correctamente prevé el nuevo artículo 31 quinquies.2, "con el propósito de eludir una eventual responsabilidad penal". Cfr. Dictamen del Consejo de Estado, de 27 de junio de 2013, al Anteproyecto de Ley Orgánica por la que se modifica la Ley Orgánica 10/1995, de 23 de noviembre, del Código penal, p. 33.

público y también respecto de sociedades mercantiles que declaren ejercer políticas públicas o que presten servicios de interés económico general "cuando hayan sido creadas con el propósito de eludir la responsabilidad penal" (art. 31 *quinques* ap. 2 CP). Sin embargo, esta objeción podría ser más formal que material, ya que, o bien se trata de sociedades pantalla que no llevan a cabo realmente estas prestaciones con trascendencia social[98], o bien, si desarrollan realmente tales servicios, el juez o tribunal debe tener en cuenta las "consecuencias económicas y sociales" de la imposición o extensión de estas penas interdictivas (art. 66 *bis* 1ª a) CP), con lo que difícilmente se impondrán si se afecta a la correcta prestación del servicio público.

En segundo lugar, considero que es un error haber previsto la pena de multa para las sociedades mercantiles públicas. Y no sólo por los defectos en la regulación ya apuntados. La objeción es de base: si, como hemos dicho, una buena aplicación de la pena de multa debe suponer una afectación a la capacidad económica del ente, al disminuir sus recursos puede obligar al ente a modificar su estrategia empresarial, lo que repercutirá en las funciones encomendadas, que en este caso afecta a las políticas públicas o la prestación de servicios de interés económico general[99]. Una forma de legitimar la pena de multa sería

---

98 Apunta que el sometimiento al régimen general de responsabilidad penal de la persona jurídica a estas sociedades mercantiles públicas responde a la preocupación del legislador de que "la temida huida del Derecho Administrativo no suponga también una huida del Derecho penal", GÓMEZ RIVERO (2016), cit., p. 8.

99 De la misma opinión, entre otros, CARDONA BARBER, A. (2021), cit., p. 81; BAUCELLS LLADÓS, J. (2022), cit., p. 18. Por otra parte, celebra que no se haya previsto la pena de multa en los entes previstos en el apartado 1 del art. 31 *quinquies* CP, de modo que se evita la preocupación del impacto que puede tener la multa en la capacidad del ente de seguir realizando la prestación de servicios públicos, FARALDO CABANA, P. (2017), cit., p. 97.

evitar que fuera una cantidad que simplemente se ingresa en la "cuenta de depósito y consignaciones", cuyo beneficiario es la Administración General del Estado[100], y vincularla a la reparación del daño causado por el delito, que atendiendo a la tipología de delitos en los que es responsable la persona jurídica, normalmente de naturaleza colectiva, podría vincularse a través del establecimiento de "multas en beneficio de la comunidad"[101].

La doctrina también ha señalado la conveniencia de prever la intervención judicial o la curatela empresarial, ya que tienen una finalidad fundamentalmente resocializadora[102]. Sin embargo, debe tenerse presente que, en su configuración, no afecte a la función pública finalmente prestada, pues en ese caso se produciría una de las críticas apuntadas al inicio del trabajo: que el poder judicial pudiera inmiscuirse en la consecución de intereses generales que solo a la Administración Pública le corresponde por mandato constitucional. Tanto es así que, en Francia, donde existe una responsabilidad penal más amplia de los entes públicos, se prohíbe expresamente el llamado "placement sous surveillance judiciarie" (art. 131-39 *in fine* CP francés). Con todo, si el objetivo de estas medidas se centra sólo en la organización preventiva de la entidad en orden a evitar la futura comisión de delitos, en principio no debería afectar a la autonomía política del ente[103].

La vinculación de estas penas que se proponen con el seguimiento de un proceso restaurativo puede ser de especial interés, tanto para logar una reparación colectiva más satisfactoria como por el hecho de que participa directamente la entidad pública responsable del delito,

---

100 Vid., Disposición final segunda de la Ley 19/1986, de 14 de mayo y Real Decreto 467/2006, de 21 de abril, especialmente el art. 13.1.

101 Vid., más ampliamente, NIETO MARTÍN, A. (2017), cit., p. 323.

102 Cfr., más ampliamente, NIETO MARTÍN, A. (2014), cit., p. 39; GOENA VIVES, B. (2017), cit., p. 110.

103 De esta opinión, NIETO MARTÍN, A. (2014), cit., p. 39.

con lo que el riesgo de imponer las decisiones que le corresponde a la Administración por otros poderes del Estado quedaría superado.

5. CONCLUSIONES

PRIMERA.-. Si la finalidad del Derecho penal en la sanción a las personas jurídicas es incentivar a las entidades para que establezcan mecanismos de gestión, organización y control que eviten la comisión de delitos (lo que estaría en la línea de la prevención especial positiva), el diseño legislativo adolece de diversas paradojas y contradicciones: mientras todo ello se fomenta hasta el momento del juicio oral, llegado el momento de establecer la sanción penal, no existen penas cuyo contenido se oriente directamente a tal finalidad, sino más bien se trata de penas retributivas, simbólicas o inocuizadoras. Por otro lado, si el momento más álgido de la finalidad preventivo-especial positiva suele ser la ejecución de la pena, y de ahí su flexibilidad, no ocurre lo mismo en la responsabilidad de las personas jurídicas, puesto que no existen mecanismos de suspensión de la pena ni de *probation.*

SEGUNDA.–El debate sobre las penas aplicables a las sociedades mercantiles públicas debe tener en cuenta que las restricciones de derechos que sufran estas personas jurídicas como consecuencia de la condena pueden repercutir sobre la prestación de los servicios públicos que tienen encomendados.

TERCERA.–Desde este punto de vista, la multa, de obligada imposición en todos los supuestos para los que el Código penal prevé la responsabilidad de la persona jurídica, no es la mejor solución. Por ello, mientras exista podría plantearse el destino de los ingresos por este concepto a la reparación del daño provocado por el delito a modo de "multas en beneficio de la comunidad".

CUARTA.–Por el contrario, las penas interdictivas, con una función preventivo-especial mucho más marcada, pueden servir mejor a la protección de la función pública, que es la razón de ser de la sanción de los delitos de corrupción cometidos desde estas empresas. El problema aquí es su concreta configuración, pues predominan las inhabilitaciones, de eminente carácter negativo. La única pena que permite reorientar la actividad de la empresa hacia la efectiva consecución del fin público con medidas positivas es la intervención judicial. Sin embargo, está restringida a la salvaguarda de los derechos de los trabajadores o de los acreedores. Por ello, también aquí, cabe proponer reformas legales que refuercen las posibilidades preventivo-especiales de estas penas, en clave positiva, por ejemplo, a través de la "curatela empresarial", o la imposición de programas de control de delitos bajo supervisión. Ello siempre, con la prevención de evitar la interferencia del Poder Judicial en el fin de consecución del interés general por parte de la Administración.

QUINTA.–El seguimiento de procesos de justicia restaurativa, como complemento del sistema de justicia penal, puede ser muy recomendable en esta sede, tanto para alcanzar una reparación más satisfactoria del daño provocado por el delito como para prevenir el riesgo de que el Poder Judicial imponga decisiones sobre las políticas públicas que solo a la Administración le corresponde adoptar, ya que en el proceso restaurativo y en la adopción de los acuerdos reparadores puede intervenir directamente la propia entidad.

6. BIBLIOGRAFÍA

BAUCELLS LLADÓS, J. (2011): "Penas aplicables a las personas jurídicas", en CÓRDOBA RODA, J. /GARCÍA ARÁN, M.: *Comentarios al Código penal*, Marcial Pons.

- (2014): "Sistema de penas para la delincuencia económica en derecho penal español", en GARCÍA ARÁN, M. (Dir.): *La delincuencia económica. Prevenir y sancionar*, Tirant lo Blanch, Valencia.

- (2022): "Las empresas del sector público empresarial responsables penalmente", *Estudios Penales y Criminológicos*, núm. 42.

CARDONA BARBER, A (2021).: "La responsabilitat penal de les societats mercantils públiques", *Revista Jurídica de Catalunya*, núm. 4.

CASTRESANA FERNÁNDEZ, C. (2019): "La exención de responsabilidad penal del Estado y entidades de él dependientes", *Diario La Ley* núm. 3949, de 1 de febrero de 2019.

DE LA MATA, N.J./ HERNÁNDEZ, L. (2013) "Los problemas de congruencia en la concreción y aplicación de las sanciones previstas para las personas jurídicas", en DE LA CUESTA ARZAMENDI, J.L./ DE LA MATA BARRANCO, N.J.: *Responsabilidad penal de las personas jurídicas*, Aranzadi, Navarra.

ESQUINAS VALVERDE, P. (2023): *Corruptos y delincuentes de cuello blanco en España. Un estudio criminológico de sus características, causas y vías de prevención*, Tirant lo Blanch, Valencia.

FARALDO CABANA, P. (2017): "¿Es la multa apropiada para las personas jurídicas?" en PÉREZ CRUZ-MARTÍN, A.J. (Dir.): *Proceso penal y responsabilidad penal de las personas jurídicas*, Aranzadi, Navarra.

FEIJOO SÁNCHEZ, B.J. (2012): "Las consecuencias jurídicas del delito", en BAJO FERNÁNDEZ, M. FEIJOO SÁNCHEZ, B.J./ GÓMEZ-JARA DÍEZ, C.: *Tratado de responsabilidad penal de las personas jurídicas. Adaptado a la Ley 37/2011, de 10 de octubre, de Medidas de Agilización procesal*, Civitas, Madrid.

GARCÍA ARÁN, M. (2011) "De la aplicación de las penas" en CÓRDOBA RODA, J. /GARCÍA ARÁN, M.: *Comentarios al Código Penal*, Marcial Pons, Madrid.

- (coord.) (2021): *Justicia restaurativa y delincuencia socioeconómica*, Tirant lo Blanch, Valencia.

- (2022): "Autonomía interpretativa del Derecho Penal y delincuencia de las empresas públicas", *Revista de Estudios Jurídicos y Criminológicos*, núm. 6.

GOENA VIVES, B. (2017): *Responsabilidad penal y atenuantes en la persona jurídica*, Marcial Pons.

GÓMEZ RIVERO, C. (2016): "El castigo penal de la corrupción en el ámbito del llamado sector público instrumental", *Revista Electrónica de Ciencia penal y Criminología*, 18-06.

GONZÁLEZ CUSSAC, J.L. (2019): "La eficacia eximente de los programas de prevención de delitos", *Estudios penales y criminológicos*, vol. XXXIX.

GUARDIOLA LAGO, M.J. (2004). *Responsabilidad penal de las personas jurídicas y alcance del art. 129 del Código penal*, Tirant lo Blanch, Valencia.

- (2012): "Desarrollo y aplicaciones de la justicia restaurativa en prisión", en TAMARIT SUMALLA, (Coord): *La Justicia Restaurativa: desarrollo y aplicaciones*, Comares, Granada, p. 235.

MARTÍNEZ PUERTAS, C. (2020): "Responsabilidad penal de la empresa... ¿Pública?", en *La administración práctica, enciclopedia de administración municipal*, núm. 11.

MIR PUIG (2016): *Derecho penal. Parte General*, Reppertor, Barcelona.

NAVARRO CARDOSO, F. (2020). "Retos del Derecho penal global", *Estudios Penales y Criminológicos*, vol. XL.

- (2023): "Corrupción pública en el contexto de un programa de cumplimiento normativo penal", en MATALLÍN EVANGELIO, A./ FERNÁNDEZ HERÁNDEZ, A.: *Criminal Compliance programs y mapas de riesgos*, Tirant lo Blanch, Valencia.

NAVARRO CARDOSO, F./ MONTESDEOCA RODRÍGUEZ, D. (2022). "Proceso restaurativo y responsabilidad penal de las personas jurídicas. Su atenuación por reparación en Derecho penal español", en RAMÍREZ BARBOSA, P.A. (Dir). *Responsabilidad empresarial y cumplimiento normativo*, Tirant lo Blanch, Valencia.

NIETO MARTÍN, A. (2008): *La responsabilidad penal de las personas jurídicas: un modelo legislativo*, Iustel.

- (2014): "De la Ética Pública al Public Compliance: sobre la prevención de la corrupción en las administraciones públicas" en NIETO MARTÍN, A./ MAROTO CALATAYUD, M. (Dirs.): *Public compliance: prevención de la corrupción en administraciones públicas y partidos políticos*, Ed., Universidad Castilla la Mancha, Cuenca.

- (2017): "Empresas, víctimas y sanciones restaurativas: ¿Cómo configurar un sistema de sanciones para personas jurídicas pensando en sus víctimas? en DE HOYOS SANCHO, M. (Dir): *La víctima del delito y las últimas reformas procesales penales*, Aranzadi, Navarra

- (2018): "Introducción al derecho penal económico y de la empresa", en DE LA MATA BARRANCO, N.J./ DOPIGO GÓMER ALLER, J./ LASCURÁIN SÁNCHEZ, J.A./ NIETO MARTÍN, A.: *Derecho penal económico y de la empresa*, Dykinson, Madrid.

NIETO MARTÍN, A./ CALVO SOLER, R. (Coords.) (2023): *Justicia restaurativa empresarial. Un modelo para armar*. Reus Editorial.

PARKER, C./ NIELSEN, L. V. (2006): "Do businesses take compliance systems seriously? An empirical study of the implementation of trade practices compliance systems in Australia", *Melbourne University Law Review*, vol. 30.

PÉREZ MACHÍO, A.I. (2017): *La responsabilidad penal de las personas jurídicas en el Código penal español. A propósito de los programas de cumplimiento normativo como instrumentos idóneos para un sistema de justicia penal preventiva*, Comares, Granada.

QUINTERO OLIVARES, G. (2000): *Manual de Derecho penal. Parte general*, Aranzadi, Navarra, pp. 137-144.

RAMÓN RIBAS, E. (2009): *La persona jurídica en el Derecho penal. Responsabilidad civil y criminal de la empresa*, Comares, Granada.

REDONDO ILLESCAS, S. (2015): *El origen de los delitos. Introducción al estudio y explicación de la criminalidad*, Tirant Humanidades, Valencia.

ROCA DE AGAPITO, L. (2014): "Sanciones aplicables a las personas jurídicas", en ONTIVEROS ALONSO, M. *La responsabilidad penal de las personas jurídicas. Fortalezas, debilidades y perspectivas de cara al futuro*, Tirant lo Blanch, Valencia, 2014.

ROXIN, C. (1997): *Derecho penal. Parte General. Tomo I.* Civitas, Madrid, 1997.

VALEIJE ÁLVAREZ, I. (2023): "Sobre la responsabilidad penal de las sociedades públicas mercantiles que ejecuten políticas públicas o presten servicios de interés económico general (art. 31.2 quinquies CP)", en VÁZQUEZ-PORTOMEÑE SEIJAS, F. (Dir): *Los Lobbies: ¿instrumento de participación democrática o medios de corrupción?*, Tirant lo Blanch, Valencia.

WOLTERS KLUWER: "Cuadro y gráficos de sentencias de condena a empresas y su sanción, agrupadas por delito", *La Ley Digital* 7154/2019.

ZUGALDÍA ESPINAR, J.M. (2013): *La responsabilidad criminal de las personas jurídicas, de los entes sin personalidad y de sus directivos. Análisis de los arts. 31 bis y 129 del Código penal*, Tirant lo Blanch, Valencia.

ZÚÑIGA RODRÍGUEZ, L. (2003): *Bases para un modelo de imputación de responsabilidad penal a las personas jurídicas*, Aranzadi, Navarra.

Capítulo XI
La justicia restaurativa como estrategia de abordaje de la corrupción en el sector público empresarial

DANIELA GADDI
Profesora Lectora de Derecho Penal de la Universidad Autónoma de Barcelona

1. INTRODUCCIÓN

Desde sus primeras aplicaciones, limitadas a la delincuencia juvenil y a los delitos de menor gravedad, el paradigma restaurativo ha ido ampliando el alcance de su intervención al punto que hoy en día prácticamente no existe ámbito de interés penal en el que no se haya implementado o no se conciba implementar alguna forma de intervención restaurativa, salvo en caso de prohibiciones concretas[1]. En este sentido, las aplicaciones de la justicia restaurativa han llegado a campos inimaginables en el pasado, como el terrorismo[2], los delitos de odio[3] y los crímenes graves en general[4].

El ámbito de la delincuencia económica no ha sido excepción: las ventajas de un abordaje restaurativo se han destacado para los delitos de cuello blanco en general[5], los delitos corpora-

---

1 Como la de organizar encuentros de mediación en casos de violencia de género o sexual en España (por todos, vid. VARONA MARTÍNEZ, G., "Dancing the legal prohibition of restorative justice in intimate partner violence against women: flamenco beats as encounter", *The International Journal of Restorative Justice*, Vol. 5, N. 3, 2022, pp. 323-337)

2 PASCUAL RODRIGUEZ, E. (ed.), *Los ojos del otro. Encuentros restaurativos entre víctimas y ex miembros de ETA*, Santander, Sal Terrae, 2013; SOULOU, K., "The restorative approach to criminality and its application to terrorism cases", *Les Cahiers de la Justice*, Vol. 2, N. 2, 2018, pp. 341-359; VOLPE, M. R. / STROBL, S., "Restorative Justice Responses to Post–September 11. Potentials and Challenges", *Conflict Resolution Quarterly*, Vol. 22, N. 4, 2005, pp. 527-535

3 GAVRIELIDES, T., "Contextualizing restorative justice for hate crime", *Journal of Interpersonal Violence*, Vol. 27, N. 18, 2012, pp. 3624–3643; WALTERS, M., *Hate Crime and Restorative Justice*, Oxford, Oxford University Press, 2014

4 Por ejemplo, vid. D'SOUZA, N. / L'HOIRY, X., "An Area of Untapped Potential? The Use of Restorative Justice in the Fight Against Serious and Organized Crime: A Perception Study", *Criminology & Criminal Justice*, Vol. 21, N. 2, 2021, pp. 224–241

5 GABBAY, Z.D., "Exploring the limits of the restorative justice paradigm: restorative justice and white-collar crime", *Cardozo Journal of Conflict Resolution*, Vol. 8, 2007, pp. 421-485. Disponible en: www.gornitzky.com/files/publications/pub20070615.pdf [último acceso 15.6.2024]; LEEPER PIQUERO, N. / RICE, S.K. / PIQUERO, A.R., "Power, profit, and pluralism: new avenues for research on restorative justice and white-collar crime", en H. VENTURA MILLER (ed.), *Restorative justice: from theory to practice*. Vol. 11, Bingley, Emerald Group Publishing Limited, 2008, pp. 209-229; LUEDTKE, D., "Progression in the age of recession: restorative justice and white-collar crime in post-recession America", *Brooklyn Journal of Corporate, Financial & Com-*

tivos[6] y la violencia corporativa[7], así como para los fraudes fiscales[8] o los delitos medioambientales[9].

---

mercial Law, Vol. 9, N. 1, pp. 311-334, 2014. Disponible en: https://brooklynworks.brooklaw.edu/bjcfcl/vol9/iss1/14 [último acceso 15.7.2024]; MANOZZI, G., "Il crimine dei colletti bianchi: profili definitori e strategie di contrasto attraverso i metodi della giustizia riparativa", en C.D. SPINELLIS, / N. THEODORAKIS / E. BILLIS / G. PAPADIMITRAKOPOULOS (eds.), *Europe in crisis: crime, criminal justice, and the way forward. Essays in honour of Nestor Courakis.* Vol. II, Athens, Ant. N. Sakkoulas Publishers L.P., 2017, pp. 1365-1394

6 BRADY SPALDING, A.B., "Restorative justice for multinational corporations", *Ohio State Law Journal,* Vol. 76, N. 2, 2015, pp. 357-408; SCHORMAIR, M.J.L. / GERLACH, L.M., "Corporate remediation of human rights violations: a restorative justice framework", *Journal of Business Ethics,* Vol. 167, N. 3, 2019, pp. 475-493; UMBREIT, M., "Restorative justice impact on multinational corporations? A response to Andrew Brady Spalding's article", *Ohio State Law Journal Furthermore,* Vol. 76, 2015, pp. 41-49; WRIGHT, M., "Restorative justice with corporations: the idea and the practicality", en B. PALI / K. LAUWAERT / S. PLEYSIER (eds.), *The praxis of justice,* The Hague, Eleven International Publications, 2020, pp. 281-292

7 AERTSEN, I., "Restorative justice for victims of corporate violence", en G. FORTI / C. MAZZUCATO / A. VISCONTI / S. GIAVAZZI (eds.), *Victims and corporations. Legal challenges and empirical findings,* Milano, Cedam, 2018, pp. 235-258

8 BRAITHWAITE, J., "Flipping markets to virtue with qui tam and restorative justice", *Accounting Organizations and Society,* Vol. 38, N. 6-7, 2013, pp. 458-468

9 BESTHORN, F.H., "Restorative justice and environmental restoration, twin pillars of a just global environmental policy: hearing the voice of the victim", *Journal of Societal and Social Policy,* Vol. 3, N. 1, 2004, pp. 33-48. Disponible en: www.researchgate.net/publication/237308867_Restorative_justice_and_environmental_restoration-Twin_pillars_of_a_just_global_environmental_policy_Hearing_the_voice_of_the_victim [último acceso 18.7.2024]; VARONA MARTÍNEZ, G., "Restorative pathways after mass environmental victimization: walking in the landscapes of past ecocides", *Oñati Socio-Legal Series,* Vol. 10, N. 3, 2020, pp. 664-685. Disponible en: https://opo.iisj.net/index.php/osls/article/view/1077

En España se han explorado el significado de los procesos restaurativos para la delincuencia económica[10], las ventajas y desventajas que su implementación supone[11], los criterios para la identificación de representantes de las victimas colectivas y difusas en los procesos restaurativos[12], un posible sistema de sanciones orientadas a las víctimas corporativas[13], programas de cumplimiento orientados restaurativamente[14], la posibilidad de enfocar restaurativamente algunos mecanismos procesales existentes[15] así

[último acceso 9.7.2024]; HALL, M. / VARONA MARTÍNEZ, G., "La victimología verde como espacio de encuentro para repensar la otredad más allá de la posesión", *Revista De Victimología | Journal of Victimology*, Vol. 7, 2018, pp. 107-128; PALI, B. / AERTSEN, I., "Inhabiting a vulnerable and wounded earth: restoring response-ability", *The International Journal of Restorative Justice*, Vol. 4, N. 1, 2021, pp. 3-16

10 GUARDIOLA LAGO, M.J., "Fundamentos de la justicia restaurativa en la delincuencia socioeconómica", en M. GARCÍA ARÁN (dir.), *Justicia restaurativa y delincuencia socioeconómica*, Valencia, Tirant Lo Blanch, 2021, pp. 29-86

11 GARCÍA ARAN, M., "Instrumentos para la justicia restaurativa y su aplicación a la delincuencia económica", en M. GARCÍA ARÁN (dir.), *Justicia restaurativa y delincuencia socioeconómica*, Valencia, Tirant Lo Blanch, 2021, pp. 139-195

12 RODRÍGUEZ PUERTA, M. J., "El derecho de las víctimas colectivas a participar en encuentros restaurativos. Un análisis a partir de algunos delitos económicos", *Revista Electrónica de Ciencia Penal y Criminología*, N. 22, 2020, pp. 1-42. Disponible en: http://criminet.ugr.es/recpc/22/recpc22-14.pdf [último acceso 10.6.2024]

13 NIETO MARTÍN, A., "Justicia empresarial restaurativa y víctimas restaurativas", *La Legislazione Penale*, N. 3, 2021, pp. 1-32. Disponible en: https://www.lalegislazionepenale.eu/wp-content/uploads/2021/03/Nieto-Martin-forum-ecocidio-1.pdf. [último acceso 15.5.2024]

14 NIETO MARTÍN, A., "Una pieza más en la Justicia restaurativa empresarial: Programas de cumplimiento restaurativos", *Revista de Victimología*, N. 15, 2023, pp. 147-170

15 VALEIJE ÁLVAREZ I. / NIETO MARTÍN A. / CUGAT MAURI M., "The possibilities of plea agreement as a restorative justice mechanism in proceedings under the jurisdiction of the European Public

como los problemas que ello plantea[16] y la oportunidad de implementar la justicia restaurativa en la fase de ejecución de la pena[17].

Más recientemente, se ha iniciado una reflexión sobre la implementación de procesos restaurativos para delitos de corrupción[18]. El propósito de este capítulo es el de señalar los puntos principales de esa reflexión, utilizando un caso de corrupción que ha afectado a una sociedad mercantil pública como modelo para reflexionar sobre las posibles implicaciones de un abordaje restaurativo a este tipo de situaciones.

Prosecutor's Office", en A. LANCIOTTI / M.M. PISANI (eds.), *Restorative justice, mediation and protection of EU financial interests. Proceedings of the DRAMP Conference*, Perugia, Dipartimento di Giurisprudenza, Università di Perugia, 2022, pp. 199-217. Disponible en: https://www.dramp.eu/wp-content/uploads/2022/08/D2-Proceedings_compressed.pdf [ultimo acceso 12.6.2024]; CUENCA GARCÍA, M.J., "La atenuante de reparación en la delincuencia socioeconómica", en M. GARCÍA ARÁN (dir.), *Justicia restaurativa y delincuencia socioeconómica*, Valencia, Tirant Lo Blanch, 2021, pp. 199-228; CARDONA BARBER, A., "Sistema de consecuencias jurídicas reparadoras en la delincuencia económica", en M. GARCÍA ARÁN (dir.), *Justicia restaurativa y delincuencia socioeconómica*, Valencia, Tirant Lo Blanch, 2021, pp. 229-268; GADDI, D., "Materiales para una conformidad restaurativa", *Estudios Penales y Criminológicos*, Vol. 40, 2020, pp. 991-1041

16 REBOLLO VARGAS, R., "Problemas procesales y de ejecución penitenciaria: justicia restaurativa y delitos socioeconómicos", *Estudios Penales y Criminológicos*, Vol. 41, 2021, pp. 1011-1076

17 BAUCELL LLADÓS, J., "Posibilidades de la justicia restaurativa para la delincuencia socioeconómica en la ejecución de la pena", en M. GARCÍA ARÁN (dir.), *Justicia restaurativa y delincuencia socioeconómica*, Valencia, Tirant Lo Blanch, 2021, pp. 401-453

18 GADDI, D., "Corrupción, pérdida de confianza social y justicia restaurativa", *Estudios Penales y Criminológicos*, Vol. 43, 2023, pp. 1-30. FRANCÉS LECUMBERRI, P., "Justicia restaurativa y corrupción pública", *Revista Penal*, Vol. 52, 2024, pp. 81–108.

2. JUSTICIA RESTAURATIVA Y CORRUPCIÓN: PROBLEMAS CLAVE

A los efectos de este trabajo, con el término "justicia restaurativa" me refiero a un conjunto de prácticas que, tras la comisión de un delito, y en cualquier estado y grado de la causa, propician el encuentro entre ofensores, víctimas (directas e indirectas, individuales, colectivas y difusas) y cualquier otra persona o grupo que hayan sido afectados por y/o hayan tenido alguna forma de relación con el evento delictivo, con el objetivo de debatir sobre lo sucedido y alcanzar acuerdos restaurativos dirigidos a reparar el daño.

Estos acuerdos, además de cristalizar el compromiso del ofensor hacia la reparación del daño, pueden servir en la fase de enjuiciamiento como fundamento para la decisión final del juez sobre algunos aspectos de la solución procesal de la causa (por ejemplo, pueden servir como base para la concesión de atenuantes o para seleccionar la pena aplicable).

Por otro lado, las prácticas restaurativas pueden emplearse también en la fase de ejecución de la pena cuando, una vez el condenado ha cumplido parte de su condena y se aproxima a su puesta en libertad, un trabajo sobre la reparación del daño realizado con la víctima puede favorecer la comprensión de los perjuicios causados y, posiblemente, motivar al infractor a tomar decisiones más adecuadas de cara al futuro[19]. Asimismo, la realización de encuentros restaurativos durante la ejecución

---

[19] BAUCELL LLADÓS, J, "El tratamiento de los delincuentes económicos en las cárceles catalanas. Una propuesta desde la justicia restaurativa", *Revista de Derecho Penal y Criminología*, Vol. 29, 2023, pp. 13-65; LAUWAERT, K. / AERTSEN, I., *Desistance and restorative justice: Mechanisms for desisting from crime within restorative justice practices*, Leuven, European Forum for Restorative Justice, 2015. Disponible en: https://www.euforumrj.org/sites/default/files/2019-11/research-report-desistance-and-rj-total-doc-24-11-final_0.pdf [último acceso 5.7.2024]; MELÉNDEZ PERETÓ, A., *Restorative justice and desistance.*

de la pena brinda a la víctima la oportunidad de asumir un rol más activo también en esta fase. Además, en determinadas circunstancias, el paso del tiempo entre los hechos delictivos y el encuentro restaurativo puede ser incluso más beneficioso, porque hace menos gravoso para la víctima reunirse con el ofensor. Finalmente, una ventaja secundaria nada desdeñable es que una intervención restaurativa en esta etapa, especialmente en el caso de encuentros con víctimas supraindividuales, podría favorecer la apertura al escrutinio de la ciudadanía de un sistema especialmente poco transparente como es el penitenciario.

2.1. Justicia restaurativa y delitos complejos

Como he anticipado, la justicia restaurativa está expandiendo su ámbito de aplicación también a delitos complejos, incluidos los delitos socioeconómicos. Aunque no son muchas todavía las experiencias concretas documentadas en este campo, los autores que se ocupan de la justicia restaurativa generalmente concuerdan en que el paradigma permite la intervención también en estos casos, sobre todo en el ámbito de la delincuencia medioambiental[20].

Algunos incluso destacan que sería justamente en el campo de la delincuencia grave donde los encuentros restaurativos podrían aportar los mayores beneficios, tanto a la víctima como al ofensor[21].

The impact of victim-offender mediation on desistance from crime. Tesis doctoral. Universitat Autònoma de Barcelona, 2015

20 Vid., por ejemplo, entre las reflexiones más recientes, la de VARONA MARTÍNEZ, G., "Outdoors with corporations and public administrations accountable for environmental and animal harm: Trusting Pandora to change climate change", *Revista Electrónica de Criminología,* Vol. 3, N. 9, 2024, pp. 1-19. Disponible en: https://www.revista-e-criminologia.net/_files/ugd/15fbfa_54456c22c31148f4a05f24496d3324e1.pdf [último acceso 11.7.2024]

21 UNITED NATION OFFICE ON DRUGS AND CRIME, *Handbook in Restorative Justice Programmes. Second Edition,* 2020, Vienna, United

Es cierto que la posibilidad de realizar este tipo de intervenciones con delincuentes económicos genera recelo en quien no está familiarizado con las prácticas restaurativas. Las resistencias tienen en gran parte que ver, por un lado, con la incapacidad, supuestamente propia, del delincuente económico de "empatizar" con las víctimas. Por el otro lado, existe la presunción de que es imposible controlar los posibles desequilibrios de poder entre las partes durante el proceso restaurativo[22]. En consecuencia, se da por sentado que el encuentro restaurativo podría favorecer una posible revictimización.

Frente a estas legítimas preocupaciones, conviene recordar lo siguiente.

Ante todo, la normativa internacional sobre justicia restaurativa[23] no establece ningún tipo de restricción en función del tipo o de la gravedad del delito[24], aunque es cierto que insiste en la necesidad de proteger de posibles abusos tanto al ofensor como a la víctima.

Nation, p. 67. Disponible en: https://www.unodc.org/documents/justice-and-prison-reform/20-01146_Handbook_on_Restorative_Justice_Programmes.pdf [último acceso 13.6.2024]

22 Vid., por ejemplo, ESQUINAS VALVERDE, P., *Corruptos y delincuentes de cuello blanco en España: un estudio criminológico de sus características, causas y vías de prevención*, Valencia, Tirant lo Blanch, 2023, pp. 454-456

23 Nos referimos aquí a los 3 textos normativos más relevantes para esta materia, concretamente a la Recomendación 8/2018 del Comité de Ministros a los Estados miembros sobre la justicia restaurativa en el ámbito penal (en adelante, CM/Rec (2018)8), a la Recomendación R (99)19, de 15 de septiembre de 1999, del Comité de Ministros del Consejo de Europa a los Estados miembros, sobre mediación en materia penal (en adelante, R (99)19), y a la Directiva 2012/29/UE del Parlamento Europeo y del Consejo de 25 de octubre de 2012, por la que se establecen normas mínimas sobre los derechos, el apoyo y la protección de las víctimas de delitos, y por la que se sustituye la Decisión marco 2001/220/JAI del Consejo (en adelante, Directiva Europea sobre la Víctima)

24 Más bien el contrario: en la Regla 18 de la CM/Rec (2018)8 se afirma rotundamente que "El tipo, la gravedad o la ubicación geográfica del delito

Por esta razón, por ejemplo, se considera esencial que las partes participen en los procesos restaurativos de forma exclusivamente voluntaria, que su voluntad de participar sea fruto de una información adecuada acerca del proceso restaurativo y de sus consecuencias, incluidas las posibles repercusiones procesales para el ofensor (CM/Rec (2018)8, Reglas 16 y 25), y que se mantenga una rigurosa confidencialidad sobre el contenido de los encuentros (CM/Rec (2018)8, Regla 17; Directiva Europea sobre la Víctima, art.12, 1 c))[25].

Asimismo, se destaca la necesidad de prestar una atención especial a cualquier indicio de posible victimización secundaria y reiterada, por lo que es crucial saber identificar y evaluar cuidadosamente todos los factores que podrían mermar la capacidad de la víctima para decidir libremente o causarle algún daño adicional (Directiva Europea sobre la Víctima, considerandos 46, 55 y 56 y art. 12).

También, para la gestión de casos complejos, se recomienda recurrir a personal con formación avanzada y experiencia consolidada (CM/Rec (2018)8, Regla 43), que sepa prestar atención a la vulnerabilidad de las partes, empleando todo el tiempo necesario para la preparación del proceso y para su seguimiento (CM/Rec (2018)8, Regla 48), y que sepa cuando renunciar o interrumpir el encuentro restaurativo si resulta imposible mantener un espacio seguro (R (99)19, Regla 27, CM/Rec (2018)8, Regla 47, Comentario a la CM/Rec (2018)8, p. 11).

Para garantizar la profesionalidad de las personas facilitadoras de procesos restaurativos, se exige que estas puedan demostrar elevadas competencias sobre temas como gestión de conflictos, atención a víctimas, infractores y personas vulnerables, y funciona-

---

no deberían, por sí solos y a falta de otras consideraciones, impedir que se ofrezca la justicia restaurativa a las víctimas y a los infractores" [*Trad. mía*]

25 Salvo en el caso en que las partes lo acuerden de otro modo o en que durante el encuentro emerja información sobre delitos inminentes o graves (CM/Rec (2018)8, Regla 49, Directiva Europea sobre la Víctima, considerando 46 y art. 12, R (99)19, Regla 30)

miento del sistema penal (R (99)19, Regla 24; CM/Rec (2018)8, Regla 42). También se recomienda a los Estados miembros elaborar directrices detalladas sobre los niveles de competencia profesional exigibles para la contratación de los facilitadores, sobre los criterios para su capacitación continuada y supervisión y para la valoración de su labor, así como sobre las normas éticas que deberían observarse en la práctica restaurativa (CM/Rec (2018)8, Regla 36). Asimismo, se establece que la persona facilitadora debe disponer de todo el tiempo necesario para encontrarse con las partes antes del proceso restaurativo, con el objetivo de valorar su voluntad y capacidad para participar y de identificar posibles indicios de vulnerabilidad. Estas medidas garantizan que los facilitadores estén en condiciones de crear y supervisar un entorno en el que las partes puedan expresarse libremente, sin miedo a ser presionadas, amenazadas o intimidadas (CM/Rec (2018)8, Regla 47).

En consonancia con las indicaciones mencionadas, los países que han introducido la justicia restaurativa han previsto también normas específicas para la protección de las víctimas y para la preparación del personal encargado de los procesos restaurativos. En España, aunque, en el momento en el que se escribe, todavía no se cuente con una regulación nacional sobre la justicia restaurativa en el campo de la delincuencia de adultos, se han establecido mecanismos de salvaguardia para las víctimas en el Estatuto de la Víctima[26] y, a nivel local, se han definido estándares rigurosos para el acceso a la profesión. Por ejemplo, el Programa de Justicia Restaurativa de Catalunya requiere a sus colaboradores unas competencias básicas y una formación continuada inspiradas en los principios y requerimientos contenidos en las diferentes directivas y recomendaciones europeas[27].

---

26 Ley 4/2015, de 27 de abril, del Estatuto de la víctima del delito, art. 15

27 Vid., por ejemplo, SERRATUSELL SALVADÓ, L. / CABÓS SOLÉ, I., "Programa de justicia restaurativa a Catalunya", en V. CERVELLÓ DONDERIS (ed.), *Cuestiones prácticas para la aplicación de la mediación*

Finalmente, cabe poner de relieve que las intervenciones restaurativas para delitos complejos, especialmente en caso de victimización supraindividual, necesitan de formas de encuentro que permiten la participación de un número elevado de personas y que por lo tanto deben contar necesariamente con el acompañamiento de un numero adecuado de personas facilitadoras[28]. En estas situaciones, la *co-facilitación* permite mantener niveles más altos de atención y posibilita un control más efectivo del proceso en situaciones de tensión. Ello es así porque los facilitadores pueden repartir entre ellos tareas y responsabilidades, vigilar mutuamente el desarrollo de las actuaciones y complementar diferentes perspectivas profesionales. Actuar de forma conjunta, en definitiva, permite a los facilitadores abordar de manera efectiva las dificultades que puedan surgir durante el encuentro, incluidas las posibles dinámicas de poder entre las partes.

2.2. *Justicia restaurativa y victimización supraindividual*

En el caso de los delitos económicos, y máxime en los delitos de corrupción, la naturaleza de los intereses afectados, predominantemente colectivos y/o difusos, se traduce, en el lenguaje restaurativo, en la necesidad de abordar una victimización de índole supraindividual y unos daños sociales en su mayoría inmateriales. Es precisamente aquí donde la intervención restaurativa puede ofrecer su mejor contribución.

---

penal, Valencia, Tirant lo Blanch, 2016, pp. 297-311 (pp. 273-287 ed. digital), pp. 306-307 (pp. 282-283 ed. digital)

28 Nos referimos aquí a diferentes formas de encuentro grupal como los así denominados *círculos* o *conferencias*, que ya se están usando también en nuestro contexto para delitos complejos. Para una descripción de este tipo de procesos, vid. UNITED NATION OFFICE ON DRUGS AND CRIME, 2020, cit., pp. 20-25

Como es bien sabido, junto con víctima y ofensor, la "comunidad" es el tercer pilar del paradigma restaurativo. La "jurisprudencia restaurativa"[29] ha enfatizado siempre la idea de que la comunidad juega un papel crucial en la construcción de soluciones restaurativas, brindando apoyo a las víctimas, favoreciendo la reintegración de los ofensores y contribuyendo a la reconstrucción de la cohesión social afectada por el delito, con un espíritu de colaboración y solidaridad. Asimismo, se pone frecuentemente énfasis en la capacidad de la justicia restaurativa de "empoderar" a la comunidad al mejorar las habilidades de resolución de conflictos de la ciudadanía y al fortalecer los vínculos sociales, aunque también se ha destacado que este supuesto potencial de empoderamiento carece por el momento de suficientes evidencias empíricas[30]. Finalmente, se ha llamado la atención sobre la importancia central de las dinámicas deliberativas restaurativas para estimular procesos democráticos[31].

En el caso de la delincuencia económica, sin embargo, el concepto de comunidad adquiere un significado diferente. En efecto, allí donde se han perjudicado intereses supraindividuales, la comunidad deja de ser un mero elemento de respaldo del proceso y de los resultados restaurativos, para devenir ella misma víctima del delito. En consecuencia, la cuestión fundamental consiste en determinar cómo la intervención restaurativa debería desarrollarse para permitir la reparación de daños que afectan a la comunidad (mejor: a la ciudadanía) en su conjunto[32].

---

29 BRAITHWAITE, J., "In search of restorative jurisprudence", en L. WALGRAVE (ed.), *Restorative justice and the law*, London, Routledge, 2002, p. 150-167

30 FONSECA ROSENBLATT, F., *The Role of Community in Restorative Justice*, Milton, Taylor and Francis, 2015, p. 57

31 BRAITHWAITE, J., *Macrocriminology and Freedom*, Canberra, ANU Press, 2022, pp. 400-401

32 La necesidad de incluir a las víctimas supraindividuales en los encuentros restaurativos ya ha sido considerada y promocionada en iniciativas

En España no se cuenta todavía con un protocolo específico para la aplicación de procesos restaurativos en casos de víctimas supraindividuales (difusas o colectivas[33]). Sin embargo, es posible indicar ciertos criterios útiles para abordar esta cuestión, al menos por lo que se refiere a la identificación de sujetos – pre-

---

relacionadas con otro tipo de delincuencia. Por ejemplo, se han implementado intervenciones restaurativas en casos de delitos de odio en contra del colectivo LGBTI (DOMÍNGUEZ RUIZ, I.E. / ROIHA, M. / JUBANY, O., "Restorative solutions for anti-LGBT victimisation experiences: potential pathways for victims' wellbeing and key challenges and needs", *Culture, Health & Sexuality*, Vol. 25, N. 12, 2022, pp. 1626–1639). Asimismo, se han realizado encuentros restaurativos en caso de delitos de terrorismo (por todos, vid. BILBAO, G. / SÁEZ DE LA FUENTE, I., "Protagonismo de víctimas en los procesos de reconciliación en Euskadi", en A. MARTÍN / M.D.P. RODRÍGUEZ (eds.), *Tras las huellas del terrorismo en Euskadi: justicia restaurativa, convivencia y reconciliación*, Madrid, Dykinson, 2019, pp. 65-88). Por lo que se refiere a los delitos medioambientales, Braga da Silva ha relatado dos experiencias relativas al colapso de represas de relaves mineros gestionadas por una empresa privada del sector minero en Brasil (BRAGA DA SILVA, C.F., "Comparing Institutional Responses to the Mining Tailings Dams Collapses in Mariana and Brumadinho (Brazil) from an Environmental Restorative Justice Perspective", en B. PALI / M. FORSYTH / F. TEPPER (eds.), *The Palgrave Handbook of Environmental Restorative Justice*, Cham, Palgrave Macmillan, 2022, pp. 617-642). La posibilidad de incorporar en los encuentros restaurativos a las víctimas supraindividuales (e incluso a víctimas no humanas), en casos de delitos medioambientales, ha sido finalmente analizada desde una perspectiva teórica por AERTSEN (AERTSEN, I., "Environmental Restorative Justice: Activating Synergies", en B. PALI / M. FORSYTH / F. TEPPER. (eds.), *The Palgrave Handbook of Environmental Restorative Justice*, Cham, Palgrave Macmillan, 2022, pp. 667-691)

33 Vid. la diferenciación conceptual propuesta por RODRÍGUEZ PUERTA, 2020, cit., según la que son *víctimas difusas* todas aquellas que resultan de difícil identificación "por su amplitud" (p. 13). Por *víctimas colectivas* deben considerarse en cambio aquellas más fácilmente identificables porque el delito o el modus operandi permite colocarlas en un mismo "espacio o contexto" (p. 13).

feriblemente colectivos – capaces de “personificar” a las víctimas supraindividuales en los encuentros restaurativos.

En cuanto a las víctimas difusas, se ha indicado que deberían ejercer de portavoces aquellas entidades que sean representativas del sector interesado, sin fines de lucro, y cuyos objetos sociales estén alineados con el interés lesionado[34]. Por ejemplo, en caso de delitos medioambientales, podrían participar en los encuentros restaurativos entidades como Greenpeace u otras organizaciones locales como la española Ecologistas en Acción. En el caso de delitos de corrupción, resultaría conveniente en cambio la participación de organizaciones que, como Transparency International, se dediquen a la lucha contra la corrupción y a promover la transparencia, la integridad y la rendición de cuentas en la gestión de los recursos públicos.

En cuanto a las víctimas colectivas, se ha sugerido que estén representadas por asociaciones o grupos locales específicamente creados para defender los intereses de la parte perjudicada después de la comisión del delito[35]. Por ejemplo, en los últimos años, en España han surgido plataformas compuestas por personas afectadas por vertidos tóxicos o estafas a gran escala. En ausencia de estas entidades, podrían intervenir también las sucursales locales de las organizaciones mencionadas anteriormente[36].

Se trata en definitiva de identificar a sujetos colectivos que puedan adecuadamente debatir sobre temas de relevancia pública y que también demuestren tener suficiente peso para confrontarse con ofensores poderosos, sean estos personas físicas o jurídicas.

---

34 RODRÍGUEZ PUERTA, 2020, cit., p. 18

35 RODRÍGUEZ PUERTA, 2020, cit., p. 18

36 GADDI, D. / RODRIGUEZ PUERTA, M.J., “Towards a restorative justice approach to white-collar crime and supra-individual victimization”, *The International Journal of Restorative Justice*, Vol. 5, N. 2, 2022, pp. 215-236, p. 227

2.3. La corrupción en el sector público empresarial: daños materiales e inmateriales

En 2011 la OCDE calculaba que, en las economías desarrolladas, las empresas de propiedad mayoritaria del Estado poseían alrededor de 2 billones de dólares en activos y empleaban a más de seis millones de personas en los países miembros[37]. Además de su dimensión, estas empresas tienen la responsabilidad fundamental de gestionar servicios esenciales que impactan directamente en el bienestar de la comunidad, por lo que es especialmente relevante que en sus operaciones observen los más rigurosos estándares éticos.

Sin embargo, se ha indicado que factores como la cercanía con el Estado, la posible interferencia política, la escasa profesionalidad e independencia de los miembros de los consejos de administración, la falta de transparencia en las auditorías, la vulnerabilidad de los procesos de contratación pública a sobornos, colusiones y relaciones poco claras con los proveedores, o la inadecuada protección de las personas informantes, determinarían una especial propensión de las empresas públicas para la corrupción[38]. Las consecuencias son especialmente dañinas tanto para las empresas mismas, como para la ciudadanía.

---

37 CHRISTIANSEN, H., "The Size and Composition of the SOE Sector in OECD Countries", *OECD Corporate Governance Working Papers. N. 5*, Paris, OECD Publishing, 2011, pp. 1-99, p. 6

38 BAUM, A. / HACKNAY, C. / MEDAS, P. / SY, M., "Governance and state-owned enterprises: how costly is corruption?", *Economics of Governance*, Vol. 25, 2024, pp. 181–208, pp. 183-184; OECD, *Directrices en materia de Lucha Contra la Corrupción e Integridad en las Empresas Públicas*, Paris, OECD Publishing, 2019, p. 12; WORLD BANK, *Enhancing Government Effectiveness and Transparency: The Fight Against Corruption*, Washington DC, World Bank, 2020. Disponible en: https://documents1.worldbank.org/curated/en/235541600116631094/pdf/Enhancing-Government-Effectiveness-and-Transparency-The-Fight-Against-Corruption.pdf [último acceso 7.7.2024], pp. 95 ss.

Por un lado, la corrupción ejerce un efecto especialmente perjudicial sobre la eficiencia operativa de estas entidades, porque les impide alcanzar niveles de rendimiento equiparables a los de las empresas del sector privado. En este sentido, el desempeño de las empresas públicas se vería notablemente afectado en contextos con altos niveles de corrupción, en tanto que, en entornos en los que la corrupción está menos extendida, igualarían los niveles de rentabilidad y productividad de las empresas privadas[39]. Esto resulta preocupante, sobre todo teniendo en cuenta la importancia de las empresas públicas para la promoción del bienestar social.

Por otro lado, dañando de manera significativa la reputación de las empresas públicas, la corrupción también provoca en la ciudadanía una pérdida de confianza generalizada[40]. Se trata de un daño difuso e inmaterial que suele pasar desapercibido, pero que tiene importantes repercusiones a nivel social. La desconfianza hacia las instituciones suele en efecto traducirse en desconfianza hacia los demás, con un progresivo retiro de las personas en sus círculos íntimos, acompañado por actitudes de distanciamiento y pesimismo y la renuncia a colaborar en pos del bien común. Todo ello finalmente socava la participación de la ciudadanía en la gestión de las problemáticas colectivas y especialmente merma la posibilidad de una respuesta cívica hacia la corrupción[41]. En consideración de su gravedad, este daño social (difuso e inmaterial) requiere una reparación apropiada que no puede quedar a

---

39 BAUM / HACKNAY / MEDAS / SY, 2024, cit., pp. 190-191

40 OECD, 2019, cit., p. 11

41 ROTHSTEIN, B., "Corruption and Social Trust: Why the Fish Rots from the Head Down", *Social Research,* Vol. 80, N. 4, 2013, pp. 1009-1032, p. 1024; MALEM SEÑA, J. F., *Pobreza, corrupción, (in) seguridad jurídica,* Madrid, Marcial Pons Ediciones Jurídicas y Sociales, 2017, p. 55; RODRÍGUEZ PUERTA, M. J., "La corrupción como problema de acción colectiva: desnormalización y participación social", *Estudios Penales y Criminológicos,* Vol. 43, 2023, pp. 1-24, pp. 10-13

cargo exclusivo del sistema de justicia penal tradicional, pero que podría abordarse eficazmente a través de procesos restaurativos.

3. EL CASO ACUAMED

De acuerdo con lo expuesto, se verá a continuación cómo podría articularse una intervención restaurativa en un caso de corrupción que involucra a una empresa mercantil pública, tomando como referencia el caso de ACUAMED[42].

---

42 Las informaciones expuestas en este párrafo se han recabado de una pluralidad de fuentes tanto judiciales como periodísticas. Fuentes judiciales: COMUNICACIÓN PODER JUDICIAL, "El juez de la Audiencia Nacional procesa a 42 personas por la adjudicación y ejecución irregular de obras hidráulicas y medioambientales en el 'caso Acuamed'", *Poder Judicial España*, 23 de abril de 2023. Disponible en: https://www.poderjudicial.es/cgpj/eu/Botere-Judiziala/Auzitegi-Nazionala/Auzi-Berriak/El-juez-de-la-Audiencia-Nacional-procesa-a-42-personas-por-la-adjudicacion-y-ejecucion-irregular-de-obras-hidraulicas-y-medioambientales-en-el—caso-Acuamed- [último acceso 3.7.2024]; AUDIENCIA NACIONAL, *Memoria 2022*, p. 127. Disponible en: https://www.poderjudicial.es/portal/site/cgpj/menuitem.65d2c4456b6ddb628e635fc1dc432ea0/?vgnextoid=566144265b9ab810VgnVCM1000004648ac0aRCRD&vgnextchannel=1180506c09d55510VgnVCM1000006f48ac0aRCRD&vgnextfmt=default&vgnextlocale=es_ES [último acceso 3.7.2024]. Fuentes jurisprudenciales: Auto del Juzgado Central n. 006 de Madrid, de 20 de enero del 2016, en el que se decreta la prisión provisional para 12 acusados del caso ACUAMED. Disponible en: https://e00-elmundo.uecdn.es/documentos/2016/01/20/auto_operacion_frontino.pdf [último acceso 3.7.2024]; Auto del Juzgado Central n. 006 de Madrid, de 25 de octubre del 2016, de sobreseimiento provisional para 2 de los acusados del caso ACUAMED. Otras fuentes: ACUAMED, *Respuesta al Juzgado Central de Instrucción n°6 de Madrid.* 11 de octubre de 2017. Disponible en: https://www.senado.es/web/expedientappendixblobservlet?legis=12&id1=77451&id2=1 [último acceso 3.7.2024]; ACUAMED, *Declaración institucional de ACUAMED contra el fraude*, 23 de mayo

Como es notorio, ACUAMED (Aguas de las Cuencas Mediterráneas, Sociedad Mercantil Estatal, SA) es la empresa estatal encargada de gestionar la infraestructura hidráulica en todo el territorio español, y por tanto se ocupa de la construcción de embalses, estaciones de tratamiento de agua, desaladoras y sistemas de distribución de agua potable. ACUAMED también se encarga de la restauración de los ecosistemas acuáticos y de la gestión de riesgos hidrológicos.

---

de 2024. Disponible en: https://www.acuamed.es/sites/default/files/0_declaraci_n_institucional_contra_el_fraude_de_acuamed.pdf [último acceso 3.7.2024]. Fuentes periodísticas: BALIN, M., "La Fiscalía Europea interviene en el 'caso Acuamed' para reactivar la causa", *La Verdad*, 22 noviembre 2021. Disponible en: https://www.laverdad.es/murcia/fiscalia-europea-interviene-20211122000457-ntvo.html?ref=https%3A%2F%2Fwww.laverdad.es%2Fmurcia%2Ffiscalia-europea-interviene-20211122000457-ntvo.html [último acceso 3.7.2024]; BALÍN, M., "La Fiscalía Europea deja el 'caso Acuamed' y el juez ultima el cierre de la investigación", *El Correo*, 18 de abril de 2022. Disponible en: https://www.elcorreo.com/politica/fiscalia-europea-deja-20220418170951-ntrc.html [última consulta el 3 de julio de 2024]; ECONOTICIAS.COM, *ONG ecologistas piden 'mano dura' para el caso ACUAMED*, 22 de enero de 2016. Disponible en: https://www.ecoticias.com/sostenibilidad/111227_ong-ecologistas-piden-mano-dura-caso-acuamed [último acceso 3.7.2024]; ECOLOGISTAS EN ACCIÓN, *Acuamed y Acuae deben disolverse*, 28 de enero de 2016. Disponible en: https://www.ecologistasenaccion.org/31537/acuamed-y-acuae-deben-disolverse/ [último acceso 3.7.2024]; VELEZ, A.M., "Una denunciante del caso Acuamed: «Me llegaron a decir: "El dinero no es de nadie, a ti qué más te da»", *World Compliance Association*, 7 de diciembre de 2018. Disponible en: https://www.worldcomplianceassociation.com/2121/noticia-una-denunciante-del-caso-acuamed-me-llegaron-a-decir-el-dinero-no-es-de-nadie-a-ti-que-mas-te-da.html [último acceso 3.7.2024]. Vid., además, GONZÁLEZ BARROSO, F., "Entrevista a Dña. AZAHARA PERALTA, Denunciante del Caso Acuamed. Ingeniera Agrónoma", *Revista internacional de transparencia e integridad*, N. 3 2017, pp. 11-16. Desafortunadamente, no ha sido posible acceder al original de auto de procesamiento del Juez de Instrucción, de abril de 2023

Se trata de una Sociedad mercantil estatal unipersonal de forma anónima, que forma parte del Grupo Patrimonio del Estado, adscrito al Ministerio de Hacienda, aunque su actividad se desarrolla bajo la supervisión directa del Ministerio para la Transición Ecológica y Reto Demográfico del Gobierno de España[43].

Mientras se escriben estas líneas, algunos exdirectivos de ACUAMED se encuentran procesados en la Audiencia Nacional por irregularidades en el proceso de adjudicación, liquidación y ejecución de diversas obras públicas relacionadas con la construcción de infraestructuras hidráulicas.

En particular, a su ex director general se le acusa de haber asignado encargos a empresas contratistas "amigas" a cambio de beneficios de diferente naturaleza, incluso, según parece, un trasplante de pelo.

A los imputados se les acusa también de haber especulado con fondos de la Unión Europea. Más concretamente, el ex director general habría invertido el dinero recibido por el Banco Europeo de Inversiones a través de un contrato crédito de financiación firmado entre el Banco Europeo de Inversiones y el Ministerio de Agricultura y Medio ambiente, formando una cartera de inversión a largo plazo de títulos del Estado en entidades como el BBVA, Santander, Unicaja y Caja laboral, actividad evidentemente ajena al objeto social de ACUAMED.

A todo eso se añade que al menos tres empleados de la empresa intentaron en repetidas ocasiones denunciar las irregularida-

---

[43] ACUAMED, *Manual de prevención de riesgos penales. Código Ético y de Conducta*, 27 de junio de 2024. Disponible en: https://www.acuamed.es/sites/default/files/CODIGO_ETICO_Y_DE_CONDUCTA_DE_ACUAMED_2024.pdf [último acceso 8.7.2024]] y ACUAMED, *Estatutos Sociales. Texto consolidado a 19.2.2024*. Disponible en: https://www.acuamed.es/sites/default/files/ESTATUTOS-SOCIALES-ACUAMED.pdf.pdf [último acceso 8.7.2024]

des mencionadas, padeciendo por ello todo tipo de represalias por parte del ex director general y de sus colaboradores. Una de estas personas, por ejemplo, fue despedida por resistirse a firmar documentos relacionados con contratos irregulares y posteriormente fue readmitida en su puesto de trabajo después de que el Tribunal Supremo anulara su despido.

Los hechos imputados se habrían producido entre 2012 y 2015, año en el que empieza la investigación. Actualmente hay 42 personas procesadas (junio 2024). No consta que ACUAMED esté imputada como persona jurídica.

Sobre la base de estas, aunque parciales, informaciones, se plantea a continuación un boceto de posible intervención restaurativa, analizando los aspectos clave que necesitan ser abordados, a saber: en qué fase del proceso sería más oportuno intervenir, quienes son las personas que deberían invitarse a participar en el proceso, qué rol tendrían los informantes y cuáles serían las formas más apropiadas de realización del encuentro.

3.1. Fase del procedimiento: ejecución de la pena

Ante todo, la naturaleza de los delitos cometidos y el elevado número de personas implicadas aconsejarían, a mi parecer, una intervención en la fase de ejecución de la pena, una vez resueltas todas las espinosas cuestiones técnico-jurídicas que un caso de este tipo inevitablemente impone resolver. Ello evitaría, en primer lugar, cualquier preocupación acerca de un supuesto impacto negativo de la intervención restaurativa sobre las garantías procesales de los acusados en fase de enjuiciamiento, una cuestión no del todo resuelta y a menudo puesta en evidencia por la doctrina penalista[44].

---

44 Vid., por ejemplo, el exhaustivo análisis propuesto recientemente por BIANCHI, D., "Justicia restaurativa y justicia punitiva: reflexiones

En segundo lugar, el cumplimiento de la pena puede facilitar, bajo determinadas condiciones, el proceso de aceptación de responsabilidad por parte del infractor, algo que posibilita la interacción con la víctima y permite mitigar el riesgo de revictimización durante el encuentro restaurativo. En efecto, durante la fase de ejecución de la pena, la persona condenada debería encontrarse en un momento de autorreflexión y, por ende, estar más dispuesta a reconocer el impacto negativo de sus acciones pasadas. Esta condición personal puede ser propicia para la construcción colaborativa de soluciones restaurativas en encuentros con las víctimas.

En todo caso, para evitar posibles instrumentalizaciones del proceso restaurativo, tanto por parte de la persona condenada como por parte de las víctimas, sería oportuno establecer, como condición previa a la intervención, que de la participación en el encuentro no derivaran efectos directos sobre la concesión de beneficios penitenciarios, lo que podría condicionar la voluntariedad y sinceridad de las partes involucradas, así como desviar el enfoque del proceso restaurativo hacia la obtención de meros beneficios individuales.

A la vista de lo anterior, el momento más oportuno para intervenir parecería ser la fase final del programa PIDECO. Se trata de un programa penitenciario específico para el tratamiento de delincuentes económicos recientemente puesto en marcha por la Secretaría General de Instituciones Penitenciarias en España, y basado en la premisa de que la reeducación y la reinserción social de este grupo de delincuentes, debido a su perfil, necesitaría de una intervención específica[45].

'intersistemicas' a la luz de la reciente reforma italiana", *Cuadernos de Política Criminal*, N. 142, 2024, pp. 167-202

45 REBOLLO VARGAS, R., "La incorporación de la justicia restaurativa en la delincuencia socioeconómica. Las previsiones en el anteproyecto de ley de enjuiciamiento criminal de 2020 y el programa PIDECO", *Revista de Derecho Penal y Criminología*, N. 26, 2021a, pp.

En este sentido, el PIDECO persigue promover actitudes respetuosas de la ley en los condenados por delitos socioeconómicos mediante la motivación al cambio, el reconocimiento del daño provocado y su reparación, la interiorización de valores prosociales, la desactivación de mecanismos de neutralización de la responsabilidad y también la realización de procesos de justicia restaurativa "con víctimas directas, indirectas o no vinculadas"[46].

Los destinatarios del programa son las personas condenadas por delitos contra el patrimonio y contra el orden socioeconómico (con la excepción de hurtos, robos o extorsiones, a los que se aplican otros programas de tratamiento), delitos contra la hacienda pública y la seguridad social, delitos contra los derechos de los trabajadores, delitos contra los derechos de los ciudadanos extranjeros o delitos contra la ordenación del territorio y el urbanismo, la protección del patrimonio y el medio ambiente.

El programa se compone de 7 unidades de intervención[47], la última de las cuales, la unidad 7, está dedicada a la justicia restaurativa.

155-176; MATA MARTÍN, R., "Tercer grado, ¿ sin clasificación?,¿ sin reinserción?,¿ sin ley? La ejecución penal sin ingreso en centro penitenciario", *Anuario de derecho penal y ciencias penales,* Tomo 75, Vol. 1, 2022, p. 29-80; SECRETARÍA GENERAL DE INSTITUCIONES PENITENCIARIAS, "Programa de intervención en delitos económicos – PIDECO", *Documentos Penitenciarios 28,* 2021. Disponible en: https://www.interior.gob.es/opencms/pdf/archivos-y-documentacion/documentacion-y-publicaciones/publicaciones-descargables/instituciones-penitenciarias/Programa_de_intervencion_en_delitos_economicos_PIDECO_126210489.pdf [último acceso 15.7.2024]

46 SECRETARÍA GENERAL DE INSTITUCIONES PENITENCIARIAS, 2021, cit., p. 13. En tanto que las victimas indirectas son los familiares o allegados de las víctimas directas, las victimas no vinculadas son todas aquellas afectadas por "por la lesión de bienes jurídicos similares a aquellos dañados por el delito cometido" (SECRETARÍA GENERAL DE INSTITUCIONES PENITENCIARIAS, 2021, cit., p. 493)

47 Más concretamente: I. Alianza Terapéutica y Motivación al Cambio (4+1 sesiones); II. Identidad (5 sesiones); III. Habilidades Personales

Para la definición e implementación concreta de las actividades de justicia restaurativa, el Programa PIDECO remite al Protocolo de Intervención en Justicia Restaurativa, elaborado en 2020 por la Secretaría General de Instituciones Penitenciarias, que regula la organización de este tipo de prácticas para toda la población penitenciaria[48].

De acuerdo con este último, los encuentros restaurativos penitenciarios deberían propiciar el encuentro entre el condenado y las víctimas (sean estas directas, indirectas o no vinculadas) y funcionar como complemento de otras iniciativas de tratamiento penitenciario de corte restaurativo, como los Talleres de Diálogos Restaurativos[49].

(5 sesiones); IV. Responsabilidad (4 sesiones); V. Valores (4 sesiones); VI. Actividades Sociales (9 sesiones); VII. Justicia Restaurativa

48 SECRETARÍA GENERAL DE INSTITUCIONES PENITENCIARIAS, 2021, cit., p. 17

49 SECRETARÍA GENERAL DE INSTITUCIONES PENITENCIARIAS, "Intervención en justicia restaurativa: Encuentros restaurativos penitenciarios", *Documentos Penitenciarios 24*, 2020. https://www.interior.gob.es/opencms/pdf/archivos-y-documentacion/documentacion-y-publicaciones/publicaciones-descargables/instituciones-penitenciarias/Delincuencia_economica_analisis_del_perfil_delictivo_DP-36_126231175.pdf. [último acceso 15.7.2024]. Se trata de sesiones grupales cuyo objetivo es fomentar la asunción de responsabilidad de los participantes y su comprensión del daño causado a las víctimas y la sociedad, así como promover un cambio personal que rompa el ciclo delictivo y prevenga posibles reincidencias. Consisten en 10 sesiones dirigidas a instruir en los conceptos clave de la justicia restaurativa, como la empatía, la comunicación no violenta, la responsabilidad o la reparación. A ello se añaden 2 sesiones en las que se abordan de manera individualizada las necesidades específicas de cada participante. La participación en los Talleres de Diálogos Restaurativos es voluntaria y, al menos en principio, no implica la obtención de beneficios penitenciarios (SECRETARÍA GENERAL DE INSTITUCIONES PENITENCIARIAS, 2020, p. 22).

Son objetivos de los encuentros restaurativos, en términos resumidos, el lograr que la persona condenada escuche a la víctima, que reconozca el impacto físico, emocional y psicológico del delito cometido, y que pida perdón. Sobre estas bases, se buscaría encontrar formas adecuadas de reparación de los daños causados[50].

En consonancia con lo exigido por la normativa internacional ante mencionada, se requiere que los profesionales encargados de dirigir estos encuentros (pertenecientes en su gran mayoría a asociaciones externas a la administración penitenciaria) estén certificados como mediadores penales, que conozcan el funcionamiento del sistema penal y que tengan experiencia en prácticas restaurativas[51].

Dado lo expuesto, el PIDECO parecería, como he anticipado, la sede ideal para la realización de encuentros restaurativos en el caso que nos ocupa. No obstante, es importante señalar que esta iniciativa es aún nueva y sus resultados todavía no han sido evaluados.

Más concretamente, a fecha de hoy no disponemos de datos oficiales o de valoraciones sobre el funcionamiento del PIDECO o su articulación con el Protocolo de Intervención en Justicia Restaurativa. Por tanto, no se conocen el alcance de su aplicación ni sus resultados, más allá de noticias de prensa en las que, de forma muy parcial, se informa al público en qué consiste el programa y se mencionan los nombres de algunos condenados ilustres que habrían participado en encuentros restaurativos penitenciarios o en los Talleres de Diálogos Restaurativos[52].

---

50 SECRETARÍA GENERAL DE INSTITUCIONES PENITENCIARIAS, 2020, cit., p. 28

51 SECRETARÍA GENERAL DE INSTITUCIONES PENITENCIARIAS, 2020, cit., p. 33

52 Vid., por ejemplo, lo expuesto por ESQUINAS VALVERDE, P., *Corruptos y delincuentes de cuello blanco en España: un estudio criminológico de sus características, causas y vías de prevención*, Valencia, Tirant lo Blanch, 2023, p. 453

De acuerdo con los datos presentes en los Informes Generales de la Administración Penitenciaria de los años 2021 y 2022, podemos solamente inferir que el PIDECO y las intervenciones restaurativas se han llevado a cabo para el siguiente número de casos:

	PIDECO			JUSTICIA RESTAURATIVA		
	H	*M*	***TOTAL PIDECO***	*H*	*M*	**TOTAL JR**
2021	41	7	**48**	32	9	**41**
2022	59	6	**65**	37	7	**44**
TOTAL	100	13	**113**	69	16	**85**

Tabla 1. Número de personas condenadas que han participado en los programas PIDECO y Justicia Restaurativa. Elaboración propria a partir de los datos presentes en los Informes Generales de la Administración Penitenciaria de los años 2021 y 2022[53].

Como puede observarse, puesto que los datos no están desagregados por unidad de intervención, no es posible conocer cuántas de las 113 personas que han participado en el programa PIDECO en el 2021 y en el 2022 han realizado también las actividades de la Unidad 7.

Tampoco indican los datos cuántas de las 85 personas que han participado en actividades de justicia restaurativa (talleres y/o encuentros) lo han hecho en el marco del PIDECO.

Además, no se dispone de datos sobre los resultados alcanzados, al menos en términos de satisfacción de las partes implicadas, aunque el Protocolo de intervención en justicia restaurativa incluye en sus Anexos formularios para sendas encuestas de satisfacción para la persona penada y para la persona víctima del delito.

En cualquier caso, es evidente que, dentro del marco de un programa de intervención penitenciaria, el propósito de la justicia restaurativa en estas situaciones se centra básicamente en fomentar modificaciones de actitudes en las personas condenadas. Por consiguiente, la componente de la reparación del daño queda difuminada frente a otros aspectos que atañen más a una dimensión rehabilita-

---

53 El informe relativo al año 2023 no se ha publicado todavía (julio 2024).

dora que a una restaurativa. Me refiero por ejemplo a la insistencia en la necesidad de fomentar la responsabilización del ofensor y de estimular en él actitudes de empatía y peticiones de perdón hacia las víctimas, así como al involucramiento de víctimas no vinculadas, elementos que parecen más funcionales al cambio de actitud de la persona penada que a la consecución de acuerdos restaurativos.

Aun así, el PIDECO puede representar una puerta de entrada para intervenciones restaurativas más elaboradas que, además de enfocarse en la reeducación de las personas penadas, sepan atender debidamente a la dimensión social de los daños causados por la corrupción y a su reparación.

3.2. Las personas participantes en el encuentro

Como se ha mencionado anteriormente, los procesos restaurativos son encuentros de naturaleza deliberativa en los que todas las personas involucradas en el delito intervienen voluntariamente con el objetivo de llegar a una decisión común sobre la reparación del daño[54].

En el caso concreto que nos ocupa, podrían identificarse a los siguientes participantes.

En cuanto a los ofensores, dado que se realizaría en la fase de ejecución de la pena, la intervención se dirigiría a aquellas de las 42 personas actualmente procesadas que finalmente resultaran condenadas y que manifestaran su intención de tomar parte a

---

54 Para examinar los criterios utilizados por los profesionales del Programa de Justicia Restaurativa de Cataluña en la identificación de los posibles participantes y de las víctimas supraindividuales de algunos delitos económicos en el contexto de una investigación realizada en 2021, vid. RODRÍGUEZ PUERTA, M.J. / GADDI, D., *La posible aplicación de la justicia restaurativa en la delincuencia económica en la fase de enjuiciamiento: una exploración empírica*, Barcelona, Centro de Estudios Jurídicos y Formación Especializada, Generalitat de Catalunya, 2022, pp. 86 y ss.

uno o más encuentros restaurativos. Las personas condenadas que decidieran participar lo harían en forma individual o grupal, dependiendo de la valoración realizada inicialmente por los facilitadores, sobre la base de los criterios técnicos mencionados en el apartado 2.1, y teniéndose en cuenta también eventuales cuestiones propuestas por los abogados de las partes.

En cuanto a las víctimas, de entre los sujetos afectados que podrían tener interés en participar en el encuentro, se hayan o no personado en el proceso penal como acusación particular o popular, pueden mencionarse:

- El Ministerio para la Transición Ecológica, por haber sufrido daños económicos y reputacionales, confiando a ACUAMED la gestión del Programa de Actuaciones en las cuencas mediterráneas
- El Ministerio de Hacienda, por haber sufrido daños económicos y reputacionales, formando parte ACUAMED del Grupo Patrimonio del Estado
- Empresas competidoras que participaron en la licitación, por haber sido privadas de la posibilidad de competir en igualdad de condiciones
- La misma ACUAMED, por haber sufrido daños económicos y reputacionales
- Las personas informantes, por haber sufrido daños económicos, morales, psicológicos y reputacionales
- Los trabajadores de ACUAMED, representados por el Comité de Empresa, porque el descubrimiento de casos de corrupción en la empresa puede haber tenido repercusiones negativas en el clima laboral y en la moral de los empleados, quienes en estos casos suelen experimentar sentimientos de decepción, confusión y desmotivación, especialmente cuando los responsables de los actos corruptos son los ejecutivos de mayor

jerarquía[55]. Además, el daño a la reputación de la empresa también podría repercutir en la imagen de sus trabajadores y dificultar su progreso profesional en otras organizaciones

- La ciudadanía, cuya confianza en las instituciones públicas puede haber resultado mermada por el delito, provocando un sentimiento generalizado de descontento y desconfianza en el sistema político y en los funcionarios públicos. Dado que los hechos investigados en el caso en cuestión tienen que ver con la gestión de parte del patrimonio ambiental, la ciudadanía estaría adecuadamente representada por Ecologistas en Acción, Greenpeace, Seo/Birdlife, WWF y Amigos de la Tierra, entidades que, en un encuentro realizado en enero del 2016, habían instado al entonces Ministerio de Agricultura, Alimentación y Medio Ambiente (MAGRAMA) a investigar exhaustivamente el escándalo de corrupción en ACUAMED[56]
- Transparencia Internacional también podría ser una buena candidata para representar a la ciudadanía en este caso, aunque hasta la fecha no resulta que haya mostrado interés en intervenir directamente en el asunto.

Una nota aparte merece el rol que tendría en el proceso restaurativo la misma ACUAMED. Para una intervención restaurativa en este sector resultaría determinante establecer si la empresa debiera o no considerarse responsable penalmente. Ello es así porque una sociedad responsable penalmente participaría en el encuentro restaurativo en el rol del ofensor, en tanto que una sociedad no responsable penalmente debería poder participar con otro título, incluso como víctima o como afectada por el delito. Ahora bien, como se ha mencionado, no consta que ACUAMED esté siendo

---

55 SERAFEIM, G., "Firm Competitiveness and Detection of Bribery", *Harvard Business School Working Paper*, N. 14-012, 2013, pp. 17-18

56 Información extraída de ECONOTICIAS.COM, 2016, cit.

procesada como persona jurídica. En todo caso, considerando el daño económico y reputacional que los delitos imputados a sus exdirigentes han podido provocarle, parecería más oportuna su participación como sujeto afectado, representada por algunos de sus directivos actuales que cuente con la autoridad necesaria para llegar a acuerdos en su nombre[57].

3.3. En particular: la victimización de los alertadores

Como anticipamos, las investigaciones acerca de presuntas irregularidades cometidas en el seno de ACUAMED se iniciaron a partir de las denuncias de algunos empleados de la empresa que, después de unos intentos fallidos de reportar los hechos al Consejo de Administración, terminaron dirigiéndose a la Fiscalía

---

57 Merece la pena notar que, después de los hechos aquí descritos, ACUAMED parece haberse comprometido con una reorganización interna dirigida a la reconstrucción de su reputación e imagen. Por ejemplo, en 2019 se ha dotado de un Código Ético y de Conducta (vid. ACUAMED, 27 de junio de 2024, cit.). También recientemente ACUAMED ha reafirmado su compromiso en la lucha contra el fraude en una declaración institucional del mayo 2024 (ACUAMED, 23 de mayo de 2024, cit.). Todo este esfuerzo de reestructuración, siempre que no meramente formal, podría ser un punto clave para impulsar una intervención restaurativa.

Anticorrupción[58]. Estas iniciativas derivaron en despidos inmediatos, amenazas, campañas de difamación y contraacusaciones[59].

La naturaleza de este tipo de victimización ha sido recientemente analizada de forma sistemática, con el objetivo apreciar el alcance de las represalias y su impacto psicosocial sobre las personas informantes. Entre las que se han definido como "tácticas tóxicas de represalia" se han identificado: la manipulación de la persona para que empiece a dudar de sus percepciones o interpretación de los hechos (*gaslighting*), el *mobbing*, la marginación (*marginalizing*), el rechazo (*shunning*), la desvalorización (*devaluing*), la asignación aparentemente ventajosa a tareas que más tarde se revelan imposibles de llevar a cabo (*double-binding*), el bloqueo de cualquier posibilidad de carrera (*career blocking*), la colocación de la persona en una lista negra (*blacklisting*), el intento de contraacusar (*counter-accusing*), la violencia emocional o física asociada con el acoso laboral (*bu-*

---

58 En ese momento Acuamed no disponía de un canal interno de denuncia al que pudieran dirigirse las personas informantes. Con la aprobación de la Ley Ley 2/2023, de 20 de febrero, reguladora de la protección de las personas que informen sobre infracciones normativas y de lucha contra la corrupción, este canal se ha implementado por lo que los informantes pueden ahora reportar violaciones al Derecho de la Unión Europea, infracciones penales o administrativos graves o muy graves, así como infracciones al Código Ético y de Conducta de ACUAMED (ACUAMED, *Sistema interno de comunicación de ACUAMED*, https://www.acuamed.es/es/node/4218 [último acceso 18.7.2024])

59 Aun cuando finalmente los despidos fueron declarados nulos, la crudeza de la experiencia dejó un rastro muy evidente en la vida de las personas informantes del caso. El retrato que una de ella hace de esa experiencia es una demostración muy precisa de las consecuencias que padecen aquellas personas que deciden exponer la comisión de delitos en el seno de una organización empresarial, pública o privada, o de una administración (el video de la entrevista está disponible en FUNDACIÓN HAY DERECHO: *Gracia Ballesteros – Entrevistando a los denunciantes de Corrupción*, Vídeo de Youtube, 17:17. Publicado el 5 de marzo de 2020, https://www.youtube.com/watch?v=K0fmg8y4Cng [último acceso 14.6.2024])

llying) y la publicación en las redes sociales de información sobre la persona con intenciones malévolas (*doxxing*)[60].

La práctica manipulativa del *gaslighting* suele ir de la mano con la táctica de negación conocida como DARVO (acrónimo de "*Deny, Attack, and Reverse Victim and Offender*"). Se trata del intento por parte del ofensor de ridiculizar y desacreditar a la víctima, a la que acusa de querer difamarle, para presentarse a su vez como la verdadera parte perjudicada[61].

Otros tipos de represalia son también las conductas amenazantes y los malos tratos dirigidos al denunciante y/o a su familia, los abusos, las críticas, la asignación a trabajos de categoría inferior, el ostracismo y los comentarios despectivos.

Asimismo, se ha señalado el descrédito de la víctima mediante el empleo malicioso de categorías que tienen que ver con la salud mental, concretamente cuando a las víctimas se las califica como personas irrazonables o demasiado emocionales con el fin de desprestigiarlas. Es por ello por lo que a veces las víctimas intentan minimizar u ocultar los síntomas de su estrés por el temor que estos puedan usarse en su contra, especialmente en contextos sociales en los que la enfermedad mental está estigmatizada[62].

A todo ello se añade que, una vez decide denunciar, la persona se enfrenta a considerables pérdidas económicas derivadas de la

---

60 GARRICK, J. / BUCK M., *The Psychosocial Impacts of Whistleblower Retaliation: Shattering Employee Resilience and the Workplace Promise*, Cham, Springer International Publishing, 2022, pp. 41 y ss.

61 FREYD, J. J., "II. Violations of Power, Adaptive Blindness and Betrayal Trauma Theory", *Feminism & Psychology*, Vol. 7, N. 1, 1997, pp. 22-32, pp. 29-30. Un ejemplo de esta táctica usada en contra de un informante que había denunciado prácticas de lavado de dinero en un banco de EE. UU. puede encontrarse en GARRICK / BUCK, 2022, cit., p. 187

62 KENNY, K. / FOTAKI, M. / SCRIVER, S., "Mental Health as a Weapon: Whistleblower Retaliation and Normative Violence", *Journal of Business Ethics*, Vol. 160, N. 3, 2019, pp. 801–815, p. 810

necesidad de sostener cuantiosos gastos procesales, así como de la pérdida del empleo y de la dificultad para encontrar otro puesto de trabajo, vinculada al deterioro de la reputación personal y profesional.

En cuanto a las repercusiones psicológicas, las víctimas experimentan sentimientos de frustración cuando perciben que sus denuncias no se toman en serio o no han llevado a ninguna acción concreta. Esta es también una de las razones por las que gran parte de ellas afirma que no volvería a denunciar.

Además, la percepción de ser víctima de una injusticia, especialmente cuando no recibe una respuesta adecuada por parte de las instituciones, amenaza también la visión que la persona informante tiene del mundo, lo que genera síntomas de duelo relacionados con la pérdida de su reputación, de su identidad profesional, de sus recursos económicos o de su carrera, así como una ineluctable pérdida de confianza en los demás y en las instituciones[63].

Otros síntomas de las repercusiones psicológicas son los sentimientos de angustia, estrés, agotamiento y rabia, las ideas suicidas, los trastornos del sueño, la ansiedad, la fatiga, las disfunciones sexuales, el cambio del humor, el llanto y las conductas autodestructivas. Algunos informantes han descrito también la sensación de sentirse "petrificados" por la consternación provocada por las represalias. Todo ello se traduce usualmente en la necesidad de tratamientos farmacológicos y en bajas prolongadas[64].

Finalmente, cabe destacar que, de los malos tratos padecidos por las personas informantes, son víctimas secundarias también sus familiares, que a menudo sufren de los mismos síntomas depresivos[65].

---

63 GARRICK / BUCK, 2022, cit., p. 191

64 DUSSUYER, I. / SMITH, R. G., "Understanding and responding to victimisation of whistleblowers". *Trends & issues in crime and criminal justice*, N. 549, 2018, pp.1-12, p. 7

65 GARRICK / BUCK, 2022, cit., p. 182

Frente a esta situación, es especialmente necesario brindar una respuesta institucional que ofrezca a estas víctimas, no solamente una reparación económica, sino también una vía de recuperación mediante procedimientos que sepan dar espacio al daño sufrido y en los que puedan ser escuchadas y tener la posibilidad de contar su historia, en los que sus acciones sean reconocidas y reafirmadas como justas y en los que puedan recuperar un sentimiento de pertenencia y percibir que vuelven a tener el apoyo social que necesitan. En tanto que el procedimiento penal no ofrece esta posibilidad y, por lo contrario, puede resultar extenuante y frustrante, el proceso restaurativo se presenta como el foro ideal en el que las personas informantes tienen la posibilidad de dar sentido a lo que ha pasado y de recibir el reconocimiento social que necesitan para salir adelante.

En el caso de ACUAMED, es evidente que los informantes han desempeñado un papel crucial, tanto al sufrir represalias como al poner fin a las conductas corruptas, por lo que un acuerdo restaurativo no puede construirse sin su participación. Por tanto, deberían invitarse a participar en el proceso restaurativo a todas las personas que informaron de las irregularidades y que sufrieron repercusiones como consecuencia de ello.

3.4. Realización del encuentro

Como se ha señalado con anterioridad, para la realización de un encuentro restaurativo en un caso como el que nos ocupa es preciso elegir una metodología que permita la participación de un número elevado de personas. En este sentido, de todos los instrumentos propios de la justicia restaurativa, la mediación, típicamente pensada para reunir el ofensor y la víctima, no es suficiente. Cabría por tanto utilizar fórmulas de encuentro como los círculos o las conferencias que, como se ha adelantado en el párrafo 2.1, posibilitan debates participativos y colaborativos para grupos numerosos en los que es necesaria la coactuación de dos o más facilitadores, dependiendo de la dimensión del grupo de asistentes.

Para la preparación del encuentro, cabría ante todo designar a un facilitador o una facilitadora responsable del caso, preferiblemente elegidos entre aquellos con más experiencia en la gestión de procesos restaurativos, quien se encargaría de conformar y organizar el equipo de profesionales que le coadyuvaría para llevar a cabo la intervención.

A continuación, este mismo equipo identificaría a los sujetos que deberían participar en el encuentro, incluidos los portavoces de las víctimas difusas y cualquier otra persona que tenga interés en el asunto y pueda aportar una contribución beneficiosa, teniendo en cuenta el objetivo de llegar a acuerdos restaurativos satisfactorios para todas las partes implicadas. Acto seguido, convocaría a cada una de las partes en sendas entrevistas previas para asegurarse de que estén dispuestas a participar de forma voluntaria, para conocer y valorar su actitud hacia el encuentro y para establecer las condiciones para que cada participante en el círculo pueda contribuir de forma colaborativa a la construcción de soluciones compartidas. Es esta la fase en la que se valorarían posibles riesgos de revictimización o la existencia de desequilibrios de poder que podrían obstaculizar el proceso. Sobre la base de esta evaluación, se decidiría si la intervención es viable o incluso aconsejable.

Una vez valorada positivamente la conveniencia de llevar a cabo el encuentro, el equipo establecería el lugar adecuado y concretaría una fecha.

A lo largo del encuentro, los/las facilitadoras estimularían el debate, dejando espacio para que cada uno de los participantes pueda expresar su punto de vista acerca de lo ocurrido, así como sus necesidades y sus expectativas. Se promovería la reflexión sobre las consecuencias del delito y el impacto que ha tenido en las vidas de todas las personas presentes, con el objetivo de llegar a una decisión compartida sobre la manera mejor de reparar los daños causados. Se dejaría espacio para que los abogados de los presentes pudieran intervenir si es necesario y velar por los derechos de sus representados. Si se llegara a una decisión final, esta se cristalizaría en un acuerdo formal que contendría los compromisos asumidos y/o la intención de realizar otros encuentros en el futuro. Estos últimos tendrían el objetivo de examinar el nivel de cumplimiento del acuerdo, de analizar nuevas cuestiones que puedan haber surgido con el tiempo y de corregir el acuerdo anterior, si fuera necesario.

4. PROCESOS RESTAURATIVOS Y PARTICIPACIÓN CIUDADANA

Se podría objetar, y de hecho se trata de un argumento bastante común, que un procedimiento como el que acabamos de describir satisfaría tan sólo unos intereses privados, y que por lo tanto resultaría incoherente y hasta perjudicial para el sistema de justicia penal.

Es posible que en algunos casos sea así, especialmente si la justicia restaurativa se utiliza para contribuir a un sistema penal en el que se prioriza la eficiencia[66]. Es precisamente esta

---

66 Me refiero a los procedimientos simplificados que se incluyen dentro de la categoría de "justicia negociada". Se trata del conjunto de mecanismos procesales que permiten evitar, abreviar o simplificar el proceso judicial, renunciando a la acción penal o permitiendo que las partes dispongan de ella, en mayor o menor medida, según el ordenamiento jurídico de referencia. Se ha sugerido que, a falta de una regulación sistemática de la justicia restaurativa en el proceso penal, espacios procesales de justicia negociada, como la conformidad, podrían usarse para la implementación de encuentros restaurativos. También a la vista de la implementación de la regulación de la Fiscalía Europea, que permite la aplicación de procedimientos simplificados para el tratamiento de este tipo de delitos (Art. 40, Reglamento (UE) 2017/1939 del Consejo de 12 de octubre de 2017 por el que se establece una cooperación reforzada para la creación de la Fiscalía Europea), es importante volver a llamar la atención sobre la necesidad

la razón por la que, en cualquier intervención restaurativa, es imprescindible intentar preservar su orientación característica, es decir, la de una justicia inclusiva, deliberativa, orientada a la comunidad y atenta a la dimensión social del daño provocado por el delito. En casos como el que hemos analizado, la participación de representantes de múltiples intereses, incluidos los difusos, responde justamente a la necesidad de dar una respuesta adecuada a unos acontecimientos de enorme relevancia pública. En efecto, los encuentros restaurativos, si son diseñados y organizados de manera apropiada, constituyen también un espacio de debate del que pueden surgir sugerencias importantes para mejorar la actuación de la administración pública, que incorporen también las opiniones, las demandas y las perspectivas de la ciudadanía. De todo ello resulta evidente, pues, que la intervención restaurativa tiene un carácter público y no se limita únicamente a la mera composición de intereses particulares.

Esto se enmarca en la línea de pensamiento de numerosos expertos en el ámbito de la justicia restaurativa, quienes hacen un llamado a expandir los ámbitos de participación de la sociedad civil en los procesos restaurativos, incluso para la delincuencia económica. Braithwaite es quizás el más tenaz defensor de esta idea, persuadido de que la mejor forma de responder a los abusos no radica en destruir el poder, sino en compartirlo y atempe-

---

de preservar posibles intervenciones restaurativas de la lógica instrumental típica de esos espacios. En el caso ACUAMED, debido a las presuntas irregularidades en el manejo de fondos europeos, la Fiscalía Europea manifestó un interés inicial en el asunto, si bien finalmente no intervino debido a que el reglamento EPPO había entrado en vigor con posterioridad a los hechos objeto de imputación. Vid. BALÍN, 2021, cit. y BALÍN, M., "La Fiscalía Europea deja el 'caso Acuamed' y el juez ultima el cierre de la investigación", *El Correo*, 18 de abril de 2022. Disponible en: https://www.elcorreo.com/politica/fiscalia-europea-deja-20220418170951-ntrc.html [último acceso 3.7.2024]

rarlo[67]. Por consiguiente, Braithwaite ve la justicia restaurativa como un foro en el que la ciudadanía tiene la oportunidad de participar en la gestión de la cosa pública a través del ámbito judicial[68]. En última instancia, la considera acertadamente como una forma de democracia deliberativa.

Por otro lado, cabe señalar que también la normativa supranacional, aunque quizás con objetivos menos elevados y desde una perspectiva más pragmática, apela a la participación de la ciudadanía para abordar eficazmente la corrupción[69]. Por ejemplo, la Convención de Naciones Unidas contra la Corrupción invita a los Estados a confiar en el apoyo de la sociedad civil, de las organizaciones no gubernamentales y de las organizaciones de base comunitaria para prevenir y erradicar la corrupción (Preámbulo). Asimismo, enfatiza la necesidad de elaborar medidas preventivas que promuevan la participación de la sociedad (Artículo 5) y de diseñar procedimientos capaces de "*fomentar la participación activa de personas y grupos que no pertenezcan al sector público, como la sociedad civil, las organizaciones no gubernamentales y las organizaciones con base en la comunidad, en la prevención y la lucha contra la corrupción*" (Artículo 13). Finalmente, defiende la importancia

---

67 BRAITHWAITE, J., *Macrocriminology and Freedom*, Canberra, ANU Press, 2022, p. 272

68 BRAITHWAITE, 2022, cit., p. 472

69 Como es notorio, en el marco legal vigente en España, la participación de la ciudadanía en la prevención o la lucha en contra de la corrupción se limita a la posibilidad de informar sobre posibles infracciones graves en un contexto laboral o profesional (Ley 2/2023, de 20 de febrero, reguladora de la protección de las personas que informen sobre infracciones normativas y de lucha contra la corrupción). Más posibilidades de participación en acciones públicas (toma de decisiones gubernamentales y acceso a la justicia) se brindan a la ciudadanía en otros ámbitos, como el medio ambiente (Ley 27/2006, de 18 de julio, por la que se regulan los derechos de acceso a la información, de participación pública y de acceso a la justicia en materia de medio ambiente)

de la participación de la "sociedad" en la elaboración de planes y estrategias para combatir la corrupción (Artículo 60.4).

También las Directrices en materia de Lucha Contra la Corrupción e Integridad en las Empresas Públicas de la OCDE resaltan la importancia de fomentar la participación ciudadana. Concretamente, en la Parte V (*Rendición de Cuentas de las Empresas Públicas y del Estado*) se recomienda involucrar a la ciudadanía en los procesos de toma de decisiones gubernamentales, facilitando toda la información necesaria para mejorar el conocimiento sobre las empresas públicas (punto 10). Del mismo modo, se sostiene que la ciudadanía debería poder participar en el análisis de la información facilitada, así como en el abordaje de la corrupción en las empresas públicas, si procede (punto 11). Las Directrices también invitan a los Estados a fomentar la colaboración entre las empresas públicas y la sociedad civil, las organizaciones empresariales y las asociaciones profesionales, con vistas a potenciar los mecanismos de integridad. Se destaca finalmente que todas las partes interesadas, entre las que se incluyen también los acreedores y los competidores, deberían tener acceso a una "reparación eficaz mediante mecanismos jurídicos o de arbitraje imparciales" (punto 13).

Más recientemente, en su propuesta del 2023 para una nueva Directiva sobre la lucha contra la corrupción, la Comisión Europea también ha reconocido la importancia de la participación de la sociedad civil tanto en programas de investigación y educación, como en el intercambio de buenas prácticas y en las iniciativas de lucha en contra de la corrupción[70]. En consonancia con esas

---

70 Propuesta de Directiva del Parlamento Europeo y del Consejo sobre la lucha contra la corrupción, por la que se sustituyen la Decisión Marco 2003/568/JAI del Consejo y el Convenio relativo a la lucha contra los actos de corrupción en los que estén implicados funcionarios de las Comunidades Europeas o de los Estados miembros de la Unión Europea, y por la que se modifica la Directiva (UE)

disposiciones, en la comunicación conjunta que acompaña la propuesta, la Comisión Europea y el Alto Representante de la Unión para Asuntos Exteriores y Política de Seguridad han destacado la necesidad de impulsar una cultura de la integridad a través de un abordaje que incluya a toda la sociedad (*whole-a-society approach*)[71].

Es cierto que las normativas en cuestión no contemplan disposiciones relativas a la justicia restaurativa. Sin embargo, si se considera fundamental promover la participación de la ciudadanía en la lucha contra la corrupción, tanto en la fase de prevención como en la de reacción, tampoco deberían existir motivos que le impidan tomar parte en iniciativas encaminadas a reparar los daños sufridos como consecuencia directa de actos corruptos.

Dicho esto, para que unos acuerdos restaurativos que surgen de encuentros que se realizan en el marco limitado de la justicia penal puedan contribuir a la reparación de daños sociales como la pérdida de confianza institucional y social, sería necesario extender su alcance, difundiéndolos al conjunto de la ciudadanía a través de canales también participativos. Me refiero por ejemplo a la organización de eventos públicos o talleres, al uso ponderado de redes sociales y medios de información, o a la creación de grupos de trabajo y discusión, en los que los ciudadanos tengan la oportunidad de hacer preguntas, expresar sus opiniones y formular propuestas a las administraciones implicadas. Todo ello permitiría establecer fórmulas de diálogo directo entre la admi-

---

2017/1371 del Parlamento Europeo y del Consejo, del 3 de mayo de 2023. Disponible en https://eur-lex.europa.eu/legal-content/ES/TXT/HTML/?uri=CELEX:52023PC0234 [último acceso 2.6. 2024]

71 EUROPEAN COMMISSION / HIGH REPRESENTATIVE OF THE UNION FOR FOREIGN AFFAIRS AND SECURITY POLICY, *Joint Communication to The European Parliament, The Council and The European Economic and Social Committee on the fight against corruption*, 3.5.2023. Disponible en: https://eur-lex.europa.eu/legal-content/EN/TXT/?uri=CELEX%3A52023JC0012 [último acceso 2.6.2024]

nistración y la ciudadanía, de las que podrían derivarse medidas concretas encaminadas a mejorar la transparencia y eficacia de las instituciones en la prevención y lucha contra la corrupción. Por el otro lado, procesos de diálogo de esta naturaleza, en los que la información se trasmite al público de forma más accesible y comprensible, contribuirían a reducir la percepción de "opacidad" y distancia de las administraciones públicas y, por consiguiente, podrían ayudar a poner en marcha mecanismos virtuosos de reconstrucción de la confianza institucional y social.

5. CONCLUSIONES

De lo expuesto anteriormente, me gustaría destacar, aunque de forma esquemática, las siguientes cuestiones.

- En primer lugar, en un caso de corrupción tan complejo como al que nos hemos referido, una intervención restaurativa es posible e incluso oportuna.

Es posible porque, como se ha ido argumentando, los profesionales de la justicia restaurativa son, precisamente, profesionales. Como tales, disponen de recursos técnicos más que suficientes para asistir a las partes en la construcción de acuerdos restaurativos dirigidos a reparar el daño. Pese a que gran parte de la cultura jurídica de nuestro entorno opone una resistencia firme y no siempre justificada a los avances del paradigma restaurativo, el nivel de calidad del trabajo de los facilitadores ya es equiparable al de cualquier profesión del ámbito legal. Además, pocas categorías profesionales están tan comprometidas con la autorreflexión sobre su práctica y con la búsqueda de argumentos para legitimar su intervención como las personas que se dedican a la justicia restaurativa. Eso es precisamente lo que hace posible la intervención en casos de corrupción tan complejos como el de ACUAMED. Todo lo anterior no significa desconocer la necesidad de acercarse con cautela al abordaje restaurativo de este tipo de casos. Es por esta razón por lo que será inicialmente necesario trabajar con casos piloto de pequeño o medio alcance y evaluar con atención sus resultados para construir protocolos de intervención sólidos y rigurosos.

En todo caso, como decíamos, una intervención restaurativa para casos de corrupción no solamente es posible, sino que también es oportuna. Ello es así ante todo porque contribuye a la reparación de los daños materiales e inmateriales derivados de la corrupción y, en segunda instancia, porque permite abordar la dimensión social del delito, algo que la justicia penal no puede hacer, si no en términos muy abstractos. De hecho, la justicia restaurativa mira al delito como a un evento plenamente social, que ocurre en un entorno complejo de relaciones e interacciones, que involucra tanto individuos como instituciones. Es esta la razón por la que, para la reparación integral de las consecuencias del delito, es indispensable asegurar la participación de todos los actores implicados: el ofensor, la víctima, la comunidad y las instituciones. Como es lógico, de su capacidad para abordar la dimensión social del delito y de los daños resultantes, deriva que la justicia restaurativa es especialmente adecuada para abordar la victimización colectiva y difusa y salvaguardar el interés público.

- Con todo, en el momento actual, la implementación de intervenciones restaurativas para casos como el de ACUAMED sería más prudente en la fase de ejecución de la pena.

La complejidad del delito y la gran cantidad de personas involucradas aconsejan por ahora intervenir una vez que se hayan resuelto todas las delicadas cuestiones procesales que este tipo de casos suele conllevar. Esto permitiría, entre otras cosas, evitar posibles preocupaciones sobre cómo una intervención restaurativa podría afectar las garantías procesales de los acusados durante el juicio. Cabe señalar, además, que hoy por hoy, al menos en España, a la justicia restaurativa no se le ha reconocido todavía la legitimidad necesaria para gestionar casos de este tipo en la fase de enjuiciamiento. En cambio, en la fase de ejecución de la pena, la posibilidad de llevar a cabo encuentros restaurativos para la delincuencia económica ha encontrado un reconocimiento explícito en el Programa PIDECO, al que me he referido en el apartado 3.1. A pesar de que es demasiado pronto para evaluar adecuadamente el funcionamiento de este programa, se trata de una oportunidad que merece la pena explorar.

- En tercer lugar, cabe atender a los daños padecidos por las personas que deciden denunciar irregularidades dentro de su organización.

Como se ha constatado en el apartado 3.3, las represalias, el desengaño, la mortificación, la desconfianza y las sensaciones de soledad, indefensión y abandono que las personas informantes sufren por su decisión de denunciar no pueden encontrar una reparación adecuada solamente en la compensación monetaria. También es necesario proporcionar a estas víctimas un espacio apropiado en el que puedan reconstruir su propia identidad personal y encontrar el reconocimiento social que se les ha negado. Los encuentros restaurativos son espacios de ese tipo.

- Finalmente, los procesos restaurativos pueden contribuir a reconstituir la confianza institucional y social y a fomentar el compromiso cívico de la ciudadanía

La naturaleza pública de la intervención restaurativa, caracterizada por una visión de justicia inclusiva, deliberativa y orientada a la comunidad, se muestra especialmente evidente en delitos con victimización difusa como los de corrupción. Como se ha ido argumentando, en el proceso restaurativo es fundamental la participación de los representantes de todos los diversos intereses afectados, incluidos los difusos. Así pues, estos encuentros, no sólo se centran en la reflexión del penado sobre el daño causado y su reparación, sino que también se convierten en oportunidades para intentar revertir los mecanismos de desconfianza que obstaculizan la implicación cívica y la colaboración en pro del bien común. Ello es así porque la justicia restaurativa favorece la participación de la ciudadanía y le otorga un papel activo en la construcción de una cultura institucional de integridad y responsabilidad. Esto puede contribuir a restablecer la confianza de la ciudadanía en las instituciones, a fortalecer la democracia y, en última instancia, a mejorar la calidad de vida de los ciudadanos.

6. BIBLIOGRAFÍA

- ACUAMED, *Respuesta al Juzgado Central de Instrucción n°6 de Madrid.* 11 de octubre de 2017. Disponible en: https://www.senado.es/web/expedientappendixblobservlet?legis=12&id1=77451&id2=1 [último acceso 3.7.2024]
- ACUAMED, *Declaración institucional de ACUAMED contra el fraude,* 23 de mayo de 2024. Disponible en: https://www.acuamed.es/sites/default/files/0_declaraci_n_institucional_contra_el_fraude_de_acuamed.pdf [último acceso 3.7.2024]
- ACUAMED, *Manual de prevención de riesgos penales. Código Ético y de Conducta,* 27 de junio de 2024. Disponible en: https://www.acuamed.es/sites/default/files/CODIGO_ETICO_Y_DE_CONDUCTA_DE_ACUAMED_2024.pdf [último acceso 8.7.2024]
- ACUAMED, *Sistema interno de comunicación de ACUAMED,* https://www.acuamed.es/es/node/4218 [último acceso 18.7.2024]
- ACUAMED, *Estatutos Sociales. Texto consolidado a 19.2.2024.* Disponible en: https://www.acuamed.es/sites/default/files/ESTATUTOS-SOCIALES-ACUAMED.pdf.pdf [último acceso 8.7.2024]
- AERTSEN, I., "Environmental Restorative Justice: Activating Synergies", en B. PALI / M. FORSYTH / F. TEPPER. (eds.), *The Palgrave Handbook of Environmental Restorative Justice,* Cham, Palgrave Macmillan, 2022, pp. 667-691
- AERTSEN, I.: "Restorative justice for victims of corporate violence", en G. FORTI / C. MAZZUCATO / A. VISCONTI / S. GIAVAZZI (eds.), *Victims and corporations. Legal challenges and empirical findings,* Milano, Cedam, 2018, pp. 235-258
- AUDIENCIA NACIONAL, *Memoria 2022.* Disponible en: https://www.poderjudicial.es/portal/site/cgpj/menuitem.65d2c4456b6ddb628e635fc1dc432ea0/?vgnextoid=566144265b9ab810VgnVCM1000004648ac0aRCRD&vgnextchannel=1180506c09d55510VgnVCM1000006f48ac0aRCRD&vgnextfmt=default&vgnextlocale=es_ES [último acceso 3.7.2024]
- BALÍN, M., "La Fiscalía Europea interviene en el 'caso Acuamed' para reactivar la causa", *La Verdad,* 22 noviembre 2021. Disponible en: https://www.laverdad.es/murcia/fiscalia-europea-interviene-

20211122000457-ntvo.html?ref=https%3A%2F%2Fwww.laverdad.es%2Fmurcia%2Ffiscalia-europea-interviene-20211122000457-ntvo.html [último acceso 3.7.2024]

- BALÍN, M., "La Fiscalía Europea deja el 'caso Acuamed' y el juez ultima el cierre de la investigación", *El Correo*, 18 de abril de 2022. Disponible en: https://www.elcorreo.com/politica/fiscalia-europea-deja-20220418170951-ntrc.html [última consulta el 3 de julio de 2024]
- BAUCELL LLADÓS, J., "El tratamiento de los delincuentes económicos en las cárceles catalanas. Una propuesta desde la justicia restaurativa", *Revista de Derecho Penal y Criminología*, Vol. 29, 2023, pp. 13-65
- BAUCELL LLADÓS, J., "Posibilidades de la justicia restaurativa para la delincuencia socioeconómica en la ejecución de la pena", en M. GARCÍA ARÁN (dir.), *Justicia restaurativa y delincuencia socioeconómica*, Valencia, Tirant Lo Blanch, 2021, pp. 401-453
- BAUM, A. / HACKNAY, C. / MEDAS, P. / SY, M., "Governance and state-owned enterprises: how costly is corruption?", *Economics of Governance*, Vol. 25, 2024, pp. 181–208. https://doi.org/10.1007/s10101-024-00311-1
- BESTHORN, F.H., "Restorative justice and environmental restoration, twin pillars of a just global environmental policy: hearing the voice of the victim", *Journal of Societal and Social Policy*, Vol. 3, N. 1, 2004, pp. 33-48. Disponible en: www.researchgate.net/publication/237308867_Restorative_justice_and_environmental_restoration-Twin_pillars_of_a_just_global_environmental_policy_Hearing_the_voice_of_the_victim [último acceso 18.7.2024]
- BIANCHI, D., "Justicia restaurativa y justicia punitiva: reflexiones 'inter-sistemicas' a la luz de la reciente reforma italiana", *Cuadernos de Política Criminal*, N. 142, 2024, pp. 167-202. https://doi.org/10.14679/3283
- BILBAO, G. / SÁEZ DE LA FUENTE, I., "Protagonismo de víctimas en los procesos de reconciliación en Euskadi", en A. MARTÍN / M.D.P. RODRÍGUEZ (eds.), *Tras las huellas del terrorismo en Euskadi: justicia restaurativa, convivencia y reconciliación*, Madrid, Dykinson, 2019, pp. 65-88
- BRADY SPALDING, A.B., "Restorative justice for multinational corporations", *Ohio State Law Journal*, Vol. 76, N. 2, 2015, pp. 357-408. http://dx.doi.org/10.2139/ssrn.2403930
- BRAGA DA SILVA, C.F., "Comparing Institutional Responses to the Mining Tailings Dams Collapses in Mariana and Brumadinho (Brazil) from an Environmental Restorative Justice Perspective", en B. PALI / M. FORSYTH / F. TEPPER (eds.), *The Palgrave Handbook of Environ-*

mental Restorative Justice, Cham, Palgrave Macmillan, 2022, pp. 617-642. https://doi.org/10.1007/978-3-031-04223-2

- BRAITHWAITE, J., “Flipping markets to virtue with qui tam and restorative justice”, *Accounting Organizations and Society*, Vol. 38, N. 6-7, 2013, pp. 458-468. https://doi.org/10.1016/j.aos.2012.07.002
- BRAITHWAITE, J., “In search of restorative jurisprudence”, en L. WALGRAVE (ed.), *Restorative justice and the law*, London, Routledge, 2002, p. 150-167
- BRAITHWAITE, J., *Macrocriminology and Freedom*, Canberra, ANU Press, 2022
- CARDONA BARBER, A., “Sistema de consecuencias jurídicas reparadoras en la delincuencia económica”, en M. GARCÍA ARÁN (dir.), *Justicia restaurativa y delincuencia socioeconómica*, Valencia, Tirant Lo Blanch, 2021, pp. 229-268
- CHRISTIANSEN, H., “The Size and Composition of the SOE Sector in OECD Countries”, *OECD Corporate Governance Working Papers*, N. 5, 2011, Paris, OECD Publishing, pp. 1-99. https://doi.org/10.1787/5kg54cwps0s3-en
- COMUNICACIÓN PODER JUDICIAL, “El juez de la Audiencia Nacional procesa a 42 personas por la adjudicación y ejecución irregular de obras hidráulicas y medioambientales en el ‘caso Acuamed’”, *Poder Judicial España*, 23 de abril de 2023. Disponible en: https://www.poderjudicial.es/cgpj/eu/Botere-Judiziala/Auzitegi-Nazionala/Auzi-Berriak/El-juez-de-la-Audiencia-Nacional-procesa-a-42-personas-por-la-adjudicacion-y-ejecucion-irregular-de-obras-hidraulicas-y-medioambientales-en-el—caso-Acuamed- [último acceso 3.7.2024]
- CUENCA GARCÍA, M.J., “La atenuante de reparación en la delincuencia socioeconómica”, en M. GARCÍA ARÁN (dir.), *Justicia restaurativa y delincuencia socioeconómica*, Valencia, Tirant Lo Blanch, 2021, pp. 199-228
- D’SOUZA, N. / L’HOIRY, X., “An Area of Untapped Potential? The Use of Restorative Justice in the Fight Against Serious and Organized Crime: A Perception Study”, *Criminology & Criminal Justice*, Vol. 21, N. 2, 2021, pp. 224–241. https://doi.org/10.1177/1748895819858379
- DOMÍNGUEZ RUIZ, I.E. / ROIHA, M. / JUBANY, O., “Restorative solutions for anti-LGBT victimisation experiences: potential pathways for victims’ wellbeing and key challenges and needs”, *Culture, Health & Sexuality*, Vol. 25, N. 12, 2022, pp. 1626–1639. https://doi.org/10.1080/13691058.2022.2105401
- DUSSUYER, I. / SMITH, R. G., “Understanding and responding to victimisation of whistleblowers”, *Trends & issues in crime and criminal justice*, N. 549, 2018, pp.1-12. https://doi.org/10.52922/ti118239

- ECOLOGISTAS EN ACCIÓN, *Acuamed y Acuae deben disolverse*, 28 de enero de 2016. Disponible en: https://www.ecologistasenaccion.org/31537/acuamed-y-acuae-deben-disolverse/ [último acceso 3.7.2024]
- ECONOTICIAS.COM, *ONG ecologistas piden 'mano dura' para el caso ACUAMED*, 22 de enero de 2016. Disponible en: https://www.ecoticias.com/sostenibilidad/111227_ong-ecologistas-piden-mano-dura-caso-acuamed [último acceso 3.7.2024]
- ESQUINAS VALVERDE, P., *Corruptos y delincuentes de cuello blanco en España: un estudio criminológico de sus características, causas y vías de prevención*, Valencia, Tirant lo Blanch, 2023
- EUROPEAN COMMISSION / HIGH REPRESENTATIVE OF THE UNION FOR FOREIGN AFFAIRS AND SECURITY POLICY, *Joint Communication to The European Parliament, The Council and The European Economic and Social Committee on the fight against corruption*, 3.5.2023. Disponible en: https://eur-lex.europa.eu/legal-content/EN/TXT/?uri=CELEX%3A52023JC0012 [último acceso 2.6.2024]
- FONSECA ROSENBLATT, F., *The Role of Community in Restorative Justice*, Milton, Taylor and Francis, 2015
- FREYD, J. J., "II. Violations of Power, Adaptive Blindness and Betrayal Trauma Theory", *Feminism & Psychology*, Vol. 7, N. 1, 1997, pp. 22-32. https://doi.org/10.1177/0959353597071004
- FUNDACIÓN HAY DERECHO, *Gracia Ballesteros–Entrevistando a los denunciantes de corrupción*, Vídeo de Youtube, 17:17. Publicado el 5 de marzo de 2020, https://www.youtube.com/watch?v=K0fmg8y4Cng [último acceso 14.6.2024]
- GABBAY, Z.D., "Exploring the limits of the restorative justice paradigm: restorative justice and white-collar crime", *Cardozo Journal of Conflict Resolution*, Vol. 8, 2007, pp. 421-485. Disponible en: www.gornitzky.com/files/publications/pub20070615.pdf [último acceso 15.6.2024]
- GADDI, D. / RODRIGUEZ PUERTA, M.J., "Towards a restorative justice approach to white-collar crime and supra-individual victimization", *International Journal of Restorative Justice*, Vol. 5, N. 2, 2022, pp. 215-236. https://doi.org/10.5553/TIJRJ.000116
- GADDI, D., "Corrupción, pérdida de confianza social y justicia restaurativa", *Estudios Penales y Criminológicos*, Vol. 43, 2023, pp. 1-30. https://doi.org/10.15304/epc.40.6928

- GADDI, D., "Materiales para una conformidad restaurativa", *Estudios Penales y Criminológicos,* Vol. 40, 2020, pp. 991-1041. https://doi.org/10.15304/epc.40.6928
- GARCÍA ARAN, M., "Instrumentos para la justicia restaurativa y su aplicación a la delincuencia económica", en M. GARCÍA ARÁN (dir.), *Justicia restaurativa y delincuencia socioeconómica,* Valencia, Tirant Lo Blanch, 2021, pp. 139-195
- GARRICK, J. / BUCK M., *The Psychosocial Impacts of Whistleblower Retaliation: Shattering Employee Resilience and the Workplace Promise,* Cham, Springer International Publishing, 2022. https://doi.org/10.1007/978-3-031-19055-1
- GAVRIELIDES, T., "Contextualizing restorative justice for hate crime", *Journal of Interpersonal Violence,* Vol. 27, N. 18, 2012, pp. 3624–3643. https://doi.org/10.1177/0886260512447575
- GONZÁLEZ BARROSO, F., "Entrevista a Dña. Azahara Peralta, denunciante del Caso Acuamed. Ingeniera Agrónoma", *Revista internacional de transparencia e integridad,* N. 3, 2017, pp. 11-16
- GUARDIOLA LAGO, M.J., "Fundamentos de la justicia restaurativa en la delincuencia socioeconómica", en M. GARCÍA ARÁN (dir.), *Justicia restaurativa y delincuencia socioeconómica,* Valencia, Tirant Lo Blanch, 2021, pp. 29-86
- HALL, M. / VARONA MARTÍNEZ, G., "La victimología verde como espacio de encuentro para repensar la otredad más allá de la posesión", *Revista De Victimología | Journal of Victimology,* Vol. 7, 2018, pp. 107-128. doi: 10.12827/RVJV.7.04
- KENNY, K. / FOTAKI, M. / SCRIVER, S., "Mental Health as a Weapon: Whistleblower Retaliation and Normative Violence", *Journal of Business Ethics,* Vol. 160, N. 3, 2019, pp. 801–815. http://www.jstor.org/stable/45278249
- LAUWAERT, K. / AERTSEN, I., *Desistance and restorative justice: Mechanisms for desisting from crime within restorative justice practices,* Leuven, European Forum for Restorative Justice, 2015. Disponible en: https://www.euforumrj.org/sites/default/files/2019-11/research-report-desistance-and-rj-total-doc-24-11-final_0.pdf [último acceso 5.7.2024]
- LEEPER PIQUERO, N. / RICE, S.K. / PIQUERO, A.R., "Power, profit, and pluralism: new avenues for research on restorative justice and white-collar crime", en H. VENTURA MILLER (ed.), *Restorative justice: from theory to practice.* Vol. 11, 2008, pp. 209-229, Bingley, Emerald Group Publishing Limited. https://doi.org/10.1016/S1521-6136(2008)11

- LUEDTKE, D., "Progression in the age of recession: restorative justice and white-collar crime in post-recession America", *Brooklyn Journal of Corporate, Financial & Commercial Law*, Vol. 9, N. 1, pp. 311-334, 2014. Disponible en: https://brooklynworks.brooklaw.edu/bjcfcl/vol9/iss1/14 [último acceso 15.7.2024]
- MALEM SEÑA, J. F., *Pobreza, corrupción, (in) seguridad jurídica*, Madrid, Marcial Pons Ediciones Jurídicas y Sociales, 2017
- MANNOZZI, G., "Il crimine dei colletti bianchi: profili definitori e strategie di contrasto attraverso i metodi della giustizia riparativa", en C.D. SPINELLIS, / N. THEODORAKIS / E. BILLIS / G. PAPADIMITRAKOPOULOS (eds.), *Europe in crisis: crime, criminal justice, and the way forward. Essays in honour of Nestor Courakis*. Vol. II, 2017, pp. 1365-1394, Athens, Ant. N. Sakkoulas Publishers L.P.
- MATA MARTÍN, R., "Tercer grado, ¿sin clasificación?, ¿sin reinserción?, ¿sin ley? La ejecución penal sin ingreso en centro penitenciario", *Anuario de derecho penal y ciencias penales*, Tomo 75, Vol. 1, 2022, p. 29-80
- MELÉNDEZ PERETÓ, A., *Restorative justice and desistance. The impact of victim-offender mediation on desistance from crime*. Tesis doctoral. Universitat Autònoma de Barcelona, 2015
- NIETO MARTÍN, A., "Una pieza más en la Justicia restaurativa empresarial: Programas de cumplimiento restaurativos", *Revista de Victimología*, N. 15, 2023, pp. 147-170. https://doi.org/10.12827/RVJV.15.05
- NIETO MARTÍN, A., "Justicia empresarial restaurativa y víctimas restaurativas", *La Legislazione Penale*, N. 3, 2021, pp. 1-32. Disponible en: https://www.lalegislazionepenale.eu/wp-content/uploads/2021/03/Nieto-Martin-forum-ecocidio-1.pdf. [último acceso 15.5.2024]
- OECD, *Directrices en materia de Lucha Contra la Corrupción e Integridad en las Empresas Públicas*, Paris, OECD Publishing, 2019. https://doi.org/10.1787/26068e42-es
- PALI, B. / AERTSEN, I., "Inhabiting a vulnerable and wounded earth: restoring response-ability", *The International Journal of Restorative Justice*, Vol. 4, N. 1, 2021, pp. 3-16. https://doi.org/10.5553/TIJRJ.000065
- PASCUAL RODRIGUEZ, E. (ed.), *Los ojos del otro. Encuentros restaurativos entre víctimas y ex miembros de ETA*, Santander, Sal Terrae, 2013
- REBOLLO VARGAS, R., "La incorporación de la justicia restaurativa en la delincuencia socioeconómica. Las previsiones en el anteproyecto de ley de enjuiciamiento criminal de 2020 y el programa PIDECO", *Revista de Derecho Penal y Criminología*, N. 26, 2021a, pp. 155-176

- REBOLLO VARGAS, R., "Problemas procesales y de ejecución penitenciaria: justicia restaurativa y delitos socioeconómicos", *Estudios Penales y Criminológicos*, Vol. 41, 2021b, pp. 1011-1076. https://doi.org/10.15304/epc.41.7565
- RODRÍGUEZ PUERTA, M. J., "El derecho de las víctimas colectivas a participar en encuentros restaurativos. Un análisis a partir de algunos delitos económicos", *Revista Electrónica de Ciencia Penal y Criminología*, N. 22, 2020, pp. 1-42. Disponible en: http://criminet.ugr.es/recpc/22/recpc22-14.pdf [último acceso 10.6.2024]
- RODRÍGUEZ PUERTA, M. J., "La corrupción como problema de acción colectiva: desnormalización y participación social", *Estudios Penales y Criminológicos*, Vol. 43, 2023, pp. 1-24. https://doi.org/10.15304/epc.43.9415
- RODRÍGUEZ PUERTA, M.J. / GADDI, D., *La posible aplicación de la justicia restaurativa en la delincuencia económica en la fase de enjuiciamiento: una exploración empírica.* Barcelona, Centro de Estudios Jurídicos y Formación Especializada, Generalitat de Catalunya, 2022. https://hdl.handle.net/20.500.14226/429
- ROTHSTEIN, B., "Corruption and Social Trust: Why the Fish Rots from the Head Down", *Social Research*, Vol. 80, N. 4, 2013, pp. 1009-1032. http://www.jstor.org/stable/24385649
- SCHORMAIR, M.J.L. / GERLACH, L.M., "Corporate remediation of human rights violations: a restorative justice framework", *Journal of Business Ethics*, Vol. 167, N. 3, 2019, pp. 475-493. https://doi.org/10.1007/s10551-019-04147-2.
- SECRETARÍA GENERAL DE INSTITUCIONES PENITENCIARIAS, "Intervención en justicia restaurativa: Encuentros restaurativos penitenciarios", *Documentos Penitenciarios 24*, 2020. Disponible en: https://www.interior.gob.es/opencms/pdf/archivos-y-documentacion/documentacion-y-publicaciones/publicaciones-descargables/instituciones-penitenciarias/Delincuencia_economica_analisis_del_perfil_delictivo_DP-36_126231175.pdf. [último acceso 15.7.2024]
- SECRETARÍA GENERAL DE INSTITUCIONES PENITENCIARIAS, "Programa de intervención en delitos económicos – PIDECO", *Documentos Penitenciarios 28*, 2021. Disponible en: https://www.interior.gob.es/opencms/pdf/archivos-y-documentacion/documentacion-y-publicaciones/publicaciones-descargables/instituciones-penitenciarias/Programa_de_intervencion_en_delitos_economicos_PIDECO_126210489.pdf [último acceso 15.7.2024]

- SERAFEIM, G., "Firm Competitiveness and Detection of Bribery", *Harvard Business School Working Paper*, N. 14-012, 2013. https://dx.doi.org/10.2139/ssrn.2302589
- SERRATUSELL SALVADÓ, L. / CABÓS SOLÉ, I., "Programa de justicia restaurativa a Catalunya", en V. CERVELLÓ DONDERIS (ed.), *Cuestiones prácticas para la aplicación de la mediación penal*, Valencia, Tirant lo Blanch, 2016, p. 297-311 (273-287 ed. digital)
- SOULOU, K., "The restorative approach to criminality and its application to terrorism cases", *Les Cahiers de la Justice*, Vol. 2, N. 2, 2018, pp. 341-359. https://doi.org/10.3917/cdlj.1802.0341
- UMBREIT, M., "Restorative justice impact on multinational corporations? A response to Andrew Brady Spalding's article", *Ohio State Law Journal Furthermore*, Vol. 76, 2015, pp. 41-49. http://hdl.handle.net/1811/75526
- UNITED NATION OFFICE ON DRUGS AND CRIME, *Handbook in Restorative Justice Programmes. Second Edition*, 2020, Vienna, United Nation. Disponible en: https://www.unodc.org/documents/justice-and-prison-reform/20-01146_Handbook_on_Restorative_Justice_Programmes.pdf [último acceso 13.6.2024]
- VALEIJE ÁLVAREZ I. / NIETO MARTÍN A. / CUGAT MAURI M., "The possibilities of plea agreement as a restorative justice mechanism in proceedings under the jurisdiction of the European Public Prosecutor's Office", en A. LANCIOTTI / M.M. PISANI (eds.), *Restorative justice, mediation and protection of EU financial interests. Proceedings of the DRAMP Conference*, Perugia, Dipartimento di Giurisprudenza, Università di Perugia, 2022, pp. 199-217. Disponible en: https://www.dramp.eu/wp-content/uploads/2022/08/D2-Proceedings_compressed.pdf [ultimo acceso 12.6.2024]
- VARONA MARTÍNEZ, G., "Outdoors with corporations and public administrations accountable for environmental and animal harm: Trusting Pandora to change climate change", *Revista Electrónica de Criminología*, Vol. 3, N. 9, 2024, pp. 1-19. Disponible en: https://www.revista-e-criminologia.net/_files/ugd/15fbfa_54456c22c31148f4a05f24496d3324e1.pdf [último acceso 11.7.2024]
- VARONA MARTÍNEZ, G., "Dancing the legal prohibition of restorative justice in intimate partner violence against women: flamenco beats as encounter", *The International Journal of Restorative Justice*, Vol. 5, N. 3, 2022, pp. 323-337. https://doi.org/10.5553/TIJRJ.000137
- VARONA MARTÍNEZ, G., "Restorative pathways after mass environmental victimization: walking in the landscapes of past ecocides", *Oñati*

Socio-Legal Series, Vol. 10, N. 3, 2020, pp. 664-685. Disponible en: https://opo.iisj.net/index.php/osls/article/view/1077 [último acceso 9.7.2024]

- VELEZ, A.M., "Una denunciante del caso Acuamed: «Me llegaron a decir: "El dinero no es de nadie, a ti qué más te da»", *World Compliance Association*, 7 de diciembre de 2018. Disponible en: https://www.worldcomplianceassociation.com/2121/noticia-una-denunciante-del-caso-acuamed-me-llegaron-a-decir-el-dinero-no-es-de-nadie-a-ti-que-mas-te-da.html [último acceso 3.7.2024]
- VOLPE, M. R. / STROBL, S., "Restorative Justice Responses to Post–September 11. Potentials and Challenges", *Conflict Resolution Quarterly*, Vol. 22, N. 4, 2005, pp. 527-535. https://doi.org/10.1002/crq.119
- WALTERS, M., *Hate Crime and Restorative Justice*, Oxford, Oxford University Press, 2014
- WORLD BANK, *Enhancing Government Effectiveness and Transparency: The Fight Against Corruption*, Washington DC, World Bank, 2020. Disponible en: https://documents1.worldbank.org/curated/en/235541600116631094/pdf/Enhancing-Government-Effectiveness-and-Transparency-The-Fight-Against-Corruption.pdf [último acceso 7.7.2024]
- WRIGHT, M., "Restorative justice with corporations: the idea and the practicality", en B. PALI / K. LAUWAERT / S. PLEYSIER (eds.), *The praxis of justice*, 2020, pp. 281-292, The Hague, Eleven International Publications

NORMATIVA CITADA

- Recomendación R (99)19, de 15 de septiembre de 1999, del Comité de Ministros del Consejo de Europa a los Estados miembros, sobre mediación en materia penal y Memorando de explicación, consultada en inglés en: https://www.euromed-justice.eu/en/system/files/20100715121918_RecommendationNo.R%2899%2919_EN.pdf
- Recomendación CM/Rec (2018)8 del Comité de Ministros a los Estados miembros sobre la justicia restaurativa en el ámbito penal, disponible en inglés en https://rm.coe.int/CoERMPublicCommonSearchServices/DisplayDCTMContent?documentId=09000016808e35f3
- Directiva 2012/29/UE del Parlamento Europeo y del Consejo de 25 de octubre de 2012, por la que se establecen normas mínimas sobre los derechos, el apoyo y la protección de las víctimas de delitos, y por la que se sustituye la Decisión marco 2001/220/JAI del Consejo. Disponible en: https://eur-lex.europa.eu/legal-content/ES/TXT/?uri=celex%3A32012L0029

- Propuesta de Directiva del Parlamento Europeo y del Consejo sobre la lucha contra la corrupción, por la que se sustituyen la Decisión Marco 2003/568/JAI del Consejo y el Convenio relativo a la lucha contra los actos de corrupción en los que estén implicados funcionarios de las Comunidades Europeas o de los Estados miembros de la Unión Europea, y por la que se modifica la Directiva (UE) 2017/1371 del Parlamento Europeo y del Consejo, del 3 de mayo de 2023. Disponible en: https://eur-lex.europa.eu/legal-content/ES/TXT/HTML/?uri=CELEX:52023PC0234
- Ley 27/2006, de 18 de julio, por la que se regulan los derechos de acceso a la información, de participación pública y de acceso a la justicia en materia de medio ambiente. Disponible en: https://www.boe.es/buscar/act.php?id=BOE-A-2006-13010
- Ley 2/2023, de 20 de febrero, reguladora de la protección de las personas que informen sobre infracciones normativas y de lucha contra la corrupción. Disponible en: https://www.boe.es/buscar/act.php?id=BOE-A-2023-4513

JURISPRUDENCIA CITADA

- Auto del Juzgado Central n. 006 de Madrid, de 20 de enero del 2016
- Auto del Juzgado Central n. 006 de Madrid, de 25 de octubre del 2016

CUARTA PARTE

EL ESTADO DE LAS COMPLIANCE EN EL SECTOR PÚBLICO EMPRESARIAL

I.
LA SITUACIÓN EN ESPAÑA

Capítulo XII
La realidad actual: modelos y estudios de campo

JOAN BAUCELLS LLADÓS (APARTADO 1)
Catedrático (Acr.) de Derecho Penal de la Universitat Autónoma de Barcelona

JOSE MANUEL VALDERRAMA (APARTADO 2)
Doctorando en el Programa de Doctorado en Derecho de la Universitat Autónoma de Barcelona

ELISENDA ESCODA (APARTADO 3)
Técnica de la Dirección de prevención de la Oficina Antifraude de Cataluña

1. ESPECIFICIDADES DE LOS MODELOS DE PREVENCIÓN DEL DELITO EN EL SECTOR PÚBLICO EMPRESARIAL (JOAN BAUCELLS LLADÓS)

1.1. La responsabilidad penal de las sociedades mercantiles públicas y el desarrollo del compliance.

En los últimos años se ha consolidado como tendencia en las empresas privadas el diseño de programas de cumplimiento (*compliance* en el término anglosajón) como instrumento de prevención de delitos en general. No se ha avanzado tanto, sin embargo, en el *public compliance* de las administraciones públicas, ni en el sector público empresarial. Diversas razones podrían explicar este estado de la cuestión, pero sin lugar a duda, entre las principales está el modelo de regulación español.

En el derecho comparado existen modelos que exigen estos programas tanto al sector público como a las empresas que se relacionan con él, ya sean completamente privadas como sociedades mercantiles públicas; otros modelos que sólo exigen a empresas privadas (Reino Unido); otros que sólo exigen a las administraciones públicas (Italia) y, finalmente, modelos que lo plantean como optativo para cualquiera.

En esta última situación se encontraría España. No ha habido obligación expresa de implementación ni para las empresas privadas, ni la Administración pública, ni el sector público empresarial. Solamente ha habido un estímulo indirecto a su implementación al contemplar su diseño como una posible eximente o atenuante de su responsabilidad penal. Por tanto, se ha atribuido al art. 31 CP un importante efecto promocional. En esa línea, el descarte en el código penal español de responsabilidad penal para las administraciones públicas y aquellos entes "que ejerzan potestades públicas administrativas" (art. 31 quinquies CP) no habría estimulado el desarrollo de este *public compliance*. En esa misma línea, creemos que la reforma penal de 2015 podría haber empezado a revertir esta falta de *public compliance*, como mínimo, en el sector público empresarial.

La reforma penal de 2010, cuando introdujo por primera vez la responsabilidad penal de las personas jurídicas, consideró la exclusión del "*Estado, las Administraciones públicas territoriales e institucionales, los Organismos Reguladores, las Agencias y Entidades públicas Empresariales, los partidos políticos y sindicatos, las organizaciones internacionales de derecho público, y a aquellas otras que ejerzan potestades públicas de soberanía o administrativas o cuando se trate de Sociedades mercantiles estatales que ejecuten políticas públicas o presten servicios de interés económico general*" (art. 31 quinquies 1 CP). Si bien la exclusión de los partidos políticos y los sindicatos fue más discutida[1], la de las Sociedades Mercantiles Públicas fue criticada con más consenso[2]. La regulación española incluso fue objeto de los requerimientos de la OCDE que llegó a reclamar la responsabilidad penal de todas las empresas estatales, especialmente, en relación con las conductas de corrupción de agentes públicos extranjeros[3].

---

1 A favor de la exclusión se manifestó, p.ej, TERRADILLOS, J. "Responsabilidad penal de las personas jurídicas" en DOPICO GOMEZ, J. (Coord), ALVAREZ GARCÍA, F.J. (Dir.) *Estudio Crítico Sobre el Anteproyecto de Reforma Penal de 2012*, 2013. En contra BAUCELLS, J. "Corrupción y responsabilidad penal de los partidos políticos", *Revista Electrónica de Derecho Penal y Criminología,* 20-28, 2018.

2 Ver por todos, CARBONELL, J.C. – MORALES, F. "Responsabilidad penal de las personas jurídicas", en ALVAREZ GARCÍA, F.J. – GONZALEZ CUSSAC, J. *Comentarios a la reforma penal de 2010,* 2010, p. 78.

3 En Informe de la OCDE sobre evaluación de la implementación en España del Convenio sobre corrupción de agentes públicos extranjeros, en su Fase 3 (aprobado por el Grupo de Trabajo el 14 de diciembre de 2012), págs. 21 y 74, disponible en https://www.oecd.org/daf/anti-bribery/Spainphase3reportEN.pdf se establecía que esa exclusión "representa una laguna importante en el nuevo régimen de responsabilidad de las personas jurídicas (...). Por lo tanto, los examinadores principales recomiendan a España, (...) enmendar el Código Penal para garantizar que las empresas estatales y controladas por el Estado también puedan ser consideradas responsables del cohecho".

En respuesta a esas críticas, en 2012 el legislador penal español introdujo la responsabilidad penal de partidos políticos y sindicatos[4]. Sin embargo, tres años más tarde, *la LO 1/2015, de 30 de marzo, por la que se modifica la LO 10/1995, de 23 de noviembre, del Código Penal* mantuvo la exclusión de responsabilidad penal para el "*Estado, las Administraciones públicas territoriales e institucionales, los Organismos Reguladores, las Agencias y Entidades públicas Empresariales, las organizaciones internacionales de derecho público, y a aquellas otras que ejerzan potestades públicas de soberanía o administrativas*" (art. 31 quinquies 1 CP), sin hacer ninguna mención expresa a las sociedades mercantiles públicas, como si hacía -en cambio- el texto anterior.

A pesar de que, en este nuevo contexto legislativo, se ha venido entendiendo que las Sociedades Mercantiles Públicas cuando ejerzan potestades públicas podrían ser consideradas como una de "*aquellas otras que ejerzan potestades públicas*" y, en consecuencia, quedar exentas de responsabilidad penal[5], cada vez un mayor sector doctrinal viene oponiéndose a esta conclusión.

Según esta opinión, *la LO 1/2015, de 30 de marzo, por la que se modifica la LO 10/1995, de 23 de noviembre, del Código Penal* consideró que todas las SMP quedarían excluidas del régimen de "*exención de responsabilidad penal*" del párrafo primero. En ese sentido habría un importante argumento formal puesto que

---

4 LO 7/2012, de 27 de diciembre de reforma del código penal en materia de transparencia y lucha contra el fraude fiscal y en la Seguridad social.

5 Ver *supra* Capítulo II, CARDONA, A. "Los presupuestos de la responsabilidad penal de las sociedades mercantiles públicas. CARDONA, A. "La responsabilitat penal de les societats mercantils públiques", *Revista Jurídica de Catalunya,* núm. 4, 2021, p. 954 quien considera que "cuando de forma excepcional, la sociedad mercantil pública también tenga atribuidas potestades públicas, su condena penal no sería posible" mientras que cuando ejecuten políticas públicas o presten servicios de interés general pasarían al régimen de moderación penológica del apartado segundo del art. 31 quinquies.

su párrafo segundo arrancaba precisamente aludiendo a que "*En el caso de las Sociedades Mercantiles públicas*" su régimen era distinto. Así, de forma general, las SMP quedarían relegadas al apartado segundo del art. 31 quinquies para las que se proponía una solución intermedia puesto que, pese a reconocer su responsabilidad penal, ésta quedaba limitada en sus consecuencias jurídicas a las sanciones previstas en las letras a) y g) del apartado 7 del artículo 33 del Código Penal. Esto es, multa e intervención judicial (art. 31 quinquies 2 CP). El legislador español esquivaba de este modo la recomendación de la OCDE y de un importante sector doctrinal que venía reclamando su plena responsabilidad penal con una intención político criminal evidente: preservar los eventuales efectos preventivo-generales de la responsabilidad penal en estas empresas públicas, pero evitando aquellas penas -como la disolución, la suspensión de actividades, la clausura de locales o la prohibición de realizar actividades- que impidieran la satisfacción del interés público perseguido con ellas[6].

Sin embargo, el situar el fundamento jurídico-penal de este "*régimen de moderación penológica*" del apartado 2 del 31 quinquies en la "*ejecución de políticas públicas o la prestación de servicios de interés económico general*" obligará derivar al "*régimen de responsabilidad*

6 Esa es la *ratio legis* identificada por la doctrina. Ver VALEIJE, I. "Sobre la responsabilidad penal de las sociedades públicas mercantiles que ejecuten políticas públicas o presten servicios de interés económico general" en VAZQUEZ PORTOMEÑE, F. (Dir.) *Lobbies. ¿Instrumento de participación democrática o medios de corrupción?*, 2022, p. 69. Por su parte el Consejo de Estado en su Informe al Anteproyecto de Ley Orgánica de reforma del CP de fecha de 27 de junio de 2013 valora positivamente "*La limitación de la clase de penas que se puede imponer a las Sociedades mercantiles públicas resulta, igualmente, una decisión acertada para garantizar la adecuada protección de los intereses públicos y la correcta prestación de los servicios económicos de interés general encomendados a estas sociedades, y que podrían resultar perjudicados en caso de imponerse penas como la suspensión de actividades o la clausura de locales, por ejemplo*". Disponible en: https://www.boe.es/buscar/doc.php?id=CE-D-2013-358 [fecha de consulta: 20.5.2022].

penal plena" a las SPM que no lo hagan[7]. Así, las SMP de forma general -como, p.ej. RTVE, Correos, RENFE–serán derivadas al régimen de moderación penológica del apartado segundo del art. 31 quinquies puesto que será difícil no justificar su constitución por el consejo de ministros para prestar un servicio de interés general, aunque excepcionalmente -como p.ej. en el Hipódromo de la Zarzuela- pueden ser derivadas al régimen de responsabilidad penal general por no hacerlo.

De este modo, se puede afirmar que la reforma penal de 2015 al introducir de forma generalizada la responsabilidad penal de las sociedades mercantiles públicas puede empezar a desarrollar un efecto de estímulo de los programas de cumplimiento en ellas, del mismo modo que la introducción de la responsabilidad penal de las empresas privadas lo hizo a partir de 2010 en el sector privado.

Los pocos trabajos empíricos que han empezado a publicarse demuestran este fenómeno. Así, por ejemplo, de los 23 entes del sector público empresarial catalán que tuvimos la oportunidad de analizar en colaboración con la Oficina Antifrau de Catalunya en 2021, 9 de las 11 sociedades mercantiles había implementado

---

7 En este sentido se han manifestado recientemente GARCÍA ARAN, M. "Autonomía interpretativa del derecho penal y delincuencia de la empresa pública", *Revista de Estudios Jurídicos y Criminológicos,* 2022, p. 275; BAUCELLS, J. "Las empresas del sector público empresarial responsables penalmente", *Estudios Penales y Criminológicos,* 2022, pp. 12 y ss.; QUINTERO, G. "El Derecho Penal y las empresas públicas: un problema político criminal", en MORILLAS, L. (Dir.), *Respuestas jurídicas frente a la corrupción política,* 2021, p. 297; JUNCEDA, J. "Programas de cumplimiento y sector público. Especial mención a las empresas y entes públicos", *Presupuesto y gasto público,* núm. 91, 2018, p. 170 quienes afirman que se otorga responsabilidad penal plena a las SMP que no ejecutan políticas públicas o presten servicios de interés general. La Circular 1/2016 de la FGE así lo reconoce, "...la LO 1/2015 reconoce la responsabilidad de las sociedades mercantiles públicas si bien limita las penas que le pueden ser impuestas a las previstas en las letras a) y g) del art. 33.7 CP..."

modelos de prevención de delitos, mientras que ninguna de las 7 Entidades Públicas Empresariales -excluidas expresamente de responsabilidad penal en el art. 31 quinquies CP- lo habría hecho[8]. A nivel estatal, de las 30 sociedades mercantiles públicas fiscalizadas por el Tribunal de cuentas en 2018, 29 habían aprobado programas de prevención de delitos, de los cuales sólo 2 no habrían comenzado aún su implementación[9].

Es decir, queda empíricamente demostrado en los dos estudios de campo desarrollados hasta el momento que los modelos de prevención se han impuesto en mayor grado en las sociedades mercantiles que en el resto de las entidades del sector público empresarial -como los EPE- y que ello es debido, fundamentalmente, a la influencia que ha tenido la introducción de su responsabilidad penal en la reforma de 2015.

1.2 La situación en las Entidades Públicas Empresariales.

Pero incluso para los otros entes del sector público empresarial que de *lege lata* quedan exentos de cualquier responsabilidad

8 Ver el informe realizado por los equipos de la UAB, UCLM y Universidad de Vigo en colaboración con la OAC (2023) Cumplimiento normativo e integridad en entidades del sector público institucional de Catalunya. Informe final" disponible en https://www.antifrau.cat/sites/default/files/Documents/Recursos/cumplimiento-normativo-integridad-entidades-sector-publico-institucional-catalunya-informe-final.pdf, p.11 [fecha de consulta: 25.7.2023]

9 Ver Tribunal de Cuentas (2020) "Informe de fiscalización del grado de implementación de los modelos de prevención de delitos y de comportamientos contrarios a la ética en las sociedades mercantiles estatales en el ejercicio 2018" disponible en https://www.tcu.es/repositorio/ebb28a45-7bff-4bd2-b6d7-3ad1bcabda15/I1398.pdf, p. 74 [fecha de consulta: 25.7.2023]. Una resumida descripción de este informe puede encontrarse en NUÑEZ, "Fiscalización de sistemas de compliance por el Tribunal de Cuentas", *La Ley Compliance penal*, núm. 11, 2022.

penal, como las Entidades Públicas Empresariales[10], también sería deseable que se dieran pasos hacía el diseño de programas de cumplimiento normativo como se empieza a hacer tímidamente en la Administración pública territorial. No puedo coincidir con aquellos autores que defienden que al no ser obligatorio el diseño de estos programas, su implementación en el sector público no sólo podría constituir nulidad administrativa[11], sino inclusive integrar, llegado el caso, el tipo malversador previsto en los artículos 432 y 435 CP[12]. Lo decisivo no es que se diseñen estratégicamente programas de cumplimento para evitar la responsabilidad penal por el simple hecho de que unas organizaciones tengan responsabilidad penal y otras no, como consecuencia de haber sido constituidas como sociedades mercantiles. Lo decisivo debería ser que la entidad, la naturaleza y la gestión de los riesgos en ambos tipos de entes son equivalentes y que, por tanto, ha de serlo también la estructura del cumplimiento normativo e integridad y los controles a aplicar.

---

10 De hecho, de forma mayoritaria en la doctrina no acaba de convencer este diferente grado de aplicación de la ley penal a las EPE frente a las SPM, máxime cuando su configuración administrativa resulta tan próxima. Ver, en este sentido, JUNCEDA, J., *ob.cit.*, p. 170. Incluso el Ministerio fiscal en su Circular de la FGE 1/2016 estima que estos sujetos, junto con los organismos autónomos previstos en el artículo 98 y ss de la LRJSP no están excluidos del régimen general.

11 Así lo ha afirmado QUINTERO, G. *ob.cit.*, p. 300, nota 3 "la exclusión de programas de compliance es, hoy por hoy, formalmente absoluta, en las entidades de Derecho público, y si un órgano de la Administración o un ente público empresarial decidiera dotarse de un código de buenas prácticas habría que considerar esa decisión como nula de pleno Derecho".

12 JUNCEDA, J. *ob.cit.*, p. 174 considerando que "no resulta autorizada para contratar estos servicios (…) al contar ya en su urdimbre organizativa con funcionarios y órganos internos responsables del debido acatamiento del ordenamiento".

Pero existen muchísimas razones más para extender la implementación de programas de cumplimiento al resto de los entes del sector público empresarial.

En primer lugar, porque en una sociedad democrática tanto el Gobierno como los ciudadanos en general se ven beneficiados por el hecho de que todas estas categorías de empresas públicas se gestionen de una forma profesional y apliquen prácticas de buen gobierno corporativo[13]. En segundo lugar, porque la implementación de programas de cumplimiento y de un buen gobierno corporativo en todas las empresas públicas, independientemente de su naturaleza jurídica, resulta decisivo para la contribución positiva a una cultura de cumplimiento en la empresa privada. En tercer lugar, porque al margen de que se las pueda condenar o no penalmente el simple hecho de disponer de programas de cumplimiento y de un buen gobierno corporativo ya genera por sí solo un no desdeñable efecto reputacional. En cuarto lugar, porque independientemente de que se las pueda condenar penalmente o no, un buen programa de cumplimiento puede prevenir la responsabilidad penal de las personas físicas integradas en sus estructuras. También se ha destacado, entre otras razones más, que exigirse a las empresas públicas la implementación de programas de cumplimiento y de códigos éticos debería garantizar la igualdad de condiciones en los mercados en los que compiten las empresas del sector público y las empresas del sector privado, con el fin de evitar distorsiones de mercado[14].

---

13 OCDE, *Directrices de la OCDE sobre el Gobierno Corporativo de las Empresas Públicas*, 2011, p. 14. Disponible en: https://www.oecd.org/daf/ca/corporategovernanceofstate-ownedenterprises/48632643.pdf [fecha de consulta: 15.5.2024]

14 OCDE, *Directrices*, p. 13. Como argumento que consideramos menos relevante por situarse en una lógica privatizadora de servicios públicos, la OCDE también ha destacado que el buen gobierno corporativo de las empresas públicas constituye un importante requisito previo para llevar a cabo una privatización efectiva desde el punto de vista económico,

Con los autores críticos con la posibilidad de que los programas de cumplimiento se introduzcan también en los Entes Públicos Empresariales y el sector público sólo compartimos el escepticismo sobre la utilidad y la capacidad del *compliance* para situarse como un instrumento mejor que el derecho público para la reducción de la corrupción[15]. Pero deben reconocerse dos cosas. En primer lugar, que es cuanto menos incoherente estimular como poder público su implementación en las empresas privadas y no utilizarlo en las públicas[16].

Y, en segundo lugar, que no hay ningún obstáculo legal para su implementación más allá del de procurar un diseño y ejecución de estos programas que (1) sea coherente con la legislación administrativa general y el derecho disciplinario ya existente; y (2) que se consideren las especificidades de este tipo de empresas, a caballo de lo privado y lo público[17].

Sólo a título de ejemplo de lo primero, y a pesar de ser una cuestión discutida, existe amplio consenso que el sector público

---

dado que hará que las empresas resulten más atractivas para los posibles compradores, aumentando su valoración (OCDE, *Directrices,* p. 9)

15 Así se ha manifestado QUINTERO OLIVARES, G. *ob.cit.,* p. 301-302 considerando que el buen cumplimiento de la legislación de la contratación pública, por una parte, y la eficacia del derecho disciplinario, el control de la gestión y la aplicación del gasto a través de la Intervención, pueden ser suficientes.

16 Así lo han calificado GUTIÉRREZ, E. "Corrupción pública: concepto y mediciones. Hacia el Public compliance como herramienta de prevención de riesgos penales", en *Política criminal,* Vol. 13, núm. 25, 2018, p. 117; NIETO MARTÍN, A. *ob.cit,* p. 17.

17 He podido desarrollar estas ideas en BAUCELLS, J. "Especificidades de los modelos de cumplimiento penal para prevenir la corrupción en el sector público empresarial", *La Ley compliance penal,* núm. 17, 2024. También sobre esta cuestión CAMPOS ACUÑA, C. (2020), *Guía práctica de compliance en el sector público,* Wolters Kluwer o FORTUNY, M. – SUBIRANA, S., (2020), *Compliance en el Sector Público,* Aranzadi, Cizur menor.

empresarial también está sometido a la normativa de contratación pública[18]. La Ley 9/2017, de 8 de noviembre, de Contratos del Sector Público establece expresamente que es aplicable a EPE y SMP[19]. Siendo así, es evidente que el diseño de los programas de cumplimiento deberá adecuarse a esta normativa tanto para prevenir determinados delitos como adaptar sus protocolos al cumplimento de lo exigido en ella[20].

---

18 Ver por todos BONILLA, J.A., "Cuestiones relativas al régimen jurídico de la contratación de las empresas públicas en forma mercantil", *Consultor de los ayuntamientos y de los juzgados: Revista técnica especializada en administración local y justicia municipal*, núm. 12, 2003, a partir de la jurisprudencia emanada del Tribunal de Justicia de la Comunidad Europea (TJCE) a partir de 1998, respecto al ámbito subjetivo de aplicación de las mismas, centrado en el concepto de «poder adjudicador». A modo de resumen, dado que el Derecho comunitario no maneja un concepto formal de «organismo de derecho público», y prevalece un principio de indiferencia hacia las formas, se concluye que tanto los entes dotados de personalidad jurídico pública, como los que tienen personalidad jurídico privada, se incluyen en ese concepto de «organismo de derecho público», o lo que es lo mismo, de "poder adjudicador".

19 Su art. 3 g) considera en su ámbito subjetivo a "*Las Entidades Públicas Empresariales a las que se refiere la Ley 40/2015, de 1 de octubre, de Régimen Jurídico del Sector Público, y cualesquiera entidades de derecho público con personalidad jurídica propia vinculadas a un sujeto que pertenezca al sector público o dependientes del mismo*". En su letra h) a "*Las sociedades mercantiles en cuyo capital social la participación, directa o indirecta, de entidades de las mencionadas en las letras a), b), c), d), e), g) y h) del presente apartado sea superior al 50 por 100, o en los casos en que, sin superar ese porcentaje, se encuentre respecto de las referidas entidades en el supuesto previsto en el artículo 5 del texto refundido de la Ley del Mercado de Valores, aprobado por Real Decreto Legislativo 4/2015, de 23 de octubre*".

20 A modo de ejemplo de lo primero, y para prevenir el delito de negociaciones prohibidas (art. 439 CP) se deberá considerar lo establecido en el art. 64 LCSP que establece que "*los órganos de contratación (de la SMP o EPE) deberán tomar las medidas adecuadas para luchar contra el fraude, el favoritismo y la corrupción, y prevenir, detectar y solucionar de modo efectivo los conflictos de intereses que puedan surgir en los procedimientos de licitación con el*

Como ejemplo de lo segundo, la consideración de los miembros de estas empresas como funcionarios a efectos penales[21] conducirá a que en el mapa de riesgos de los programas de cumplimiento de estos entes públicos deberán contemplarse no sólo los riesgos de comisión de delitos propios de cualquier empresa (fundamentalmente delitos socioeconómicos, corrupción en los negocios, falsedad documental, blanqueo de capitales, ...), sino también los riesgos de delitos cometidos por funcionarios públicos.

Sin duda, estos dos serán -como veremos infra- los principales condicionantes para apuntar las directrices de futuro de los programas de cumplimiento en el sector público empresarial[22]. Pero antes, ocupémonos de analizar el presente, determinar cuál es esa realidad a día de hoy, el estado de implementación de los modelos de cumplimiento normativo en el sector público español. Para ello vamos a dedicar los siguientes epígrafes a analizar los principales resultados de los dos estudios de campo realizados hasta el momento. Nos referimos al realizado en el sector público empresarial español por parte del Tribunal de cuentas[23] y el realizado en el sector público catalán por parte de la Oficina Antifrau de Catalunya[24].

---

fin de evitar cualquier distorsión de la competencia y garantizar la transparencia en el procedimiento y la igualdad de trato a todos los candidatos y licitadores".

21 Ver supra Primera parte, capítulo I, GARCÍA ARÁN, M. "Las entidades del sector público empresarial y el concepto penal de funcionario público".

22 Ver infra Capítulo XIII, GIMENO, M.A. – NIETO, A.

23 Ver infra apartado 2 VALDERRAMA, J.M. "Resultados del estudio de campo del Tribunal de Cuentas"

24 Ver infra apartado 3 ESCODA, E. "Resultados del estudio de campo de la Oficina Antifraude de Cataluña"

2. RESULTADOS DEL ESTUDIO DE CAMPO DEL TRIBUNAL DE CUENTAS (JOSÉ MANUEL VALDERRAMA)

2.1. Objeto del informe, metodología y entidades participantes.

El presente capítulo se centra en sintetizar las conclusiones arrojadas por el estudio llevado a cabo el año 2018 por el Tribunal de Cuentas bajo el título: *Informe de fiscalización del grado de implementación de los modelos de prevención de delitos y de comportamientos contrarios a la ética en las sociedades mercantiles estatales en el ejercicio 2018*[25]. Las entidades fiscalizadas, como el propio título indica, revestían la forma de sociedades mercantiles estatales, reguladas en el Capítulo V del Título II de la Ley 40/2015, de 1 de octubre, de Régimen Jurídico del Sector Público y los arts.166, 169 y 173 de la Ley 33/2003, de 3 de noviembre, del Patrimonio de las Administraciones Públicas. Y el objeto elegido lo fue precisamente por el alcance del sistema de responsabilidad penal a estas sociedades, de acuerdo con lo dispuesto en el art. 31 bis del Código Penal. Y también se tuvo en cuenta el tenor del art. 31 bis 3 CP: no se incluyeron personas jurídicas de pequeñas dimensiones. Otros criterios para mantener la homogeneidad de estos sujetos fueron que estas sociedades "*no pertenezcan al sector financiero y de seguros y no desarrollen su actividad principal en el ámbito internacional.*[26]". Como se puede observar en la *Tabla 1* el número de entidades participantes fue de 30, con un número de trabajadores comprendidos de entre 13 a 54.854. Determinadas entidades eran dependientes de otras; este es el caso de las Sociedades Mercantiles del Grupo

---

[25] Tribunal de Cuentas, (2020), *Informe de fiscalización del grado de implementación de los modelos de prevención de delitos y de comportamientos contrarios a la ética en las sociedades mercantiles estatales en el ejercicio 2018* disponible en https://www.tcu.es/repositorio/ebb28a45-7bff-4bd2-b6d7-3ad1bcabda15/I1398.pdf [fecha de consulta: 25/07/2023]

[26] Tribunal de Cuentas (2020), p. 10.

Renfe: Renfe Fabricación y Mantenimiento, Renfe Mercancías y Renfe Viajeros, tres de las cinco sociedades mercantiles dependientes de la Empresa Pública Empresarial Renfe-Operadora y desde 2012 constituidas como grupo de sociedades.

Acrónimo	Nombre completo de la sociedad	Número de empleados a 31/12/2018
ACUAES	Sociedad Mercantil Estatal Aguas de las Cuencas de España, S.A.	95
ACUAMED	Aguas de las Cuencas Mediterráneas, S.M.E., S.A.	79
AENA	Aena, S.M.E., S.A.	7.605
Agencia EFE	Agencia EFE, S.A., S.M.E.	726
CETARSA	Compañía Española de Tabaco en Rama, S.A., S.M.E.	344
CILSA	Centro Intermodal de Logística, S.A., S.M.E.	13
CORREOS	Sociedad Estatal Correos y Telégrafos, S.A., S.M.E.	54.854
Correos Express	Correos Express Paquetería Urgente, S.A., S.M.E.	1.179
CRTVE	Corporación de Radio y Televisión Española, S.A., S.M.E.	6.457
EBHI	European Bulk Handling Installation E.B.H.I., S.A., S.M.E.	146
ENISA	Empresa Nacional de Innovación, S.M.E., S.A.	55
ENRESA	Empresa Nacional de Residuos Radiactivos, S.A., S.M.E., M.P.	315
ENSA	Equipos Nucleares, S.A., S.M.E.	463
ENUSA	Enusa Industrias Avanzadas, S.A., S.M.E.	672
ENWESA	Enwesa Operaciones, S.A., S.M.E.	199
HUNOSA	Hulleras del Norte, S.A., S.M.E.	986
INECO	Ingeniería y Economía del Transporte S.M.E., M.P., S.A.	3.111
ISDEFE	Ingeniería de Sistemas para la Defensa de España, S.A., S.M.E., M.P.	1.628
NAVANTIA	Navantia, S.A.., S.M.E.	4.953
PARADORES	Paradores de Turismo de España, S.M.E., S.A.	4.569

Renfe Mantenimiento	Renfe Fabricación y Mantenimiento Sociedad Mercantil Estatal, S.A.	3.165
Renfe Mercancías	Renfe Mercancías Sociedad Mercantil Estatal, S.A.	1.017
Renfe Viajeros	Renfe Viajeros Sociedad Mercantil Estatal, S.A.	9.331
SEGIPSA	Sociedad Mercantil Estatal de Gestión Inmobiliaria de Patrimonio, M.P., S.A.	194
SEIASA	Sociedad Mercantil Estatal de Infraestructuras Agrarias, S.A.	74
SEITT	Sociedad Estatal de Infraestructuras del Transporte Terrestre, S.M.E, S.A.	442
SELAE	Sociedad Estatal Loterías y Apuestas del Estado, S.M.E., S.A.	554
SENASA	Servicios y Estudios para la Navegación Aérea y la Seguridad Aeronáutica, S.M.E., M.P., S.A.	589
TRAGSA	Empresa de Transformación Agraria, S.A., S.M.E., M.P.	6.767

Tabla 1: Entidades participantes en el estudio del Tribunal de Cuentas. Fuente Tribunal de Cuentas (2020)

Establecido el sujeto, conviene señalar que el objeto de la "fiscalización"[27] se centró en los tres elementos que se presentarán en los apartados siguientes: los sistemas de prevención de riesgos penales; los sistemas éticos o de integridad; y los portales de transparencia y solicitud de información por parte de terceros. En cuanto a los modelos de organización y gestión o modelos de prevención de delitos (MPD en adelante), el Informe partió del concepto previsto en el art. 31 bis 2. 1° CP, esto es, aquéllos previstos para evitar la comisión de delitos en el seno de orga-

[27] Acojo en estas líneas el término fiscalización en el mismo sentido utilizado por el informe citado *supra*, esto es, desde la perspectiva del grado de implementación de los sistemas objeto de estudio, pero excluyendo cualquier parametrización sobre su eficacia.

nizaciones a través de disposiciones de vigilancia y de control adecuadas a los riesgos penales que estas presenten en el ejercicio de su actividad (tanto interna como externa). Otra normativa utilizada para el análisis de los MPD fue la *Directriz para la Auditoría de la Prevención de la Corrupción*[28]. Pero en su análisis el Tribunal de Cuentas va un paso más allá, incluyendo en estos modelos otras prevenciones fuera del ámbito estrictamente penal, como las orientadas a reducir el riesgo de conductas contrarias a la integridad de los miembros de las sociedades. Y esto lo analizó, como hemos señalado, en un apartado sistemáticamente diferenciado de las medidas de contingencia para evitar la amenaza de comisión de ilícitos. Los parámetros que tuvo en cuenta fueron dos: (1) el cumplimiento de las sugerencias de la OCDE en su *Recomendación sobre Integridad Pública*[29] y; (2) el cumplimiento de una serie de principios: integridad en la actuación mediante la observancia del interés público, independencia y objetividad, competencia en el ejercicio de sus funciones, comportamiento profesional y confidencialidad (en atención a la Ley Orgánica 3/2018, de 5 de diciembre, de Protección de datos personales y garantía de los derechos digitales) y transparencia[30]. En cuanto al apartado de transparencia, el objeto de estudio se centró en el análisis del cumplimiento de las disposiciones establecidas en la Ley 19/2013, de 9 de diciembre, de transparencia, acceso a la información pública y buen gobierno, en contraposición con los resultados del apartado 1.2 de la presente obra, que se rige

---

[28] International Organization of Supreme Audit Institutions (2019). *Guid 5270. Guideline for the Audit of Corruption Prevention.* Disponible en: https://www.issai.org/pronouncements/guid-5270-guideline-for-the-audit-of-corruption-prevention/ [fecha de consulta: 16/03/2024].

[29] Organización para la Cooperación y el Desarrollo Económicos (2017). *Recomendación del Consejo de la OCDE sobre Integridad Pública.* Disponible en: https://www.oecd.org/gov/integridad/recomendacion-integridad-publica/ [fecha de consulta: 16/03/2024].

[30] Tribunal de Cuentas (2020), p. 12.

además por la Ley 19/2014, de 29 de diciembre, de transparencia, acceso a la información pública y buen gobierno, propia de Catalunya, como se verá. Recordar que la legislación estatal en materia de transparencia prevé, entre otros, la existencia de un portal de transparencia, obligaciones de difusión y acceso a la información, deberes de publicidad activa y de buen gobierno.

La metodología utilizada fue el análisis de las cuentas anuales del ejercicio 2018 de las entidades reseñadas, con el correlativo informe de auditoría. Tras ello se procedió a la fiscalización de las mismas por el Tribunal de cuentas, quien trasladó sus conclusiones a las entidades afectadas a efectos que formulasen las alegaciones que considerasen oportunas. Aquéllas que se justificaron razonablemente y se presentaron en plazo han servido para modificar los extremos del Informe a que se referían[31]. Para la elaboración de determinados epígrafes del trabajo fiscalizador, el Tribunal de Cuentas utilizó metodología cualitativa, como entrevistas al personal sobre el contenido y alcance de los códigos de ética y planes de prevención de riesgos penales[32]; sobre la eficacia de los órganos de vigilancia[33]; o sobre el grado de utilización de los canales de denuncias[34], entre otros.

2.2. Resultados sobre el grado de implementación

En el presente apartado se procede al análisis de los resultados arrojados por el Informe del Tribunal de Cuentas en base a los tres apartados antes señalados.

---

31 Tribunal de Cuentas (2020), pp. 19-20.

32 Tribunal de Cuentas (2020), p. 33.

33 Tribunal de Cuentas (2020), p. 37.

34 Tribunal de Cuentas (2020), p. 43.

a) Sistema de prevención de riesgos penales

Lo primero que cabe reseñar de este apartado es que ya en 2018, de las 30 sociedades fiscalizadas, 29 disponían de Modelos de Prevención de Delitos. La causa más probable de este alto índice de implementación, en comparación con el de otros instrumentos es, como se ha señalado anteriormente, que las sociedades mercantiles públicas se encuentran incluidas en el ámbito subjetivo de la responsabilidad penal de la persona jurídica, teniendo los modelos de prevención de riesgos penales eficacia eximente (o atenuante, en su caso), cuando reúnan los requisitos del art. 31 bis 5º CP.

El primer apartado del informe comprende una categorización de los MPD atendiendo a dos parámetros: el nivel de detalle de los comportamientos delictivos y la concreción de la relación entre riesgos delictivos y controles, previendo cuatro escenarios posibles para cada uno (A, B, C, D) según el nivel de concreción, siendo A el nivel menos detallado y D el grado de más detalle. Los resultados agregados de las 29 sociedades se exponen en la *tabla 2*.

Recuento	Detalle de los comportamientos delictivos	Concreción de la relación entre riesgos delictivos y controles
Escenario A	1 (3,44%)	1 (3,44%)
Escenario B	14 (48,28%)	12 (41,38%)
Escenario C	14 (48,28%)	13 (44,83%)
Escenario D	0 (0%)	3 (10,34%)

Tabla 2: Número de sociedades que se encuadran en cada uno de los escenarios planteados por el Informe del Tribunal de Cuentas. Fuente: elaboración propia a partir de los datos extraídos de Tribunal de Cuentas (2020), p. 52.

Las definiciones que proporciona el Tribunal de Cuentas sobre los cuatro escenarios en que ha agrupado los entes que participaron en el estudio son las siguientes[35]:

[35] Tribunal de Cuentas (2020), p. 51.

Escenario A: *"El PPRP se limita a transcribir el tipo delictivo, sin definir comportamientos concretos de la actividad o de la gestión interna de la Sociedad."*

Escenario B: *"El PPRP se encuentra en la situación descrita en el nivel anterior, aunque, a la vista de la definición de los controles establecidos para cada tipo delictivo, permite deducir a qué actividades o procedimientos se refieren dentro de la Sociedad."*

Escenario C: *"En el PPRP, la mayor parte de los riesgos se corresponde con comportamientos concretos ligados a la actividad o la gestión interna de la Sociedad, mientras que en el resto de los riesgos la concreción no se da o es escasa."*

Escenario D: *"El PPRP, con carácter general, detalla o concreta comportamientos concretos ligados a la actividad o a la gestión interna de la Sociedad que pueden suponer un riesgo para ella."*

Podemos observar que sólo una sociedad se sitúa en el escenario más desfavorable, tanto en la concreción de los riesgos como en la correlación riesgos – controles. Es la misma sociedad la que se presenta en este nivel bajo de ambos parámetros. En el detalle de comportamientos delictivos el grueso de las sociedades se encuentra en los escenarios b y c, siendo el primero aquél en que no se definen comportamientos concretos de la actividad de la sociedad pero se pueden deducir atendiendo a la definición de los controles establecidos y el escenario c aquél en que la mayoría de riesgos se corresponde con actividades concretas del ente aunque algunos no están definidos. No encontramos ente alguno en el escenario d, a saber, que se detallen todos los comportamientos concretos relacionados con la actividad.

En cuanto a la relación entre riesgos y controles, entendiendo por éstos los que se establecen para mitigar o minimizar el riesgo de comisión de cada tipo delictivo, sí que encontramos 3 sociedades que sobresalen, detallando controles concretos a comportamientos específicos de la actividad de la sociedad. De los 25 restantes (restando una antes ya citada que se encuentra en el peor escenario), 13 cuentan con controles para la mayoría de actividades de la empresa, sin concretar en algunas; mientras que 12 aplican controles por diferentes tipos delictivos (en vez de por actividades o comportamientos concretos que puedan conllevar un riesgo) y es de la propia descripción de éstos que indirectamente se deduce las actividades en las que actúan.

Las conclusiones que extrae el Informe del Tribunal de Cuentas de lo anteriormente expuesto es el esfuerzo general de las sociedades en implementar modelos de prevención de riesgos penales. En estos modelos, además, se vinculan con medidas orientadas a la promoción de la cultura ética dentro de las sociedades. Es interesante, en esta línea, como el propio Tribunal de Cuentas señala, derivado de esta utilización ambivalente de los MPD, que "*incluir o no en un mismo sistema los comportamientos contrarios a la ética social o empresarial y los de tipo delictivo es una opción que ha de valorarse en términos de eficacia y eficiencia*"[36]. Y es que el 53 % de las sociedades (16 entes) mantienen MPD que incluyen, a su vez, las medidas de carácter ético.

Otra cuestión reseñable es que para su diseño la mayoría de las sociedades mercantiles públicas analizadas habían recurrido a consultorías y despachos de abogados externos, coordinándose a nivel interno con órganos de asesoría jurídica o la alta dirección de la sociedad (Gráfico 1).

---

36 Tribunal de Cuentas (2020), p. 74.

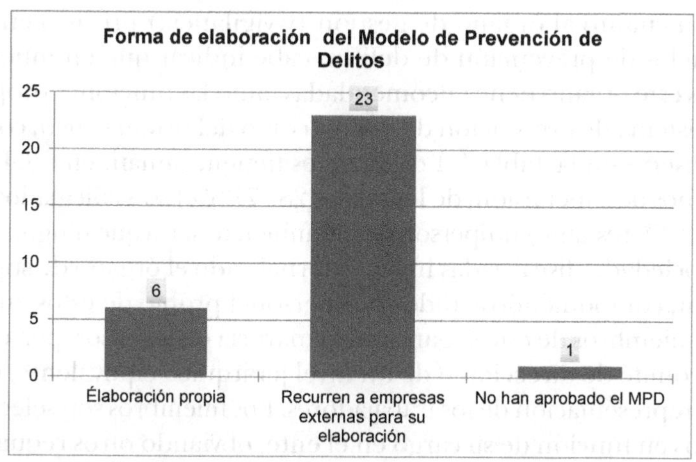

Gráfico 1: Forma de elaboración del Modelo de Prevención de Delitos por las sociedades fiscalizadas. Fuente: elaboración propia a partir de los datos extraídos de Tribunal de Cuentas (2020), pág. 74.

En cuanto al grado de implementación, la mayoría de las sociedades contaban con un modelo que, como el propio Tribunal califica, se hallaría en "grado inicial", seguido por aquéllas que tendrían un modelo en "grado evolucionado" de implementación y, con poca representación de las que se encontraban en un grado de implementación "incipiente" o en fase de desarrollo. Ninguna alcanzaba el grado de "experimentado".

Grado de implementación	Recuento de entidades
Implementación incipiente	2
En fase de desarrollo	3
Grado inicial	14
Grado evolucionado	11
Grado experimentado	0

Tabla 3: Número de entidades según el grado de implementación de los MPD. Fuente: elaboración propia a partir de los datos extraídos de Tribunal de Cuentas (2020, p. 74)

En cuanto al órgano de gestión (y vigilancia) previsto en los modelos de prevención de delitos, cabe indicar que en muchos casos este órgano tiene encomendadas tanto las funciones propias del sistema de prevención de delitos como del sistema ético, como se observa en la Tabla 4. Los 30 entes tienen, suman, en total, 36 órganos de supervisión, de los cuales 28 (77,8%) son colegiados y 8 (el 22,2% restante) unipersonales. También destaca que ninguna de las sociedades fiscalizadas había externalizado el órgano de supervisión, componiéndose todos por personal propio de estos entes. Son miembros de este órgano, en la mayoría de los casos, personal del comité de dirección o de un nivel jerárquico equivalente, con baja representación de los trabajadores. Los miembros son seleccionados en función de su cargo en el ente, obviando otros requistos de idoneidad para el cargo. Se trata de órganos, en su mayoría que asume una gran cantidad de funciones: conoce de todo el procedimiento de tramitación de denuncias (desde la tramitación hasta la propia investigación, la propuesta de sanción y la finalización del procedimiento); hacen el seguimiento del sistema de ética y los procedimientos, riesgos y controles establecidos, identificando las vulnerabilidades de los procedimientos; proponen la revisión de los sistemas; y resuelven las diferentes consultas que se les puedan plantear a nivel ético, entre diversas funciones que integran su amplio ámbito de actuación. Salvo en cuatro casos, los órganos de vigilancia dependían directamente del Consejo de Administración y tenían la obligación de remitir información periódicamente[37].

[37] Para mayor detalle vid. Tribunal de Cuentas (2020), p. 38.

Funciones del órgano de vigilancia	Recuento de entidades
Gestión exclusiva del sistema ético	12
Gestión exclusiva del sistema de prevención de riesgos penales	13
Gestión conjunta de sistema ético y prevención de riesgos penales	11
Total órganos de vigilancia	*36*

Tabla 4: Funciones encomendadas a los órganos de vigilancia. Fuente: elaboración propia a partir de los datos extraídos de Tribunal de Cuentas (2020, p. 35)

Concluye el Tribunal de Cuentas que la existencia de un compromiso por parte de los órganos de dirección de las sociedades fiscalizadas ha sido clave en la implementación de los sistemas de prevención de delitos, siendo la intervención de los órganos de vigilancia tangencial a tal finalidad[38].

En cuanto a los canales de denuncias o alertas, la mayoría de las sociedades contaban con uno, desde 2018, derivado de la implementación de modelos de prevención de delitos o sistemas éticos. La mayoría preveían en abstracto la posibilidad de uso por parte de terceros, pese a que en muchos casos señala el Tribunal que era imposible poner en práctica este sistema de alertas por terceros por la falta de publicidad del canal, de cómo acceder al mismo y en qué supuestos utilizarlos. También se cuestiona la puesta en marcha de los canales de denuncia a nivel interno en la mitad de las sociedades, dado que en estos supuestos no existía una regulación interna clara. Además, se destaca que en las sociedades objeto del informe no se había impartido formaciones concretas sobre el uso del canal de denuncias, pese a que sí se había difundido, tanto en los momentos de aprobación como de sus modificaciones, mayoritariamente a través de intranet o correo electrónico.

---

[38] Tribunal de Cuentas (2020), p. 75.

En cuanto a la formación impartida acerca de los modelos de prevención de delitos, sólo 20 entidades habían empezado a facilitarla, de las cuáles 14 la habían impartido a la totalidad de los empleados.

En cuanto a las sanciones que preveían los MPD de los entes fiscalizados por el Tribunal de cuentas, la mayoría solía prever sanciones por conductas perniciosas en ellos previstos, normalmente remitiéndose para su determinación a los Convenios Colectivos aplicables. Destaca el informe que, en estas fuentes normativas, habitualmente se prevé como falta los "*incumplimientos de procedimientos y controles establecidos por la entidad*"[39]. Es esta falta de determinación de las faltas concretas previstas en el MPD y, más aún, la falta de sanciones concretas aparejadas a las mismas, lo que lleva a concluir al Tribunal de Cuentas que se pierde el efecto disuasorio, en tanto que no hay posibilidad práctica de aplicar sanciones al contraventor.

En último lugar, acerca de la revisión de los MPD, señala el Tribunal que pese a que diecisiete sociedades habían procedido a la revisión de éstos, sólo 12 había llevado a cabo revisiones relevantes.

b) Sistema ético

El informe del Tribunal de Cuentas encuentra un gran escollo, por la ya citada compenetración de los modelos de prevención de delitos y sistemas éticos, para efectuar una distinción clara entre ambos sistemas. Por ello, en muchos casos se hacen referencias en el informe original a cuestiones éticas al tratar los MPD. Aquí se va a intentar exponer brevemente las conclusiones que únicamente afectan al sistema ético.

La primera observación que debe hacerse es que, de los 36 órganos de vigilancia con los que cuentan los entes, 23 tienen encomendadas funciones de supervisión del código ético (vid. Tabla 4).

---

39 Tribunal de Cuentas (2020), p. 54.

Constata el Tribunal que "*Con carácter general, en esta fiscalización, se ha observado una mayor conciencia de los aspectos éticos y de los elementos del sistema de integridad en aquellas Sociedades que actúan en sectores en los que tradicionalmente se les ha requerido un especial compromiso profesional y, en general, ético*[40]". Es decir, el sector de actividad tiene un impacto esencial en el desarrollo de sistemas éticos.

Los códigos éticos de las sociedades fiscalizadas acostumbran a incluir los principios de integridad, independencia y objetividad, competencia, comportamiento profesional, confidencialidad y transparencia. El principio de confidencialidad es uno de los que mayor conciencia generaba entre los miembros del ente, derivado de la difusión de las normas en materia de protección de datos. Y aquí vuelve a tener gran trascendencia el sector de actividad de la sociedad, pues es en aquéllas como defensa o seguridad en las que acostumbra a exigirse un compromiso de confidencialidad y a establecerse controles acerca del mismo. En materia de integridad se ha ido produciendo una mejora en estos últimos años por la progresiva implementación de políticas de regalos y hospitalidades.

En lo referente a la forma de adopción del código ético, podemos ver en la Tabla 5 que en la mayoría de los casos se adopta por el Consejo de Administración. Aún y haber sido aprobados por éste, en gran cantidad de los entes estos códigos tienen han sido objeto de una gran participación por parte de los órganos de alta dirección. La cuestión más relevante que observa el órgano fiscalizador a este particular es que, en general, el papel de los trabajadores y sus representantes sindicales es casi nula en la formación y aprobación de estos códigos.

---

40 Tribunal de Cuentas (2020), p. 57.

Aprobación de los sistemas éticos	Recuento de entidades
No disponen de código ético	3
Aprobado por el Consejo de Administración	25
Aprobado por otros órganos	2

Tabla 5: Forma de aprobación de los códigos éticos. Fuente: elaboración propia a partir de los datos extraídos de Tribunal de Cuentas (2020), p. 58.

Por otro lado, estos códigos eran adecuados a cada sociedad, con un redactado propio y diferente de las demás e incorporando sus objetivos propios y valores, adecuando una serie de conductas concretas ajustadas a los mismos, pese que para el Tribunal en algunos supuestos eran mejorables.

Se reseña también, en el informe, que en ningún supuesto se había elaborado, con anterioridad a su aprobación, un estudio sobre los riesgos en el campo de las conductas éticas (como sí se había hecho al respecto de los MPD; exigencia, por otro lado, derivada del art. 31 bis .1.5 1° CP). En consecuencia, destaca la ausencia de procedimientos adecuados para evitar estos posibles riesgos.

Sobre el grado de implementación de los sistemas éticos, podemos ver que el grado máximo alcanzado por las sociedades es "*implementación en fase inicial*" (véase Gráfico 2), mientras que ninguna de las sociedades se encuentra en las fases "*evolucionado*" o "*experimentado*":

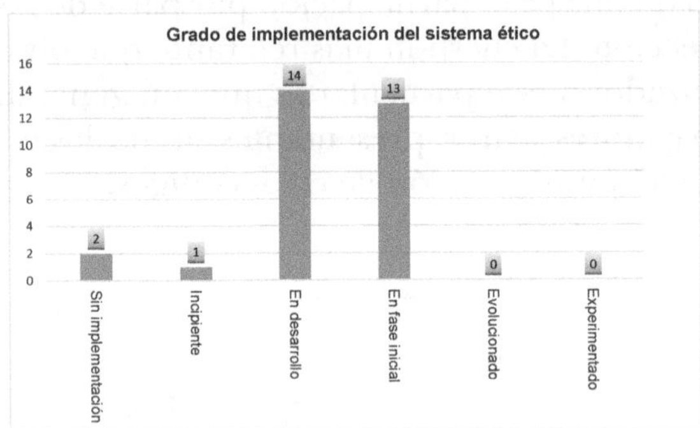

Gráfico 2: Grado de implementación del sistema ético. Fuente: elaboración propia a partir de los datos extraídos de Tribunal de Cuentas (2020), p. 65.

En cuanto a la extensión a terceros, bastantes entidades preveían que los códigos éticos propios de estas sociedades debían ser observados por otros agentes que interactuasen con ellos, previendo algunas el incumplimiento de éste como causa de resolución del contrato.

Se ha observado también como estos códigos eran objeto de publicidad en Internet, y para los empleados accesible a través de intranet, aunque para los trabajadores que no realizaban tareas propias de aquéllos que trabajan con pantallas de visualización de datos, seguramente por esta causa, no tenían tanto conocimiento de su existencia en comparación con los que sí usaban estos medios habitualmente. Y de entre aquéllos que conocían su existencia, el Tribunal señala que en su mayoría tenían un conocimiento superficial de su contenido. Aquí se vuelve a incidir en la importancia del sector de actividad de la empresa, siendo que en aquéllas que se vinculaban estrechamente con el cumplimiento de estándares éticos se tenía un conocimiento más detallado del contenido del código[41].

Algo similar sucede con la política de regalos, la mayoría de quienes integraban estas sociedades tenían constancia de su existencia, pero no así de su alcance. Si bien en las 27 sociedades que disponían de código ético existía tal política, sólo 4 concretaban los importes concretos que permitían discernir cuando aceptar o no un regalo. No obstante, sí se detallaban en gran parte de las sociedades las conductas que constituían conflicto de interés, siendo sólo 4 entidades las que no hacían referencia a los familiares en los conflictos de interés y 3 sociedades las que omitían a los terceros. Pero 11 de ellas contaban con definiciones muy detalladas de los distintos supuestos de conflicto de interés, ejemplos de conductas que podían constituirlo o directrices sobre cómo actuar al encontrarse ante uno.

---

41 Véase más detalle sobre estas entidades en Tribunal de Cuentas (2020), p. 60.

A nivel conflictos de interés también considera el Tribunal que es muy relevante la política post-empleo, que en la mayoría de las sociedades sólo alcanza incompatibilidades durante dos años después de cesar en el cargo para miembros de alta dirección.

Al igual que sucedía con la infracción de conductas previstas en el MPD, las sanciones previstas para infracciones del Código ético están recogidas en normativa convencional laboral, aunque a diferencia de los primeros, las conductas relativas a infracciones éticas no quedaban tan bien determinadas. Como segundo aspecto reseñable cabe mencionar que la regulación laboral no alcanza a los miembros del Consejo de Administración, que no tienen una relación laboral con las sociedades fiscalizadas por el Tribunal de Cuentas.

c) Transparencia

En el aspecto de transparencia señala el Tribunal de Cuentas que la mayoría de las sociedades cumplen las obligaciones de publicidad activa de la Ley 19/2013, de 9 de diciembre. Acerca de las obligaciones de información institucional se señala que únicamente 6 entidades no publican adecuadamente la misma en sus sitios web.

En cuanto a la información económica, detecta como principales deficiencias el Tribunal que algunas sociedades no publican información completa sobre los contratos públicos, bien remitiendo a la página principal de la plataforma de contratación en vez de al perfil de cada sociedad, bien publicando información superficial y dando la posibilidad de ampliarla a instancia del interesado por correo electrónico. En algunas no se facilitaba información estadística sobre la contratación. Y en otras pocas no se informaba acerca de los convenios o encomiendas de gestión, facilitando información únicamente acerca de los contratos públicos. La mayor deficiencia, en general, era que las sociedades no incluían información acerca de subvenciones y ayudas públicas.

Gráfico 3: Publicidad de la información institucional. Fuente: elaboración propia a partir de los datos extraídos de Tribunal de Cuentas (2020), p. 67.

Como aspecto positivo señala el Tribunal que casi todas las sociedades publicaban las cuentas anuales, el informe de gestión y el de auditoría, así como los datos sobre retribuciones de altos cargos, que a criterio del órgano fiscalizador debería ampliarse a otros sujetos de los entes[42].

En cuanto a los canales de información pública, casi todos los entes analizados facilitaban el acceso al mismo mediante sus páginas web, complementándose en muchos casos con información sobre otros medios para solicitar tal información (como correo postal). Sólo 11 de las 30 sociedades no habían recibido solicitudes de información. Pocas de las entidades contaban, además, con un procedimiento formalizado sobre como tramitar las peticiones de información.

En conclusión, el órgano fiscalizador no detecta graves deficiencias en materia de transparencia, tanto en términos de

42 Tribunal de Cuentas (2020), p. 70.

publicidad activa como pasiva, teniendo un gran margen de mejora la implementación de procedimientos sobre la tramitación de solicitudes de información.

3. RESULTADOS DEL ESTUDIO DE CAMPO DE LA OFICINA ANTIFRAUDE DE CATALUÑA (ELISENDA ESCODA)

3.1. Resultados del estudio de campo sobre el cumplimiento normativo y la integridad en el sector público empresarial de Cataluña

a) Objeto del informe, metodología y entidades participantes:

La introducción de la responsabilidad penal de las personas jurídicas en 2010 en el Código penal y la inclusión de las sociedades públicas de carácter mercantil en este régimen con carácter general el año 2015 supuso un importante reto para estas entidades públicas. El nuevo marco legal incentiva que las sociedades mercantiles públicas dispongan de modelos de organización y gestión, utilizando la terminología del art. 31 bis 5 del Código penal, con la finalidad de prevenir la comisión de delitos en el seno de estas organizaciones y para evitar las consecuencias que, en su caso, para ellas se podrían derivar por la capacidad de eximir o atenuar la responsabilidad penal que pueden tener estos modelos cuando son eficaces.

Los modelos de cumplimiento normativo en el sector público tienen que ser más exigentes que en el sector privado para dar prioridad a los intereses públicos por encima de cualquiera otros y tienen que ir más allá de la existencia o no de responsabilidades penales. Además de controles y procedimientos internos adecuados y proporcionales a cualquier tipo de riesgos es necesario adoptar los valores del servicio y la ética pública.

Por todo ello, la Oficina Antifraude de Cataluña junto con la Universidad Autónoma de Barcelona, la Universidad de Castilla-

La Mancha, la Universidad de Vigo, en una primera fase, la Universidad de Santiago de Compostela, que se incorporó con posterioridad, firmaron un convenio de colaboración el año 2020 para realizar un estudio para promover una cultura de cumplimiento normativo y de integridad en una diversa tipología de entidades del sector público, como son, las sociedades mercantiles públicas, entidades sujetas como se ha dicho al régimen de responsabilidad penal de la persona jurídica, pero también otro tipo de entidades que carecen de ella como las entidades públicas de carácter empresarial y consorcios, todas ellas dependientes de distintas administraciones territoriales de Cataluña.

En este artículo se mostrarán los resultados del estudio de campo efectuado. Para ello, se describirá, en primer lugar, cuál fue el objeto concreto del estudio, así como también la metodología empleada y qué entidades públicas participaron. En segundo lugar y establecido el contenido anterior, se mostrará cuál es el grado de implementación del cumplimiento normativo y la integridad en las entidades que forman parte del sector público empresarial de Cataluña participantes en el estudio.

El estudio tenía por objeto elaborar y desarrollar estándares de cumplimiento normativo y de integridad aplicables a una diversa tipología de entes públicos y que pudieran servir como referencia de buenas prácticas a nivel nacional e internacional.

La metodología empleada en este estudio tenía que garantizar, por una parte, que los resultados que se obtuvieran fuesen válidos, fiables y útiles y, por otra, que respondieran al objetivo de determinar estándares en cumplimiento normativo e integridad en una tipología diversa de entidades públicas. La conexión entre el objetivo y el enfoque metodológico adoptado era fundamental para conseguir este resultado.

El proyecto constó de tres fases y requería, para la consecución de los objetivos fijados, la participación de diversas entidades públicas. En una primera fase, se seleccionaron entidades públicas que podrían formar parte del estudio. Se consideró que el estudio debería comprender un número significativo de empresas y entidades públicas que garantizaran la presencia de distintas administraciones territoriales, distintas actividades y distintos tamaños. Por tanto, los sujetos objeto de estudio eran una diversa tipología de entidades públicas: sociedades mercantiles públicas, entidades públicas empresariales y consorcios. Aplicando estos criterios se preseleccionaron setenta y cuatro entidades públicas de esta tipología del ámbito subjetivo de actuación de la Oficina Antifraude de Cataluña[43].

---

[43] Ley 14/2008, de 5 de noviembre, de la Oficina Antifraude de Cataluña. Artículo 2. Ámbito de actuación.1. El ámbito de actuación de la Oficina Antifraude de Cataluña es el sector público de Cataluña, integrado por la Administración de la Generalidad, los entes locales y las universidades públicas, incluyendo en todos los casos sus organismos, entidades vinculadas y empresas públicas que dependen de los mismos. La OAC, en relación con los entes locales y las universidades públicas, actúa respetando los principios de autonomía local y universitaria garantizados por la Constitución y el Estatuto de autonomía de Cataluña.
2. Se entiende por empresas públicas, a efectos de lo establecido por la presente ley, las empresas en que la Generalidad, los entes locales y las universidades públicas, directa o indirectamente, tienen la mayoría del capital suscrito de la empresa o disponen de la mayoría de los votos inherentes a las participaciones emitidas por la empresa o pueden designar a más de la mitad de los miembros del órgano de administración o de dirección de la empresa.
3. El ámbito de actuación de la Oficina Antifraude comprende, además de lo establecido en el apartado 1, las fundaciones y los consorcios en que las administraciones y entidades que forman el sector público de Cataluña nombran a la mayoría de los miembros de los órganos de decisión o aportan más de un cincuenta por ciento de los ingresos. En el caso de que dicha aportación sea inferior al cincuenta por ciento, el ámbito de actuación de la OAC debe extenderse únicamente al control de las actividades de gestión de servicios públicos, de ejecución de obras públicas o de funciones de recaudación que lleven a cabo a cuenta del sector público de Cataluña, a que se refiere el apartado 1.
4. La actuación de la Oficina Antifraude, adicionalmente, en la medida en que sea preciso para cumplir sus funciones, puede incluir las activi-

Posteriormente y con la finalidad de detectar y analizar riesgos y vulnerabilidades que se pueden dar en esta tipología de entidades, se elaboró un cuestionario de cincuenta preguntas[44] poniendo el foco en cuestiones como la regulación en materia de integridad y ética corporativa, el canal de alertas, el análisis de riesgos, los modelos de prevención de delitos, la transparencia, la formación y sensibilización y también se incluyeron algunas preguntas relativas a ámbitos concretos de riesgo especialmente relevantes como la contratación pública, el reclutamiento y la carrera profesional, la detección y gestión de los conflictos de interés y las subvenciones. La delimitación de las materias en las que se iba a centrar el estudio obedecía a la intención de determinar cuáles iban a ser las principales cuestiones objeto de las conclusiones y recomendaciones del estudio.

Este cuestionario se envió a las setenta y cuatro entidades públicas preseleccionadas. Se solicitó que respondieran aquellas entidades que estuvieran interesadas en participar en este estudio. Responder el cuestionario era condición indispensable para participar.

Utilizando terminología estadística, la "muestra" obtenida de nuestra población objetivo, por tanto, se formó con las veintitrés entidades que respondieron el cuestionario. Hay que destacar que formaron parte del estudio entidades vinculadas o dependientes de distintas administraciones territoriales (Generalitat de Catalunya, Ayuntamiento de Barcelona, Área Metropolitana

---

dades de personas físicas y entidades y empresas privadas que, independientemente de su forma jurídica, sean concesionarias de servicios o perceptoras de subvenciones públicas, al efecto de comprobar el destino y uso de dichas subvenciones, así como las actividades de contratistas que ejecuten obras de las administraciones y entidades que forman el sector público de Cataluña, o que tengan atribuida la gestión de servicios públicos o la ejecución de obras públicas por cualquier otro título, en relación con la gestión contable, económica y financiera del servicio o la obra y demás obligaciones que deriven del contrato o la ley.

44 Disponible en :https://www.antifrau.cat/ca/questionari_estudi_integritat

de Barcelona, Diputación de Barcelona, Ayuntamiento de Girona, Ayuntamiento de L'Hospitalet de Llobregat), de distintos sectores de actividad y de distintos tamaños[45].

En una segunda fase, el equipo del proyecto, formado por profesores e investigadores de las Universidades participantes, así como personal técnico de la Oficina Antifraude de Cataluña, hizo el análisis de las respuestas de las veintitrés entidades al cuestionario desde un punto de vista tanto cuantitativo como cualitativo.

Una vez analizada la información obtenida y con el fin de precisar, aclarar y ampliar las respuestas al cuestionario, así como de disponer de una mayor información cualitativa en relación con el objeto del estudio, el equipo del proyecto preparó e hizo entrevistas en profundidad a los representantes de estas entidades públicas.

Para la realización de estas entrevistas, se elaboró un guion que contenía un repositorio pautado de preguntas, pero la intención era que fuera lo suficientemente flexible como para que se pudiera profundizar en aquellas cuestiones relevantes que surgieran durante la entrevista y en función de los aspectos más desarrollados por parte de las entidades en la aplicación de sus modelos de cumplimiento normativo.

Una vez realizada la explotación de la información, se elaboró un documento con las conclusiones preliminares a las que se había llegado analizando la información recabada y se formularon unas primeras recomendaciones. Este documento se compartió y se sometió a debate en talleres con las entidades participantes en los que participaron profesores e investigadores de las universidades participantes en este estudio y el equipo de la Oficina Antifraude.

---

45 Las entidades que han participado en el proyecto pueden consultarse en el siguiente enlace: https://www.antifrau.cat/es/entidades-participan-proyecto

Analizada toda la información obtenida y con las conclusiones de los talleres, se elaboró el informe sobre cumplimiento normativo e integridad en entidades públicas[46]. Con la finalidad de que fuera un documento útil, manejable y fácil de usar y consultar, no se incluyó toda la información de la que se disponía ni toda la información que se analizó, ni tampoco todas las recomendaciones que se elaboraron y se debatieron en los talleres. Se priorizó aquella información más relevante utilizando los criterios de síntesis y el de mayor potencial de aplicabilidad teniendo en cuenta que las recomendaciones que se formulan se dirigen a todas las entidades que forman parte del sector público empresarial.

El informe incluye cincuenta recomendaciones en materia de cumplimiento normativo de las administraciones propietarias, sobre atribución de responsabilidad en materia de cumplimiento normativo, análisis de riesgos, códigos éticos, canales de alerta, difusión y formación, legitimidad del programa de cumplimiento, reacción ante las infracciones, revisión y evaluación, transparencia y también se incluyen recomendaciones en ámbitos de riesgo en particular relevantes en entidades públicas como son los conflictos de interés, la contratación pública, la gestión de subvenciones y sobre el reclutamiento de empleados/as.

En la elaboración del informe se tuvo en cuenta, además de la información obtenida en el estudio de campo, informes, documentos y guías elaborados por la Oficina Antifraude de Cataluña en distintas áreas de estudio[47], el Informe de fiscalización del grado de implementación de los modelos de prevención de delitos y de comportamientos contrarios a la ética en las sociedades mercantiles estatales en 2018 elaborado por el Tribunal de Cuentas, la Guía para la prevención de la corrupción en las administraciones públi-

---

46 OAC, (2023), *Cumplimiento normativo e integridad en entidades del sector público de Cataluña. Informe final*, disponible en: Informe final | Oficina Antifrau de Catalunya

47 Disponibles en: https://www.antifrau.cat/

cas de Castilla-La Mancha elaborada por el Instituto de Derecho Penal Europeo e Internacional[48] así como también las Directrices y recomendaciones de la OCDE en materia de lucha contra la corrupción e integridad en las empresas públicas de 2019 y 2020.

El informe se presentó en un congreso[49] en marzo de 2023 junto con el resto de los documentos que forman parte del estudio completo[50].

Actualmente, ya en la tercera fase del proyecto, se está analizando la viabilidad de la creación de un observatorio de cumplimiento normativo y de planes de integridad de entes públicos.

---

48 Disponible en: https://ruidera.uclm.es/handle/10578/26197

49 Disponible en: https://www.antifrau.cat/ca/congres-compliment-normatiu-integritat-entitats-publiques

50 Junto con el informe se presentaron dos documentos: 1) Las entidades del sector público institucional y la responsabilidad penal de las personas jurídicas[https://www.antifrau.cat/sites/default/files/Documents/Recursos/entidades-sector-publico-institucional-responsabilidad-penal-personas-juridicas.pdf].En este documento se realiza una aproximación al sector público institucional de la Administración de la Generalitat y se expone brevemente la situación en el ámbito local. Concluye con un análisis de la aplicación en las entidades del sector público institucional del régimen de responsabilidad penal de las personas jurídicas previsto en el Código Penal. 2) La prevención de la corrupción en el sector público empresarial (PRECOSPE) Informe comparativo Italia, [https://www.antifrau.cat/sites/default/files/Documents/Recursos/prevencion-corrupcion-sector-publico-empresarial-informe-comparativo-italia.pdf]
Este documento expone los sistemas de cumplimiento regulados por la legislación italiana para las empresas públicas y examina con detalle los diferentes tipos de empresas públicas y las diferentes consecuencias en términos de obligaciones de cumplimiento.

b) Grado de implementación del cumplimiento normativo y la integridad en el sector público empresarial de Cataluña.

Una cuestión previa para tener en cuenta es que los datos que se van a ofrecer a continuación en relación con el grado de implementación del cumplimiento normativo y la integridad en las entidades públicas participantes en el estudio corresponden a datos recabados durante los años 2020 y 2021. En la actualidad, estos datos en las mismas entidades reflejarían una realidad distinta.

Y ello por distintos motivos. En primer lugar, la participación en este estudio ha supuesto para muchas de estas entidades públicas un estímulo para implementar mejoras en determinadas áreas de riesgo específicas y también, en algunos casos, para adoptar modelos de organización y gestión o sistemas de integridad que las sitúa en la actualidad en una situación diferente a la que reflejan los datos que a continuación se mostrarán.

En segundo lugar, el contexto normativo y fáctico desde 2020 ha cambiado sustancialmente. El 21 de julio de 2020, el Consejo de Europa aprobaba la creación del programa *Next Generation EU* para estimular la recuperación económica y la reparación de los daños causados por la pandemia COVID-19. Para la gestión de los fondos vinculados a este programa y al Plan de Recuperación, Transformación y Resiliencia aprobado por el Estado, así como para proteger los intereses financieros de la Unión, se configura un sistema de gestión que obliga a toda entidad decisora o ejecutora a disponer de un plan de medidas antifraude para garantizar que los fondos se utilicen de conformidad con las normas aplicables y, en especial, en lo que se refiere a la prevención, detección y corrección del fraude, la corrupción y los conflictos de interés. Estos planes de medidas antifraude han servido de acicate para que muchas entidades públicas hayan evolucionado y progresado en el diseño de su arquitectura institucional de integridad y de cumplimiento normativo.

Además, hay que tener en cuenta que cuando se presentaba el informe final con las conclusiones y recomendaciones de este estudio se había aprobado pocos días antes la Ley 2/2023, de 20 de febrero, reguladora de la protección de las personas que informen sobre infracciones normativas y de lucha contra la corrupción. Este nuevo marco legal establece la obligación de implantar sistemas internos de información en todas las entidades obligadas del sector público y del sector privado, también en las entidades del sector público empresarial de Cataluña que han formado parte de este estudio.

Hechas estas consideraciones previas, a continuación, se mostrará cuál ha sido el resultado del estudio de campo efectuado.

b.1. El sistema de prevención de riesgos

Como ya se ha advertido, en el estudio han participado una diversa tipología de entidades públicas como son sociedades mercantiles públicas, entidades públicas empresariales y consorcios de las cuales el Código penal establece la responsabilidad penal solamente de las primeras. Al incluir esta diversa tipología de entidades públicas, el estudio sigue el criterio fijado por la OCDE dado que sus indicaciones y directrices en materia de lucha contra la corrupción y la integridad en empresas públicas se dirigen a entidades públicas con personalidad jurídica propia siempre que sus actividades o parte de ellas tengan un carácter principalmente económico.

Así, se incluyen en el estudio entidades públicas que participan en el mercado a través de la oferta de bienes y/o la prestación de servicios independientemente de que estén sujetas o no a responsabilidad penal de la persona jurídica dado que tanto sus riesgos en materia de integridad y cumplimiento normativo son similares más allá de la forma jurídica en que se hayan constituido o creado.

La mayoría de las sociedades mercantiles públicas que han participado en el estudio han implantado modelos de prevención de delitos, debido fundamentalmente al estímulo que ha supuesto el art. 31 bis CP para la implantación de programas de cumplimiento normativo. Pero también ha sido determinante la implicación e impulso de las administraciones territoriales propietarias o matrices de estas entidades en la adopción de este tipo de programas. En este sentido, el impuso de la Generalitat de Catalunya para que las sociedades mercantiles públicas que forman parte de su sector público adoptaran programas de cumplimiento normativo ha sido fundamental.

Como puede observarse en el gráfico, también que hay alguna entidad pública que, a pesar de no estar sujeta al régimen de responsabilidad penal de la persona jurídica, ha aprobado un modelo de cumplimiento normativo.

Diez entidades, de las cuales nueve son sociedades mercantiles públicas y una un consorcio, han implantado modelos de prevención de delitos.

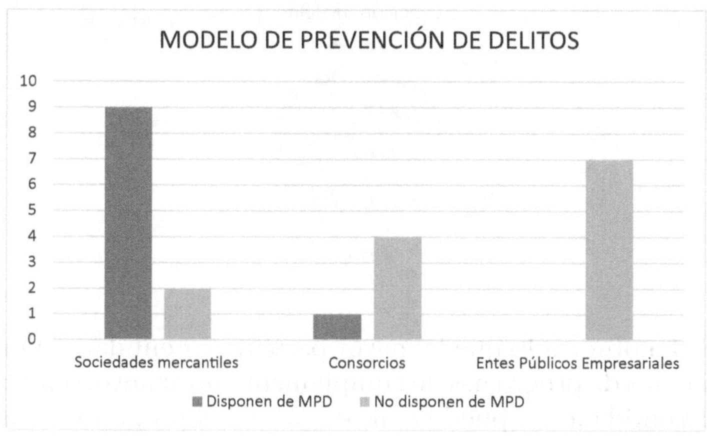

Un número muy relevante de entidades participantes en el estudio, fundamentalmente aquellas no sujetas a responsabilidad penal de la persona jurídica, no disponían de modelos de prevención penal, pero, en cambio, disponían de una política de integridad pública o determinados elementos de esta, por ejemplo, disponían de un código ético y determinados mecanismos de gestión, como un comité de ética, incluso algunas entidades tenían canales éticos vinculados al código ético. Por tanto, se percibe un indudable interés en el sector público institucional de Cataluña por dotarse de programas de cumplimiento normativo o políticas de integridad institucional.

Las sociedades mercantiles públicas que disponían de programas de cumplimiento seguían todas ellas las indicaciones contenidas en el artículo 31 bis 5 del Código penal. Ahora bien, las entidades que no disponían de estos programas, como se ha dicho, disponían de planes o sistemas de integridad corporativa en los cuales la existencia de controles internos era menor y se optaba por modelos y sistemas basados en el desarrollo y promoción de los valores corporativos y en la promoción de la integridad institucional.

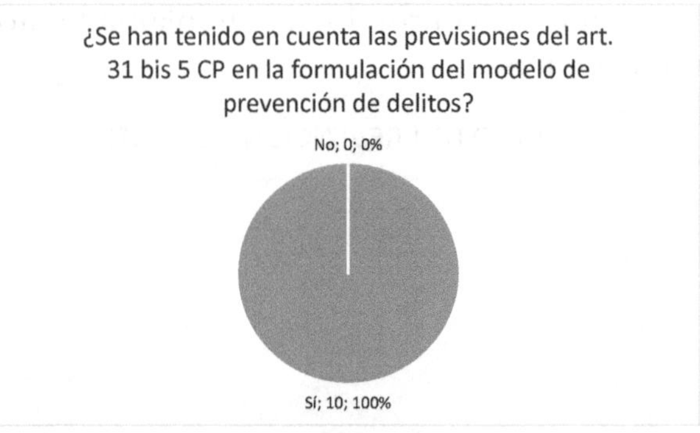

Se ha observado que la mayor parte de las entidades tienen elementos de programas de cumplimiento normativo, si bien en pocas entidades se puede considerar que el programa se haya implantado en su integridad. Solo dos de las entidades tienen un programa completo si tomamos como referencia los elementos que establece el Código penal.

Incluir preguntas en el cuestionario sobre el análisis de riesgos era ineludible. Se trata de un elemento imprescindible dentro de un programa de cumplimiento e integridad. La Oficina Antifraude de Cataluña, desde ya hace muchos años, recomienda, alienta y ofrece herramientas de apoyo a los entes del sector público para que incorporen la identificación y gestión de los riesgos de corrupción y fraude a toda la gestión pública.

El análisis de riesgos es un elemento imprescindible dentro de un programa de cumplimiento e integridad de acuerdo con el art. 31 bis 5 CP. La identificación de factores de riesgo está vinculada al diseño de las medidas preventivas para reducir y mitigar las oportunidades de que los riesgos se materialicen y a las medidas contingentes que se puedan adoptar, en caso de que los riesgos se hayan materializado, para reducir la gravedad de sus consecuencias. Para ello es fundamental conocer e identificar en qué actividades y áreas de riesgo pueden aparecer los factores de riesgo que aumenten la probabilidad de que ocurra algún hecho irregular o perjudicial y adoptar las medidas y controles adecuados para reducir las oportunidades e incentivos hasta que el riesgo residual sea aceptable. De no hacerlo, se pueden implantar controles desproporcionados o ineficaces que incluso pueden conducir a una excesiva burocratización del cumplimiento normativo y de la integridad institucional.

Como se recoge en el siguiente gráfico, quince entidades participantes en el estudio han realizado análisis de riesgos.

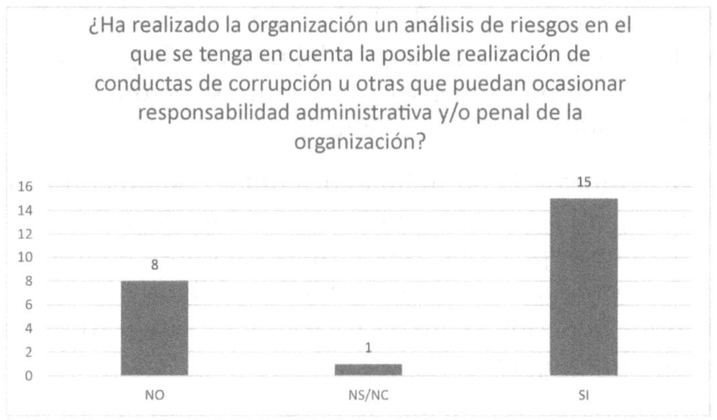

La información obtenida en el estudio de campo muestra que las entidades que realizan análisis de riesgos siguen algunas buenas prácticas. El análisis de riesgos se realiza por áreas y por actividades. En general, las entidades realizan un primer análisis seleccionando las actividades que presentan mayor riesgo y luego van añadiendo nuevas actividades y nuevos riesgos revisando periódicamente las actividades ya analizadas. También se realiza un nuevo análisis cuando existen modificaciones legales.

Otra práctica detectada en el estudio hace referencia a la participación de expertos independientes en el análisis de riesgos cuando son especialistas en los riesgos detectados en la organización.

En alguna entidad se realizan también entrevistas personalizadas con empleados/as para concretar de qué forma se suelen presentar los riesgos en un área o actividad concreta. Una entidad analiza los riesgos de los terceros que contrata (*due diligence*) y adopta, en su caso, medidas específicas.

El estudio muestra, en relación con la dependencia y autonomía de los encargados de la supervisión del modelo, que, en tres de las entidades públicas con modelos de prevención de delitos, el órgano de cumplimiento no depende del órgano de administración sino de otros órganos de la entidad (Área Jurídica, Dirección General...). En las siete restantes, los encargados de supervisión o vigilancia del modelo de prevención de delitos dependen del Consejo de Administración. En un caso se ha designado a un órgano externo.

En relación con la posibilidad de contar con un comité independiente para supervisar la eficacia de los controles, hay tres entidades que se proponen crear un órgano independiente. En entidades con sistemas de integridad y códigos éticos, existen comisiones del código ético en las que se integran personas independientes ajenas a la entidad.

El modelo de prevención de delitos ha sido elaborado por asesores externos a la entidad en casi todos los casos. Solo en un caso, un órgano interno de una entidad ha diseñado y redactado un modelo de prevención de delitos.

La mayoría de las entidades públicas han realizado formación sobre ética profesional pública, prevención de riesgos para la integridad, conflictos de interés, transparencia, régimen disciplinario, delitos contra las administraciones públicas y canal de denuncias. No obstante, hay diez entidades que no realizan ningún tipo de formación en materia de delitos contra las administraciones públicas y sobre canales de denuncias. El estudio concluye, a la vista de los datos sobre formación, que es necesario adecuar la formación al puesto de trabajo y a los riesgos específicos.

La necesidad de la revisión del modelo, dentro del sistema e impulsadas por los órganos de administración, es reconocida por las entidades públicas que disponen de modelos de prevención de delitos. La mayoría de estas entidades afirman que prevén someter sus modelos de organización y gestión a revisiones periódicas, de acuerdo con lo dispuesto en el art. 31 bis CP. Pero, sin embargo, hay cinco entidades que reconocen aún no haber revisado el modelo, tres lo han revisado solo una vez y solo una entidad somete a revisión trimestral su modelo.

La imposición de sanciones disciplinarias en caso de incumplimiento de las medidas que establece el modelo de organización y gestión es uno de los requisitos que establece el art. 31 bis CP. En las entidades públicas que participan en el estudio hay distintos tipos de empleados públicos, algunos sujetos al régimen disciplinario de los funcionarios públicos y otros al régimen disciplinario del Estatuto de los trabajadores. En este último caso, es conveniente que en el convenio colectivo se incluyan como infracciones disciplinarias el incumplimiento del código ético o del programa de cumplimiento. Tres de las entidades públicas que han participado en el estudio han incluido en el convenio colectivo este tipo de infracciones. Por lo que respecta a las infracciones disciplinarias de los funcionarios públicos, han de respetar el principio de tipicidad. En esta materia, hay que recordar que el art. 52 del Real Decreto Legislativo 5/2015, de 30 de octubre, por el que se aprueba el Texto refundido de la Ley del estatuto básico del empleado público establece los deberes de los empleados públicos y que el art. 78.3 de la Ley 19/2014, de 29 de diciembre, de transparencia, acceso a la información pública y buen gobierno, aplicable a las entidades del sector público de Cataluña, establece que constituye una infracción grave en materia de buen gobierno el incumplimiento de los principios de buena conducta que establecen las leyes y los códigos de conducta.

b.2. El sistema ético: códigos, comisiones y canales éticos

Casi todas las entidades que participaron en el estudio son conscientes de la importancia de disponer de instrumentos para fomentar la ética y la integridad. Los más comunes son los códigos éticos, que suelen acompañarse de comisiones y canales éticos. Las entidades participantes que aún no disponían del mismo pensaban dotarse de uno.

Estos códigos han sido aprobados, en la mayoría de los casos, por los órganos de administración con posterioridad a 2015. Antes de 2015 solo tres empresas habían aprobado códigos éticos y, con posterioridad, diez entidades han adoptado uno. La introducción de la responsabilidad penal de las personas jurídicas en este año ha supuesto un impulso para adoptar estos instrumentos en las sociedades mercantiles públicas.

Resulta de interés ver cómo se ha elaborado el código ético en cada organización y quién ha participado en su elaboración. Algunas entidades, en concreto nueve, han encargado la elaboración del código a una entidad externa, con participación de personal de la propia entidad en seis de estas entidades. Solo dos de las entidades señalan que han participado trabajadores/as de la entidad en su elaboración.

En las entidades del sector público de una administración territorial pueden convivir distintos códigos éticos: un código ético común al sector público, el código ético de la administración propietaria, cuando sea de aplicación su contenido al personal de la entidad pública, el de la entidad que sea dominante o matriz, en el caso de un grupo de sociedades mercantiles públicas, y, en caso de que disponga de uno, el de la propia entidad.

Al margen de que existan valores comunes a todo el sector público, los códigos éticos de cada entidad deben aterrizar los valores en la organización y deben estar adaptados a la organización para que puedan ser útiles y cumplir su función.

Hay siete entidades que aplican el código ético de la administración territorial matriz o propietaria, aunque una de ellas tenía previsto aprobar su propio código ético.

Tan importante como disponer de instrumentos de regulación interna de ética y de integridad es disponer de un órgano de seguimiento. Hay dieciocho entidades públicas que afirman haber creado un órgano de seguimiento del código ético. El resto, disponiendo de códigos éticos, no se han dotado de un instrumento o un órgano específico de seguimiento de su aplicación.

También se preguntó a las entidades del estudio si disponían de canales éticos, entendidos como canales vinculados a atender las dudas y consultas que suscite la aplicación del código ético o bien dilemas éticos en los que se encuentren los empleados públicos.

En este sentido, se ha detectado una confusión sobre los canales de comunicación de estas consultas éticas con los canales de alertas o denuncias de irregularidades, sobre los cuales versa el siguiente apartado.

b.3. Canales internos de alerta

Los canales de alerta son herramientas esenciales de detección de irregularidades en los programas de cumplimiento normativo, de acuerdo con el art. 31 bis 5 CP. También son piezas fundamentales en los planes o sistemas de integridad de cualquier institución.

En la actualidad, con la publicación y entrada en vigor de la Ley 2/2023, de 20 de febrero, reguladora de la protección de las personas que informen sobre infracciones normativas y de lucha contra la corrupción, en adelante Ley 2/2023, todas las entidades del sector público sin excepción están obligadas a disponer de un sistema interno de información en los términos previstos en esta ley.

Es necesario recordar que la Ley 2/2023 introduce el concepto de sistema interno de información, que no estaba en la Directiva (UE) 2019/1937 del Parlamento Europeo y del Consejo de 23 de octubre de 2019 relativa a la protección de las personas que informen sobre infracciones de la Unión, como un sistema de piezas entrelazadas consistente en el canal o, en su caso, canales internos de información, las políticas y procedimientos de gestión de informaciones y protección de alertadores y, como elemento clave, el responsable del sistema.

Se daba la circunstancia de que había entidades del sector público que ya disponían de canales de alerta. De acuerdo con los datos obtenidos en el estudio, dieciocho de las entidades participantes, que representan el 75 %, disponían de canal interno de alertas. La mayoría de estas entidades que ya disponían de estos canales internos están sujetas al régimen de responsabilidad penal de la persona jurídica. Estas entidades han tenido que adaptar sus canales internos a los requerimientos de los sistemas internos de información previstos en la Ley 2/2023.

Pero mientras estas entidades, antes de la entrada en vigor de la Ley 2/2023, ya disponían de canales internos de alertas, las administraciones territoriales propietarias o matrices no disponían de ellos en aquel momento. Esta circunstancia ha cambiado después de la aprobación de la Ley 2/2023 dado que, como se ha comentado, también están obligadas a disponer de sistemas internos de información.

Respecto a quien puede acceder al canal, un número importante de entidades, nueve en total, limitaban el acceso al canal a sus empleados, mientras que otras nueve permitían que fuera utilizado por terceros ajenos a la organización. En este sentido, el artículo 6 de la Ley 2/2023 establece que el sistema interno de información, en cualquiera de sus formas de gestión, debe permitir acceder al mismo para comunicar las infracciones previstas en el artículo 2 a todas las personas comprendidas en el ámbito personal de aplicación de esta, por tanto, no solo a las personas que tengan la condición de empleados/as o trabajadores/as de la entidad.

La mayoría de los canales internos de alertas de las entidades públicas permiten la denuncia anónima. En concreto, en once de las dieciocho entidades mientras que siete de ellas garantizaban la confidencialidad, pero no permitían la denuncia anónima. Es necesario recordar que, actualmente, el artículo 7.3 de la Ley 2/2023 estable que los canales internos deben permitir la presentación y tramitación de denuncias anónimas. Por tanto, en la actualidad la totalidad de los canales internos de estas entidades deben admitir la denuncia anónima.

De la información obtenida en el estudio también se pone de manifiesto que uno de los principales problemas de los canales internos de alertas es su eficacia. En este aspecto, los derechos y garantías del informante y las medidas de apoyo y protección de las personas alertadoras previstas en la Ley 2/2023 que tiene que prestar la Autoridad independiente de protección de las personas informantes[51], así como las que tienen que prever las propias entidades obligadas en sus protocolos, políticas y procedimientos, incidirán en el nivel de eficacia de estos canales internos.

Según la información recabada en el estudio, la comunicación de las alertas o denuncias por correo electrónico es, de todos

---

51 En Cataluña, la autoridad independiente de protección de las personas informantes es la Oficina Antifraude de Cataluña en virtud de las competencias otorgada por la disposición adicional séptima de la Ley 3/2023, de 16 de marzo, de medidas fiscales, financieras, administrativas y del sector público para 2023.

los cauces alternativos para poder presentar una información, alerta o denuncia, la más frecuente.

Todas las entidades que han recibido alertas o denuncias han iniciado y tramitado las respectivas investigaciones y, en su caso, se ha remitido la comunicación a las autoridades competentes. Una correcta tramitación e investigación de las alertas da el mensaje a la organización que las alertas se toman en serio y se tramitan diligentemente. Este mensaje a la organización aumenta la eficacia del canal interno en la medida que se comunica a todas las potenciales usuarias que el canal funciona adecuadamente y es confiable.

Salvo una entidad, las entidades que han participado en el estudio han creado un canal interno de denuncias gestionado por la propia organización. Es preciso recordar que la Ley 2/2023 solo permite la gestión del sistema interno de información por tercero externo cuando se acredite la insuficiencia de medios propios y comprenderá, con carácter instrumental, únicamente la recepción de las informaciones.

b.4. Transparencia

La gran mayoría de entidades públicas que han participado en el estudio cumplen las obligaciones de transparencia activa y pasiva y solo se ha detectado en pocas entidades algún incumplimiento en relación con la obligación de publicar los datos utilizando formatos reutilizables, de acuerdo con lo dispuesto en los artículos 16 y 17 de la Ley 19/2014, de 29 de diciembre, de transparencia, acceso a la información pública y buen gobierno.

Un aspecto mejorable en algunas entidades es la publicidad de las agendas de altos cargos y los contactos mantenidos con los grupos de interés. Una mayoría de entidades no publica las agendas de los altos cargos y, un número algo menor de entidades, tampoco publican los contactos con los grupos de interés.

Si bien parece que el déficit en el cumplimiento de estas obligaciones se debe a motivos técnicos, también se han detectado dudas sobre la interpretación del marco regulador. Los motivos aludidos por las entidades tienen que ver con las dificultades que supone integrar determinadas obligaciones de transparencia en la cultura corporativa. Para cumplir determinadas obligaciones es necesario hacer frente a obstáculos organizativos y a escasez de medios, en determinados casos, como, por ejemplo, puede ser la existencia, la dotación de medios y la capacitación de personas, áreas y/o unidades dedicadas al mantenimiento y preparación de la información y a la publicación de esta.

Es preciso recordar que el incumplimiento de la normativa sobre transparencia, acceso a la información y buen gobierno puede dar lugar a sanciones por las conductas que se tipifican como infracciones en estas normas. Pero también hay que destacar que el uso del régimen sancionador de la Ley 19/2014 de 29 de diciembre es muy limitado, como constatan año tras año los informes de evaluación del Síndic de Greuges[52], debido a diversas causas que lo convierten en un régimen sancionador inoperante.

b.5. La prevención de riesgos en particular: conflictos de interés y contratación pública.

El estudio aborda áreas de riesgo comunes a las entidades públicas de forma específica como son los conflictos de interés, la contratación pública, el reclutamiento de empleados/as y la carrera profesional y, finalmente, la gestión de subvenciones desde un doble punto de vista, cuando la entidad las otorga y cuando las recibe. En este artículo nos centraremos de forma muy breve en los resultados obtenidos en las dos primeras cuestiones.

---

52 Los informes anuales de transparencia del Síndic de Greuges están disponibles en: https://www.sindic.cat/ca/page.asp?id=356

En relación con los conflictos de interés, se ha observado que catorce entidades han adoptado políticas y protocolos específicos sobre esta materia o bien han incluido previsiones relativas a su identificación y gestión en sus códigos éticos.

Establecer una política de regalos propia es una forma de prevenir los conflictos de interés potenciales que se deriven del ofrecimiento de regalos y atenciones a los servidores públicos. La gran mayoría de entidades, en concreto veintiuna, disponen de políticas de regalos que, en general, establecen límites cuantitativos para su aceptación y un registro de los regalos recibidos.

Hay que recordar que se configuran como actuaciones obligatorias para los órganos gestores de los fondos vinculados al Mecanismo de Recuperación y Resiliencia la evaluación de riesgo de fraude, la cumplimentación de la Declaración de Ausencia de Conflicto de Intereses (DACI) y la disponibilidad de un procedimiento para abordar conflictos de intereses. Es de esperar, por tanto, que el número de entidades que adopta protocolos y procedimientos específicos para el tratamiento de los conflictos de interés vaya aumentando.

La contratación pública es la actividad que más riesgo genera como ya han advertido tanto la OCDE, el Parlamento Europeo y la Oficina Antifraude de Cataluña en sus documentos sobre análisis de riesgos para la integridad en la contratación pública.

Muchas entidades participantes en el estudio, en relación con los riesgos más importantes para la entidad, hacían referencia a los riesgos relacionados con el proceso de contratación pública e incluían los delitos que, más frecuentemente, se relacionan con ella: malversación, falsedad documental, cohecho, tráfico de influencias...

Por ello, en el estudio se abordaron algunos aspectos de la contratación pública como son el perfil profesional de las personas que se dedican a la contratación pública, a si, además de las obligaciones de publicidad activa en materia contractual, se amplía la información que se publica a aspectos como la ejecución contractual, especialmente incumplimientos y subcontrataciones y sobre la contratación menor.

Se ha observado que todas las personas encargadas de gestionar la contratación en las entidades públicas participantes son personas con perfil profesional especializado en la materia. Por lo que respecta a la ampliación de la publicidad contractual a la fase de ejecución del contrato, la mayoría de entidades no lo estaba haciendo, aunque es destacable que ocho entidades publicitaban aspectos relevantes de la ejecución del contrato como son ampliaciones y prórrogas.

En relación con la contratación menor, las entidades facilitaron datos del año 2019 que permitió observar que el volumen de la contratación menor respecto del total de la entidad oscilaba entre el 10 y el 58 %, si bien las entidades con un mayor volumen de contratos menores estaban intentando adoptar medidas para su disminución.

4. BIBLIOGRAFÍA

BAUCELLS, J., (2018), "Corrupción y responsabilidad penal de los partidos políticos", *Revista Electrónica de Ciencia penal y Criminología,* (20-28)

BAUCELLS, J., (2022), "Las empresas del sector público empresarial responsables penalmente", *Estudios Penales y Criminológicos,* (42)

BAUCELLS, J. (2024), "Especificidades de los modelos de cumplimiento penal para prevenir la corrupción en el sector público empresarial", *La Ley compliance penal,* (17)

BONILLA, J.A. (2003) "Cuestiones relativas al régimen jurídico de la contratación de las empresas públicas en forma mercantil", Consultor de los ayuntamientos y de los juzgados: Revista técnica especializada en administración local y justicia municipal, (12)

CARBONELL, J.C.–MORALES, F., (2010), "Responsabilidad penal de las personas jurídicas" en ÁLVAREZ, F.J.- GONZÁLEZ CUSSAC, J.L. (Dir.) *Comentarios a la reforma penal de 2010,* Tirant lo Blanch, Valencia.

CARDONA, A., (2021), "La responsabilitat penal de les societats mercantils públiques", *Revista Jurídica de Catalunya,* (4).

CAMPOS ACUÑA, C. (2020), *Guía práctica de compliance en el sector público,* Wolters Kluwer.

FORTUNY, M. – SUBIRANA, S., (2020), *Compliance en el Sector Público,* Aranzadi, Cizur menor.

GARCÍA ARAN, M., (2022), "Autonomía interpretativa del derecho penal y delincuencia de la empresa pública", *Revista de Estudios Jurídicos y Criminológicos,* (6).

GUTIÉRREZ, E. (2018), "Corrupción pública: concepto y mediciones. Hacia el Public compliance como herramienta de prevención de riesgos penales", en Política criminal, Vol. 13, (25).

INTERNATIONAL ORGANIZATION OF SUPREM AUDIT INSTITUTIONS, (2019), Guid 5270. *Guideline for the Audit of Corruption Prevention.* Disponible en: https://www.issai.org/pronouncements/guid-5270-guideline-for-the-audit-of-corruption-prevention/

JUNCEDA, J., (2018), "Programas de cumplimiento y sector público. Especial mención a las empresas y entes públicos", *Presupuesto y Gasto público,* (91).

NIETO, A., (2014), "De la ética pública al public compliance: sobre la prevención de la corrupción en las administraciones públicas" en NIETO, A.-MAROTO, M. *Public compliance. Prevención de la corrupción en administraciones públicas y partidos políticos,* Ed. UCLM-Tirant lo blanch, Cuenca.

NUÑEZ, A. (2022), "Fiscalización de sistemas de compliance por el Tribunal de Cuentas", *La Ley Compliance penal,* (11).

OAC. (2023), *Cumplimiento normativo e integridad en entidades del sector público institucional de Catalunya. Informe final,* disponible en https://www.antifrau.cat/sites/default/files/Documents/Recursos/cumplimiento-normativo-integridad-entidades-sector-publico-institucional-catalunya-informe-final.pdf

OCDE, (2011), *Directrices de la OCDE sobre el Gobierno Corporativo de las Empresas Públicas,* disponible en: https://www.oecd.org/daf/ca/corporategovernanceofstate-ownedenterprises/48632643.pdf

OCDE, (2017), Recomendación del Consejo de la OCDE sobre Integridad Pública. Disponible en: https://www.oecd.org/gov/integridad/recomendacion-integridad-publica/

QUINTERO OLIVARES, G., (2021), "El Derecho Penal y las empresas públicas: un problema político criminal", MORILLAS, L. (Dir.), Respuestas jurídicas frente a la corrupción política, Dynkinson, Madrid.

TERRADILLOS, J., (2013), "Responsabilidad penal de las personas jurídicas" en DOPICO GÓMEZ, J. (Coord), ÁLVAREZ GARCÍA, F.J. (Dir.) *Estudio Crítico Sobre el Anteproyecto de Reforma Penal de 2012,* Valencia, Tirant lo Blanch.

TRIBUNAL DE CUENTAS, (2020), *Informe de fiscalización del grado de implementación de los modelos de prevención de delitos y de comportamientos contrarios a la ética en las sociedades mercantiles estatales en el ejercicio 2018*, disponible en https://www.tcu.es/repositorio/ebb28a45-7bff-4bd2-b6d7-3ad1bcabda15/I1398.pdf

VALEIJE, I., (2022), "Sobre la responsabilidad penal de las sociedades públicas mercantiles que ejecuten políticas públicas o presten servicios de interés económico general "en VÁZQUEZ PORTOMEÑE, F. (Dir.) *Lobbies. ¿Instrumento de participación democrática o medios de corrupción?*, Tirant lo Blanch, Valencia.

Capítulo XIII
Entidades del sector público empresarial de Catalunya y cumplimiento normativo: aspectos para un debate abierto

MIGUEL ÁNGEL GIMENO.
Director de la Oficina Antifrau de Catalunya

ADÁN NIETO MARTÍN.
Director del Instituto de Derecho penal europeo e internacional.
Universidad de Castilla-La ManchaCLM.

SUMARIO: 1. INTRODUCCIÓN. 2. PROGRAMAS DE CUMPLIMIENTO EN ENTIDADES DEL SECTOR PÚBLICO EMPRESARIAL. 2.1 *El papel de las administraciones propietarias.* 2.2 *Integridad y cumplimiento normativo.* 3. LA IMPORTANCIA DE LA POLITICA CRIMINAL EUROPEA. 3.1. *La directiva sobre alertadores y los canales internos de denuncias.* 3.2 *El Proyecto de Directiva sobre lucha contra la corrupción.* *4.* UNA RECOMENDACIÓN MÁS PARA EL FUTURO: UN CUMPLIMIENTO NORMATIVO TRANSPARENTE

1. INTRODUCCIÓN.

Desde hace ya más de un lustro la Oficina Antifrau de Catalunya, la Universidad Autónoma de Barcelona, la Universidad de

Santiago de Compostela, la Universidad de Castilla la Mancha y la Universidad de Módena colaboran en una investigación sobre los programas de integridad o cumplimiento normativo en las entidades del sector público en Catalunya. Los frutos de este trabajo se concretan en varios informes donde se ofrece una panorámica de la situación actual y se realizan propuestas de mejora. Sobre esta base de conocimientos se planteó el proyecto de investigación dirigido por la UAB centrado en el análisis de su responsabilidad penal.

Con el fin de seguir avanzando en este proyecto, las siguientes páginas tienen como cometido, en primer lugar, reflexionar – o más bien subrayar–algunos aspectos que nos parecen esenciales y que obedecen a las peculiaridades jurídicas y funcionales de las entidades del sector público empresarial, pero también y en segundo lugar plantear los nuevos retos y problemas que derivan de la política legislativa de la Unión Europea en materia de prevención de la corrupción y cumplimiento normativo.

La acción de la UE se conforma por tres hitos esenciales: la regulación de los fondos *Next Generation* que ha popularizado e impulsado el establecimiento de "planes antifraude" en las administraciones públicas, la Directiva sobre alertadores transpuesta a nuestro ordenamiento por la Ley 2/2023 de 20 de febrero y la Propuesta de Directiva para la lucha contra la corrupción realizada por la Comisión Europea de 3 de Mayo de 2023. Su discusión, que se inició con las presidencias española y belga, quedó interrumpida por la disolución del Parlamento Europeo, pero es de esperar que se reanude en breve una vez que comience su andadura la nueva Comisión.

2. PROGRAMAS DE CUMPLIMIENTO EN ENTIDADES DEL SECTOR PÚBLICO EMPRESARIAL.

La regulación del sector público empresarial se sitúa en una tierra fronteriza, en la que se entremezclan lo público y lo privado, la consecución del interés general, pero también la eficacia de la actividad empresarial. Esta hibridación trae consigo que, con carácter general, no le sienten bien ni las normas que las consideran administraciones públicas, ni aquellas que las equiparan a entes privados. Y esto es precisamente lo que ha ocurrido con la aplicación de la responsabilidad penal de las personas jurídicas al sector público empresarial. Un "traje regulatorio" hecho a la medida de los entes privados y que ha olvidado las peculiaridades de los entes públicos empresariales. Carece de sentido, por ejemplo, la aplicación de la responsabilidad a las sociedades mercantiles, dejando fuera de la regulación a las entidades creadas mediante una ley. La distinción entre unas y otras entidades tiene sentido para otras ramas del ordenamiento, pero no para el Derecho penal. La OCDE sigue un idéntico parecer y por ello en sus Directrices para la lucha contra la corrupción en las empresas públicas equipara a unas y otras a la hora de diseñar una estrategia de integridad.

Como ha mostrado el trabajo de campo realizado con veintitrés entidades empresariales catalanas, todas ellas han adoptado programas de cumplimiento normativo guiadas por los dispuesto en el art. 31 bis del Código penal y siguiendo el mismo patrón de las personas jurídicas privadas. Este modo de proceder es, desde luego, comprensible, es lógico que ante un reto organizativo tan complejo, como es la implantación de un programa de cumplimiento normativo, se haya seguido el camino más habitual y que además era el que literalmente exigía la norma. No obstante, este enfoque merece una mayor reflexión, y como muestra nos referiremos a continuación a dos aspectos concretos. El primero, que ha sido sobradamente comentado en el Informe final, es la importancia de la inclusión de la administración matriz en el modelo de cumplimiento normativo que cada entidad pública empresarial adopte.

El segundo, las relaciones entre integridad y cumplimiento normativo. La mayoría de entidades empresariales públicas antes de 2015, cuando se estableció su responsabilidad penal, habían implementado planes de integridad en sus organizaciones. La pregunta sería en qué medida el sistema de responsabilidad penal que instaura el art. 31 bis CP acoge un modelo de programa de cumplimiento basado en el desarrollo de la ética o más orientado a la implantación de controles.

2.1 El papel de las administraciones propietarias.

La administración matriz, y esta es una de las principales conclusiones del Informe, no puede desentenderse del cumplimiento normativo de sus "filiales" empresariales y estas deben informar periódicamente o en caso de eventos graves de los problemas de cumplimiento existente. En este punto, la primera medida de cumplimiento normativo sería justificar la creación del ente público empresarial. Aunque parezca evidente que las administraciones públicas solamente deben crear empresas públicas u otros entes de funciones semejantes cuando son necesarias, lo cierto es que no es habitual encontrar una memoria sólida para justificar su creación, donde se explique por qué las funciones encomendadas no pueden ser ejecutadas por la propia administración. Ese comportamiento en el sector público institucional impide, o al menos dificulta, la gobernanza dirigida a cumplir los fines de buen gobierno. La administración pública siempre está obligada a justificar la necesidad de creación de entes empresariales y a que estos se guíen con criterios profesionales. También a comprobar que con el paso del tiempo la necesidad para la que se creó persiste, estableciendo controles periódicos.

Una segunda cuestión relevante reside en la obligación de la administración propietaria de ejercer control sobre la empresa pública. No es aceptable que la administración matriz se desentienda de ella sin ejercer vigilancia sobre como desarrolla la actividad y cumple los objetivos para los que fue creada. No se trata de subordinarla en modo absoluto, sino de diseñar un programa de cumplimiento que garantice para que ésta desarrolle su actividad y cumpla sus obligaciones conforme a los valores que justifican su existencia y siempre de acuerdo a los intereses públicos.

Este programa de cumplimiento que debe diseñar la administración pública implica las exigencias en la actividad de la empresa, con el control y vigilancia, pero a su vez supone una autolimitación para impedir injerencias injustificadas.

La profesionalización de los órganos directivos, y en general de toda la gestión, de la empresa pública es sin duda la primera consideración a tener en cuenta por parte de la administración matriz. Una de las primeras garantías es contar con un proceso de selección de sus directivos que se aleje de cualquier arbitrariedad e implique una rigurosa evaluación de los eventuales candidatos, con publicidad de sus currículos, entre otras medidas de transparencia del proceso. Un ejercicio de transparencia a través de la publicidad activa de los currículos de los directivos, del resultado de su evaluación, de sus retribuciones e intereses, abunda en la confianza ciudadana y permite anticiparse a conflictos de interés. Esta consideración encaja perfectamente entre las recomendaciones que realiza la OCDE respecto a la relación entre administraciones propietarias y empresas mercantiles.

Por supuesto, la habitual práctica de nombramientos políticos deberá descartarse, salvo en los supuestos de concurrencia de profesionalidad acreditada. Asimismo, debe ser explícita la obligación de la administración propietaria de no interferir en la gestión de la empresa más allá de lo establecido en el programa diseñado, al tiempo que su propio código ético contenga la obligación de no interferir indebidamente.

Las obligaciones anteriores deben complementarse con la exigencia de que las entidades empresariales dependientes implementen medidas de supervisión e impulso que faciliten la eficacia de los programas de cumplimiento. En el trabajo de campo realizado, se advirtió de la importancia del modo en que se realizara el seguimiento de las medidas de supervisión.

En coherencia con las obligaciones que se exigen a las administraciones propietarias debe requerirse igualmente la obligación de los responsables de cumplimiento de las organizaciones dependientes de emitir un informe sobre su programa de cumplimiento, su eficacia y evolución.

Debe entenderse que la rendición de cuentas será la forma habitual de control, pero sugerimos iniciar un debate sobre la necesidad de establecer un supervisor independiente, que bien podría ubicarse en la entidad propietaria, lo que reforzaría su independencia.

2.2 Integridad y cumplimiento normativo: ¿un mismo concepto?

Tradicionalmente se ha distinguido entre modelos de cumplimiento normativo dirigidos al cumplimiento de las obligaciones legales y basados en controles y otros modelos que toman como objetivo el cumplimiento de compromisos éticos y el desarrollo de una cultura empresarial, que pretende que estos valores sean compartidos por los miembros de la organización. Las entidades públicas empresariales que participaron en el estudio contaban ya con códigos éticos y medidas básicas de integridad pública. En las administraciones públicas el término integridad, por influencia de organizaciones como la OCDE, estaba mucho más extendido que el de cumplimiento normativo, mas habitual en las empresas. Uno de los objetivos del estudio realizado fue precisamente el mostrar como ambos modelos eran compatibles y se complementaban perfectamente. La mayoría de los programas de cumplimiento plantean como objetivos tanto el respeto a la legalidad, como la introyección de determinados valores.

No obstante, el art. 31 bis del CP induce a pensar más que lo querido por el legislador es un modelo de cumplimiento que se base más en controles que reduzcan el riesgo de comisión del delito. Son estos controles de tipo procedimental los que aparentemente tienen más garantías para garantizar la exención de responsabilidad. Los programas de cumplimiento, a diferencia de los planes de integridad, se plantean además desde el primer momento como herramientas de defensa de la empresa en el marco del proceso penal. El art. 31 bis 5 CP al enumerar los elementos de un modelo de organización no hace referencia a la necesidad de desarrollar valores éticos en la empresa, ni menciona tampoco herramientas tan imprescindibles para el *management* ético como los códigos de conducta.

La STS de 23 de febrero de 2016 salía al paso de esta visión basada en controles y supervisión del cumplimiento normativo y mencionaba claramente la cultura de la legalidad como el epicentro de la responsabilidad penal. No obstante, esta sentencia que contaba con numerosos votos particulares, cada vez se aleja más de ser el *leader case* de la jurisprudencia. En la doctrina además prevalece la opinión de que la eficacia del programa de cumplimiento depende de la existencia de un control que hubiera impedido o rebajado el riesgo de comisión del hecho delictivo que en concreto ha sido realizado. La responsabilidad penal de la persona jurídica se asemeja con ello dogmáticamente a la estructura de un delito imprudente de omisión, donde utilizando un razonamiento similar a la teoría de la imputación objetiva se examina en qué medida incrementa el riesgo de comisión de comportamientos delictivos similares al que ha tenido lugar. Este modo de proceder jibariza el programa de cumplimiento y condena a la irrelevancia a los esfuerzos que haya hecho la organización por implantar una serie de valores éticos. Una teoría como la imputación objetiva, destinada a resolver problemas causales de delitos de resultado clásicos, es una herramienta inapropiada para examinar la generación de valores y cómo estos pueden influir en el comportamiento de los miembros de la organización.

Frente a un modelo basado en controles, que es el que de forma consciente o inconsciente se está promocionando, debe indicarse que el método más eficaz para la prevención de la corrupción está en la gestión de la integridad. Por esta razón sería aconsejable solicitar a las empresas públicas, que desarrollen acciones destinadas a incrementar la cultura ética, y que no olviden esta carga genética que determinó sus primeros pasos en materia de cumplimiento normativo.

Un modelo de integridad debe partir de un análisis del contexto en el que se desenvuelve la entidad, ponderando igualmente los factores psicológicos y sociológicos que afectan a las personas concernidas. A partir de aquí, un primer conjunto de elementos configuradores de un modelo de integridad concierne a su vertiente de cultura ética de la organización. La elaboración de un código ético e incluso la configuración de comités éticos que puedan resolver dudas, permitirán pautar y ser referencia de conductas éticas más próximas a los valores que deban ser preponderantes tanto en empresas como en instituciones. La priorización de los valores éticos de una organización debe ser participativa porque difícilmente un código ético "no participado", es integrado e interiorizado por las personas que forman parte de la organización. Igualmente, las revisiones periódicas de los códigos éticos o las elecciones y reelecciones de miembros de los comités de ética tienen por objetivo, entre otros, hacer partícipes a aquellos y aquellas que conforman una organización y mantenerles atentos de la importancia de esta cultura ética de la que forman parte todas sus conductas. Los estudios existentes en el campo de la psicología social confirman que la legitimidad procedimental es la que proporciona mayores cotas de cumplimiento de las normas.

Otro aspecto clave en el reforzamiento de la cultura ética de una organización se focaliza en que las personas que ocupan los puestos de mando deben ejercer su papel de líderes, impulsando las políticas de integridad y facilitando que otras personas de la institución sean formadas específicamente y erigirse en verdaderos referentes éticos para la organización. No debe olvidarse que los estándares de conducta pueden fijarse en el código ético, pero su integración en el acervo cultural de la organización se produce por las conductas habituales de las personas que participan.

Desde otra perspectiva, la respuesta homogénea de las personas de la institución en sus relaciones con los ciudadanos es otro de los indicadores clave de su integridad.

El fomento del debate ético interno, la generalización de la formación y sensibilización en estas materias es hoy un reto ineludible en todas la organizaciones públicas y privadas.

Ya se adopte por un modelo orientado a la integridad o por un modelo de cumplimiento basado en controles, un elemento clave es la utilización de metodologías que permitan identificar cuáles son los principales riesgos para la integridad y, por supuesto, cuando tienen como consecuencia ilícitos penales, administrativos o irregularidades. Poner en marcha una metodología de gestión de riesgos en una organización es una medida de amplio calado y de especial impacto respecto a una gestión eficaz. Significa poner el foco sobre aquellas actividades que, fruto de debilidades causadas por factores de riesgo internos o externos, somos capaces de identificar y priorizamos como más importantes; las que pueden causar un impacto más fuerte en la organización, porque es más probable que ocurran o porque, si ocurren, tendrán consecuencias más graves. Es recomendable realizar análisis pormenorizados de riesgos en las áreas clave de la organización y donde hemos identificado procesos o que tienen riesgos críticos o que el proceso presenta especiales debilidades. Y recomendable es también contar en los procesos de análisis de riesgos con técnicos que aporten una visión experta de dichos procesos o ámbitos de riesgo.

En materia de corrupción, y sobre todo en los sistemas orientados a la integridad, los análisis de riesgos deben orientarse a la prevención de los conflictos de interés. Aunque su regulación legal dista de ser satisfactoria, en nuestro caso, las entidades del sector público, deberían contar con normas internas claras y formación en esta materia e igualmente el análisis de riesgos en materia de corrupción debería anticiparse a este momento. Más que, o además de a la prevención de pagos ilícitos, el foco debiera situarse en la detección y prevención de de los conflictos de interés.

Igualmente y tal como se ha señalado en estas jornadas, el análisis de riesgos debe encaminarse a prevenir prácticas de *maladministration*, este concepto fue importante en el diseño de la ley italiana de 2012 sobre prevención de la corrupción.

De la importancia que tienen en nuestro planteamiento los conflictos de intereses o de la prevención de *maladaministration* se desprende que no proponemos un modelo de programa de cumplimiento destinado a evitar los tipos penales que pueden dar lugar, en este caso, a la responsabilidad penal de una sociedad mercantil y concebido como arma de defensa, sino un modelo de cumplimiento con objetivos más amplios, que trata de prevenir cualquier tipo de decisión-acto-actividad «que se desvía del interés general», y que por tanto compromete la percepción de imparcialidad de los decisores públicos". Para la consecución de estos objetivos, y tal como ha señalado la ANAC en Italia en sus Planes Anticorrupción, resulta esencial incidir en el momento de la selección de los decisores públicos.

A partir de todo lo anterior, el debate que se sugiere en este punto es la adaptación del art. 31 bis del CP y de la constatación de la eficacia de las medidas de organización, a un tipo de programa de integridad donde primen el desarrollo de los valores, y donde se tengan en cuenta medidas de prevención más amplias que las estrictamente destinadas a la evitación un la conducta descrita por el tipo penal.

3. LA IMPORTANCIA DE LA POLÍTICA CRIMINAL EUROPEA.

La Unión europea representa un papel protagónico en la adopción de medidas de lucha contra la corrupción. Sus medidas, a diferencia de lo que ocurre con la trata de seres humanos o la criminalidad organizada, no parten un plan legislativo previo, sino que tienen carácter fragmentario. La inclusión de la corrupción, dentro de la criminalidad transnacional mencionados en el art. 83.1 del TFUE, debiera propiciar la elaboración de una estrategia común, hasta ahora solo formulada por el Parlamento Europeo. Debe tenerse en cuenta además que la UE puede participar en foros internacionales donde se aborda la corrupción e incluso pudiera actuar con un mandato y representar a los países miembros.

3 .1 La Directiva sobre alertadores y los canales internos de denuncias.

La Directiva 2019/1937 de 23 de octubre, relativa a la protección de las personas que informan sobre infracciones del Derecho de la Unión representa un hito que obliga a replantear los planes de cumplimiento normativo e integridad. Aunque se apoya, como marco deontológico, en la libertad de expresión, su contenido es utilitarista, en cuanto que pretende incrementar la detección, persecución y sanción de infracciones, elevando el nivel de protección de los que informen sobre ellas.

La Directiva y en consecuencia la norma estatal de transposición plantea medidas para la protección de alertadores tanto en el ámbito público, como el privado, con una regulación que es substancialmente unitaria, salvo en algún punto. Por ejemplo, la obligación de implementar canales de alertas. Mientras que en el sector privado se dejan fuera las personas jurídicas con menos de cincuenta trabajadores, no sucede lo mismo en el marco de las administraciones públicas. Por esta razón tiene sentido que la Directiva y la norma de transposición española, en su artículo 14, consideren que las sociedades mercantiles pertenecen al ámbito de las organizaciones públicas. Ello implica que, con independencia del número de trabajadores- recordemos que las organizaciones privadas con menos de cincuenta trabajadores no están obligadas a implementar un canal de alertas–tienen la obligación de contar con canales de alertas. Pero igualmente por razón de su tamaño, pueden compartir su canal de alertas con otras entidades. En consonancia con el papel destacado que debe desempeñar la administración matriz, tendría todo el sentido que este recurso fuese compartido en las entidades del sector público empresarial, con independencia de si son o no sociedades mercantiles.

Pero el aspecto que más nos interesa destacar en estas líneas es la compleja y tensionada relación de la normativa de alertadores con los programas de cumplimiento normativo. A primera vista, podría decirse que supone un estímulo para la creación de programas de cumplimiento normativo. La normativa configura tres modos a través de los cuales debe trasmitirse la información: canal interno de la entidad, canal externo y revelación pública, primando la utilización del canal interno de alertas y de gestión. Como es bien conocido, el canal interno es un elemento esencial de los programas de cumplimiento normativo que guarda una estrecha relación con el resto de sus elementos como el análisis de riesgos, el código ético y las investigaciones internas. Los canales internos solo tienen sentido cuando se insertan en el ecosistema del cumplimiento normativo. Desubicados pierden parte de su utilidad y sentido.

Pues bien, la regulación europea y nacional de los canales de alertas desconoce en puntos esenciales la función de los canales de alerta en los programas de cumplimiento.

El primer ejemplo de esta discordancia sería la regulación del ámbito material del canal. Tras la aprobación de la Ley 2/2023 no son pocas las regulaciones internas de los canales de alertas que indican que su ámbito objetivo es la denuncia de cualquier tipo de infracción a la normativa europea y española en conformidad con lo dispuesto, en el caso de España, en el art. 2 de la Ley 2/2023. Esta configuración tan amplia del ámbito de aplicación no tiene sentido si el canal de alerta se entiende como parte del sistema de cumplimiento normativo. La lógica en este caso sería la siguiente: cada organización debe realizar un análisis de riesgos y determinar las irregularidades que tienen mayor incidencia en su actividad, que debieran ser básicamente el ámbito objetivo del canal. Para mayor determinación, y tal como sucedía hasta ahora en el sistema de cumplimiento de las empresas, este ámbito objetivo podría coincidir también con el código ético de conducta de la organización. La opción es equivalente, pues si el código se ha realizado correctamente debe contener normas relativas a los riesgos relevantes de la organización.

La desconexión entre cumplimiento normativo y canal de alertas genera en este punto una carga desproporcionada a las organizaciones. Los sistemas de alertas son en realidad una forma de cooperación público-privada, de una naturaleza similar a la que encontramos en el blanqueo de capitales, y que convierte a los ciudadanos y empresas en colaboradores obligatorios de la administración de justicia o de cualquier otra con capacidad de investigación y sanción. Se les demanda colaboración con el fin de realizar una tarea pública, como es la contención de un determinado tipo de irregularidad. Mas como siempre que el Estado impone una obligación a los particulares debe considerar los costos que ocasiona y ponderarlos con los beneficios sociales. Es proporcional imponer obligaciones de colaboración, así como de prevención, cuando se trata de detectar irregularidades frecuentes en la entidad, pero carece de sentido cuando son altamente improbables.

A la vista de este problema, cabría mantener que en realidad la función del art. 2 de señalar el ámbito máximo de protección y de aplicación de los derechos de protección, pero sin que este ámbito máximo o legal de protección condicionara la regulación interna del canal de alertas, que podría limitarse a las infracciones de más probable aparición en la entidad. En cualquier caso, se trata de un aspecto sobre el que debe seguir el debate.

Un segundo ejemplo, aún más problemático, de las tensas relaciones entre cumplimiento normativo y la regulación de los alertadores es el que concierne a la regulación del responsable del canal. En este punto lo primero que debe reseñarse es que resulta una función que necesariamente debe existir. La Directiva y la ley de transposición permiten la externalización de los canales, pero esta posibilidad afecta en exclusiva a la recepción de la información, no a la responsabilidad sobre el Sistema Interno de Información. Por esta razón, en los casos de externalización, el gestor de la recepción de información sería distinto al responsable del Sistema Interno de Información.

El responsable del sistema interno de información es una pieza clave para la efectividad del canal de alertas, por ello el art. 8.3 de la Ley 2/2003 obliga a que se comunique su nombramiento a las Autoridades Independientes de Protección del Informante, pero con una finalidad que va más allá de la simplemente registral, pues también debe informar de su competencia, a la hora de nombrarlo, y de las razones de su cese. Por ello, parece obvio que la obligación de la Autoridad Independiente va más allá del mero registro o de la existencia del canal y de su responsable. La interpretación de la Ley 2/2023 debe hacerse conforme a las pautas mínimas marcadas por la Directiva 2029/1937, siendo lo razonable que la función de la autoridad independiente nacional, o las autonómicas en su ámbito competencial no se limite a comprobar la existencia de canal interno, sino que deberá supervisar el procedimiento de gestión de denuncias para comprobar que se cumple las exigencias que establece la Ley y facilita el cumplimiento de sus fines. Corrobora lo anterior el hecho que se consideren infracciones, de diversa gravedad, las actuaciones u omisiones limitativas de derechos y garantías.

Una de las mayores polémicas que está generando la Ley es precisamente la obligación que se impone a los responsables del canal en la transposición española de la Directiva (art. 9.2 j de la Ley 2/2003) de remitir de manera inmediata la información al Ministerio Fiscal cuando los hechos pudieran ser indiciariamente constitutivos de delito. Esta obligación está planteado diversas interpretaciones en lo que atañe a la persona que está obligada a remitir la información y sus consecuencias. Si nos atenemos a la literalidad de la norma, el art. 9. de Ley 2/2023 establece con claridad que el "Responsable del Sistema responde de su tramitación diligente" y "El procedimiento responderá al contenido mínimo y principios siguientes: ...j) remisión de la información al Ministerio Fiscal con carácter inmediato cuando los hechos pudiera ser indiciariamente constitutivos de delito". Por otro lado, el art. 8.4 establece que "el Responsable del Sistema deberá desarrollar sus funciones de forma independiente y autónoma respecto del resto de los órganos de la entidad u organismo". La acción de remitir la información al Ministerio Fiscal con carácter inmediato cuando los hechos pudieran ser indiciariamente constitutivos de delito está, como puede apreciarse, precedida por una valoración realizada en la gestión de la información, competencia exclusiva del responsable del sistema y además debe hacerlo de forma inmediata, sin que quepa decisión de otro órgano. La valoración atiende exclusivamente al carácter suficientemente indiciario de los hechos, pero no a otros factores como por ejemplo el daño reputacional que puede ocasionar a la entidad, su pérdida de mercados etc.

La concepción que la regulación sobre alertadores tiene del responsable del canal es diferente a la de un órgano de cumplimiento. En el marco del cumplimiento normativo la responsabilidad parte del órgano de dirección de la empresa, que es quien debe diseñar y responsabilizarse de su implantación. Para ello, lógicamente, delega parte de esta función en distintas personas dentro de la organización, particularmente en el *Compliance officer* o delegado de cumplimiento normativo. Pero este es un subordinado del órgano de dirección a quien debe rendir cuentas y, por supuesto, no puede actuar de manera autónoma, por ejemplo, denunciando los hechos a las autoridades judiciales. Y ello no sólo porque puede suponer una colisión con el principio de ir contra los propios actos, sino también porque como antes señalaba esta denuncia – aunque sea de hechos que perjudiquen a la entidad – puede tener daños colaterales que se desea evitar.

El delegado del canal de alertas, tal como ha sido conformado por la ley, más que un oficial de cumplimiento es un representante de intereses públicos, por esta razón puede "puentear" a los órganos de dirección y denunciar una infracción directamente a las autoridades judiciales o al ministerio fiscal. Esta tipología no es absolutamente desconocida, se acerca al modo en que en algunos países se ha conformado el responsable de blanqueo de capitales.

La literalidad de la Ley 2/2023 no impide sin embargo realizar una serie de reflexiones críticas al menos de lege desiderata. Un punto de partida es que la discusión debe plantearse de manera distinta en el marco de organizaciones públicas y privadas. En el primer caso la existencia de un deber de comunicación al Ministerio público no resulta cuestionable. Las administraciones públicas no son responsables penalmente, la excepción es precisamente la de las sociedades mercantiles estatales, pero aquí y debido a su carácter público resulta razonable imponer restricciones del principio *nemo tenetur.* La ponderación que en una organización privada puede producirse entre daño reputacional u otro tipo de costes y la denuncia de los hechos no tiene aquí una intensidad diferente. Es una organización parte del propio estado. El deber de comunicación del responsable del canal es de naturaleza similar al que tiene cualquier funcionario público ante hechos delictivos que ocurren en el marco de su actividad. Sería impensable, que con indicios delictivos, el responsable del canal lo comunicase a su superior y que este, por ejemplo, decidiera ocultarlos.

La situación es diferente en el caso de organizaciones privadas. No es difícil salvar la contradicción con el principio de que nadie debe ir contra sus propios actos. Interpretar la normativa española conforme a la misma resulta una obligación, máxime cuando se trata de una regulación que procede de una directiva europea. Quizás en este aspecto, tarde o temprano, sea necesario plantear una cuestión prejudicial. La obligación no plantea problemas cuando la infracción descubierta no afecta a la responsabilidad de la persona jurídica, pero sí cuando es autoincriminante.

Mas en cualquier caso, lo que debe subrayarse es que este problema ha aparecido porque precisamente en este punto, la Ley 2/2003 no sigue la lógica del cumplimiento normativo. En este marco los canales de alertas tiene como función proporcionar un información a la entidad con la que, en su caso, mejorar los controles, sancionar disciplinariamente a quienes han realizado la infracción y si lo estiman conveniente los órganos designados por la persona jurídica o sus administradores comunicar los hechos el Ministerio Fiscal y colaborar con ellos.

3.2 El Proyecto de Directiva sobre lucha contra la corrupción.

La presentación de un proyecto de Directiva de lucha contra la corrupción el cinco de mayo del 2023 por parte de Comisión representa el punto álgido de la política criminal supranacional. Desde el punto de visa del sector público empresarial, el aspecto más relevante de la propuesta es que avanza en la unificación del régimen punitivo entre la "corrupción publica" y la privada, de este modo su carácter híbrido, deja aparentemente de ser un factor determinante a la hora de establecer su régimen penal. Las diversas figuras delictivas que contiene la Directiva se tipifican de manera similar en uno y otro sector, con una extensión similar. Así por ejemplo la malversación de caudales públicos y la apropiación indebida, ya sea en el marco público como en el privado, tienen una idéntica extensión en el art. 9 de la Propuesta, los elementos típicos de una y otra son similares y únicamente varía el círculo de autores: "funcionario público" que tenga encomendada directa o indirectamente la gestión de bienes o persona que dirija o trabaje en una entidad del sector y la que se le haya confiado la gestión de bienes.

Esta equiparación se corresponde con la reforma realizada en 2015 en la que, de manera similar a la que propone la Propuesta de directiva, se unificaron los comportamientos típicos de la administración desleal y la apropiación indebida en el ámbito público y el privado. Pero como es conocido, la reforma operada por la LO 14/2022 camina en sentido opuesto y establece un tipo de malversación con ánimo de lucro que no encuentra parangón en el delito de administración desleal. El resultado es que el delito de malversación de caudales públicos tiene, en principio, un ámbito de actuación más reducido que la administración desleal.

En el caso de las sociedades mercantiles ello puede generar una cierta perplejidad. El Tribunal Supremo en su Acuerdo de Pleno de 25 de mayo de 2017 consideró que las sociedades mercantiles eran empresas públicas, con el fin de que pudiera serles de aplicación el régimen más severo de la malversación. La reforma del 2022 hace que al menos desde el punto de vista de los comportamientos típicos, debido a la restricción del tipo subjetivo la protección pueda ser paradójicamente menor. Si la negociación de la Directiva mantiene el rumbo político criminal elegido habrá por tanto que replantear la reforma del 2022.

En el terreno de la prevención de la corrupción la Propuesta de Directiva, insiste en la necesidad de contar con organismos especializados, separando claramente aquellos que tienen funciones preventivas de los que tienen funciones represivas. Dada la disparidad que existe entre los estados miembros, sobre todo en el caso de organismos preventivos, la Propuesta de Directiva se contenta con unos requisitos mínimos relativos a su independencia y transparencia. La agencia francesa por ejemplo tiene funciones diferentes de la italiana y estas a su vez de las españolas, que además tienen carácter autonómico. En cualquier caso, el núcleo de su actividad debiera consistir, si se interpreta sistemáticamente el art. 4 con el art. 3.5, en realizar las evaluaciones periódicas de riesgos de corrupción o el diseño de las campañas de sensibilización y la elaboración de los planes anuales (art. 3.5).

No obstante y más allá de estas cuestiones, son muchos los aspectos que quedan abiertos, lo que pone de manifiesto la necesidad de emprende un debate europeo relativo a cuál debe ser el modelo de agencia anticorrupción. Por ejemplo, debe discutirse si tienen competencia tanto en el ámbito público o privado; cuál puede ser su papel en la ejecución de una sanción contra personas jurídicas que promocionan las últimas directivas europeas, como es la implatanción de programas de cumplimiento; si deberían estar dotadas de capacidad de supervisión e incluso de sanción en relación a las obligaciones de cumplimiento que puedan tener determinados entes; su papel y en su caso relación en la regulación de los canales de alertas como autoridades independientes etc.

4. UNA RECOMENDACIÓN MÁS PARA EL FUTURO: UN CUMPLIMIENTO NORMATIVO TRANSPARENTE.

Como puede apreciarse no son son pocos los retos y debates que plantea el cumplimiento normativo, tanto con carácter general, como referido al sector público empresarial. Los avances e innovaciones podrían venir tanto del legislador como por parte de las organizaciones. Y en este punto, no hay nada que impida caminar hacia un comportamiento normativo transparente. La reciente normativa europea en materia de información sobre sostenibilidad, la Directiva 2022 /2464 obliga a las empresas cotizadas a publicar como parte de sus cuentas anuales sus riesgos principales en materia de corrupción y de otro tipo de infracciones, como medio ambiente. Ya existen además estándares – como los famosos GRI – que unifican el modo en que esta información debe presentarse, pero además la propia Comisión Europea tiene la obligación de promulgar normas que unifiquen la información y que de modo similar a lo que ocurre con la información financiera, permita a los inversores, pero también al resto de la sociedad controlar los esfuerzos que hace una empresa para prevenir o erradicar el trabajo infantil.

No hay nada parecido en el sector público. Pero desde luego, lo que no tiene sentido alguno es que en un sociedad preocupada por la prevención de la corrupción, las obligaciones de transparencia pesen sobre las empresas y no sobre las administraciones públicas. De ahí, que nuestra propuesta final para el debate sería la creación de un observatorio en el que a partir de reglas de transparencia comunes las entidades del sector público empresarial mostraran anualmente sus avances en materia de prevención de la corrupción. La transparencia es un potente mecanismo regulatorio, sin necesidad de incrementar la regulación, anima a la innovación y a la competencia entre regulados. Pero la más importante, favorece el control de los ciudadanos sobre un tipo de organizaciones públicas que en los últimos años han sido uno de los puntos negros de la corrupción.

Capítulo XIV
Condicionalidad presupuestaria y lucha contra la corrupción en el sector público: la "nueva generación" de cumplimiento normativo en Europa

ANNA VILÀ CUÑAT
Becaria de investigación La Caixa INPhINIT Retaining
Universidad de Castilla-La Mancha.

1. CONSIDERACIONES PRELIMINARES

1.1. El contexto normativo de la condicionalidad financiera

La crisis económica surgida a raíz de la pandemia del Covid-19 coincidió con el momento de aprobar el Marco Financiero Plurianual de la UE[1] para el periodo entre 2021 y 2027, encargado de establecer los principios generales que debe respetar el presupuesto anual[2].

En este contexto nace el acuerdo del Consejo de 21 de julio de 2020, que incluía un paquete de medidas que combinaba el marco financiero plurianual para el período 2021-2027 (en lo sucesivo, el "MFP") y el plan de recuperación y resiliencia, organizado por el instrumento Next Generation UE (a partir de ahora "NGUE" o, indistintamente, "plan de recuperación") por un importe de 750.000 millones de euros[3].

El plan de recuperación NGUE se basaba en varios pilares, de los cuales el programa Mecanismo Europeo de Recuperación y de Resiliencia (en adelante, "MRR") concentraba la mayor parte del importe: 672.500 millones, estructurados en forma de préstamos y subvenciones[4]. Este mecanismo fue expresamente regulado por el Reglamento 2021/241 del Parlamento y el Consejo de 12 de febrero de 2021[5].

La percepción de los fondos, sin embargo, estaba supeditada a la elaboración de un plan nacional de recuperación y resiliencia[6]

---

1 Artículo 312 del Tratado de Funcionamiento de la Unión Europea.

2 Artículo 314 del Tratado de Funcionamiento de la Unión Europea.

3 Iniciativa franco-alemana de reactivación de la Unión Europea frente a la crisis del Coronavirus, de 18 de mayo de 2020. https://www.diplomatie.gouv.fr/es/viajar-a-francia/covid-19-en-francia-informacion-para-extranjeros/coronavirus-noticias/article/iniciativa-franco-alemana-de-reactivacion-de-la-union-europea-frente-a-la

4 Conclusiones del Consejo Europeo, 17 a 21 de julio de 2020 (EUCO, 10/20), A. 13.

5 Reglamento (UE) 2021/241 del Parlamento Europeo y del Consejo de 12 de febrero de 2021 por el que se establece el Mecanismo de Recuperación y Resiliencia.

6 Que debía cumplir con las condiciones establecidas en los artículos 17 y 18 del Reglamento 2021/241.

alineado con los objetivos del MRR[7], estableciendo un programa de reformas e inversiones del Estado miembro en cuestión. En el caso de España, esto dio lugar a la aprobación del Plan de Recuperación, Transformación y Resiliencia (o "PRTR")[8]. Entre otras cosas, el PRTR se esforzaba en demostrar que las ambiciones de España en el uso de los fondos estaban en correlación con las recomendaciones específicas que le hizo la Unión Europea en 2019 y 2020[9].

En paralelo, dando cumplimiento a la obligación que establece el Reglamento MRR de adoptar medidas para proteger los intereses financieros de la UE y velar por su adecuada utilización[10], el Ministerio de Trabajo y Economía social (MITES), como entidad decisora y ejecutora del PRTR, aprobó el Plan de Medidas Antifraude[11]. En este se prevé que, como beneficiaria de los fondos del MRR, toda entidad decisora o ejecutora que

---

7 Recogidos en el artículo 4, apartado 1, del Reglamento 2021/224.

8 Plan de Recuperación, Transformación y Resiliencia, cuya ejecución es accesible en la web del Gobierno de España. https://planderecuperacion.gob.es/ Para un análisis del plan, v. VALEIJE, I. "Riesgos penales en la gestión de los Fondos Next Generation UE", *La Ley Penal*, nº162, 2023.

9 P. 84 y ss del Plan de Recuperación, Transformación y Resiliencia del Gobierno de España de 16 de junio de 2021.

10 El artículo 22, apartado 1, del Reglamento 2021/241 establece que "Al ejecutar el Mecanismo, los Estados miembros, en su condición de beneficiarios o prestatarios de fondos en el marco del Mecanismo, adoptarán todas las medidas adecuadas para proteger los intereses financieros de la Unión y para velar por que la utilización de los fondos en relación con las medidas financiadas por el Mecanismo se ajuste al Derecho aplicable de la Unión y nacional, en particular en lo que se refiere a la prevención, detección y corrección del fraude, la corrupción y los conflictos de intereses. A tal efecto, los Estados miembros establecerán un sistema de control interno eficaz y eficiente y recuperarán los importes abonados erróneamente o utilizados de modo incorrecto [...]."

11 Cuya elaboración concreta estaba prevista por la Orden del Ministerio de Hacienda y Función Pública 1030/2021, de 29 de septiembre. https://www.mites.gob.es/es/sec_trabajo/perte_ESyEC/plan_antifraude/index.htm

participe en la ejecución de las medidas del PRTR o que realice tareas de gestión, seguimiento o control deberá disponer de un Plan de medidas antifraude[12]. Además, las medidas del Plan son aplicables a las entidades y personas beneficiarias privadas, socios, contratistas y subcontratistas que resulten perceptores o cuyas actuaciones sean financiadas con fondos públicos provenientes del Mecanismo de Recuperación y Resiliencia en el marco de las inversiones y componentes previstos en el Plan[13].

Tras haber presentado el contexto normativo en el que se inscribe, este trabajo se centrará en analizar el nuevo mecanismo surgido de la confluencia de las soluciones aportadas para afrontar tanto la crisis del Covid como los desafíos del Estado de derecho: el mecanismo de condicionalidad financiera en la ejecución de los fondos europeos. Dicho mecanismo será abordado en este estudio como una herramienta para combatir la corrupción en el sector público.

1.2. El mecanismo de la condicionalidad financiera

Después de días de intenso debate y de bloqueo institucional, el 16 de diciembre de 2020 se aprobó el Reglamento sobre un régimen general de condicionalidad para la protección del presupuesto de la Unión[14], de ahora en adelante, "el Reglamento de condicionalidad", que establece un mecanismo que permite condicionar el acceso a los fondos NGUE -entre otros- al cumplimiento de los principios del Estado de derecho por parte de las autoridades solicitantes. Si bien el Reglamento de condicio-

---

12 V. pg. 7 (ámbito de aplicación), en combinación con pgs. 17 y 18 (Roles a efectos de ejecución de las actuaciones del PRTR) del "Plan de Medidas Antifraude" del MITES.

13 V. pg. 7 del "Plan de medidas antifraude" del MITES.

14 Reglamento (UE, Euratom) 2020/2092 del Parlamento Europeo y del Consejo de 16 de diciembre de 2020 sobre un régimen general de condicionalidad para la protección del presupuesto de la Unión.

nalidad no contiene mención alguna al plan de recuperación NGUE (pues fue la excusa, pero no su único cometido), el Reglamento que instaura el MRR menciona expresamente que la Comisión ejecutará el mecanismo de conformidad con el Reglamento Financiero y el Reglamento (UE, Euratom) 2020/2092 del Parlamento Europeo y del Consejo *[sobre un régimen general de condicionalidad para la protección del presupuesto de la Unión]*[15].

La propuesta inicial de la Comisión del Reglamento de condicionalidad tenía la ambición de supeditar la percepción de fondos al respeto por parte del Estado miembro del "Estado de derecho", a secas, refiriéndose de manera general a cualquier incumplimiento relacionado con el mismo. Finalmente, se acotó a la vulneración de sus principios *cuando afecten al presupuesto de la UE o a sus intereses financieros,* pretendiendo restringir unas posibilidades aplicativas que, como veremos, siguen siendo amplias. La adopción de medidas[16], incluida la suspensión de pago de los fondos europeos, puede darse en varios supuestos, de los cuales resaltamos aquí dos aspectos.

Por un lado, el mecanismo puede activarse si la vulneración de los principios del Estado de Derecho en un Estado miembro afecta o *amenaza con afectar* gravemente la buena gestión financiera del presupuesto de la Unión o la protección de los intereses de la Unión de un modo suficientemente directo[17]. Por otro lado, la suspensión puede darse por una vulneración de los principios del Estado de Derecho de carácter *puntual,* sin necesidad de que dicha vulneración sea generalizada o reiterada[18].

---

15 Artículo 8 del Reglamento 2021/241.

16 Previstas en el artículo 5, apartado 1, letra a), del Reglamento 2020/2092.

17 Artículo 4, apartado 1, del Reglamento 2020/2092 ; curisva añadida por nosotros.

18 Considerando 15 del Reglamento 2020/2092. Así se afirma también en las Conclusiones presentadas el 2 de diciembre de 2021 por el Abogado General Campos Sánchez-Bordona para el asunto del TJUE, *Hungría/Parlamento y Consejo,* C-156/21, ECLI:EU:C:2021:974, pts.166 y

Los afectados por las medidas previstas en el Reglamento son las autoridades públicas del Estado miembro, como destinatarias de la financiación europea en régimen de gestión directa o indirecta. Cabe mencionar que, en el modo de gestión indirecta, la Comisión delega las tareas de ejecución presupuestaria en diferentes tipos de socios ejecutantes, que pueden incluir asociaciones público-privadas. Además, en el Reglamento de condicionalidad se prevé igualmente el supuesto de que la UE ejecute los fondos en gestión compartida[19]. En este supuesto, los Estados miembros asignan fondos a una amplia variedad de organizaciones: organismos públicos, empresas privadas y sociedad civil. La Comisión supervisa la ejecución, reembolsa los gastos y, en última instancia, es responsable del presupuesto. Aunque aún no podamos determinar con exactitud el alcance material de la influencia de la condicionalidad, resulta razonable plantear que las obligaciones que afectan a las autoridades públicas en relación con estos fondos podrían generar un efecto en cadena, impactando también a las entidades privadas involucradas en su gestión y a los beneficiarios finales, especialmente en lo relativo a las obligaciones de prevención de la corrupción.

A la espera de una ulterior jurisprudencia del Tribunal de Justicia de la Unión Europea al respecto, el mecanismo cuenta

---

ss. y en los asuntos del TJUE de 16 de febrero de 2022, *Polonia/Consejo y* Parlamento, C-157/21, ECLI:EU:C:2022:98, pts. 162 y ss. y *Hungría/Consejo y Parlamento,* C-156/21, ECLI:EU:C:2022:97, pts. 145-147.

19 Artículo 5, apartado 1, b) del Reglamento de condicionalidad, en combinación con el artículo 62, apartado 1, letra b), del Reglamento (UE, Euratom) 2018/1046 del Parlamento Europeo y del Consejo, de 18 de julio de 2018, sobre las normas financieras aplicables al presupuesto general de la Unión, por el que se modifican los Reglamentos (UE) n. 1296/2013, (UE) n. 1301/2013, (UE) n. 1303/2013, (UE) n. 1304/2013, (UE) n. 1309/2013, (UE) n. 1316/2013, (UE) n. 223/2014 y (UE) n. 283/2014 y la Decisión n. 541/2014/UE y por el que se deroga el Reglamento (UE, Euratom) n. 966/2012.

ya con su beneplácito, otorgado en la que sería su decisión más emblemática del año 2022[20], además de ser el primer asunto en la historia del TJUE retransmitido en "streaming"[21]. El Tribunal de Justica de la UE mantuvo que el objetivo de este Reglamento no es sancionar a los Estados que vulneren los principios del Estado de Derecho, cosa que ensancharía las competencias de la UE e iría en contra de la cooperación institucional y de los tratados, que ya prevén a tal efecto la suspensión del voto del país infractor en el Consejo en el artículo 7 TUE[22]. Su objeto y finalidad es, en cambio, proteger el presupuesto de la UE y sus intereses financieros[23]. Siguiendo esta misma lógica, las suspensiones de compromisos para los programas europeos adoptadas en virtud del Reglamento sobre condicionalidad se califican de "medidas de protección presupuestaria"[24].

---

20 TJUE, 16 de febrero de 2022, Hungría/Parlamento y Consejo, C-156/21, ECLI:EU:C:2022:97.

21 https://curia.europa.eu/jcms/jcms/p1_1477137/es/

22 Mecanismo "político" para luchar contra los ataques al Estado de derecho, caracterizado por una complejidad que explica que hasta día de hoy nunca se haya llevado a sus últimas consecuencias: la suspensión del voto del país infractor en el Consejo. Sobre este recurso, v. PADRÓS, C., "¿Puede imponerse coactivamente el respeto a los parámetros del Estado de derecho en la UE ? Análisis crítico de algunos desarrollos recientes", en José Suay Rincón y Felio José Bauzá Martorell (Dir.), *Derecho Público, entre el poder y un audaz desafío por el Estado de Derecho. Libro homenaje al profesor José Eugenio Soriano García,* Tomo I. p.179

23 TJUE, 16 de febrero de 2022, Hungría/Parlamento y Consejo, C-156/21, ECLI:EU:C:2022:97, pt. 171.

24 En la terminología empleada en la Propuesta de Decisión de Ejecución del Consejo sobre medidas para la protección del presupuesto de la Unión contra la vulneración de los principios del Estado de Derecho en Hungría, COM(2022) 485 final, así como en la Comunicación de la Comisión al Parlamento Europeo y al Consejo sobre la aplicación del Reglamento (UE, Euratom) 2020/2092 del Parlamento Europeo y del Consejo, de 16 de diciembre de 2020, sobre un régimen general de condicionalidad para la protección del presupuesto de la Unión, COM(2024) 17 final.

De esta manera se relacionan las finanzas con el presupuesto de la Unión y el respeto del Estado de derecho por los Estados miembros, entendiendo que proteger los intereses de la UE implica también protegerlos de conformidad con los valores del artículo 2 TUE[25] y esto mismo es considerado, precisamente, una modalidad de ejecución de los presupuestos. En efecto, el Reglamento de condicionalidad toma como base jurídica el artículo 322 TFUE, erigiendo el régimen general de condicionalidad al Estado de derecho en una modalidad de ejecución del presupuesto de la Unión.

Así, el respeto del Estado de Derecho pasa a desempeñar el rol de una condición previa esencial para cumplir con el principio de buena gestión financiera establecido en el artículo 317 del TFUE. Esto implica, consecuentemente, que los Estados miembros solo pueden garantizar la buena gestión financiera si las autoridades públicas actúan conforme a Derecho[26].

Frente al desafío de delimitar con precisión el ámbito de esta actuación conforme a la legalidad, el Reglamento presenta la primera definición general de "Estado de derecho" con carácter vinculante de que disponemos en el Derecho de la Unión[27]. Se entiende que el Estado de derecho comprende los principios de legalidad, que implica un proceso legislativo transparente, democrático, pluralista y sujeto a rendición de cuentas, de seguridad jurídica, de prohibición de la arbitrariedad del poder ejecutivo, de

---

25 Artículo 2 TUE: "La Unión se fundamenta en los valores de respeto de la dignidad humana, libertad, democracia, igualdad, Estado de Derecho y respeto de los derechos humanos, incluidos los derechos de las personas pertenecientes a minorías. Estos valores son comunes a los Estados miembros en una sociedad caracterizada por el pluralismo, la no discriminación, la tolerancia, la justicia, la solidaridad y la igualdad entre mujeres y hombres".

26 V. Considerandos 7, 9 y 13 del Reglamento 2020/2092.

27 MARTÍN, P.J, *El Estado de Derecho en la Unión Europea*, Marcial Pons, Madrid, 2021, p.33. Definición de carácter general contenida en el artículo 2 a) del Reglamento 2020/2092.

tutela judicial efectiva, que incluye el acceso a la justicia por parte de órganos jurisdiccionales independientes e imparciales, también en lo que respecta a los derechos fundamentales, de separación de poderes y de no discriminación e igualdad ante la ley[28].

Además de esta definición genérica, el dispositivo enumera en su articulado algunos indicios y ejemplos de situaciones que supondrían vulneraciones más o menos concretas de los principios del Estado de derecho. Estas son las que afectan al buen funcionamiento de las autoridades que ejecutan el presupuesto de la Unión, en particular en el contexto de procedimientos de contratación pública o de subvención, así como el de las autoridades que realizan su control financiero, supervisión o auditorías. Se anuncian también como aspectos que entrañan vulneraciones del Estado de Derecho los relacionados con el control judicial efectivo y el buen funcionamiento de los servicios de investigación y la fiscalía en casos de fraude, especialmente fraude fiscal, corrupción u otras infracciones que afectan al presupuesto de la Unión o a sus intereses financieros[29], así como los aspectos relacionados con la prevención y sanción de estas infracciones[30]. Un último apartado de recogida se refiere a "otras situaciones o actuaciones de las autoridades que sean pertinentes para la buena gestión financiera del presupuesto de la Unión o para la protección de los intereses financieros de la Unión".[31]

Como se observa, la relación entre el Estado de derecho y la protección del presupuesto europeo ha dotado a la condicionalidad vinculada al Estado de derecho de un marcado carácter financiero y público. Aunque se requiere que este vínculo sea en el caso concreto "suficientemente directo", y pese al esfuerzo por concretar las hipotéticas vulneraciones de los principios del

---

[28] Artículo 2, apartado a), del Reglamento 2020/2092.

[29] Artículo 4, apartado 2.c), del Reglamento 2020/2092.

[30] Artículo 4, apartado 2.e), del Reglamento 2020/2092.

[31] Artículo 4, apartado 2.h), del Reglamento 2020/2092.

Estado de derecho en una lista no exhaustiva de ejemplos, estas siguen formulándose de manera muy general, permaneciendo indefinidas en términos concretos.

Cabe mencionar que la Decisión marco de 2003 sobre corrupción privada ya anticipaba esta relación, pues en ella el legislador europeo afirmaba que "*Los Estados miembros conceden una importancia especial a la lucha contra la corrupción tanto en el sector público como en el privado, por estimar que en ambos sectores constituye una amenaza para el Estado de Derecho,* al tiempo que distorsiona la competencia respecto de la adquisición de bienes o servicios comerciales e impide un desarrollo económico sólido"[32].

En cualquier caso, y reconociendo de antemano la incertidumbre que rodea la aplicación concreta de estas amplias disposiciones, es razonable pensar que el bloqueo de fondos no ha sido diseñado exclusivamente para casos excepcionales como los de Polonia y Hungría, los países que más flagrantemente vulneran el Estado de Derecho. También la Comisión recomendó a España, en su reciente informe sobre el Estado de Derecho, *recordando los compromisos contraídos en el marco del Plan nacional de recuperación y resiliencia en relación con determinados aspectos del sistema judicial,* reforzar el estatuto del Fiscal General, en particular en lo que respecta a la disociación temporal de los mandatos del fiscal general del Estado y del Gobierno, así como proceder a la renovación del Consejo General del Poder Judicial con carácter prioritario e, inmediatamente después, dar inicio a un proceso para adaptar el nombramiento de sus vocales elegidos entre jueces y magistrados, teniendo en cuenta las normas europeas relativas a los consejos del poder judicial[33].

---

32 Considerando 9 de la Decisión Marco 2003/568/JAI del Consejo, de 22 de julio de 2003, relativa a la lucha contra la corrupción en el sector privado; cursiva añadida por nosotros.

33 Informe sobre el Estado de Derecho en 2023, Capítulo sobre la situación del Estado de Derecho en España, SWD(2023) 809 final, p. 4; cursiva añadida por nosotros.

No parece ser casual que la mediación sobre la renovación del CGPJ se haya llevado a cabo en Bruselas[34].

Partiendo de la base de que el impacto de la condicionalidad se suma a los mecanismos preexistentes de lucha contra la corrupción en el sector público, como los planes o modelos de organización y gestión, en este trabajo analizaremos el amplio potencial de la condicionalidad financiera (2), que tiene la capacidad de generar cambios estructurales e incrementar el control normativo en el seno de las autoridades públicas nacionales (3)

2.EL MECANISMO DE CONDICIONALIDAD: LA AMPLITUD RESPECTO A LA COMPLIANCE PENAL

La potencialidad de la condicionalidad como nuevo mecanismo para luchar contra la corrupción en el sector público se caracteriza tanto por la amplitud del sujeto implicado por las medidas (2.1) como por el objeto de las mismas (2.1)

2.1. El sujeto sometido a condición

Dado que el incentivo financiero para evitar conductas corruptas se suma a los mecanismos penales de lucha contra la corrupción, que incluyen tanto la sanción por la comisión de delitos como el incentivo a no cometerlos mediante la promesa de exención de responsabilidad por la aplicación de programas de cumplimiento normativo, resulta legítimo preguntarse por el valor añadido que el mecanismo de condicionalidad aporta respecto a estos últimos.

---

34 https://www.europapress.es/nacional/noticia-bruselas-espera-propuestas-concretas-pp-psoe-antes-reactivar-mediacion-desbloquear-cgpj-20240613134113.html

A título preliminar podemos considerar que un punto en común entre los planes de organización y gestión y el mecanismo de condicionalidad es que ambos abordan la corrupción, no como una sanción posterior al delito, sino como una forma de prevención delictiva. No obstante, la condicionalidad, que, como hemos visto, carece de naturaleza sancionadora, ofrece mayores posibilidades de alcance.

Sabemos que, pese a las voces pronunciadas a favor[35], la adopción de programas de cumplimiento normativo por parte de entes exentos de responsabilidad penal como son las empresas públicas no es obligatoria. La matizada situación de las sociedades mercantiles públicas, desde 2015 sujetas a responsabilidad penal[36], ha sido ya abordada en el Capítulo 2 de esta obra.

Pues bien, el ámbito de aplicación del Reglamento de condicionalidad del pago de los fondos al cumplimiento del Estado de derecho se circunscribe a las "entidades públicas", pues se entiende que son ellas quienes pueden vulnerar sus principios. A efectos del mencionado Reglamento, se incluye en el concepto de "entidad publica" a las autoridades de cualquier nivel de la administración, incluidas las nacionales, regionales y locales, así como las organizaciones de los Estados miembros, entendidas como entidades establecidas en un Estado miembro en calidad de organismos de Derecho público, *o de organismos que se rigen por el Derecho privado a los que se ha confiado una misión de servicio público y se ha dotado de garantías financieras adecuadas por parte del Estado miembro*[37].

---

35 V., por ejemplo, NIETO MARTÍN, A: "Public Compliance. Prevención de la corrupción en administraciones públicas y partidos políticos". Ed. Tirant lo Blanc, 2014.

36 Artículo 31 quinquies del Código Penal español.

37 Artículo 2, apartado b), del Reglamento 2020/2092, en combinación con el artículo 2, punto 42, del Reglamento (UE, Euratom) 2018/1046 del Parlamento Europeo y del Consejo de 18 de julio de 2018 sobre las normas financieras aplicables al presupuesto general de la Unión

A la vista del ámbito de actuación delimitado de esta manera por el Reglamento[38], y de la amplitud terminológica que suele caracterizar los conceptos autónomos en el derecho de la UE[39] -los cuales, debido a la necesidad de abarcar 27 sistemas distintos, buscan no dejar nada fuera de su alcance-, creemos que, en el ámbito de las autoridades de los Estados miembros o entidades públicas, se incluyen todo tipo de estructuras, independientemente de sus particularidades nacionales y regímenes jurídicos concretos, incluidos aquellos del sector público empresarial.

En este sentido, si el derecho administrativo establece múltiples distinciones conceptuales en el ámbito del sector público

---

o "Reglamento Financiero"; cursiva añadida por nosotros para remarcar que, a diferencia de lo que ocurre en el derecho penal español (artículo 31 quinquies, apartado 2), aquí no se hacen distinciones en virtud de la misión de servicio público encomendada.

38 Nota: El concepto de "autoridad" al que nos referimos en este estudio nada tiene que ver con el término empleado en el artículo 24 del Código Penal, referido a personas físicas que ejercen funciones públicas dentro de la administración. Pese a que ambos conceptos se refieren a entidades o sujetos que, de alguna manera, participan en la gestión de asuntos públicos, ya sea en la ejecución de fondos europeos o en el desempeño de funciones del Estado, la "autoridad pública" en el contexto de la condicionalidad se refiere a organismos o entidades responsables de la administración, control y ejecución de fondos de la UE, relacionadas con la correcta gestión financiera y el respeto al Estado de derecho en el uso de dichos fondos.

39 Sirva como ejemplo el término de "autoridad judicial" que interesa a efectos de interponer una cuestión prejudicial. V., TJCE, 10 de junio de 1966, *Vlaasen-Göbbels*, asunto 61/65, ECLI:EU:C:1966:39; TJCE, 17 de septiembre de 1997, *Dorsch Consult*, asunto C-54/94, ECLI:EU:C:1997:413, pt. 23; TJCE, 27 de junio de 1991, *Mecanarte*, asunto C-348/89, ECLI:EU:C:1991:278, pt. 44; TJCE, 16 de diciembre de 2008, *Cartesio*, asunto C-210/06, ECLI:EU:C:2008:723, pt. 88.

empresarial[40], el Código penal español maneja unos criterios todavía controvertidos y nada pacíficos en esta área[41]. A su vez, a efectos de cumplimiento penal, la OCDE ha adoptado progresivamente un enfoque pragmático y más unificador centrado en el carácter mercantil y económico de las empresas públicas[42] que tiene en cuenta su actividad comercial en el mercado[43]. Consideramos que, a largo plazo, en el marco del fraude a sus fondos, la Unión europea optará por un concepto amplio, funcional e inclusivo que, con independencia de la forma jurídica, la calificación, la estructura o el funcionamiento interno de la entidad, transcenderá las particularidades que puedan revestir las empresas públicas en los distintos países a fin de determinar las correspondientes consecuencias jurídicas.

---

40 V. especialmente la Ley 40/2015, de 1 de octubre, de Régimen Jurídico del Sector Público y la Ley 47/2003, de 26 de noviembre, General Presupuestaria.

41 Artículo 31 quinquies, apartado 2, del Código Penal español. Disposición ampliamente discutida en la doctrina. V. en profundidad BAUCELLS, "Las empresas del sector público empresarial responsables penalmente", *Estudios Penales y Criminológicos*, 2022; QUINTERO OLIVARES, "El Derecho Penal y las empresas públicas: un problema político criminal", en MORILLAS (Dir.), Respuestas jurídicas frente a la corrupción política, 2021; GARCÍA ARAN, "Autonomía interpretativa del derecho penal y delincuencia de la empresa pública", *Revista de Estudios Jurídicos y Criminológicos*, 2022; JUNCEDA, "Programas de cumplimiento y sector público. Especial mención a las empresas y entes públicos", *Presupuesto y gasto público*, núm. 91, 2018; CARDONA, "La responsabilitat penal de les societats mercantils publiques", *Revista Jurídica de Catalunya*, núm. 4, 2021.

42 Directrices en la OCDE en materia de Lucha contra la corrupción e Integridad en las Empresas Públicas, 2019, p.17.

43 Convenio de la OCDE de lucha contra la corrupción de agentes públicos extranjeros en las transacciones comerciales internacionales, 2019, pg. 33, apartado 4, pt. 15.

De ello se deriva que, bajo la perspectiva de este Reglamento, se daría una respuesta favorable al debate doctrinal sobre si otros entes del sector público empresarial, como las Entidades Públicas Empresariales, también deberían implementar programas de cumplimiento normativo[44]. En nuestro caso, se trataría sin embargo de que también estas entidades pertenecientes al sector público estén sujetas a la percepción de fondos condicionada al cumplimiento normativo relacionado con el Estado de Derecho, sin que ello dependa de su responsabilidad penal a nivel nacional[45].

Como es sabido, tras la introducción de la responsabilidad penal de las personas jurídicas en la reforma del Código Penal de 2010, la revisión de 2015 introdujo los planes de prevención de riesgos penales como medida para atenuar o eximir a las empresas de su responsabilidad penal.

En el caso analizado, este tipo de "incentivo de compliance" -en el sentido amplio de cumplir con las normas penales-, en forma de condicionalidad, es un requisito, por lo que ni exime ni atenúa. No se trata de una autorregulación voluntaria interna, sino de una medida de prevención impuesta externamente. Al ser una obligación, el cumplimiento con las normas no altera la responsabilidad del ente, ya que no actúa como un incentivo, sino como una condición cuyo respeto es indispensable.

De esta manera, mientras que los planes de *compliance* pueden ser vistos con el fin utilitarista de prevenir estratégicamente,

---

44 V., en este sentido, JUNCEDA, "Programas de cumplimiento y sector público. Especial mención a las empresas y entes públicos", *Presupuesto y gasto público,* núm. 91, 2018, p. 170.

45 También algunos sujetos sometidos a responsabilidad penal, como las sociedades mercantiles públicas, están a cargo de la gestión de esto fondos, por ejemplo, ENISA (Empresa Nacional de Innovación S.A.) https://spain.representation.ec.europa.eu/noticias-eventos/noticias-0/enisa-ayudando-que-los-fondos-nextgenerationeu-lleguen-proyectos-innovadores-2024-01-18_es

más que el delito, la responsabilidad penal[46], el cumplimiento normativo derivado de la condicionalidad tiene un fin deontológico, ligado a la protección de valores, de cuyo incumplimiento no puede derivarse una sanción, pero sí una restricción en el acceso a determinados beneficios.

2.2. El objeto de la condición

El amplio alcance de la condicionalidad como herramienta para prevenir o disuadir la corrupción también puede evaluarse si consideramos que la lista de delitos por los cuales una persona jurídica puede ser penalmente responsable es de *numerus clausus*, excluyendo la mayoría de los delitos que afectan a la función pública, que quedarán fuera del foco de atención prioritaria de las *compliance* penales[47].

Creemos que la amplitud de la expresión "vulneración de los principios del Estado de derecho" por parte de la autoridad que ejecuta o gestiona el presupuesto de la Unión podría acoger delitos cometidos por empresas y entes públicos que actualmente no estén sujetos a responsabilidad penal de la persona jurídica según el Código penal español, pudiendo comprender, además, las conductas que correspondan a delitos cometidos por los funcionarios públicos y salvándonos, en este ámbito, del debate sobre el concepto de funcionario público a efectos penales y la inclusión, a raíz de la exigencia formal del nombramiento por

---

46 V. en esta línea, § 16. "Cosmética y falta de determinación", en NIETO, A. *El cumplimiento normativo como estrategia político-criminal*, Hammurabi, 2022, p.93 y ss.

47 V. CUGAT, M. "Elementos subjetivos del delito y límites de las compliance anticorrupción: a propósito de la difícil delimitación entre gastos de representación y pagos de facilitación", *Estudios Penales y Criminológicos*, vol. XXXVIII (extr.) (2018), p.3.

parte de la Administración[48], de los trabajadores que ocupan puestos inferiores en la estructura de las empresas públicas por la comisión de delitos de cohecho, malversación y corrupción en las transacciones económicas internacionales[49].

En esta misma línea del amplio enfoque de la condicionalidad se sitúa el supuesto del artículo 308 del Código Penal, que sanciona el fraude en subvenciones de la UE cuando se obtienen o disfrutan fraudulentamente, mediante la falsificación u ocultación de sus condiciones o su aplicación a fines distintos de aquellos para los que la subvención fue concedida. Con el valor añadido de la condicionalidad europea, las subvenciones de la UE[50] están tuteladas no solo contra el fraude cometido por particulares, sino también contra el riesgo de fraude perpetrado por otras administraciones públicas, hoy mayoritariamente consideradas excluidas de su ámbito de aplicación, sin que haya sido planteado el supuesto de las empresas del sector público empresarial que pueden competir con otras en el mercado[51].

El revés de esta vaga amplitud es que la condicionalidad se suma al problema, achacado a la *compliance* por parte de la doctrina, de la delimitación del contenido del injusto a partir de contornos difusos de la normativa penal, que se trasladan a las

---

48 Según el artículo 24 del Código Penal español.

49 V. sobre este debate VALEIJE, I. «Reflexiones sobe los conceptos penales de funcionario público, función pública y «personas que desempeñan una función pública"», *Cuadernos de Política Criminal,* núm. 62, 1997; RAMON, R. "La derogación jurisprudencial del artículo 24.2 CP (concepto de funcionario público)", *Estudios Penales Y Criminológicos,* núm. 34, 2014.

50 Especialmente mencionadas en el artículo 3, apartado 2 a), del Reglamento 2020/2092 como campo sujeto a las exigencias relacionadas con el Estado de derecho.

51 V. en mayor detalle MARTÍNEZ, B., *Derecho Penal Económico y de la Empresa. Parte Especial,* 7° Edición, Tirant lo Blanch, p.874 y ss.

normas de cumplimiento empresarial[52]. "Incumplir el Estado de derecho", además de ser una prescripción amplia y difusa, es relativamente reciente. Basta con observar que, como hemos mencionado, la primera definición vinculante ofrecida de este concepto es la que figura en el mismo Reglamento que diseña el mecanismo de condicionalidad que contiene.

En este sentido, si algunos autores han expresado su preocupación respecto a la indeterminación en las obligaciones penales de los planes de *compliance*, a la luz de la condicionalidad europea de los fondos, "la ley llega"[53] hasta donde la Comisión, con la interpretación sucesiva del TJUE, diga que llega. No serán por lo tanto ni el tipo penal ni los códigos propios de la empresa los que delimiten la esfera del cumplimiento normativo, que empezará donde la UE decida que empieza -sin duda, mucho antes del tipo penal-.

Un objetivo importante al implantar el *compliance* es alinear los objetivos de la empresa con el cumplimiento de los requerimientos jurídicos a nivel nacional e internacional[54]. Como veremos en el siguiente apartado, el cumplimiento normativo impulsado por la condicionalidad financiera va más allá, ejerciendo una influencia que asegura que un Estado destine los fondos europeos según las prioridades de la UE (mediante los planes nacionales que enmarcan los fondos NGUE) y que su sistema interno se ajuste a determinadas condiciones estructu-

---

52 CUGAT, M. Elementos subjetivos del delito y límites de las compliance anticorrupción: a propósito de la difícil delimitación entre gastos de representación y pagos de facilitación, *Estudios Penales y Criminológicos*, vol. XXXVIII (extr.) (2018), p.6.

53 Retomando la expresión de Adán Nieto en NIETO, A. "Problemas fundamentales del cumplimiento normativo en el derecho penal", en *Temas de derecho penal económico: empresa y compliance, Anuario de Derecho Penal* 2013-2014, p.178.

54 REMACHA, M., "*Compliance*, ética y RSC", *Cuadernos de la Cátedra "la Caixa" de Responsabilidad Social de la Empresa y Gobierno corporativo*, n°31, Julio de 2016.

rales (derivadas del mecanismo de condicionalidad destinado a la protección de *todos* los fondos europeos).

3. EL MECANISMO DE CONDICIONALIDAD: LA INFLUENCIA FRENTE A LA COMPLIANCE PENAL

La condicionalidad tiene efectos sistémicos que creemos que superan los derivados de los programas de *compliance* penal (3.1), aunque su desarrollo y efectividad queden pendientes de confirmación (3.2)

3.1. Un control interno facilitado por los valores

La condicionalidad tiene un impacto que va más allá del objetivo de la *compliance* penal, cuyo fin es prevenir conductas indebidas dentro de una organización. El mecanismo analizado en este trabajo no solo cumple con esa función, sino que también influye en la configuración y estructura de los sistemas estatales internos.

De obligada mención es aquí la decisión del TJUE de 2018 sobre los jueces portugueses[55]. En dicha decisión el juez de Luxemburgo interpretó de manera extensiva que la tutela judicial efectiva, derecho fundamental garantizado en el artículo 47 de la Carta de Derechos Fundamentales de la UE, es inherente a un Estado de Derecho. Consideró que el artículo 19 TUE se refiere con mayor concreción al valor de Estado de Derecho proclamado en el artículo 2 TUE y, por esta vía, atribuye el cometido de garantizar el control judicial en el ordenamiento jurídico de la Unión tanto al Tribunal de Justicia de la UE como a los tribunales nacionales[56].

---

55 TJUE, 27 de febrero de 2018, *Associação Sindical dos Juízes Portugueses contra Tribunal de Contas*, Asunto C-64/16, ECLI: ECLI:EU:C:2018:117.

56 Pt. 32, Asunto C-64/16.

No es coincidencia que el primer indicio de vulneración del Estado de derecho mencionado en el Reglamento de condicionalidad -donde es citada esta misma decisión judicial-, se refiera a la puesta en peligro de la independencia de los jueces[57].

Pero es que el mismo Reglamento dice textualmente que el artículo 19 TUE, expresión concreta del valor del Estado de Derecho establecido en el artículo 2 TUE, obliga a los Estados miembros a proporcionar una tutela judicial efectiva en los ámbitos cubiertos por el Derecho de la Unión, *incluidos los referentes a la ejecución del presupuesto de la Unión*[58].

Si la UE se ha atribuido la competencia para fiscalizar los sistemas judiciales internos con el objetivo de asegurar que puedan garantizar una tutela judicial efectiva (sin contar con una competencia expresa en los tratados para ello), ¿qué le impediría supervisar a las autoridades públicas para verificar su conformidad con los principios del Estado de derecho?

Si bien el recurso a la condicionalidad para percibir un beneficio no es algo nuevo en la historia de la integración[59], más insólito resulta que el campo de su aplicación se extienda por defecto a todos los Estados miembros -pues todos ellos, en mayor o menor medida, son perceptores de fondos europeos-. También

---

57 Artículo 3, apartado a), del Reglamento 2020/2092.

58 Considerando 12 del Reglamento 2020/2092; cursiva añadida por nosotros.

59 Sirva como ejemplo su uso en el contexto de la crisis del euro. V. TUORI, K. & TUORI K., *The Eurozone crisis: a constitutional analysis*, Cambridge University Press, 2014; IOANNIDIS, M. *EU Financial Assistance Conditionality after 'Two Pack'*, (February 20, 2014), SSRN. Nótese que el controvertido artículo 136, apartado 3, del TFUE dicta que "Los Estados miembros cuya moneda es el euro podrán establecer un mecanismo de estabilidad que se activará cuando sea indispensable para salvaguardar la estabilidad de la zona del euro en su conjunto. La concesión de toda ayuda financiera necesaria *con arreglo al mecanismo se supeditará a condiciones estrictas*"; cursiva añadida por nosotros.

es insólito que dicha condicionalidad se vincule directamente a los valores de la UE, dando lugar a su plena "justiciabilidad".

De este modo, la "filosofía" de la condicionalidad no separa la integridad ética de la prevención de los riesgos penales -como en ocasiones ha sido reprochado a los modelos de cumplimiento normativo del sector público empresarial, en comparación con el sector privado[60]-. Por su propia naturaleza y configuración, el Reglamento establece una conexión entre ambos aspectos: evitar la corrupción económica implica al mismo tiempo evitar la corrupción de valores. En este sentido, el modelo de cumplimiento normativo propuesto por la condicionalidad es más holístico e integrador que el de los planes tradicionales de organización y gestión.

Finalmente, es preciso destacar que algunos autores afirman legítimamente que los sistemas de cumplimiento son solo un conjunto de buenas intenciones si no van acompañados de procedimientos internos y normas de control que aseguren su efectivo respeto[61].

---

60 V. en este sentido SÁIZ, C.A., "Introducción. ¿Qué es el Compliance? Claves para la comprensión de esta obra. Grandes confusiones sobre Compliance. Futuro del Compliance. La ISO 19600 de Compliance", en SÁIZ, C.A. (Coord.), *Compliance. Cómo gestionar los riesgos normativos en la empresa,* Aranzadi, 2015, p.40; BAUCELLS, J., "Especificidades de los modelos de cumplimiento penal para prevenir la corrupción en el sector público empresarial", *LA LEY compliance penal,* Nº 17, Abril de 2024, Editorial LA LEY, p. 8, p.21. El estudio del PRECOSPE reveló un desequilibro entre los programas de ética y la prevención de riesgos delictivos (OAC, *Cumplimento normativo e integridad en entidades del sector público institucional de Catalunya,* 2023, p. 14; OAC, *Cumplimento normativo e integridad en entidades del sector público institucional de Catalunya,* 2023, p. 11).
Grandes confusiones sobre Compliance. Futuro del Compliance. La ISO 19600 de Compliance», en SÁIZ (Coord.) Compliance. Cómo gestionar los riesgos normativos en la empresa, 2015, p. 40.

61 NIETO, A. "Problemas fundamentales del cumplimiento normativo en el derecho penal", *Temas de derecho penal económico: empresa y compliance Anuario de Derecho Pena*l, 2013-2014, p.176.

Como ocurre en el contexto de los fondos NGUE, donde los informes que deben presentarse a la Comisión verifican la adecuación de los objetivos del MRR con el plan nacional, que incluyen reformas nacionales[62], en el caso de la condicionalidad, el control también proviene del exterior. Esta modalidad de supervisión externa y vertical se extiende al informe de la Comisión sobre el estado y la aplicación Reglamento 2020/2092 y a las eventuales decisiones del TJUE al respecto[63]. No se trata aquí de una autorregulación ni de órganos de control internos que, en menor o mayor medida, están jerárquicamente vinculados a los responsables del diseño e implementación de los planes en el sector público[64]. Es por ello que la rendición de cuentas, externalizada en la Comisión[65], parece ser más democrática que la que ofrecen los planes de *compliance* penal.

Sin embargo, persisten dudas entorno a la aplicación del mecanismo de condicionalidad.

---

62 "Los informes de los Estados miembros se reflejarán de forma adecuada en los programas nacionales de reformas, que servirán de herramienta para informar sobre los avances realizados en la ejecución de los planes de recuperación y resiliencia". "Igualmente, la Comisión hará un seguimiento de la ejecución del Mecanismo y medirá el logro de los objetivos establecidos en el artículo 4" (Considerando 67, artículo 27 y artículo 29 del Reglamento 2021/241).

63 Considerandos 8, 16 y 24 del Reglamento 2020/2092.

64 BAUCELLS, J., "Especificidades de los modelos de cumplimiento penal para prevenir la corrupción en el sector público empresarial", *LA LEY compliance penal*, Nº 17, Abril de 2024, Editorial LA LEY, p. 12.

65 En el marco del sector público empresarial, se ha propuesto someter periódicamente el plan de prevención a auditorías externas basadas en estándares internacionales (v. Informe del Tribunal de cuentas de fiscalización del grado de implementación de los modelos de prevención de delitos y de comportamientos contrarios a la ética en las sociedades mercantiles estatales en el ejercicio 2018, 2020, p. 81; Directrices de la OCDE sobre el Gobierno Corporativo de las Empresas Públicas, 2011, p. 19).

3.2. Una aplicación pendiente de evaluación

La lógica que subyace a la condicionalidad de los fondos europeos, que no solo se refiere a su debido destino, sino también al cumplimiento de ciertos estándares estructurales por parte de las autoridades de los Estados miembros los que ejecuten, abre la puerta a nuevas posibilidades. Esto plantea la cuestión de si este mecanismo no solo será más eficaz para disuadir conductas corruptas en el sector público en comparación con los planes de *compliance*, sino también para asegurar su efectiva aplicación.

La implementación de instrumentos de prevención de riesgos delictivos en el sector público español ha sido paulatina y escasa, enmarcada sobre todo en las Sociedades Mercantiles Públicas a raíz de la responsabilidad penal reconocida en 2015[66]. A su vez, la condicionalidad financiera europea creada en 2020 ya ha dado lugar a un primer bloqueo de fondos NGUE en un Estado miembro.

La primera y única ocasión en que se ha activado el dispositivo ha sido en relación con Hungría, un país que acumula sucesivos recursos por incumplimiento del Estado de derecho repetidamente declarados por las vías judiciales "ordinarias" que tiene la UE para hacer respetar su derecho[67].

Cabe destacar que uno de los motivos de la decisión del Consejo para bloquear los fondos fue "la incapacidad, insuficiencia o falta

---

66 Esta tesis defiende Baucells, J. en "Especificidades de los modelos de cumplimiento penal para prevenir la corrupción en el sector público empresarial", *LA LEY compliance penal*, Nº 17, Abril de 2024, Editorial LA LEY, p. 6, a raíz del nivel de implementación observado por los autores del informe OAC, *Cumplimento normativo e integridad en entidades del sector público institucional de Catalunya*, 2023, p.15.

67 Nos referimos aquí a los recursos de los artículos 258 y 267 TFUE. V. en detalle la cronología del "conflicto" judicial entre Hungría y los valores de la Unión https://www.touteleurope.eu/fonctionnement-de-l-ue/etat-de-droit-chronologie-du-conflit-entre-l-union-europeenne-et-la-hongrie/

de voluntad sistemáticas por parte de las autoridades húngaras para evitar decisiones que vulneren la legislación aplicable en lo que respecta a la contratación pública y los conflictos de intereses y, por lo tanto, para abordar adecuadamente los riesgos de corrupción". Las instancias europeas identificaron también "un determinado número de problemas relativos a la investigación y al enjuiciamiento, así como al marco de lucha contra la corrupción, incluidas limitaciones a la investigación y enjuiciamiento efectivos de presuntas actividades delictivas, *la organización de los ministerios fiscales*, y la falta de un marco de lucha contra la corrupción operativo y eficaz en la práctica". Dichos elementos constituyen vulneraciones de los principios del Estado de Derecho, en particular de los principios de seguridad jurídica, de prohibición de la arbitrariedad del poder ejecutivo y de tutela judicial efectiva, y suscitan dudas en cuanto a la *separación de poderes*[68].

Las deficiencias identificadas que amenazaban el Estado de derecho se consideraron generalizadas e interrelacionadas, siendo calificadas por el Consejo de la UE como "insuficiencias sistémicas". Todo ello llevó a la conclusión de que otros procedimientos disponibles serían menos eficaces que los establecidos en el Reglamento sobre condicionalidad[69].

Asimismo, el Consejo tuvo en cuenta que Hungría, tras la notificación de la Comisión, había adoptado varias medidas correctoras. Entre ellas se encuentra la creación de una Autoridad de Integridad para el refuerzo de la prevención, detección y co-

---

68 Decisión de ejecución (UE) 2022/2506 del Consejo de 15 de diciembre de 2022 sobre medidas para la protección del presupuesto de la Unión frente a la vulneración de los principios del Estado de Derecho en Hungría, considerandos 3 y 4; cursivas añadidas por nosotros.

69 Comunicación de la Comisión al Parlamento Europeo y al Consejo sobre la aplicación del Reglamento (UE, Euratom) 2020/2092 del Parlamento Europeo y del Consejo, de 16 de diciembre de 2020, sobre un régimen general de condicionalidad para la protección del presupuesto de la Unión, COM(2024) 17 final, p.12; considerando 17 del Reglamento 2020/2092.

rrección de ilegalidades e irregularidades relativas a la ejecución de los fondos de la Unión; el desarrollo del sistema electrónico de contratación pública para aumentar la transparencia o la reducción de la proporción de procedimientos de licitación con una única oferta financiados con cargo al presupuesto nacional[70]. Estos factores, aunque considerados insuficientes, fueron tenidos en cuenta al determinar el riesgo restante para el presupuesto de la UE en un 55 % de los créditos de los programas afectados. Vemos pues que corresponde a las instituciones europeas evaluar si las medidas correctoras adoptadas a nivel nacional son plenamente satisfactorias o si siguen siendo insuficientes para cumplir con los objetivos del Reglamento 2020/2092.

Consecuencia de ello, mientras que en el caso de la pena de inhabilitación para obtener subvenciones y ayudas públicas del Código Penal español se prevén límites máximos temporales, las medidas adoptadas en el marco de la condicionalidad -sin ser penales- implican la suspensión de los pagos hasta que el Estado corrija su situación interna de acuerdo con las expectativas de la Unión, sin límite temporal alguno.

El mecanismo de condicionalidad lleva tres años en vigor y ha sido activado esta sola vez; un mayor número de casos de aplicación del Reglamento sobre condicionalidad proporcionará más precisiones y ejemplos sobre el procedimiento previsto por el mecanismo[71]. Sin embargo, a fin de evitar abusos y evaluaciones

---

70 V. considerando 26 de la Decisión de ejecución (UE) 2022/2506 del Consejo de 15 de diciembre de 2022 sobre medidas para la protección del presupuesto de la Unión frente a la vulneración de los principios del Estado de Derecho en Hungría.

71 Como reconoce la propia Comunicación de la Comisión al Parlamento Europeo y al Consejo sobre la aplicación del Reglamento (UE, Euratom) 2020/2092 del Parlamento Europeo y del Consejo, de 16 de diciembre de 2020, sobre un régimen general de condicionalidad para la protección del presupuesto de la Unión, COM(2024) 17 final, p.21.

excesivamente generales o abstractas, es crucial que una sólida fundamentación de la legitimidad del mecanismo preceda a la justificación de su efectividad. Consideramos fundamental, en este sentido, asegurar que este proceso, aunque no sea de naturaleza penal, ofrezca plenas garantías a las autoridades involucradas.

Algunos autores se han mostrado legítimamente escépticos respecto al valor añadido de los programas de cumplimiento en el sector público en comparación con el derecho público para reducir la corrupción[72]. Para otros, directamente, la *compliance* penal es vista como una manifestación del fracaso de los estados modernos para controlar grandes empresas a través de los mecanismos ordinarios del control de legalidad[73].

Queda por ver si la exclusión de financiación como incentivo para el cumplimiento normativo en el seno de los entes públicos resulta más disuasoria que los enfoques penales tradicionales basados en el delito o los emergentes programas de organización y gestión. Ciertamente, sería novedoso que un mecanismo de prevención positiva, que prioriza la adhesión a los valores por encima de las sanciones tradicionales -cosa nada indiferente para la UE desde un punto de vista constitucional- demostrara ser más efectivo que los mecanismos punitivos conocidos hasta ahora.

4. REFLEXIONES CONCLUSIVAS Y CUESTIONES ABIERTAS

Las finanzas públicas europeas ya no se utilizan únicamente para ejecutar políticas de la UE o para asistir a Estados miembros

---

72 V. QUINTERO OLIVARES,G. “El Derecho Penal y las empresas públicas: un problema político criminal”, MORILLAS, L. (Dir.), *Respuestas jurídicas frente a la corrupción política,* Dynkinson, Madrid, 2021, pgs. 301 y 302.

73 GAUDEMET, A. “What is Compliance?”, *La Revue Européenne du Droit,* La Compliance, une idée européenne?, numéro 1, septembre 2020, p.91.

en situación de necesidad. En la nueva generación, los fondos se convierten en un instrumento que promueve el cumplimiento normativo en el sector público, en la medida en que su recepción se condiciona a la observancia de ciertas normas.

La primera nota de condicionalidad que surgió a raíz de la crisis del Covid-19 está relacionada con el destino y los objetivos de los fondos NGUE, garantizada a través del Reglamento por el que se establece el MRR y por la elaboración de los planes de recuperación y resiliencia nacionales que el primero requiere para poder optar a la financiación. La segunda, resultado del Reglamento 2020/2092, se trata de una condicionalidad en el marco de la ejecución de los fondos europeos por parte de las autoridades de unos Estados miembros que deben ser respetuosos con el Estado de Derecho.

Enfocándonos en esta segunda forma de condicionalidad, en este trabajo hemos señalado que el desembolso de los fondos europeos pide como requisito sistémico y sistemático el respeto de los principios del Estado de derecho por parte de las autoridades encargadas de su ejecución. Esto implica garantizar un buen funcionamiento de las instituciones, lo que incluye la prevención y sanción de la corrupción en el sector público. Estos elementos son fundamentales para una gestión eficiente del presupuesto de la UE y para la protección de sus intereses financieros.

Partiendo de esta premisa y reconociendo la incertidumbre que aún rodea al mecanismo, hemos examinado la condicionalidad como método emergente de cumplimiento normativo en sentido amplio. Conscientes de que complementa otros mecanismos preexistentes para combatir la corrupción en el sector público, hemos comparado sus características con las de los planes de organización y gestión o de *compliance* penal.

Hemos empezado estableciendo que la condicionalidad no es un plan de cumplimiento normativo al uso, pero constituye un incentivo, en forma de requisito, para la observancia de ciertas normas.

Igual que la *compliance,* la condicionalidad actúa como un mecanismo de prevención *ex ante,* es decir. Sin embargo, un elemento diferencial fundamental entre ambos es que la condicionalidad no tiene naturaleza penal. En su aplicación, el incumplimiento de las normas no acarrea sanciones, sino que puede resultar en el bloqueo de los fondos europeos, lo que implica la pérdida de los beneficios asociados.

Así, mientras que la *compliance* introducida en nuestro Código Penal en 2015 puede evitar sanciones penales o administrativas que se topan con los límites del derecho -como considerar la sanción una simple "tasa para delinquir", o enfrentar la falta de su pago con más sanciones como única respuesta posible-, en este caso el marco sigue una lógica distinta: el Estado o la entidad pública específica deja de percibir los fondos a los que que en principio tendría derecho hasta que repare la situación tal como la Unión lo requiera.

Tanto esta dinámica como la propia configuración del dispositivo tienen incidencia en sus singulares características.

Un aspecto distintivo de la condicionalidad en comparación con los planes de *compliance* es su conexión directa con los valores (del Estado de derecho) a los cuales, lejos de ser una simple declaración programática, la UE ha dado una concreta materialización.

Hemos observado que algunos autores sostienen que el concepto de integridad ética en el sector público empresarial debería ser mucho más amplio que en el sector privado, cosa que debería reflejarse no sólo en sus programas de integridad, sino también en los de cumplimiento.

En la condicionalidad vinculada al Estado de derecho, al estar ambos conceptos interrelacionados, se integran la prevención delictiva y los valores. Esto alivia la preocupación doctrinal de que el sector público empresarial -que hemos considerado amparado por este mecanismo debido a una concepción extensa del término "entidad pública"- pueda carecer de un modelo de cumplimiento normativo que combine ética y prevención de riesgos penales.

En definitiva, la condicionalidad establecida en el Reglamento representa un tipo de cumplimiento normativo que busca ser indisociable del respeto a los "valores de lo público".

Además, al desvincular el cumplimiento normativo de la responsabilidad penal de la autoridad, otra diferencia clave reside en el hecho de que, gracias a la condicionalidad de la recepción de los fondos, los incentivos para adoptar buenas prácticas en la prevención de la corrupción no dependen de la eventual responsabilidad penal del organismo público o semipúblico.

De lo que se trata aquí es de ser una autoridad de un Estado miembro relacionada con la ejecución del presupuesto de la UE, lo que incluye tanto las administraciones como las empresas públicas. En medio del debate sobre si los entes públicos deben contar con planes de organización y cumplimiento y de la dificultad de trazar la frontera de lo que está a caballo entre el derecho público y privado, resulta que, por efecto de la condicionalidad europea, las entidades encargadas de ejecutar fondos deben cumplir con las exigencias de cumplimiento normativo relacionadas con el respeto al Estado de derecho.

Así, aunque en España no haya sido claramente definido quién debe tener planes de *compliance* y que su previsión se corresponde hoy por hoy a un estímulo indirecto[74], la Unión Europea avanza por su lado y, basándose en un criterio funcional, establece que las autoridades que ejecutan financiación europea deben efectivamente combatir la corrupción.

Otra consecuencia de la desvinculación con la responsabilidad penal de la entidad es que se ensancha el espectro de delitos susceptibles de ser abordados mediante la restricción de fondos. En este sentido, hemos planteado que el campo de la prevención

---

74 BAUCELLS, J. "Especificidades de los modelos de cumplimiento penal para prevenir la corrupción en el sector público empresarial", *LA LEY compliance penal*, N° 17, Abril de 2024, Editorial LA LEY, p.5.

delictiva en el marco de la condicionalidad podría no limitarse a los delitos cometidos por la persona jurídica como estructura, sino que también podría abarcar delitos perpetrados por sus miembros, personas físicas y los dirigidos contra la administración pública.

De la misma manera, bajo el prisma de la condicionalidad, materialmente, un ente público podría ser autor de un fraude de subvenciones. En este caso, el foco no está puesto en la falsificación de una condición, su ocultación o su uso para otros fines, sino en la corrupción del sistema que gestiona o ejecuta estas subvenciones europeas, lo cual pondría en peligro los intereses financieros de la UE.

Así, consideramos que la condicionalidad proporciona un control más íntegro y completo sobre el uso de los fondos públicos de origen europeo, que, como ilustran los proyectos financiados por el NGUE, impactan a una amplia variedad de proyectos y *stakeholers* en nuestra sociedad. Al mismo tempo, parece que la protección del presupuesto de la administración europea se independiza progresivamente del control sobre el gasto estatal.

Hemos mantenido pues que la condicionalidad resuelve, o por su dispositivo al menos elude, problemas tradicionalmente debatidos a nivel nacional respecto al ámbito de aplicación de los programas de cumplimiento penal. No obstante, también expone al sector público a terrenos inciertos y complejos hasta ahora desconocidos.

En la segunda parte de este trabajo hemos mantenido que la condicionalidad no opera solo en el destino de los fondos, sino que también puede tener incidencia en la propia estructura y funcionamiento del sistema que los ejecuta.

Hemos visto como la decisión del TJUE sobre los jueces portugueses, citada en el propio Reglamento de condicionalidad, faculta el control europeo de las instancias judiciales que deban garantizar la tutela judicial efectiva, manifestación del Estado de derecho del artículo 2 TUE. La misma lógica puede ser trasladada al ámbito de la corrupción pública.

En esta decisión el TJUE dictaminó que el Estado de derecho está concretizado en el artículo 19 TUE, en base al cual se estima facultado para evaluar la independencia judicial de los órganos jurisdiccionales internos. Si evitar la corrupción también es parte integrante del respeto al Estado de derecho, parece plausible que la UE pueda inspeccionar las estructuras internas que, siendo ejecutoras de fondos europeos, puedan albergarla.

Cuestionable en este contexto es la propia legitimidad de la competencia, que no estaba prevista en los tratados fundacionales y que ha sido auto atribuida al juez de Luxemburgo de manera creativa y extensiva.

Al mismo tiempo, conviene no olvidar que las *compliance* no solo existen para prevenir irregularidades, sino también para detectarlas y sancionarlas. Se entiende, por lo tanto, que debe haber unas garantías.

En este sentido, en el Reglamento de condicionalidad se utiliza repetidamente la expresión "vulneración de los principios del Estado de Derecho en un Estado miembro", sin que se definan claramente los contornos de su alcance. Considerando que estas vulneraciones no se tratan como infracciones penales, y teniendo en cuenta la terminología empleada en el caso de Hungría ("cuestiones transversales", irregularidades, insuficiencias y deficiencias "sistémicas"...), surge la preocupación de que la falta de precisión pueda dar lugar a imputaciones generales contra las autoridades del Estado miembro. Esto hace que la evaluación del riesgo de vulneración de los principios del Estado de derecho resulte algo abstracta. Actualmente, los detalles sobre cómo se aprecia concretamente este riesgo de vulneración, de naturaleza sistémica pero que puede darse de manera puntual siguen siendo inciertos.

Por lo tanto, consideramos que, el hecho de que, formalmente, el bloqueo de fondos no sea una sanción, no puede ser utilizado para eludir el establecimiento de garantías concretas por parte de las instituciones europeas. A pesar de no ser medidas penales, materialmente, pueden llegar a ser muy intrusivas. Así lo hemos ilustrado con algunas de las recomendaciones y medidas adoptadas en el caso de Hungría, donde hemos observado que, como resultado de obligaciones genéricas vinculadas al cumplimiento del Estado de derecho, y sin que medie una armonización legislativa convencional, se han generado cambios estructurales en el sistema interno de este país. No sería coherente que una normativa que lo que pretende es justamente proteger el Estado de derecho en la UE vulnerase las garantías que cabe esperar de la aplicación de un mecanismo con un impacto tan significativo a nivel nacional.

Aunque es plausible que la condicionalidad se convierta en un mecanismo preferido para combatir la corrupción debido a su presumida eficacia, a la luz de sus repercusiones y de la *influencia estructural* que es capaz de generar, no debería convertirse en el medio para lograr todo lo que la UE no ha conseguido por sus vías jurídico-políticas convencionales. No es trivial que el primer caso en el que se haya utilizado este dispositivo esté relacionado con las vulneraciones del Estado de derecho vinculadas a la corrupción sistémica. Esto sugiere un precedente que podría extenderse al resto de los Estados miembros, incluso a aquellos donde la identificación de vulneraciones del Estado de derecho es menos consensuada.

Finalmente, subsisten interrogantes que solo el desarrollo y una mayor aplicación del mecanismo podrán resolver, algunos de los cuales planteamos a continuación.

Después de haber visto las diferencias entre el incentivo de cumplimiento normativo ofrecido por parte de los planes de *compliance* penal en el sector público y la condicionalidad financiera europea, sería legítimo preguntarse cómo se integrarán estos dos mecanismos en el caso de que se desarrolle en paralelo y de manera consolidada un *public compliance.*

En un futuro próximo, ¿deberá el mapa de riesgos incluir el riesgo de comisión de delitos que puede abarcar la condicionalidad al Estado de derecho en el sector público, independientemente del concepto de funcionario público adoptado en los sistemas internos?

¿Habrá que integrar la condicionalidad en los planes de cumplimiento normativo que se desarrollen en el sector público para prevenir más delitos y adaptar sus protocolos al Reglamento 2020/2092, como mínimo, en lo que al ámbito de las subvenciones se refiere? Ello supondría incorporar en los planes nacionales de cumplimento, no solo las directrices internacionales a las que insta, por ejemplo, la OCDE, sino integrar además los estándares eminentemente europeos de los que ya disponemos. De la misma manera que la implementación de los planes de *compliance* penal debe procurar un diseño y ejecución de estos programas que sea coherente con la legislación administrativa general y el derecho disciplinario ya existente, también debería serlo con las nuevas exigencias de la condicionalidad europea.

Si, como ha demostrado el proyecto "Prevención de la corrupción en el sector público empresarial" (PRECOSPE), el avance de los planes en el sector público empresarial se ha debido a la introducción en 2015 de la responsabilidad penal de las sociedades mercantiles públicas, la condicionalidad podría impulsar el cumplimiento normativo en otros entes del sector público empresarial de manera independiente. En este sentido, cabe plantearse si el cumplimiento normativo en el sector público seguirá un desarrollo a dos velocidades: por un lado, el impulsado por los programas de *compliance* penal, y por otro, el buen comportamiento que las mismas entidades adopten como resultado de la condicionalidad financiera europea.

Pero hay otro aspecto a considerar. En el marco del sistema español, se espera que los planes de cumplimiento implementados en el sector privado sirvan de inspiración para que el sector público los adopte[75]. Sin embargo, debido a la condicionalidad vinculada al cumplimiento normativo en el sector público, espe-

---

[75] Para más información véase NIETO, A: "Public Compliance. Prevención de la corrupción en administraciones públicas y partidos políticos". Ed. Tirant lo Blanc, 2014.

cialmente en relación con la corrupción y el respeto del Estado de derecho, esta influencia podría darse en sentido inverso.

Si la UE condiciona la recepción de fondos al buen uso y control de los mismos por parte de las autoridades nacionales, ¿podrían estas autoridades establecer condiciones que exijan a las empresas receptoras de financiación ajustarse a ciertos estándares de comportamiento y someterse a un control de su estructura interna en aras a garantizar, en virtud del Reglamento de condicionalidad, su actuación dentro de la legalidad? La gestión corrupta y fraudulenta de los fondos europeos por parte de la empresa socavaría los intereses financieros de la UE, de manera similar a lo que ocurre con los Planes de Medidas Antifraude, que también son obligatorios para entidades privadas relacionadas con el MRR.

Aunque el Reglamento de condicionalidad se aplique a las autoridades públicas de los Estados miembros como principales garantes del Estado de derecho, consideramos que sus implicaciones *en cascada* podrían llegar a obligar a las empresas a cumplir con sus principios. También ellas ejecutan el presupuesto de la UE y deben asegurar un uso adecuado de los fondos europeos, especialmente en lo que concierne a las medidas de prevención de la corrupción, parte integrante del respeto al Estado de derecho.

Y es que, según la UE, *"Los Estados miembros conceden una importancia especial a la lucha contra la corrupción tanto en el sector público como en el privado, por estimar que en ambos sectores constituye una amenaza para el Estado de Derecho"*[76]. Además, *"El respeto del Estado de Derecho es esencial no solo para los ciudadanos de la Unión, sino también para las iniciativas empresariales, la innovación, la inversión, la cohesión económi-*

---

76 Considerando 9 de la Decisión Marco 2003/568/JAI del Consejo, de 22 de julio de 2003, relativa a la lucha contra la corrupción en el sector privado.

ca, social y territorial y el correcto funcionamiento del mercado interior, que prosperan más cuando existe un marco jurídico e institucional sólido"[77].

El incentivo para cumplir con la normativa relacionada con el fraude y la corrupción adoptaría un enfoque más positivo, lo cual reduciría el recurso al derecho penal, incluso en casos de corrupción en el sector privado. La magnitud a la que podría llegar este mecanismo[78] permite imaginar escenarios en los que, por un efecto encadenado fruto de una primera obligación impuesta por la UE, las autoridades públicas nacionales puedan exigir y supervisar que las empresas receptoras de los fondos adopten políticas *internas* consideradas más respetuosas con el Estado de derecho y beneficiosas para la buena gestión de los fondos europeos. De este modo, el mecanismo de condicionalidad se extendería al sector privado, que también estaría sujeto a controles de las autoridades nacionales, encargadas a su vez de rendir cuentas ante la Comisión Europea.

En definitiva, el estudio interdisciplinar del proyecto PRECOSPE, en el que se inscribe este trabajo, que integra expertos de la teoría y la práctica mercantil, administrativa y penal, está llamado a considerar las novedades europeas, que también *condicionarán* -nunca mejor dicho- el futuro del sector público estatal.

---

77 Considerando 11 del Reglamento 2020/2092.

78 Tengamos presente que, de acuerdo con la gestión compartida del presupuesto de la UE, alrededor del 80% de la financiación de la UE se gestiona en el marco de programas administrados conjuntamente por la Comisión Europea y las administraciones públicas de los países de la UE. V. concretamente sobre el gasto presupuestario para el período 2021-2027 https://commission.europa.eu/strategy-and-policy/eu-budget/long-term-eu-budget/2021-2027_en?prefLang=es

5. BIBLIOGRAFÍA

OBRAS DOCTRINALES

BAUCELLS, J. "Especificidades de los modelos de cumplimiento penal para prevenir la corrupción en el sector público empresarial", *LA LEY compliance penal*, N° 17, Abril de 2024, Editorial LA LEY.

BAUCELLS, "Las empresas del sector público empresarial responsables penalmente", *Estudios Penales y Criminológicos*, 2022

CARDONA, "La responsabilitat penal de les societats mercantils publiques", *Revista Jurídica de Catalunya*, núm. 4, 2021.

CUGAT, M. "Elementos subjetivos del delito y límites de las compliance anticorrupción: a propósito de la difícil delimitación entre gastos de representación y pagos de facilitación", *Estudios Penales y Criminológicos*, vol. XXXVIII (extr.) (2018).

GARCÍA ARAN, "Autonomía interpretativa del derecho penal y delincuencia de la empresa pública", *Revista de Estudios Jurídicos y Criminológicos*, 2022

GAUDEMET, A. "What is Compliance?", *La Revue Européenne du Droit*, La Compliance, une idée européenne?, numéro 1, septembre 2020.

IOANNIDIS, M. *EU Financial Assistance Conditionality after 'Two Pack'*, (February 20, 2014), SSRN.

JUNCEDA, "Programas de cumplimiento y sector público. Especial mención a las empresas y entes públicos", *Presupuesto y gasto público*, núm. 91, 2018.

MARTÍNEZ, B., *Derecho Penal Económico y de la Empresa. Parte Especial*, 7° Edición, Tirant lo Blanch, 2023.

MARTÍN, P.J., *El Estado de Derecho en la Unión Europea*, Marcial Pons, Madrid, 2021.

NIETO, A., *El cumplimiento normativo como estrategia político-criminal*, Hammurabi, Buenos Aires, 2022.

NIETO, A. "Problemas fundamentales del cumplimiento normativo en el derecho penal", *Temas de derecho penal económico: empresa y compliance, Anuario de Derecho Penal* 2013-2014.

NIETO, A: *Public Compliance. Prevención de la corrupción en administraciones públicas y partidos políticos*, Ed. Tirant lo Blanc, 2014.

PADRÓS, C., "¿Puede imponerse coactivamente el respeto a los parámetros del Estado de derecho en la UE ? Análisis crítico de algunos desarrollos recientes", en José Suay Rincón y Felio José Bauzá Martorell (Dir.), *Derecho Público, entre el poder y un audaz desafío por el Estado de Derecho. Libro homenaje al profesor José Eugenio Soriano García*, Tomo I.

QUINTERO OLIVARES, G. "El Derecho Penal y las empresas públicas: un problema político criminal", MORILLAS, L. (Dir.), *Respuestas jurídicas frente a la corrupción política,* Dynkinson, Madrid, 2021.

RAMON, R. "La derogación jurisprudencial del artículo 24.2 CP (concepto de funcionario público)", *Estudios Penales Y Criminológicos,* núm. 34, 2014.

REMACHA, M., "*Compliance,* ética y RSC", *Cuadernos de la Cátedra "la Caixa" de Responsabilidad Social de la Empresa y Gobierno corporativo,* nº31, Julio de 2016.

SÁIZ, C.A., "Introducción. ¿Qué es el Compliance? Claves para la comprensión de esta obra. Grandes confusiones sobre Compliance. Futuro del Compliance. La ISO 19600 de Compliance", en SÁIZ, C.A. (Coord.), *Compliance. Cómo gestionar los riesgos normativos en la empresa,* Aranzadi, 2015.

TUORI, K. & TUORI K., *The Eurozone crisis: a constitutional analysis,* Cambridge University Press, 2014.

VALEIJE, I. «Reflexiones sobe los conceptos penales de funcionario público, función pública y «personas que desempeñan una función pública»», *Cuadernos de Política Criminal,* núm. 62, 1997.

VALEIJE, I. "Riesgos penales en la gestión de los Fondos Next Generation UE", *La Ley* Penal, nº162, 2023.

ACTOS NORMATIVOS

Comunicación de la Comisión al Parlamento Europeo y al Consejo sobre la aplicación del Reglamento (UE, Euratom) 2020/2092 del Parlamento Europeo y del Consejo, de 16 de diciembre de 2020, sobre un régimen general de condicionalidad para la protección del presupuesto de la Unión, COM(2024) 17 final.

Conclusiones del Consejo Europeo, 17 a 21 de julio de 2020 (EUCO, 10/20).

Decisión de ejecución (UE) 2022/2506 del Consejo de 15 de diciembre de 2022 sobre medidas para la protección del presupuesto de la Unión frente a la vulneración de los principios del Estado de Derecho en Hungría.

Decisión Marco 2003/568/JAI del Consejo, de 22 de julio de 2003, relativa a la lucha contra la corrupción en el sector privado.

Directiva (UE) 2024/1203 del Parlamento Europeo y del Consejo, de 11 de abril de 2024, relativa a la protección del medio ambiente mediante el Derecho penal y por la que se sustituyen las Directivas 2008/99/CE y 2009/123/CE.

Informe de la Comisión Europea sobre el Estado de Derecho en 2023, Capítulo sobre la situación del Estado de Derecho en España, SWD(2023) 809 final.

Ley 47/2003, de 26 de noviembre, General Presupuestaria.

Ley 40/2015, de 1 de octubre, de Régimen Jurídico del Sector Público.

Orden HFP/1030/2021, de 29 de septiembre, por la que se configura el sistema de gestión del Plan de Recuperación, Transformación y Resiliencia.

MINISTERIO DE TRABAJO Y ECONOMÍA SOCIAL, Plan de Medidas Antifraude del Ministerio de Trabajo y Economía Social. Fondos del Mecanismo de Recuperación y Resiliencia, 9 de marzo de 2023. Disponble en: https://www.mites.gob.es/ficheros/ministerio/sec_trabajo/perte_EsyEC/Plan_Medidas_Antifraude_MITES.pdf

OCDE, Directrices de la OCDE sobre el Gobierno Corporativo de las Empresas Públicas, 2011. Disponible en: https://www.oecd.org/daf/ca/corporategovernanceofstate-wnedenterprises/48632643.pdf

OCDE, Directrices en materia de Lucha contra la corrupción e Integridad en las Empresas Públicas, 2019. Disponible en: https://www.oecd.org/es/publications/directrices-en-materia-de-lucha-contra-la-corrupcion-e-integridad-en-las-empresas-publicas_26068e42-es.html

OCDE, Convenio de lucha contra la corrupción de agentes públicos extranjeros en las transacciones comerciales internacionales, 2019. Disponible en: https://www.mjusticia.gob.es/es/AreaTematica/DocumentacionPublicaciones/InstListDownload/Convenio_de_la_OCDE_de_lucha_contra_la_corrupcion_de_agentes_publicos_extranjeros_en_las_transaccio.PDF

OFICINA ANTIFRAU DE CATALUNYA, Cumplimiento normativo e integridad en entidades del sector público institucional de Catalunya. Informe final, 2023. Disponible en: https://www.antifrau.cat/sites/default/files/Documents/Recursos/cumplimiento-normativo-integridad-entidades-sector-publico-institucional-catalunya-informe-final.pdf

GOBIERNO DE ESPAÑA, Plan de Recuepración, Transformacion y Resiliencia, 2021. Disponible en: https://www.fondoseuropeos.hacienda.gob.es/sitios/dgpmrr/es-es/Paginas/plan.aspx

Propuesta de Directiva del Parlamento europeo y del Consejo sobre la lucha contra la corrupción, por la que se sustituyen la Decisión Marco 2003/568/JAI del Consejo y el Convenio relativo a la lucha contra los actos de corrupción en los que estén implicados funcionarios de las Comunidades Europeas o de los Estados miembros de la Unión Europea, y por la que se modifica la Directiva (UE) 2017/1371 del Parlamento Europeo y del Consejo, COM(2023) 234 final.

Reglamento (UE, Euratom) 2018/1046 del Parlamento Europeo y del Consejo de 18 de julio de 2018 sobre las normas financieras aplicables al presupuesto general de la Unión, por el que se modifican los Reglamentos (UE) n. 1296/2013, (UE) n. 1301/2013, (UE) n. 1303/2013,

(UE) n. 1304/2013, (UE) n. 1309/2013, (UE) n. 1316/2013, (UE) n. 223/2014 y (UE) n. 283/2014 y la Decisión n. 541/2014/UE y por el que se deroga el Reglamento (UE, Euratom) n. 966/2012.

Reglamento (UE, Euratom) 2020/2092 del Parlamento Europeo y del Consejo de 16 de diciembre de 2020 sobre un régimen general de condicionalidad para la protección del presupuesto de la Unión.

Reglamento (UE) 2021/241 del Parlamento Europeo y del Consejo de 12 de febrero de 2021 por el que se establece el Mecanismo de Recuperación y Resiliencia.

TRIBUNAL DE CUENTAS (2020), Informe de fiscalización del grado de implementación de los modelos de prevención de delitos y de comportamientos contrarios a la ética en las sociedades mercantiles estatales en el ejercicio 2018. Disponible en https://www.tcu.es/es/sala-de-prensa/noticias/El-Tribunal-de-Cuentas-aprueba-el-Informe-de-fiscalizacion-del-grado-de-implementacion-de-los-modelos-de-prevencion-de-delitos-y-de-comportamientos-contrarios-a-la-etica-en-las-sociedades-mercantiles-estatales-en-el-ejercicio-2018

Versión consolidada del Tratado de Funcionamiento de la Unión Europea. DO C 326 de 26.10.2012, p. 47/390.

Versión consolidada del Tratado de la Unión Europea. DO C 326 de 26.10.2012, p. 13/390.

JURISPRUDENCIA

Conclusiones de 2 de diciembre de 2021 del Abogado General Campos Sánchez-Bordona para el asunto TJUE, *Hungría/Parlamento y Consejo*, C-156/21, ECLI:EU:C:2021:974.

TJCE, 10 de junio de 1966, *Vlaasen-Göbbels*, asunto 61/65, ECLI:EU:C:1966:39.

TJCE, 27 de junio de 1991, *Mecanarte*, asunto C-348/89, ECLI:EU:C:1991:278.

TJCE, 17 de septiembre de 1997, *Dorsch Consult*, asunto C-54/94, ECLI:EU:C:1997:413.

TJCE, 16 de diciembre de 2008, Cartesio, asunto C-210/06, ECLI:EU:C:2008:723.

TJUE, 27 de febrero de 2018, *Associação Sindical dos Juízes Portugueses contra Tribunal de Contas*, Asunto C-64/16, ECLI:EU:C:2018:117.

TJUE, 16 de febrero de 2022, *Hungría/Parlamento y Consejo*, C-156/21, ECLI:EU:C:2022:97.

TJUE, 16 de febrero de 2022, *Polonia/Consejo y Parlamento*, C-157/21, ECLI:EU:C:2022:98.

JURISPRUDENCIA

II.
LA SITUACIÓN EN ITALIA

Introducción al capitolo italiano

LUIGI FOFFANI

Catedrático de Derecho penal

Universidad de Módena y Reggio Emilia (Unimore)

1.- Se presenta en este libro un proyecto sobre los programas de cumplimiento en el sector empresarial público en Italia, con referencia específica a la región Emilia-Romagna, comparada con el paralelo estudio sobre la realidad catalana, llevado a cabo por la OAC en cooperación con la UAB, la UCLM y las USC. El equipo de la Universidad de Módena y Reggio Emilia (compuesto por Lavinia Messori y Francesca Consorte) ha llevado a cabo este proyecto paralelo en una región italiana como Emilia Romagna, que presenta una realidad económica parecida a la catalana y con una gran difusión de empresas públicas.

La ocasión de este proyecto paralelo nos ha dado la sensación de un gran interés de la comparación entre la situación española y la situación italiana, con referencia al marco normativo de los programas de cumplimiento en el sector empresarial público. En esta introducción intentaré sintetizar en pocas palabras la descripción de la situación italiana, con la mirada puesta también a las posibles perspectivas futuras.

2.- La palabra "*compliance*" – de origen histórica norteamericana – o programas de cumplimiento, o más bien – empleando el lenguaje del legislador (tanto el italiano como el español) – modelos de organización y gestión en función de prevención de delitos en el marco de las organizaciones de empresa – ha marcado profundamente la evolución normativa y el debate público (no solo a nivel doctrinal y jurisprudencial) en estas primeras décadas de nuestro siglo.

En Italia todo ha empezado con el Decreto legislativo de 8 junio de 2001 nr. 231, que – siguiendo un impulso surgido a través de muchas iniciativas europeas e internacionales – ha introducido en Italia una "revolucionaria" forma de responsabilidad *ex crimine* de las personas jurídicas, con una detallada normativización de los programas de cumplimiento, cuya ausente o inadecuada implementación por parte de las empresas funda una "culpabilidad de organización" y justifica la sanción (formalmente administrativa, pero sustancialmente penal o casi penal) contra la entidad colectiva (persona jurídica).

Esta es la primera vía de la *compliance* en Italia, referida fundamentalmente al sector privado: una *compliance* construida esencialmente como un "paragua" para proteger las empresas contra el riesgo de ser sancionadas en consecuencias de delitos cometidos por sus directivos o empleados en beneficio de las mismas empresas.

Es el mismo esquema de responsabilidad y de *compliance* que se ha introducido una década más tarde en España, con una abierta opción para una responsabilidad penal de la persona jurídica, pero con los mismos criterios de imputación, donde el *compliance* asume un papel de absoluto protagonista.

En extrema síntesis: esta primera vía de la historia de la *compliance* ("*private compliance*", la *compliance* del sector privado) es fundamentalmente la misma en Italia y en España. Esto creo que sea ya bien conocido entre los lectores de este libro.

Donde hay significativas diferencias entre nuestros dos ordenamientos jurídicos es en la segunda vía de la *compliance*, la llamada "*public compliance*", es decir la *compliance* del sector público. Esta segunda via de la *compliance* se desarrolla en Italia a partir de la Ley anticorrupción de 6 noviembre 2012, Nr. 190.

Una de las innumerables leyes anticorrupción de la historia de Italia, que se distingue por haber optado, más bien que por la simple represión, por un articulado sistema de prevención de la corrupción en las administraciones públicas, también en este caso – como en el precedente del D.lgs. 231/2001 para el sector empresarial – bajo un fuerte impulso europeo e internacional.

A partir de esta ley se instituye dos años más tarde la ANAC, la Autoridad Nacional Anticorrupción – por ley y a nivel nacional, no a nivel de comunidades autónomas como en España. Se confiere en ANAC el poder de emanar periódicamente un Plan Nacional Anticorrupción vinculante para todas las administraciones publicas nacionales y territoriales, que a su vez tienen que adoptar un propio Plan Anticorrupción, así como tienen que nombrar un Responsable Anticorrupción.

Todo este marco normativo se traduce en un verdadero sistema o programa de cumplimiento que abarca todo el sector público. Un sistema de "*public compliance*", que flanquea la "*private compliance*" introducida por el Decreto 231/2001, con significativas analogías y diferencias.

Tanto el privado como el público son programas de cumplimiento normativo, pero con objetivos y funciones parcialmente diferentes: el sistema privado punta a la prevención de un numero cerrado de delitos individuados taxativamente por el legislador; mientras que el sistema de *compliance* pública tiene como objetivo la prevención de la corrupción en el sentido más amplio del término, comprensivo de cualquier forma de "mala administración" (que no tiene que ser necesariamente constitutiva de delito).

En la *compliance* privada se prevén sanciones (penales, administrativas, o *tertium genus*, como queremos llamarlas) contra las empresas si un directivo o dependiente comete un delito perteneciente al *numerus clausus* previsto por la ley, en beneficio de la empresa, y si la empresa revela en relación a este delito un defecto o más bien una "culpabilidad de organización", por no haber adoptado un modelo de organización y gestión adecuado a la prevención de la especie de delito que se ha concretamente cometido. Por otro lado, no se sanciona la empresa por el simple hecho de no haber adoptado un modelo de organización. Formalmente la adopción del modelo es una libre opción de cada persona jurídica que quiera protegerse del riesgo sancionador. Una especie de seguro de vida, que la empresa libremente decide si adoptar o no.

El sistema de *public compliance* sigue un criterio opuesto: no se sanciona a la entidad colectiva por los delitos cometidos por sus funcionarios (al contrario de lo que ocurre en otro ordenamiento del contexto europeo como los Países Bajos); por otro lado, se sanciona en vía administrativa al responsable anticorrupción por la falta de adopción de los planes y medidas anticorrupción previstos por la ley y por la ANAC. La adopción del Plan anticorrupción y de las otras medidas no es una libre opción, es objeto de una obligación.

El sistema de la *compliance* privada se rige sobre un órgano de vigilancia interno a la persona jurídica y sobre el control judicial. El sistema de la *compliance* pública se rige sobre el responsable anticorrupción de cada administración publica y sobre el control y la supervisión de una autoridad administrativa independiente como es ANAC.

En extrema síntesis: analogías y diferencias marcan esta doble vía de la *compliance* en Italia.

3.- Esta doble vía paralela acaba por coincidir – y las vías paralelas se transforman en vías convergentes – en el sector empresarial público, y específicamente en el sector de las sociedades mercantiles con forma jurídica privada, pero con una participación mayoritaria (o en cualquier caso una participación de control) de una administración pública estatal o territorial.

Estamos en presencia de un significativo fenómeno de "hibridación" entre *compliance* privada y *compliance* pública. Las sociedades públicas (en el sentido de sociedades privadas en mano pública) están sujetas el régimen del Decreto 231 y pueden ser entonces declaradas responsables (penalmente o casi penalmente, como queremos definirlos) por un juez penal por los delitos de sus directivos y empleados. Pero por otro lado están también sometidas al sistema de la *compliance* pública, tienen que seguir las prescripciones de ANAC en tema de anticorrupción y transparencia, etc.

El Plan anticorrupción y para la transparencia se convierte en una pieza del modelo de organización y gestión para la prevención de los delitos y convierte la adopción del modelo en obligatoria para la sociedad. Órgano de vigilancia y responsable anticorrupción conviven en un sistema híbrido y complejo de *compliance* pública-privada.

4.- El limitado espacio de esta introducción no me permite de detenerme más en este análisis, que será abarcado detalladamente en el estudio de Lavinia Messori. Solo unas palabras en conclusión sobre el posible futuro de la *compliance*, en Italia y en toda Europa. Me refiero sobre todo a la nueva "Directiva del Parlamento Europeo y del Consejo sobre diligencia debida de las empresas en materia de sostenibilidad" de 23 de febrero de 2022.

La diligencia debida o due diligence que aquí se prevé para la protección de los derechos humanos, del medio ambiente y del clima en la actividad empresarial podría marcar – si la propuesta de directiva llegará a su meta–una nueva etapa en la historia de la compliance. Una compliance privada destinada a las grandes empresas (500 dep.) pero con una fuerte vocación publica, por los objetivos que la caracterizan. Una compliance declaradamente obligatoria y no optativa. Una compliance que no tiene la función de prevenir especificas actividades delictivas, sino de promocionar el respeto de los derechos humanos, del medio ambiente y del clima en las estrategias y políticas de empresa. La definición del deber de diligencia de los administradores prevista en el art. 25 de la propuesta de directiva comporta una transformación profunda del mismo concepto de interés de la empresa, en cuanto los administradores, "al cumplir su deber de actuar en el mejor interés de la empresa" tienen que tener en cuenta "las consecuencias de sus decisiones en materia de sostenibilidad, incluidas, cuando proceda, las consecuencias para los derechos humanos, el cambio climático y el medio ambiente a corto, medio y largo plazo". Sanciones (art. 20)

La compliance futura: mas parecida a esta compliance hibrida publico-privada que no a la compliance puramente privada

Capítulo XV
Il panorama normativo

LAVINIA MESSORI
Jueza del Tribunal del Rovigo y colaboradora de la Cátefra de Derecho Penal de la Universidad de Modena y Reggio Emilia

SUMARIO:

1. PREMESSA

La corretta comprensione dei sistemi di *compliance* previsti dalla normativa italiana per le società pubbliche necessita della preliminare chiarificazione del concetto stesso di **società pubblica**, che è in realtà una nozione in grado di ricomprendere fenomeni fra loro assai diversi, accomunati dalla circostanza che un soggetto pubblico (lo Stato, un ente pubblico territoriale o altro ente pubblico non economico) esercita una più o meno ampia influenza su un soggetto che appare, nel rapporto con i terzi, un soggetto privato, che opera cioè sul mercato con le forme societarie privatistiche. È sempre più diffuso il ricorso a figure di diritto privato per la cura, le gestione e la realizzazione di interessi pubblici; ciò peraltro è diretta conseguenza della moltiplicazione degli interessi di rilievo pubblicistico e dell'amplificazione della presenza pubblica nella cura di interessi generali[1].

Prima di esaminare nel dettaglio le varie tipologie di società pubbliche e le diverse conseguenze in punto di obblighi di *compliance*, va osservato che la conformazione ai principi di derivazione comunitaria ha imposto l'acquisizione della regola della "neutralità della forma giuridica" e della nozione di pubblica amministrazione "a geometria variabile"[2], in particolare per esigenze di tutela del mercato e della concorrenza.

Mentre in materia di obblighi di prevenzione dei reati e, in particolare, della corruzione, viene adottato un criterio formale per distinguere fra ente pubblico e ente privato (*infra*, §§ 6, 7 e 8), in numerosi altri settori la qualificazione di un soggetto varia a seconda dell'istituto di riferimento e delle *rationes* ad esso sottese. A seconda delle varie discipline può dunque essere più funzionale allo scopo perseguito dall'Unione europea, o anche dalla normativa nazionale, una nozione ampia o ristretta di ente pubblico.

Un soggetto formalmente privato o formalmente pubblico potrebbe dunque essere nondimeno riqualificato in termini opposti in materia di ***a)*** contratti pubblici (ossia di scelta del contraente con un procedimento ad evidenza pubblica), ***b)*** accesso all'impiego, ***c)*** responsabilità dello Stato-apparato per violazione della normativa comunitaria, ***d)*** responsabilità erariale (in quest'ultimo caso non vi è però alcuna influenza del diritto comunitario).

---

1 G. Caputi, *Disciplina anticorruzione e modelli organizzativi ex d.lgs. 231/2001. L'applicazione delle norme sulla prevenzione della corruzione alle società e agli enti di diritto privato controllati e partecipati dalle pubbliche amministrazioni*, in F. Cerioni-V. Sarcone (a cura di), *Legislazione anticorruzione e responsabilità nella pubblica amministrazione*, Milano, Giuffrè, 454.

2 G. Napolitano, *Soggetti privati "Enti pubblici"?*, in Dir. amm., 2003, 801 ss.; G. Mulazzani, *Pubblica amministrazione: un perimetro a geometria variabile tra diritto UE e diritto interno*, in *Il diritto dell'economia*, 2017, 323 ss.

a) Quando si pone il problema di chiarire cosa si intende per pubblica amministrazione in materia di **contratti pubblici**, l'esigenza da soddisfare è quella di obbligare l'ente pubblico, prima della stipulazione del contratto, a seguire procedure di evidenza pubblica rispettose dei principi comunitari sulla concorrenza, che consentano ad ogni impresa, senza alcuna discriminazione di nazionalità e di residenza, di partecipare alla gara. La disciplina degli appalti funge dunque da strumento sia di lotta alla corruzione sia di promozione della concorrenza (v. art. 3 d.lgs. 36/2023, c.d. Nuovo codice dei contratti pubblici, secondo cui «Le stazioni appaltanti e gli enti concedenti favoriscono, secondo le modalità indicate dal codice, l'accesso al mercato degli operatori economici nel rispetto dei principi di concorrenza, di imparzialità, di non discriminazione, di pubblicità e trasparenza, di proporzionalità»).

È chiaro che a questi fini una definizione ampia di ente pubblico meglio garantisce l'affermazione della libertà di circolazione: ***si impone*** infatti ***ad una pubblica amministrazione intesa in senso ampio di svolgere una gara pubblica per la scelta del contraente privato.*** In questo caso, secondo un'espressione adottata da alcuni, il diritto comunitario si prefigge di snidare la pubblicità reale che si nasconde al di là del dato formale[3] (la veste privatistica assunta). In questo senso, la normativa mira ad attrarre nella categoria dei soggetti tenuti all'obbligo di gara enti che non rispondono a una logica mercantile, o perché non hanno interesse a ottenere lucro o perché non hanno "paura di perdere", potendo essi contare su un rapporto di forte vicinanza con un soggetto pubblico, il che permette di poter fare affidamento, ad esempio, sul ripianamento delle perdite finanziarie.

La logica comunitaria consente di comprendere tra le pubbliche amministrazioni tenute alla procedura di evidenza pubblica non solo i soggetti formalmente pubblici, ma anche quelli con

---

3 Torregrossa, *Gli appalti nel settore energetico*, in *Rass. giur.*, 1994, 3.

veste privata, ma sottoposti ad un controllo pubblico, onde evitare che dando rilievo alla "copertura" privatistica sia consentito un facile congegno elusivo rappresentato dalla creazione *ad hoc* di soggetti privati controllati da quelli pubblici, con il solo fine di liberarsi dai vincoli procedimentali che concernono i contratti delle pubbliche amministrazioni[4].

A questo proposito sono state coniate le espressioni 'organismo di diritto pubblico' (art. 1, co. 1 lett. e) Allegato I.1. nuovo Codice dei contratti pubblici[5]) e 'impresa pubblica' (art. 1, co. 1 lett. f) Allegato I.1. nuovo Codice dei contratti pubblici [6]), nozioni rilevanti nel solo settore degli appalti, che individuano soggetti

---

4 Per recepire tale orientamento, il previgente Codice dei contratti pubblici (d.lgs. 50/2016) indicava una categoria ampia di destinatari, ricomprendente anche soggetti privati (organismi, società per azioni miste, soggetti totalmente privati ma sovvenzionati pubblicamente). Oggi il d.lgs. 36/2023 ha mutuato tale assetto all'Allegato I.1.

5 «Qualsiasi soggetto, anche avente forma societaria:
1) dotato di capacità giuridica;
2) istituito per soddisfare specificatamente esigenze di interesse generale, attraverso lo svolgimento di un'attività priva di carattere industriale o commerciale;
3) la cui attività sia finanziata in modo maggioritario dallo Stato, dagli enti pubblici territoriali o da altri organismi di diritto pubblico, oppure la cui gestione sia soggetta al controllo di questi ultimi, oppure il cui organo d'amministrazione, di direzione o di vigilanza sia costituito da membri dei quali più della metà è designata dallo Stato, dagli enti pubblici territoriali o da altri organismi di diritto pubblico».

6 «L'impresa sulla quale le stazioni appaltanti possono esercitare, direttamente o indirettamente, un'influenza dominante o perché ne sono proprietarie, o perché vi hanno una partecipazione finanziaria, o in virtù delle norme che disciplinano detta impresa. L'influenza dominante è presunta quando le stazioni appaltanti, direttamente o indirettamente, riguardo all'impresa, alternativamente o cumulativamente:
1) detengono la maggioranza del capitale sottoscritto;
2) controllano la maggioranza dei voti cui danno diritto le azioni emesse dall'impresa;

formalmente privati ma nondimeno tenuti a scegliere il contraente con una gara. L'organismo di diritto pubblico è sempre equiparato alle amministrazioni statali ai fini dell'indizione delle procedure ad evidenza pubblica; al contrario, l'impresa pubblica è tenuta alle procedure di evidenza pubblica solo per taluni contratti, ossia quelli inerenti i settori speciali (gas, acqua, trasporti, poste, *etc.*), i quali rappresentano dei monopoli naturali in cui, tradizionalmente, non c'è concorrenza, con il conseguente rischio che vengano prese scelte che inquinano il mercato (vi è cioè il rischio che non venga preferito l'operatore del mercato più efficiente).

b) Con riferimento invece all'**accesso all'impiego**, va rilevato che l'art. 45 TFUE prevede la libertà di svolgimento dell'attività lavorativa in ogni stato membro, senza discriminazioni in base alla nazionalità. Tuttavia, il par. 4 dello stesso articolo stabilisce, in deroga a questa regola, che è possibile limitare la libertà di accesso di un cittadino straniero comunitario quando si tratta di un *rapporto di lavoro alle dipendenze delle pubbliche amministrazioni.* Pertanto, dalla qualifica di ente pubblico deriva la possibilità di escludere dall'accesso determinati lavoratori in base alla loro nazionalità. In questo caso la Corte di Giustizia ha dato però alla nozione di ente pubblico una lettura restrittiva finalizzata ad erodere i limiti di accesso del lavoratore straniero alla prestazione lavorativa (Corte di Giustizia, 30 maggio 1989, C-33/88).

Si è affermato, in primo luogo, che si esclude che rientrino tra le pubbliche amministrazioni ai sensi dell'art. 45, par. 4 TFUE gli enti che svolgono attività di impresa e, in secondo luogo, che nell'ambito degli enti pubblici che non svolgono attività di impresa, la limitazione all'accesso va a sua volta circoscritta ai rapporti di lavoro caratterizzati dall'*esercizio diretto o indiretto di un potere pubblico.*

---

3) possono designare più della metà dei membri del consiglio di amministrazione, di direzione o di vigilanza dell'impresa».

Pertanto, ai fini dell'accesso al pubblico impiego, si utilizza un concetto molto ristretto di ente pubblico: non è ente pubblico quello che svolga attività d'impresa, e comunque, nell'ambito di un ente pubblico, la discriminazione può essere ammessa soltanto in relazione alle posizioni di vertice dell'ente, ossia quelle alle quali è riconosciuto l'esercizio in senso stretto del potere pubblicistico.

c) Altro settore in cui si assiste ad una interpretazione variabile della nozione di ente pubblico è rappresentato dalla **responsabilità dello Stato nazionale per violazione del diritto comunitario**. Le norme eurounitarie in materia di responsabilità dello Stato-apparato si pongono, in chiave sanzionatoria, a baluardo del rispetto del diritto comunitario da parte dei soggetti investiti di funzioni pubbliche. Tale fine risulta dunque più efficacemente perseguito ove sia reputato soggetto passibile di responsabilità qualsiasi soggetto, sia esso un ente pubblico economico o meno, oppure soggetto formalmente privato o meno, detentore di una pubblica funzione. Sul piano comunitario ciò che conta è che sia assicurato l'obiettivo di responsabilizzare ogni ente "sostanzialmente pubblico", affinché sia chiamato a risarcire i danni cagionati dallo scorretto esercizio del potere o della pubblica funzione.

d) Sul versante strettamente domestico, si è registrata una interpretazione sostanzialistica nella natura pubblica o privata dell'ente con riferimento alla **responsabilità erariale**, ossia alla responsabilità per danno cagionato alle casse dello Stato da un soggetto legato allo stesso da un rapporto di servizio.

L'interpretazione sostanzialistica adotta dalla giurisprudenza è stata recepita dal legislatore nel 2016.

La giurisprudenza prima, e il legislatore poi, hanno riconosciuto come in caso di società pubblica, controllata o partecipata dallo Stato non possa mai esserci responsabilità per danno erariale quando l'amministratore danneggia il patrimonio di quella società compiendo atti di *mala gestio.* Infatti, *(i)* le società pubbliche sono e restano soggetti privati: la partecipazione societaria non rende la società un ente pubblico; *(ii)* c'è dualità soggettiva tra società e socio (sono soggetti diversi); *(iii)* il patrimonio della società non coincide con il patrimonio del socio; *(iv)* il patrimonio della società è direttamente danneggiato dall'atto di *mala gestio*, mentre quello del socio lo è solo indirettamente (maggiore è il patrimonio della società e maggiore è il valore della partecipazione del socio).

Se l'amministratore danneggia il patrimonio della società non c'è danno erariale, salvo soltanto casi eccezionali in cui si registra un danno diretto al patrimonio dell'ente pubblico, senza passare per il patrimonio della società, come nel caso del danno all'immagine del socio pubblico.

Al contrario, nelle società *in house* l'atto di *mala gestio* del patrimonio sociale conduce sempre a una responsabilità amministrativa. Infatti, le società *in house* non sono semplici società pubbliche (*infra*, § 2), ma società su cui l'ente pubblico esercita un controllo analogo a quello esercitato sui propri uffici e la cui attività prevalente è svolta in favore dell'ente pubblico controllante.

Questi due requisiti hanno indotto le Sezioni Unite della Corte di cassazione[7] ad affermare che la società *in house* è un mero organo dell'ente pubblico socio, è una sua *longa manus* e non ha autonomia decisionale rispetto allo stesso. Occorre andare oltre le apparenze: non c'è dualità soggettiva e c'è identità anche di patrimoni. Pertanto, nonostante la veste privatistica, ricorre una responsabilità per danno erariale in capo all'amministratore che cagioni un danno al patrimonio della società.

Come anticipato, il legislatore ha interamente recepito questa impostazione giurisprudenziale[8].

---

7 Cass., sez. un., 19 dicembre 2009, n. 26806, in *Foro it.*, 2010, 1472.

8 Art. 12, d.lgs. 175/2016: «*Responsabilità degli enti partecipanti e dei componenti degli organi delle società partecipate.* 1. I componenti degli organi di amministrazione e controllo delle società partecipate sono soggetti alle azioni civili di responsabilità previste dalla disciplina ordinaria delle società di capitali, salva la giurisdizione della Corte dei conti per

2. LA NOZIONE DI SOCIETÀ PUBBLICA NELL'ORDINAMENTO ITALIANO

A partire dagli anni Novanta in Italia si è assistito al più importante fenomeno di privatizzazione degli enti pubblici economici, detti anche amministrazioni statali autonome. Sono state emanate leggi di c.d. privatizzazione formale (es. legge n. 359/1992 e legge n. 474/1997), le quali hanno trasformato gli enti pubblici preesistenti in società per azioni, il cui pacchetto azionario veniva però posseduto interamente dallo Stato. Solo in taluni casi la privatizzazione è giunta ad essere sostanziale, attraverso la cessione delle azioni a soggetti privati, con conseguente trasferimento anche del controllo sostanziale dell'ex soggetto pubblico.

Si è fatto sempre più frequentemente ricorso al modello organizzativo societario e cioè sempre più frequentemente è stata affidata a soggetti privati la realizzazione di finalità un tempo ritenute di esclusiva pertinenza degli organi pubblici, evitando così gli appesantimenti tipici dell'azione amministrativa. La scelta dello strumento societario ha permesso ai soggetti pubblici di svolgere servizi di pubblico interesse attraverso le società partecipate, beneficiando di una burocrazia più snella[9]. Il perseguimento di

---

il danno erariale causato dagli amministratori e dai dipendenti delle società in house. È devoluta alla Corte dei conti, nei limiti della quota di partecipazione pubblica, la giurisdizione sulle controversie in materia di danno erariale di cui al comma 2. Costituisce danno erariale il danno, patrimoniale o non patrimoniale, subito dagli enti partecipanti, ivi compreso il danno conseguente alla condotta dei rappresentanti degli enti pubblici partecipanti o comunque dei titolari del potere di decidere per essi, che, nell'esercizio dei propri diritti di socio, abbiano con dolo o colpa grave pregiudicato il valore della partecipazione».

9 Talvolta ciò avveniva al fine di aggirare alcuni vincoli tipici dell'azione amministrativa, quali le regole dell'evidenza pubblica e l'assunzione tramite concorso. Così R. Cantone, *La prevenzione della corruzione nelle società pubbliche,* in F. Fimmanò-A. Catricalà (a cura di), *Le società pubbliche,* 2020, 1572.

fini pubblicistici a mezzo di soggetti privati può essere realizzato o per volontà e iniziativa dello stesso ente pubblico, che acquista una partecipazione azionaria in una società già esistente o ne crea una nuova, o ad opera del legislatore, che istituisce e destina per legge una società all'esercizio di compiti o funzioni amministrative[10].

Da qui il termine atecnico[11] di 'società pubblica', con cui si indica la società a partecipazione pubblica nelle sue varie forme. Per lungo tempo si è ritenuto che tali società non fossero veramente in grado di affrancarsi da una matrice pubblicistica, divenendo piuttosto enti di "diritto speciale" (in ragione della partecipazione al capitale dello Stato o di altro ente pubblico), riconducibili a una nozione lata di pubblica amministrazione. La giurisprudenza del Consiglio di Stato attribuiva una connotazione pubblicistica a tali società, sulla base del principio della neutralità della forma giuridica rispetto allo scopo perseguito[12].

Tuttavia tale specialità non si coglie tutte le volte in cui una legge non preveda deroghe al regime di diritto privato, prevedendo cioè un fine pubblico del tutto incompatibile con la causa lucrativa di cui all'art. 2247 c.c.; infatti «la società partecipata da un socio pubblico, rimane un contratto tipico con comunione di scopo lucrativo, soggetto al diritto comune, che non può essere "storpiato o manipolato" per finalità abusive dirette a creare in vitro una sorta di azienda speciale, organica all'ente per alcuni fini e separata per altri, solo per ottenere un'autonomia formale e la conseguente

---

10 Ad esempio, con la l. 112/2002 il legislatore ha creato la società Patrimonio dello Stato s.p.a. (società per azioni).

11 Si tratta di espressione non corretta secondo C. Ibba, *Società pubbliche e riforma del diritto societario*, in *Riv. soc.*, 2005, 1 s. e G. Napolitano, *Società pubbliche tra vecchie e nuove tipologie*, in *Riv. soc.*, 2006, 1000 s.

12 R. Ranucci, *Società, società a partecipazione pubblica, società a controllo pubblico: definizioni tra diritto comune societario e testo unico delle società a partecipazione pubblica*, in *Le società pubbliche*, 2019, 185.

disapplicazione delle regole pubblicistiche»[13]. Del resto, già la relazione al codice civile del 1942 affermava che se lo Stato sceglie di assoggettarsi alla legge delle società per azioni, per assicurarsi maggiore snellezza di forme e nuove possibilità realizzatrici, la disciplina delle società dovrà applicarsi *in toto*, senza eccezioni, salvo che norme speciali non dispongano diversamente[14]. Pubblico deve intendersi il socio (soggetto partecipante o controllante) e non la società (soggetto partecipato o controllato). D'altra parte, «se il legislatore ha attribuito a tali enti una configurazione societaria, è evidente che lo ha fatto affinché agli stessi potesse essere applicata la disciplina propria degli enti societari»[15].

Ciò è peraltro confermato dall'art. 1, co. 3 del t.u. delle società partecipate (d.lgs. 175/2016) che recita: «per tutto quanto non derogato dalle disposizioni del presente decreto, si applicano alle società a partecipazione pubblica le norme sulle società contenute nel codice civile e in leggi speciali».

Va però osservato che spesso a tali enti societari viene attribuito il compito di svolgere non solo attività economica d'impresa, ma anche attività o funzioni amministrative vere e proprie e per questo motivo essi vengono assoggettati a regimi di diritto speciale[16].

In sostanza, due possono essere gli scenari: *a)* la società opera secondo le logiche del profitto d'impresa e l'interesse pubblico coincide e si sovrappone con quello della società di trarre utili

---

13 F. Fimmanò, *La giurisdizione sulle "società in house providing"*, in *Le Società*, 2014, 62.

14 R. Ranucci, *Società, società a partecipazione pubblica, società a controllo pubblico: definizioni tra diritto comune societario e testo unico delle società a partecipazione pubblica*, cit., 187.

15 F. Campofiloni, *Interesse pubblico e causa societaria: la difficile riconciliazione tra finalità lucrative e provenienza pubblica delle risorse*, in *Le Società pubbliche*, cit., 463.

16 V. Corte cost., 1 agosto 2008, n. 326 e 8 maggio 2009, n. 148 e Cons. St., sez. VI, 20 marzo 2012, n. 1574.

dallo svolgimento della propria attività economica in regime di diritto privato (l'interesse pubblico sta nella partecipazione stessa e nella presenza del soggetto pubblico in quel settore di mercato); *b)* la società è chiamata a svolgere un'attività amministrativa. Solo in questo secondo caso, emerge la necessità di un regime derogatorio «finalizzato a preservare l'integrità e l'indisponibilità della funzione, ad esempio precludendo agli organi societari di deliberare lo scioglimento o riconoscendo ad essa poteri di supremazia nei confronti dei terzi, alla loro veste formalmente privatistica verrebbe a giustapporsi una loro natura essenzialmente pubblicistica»[17].

Pertanto, le 'società pubbliche' sono soggetti di diritto privato a meno che una previsione legale detti un regime giuridico speciale di tipo pubblicistico.

Si ha 'società pubblica', intesa in senso lato, quando essa è a totale o parziale partecipazione pubblica, diretta o indiretta (art. 1, co. 1 t.u.). Ai sensi dell'art. 3, co. 1 «le amministrazioni pubbliche possono partecipare esclusivamente a società, anche consortili, costituite in forma di società per azioni o di società a responsabilità limitata, anche in forma cooperativa». È evidente allora che non vi è in questo settore una definizione autonoma di società, distinta ed ulteriore rispetto a quella di cui all'art. 2247 c.c.

La 'società pubblica' può assumere tre distinte forme:

a) **società *in house*** (a controllo analogo, ossia analogo a quello esercitato dalla pubblica amministrazione sui propri uffici);

b) **società a controllo pubblico**;

c) **società (solo) partecipata** da amministrazioni pubbliche o da società a controllo pubblico.

---

17 F. Campofiloni, *Interesse pubblico e causa societaria*, cit., 470 e Cass. civ., sez. un., 15 aprile 2005, n. 7799.

La loro disciplina è contenuta nel d.lgs. n. 36/2023 (Nuovo codice dei contratti pubblici) e nel d.lgs. n. 175/2016 (Testo Unico in materia di società a partecipazione pubblica).

Quest'ultimo Testo Unico ha provveduto a un riordino di questi enti a vocazione pubblicistica ma con struttura privatistica, alla eliminazione di sovrapposizioni tra regole e istituti pubblicistici e privatistici ispirati alle medesime esigenze di disciplina e controllo, nonché alla promozione della concorrenza e del mercato. A quest'ultimo fine, il t.u. ha espressamente limitato l'intervento pubblico nel mercato, prescrivendo che le amministrazioni possano costituire società o acquisire e mantenere partecipazioni nelle stesse soltanto a condizione che ciò sia strettamente necessario per il perseguimento delle proprie finalità istituzionali (art. 4 t.u. società partecipate).

a) La **società *in house*** ha solo la forma esteriore di società, mentre nella realtà dei fatti altro non è che un'articolazione della pubblica amministrazione o delle pubbliche amministrazioni da cui promana (di cui è dunque una *longa manus*). La produzione *in house* rappresenta una delle due modalità di cui può disporre la pubblica amministrazione per l'approvvigionamento di beni, la prestazione di servizi o l'esecuzione di lavori senza fare ricorso al mercato[18]: anziché servirsi di propri organi, uffici e strutture, la p.a. ricorre a società appositamente costituite. Si tratta a tutti gli effetti di un modulo organizzativo della pubblica amministrazione, che permette l'affidamento diretto (cioè senza gara) della produzione di un bene ovvero dell'erogazione di un servizio.

La categoria in parola rileva infatti soprattutto per l'esclusione dagli obblighi di evidenza pubblica: la p.a. controllante può procedere cioè ad affidamenti diretti nei confronti della propria società *in house* perché nel fare ciò sta soddisfacendo il proprio fabbisogno di beni, servizi o lavori con l'autoproduzione, senza ricorrere a soggetti esterni (c.d. *outsourcing*).

---

18 M. Clarich, *Manuale di diritto amministrativo*, Bologna, 2013, 350 ss.

L'art. 2, co. 1, lettera o) d.lgs. 175/2016 ne indica i requisiti essenziali:

> «le società sulle quali un'amministrazione esercita il controllo analogo o più amministrazioni esercitano il controllo analogo congiunto, nelle quali la partecipazione di capitali privati avviene nelle forme di cui all'articolo 16, comma 1 *[ossia solo se prescritta da norme di legge e in forme che non comportino controllo o potere di veto, né l'esercizio di un'influenza determinante sulla società controllata]* e che soddisfano il requisito dell'attività prevalente di cui all'articolo 16, comma 3 *[oltre l'ottanta per cento del loro fatturato sia effettuato nello svolgimento dei compiti a esse affidati dall'ente pubblico o dagli enti pubblici soci]*».

b) La **società a controllo pubblico** (art. 2, lett. m) d.lgs. 175/2016), invece, è **la società in cui una o più amministrazioni esercitano direttamente poteri di controllo** e per controllo si intende:

> «la situazione descritta nell'articolo 2359 del codice civile[19]. Il controllo può sussistere anche quando, in applicazione di norme di legge o statutarie o di patti parasociali, per le decisioni finanziarie e gestionali strategiche relative all'attività sociale è richiesto il consenso unanime di tutte le parti che condividono il controllo».

---

[19] Sono considerate società controllate:
1) le società in cui un'altra società dispone della maggioranza dei voti esercitabili nell'assemblea ordinaria;
2) le società in cui un'altra società dispone di voti sufficienti per esercitare un'influenza dominante nell'assemblea ordinaria;
3) le società che sono sotto influenza dominante di un'altra società in virtù di particolari vincoli contrattuali con essa.
Ai fini dell'applicazione dei nn. 1 e 2 del primo comma si computano anche i voti spettanti a società controllate, a società fiduciarie e a persona interposta; non si computano i voti spettanti per conto di terzi.
Sono considerate collegate le società sulle quali un'altra società esercita un'influenza notevole. L'influenza si presume quando nell'assemblea ordinaria può essere esercitato almeno un quinto dei voti ovvero un decimo se la società ha azioni quotate in borsa.

Il controllo di questo tipo è dunque differente dal controllo analogo tipico delle società *in house*. Quest'ultimo «comporta che l'ente eserciti un potere di comando direttamente sulla gestione dell'ente con modalità ed intensità non riconducibili ai diritti e alle facoltà normalmente spettanti al socio in base al codice civile, sino al punto che agli organi della società non resta affidata nessuna autonoma rilevante autonomia gestionale. In altri termini, nel caso del controllo analogo, il socio pubblico acquisisce competenze di carattere gestorio, ossia prerogative, nelle società di diritto comune, degli amministratori».

Per realizzare il controllo analogo, gli statuti delle società per azioni, ai sensi dell'art. 16 t.u., possono contenere clausole in deroga alla disposizioni dell'art. 2380 *bis* e dell'art. 2409 *novies* c.c. «Il controllo societario, per quanto ampio ed esteso oltre i confini dell'assemblea ordinaria, tanto da giungere a investire decisioni a carattere strategico, non giunge alla gestione dell'impresa sociale, prerogativa esclusiva, nelle società di diritto comune, degli amministratori»[20].

c) Le **società a (mera) partecipazione pubblica** sono, poi, quelle in cui l'amministrazione o una società in controllo pubblico detengano una partecipazione che non ne consenta il controllo (art. 2 lett. n) d.lgs. 175/2016).

3. IL RISCHIO PENALE NELLE VARIE SOCIETÀ PUBBLICHE

La distinzione tra società *in house*, società controllata o (solo) partecipata rileva nell'ordinamento italiano al fine di comprendere quale sia la normativa applicabile in materia di *compliance* (*infra*, §§

---

20 R. Ranucci, *Società, società a partecipazione pubblica, società a controllo pubblico: definizioni tra diritto comune societario e testo unico delle società a partecipazione pubblica*, cit., 201.

6, 7 e 8), ma anche a prescindere da ciò, il grado di compenetrazione fra pubblico e privato incide sulla conformazione del rischio penale (e dunque sul rischio da gestire nei sistemi di *compliance*).

3.1. Reati dei pubblici ufficiali

Secondo l'orientamento dominante in giurisprudenza[21], la trasformazione degli enti pubblici in società per azioni e anche la successiva alienazione di quote di partecipazione a privati non determina per ciò solo il venir meno in capo ai dipendenti della **qualifica di pubblico ufficiale o di incaricato di pubblico servizio**; tale qualifica **rimane** qualora essi perseguano comunque finalità pubbliche, con condotte poste in essere non nell'ambito della gestione privatistica dell'attività imprenditoriale, ma quali modalità di esercizio di poteri autoritativi di autorganizzazione e

---

[21] V., ad esempio, Cass. pen., sez. VI, 7 marzo 2024, n. 22280, secondo cui «integra il delitto di peculato la condotta del dipendente di Poste Italiane s.p.a. che si appropri di somme di denaro afferenti al risparmio postale, rivestendo questi la qualifica di incaricato di pubblico servizio, in quanto l'attività di raccolta del risparmio (nella specie, mediante buoni postali fruttiferi) contemplata dall'art. 2, comma 1, lett. b), d.P.R. 14 marzo 2001, n. 144, eseguita per conto di Cassa Depositi e Prestiti s.p.a., ha natura pubblicistica» e Cass. pen., sez. VI, 7 maggio 2024, n. 22282, secondo cui «in tema di reati contro la pubblica amministrazione, può assumere la qualifica di pubblico ufficiale o di incaricato di pubblico servizio il legale rappresentante di una società a partecipazione pubblica di minoranza, purché abbia natura pubblica il servizio dalla stessa espletato, ai sensi dell'art. 4, comma 2, d.lgs. 19 agosto 2016, n. 175. (In motivazione la Corte ha precisato che non è necessario, a tali fini, che l'ente abbia tutti i requisiti dell'organismo di diritto pubblico previsti dall'art. 3, d.lgs. 18 aprile 2016, n. 50, oggi trasfuso nell'art. 1, all. l. 1, d.lgs. 31 marzo 2023, n. 36, qualifica che costituisce il presupposto per l'applicazione della disciplina dei contratti pubblici)».

di **esercizio di funzioni pubbliche** svolte in sostituzione dell'amministrazione dello Stato o di pubbliche potestà[22].

Pertanto, i fattori identitari e tipologici di tali enti (cioè l'impianto organizzativo e l'esercizio di un'attività di rilevanza pubblica) possono far emergere **l'esercizio in concreto di una pubblica funzione o di un pubblico servizio, pur in assenza di un formale rapporto di pubblico impiego.** Da ciò deriva la sussistenza della qualifica di pubblico ufficiale o di incaricato di pubblico servizio (nell'ordinamento italiano si è optato per una nozione oggettiva e funzionale di pubblico ufficiale e incaricato di pubblico servizio *ex* artt. 357 e 358 c.p. [23]) e dunque la possibile integrazione di reati contro la pubblica amministrazione, che richiedono tale qualifica soggettiva in capo al soggetto attivo.

Nel caso italiano dell'impresa *in house*, il rischio di commissione dei "reati dei pubblici ufficiali" è ampio tanto quanto quello che ricorre in una normale pubblica amministrazione, perché la mera veste privatistica non comporta il venir meno della qualifica di pubblico ufficiale o incaricato di pubblico servizio in capo ai dipendenti, che ricoprono un ruolo apicale (pur se non di vertice) all'interno delle società.

Secondo la giurisprudenza, **i soggetti inseriti nella struttura organizzativa e lavorativa di una società per azioni possono essere considerati pubblici ufficiali o incaricati di pubblico servizio allorquando la ragion d'essere della società medesima risieda nel generale perseguimento di finalità connesse a servizi di interesse**

---

22 C. Santoriello, *Riflessioni su responsabilità penale degli amministratori e dirigenti delle società a partecipazione pubblica*, in *Riv. corte conti*, 2020, 42.

23 Dopo la riforma del 1990, il legislatore italiano ha definitivamente accolto la concezione c.d. funzionale-oggettiva della nozione di pubblico ufficiale e di incaricato di pubblico servizio. Non ha pertanto più rilevanza l'esistenza di un formale rapporto di dipendenza con lo Stato o con altro ente pubblico (che era invece elemento essenziale nella precedente versione).

pubblico, a nulla rilevando che dette finalità siano realizzate con meri strumenti privatistici[24].

Inoltre, solo nel caso di impresa *in house* vi è maneggio di denaro pubblico e dunque il rischio di incorrere in una responsabilità contabile, e di conseguenza il rischio di commissione di reati di peculato *ex* art. 358 c.p.[25].

---

24 La giurisprudenza di Cassazione è chiara nel riconoscere la qualifica di incaricato di pubblico servizio in capo all'amministratore di società *in house* e dunque la configurabilità dei reati di corruzione e concussione. V., da ultimo, Cass. pen., sez. VI, 3 aprile 2023, n. 23910 e Cass. pen., sez. VI, 30 giugno 2021, n. 37076 («alla luce di tale ricostruzione correttamente i Giudici di merito hanno ritenuto che il M., quale legale rappresentante della società, qualificabile come *in house providing* e deputata allo svolgimento di pubblici servizi sulla base di una disciplina dettata da norme di diritto pubblico, rivestisse la qualità di incaricato di pubblico servizio: si tratta di conclusione che trova pieno riscontro nella giurisprudenza di legittimità, che ha preso in considerazione la posizione degli amministratori di società *in house* o addirittura quelli di società interamente partecipata da società *in house*»).
V. anche Cass. pen., sez. VI, 26 gennaio 2021, n. 17873 («una società (...) interamente controllata da una società *in house* e a sua volta preposta all'espletamento di attività che, sebbene di carattere tecnico, si pongono in rapporto ausiliario o strumentale rispetto ai compiti perseguiti dalla controllante, condividendone appieno le funzioni proprie dello svolgimento di un pubblico servizio, di talché **il suo rappresentante legale ben può–a prescindere dalla veste giuridica formale della società ovvero dal fatto che essa operi e sia regolamentata nel suo funzionamento da una disciplina di natura privatistica–a tutti gli effetti essere definito soggetto incaricato di pubblico servizio** ai sensi dell'art. 358 c.p., comma 1»).
V. anche, *ex plurimis,* Cass. pen., sez. VI, 10 novembre 2017, n. 3046; Cass. pen., sez. VI, 14 novembre 2014, n. 48036; Cass. pen., sez. 6, 9 novembre 2018, n. 58235.

25 «Conclusioni, queste, pienamente coerenti con il quadro di principi delineato dal costante insegnamento di questa Suprema Corte (...), secondo cui, **ai fini della configurazione del reato di peculato, i soggetti inseriti nella struttura organizzativa e lavorativa di una società per azioni**

possono essere considerati pubblici ufficiali o incaricati di pubblico servizio allorquando la ragione d'essere della società medesima risieda nel generale perseguimento di finalità connesse a servizi di interesse pubblico, a nulla rilevando che dette finalità siano realizzate con meri strumenti privatistici» (Cass. pen., sez. VI, 26 gennaio 2021, n. 17873). V. anche, Cass. pen. , sez. VI , 13 giugno 2019 , n. 38260, secondo cui **commette il reato di peculato il dirigente della società *in house* del comune che utilizzi le disponibilità finanziarie** per pagare sanzioni pecuniarie amministrative finalizzate a evitare le conseguenze penali per violazioni in materia di lavoro, sicurezza e tutela ambientale commesse da dipendenti, **in assenza di una delibera formale**. A nulla rileva il fatto di aver agito a tutela di interessi superiori dell'ente rispetto alle posizioni personali oggetto delle sanzioni pecuniarie. Ad affermarlo è la Cassazione giudicando sul caso di un amministratore di una società in house del Comune di Palermo. Per la Corte nella fattispecie vi è stata una distrazione, che ben può integrare il reato di peculato in quanto consiste in una condotta proprietaria illegittimamente assunta dall'agente che toglie dal fine pubblico le risorse. Tale condotta, concludono i giudici, sarebbe invece stata pienamente legittimata in presenza di una deliberazione dell'ente che la ritiene utile a tutela della compagine societaria. V. anche, Cass. pen., sez. VI, 3 luglio 2017, n. 39350 secondo cui riveste la qualità di incaricato di pubblico servizio il legale rappresentante di una società privata operante nel settore bancario in relazione all'attività di gestione di fondi finanziari erogati da un ente pubblico per il perseguimento di un interesse pubblicistico. (Fattispecie relativa a peculato commesso dal legale rappresentante di una società privata incarica da una fondazione "in house" della Regione Calabria dell'erogazione di fondi comunitari destinati al sostegno delle persone in condizioni di difficoltà economica). V. anche, Cass. pen., sez. VI, 15 gennaio 2020, n. 12278: in tema di reati contro la pubblica amministrazione, gli enti di formazione privata, ai quali è demandata l'organizzazione di corsi di formazione finanziati con fondi regionali e comunitari, non svolgono un pubblico servizio, in quanto l'ente privato non riveste una posizione strumentale rispetto all'ente pubblico e l'attività viene prestata in forme non riconducibili alla pubblica funzione. V. anche, Cass. pen., sez. VI, 9 novembre 2018, n. 58235 In tema di reati contro la pubblica amministrazione, riveste la qualifica di incaricato di pubblico servizio il legale rappresentante di una società a responsabilità limitata interamente controllata da una società "in

Si afferma infatti che ai sensi dell'art. 358 c.p. «la qualità di incaricato di pubblico servizio spetta a coloro che prestano un pubblico servizio, inteso quale attività non connotata (...) da prestazioni di opera materiale, disciplinata da norme di diritto pubblico e da atti autoritativi, sebbene non caratterizzata, diversamente dalla pubblica funzione, dalla formazione e dalla manifestazione della volontà della pubblica amministrazione e dal suo svolgersi per mezzo di poteri autoritativi o certificativi. Occorre dunque che, a prescindere dalla qualificazione dell'ente, l'attività del soggetto, sotto il profilo oggettivo, rifletta quelle connotazioni pubblicistiche, proprie del pubblico servizio»[26].

Il rischio viceversa è più ristretto nel caso di società controllata, in cui va accertata l'esistenza di un'attività a rilevanza pubblicistica, perché la qualifica pubblicistica non si estende a tutte le altre attività commerciali (più o meno collaterali).

---

house" e deputata all'espletamento di attività di carattere tecnico che si pongano in rapporto ausiliario e strumentale rispetto ai compiti pubblicistici perseguiti dalla società controllante. (Fattispecie in cui una società "in house" costituita da diversi enti comunali, per conto dei quali gestiva il servizio idrico, di igiene ambientale e di gestione dei parcheggi, si avvaleva per lo svolgimento di tali servizi di una società a responsabilità limitata di cui deteneva l'intero controllo).

26 Cass. pen., sez VI, 30 giugno 2021, n. 37076, in cui si legge inoltre che «la doglianza riguardante la concreta attività svolta dal [*Omissis*], che, secondo quanto difensivamente prospettato, avrebbe dovuto inquadrarsi come normale attività di gestione di tipo manageriale, estranea al rapporto di servizio con il socio pubblico, deve rilevarsi che si tratta di deduzione disancorata dall'inquadramento della società e del ruolo del ricorrente, al quale, proprio in quanto legale rappresentante, faceva capo lo svolgimento dei pubblici servizi affidati alla società, che non si occupava di attività diverse, fermo restando che i Giudici di merito hanno dato conto della diretta ed effettiva ingerenza del ricorrente nello svolgimento dell'attività, anche attraverso direttive ed interventi volti ad assicurare determinate scelte operative e l'individuazione dei contraenti per l'affidamento dei lavori».

In caso di mera partecipazione, infine, tendenzialmente non ricorre l'esercizio di un'attività di cura dell'interesse pubblico. Ma la mera partecipazione non vale di per sé ad escludere completamente la ricorribilità in capo al personale dipendente della qualifica di pubblico ufficiale o incaricato di pubblico servizio. Anche qui, i reati dei pubblici ufficiali si riconnettono alla natura dell'attività espletata e, in particolare, richiedono che l'attività «sia disciplinata da una normativa pubblicistica e persegua finalità pubbliche, sia pure con strumenti privatistici» (Cass. pen., sez. VI, 13 giugno 2017, n. 36874).

Qualora venga esercitata un'attività di tal fatta si attivava sino al recente passato il rischio di commissione del reato di abuso d'ufficio *ex* art. 323 c.p., anche nella sua forma omissiva (ossia «omettendo di astenersi in presenza di un interesse proprio o di un prossimo congiunto o negli altri casi prescritti»), considerato che l'art. 6 *bis* l. 241/1990 prescrive che «il responsabile del procedimento e i titolari degli uffici competenti ad adottare i pareri, le valutazioni tecniche, gli atti endoprocedimentali e il provvedimento finale devono astenersi in caso di conflitto di interessi, segnalando ogni situazione di conflitto, anche potenziale» e che l'art. 1, co. 1 *ter* di tale legge ne estende l'applicazione ai «soggetti privati preposti all'esercizio di attività amministrative». Tuttavia, tale reato è stato abrogato dalla Legge 9 agosto 2024, n. 114.

È interessante notare l'atteggiamento della giurisprudenza sul possibile **errore di fatto** in cui può incorrere l'amministratore della società pubblica in relazione alla propria qualifica di pubblico ufficiale o incaricato di pubblico servizio. La Cassazione ha ritenuto non fondata la difesa basata sull'errore per «la presenza di plurimi incontestabili indici obiettivi del carattere pubblico del servizio svolto, oltre che della provenienza pubblica delle dotazioni finanziarie e della loro destinazione al soddisfacimento di finalità di interesse generale, elementi di fatto che non potevano essere ignorati, considerati i ruoli di vertice rivestiti dai due ricorrenti, ed in particolar modo tenuto conto del doppio ruolo rivestito dal P., di presidente della Comunità (OMISSIS) e di amministratore unico della società (OMISSIS)»[27].

Infine, la giurisprudenza ritiene possibile la configurabilità della figura dell'**amministratore di fatto** in capo a soggetti non incardinati all'interno della società, qualora essi abbiano concretamente svolto, con il tacito consenso o con l'acquiescenza o quantomeno con la tolleranza dell'organo formalmente investito dell'amministrazione, un'attività rientrante nell'ambito della pubblica funzione, non essendo invece sufficiente il semplice esercizio, da parte del predetto, di una continuativa influenza sulle decisioni assunte dagli amministratori dell'ente, dovendosi altrimenti vagliare la ricorrenza di altre ipotesi di reato, come la truffa o il traffico di influenze[28].

3.2. Reati comuni

Al di fuori della cerchia dei reati comuni mappabili dal Modello 231 (V. *infra*, § 9), rimangono le fattispecie di bancarotta, che rappresentano tuttavia un concreto rischio penale per le società pubbliche in quanto non vi è alcun dubbio, nell'ordinamento italiano, che anche le società pubbliche possono fallire (*rectius* – seguendo la terminologia propria del Codice della Crisi di Impresa – essere dichiarate in liquidazione giudiziale).

3.3. Reati commessi in danno della società pubblica: reati contro la p.a. o reati comuni?

Può essere interessante anche considerare non solo il rischio penale di commissione di un reato ma anche le tipologie di

---

27 Cass. pen., sez. VI, 1 ottobre 2020, n. 37074, in *Ced.*

28 Cass. pen., sez. VI, 22 ottobre 2019, n. 18125, in *Ced.*

reato di cui la società pubblica può essere vittima, per meglio comprenderne le caratteristiche più importanti.

Si discute cioè se i reati commessi in danno di una società pubblica debbano essere intesi come reati contro la pubblica amministrazione o piuttosto debbano essere qualificati come (corrispondenti) reati comuni: l'ottenimento con l'inganno di una somma di denaro è truffa o indebita percezione di utilità da parte della pubblica amministrazione? La devoluzione della somma a scopi estranei rispetto a quelli per i quali è stata ottenuta è truffa o malversazione? In caso di artifizi e raggiri è integrata oppure no l'aggravante dell'essere il fatto commesso in danno di un ente pubblico?

A tal proposito la giurisprudenza pone l'accento sulla qualificabilità della società pubblica come 'organo indiretto dell'amministrazione', sulla titolarità della qualifica pubblicistica, e delle connesse responsabilità, in capo a chi esercita la funzione (trasferita) esprimendola e concretizzandola per il tramite di poteri e doveri, identici a quelli spettanti all'organo che ha operato il trasferimento.

In particolare, la Cassazione ha ritenuto corretta la sussunzione sotto l'art. 316 *ter* c.p. (indebita percezione di erogazioni in danno dello Stato) del seguente caso: un privato aveva concluso con una società interamente partecipata dal Comune di Genova (Genova Parcheggi s.p.a.) un contratto che legittimava la sosta con tariffa di abbonamento forfettaria annuale, sosta non consentita ai soggetti non residenti. Tale condotta garantiva un vantaggio ingiusto, ossia l'ottenimento di un titolo alla sosta meno limitativo di altri, senza averne diritto. Si è evidenziato come sia stata correttamente qualificata quale erogazione rilevante ai fini dell'art. 316 *ter* c.p. il rilascio di una autorizzazione al parcheggio a tariffa agevolata, risolvendosi essa in un servizio reso dall'ente pubblico ad esso specificamente preposto[29].

---

[29] Cass. pen., sez. VI, 28 giugno 2016, n. 31585.

4. LA POSSIBILE RESPONSABILITÀ PENALE DELL'ORGANO POLITICO PREPOSTO AL CONTROLLO ANALOGO

Gli organi politici che rappresentano il vertice dell'ente pubblico controllante possono incorrere anch'essi in responsabilità penale: talvolta si invoca l'**omesso impedimento** del reato commesso dall'amministratore (artt. 40, co. 2 e 110 c.p.), talaltra la figura dell'**amministratore di fatto**.

In una pronuncia al momento isolata del Tribunale di Salerno del 2019[30] si è invece ritenuto dovesse rispondere penalmente l'organo politico (il caso riguardava un fatto di bancarotta) non già per il mezzo del concorso dello stesso nel fatto dell'amministratore ma direttamente, in virtù della considerazione che l'azionista pubblico ha un potere di ingerenza diretta sulla società *in house*. Non sarebbe allora nemmeno un amministratore di fatto ma un **amministratore di diritto**, senza che sia cioè necessario provare le circostanze del caso concreto che lo abbiano reso "di fatto" amministratore (*supra*, § 3.1).

Si è affermato che, in ragione della peculiare natura della persona giuridica controllata dall'ente locale, l'organo politico (in quel caso il sindaco del Comune) è titolare «di un pregnante potere di controllo e di direzione sugli organi amministrativi della società, e dunque in grado di condizionarne concretamente i poteri di gestione, organizzazione e controllo sui fattori produttivi nell'attività economica svolta dalla società»; in questo senso il sindaco rientrerebbe pienamente nella categoria dei soggetti attivi del reato proprio di bancarotta, dovendosi dare al termine 'amministratore' un'interpretazione estensiva.

Peraltro, aggiunge il Tribunale, il regolamento comunale in materia di controlli interni e di trasparenza per le cariche

30 Trib. Salerno, Gip, n. 606/2019

elettive e di governo assegnava in capo ai servizi amministrativi dell'ente e all'unità organizzativa preposta al controllo sulle partecipate l'effettivo controllo sulla gestione della società in house, al fine di verificarne l'operato nel rispetto dei principi di efficacia, efficienza ed economicità, prevendendo tuttavia al contempo che nel caso in cui fossero state rilevate circostanze tali da compromettere la sana gestione finanziaria dell'ente in ordine ai rapporti intercorrenti con la società in house, gli uffici competenti avrebbero provveduto ad interpellare gli organi politici previa presentazione di una proposta di risoluzione delle problematiche accertate. Proprio in virtù di tale previsione, riscontrata la grave situazione di difficoltà economica in cui versava l'impresa, *il sindaco, pur essendo chiamato ad esercitare i poteri che gli attribuiva la situazione di controllo analogo intercorrente fra ente locale e società in house, era rimasto completamente inadempiente*[31].

Tale ricostruzione presenta tuttavia delle criticità:–quella contestata è di fatto una condotta omissiva, ossia un mancato impedimento di fatti di bancarotta, e non la loro attiva produzione;–è una interpretazione *in malam partem*;–l'amministratore di fatto ha requisiti stringenti, che qui non sono stati provati.

---

31 «Il politico imputato aveva partecipato all'assemblea dei soci in cui, nonostante le macroscopiche irregolarità contabili, di fatto avallava l'operato degli amministratori, sollecitando solo formalmente questi ultimi all'adozione di un piano industriale e di un progetto di risoluzione delle problematiche finanziarie della società, che invece avrebbe continuato ad operare per anni, nonostante il grave stato di dissesto; aveva parimenti condiviso la scelta di assumere nuovi dipendenti da parte dell'ente in house, nonostante l'assenza dei relativi presupposti di sostenibilità economico-finanziaria; si era più volte interfacciato con i creditori della partecipata, invitandoli a soprassedere temporaneamente dall'esercizio di azioni legali per il pagamento delle relative spettanze» C. Santoriello, *Fallimento e bancarotta di società* in house*: la giurisprudenza di merito apre le porte alla responsabilità penale degli amministratori locali*, in *Riv. corte conti*, 2020, 302.

5. LA COMPLIANCE TRA MODELLI PRIVATISTICI E MODELLI PUBBLICISTICI

Terminata la disamina dei tipi di società pubblica e del rischio penale dipendente dal grado di compenetrazione tra pubblico e privato, si può ora esaminare la disciplina in materia di prevenzione.

Il settore della *compliance* si muove lungo due binari paralleli, l'uno rappresentato dalla normativa contenuta nel **(A) d.lgs. 8 giugno 2001, n. 231** («Disciplina della responsabilità amministrativa delle persone giuridiche, delle società e delle associazioni anche prive di personalità giuridica», d'ora in poi anche Decreto 231) e rivolta alle **imprese private**, il secondo rappresentato dalla normativa anticorruzione di cui alla **(B) l. 6 novembre 2012, n. 190** («Disposizioni per la prevenzione e la repressione della corruzione e dell'illegalità nella pubblica amministrazione») che viceversa si rivolge al **settore strettamente pubblicistico**. Di questi due sistemi vengono spesso accomunate, da un lato, le finalità ispiratrici (di prevenzione), dall'altro, le specifiche metodologie di approccio (fondate sull'analisi e gestione del rischio specifico).

(A) Il d.lgs. 231/2001 ha previsto la responsabilità amministrativa da reato della società o dell'ente, nell'interesse o a vantaggio dei quali sia stato commesso uno dei reati espressamente indicati agli artt. 24 ss. Nonostante l'etichetta è noto come essa abbia una evidente natura punitiva[32].

Ai sensi dell'art. 1, co. 3 d.lgs. 231/2001, la disciplina della responsabilità amministrativa da reato si applica a tutti gli organismi collettivi, con l'***esclusione*** dello ***Stato***, degli ***enti pubblici territoriali***, degli ***altri enti pubblici non economici*** e degli ***enti che svolgono funzioni di rilievo costituzionale*** (come, ad esempio, i partiti politici e i sindacati). Secondo la prevalente interpreta-

---

[32] V. per tutti la pronuncia a Sezioni Unite sul caso Thyssenkrupp del 2014 (Cass. pen., Sez. Un., 18 settembre 2014, n. 38343 (§ 60).

zione della dottrina, vanno esclusi anche altri soggetti giuridici di natura pubblicistica che, nonostante non esercitino poteri pubblici, curano interessi pubblici senza alcuna finalità lucrativa (es. aziende ospedaliere, scuole, università pubbliche, *etc.*)[33].

Il Decreto 231 affianca al profilo repressivo anche un profilo preventivo, fondato sull'adozione facoltativa di appositi Modelli di organizzazione, gestione e controllo (art. 6, co. 1 lett. a), nonché sulla costituzione di un organismo di vigilanza (art. 6, co. 1 lett. b).

L'adozione del modello richiede:

- un'analisi della situazione obiettiva dell'ente che consenta di mappare l'attività ordinaria e l'assetto aziendale;
- l'individuazione delle aree di rischio, ossia delle fasi dell'ordinaria attività societaria in cui è riscontrabile un rischio di commissione di uno dei reati espressamente previsti dal d.lgs. 231/2001;
- l'attribuzione a ciascuna delle aree di rischio individuate di un grado di pericolosità (basso – medio – alto), in funzione dell'indice di sensibilità rispetto al rischio temuto (es. il rischio di commissione di reati contro la p.a. sale o scende a seconda della presenza e della frequenza di rapporti concessori o autorizzatori con la p.a. o di rapporti comunque aventi ad oggetto servizi pubblici);
- la valutazione dell'adeguatezza dell'assetto organizzativo interno rispetto agli scopi di prevenzione della commissione di illeciti penali;
- l'individuazione di misure concrete per attenuare l'indice di probabilità (individuato a monte) di verificazione del reato (si usano a questo scopo, nella prassi, le regole UNI ISO periodicamente vigenti);

---

[33] C. Santoriello, *La disciplina in tema di responsabilità da reato delle persone giuridiche e le società a partecipazione pubblica*, in *Le società*, cit., 1650.

- la predisposizione e l'attuazione di misure di monitoraggio periodiche.

Tali modelli, com'è noto, possono avere una funzione esimente o attenuante della responsabilità amministrativa dell'ente in caso di commissione di uno dei reati espressamente elencati agli artt. 24 ss. come reati presupposto.

1) In caso di commissione di un reato-presupposto ad opera di un soggetto subordinato l'ente non risponde se prova che:
   a) l'organo dirigente ha adottato ed efficacemente attuato, prima della commissione del fatto, modelli di organizzazione e di gestione idonei a prevenire reati della specie di quello verificatosi;
   b) il compito di vigilare sul funzionamento e l'osservanza dei modelli di curare il loro aggiornamento è stato affidato a un organismo dell'ente dotato di autonomi poteri di iniziativa e di controllo;
   c) le persone hanno commesso il reato eludendo fraudolentemente i modelli di organizzazione e di gestione;
   d) non vi è stata omessa o insufficiente vigilanza da parte dell'organismo di cui alla lettera b).

2) In caso di commissione di un reato-presupposto ad opera di un soggetto apicale, l'ente è responsabile se la commissione del reato è stata resa possibile dall'inosservanza degli obblighi di direzione o vigilanza. In ogni caso, è esclusa l'inosservanza degli obblighi di direzione o vigilanza se l'ente, prima della commissione del reato, ha adottato ed efficacemente attuato un modello di organizzazione, gestione e controllo idoneo a prevenire reati della specie di quello verificatosi.

3) Se il modello è stato adottato o reso operativo dopo la commissione del reato ma prima della dichiarazione di apertura del dibattimento di primo grado, la sanzione è ridotta da un terzo alla metà.

(B) La l. 190/2012, invece, si è occupata della prevenzione e repressione della corruzione e dell'illegalità nella pubblica amministrazione. Essa, nell'art. 1, co. 1, indica l'Autorità nazionale anticorruzione (ANAC) quale soggetto chiamato a svolgere attività di controllo, di prevenzione e di contrasto della corruzione e dell'illegalità nella pubblica amministrazione, anche attraverso l'approvazione del Piano Nazionale Anticorruzione (art. 1, co. 2 lett. b) e 4). Più nel dettaglio *infra* § 18.

Dal canto loro, le pubbliche amministrazioni centrali devono definire e trasmettere al Dipartimento della funzione pubblica:

a) un piano di prevenzione della corruzione che fornisce una valutazione del diverso livello di esposizione degli uffici al rischio di corruzione e indica gli interventi organizzativi volti a prevenirlo (c.d. Piano Triennale della Prevenzione della Corruzione e della trasparenza – PTPCT);

b) procedure appropriate per selezionare e formare, in collaborazione con la Scuola superiore della pubblica amministrazione, i dipendenti chiamati ad operare in settori particolarmente esposti alla corruzione, prevedendo, negli stessi settori, la rotazione di dirigenti e funzionari (art. 1 co. 5).

Il Piano Nazionale Anticorruzione adottato dall'ANAC è un atto di indirizzo per l'adozione dei Piani Triennali.

Il Piano Triennale di Prevenzione della Corruzione è uno strumento di natura programmatoria, che risponde alle seguenti esigenze:

1) individuare le attività nell'ambito delle quali è più elevato il rischio di corruzione, anche raccogliendo le proposte dei dirigenti, il che presuppone necessariamente un'analisi del contesto interno ed esterno (la l. 190/2012 fissa alcune aree da considerarsi *in re ipsa* a rischio: *infra*, § 10);

b) prevedere, per le attività individuate ai sensi della lettera a), meccanismi di formazione, attuazione e controllo delle decisioni idonei a prevenire il rischio di corruzione;

c) prevedere, con particolare riguardo alle attività individuate ai sensi della lettera a), obblighi di informazione nei confronti del responsabile chiamato a vigilare sul funzionamento e sull'osservanza del piano;

d) monitorare il rispetto dei termini, previsti dalla legge o dai regolamenti, per la conclusione dei procedimenti;

e) monitorare i rapporti tra l'amministrazione e i soggetti che con la stessa stipulano contratti o che sono interessati a procedimenti di autorizzazione, concessione o erogazione di vantaggi economici di qualunque genere, anche verificando eventuali relazioni di parentela o affinità sussistenti tra i titolari, gli amministratori, i soci e i dipendenti degli stessi soggetti e i dirigenti e i dipendenti dell'amministrazione;

f) individuare specifici obblighi di trasparenza ulteriori rispetto a quelli previsti da disposizioni di legge.

A tal fine, l'organo di indirizzo politico individua, di norma tra i dirigenti amministrativi di ruolo di prima fascia in servizio, il Responsabile della prevenzione della corruzione e della trasparenza.

Il responsabile, oltre ad essere competente per l'adozione del Piano, è garante della sua attuazione e della sua implementazione e la vigilanza dello stesso.

La mancata adozione del Piano comporta una sanzione amministrativa, che viene irrogata dall'ANAC.

In caso di commissione, all'interno dell'amministrazione, di un reato di corruzione accertato con sentenza passata in giudicato, il Responsabile della prevenzione incorre in responsabilità dirigenziale e disciplinare, e può essere chiamato a rispondere per il danno erariale e all'immagine della pubblica amministrazione, salvo che provi tutte le seguenti circostanze:

a) di avere predisposto, prima della commissione del fatto, il piano di cui al comma 5 e di aver osservato le prescrizioni di cui ai commi 9 e 10 del presente articolo;

b) di aver vigilato sul funzionamento e sull'osservanza del piano.

Per espressa previsione legislativa, le disposizioni appena elencate (di diretta attuazione del principio di imparzialità di cui all'articolo 97 della Costituzione) si applicano a **tutte le amministrazioni pubbliche** di cui all'art. 1, co. 2, d.lgs. 30 marzo 2001, n. 165[34], fra cui **non** figuravano – prima della riforma avutasi con il d.lgs. 97/2016 – le società di diritto privato e gli enti pubblici economici (art. 1, co. 59).

Riassumendo, la l. 190/2012 (e successive modifiche) richiede alle pubbliche amministrazioni l'adempimento di una serie di obblighi finalizzati alla riduzione di rischio di verificazione di fatti di corruzione o comunque di comportamenti illeciti in violazione dei principi di buon andamento e imparzialità fissati all'art. 97 Cost. A questo scopo, essa fa obbligo alle pubbliche amministrazioni di adottare i **Piani triennali di prevenzione della corruzione e della trasparenza** (che deve fornire una valutazione del diverso livello di esposizione degli uffici al rischio di corruzione e indicare gli interventi organizzativi volti a prevenirlo), di dotarsi di procedure per la selezione e la formazione dei dipendenti operanti in settori particolarmente esposti e la nomina di un **Responsabile della prevenzione della corruzione e della trasparenza**. A quest'ultimo, spetta, fra i vari, il compito di verificare l'efficace attuazione del piano anticorruzione e la sua idoneità e di proporne la modifica in caso di violazioni

---

[34] Ossia «tutte le amministrazioni dello Stato, ivi compresi gli istituti e scuole di ogni ordine e grado e le istituzioni educative, le aziende ed amministrazioni dello Stato ad ordinamento autonomo, le Regioni, le Province, i Comuni, le Comunità montane, e loro consorzi e associazioni, le istituzioni universitarie, gli Istituti autonomi case popolari, le Camere di commercio, industria, artigianato e agricoltura e loro associazioni, tutti gli enti pubblici non economici nazionali, regionali e locali, le amministrazioni, le aziende e gli enti i del Servizio sanitario nazionale, l'Agenzia per la rappresentanza negoziale delle pubbliche amministrazioni (ARAN) e le Agenzie di cui al decreto legislativo 30 luglio 1999, n. 300».

o mutamenti organizzativi o normativi, pena l'irrogazione di sanzioni disciplinari (art. 1, co. 7, 10, 12-14)

Pertanto, da un lato, nel settore privato, il regime applicabile è quello dettato dal d.lgs. 231/2001 tutto centrato sul ruolo svolto dal modello organizzativo finalizzato a prevenire la commissione (anche) dei delitti di corruzione; dall'altro, sul versante pubblico, il meccanismo preventivo è analogo ma combinato con regole in tema di trasparenza dell'azione amministrativa e di incandidabilità e di decadenza dai pubblici incarichi.

Uniti nel fine prevenzionistico, i due sistemi si differenziano tanto in termini di **obbligatorietà/facoltatività** dei modelli di *compliance* (nel Decreto 231 il modello non è obbligatorio ma può avere una efficacia esimente o premiale, mentre il Piano Triennale di prevenzione della corruzione è d'obbligatoria adozione ai sensi dell'art. 1, co. 12 e 14 d.lgs. 190/2012) quanto in termini di **tipologie di condotte** devianti che si mira a scongiurare (mentre nel settore pubblicistico è avvertito il rischio corruttivo, nel settore privatistico il rischio penale è assai più ampio e diversificato). Parimenti, una netta differenza si riscontra nel fatto che la "normativa 231" destinata al settore privatistico mira a prevenire (oltre che a reprimere) i reati commessi **nell'interesse e a vantaggio dell'impresa**, mentre la legge n. 190/2012 è volta a prevenire anche (e forse soprattutto) reati commessi **in danno della società** e, più in generale, tutte le condotte di cattiva amministrazione, lesive del buon andamento e dell'imparzialità dell'azione amministrativa.

Occorre ora chiarire a quali sistemi di *compliance* siano per legge soggette le società in controllo pubblico, a partecipazione pubblica e *in house*, parendo esse a prima vista sospese a mezz'aria fra l'uno e l'altro sistema.

6. GLI OBBLIGHI DI COMPLIANCE DELLE SOCIETÀ IN CONTROLLO PUBBLICO

Si è a lungo dibattuto in dottrina e giurisprudenza in ordine alla applicabilità alle società in controllo pubblico tanto del Decreto 231 quanto della normativa anticorruzione.

a) Nel passato si è registrato un contrasto interpretativo in ordine all'applicabilità o meno del Decreto 231 nonostante il dettato normativo parrebbe chiaramente includere le società a controllo pubblico e le società (solo) partecipate nel campo di applicazione della responsabilità amministrativa da reato. Infatti, l'art. 1, co. 3 del d.lgs. 231/2001 esclude – come si è già visto – espressamente dai destinatari *solo* lo Stato, gli enti pubblici non economici, territoriali e svolgenti funzioni di rilievo costituzionale.

Tale disposizione parrebbe dunque legittimare l'assoggettabilità alla disciplina del Decreto 231 delle organizzazioni pubbliche in forma privatistica.

Tuttavia, le peculiarità delle società pubbliche, date dal *perseguimento di interessi di carattere generale* anche attraverso l'attribuzione di prerogative di diritto pubblico, avevano dato vita a una tesi che ne negava l'assoggettamento alla disciplina del d.lgs. 231/2001, evidenziando le preoccupazioni legate alla sottoposizione delle società partecipate dallo Stato al peculiare ***regime punitivo*** degli enti, posto che, da un lato, la sanzione pecuniaria e la confisca del profitto finirebbero per ***gravare sulla collettività*** nella misura della partecipazione azionaria di origine pubblica e che, dall'altro, la sanzione interdittiva finirebbe per arrecare un grave pregiudizio ai cittadini, che non potrebbero più beneficiare regolarmente del servizio.

In sostanza si riteneva che si trattasse pur sempre di enti di natura pubblica, seppur calati in una forma privatistica e che fosse ragionevole ritenere che, anche alla luce della relazione ministeriale che ha accompagnato il Decreto[35], il legislatore delegante «avesse di mira la repressione dei comportamenti illeciti nello svolgimento di attività di natura squisitamente economica, e cioè assistite da fini di profitto. Con la conseguenza di escludere tutti quegli enti pubblici che, seppure sprovvisti di pubblici poteri, perseguono e curano interessi pubblici prescindendo da finalità lucrative»[36].

Tale posizione risulta tuttavia ad oggi superata e si segnalano sul punto le seguenti due pronunce della Corte di cassazione: Cass. pen. 28699/2010 e Cass. pen. 234/2011.

La prima sentenza riguarda un procedimento penale per truffa, durante il quale il Giudice per le Indagini Preliminari del Tribunale di Belluno aveva disposto il sequestro preventivo ai danni di un ospedale specializzato interregionale nell'interesse del quale era stata commessa la condotta fraudolenta incriminata; il Tribunale del riesame, tuttavia, aveva annullato la misura cautelare argomentando che l'ente attinto era pubblico e, pertanto, ai sensi dell'art. 1, comma 3, d.lgs. 231/2001, lo stesso ***non poteva ritenersi destinatario della responsabilità amministrativa da reato***. In sede di ricorso per Cassazione il pubblico ministero aveva evidenziato come il Tribunale non avesse considerato la circostanza che l'ente, pur riconosciuto come ospedale specializzato interregionale, operava comunque in forma di società per azioni "mista", in quanto partecipata per il 49% da capitale privato e per la restante percentuale da capitale pubblico: secondo la pubblica accusa, pertanto, nel caso di specie prevaleva la natura privatistica della società. Inoltre, a riprova dell'applicabilità del d.lgs. 231/2001 anche a società che svolgono pubblici servizi, si evidenziava come fra i reati presupposto della responsabilità da reato delle persone giuridiche vi fossero ***reati come la concus-***

---

35 V. Manacorda, *Le società a partecipazione pubblica, La responsabilità amministrativa delle società e degli enti*, AA.VV., Bologna, 2014, 59 ss.

36 Relazione Ministeriale allo schema di d.lgs. 231/2001, p. 8

sione, in cui la necessaria qualifica soggettiva postula la natura pubblicistica dell'attività espletata.

La Corte di Cassazione ha ritenuto fondate le osservazione della pubblica accusa: l'art. 1 afferma inequivocabilmente che la natura pubblica di un ente è condizione necessaria per l'esenzione da responsabilità ma non sufficiente, dovendo altresì concorrere la condizione che l'ente stesso ***non svolga attività economica***. Peraltro nel caso in esame non si trattava nemmeno di un ente pubblico, ma di un soggetto privato e in particolare di una società per azioni, che è costituita pur sempre ***per l'esercizio di un'attività economica al fine di dividerne gli utili, a prescindere da quella che sarà la destinazione degli utili medesimi***.

Inoltre la sentenza ha censurato la tesi difensiva secondo la quale il "sistema 231" non sarebbe applicabile in virtù del fatto che si tratterebbe di un soggetto chiamato a svolgere ***funzioni di rilievo costituzionale***, e nella specie a proteggere e assicurare il ***diritto alla salute***. Con tale affermazione si confonde infatti la funzione con i valori protetti. La *ratio* dell'esenzione degli enti che svolgono funzioni di rilievo costituzionale è quella di evitare l'applicazione delle misure cautelari e delle sanzioni che sospendono funzioni indefettibili negli equilibri costituzionali, esigenza che non ricorre rispetto a mere attività di impresa.

Nello stesso senso, in Cass. pen. 234/2011 si è affermato che possono certamente esservi attività che hanno un'indiscutibile ricaduta su beni costituzionalmente protetti, come il diritto alla salute, ma quando queste attività vengono perseguite in forma societaria, nel rispetto del principio di economicità proprio dell'attività imprenditoriale, non può accettarsi l'esonero dall'ambito di applicabilità della disciplina sanzionatoria sulla responsabilità *ex* d.lgs. 231/2001.

Qua non si può valorizzare le geometrie variabili e la sostanziale natura pubblica, perché, a garanzia della prevedibilità, è preferibile il dato formale. Del resto, «la responsabilità da reato degli enti ha vocazione universale per i soggetti di diritto metaindividuale e, pertanto, le deroghe a tale regola di responsabilità hanno natura tassativa e sono soggette a stretta interpretazione»[37].

Poco importa che all'ente pubblico non interessi la percezione di maggiori dividendi dalla società cui lo stesso partecipa. Il d.lgs. 231/2001 nel sanzionare le società e gli enti collettivi nel cui interesse o per il cui vantaggio i dirigenti o dipendenti abbiano commesso determinati illeciti, prescinde dalla circostanza che la condotta illecita sia andata a vantaggio di tutti i soci della persona giuridica o di una parte di essi, riconoscendo rilievo alla sola circostanza che la società, nella sua individualità separata da quella dei soci che partecipano al capitale, sia stata beneficiata dalla commissione del reato[38].

Ciò perché:

- in tal senso depone il chiaro ***dato letterale*** dell'art. 1, co. 3 d.lgs. 231/2001: «il tenore testuale della norma è inequivocabile nel senso che la natura pubblicistica di un ente è condizione necessaria, ma non sufficiente, all'esonero dalla disciplina in discorso, dovendo altresì concorrere la condizione che l'ente medesimo non svolga attività economica» (Cass. pen., sez. II, 21 luglio 2010, n. 28699).
- nel catalogo dei reati presupposto della responsabilità amministrativa degli enti vi sono delitti di ***corruzione passiva e concussione*** (che hanno come soggetto attivo principalmente esponenti di pubbliche amministrazioni);
- qualora la società svolga un servizio un pubblico servizio o un servizio di pubblica necessità, la cui interruzione possa provocare un grave pregiudizio alla collettività, il d.lgs. 231/2001 all'art. 15 lett. a) prevede espressamen-

37 F. D'Arcangelo, *Le società a partecipazione pubblica e la responsabilità da reato nella interpretazione della giurisprudenza di legittimità (commento alla sentenza della Corte di Cassazione n.28699/10)*, in *La Responsabilità amministrativa delle società e degli enti*, 2010, 192.

38 C. Santoriello, cit., 1658.

te la possibilità per il giudice di sostituire la sanzione dell'interdizione con la nomina di un commissario giudiziale, a cui affidare la prosecuzione dell'attività.

In definitiva, «la lettera della legge, i chiarimenti forniti dalla relazione, l'ossequio alla legge delega e il carattere di norma eccezionale dell'art. 1, comma 3, d.lgs. 231/2001 inducono a ritenere le società a partecipazione pubblica destinatarie della responsabilità amministrativa da reato»[39]. Ad oggi risulta consolidato il principio per cui **anche le società controllate operanti secondo il modello privatistico rientrano nel perimetro del d.lgs. n. 231/2001**.

b) Come anticipato, all'epoca dell'introduzione della normativa in materia di anticorruzione (l. 190/2012) si tendeva a escludere che le società controllate dallo Stato e dagli altri enti pubblici potessero essere reputate destinatarie di detta disciplina, posto che l'art. 1 parlava di amministrazioni e nella specie di amministrazioni centrali, ovvero dei soggetti espressamente esclusi dal campo di applicazione del d.lgs. n. 231/2001.

Tuttavia, il primo Piano Nazionale Anticorruzione del 2013 (approvato con delibera dell'ANAC n. 72/2013), nell'Allegato 1 (denominato «Soggetti, azioni e misure finalizzati alla prevenzione della corruzione») aveva fornito una interpretazione assai estesa dell'art. 1, co. 59, ritenendo che esso dovesse necessariamente comprendere anche «gli enti pubblici economici e i soggetti di diritto privato in controllo pubblico», precisando che «gli enti pubblici economici, le società a partecipazione pubblica e gli altri enti di diritto privato in controllo pubblico debbono nominare un responsabile per l'attuazione dei propri Piani di prevenzione della corruzione» (§ A.2).

In effetti, il d.lgs. 97/2016, da un lato, ha introdotto nel d.lgs. 33 del 2013 (c.d. Testo Unico della trasparenza amministrativa) l'art. 2 *bis*, il quale prevede che le regole in tema di trasparenza si

---

39 F. D'Arcangelo, *Le società a partecipazione pubblica*, cit., 186.

applicano anche alle società in controllo pubblico, e, dall'altro, ha aggiunto il comma 2 *bis* all'art. 1 della l. 190 del 2012, il quale stabilisce che tanto le pubbliche amministrazioni quanto «gli altri soggetti di cui all'articolo 2 *bis*, comma 2, del d.lgs. n. 33 del 2013» (fra cui appunto anche le società a controllo pubblico) sono destinatari delle indicazioni contenute nel Piano Nazionale Anticorruzione. Sono tuttavia sempre escluse le società quotate.

Si può pertanto con una certa sicurezza affermare che **le società a controllo pubblico sono oggi assoggettate** anche **alla disciplina in materia di trasparenza e anticorruzione dettata per le pubbliche amministrazioni.**

Le società in controllo pubblico sono oggi destinatarie sia dei precetti del d.lgs. 231/2001 (per cui, ove vogliano usufruire della causa di esonero dalla responsabilità prevista dagli artt. 6 e 7 del d.lgs. 231/2001, hanno l'onere di adottare ed efficacemente attuare un idoneo modello di organizzazione, gestione e controllo), **sia di quelli, solo parzialmente sovrapponibili, derivanti dalla normativa anticorruzione** nella pubblica amministrazione.

Considerata l'estensione interpretativa dell'obbligo di dotarsi di un sistema di prevenzione della corruzione anche in capo ad enti di diritto privato (confermato solo nel 2016 dal legislatore), emergeva (già prima della novella) l'esigenza **di raccordare la disciplina anticorruzione con quella *ex* d.lgs. 231/2001**. A tal proposito, sempre il **Piano Nazionale Anticorruzione del 2013**, al § 3.1.1, ha espressamente previsto che «al fine di dare attuazione alle norme contenute nella l. n. 190/2012 gli enti pubblici economici e gli enti di diritto privato in controllo pubblico, di livello nazionale o regionale/locale sono tenuti ad introdurre e ad implementare adeguate misure organizzative e gestionali. Per evitare inutili ridondanze qualora questi enti adottino già modelli di organizzazione e gestione del rischio sulla base del d.lgs. n. 231 del 2001 nella propria azione di prevenzione della corruzione possono fare perno su essi, ma estendendone l'ambito di applicazione non solo ai reati contro la pubblica amministrazione previsti dalla l. n. 231 del 2001 ma anche a tutti quelli considerati nella l. n. 190 del 2012, dal lato attivo e passivo, anche in relazione al tipo di attività svolto dall'ente (società strumentali/società di interesse generale)»; inoltre «gli enti pubblici economici e gli enti di diritto privato in controllo pubblico, di livello nazionale o regionale/locale devono, inoltre, nominare un responsabile per l'attuazione dei propri Piani di prevenzione della corruzione, che può essere individuato anche nell'organismo di vigilanza previsto dall'art. 6 del d.lgs. n. 231 del 2001, nonché definire nei propri modelli di organizzazione e gestione dei meccanismi di *accountability* che consentano ai cittadini di avere notizie in merito alle misure di prevenzione della corruzione adottate e alla loro attuazione».

Anche successivamente, l'ANAC ha mostrato di considerare i due corpi normativi assai affini e gli strumenti di prevenzione sostanzialmente fungibili, in quanto miranti entrambi alla protezione dell'ente dal rischio di corruzione.

Nel dicembre 2014 è stato adottato il "**Documento condiviso tra Ministero dell'economia e delle finanze e Autorità Nazionale Anticorruzione** per il rafforzamento dei meccanismi di prevenzione della corruzione e di trasparenza nelle società partecipate e/o controllate dal Ministero dell'economia e delle finanze"; esso definisce alcune linee guida per le società partecipate dallo Stato (e dunque di interesse per il Ministero, il quale riveste in relazione ad esse il ruolo di azionista *ex* art. 24, co. 1 d.lgs. 30 luglio 1999, n. 300).

In questo Documento viene promossa l'adozione dei modelli *ex* d.lgs. 231/2001: «Va in ogni caso ribadito che tutte le società, controllate e partecipate, ove non abbiano adottato il modello previsto dal d.lgs. n. 231/2001, sono comunque tenute alla sua adozione. Depone in tal senso il tenore letterale dell'art. 1 del predetto decreto (che dispone espressamente che le sue disposizioni non si applicano solo "...allo Stato, agli enti pubblici territoriali, agli altri enti pubblici non economici nonché agli enti che svolgono funzioni di rilievo costituzionale"), e nonché l'orientamento seguito dalla Suprema corte di cassazione».

Va ricordato, tuttavia, come l'adozione dei modelli *ex* art. 231/2001 non sia un obbligo legale ma piuttosto un onere (con la conseguente possibilità di andare esenti da responsabilità). A tal proposito, vi è chi ha osservato come il Documento possa essere letto come un "monito" rivolto dal Ministero in qualità di azionista (una sorta di atto di indirizzo del vertice politico) e non come un vero e proprio obbligo formulato in assenza di base legale.

Il Documento – e ciò è assai importante ai nostri fini – individua poi un meccanismo di coordinamento fra lo strumento *ex* l. 190/2012 e il modello *ex* d.lgs. 231/2001.

Per le società controllate, si richiede la materiale integrazione del modello 231 (già adottato) con l'individuazione di misure idonee a prevenire «anche altri fenomeni di corruzione e illegalità all'interno delle società, come indicati dalla l. n. 190 del 2012».

Le criticità rilevate rispetto a tale indicazione attengono, ancora una volta, alla scorretta assimilazione dei due corpi normativi: emerge qui la non corretta configurazione dell'effettivo oggetto della disciplina *ex* l. 190/2012, che va ben al di là delle condotte aventi rilevanza penale (e che mira piuttosto a sconfiggere il ben più ampio fenomeno della *maladministration*). Il sistema 231 si occupa delle condotte criminose poste in essere nell'interesse e vantaggio dell'ente, mentre la disciplina anticorruzione si occupa delle strumentalizzazioni delle funzioni per fini personali (dunque in danno dell'ente, che è soggetto leso e non avvantaggiato).

Inoltre, si legge nel Documento «al fine di garantire che il sistema di prevenzione non si traduca in un mero adempimento formale e che sia, piuttosto, calibrato e dettagliato come un modello organizzativo vero e proprio, in grado di rispecchiare le specificità dell'ente di riferimento, il responsabile dovrà coincidere (...) con uno dei dirigenti della società e dunque non con un soggetto esterno come l'organismo di vigilanza o altro organo di controllo a ciò esclusivamente deputato».

Per le società solo partecipate, invece, «si ritiene sufficiente l'adozione del modello previsto dal d.lgs. n. 231/2001, purché integrato, limitatamente alle attività di pubblico interesse eventualmente svolte, con l'adozione di misure idonee a prevenire ulteriori condotte criminose in danno della pubblica amministrazione, nel rispetto dei principi contemplati dalla normativa anticorruzione. La predisposizione di tali misure non implica l'elaborazione di un "Piano di prevenzione della corruzione" da parte della società, che resta soggetta al regime di responsabilità previsto dal d.lgs. n. 231/2001».

Ulteriori indicazioni sono state poi fornite con la Determinazione ANAC 17 luglio 2015, n. 8 ("Linee guida per l'attuazione della normativa in materia di prevenzione della corruzione e trasparenza da parte delle società e degli enti di diritto privato controllati o partecipati dalle pubbliche amministrazioni e dagli enti pubblici economici"). Anche in questo caso viene affermato un obbligo generalizzato di adozione del modello 231 («Le presenti Linee guida muovono dal presupposto fondamentale che le amministrazioni controllanti debbano assicurare l'adozione del modello di organizzazione e gestione previsto dal d.lgs. n. 231/2001 da parte delle società controllate»[40]). Trattandosi di una determinazione dell'ANAC e non del Ministero, non può in questo caso leggersi un atto di indirizzo dell'azionista, ma piuttosto una vera e propria direttiva fornita nell'esercizio del potere regolamentare, in assenza di un previsione legale in tal senso. Per le società solo partecipate, si prevedono poi oneri minori; nei

---

40 Determinazione ANAC 17 luglio 2015, n. 8, p. 10; v. anche p. 11 in cui si legge che «le amministrazioni controllanti sono chiamate ad assicurare che dette società, laddove non abbiano provveduto, adottino un modello di organizzazione e gestione ai sensi del d.lgs. n. 231 del 2001. Depone in tal senso il tenore letterale dell'art. 1 del d.lgs. n. 231/2001 che dispone espressamente che le sue disposizioni non si applicano solo «allo Stato, agli enti pubblici territoriali, agli altri enti pubblici non economici nonché agli enti che svolgono funzioni di rilievo costituzionale».

confronti delle stesse «le amministrazioni partecipanti si attivano per promuovere l'adozione del suddetto modello organizzativo».

In queste linee guida assistiamo a un mutamento del destinatario: solo gli enti pubblici controllanti o partecipanti a divenire i destinatari effettivi delle prescrizioni e degli obblighi di condotta, ancorché riferibili ad adempimenti finali imputabili agli enti controllati o partecipati. Peraltro un profilo problematico è stato individuato nella possibile responsabilità degli enti pubblici per comportamenti finali scorretti (altrui) che potrebbero essere da loro non dominabili (specie se titolari di partecipazioni che non garantiscono il controllo).

Ancora una volta emerge, comunque, un intento di semplificazione attraverso la sollecitazione di un documento unitario in grado di riassumere il contenuto tipico del Piano di prevenzione della corruzione all'interno di quello *ex* d.lgs. 231/2001 e, in particolare, in una sezione apposita dello stesso[41].

In ogni caso, le misure volte alla prevenzione dei fatti di corruzione *ex* l. 190/2012 sono elaborate dal Responsabile della prevenzione della corruzione in stretto coordinamento con l'Organismo di vigilanza e sono adottate dall'organo di indirizzo della società, individuato nel Consiglio di amministrazione o

---

41 «Alla luce di quanto sopra e in una logica di coordinamento delle misure e di semplificazione degli adempimenti, le società integrano il modello di organizzazione e gestione *ex* d.lgs. n. 231 del 2001 con misure idonee a prevenire anche i fenomeni di corruzione e di illegalità all'interno delle società in coerenza con le finalità della legge n. 190 del 2012. Queste misure devono fare riferimento a tutte le attività svolte dalla società ed è necessario siano ricondotte in un documento unitario che tiene luogo del Piano di prevenzione della corruzione anche ai fini della valutazione dell'aggiornamento annuale e della vigilanza dell'A.N.AC. Se riunite in un unico documento con quelle adottate in attuazione della d.lgs. n. 231/2001, dette misure sono collocate in una sezione apposita e dunque chiaramente identificabili tenuto conto che ad esse sono correlate forme di gestione e responsabilità differenti».

in altro organo con funzioni equivalenti. Nelle società in cui l'Organismo di vigilanza sia collegiale e si preveda la presenza di un componente interno, è auspicabile che tale componente svolga anche le funzioni di RPCT. Questa soluzione, rimessa all'autonomia organizzativa delle società, consentirebbe il collegamento funzionale tra il RPCT e l'Organismo di vigilanza.

Una aperta equiparazione tra interventi normativi e interventi "interpretativi" dell'ANAC si ha con l'aggiornamento al Piano Nazionale Anticorruzione 2015 adottato con la Determinazione ANAC 28 ottobre 2015, n. 12: «Rispetto all'ambito soggettivo di applicazione delle misure di prevenzione della corruzione definito dalla legislazione vigente all'epoca dell'adozione del PNA, si devono registrare importanti novità derivanti, sia da innovazioni legislative (si veda in particolare l'art. 11 del d.lgs. 33/2013, così come modificato dall'art. 24-bis del d.l. 90/2014), sia da atti interpretativi adottati dall'ANAC (soprattutto le richiamate Linee guida approvate con la determinazione n. 8 del 2015), anche in collaborazione con altre Istituzioni».

Questa impostazione viene ribadita dall'ANAC anche con il Piano Nazionale Anticorruzione del 2016 (delibera 3 agosto 2016, n. 831), poi aggiornato nel 2017: l'attuazione delle misure di contrasto e prevenzione della corruzione deve avvenire o mediante l'adozione del Piano triennale di prevenzione della corruzione ovvero mediante apposita integrazione dei modelli di cui al d.lgs. 231/2001.

Infine, degne di nota paiono le indicazioni fornite dalle Linee guida ANAC del 2017 (delibera 8 novembre 2017, n. 1134), in cui l'Autorità torna evidentemente sui suoi passi affermando l'inopportunità di attribuire alla medesima persona tanto il ruolo di Responsabile della prevenzione della corruzione quanto quello di membro dell'organismo di vigilanza, trattandosi di funzioni differenti con finalità non assimilabili, al fine principale di «preservare la terzietà di questo organo nella valutazione delle segnalazione trasmesse dal responsabile».

Riassumendo, le società in controllo pubblico sono soggette sia al Decreto 231 che alla l. 190/2012 e, sul piano della prevenzione, possono limitarsi ad integrare il modello già adottato *ex* d.lgs. 231/2001 con l'analisi del rischio corruttivo. Ove non siano già in possesso di un Modello *ex* d.lgs. 231/2001, sono chiamate ad adottare l'ordinario Piano triennale di prevenzione della corruzione.

7. GLI OBBLIGHI DI COMPLIANCE E DELLE SOCIETÀ (SOLO) PARTECIPATE

a) In ordine alla applicabilità del d.lgs. 231/2001 vale *a fortiori* quanto già detto in relazione alle società in controllo pubblico: va cioè ammessa una piena assoggettabilità anche delle società solo partecipate (e non controllate) alla responsabilità amministrativa da reato degli enti.

b) Con riferimento invece alla disciplina pubblicistica, si può constatare che le società solo partecipate (le società in cui l'amministrazione o una società in controllo pubblico detengono una partecipazione che non ne consente il controllo) sono soggette a un regime diverso e meno stringente. Anche se esercitano funzioni amministrative, attività di produzione di beni e servizi a favore delle pubbliche amministrazioni o di gestione di servizi pubblici, non sono chiamate a predisporre i Piani triennali di prevenzione della corruzione ma soltanto ad adempiere agli obblighi in materia di trasparenza previsti per le pubbliche amministrazioni, limitatamente ai dati e documenti inerenti l'attività di pubblico interesse[42].

---

[42] Secondo le Linee Guida ANAC, per attività di interesse pubblico devono intendersi: «a) le attività di esercizio di funzioni amministrative. A mero titolo esemplificativo si possono indicare: le attività di istruttoria in procedimenti di competenza dell'amministrazione affidante; le funzioni di certificazione, di accreditamento o di accertamento; il rilascio di autoriz-

Ai sensi dell'art. 2, co. 3, del d.lgs. 33 del 2013, le società e gli enti partecipati sono infatti tenuti agli obblighi di pubblicazione e all'accesso civico generalizzato soltanto limitatamente «ai dati e ai documenti inerenti all'attività di pubblico interesse disciplinata dal diritto nazionale o dell'Unione europea», che di regola coincidono con quelle che giustificano la partecipazione del soggetto pubblico a una società privata.

A fronte del meno forte legame con il soggetto pubblico, non sussiste in capo alle stesse alcun obbligo in materia di prevenzione della corruzione: l'art. 2 *bis* della l. 190 del 2012 estende l'efficacia del Piano Nazionale Anticorruzione ai soli soggetti di cui all'art. 2 *bis*, co. 2 del d.lgs. 33 del 2013 (fra cui non compaiono le società solo partecipate, che sono menzionate solo al successivo comma 3).

Anche il Piano Nazionale Anticorruzione del 2019 ha confermato tale conclusione.

---

zazioni o concessioni, in proprio ovvero in nome e per conto dell'amministrazione affidante; le espropriazioni per pubblica utilità affidate;
b) le attività di servizio pubblico. Tali attività comprendono tanto i servizi di interesse generale quanto i servizi di interesse economico generale. I servizi sono resi dall'ente privato ai cittadini, sulla base di un affidamento (diretto o previa gara concorrenziale) da parte dell'amministrazione. Restano escluse le attività di servizio svolte solo sulla base di una regolazione pubblica (ad esempio la attività svolte in virtù di autorizzazioni) o di finanziamento parziale (contributi pubblici). Per queste attività escluse, la pubblicità è assicurata dagli obblighi che il d.lgs. 33/2013 prevede in capo alle pubbliche amministrazioni.
c) Le attività di produzione di beni e servizi rese a favore dell'amministrazione strumentali al perseguimento delle proprie finalità istituzionali. Sempre a titolo esemplificativo si possono indicare: i servizi di raccolta dati, i servizi editoriali che siano di interesse dell'amministrazione affidante. Restano escluse, pertanto, le attività dello stesso tipo rese a soggetti diversi dalle pubbliche amministrazioni sulla base di contratti meramente privatistici (nel mercato), nonché le attività strumentali interne, cioè le attività dello stesso tipo svolte a favore dello stesso ente privato e dirette a consentirne il funzionamento.

Pertanto, **le società a mera partecipazione pubblica risultano sottoposte, in materia di compliance, soltanto alla disciplina *ex* d.lgs. 231/2001**, il cui modello di prevenzione è di facoltativa adozione.

Va tuttavia osservato come – nonostante la facoltatività – il Piano Nazionale Anticorruzione del 2019 ne abbia fortemente raccomandato l'adozione, ribadendo «l'auspicio espresso nella delibera n. 1134/2017 che le amministrazioni partecipanti, pur prive di strumenti di diretta influenza sui comportamenti delle società e degli enti, promuovano l'adozione di misure di prevenzione della corruzione eventualmente integrative del modello 231, ove esistente, o l'adozione del modello 231 ove mancante»[43].

8. GLI OBBLIGHI DI COMPLIANCE DELLE SOCIETÀ IN HOUSE

a) L'applicabilità della normativa *ex* l. 190/2012 è oggi dato scontato: se è applicabile alle società in controllo pubblico, lo è *a fortiori* alle società in controllo analogo (cioè *in house*).

Al contrario, continua ad essere discussa l'applicabilità del Decreto 231.

Se non risulta possibile configurare un rapporto di alterità tra l'ente pubblico partecipante e società *in house*, si potrebbe infatti ritenere che anche l'ente di diritto privato (definito «un prolungamento amministrativo degli enti territoriali che ne detengono la partecipazione»[44]), così come l'ente pubblico partecipante, sia sottratto *tout court* all'applicazione del d.lgs. 231/2001. Si può infatti parlare di piena subordinazione dei suoi gestori all'ente pubblico partecipante «nel quadro di un rapporto gerarchico

---

43 PNA 2019 adottato con Delibera ANAC 13 novembre 2019, n. 1064, p. 117.

44 P. Ielo, *Società a partecipazione pubblica e responsabilità degli enti*, in *La Responsabilità amministrativa delle società e degli enti*, 2009, 107, nota 39.

che non lascia spazio a possibili aree di autonomia e di eventuale motivato dissenso», con conseguente «impossibilità (...) di individuare nella società un centro d'interessi davvero distinto rispetto all'ente pubblico che l'ha costituita e per il quale essa opera»[45]. Le resistenze erano dunque legate alla constatazione che si tratta di società *deputate all'esercizio di compiti di amministrazione pubblica.*

Tuttavia, sia le Direttive europee in tema *in house providing*, sia le Linee guida ANAC paiono imporre una conclusione opposta.

Anzitutto, la Direttiva 2014/24/UE all'art. 12, par. 3 lett. c) ha espressamente ammesso la **partecipazione di privati al capitale** delle società in house, purché si tratti di forme di partecipazione di capitali privati che non comportano controllo o potere di veto, prescritte dalle disposizioni legislative nazionali, in conformità dei trattati, che non esercitano un'influenza determinante sulla persona giuridica controllata. Inoltre il medesimo articolo alla lett. b) ha previsto **oltre l'80% delle attività della società *in house* devono essere effettuate nello svolgimento dei compiti ad essa affidati dalle amministrazioni aggiudicatrici controllanti**; il che significa implicitamente che per la restante percentuale vi è la possibilità per la società di dedicarsi ad altre attività non affidatele dall'ente pubblico controllante.

Simili circostanze dovrebbero portare a ritenere applicabile il 'Sistema 231' quantomeno con riferimento a quelle società *in house* il cui capitale risulta partecipato anche da privati ovvero le cui attività (nella misura inferiore comunque al 20%) godano di autonomia rispetto alle direttive dell'ente pubblico.

Le Linee guida ANAC del 2015 (adottate con Determinazione n. 8, del 17 giugno 2015) sono molto chiare nel ritenere applicabile la responsabilità amministrativa da reato degli enti privati anche alle società *in house*: «depone in tal senso il tenore

---

[45] L. Pecorario, *La responsabilità 231 della società in house: il controllo analogo, gli apicali di fatto e la necessità di un'interpretazione estensiva dell'art. 5 del decreto*, in *La responsabilità amministrativa delle società e degli enti*, 2016, 217.

letterale dell'art. 1, d.lgs. 231/2001 che dispone espressamente che le sue disposizioni non si applicano ***solo*** allo Stato, agli enti pubblici territoriali, agli altri enti pubblici non economici nonché agli enti che svolgono funzioni d di rilievo costituzionale».

9. I MODELLI DI COMPLIACE EX D.LGS. 231/2001 DELLE SOCIETÀ PUBBLICHE

Fra le "società pubbliche" che hanno effettivamente adottato un modello di organizzazione, gestione e controllo, si registra il tentativo di delineare un "Modello 231" *ad hoc*, che tenga conto delle specificità e della commistione pubblico/privata in punto di mappatura dei rischi, di predisposizione di protocolli comportamentali, funzioni e composizione dell'Organismo di Vigilanza.

L'*an* e il *quantum* della partecipazione pubblica incidono anzitutto sulla **mappatura dei rischi-reato**. Dalla prassi applicativa e dalle linee guida redatte da Associazioni di categoria nazionali[46], possono individuarsi i rischi-reato distintivi e ulteriori rispetto a quelli "mappabili" da una comune società di diritto privato, che presentano caratteri e modalità commissive peculiari. Nella specie, viene sottolineato come occorra una considerazione differenziata rispetto alle normali realtà privatistiche dei:

- Reati contro la p.a.;
- Reati di truffa e frode anche informatica ai danni dello Stato;
- Reati societari.

Anzitutto vengono considerati i reati contro la p.a., e in particolare le ipotesi corruttive **passive**, per la consumazione delle quali è

---

46 V. "Modello organizzativo 231 e OdV delle partecipate pubbliche" redatto da AODV (Associazione dei Componenti degli Organismi di Vigilanza ex d.lgs. 231/2001).

indispensabile la sussistenza della qualifica pubblicistica in capo ai dipendenti. Come anticipato, gli artt. 357 e 358 c.p. danno rilevanza all'attività obiettivamente esercitata dall'agente, senza che rilevino il rapporto organico o di servizio con una pubblica amministrazione.

Gli esponenti aziendali sono di regola, perlomeno nelle società a controllo pubblico, anche pubblici ufficiali o incaricati di pubblico servizio, tutte le volte in cui è affidato alla società la prestazione di un servizio pubblico, e perciò ricoprono contemporaneamente il ruolo di potenziali corrotti e corruttori. Il Modello dovrà pertanto contenere sia misure contro il rischio corruzione attiva, sia meccanismi di prevenzione del rischio corruzione passiva in relazione alle medesime persone fisiche.

Posto che nel sistema 231 vengono presi in considerazione solo i reati che possono essere commessi "nell'interesse o a vantaggio dell'ente"[47], si potrebbe però evidenziare che la concreta ricorrenza di un interesse/vantaggio dell'ente, quale risultante dell'attività delittuosa del dipendente, sia in realtà di difficile prospettazione, in quanto la persona fisica, in caso di corruzione passiva (artt. 318 e 319 c.p.), concussione (art. 317 c.p,) o induzione indebita a dare o promettere utilità (art. 319 quater c.p.) mira ad un vantaggio proprio e non a favorire la società.

Tuttavia si è evidenziato che la politica di gestione del personale delle società pubbliche, ancorata ad alti *target* di risultato di periodo (in termini qualitativi e/o quantitativi), cui è correlato

---

47 Va tuttavia dato atto di una tesi (G. Magliocca, *I riflessi della legge n. 190 del 2012 sulla responsabilità amministrativa degli enti*, in RGU, 2013, 491) secondo la quale l'inserimento all'interno del Modello organizzativo 231 delle misure contro il rischio di realizzazione di reati contro la p.a. non permette in ogni caso di estendere la responsabilità amministrativa da reato ex d.lgs. 231/2001 al di là del catalogo tassativo contenuto agli artt. 24 ss. d.lgs. cit., in cui si rinverrebbe solo la corruzione attiva, stante il richiamo agli artt. 318 e 321 (norma, quest'ultima, che indica le pene per il corruttore).

il trattamento retributivo, o a sistemi premianti (riconoscimento di bonus e gratificazioni), sollecita l'esponente aziendale a perseguire il vantaggio, anche indebito, dell'ente pubblico che, a cascata, si riverbera in un tornaconto personale (in termini monetari, ma anche di progressione di carriera).

Considerato pertanto la piena configurabilità di un reato di corruzione passiva nell'interesse o a vantaggio dell'ente, tra le misure di gestione del rischio-corruzione si registra anzitutto la procedimentalizzione dei flussi di cassa che può, ad esempio, prevedere che:

- le operazioni che comportano utilizzazione o impiego di risorse finanziarie siano motivate, documentate e registrate, con mezzi manuali o informatici;
- eventuali operazioni finanziarie atipiche o inusuali siano portate a conoscenza dell'Organismo di vigilanza per iscritto;
- le modalità di gestione delle risorse finanziarie siano aggiornate, anche su proposta o segnalazione dell'Organismo di vigilanza o del Responsabile per la prevenzione della corruzione e della trasparenza;
- i pagamenti siano eseguiti previo confronto dei giustificativi di spesa con i rispettivi ordini, preventivi di acquisto o lettere d'incarico e con segnalazione degli eventuali scostamenti, per i necessari chiarimenti, alla direzione della società;
- gli incassi delle fatture emesse avvengano nei canali bancari istituzionali, sotto il controllo costante della funzione amministrativa;
- non siano autorizzate forme di pagamento in denaro contante, se non per importi assolutamente trascurabili;
- la cassa contanti per spese urgenti sia sempre e solo di modesta entità.

È prescritta e caldeggiata poi la fissazione di limiti quantitativi a donazioni e sponsorizzazioni, di cui dovrà comunque essere scrutinata la congruità e la genuinità. A ciò si aggiunge solitamente un obbligo di verifica *ex post* e di comunicazione all'Organismo di Vigilanza o all'autorità giudiziaria in caso di anomalie.

Nell'impiego delle risorse finanziarie è poi spesso prescritto dai Modelli di avvalersi di intermediari finanziari e bancari sottoposti a una regolamentazione di trasparenza e di stabilità conforme a quella adottata negli Stati Membri dell'UE.

Passando ai reati di truffa ai danni dello Stato *ex* art. 640 c.p., di truffa aggravata per il conseguimento di erogazioni pubbliche *ex* art. 640 *bis* c.p. e di frode informatica *ex* art. 640 *ter* c.p., un rischio considerevole può rilevarsi rispetto alle società pubbliche in ragione dei flussi finanziari e dell'utilizzo di fondi pubblici. Gli artifizi e raggiri possono riguardare operazioni contabili o la rendicontazione (annuale, di periodo, speciale), come la tenuta dei report e dei flussi informativi nei confronti di Autorità di vigilanza, controllo e tutorie. Il reato può realizzarsi con l'aggiudicazione di appalti a imprese di favore, così alimentando un sistema tangentizio volto a ottenere commesse pubbliche da parte della medesima società.

La potenzialità commissiva della frode informatica discende dal consueto accesso delle partecipate a banche dati protette, a cominciare da quelle del socio pubblico. La condotta può indirizzarsi all'alterazione del funzionamento di un sistema informatico o telematico, o alla manipolazione dei dati in esso contenuti, con ciò realizzando l'ingiusto profitto a danno dello Stato o di altro ente pubblico[48]. Ancora, la condotta può con-

---

48 V. Cass. pen., sez. VI , 01 marzo 2018 , n. 21739: «L'elemento distintivo tra il delitto di peculato e quello di frode informatica aggravata ai danni dello stato va individuato con riferimento alle modalità del possesso del denaro o d'altra cosa mobile altrui, oggetto di appropriazione: in particolare, è configurabile il peculato quando il pubblico ufficiale o l'incaricato di pubblico servizio si appropri delle predette "res" avendole già in possesso o comunque la disponibilità per ragioni dell'ufficio o servizio; è configurabile la frode informatica quando

sistere nell'alterazione dei registri informatici della P.A., per modificare o manipolare i dati di interesse della società destinati alla trasmissione all'Amministrazione Pubblica.

Il reato di malversazione ex art. 316-bis c.p. si reputa vada "mappato" in quelle partecipate che sviluppano il proprio *business* attraverso la realizzazione di progetti (ad es. opere stradali) sovvenzionati con finanziamenti pubblici (dello Stato, della Regione, della Cassa deposito e prestiti, etc.), le cui erogazioni vincolate possano venir distratte o utilizzate impropriamente.

Potrà accadere che la frode commessa nell'interesse dell'ente comporti in realtà il conseguimento di un vantaggio da parte di un terzo persona fisica, ma a tal proposito la Cassazione ha affermato che «integra il concetto di interesse o vantaggio dell'ente l'ipotesi in cui il profitto del reato di truffa sia inizialmente conseguito dalla società indagata attraverso l'accreditamento in suo favore delle somme erogate dalla p.a., restando irrilevante ai fini della responsabilità dell'ente l'eventuale successiva distrazione delle medesime somme sui conti personali dell'amministratore»[49].

Quanto alla categoria dei reati societari, rispetto all'ordinaria mappatura del rischio, in caso di impresa pubblica ricorrono una serie di fattori da tenere in debita considerazione, quali la tenuta

---

il soggetto attivo si procuri il possesso delle predette "res" fraudolentemente, facendo ricorso ad artifici o raggiri per procurarsi un ingiusto profitto con altrui danno. (In applicazione di tale principio, la Corte ha ritenuto corretta la qualificazione come peculato della condotta del ricorrente, incaricato del servizio di biglietteria in virtù di una convenzione con la società di gestione del trasporto pubblico, il quale, approfittando di un errore del sistema informatico, stampava una seconda copia del biglietto di viaggio emesso regolarmente e la rivendeva ad altro passeggero, incassando e trattenendo per sé il corrispettivo di competenza della pubblica amministrazione)».

49 Cass. pen., sez. II, 20 dicembre 2005, n. 3615 e Cass. pen., sez. II, 16 giugno 2015, n. 29512.

della contabilità in conformità a regole e controlli aggiuntivi, la gestione finanziaria di proventi di fonte pubblica, l'innesto sul sistema di societario del particolare apparato di controlli pubblici, a cominciare da quello della Corte dei Conti. Gli obblighi informativi e di rendicontazione aumentano specularmente i fattori di rischio da gestire.

Possono essere previste rendicontazioni periodiche dell'attività e degli introiti percepiti e dovuti al socio pubblico, a sua volta tenuto a riferirne alla Corte dei Conti, quando non vi risultino obbligate le medesime partecipate pubbliche.

Pertanto, rispetto al reato di ostacolo all'esercizio delle funzioni delle Autorità Pubbliche di Vigilanza, *ex* art. 2638 c.c., l'attività potenzialmente sensibile può risultare la gestione delle comunicazioni e informazioni dirette alle *Authority*, termine cui viene spesso conferita un'accezione assai ampia, in grado di ricomprendere anche la Corte dei Conti, le Autorità di vigilanza di settore e l'ANAC.

Sul piano prevenzionistico, si suggerisce che i flussi informativi diretti a tutti i predetti destinatari vengano trasmessi esclusivamente dai soggetti a ciò preposti, che ne verificano la correttezza attraverso un controllo di corrispondenza con dati oggettivi e documentabili; soprattutto andrebbe garantita una cautela organizzativa adeguata che impedisca la modificabilità *ex post* dei dati raccolti.

Quanto poi al reato di corruzione tra privati *ex* art. 2635 c.c., va evidenziato che esso può emergere in presenza di quelle relazioni societarie con partner commerciali, rispetto alle quali l'interesse dell'ente è normalmente rivolto a massimizzare i profitti, ottenendo condizioni economiche vantaggiose, attraverso promesse di denaro o altra utilità. Ciò più di frequente accade nella acquisizione e gestione della clientela (ottenendo la conclusione di contratti a condizioni più vantaggiose rispetto al normale regime della concorrenza), nella selezione dei fornitori (ottenendo prezzi più bassi rispetto ai prezzi di mercato), negli atti di concorrenza sleale. Proprio per l'ipotesi in cui il reato produca una distorsione della concorrenza il legislatore nazionale ha previsto la procedibilità d'ufficio.

Le regole organizzative volte a minimizzare tale rischio sono quelle volte a garantire la trasparenza della gestione economico-finanziaria, la tendenziale segmentazione ed autonomia delle funzioni aziendali deputate alla sponsorizzazione e promozione commerciale, alla negoziazione contrattuale e alla fatturazione delle spese; la tracciabilità dei processi decisionali e di gestione e la conseguente definizione dei soggetti responsabili di ciascuna procedura.

Dalla mappatura del rischio deriva poi la definizione di **regole comportamentali** obbligatorie, che vengono di norma inserite nella "Parte Speciale" dei Modelli, in cui vengono previsti i criteri gestionali dei processi decisori e di controllo, un efficace monitoraggio dei fattori di criticità e la pronta attivazione di misure reattive atte a disinnescare il rischio di verificazione del reato mappato.

Si possono a questo proposito segnalare alcune misure e cautele frequenti nella prassi e incentivate dal Modello proposto dalla Associazione dei Componenti degli Organismi di Vigilanza *ex* d.lgs. 231/2001 ("AODV").

Particolare attenzione viene rivolta al sistema delle deleghe di poteri e di funzioni che realizzano la formale investitura e la definizione delle mansioni dei soggetti abilitati a rivestire ruoli e funzioni sensibili, a cominciare dagli esponenti aziendali che possano concretamente agire quali pubblici ufficiali o incaricati di pubblico servizio.

A tal proposito si reputa indispensabile censire tali posizioni, dichiarare come *policy* aziendale il divieto di qualsiasi comportamento corruttivo e concussivo, nonché ribadire la rinuncia preventiva da parte della società a qualsiasi risultato vantaggioso derivante da un comportamento illecito, esplicitando e dettagliando i principi generali già espressi nel Codice etico.

Viene consigliata poi la previsione di forme di turnazione e rotazione di tali funzioni e il controllo sugli atti compiuti, nonché sugli effetti economico-finanziari da essi derivanti. Ancora, si suggerisce di verificare l'eventuale inserimento di terzi (ad es. consulenti, agenti) nei rapporti con il soggetto privato, in posizione di intermediari o di possibili latori di indebite richieste del funzionario pubblico.

Del pari, si profila necessaria un'attenta selezione e una formale investitura degli esponenti aziendali qualificati per l'espletamento di attività regolamentate da leggi speciali, non solo dei soggetti titolati di cui alle normative sulla sicurezza e igiene sul lavoro, sulla privacy, lo smaltimento dei rifiuti, la tutela dell'ambiente o l'antiriciclaggio, ma anche riguardo alla trasparenza dell'azione amministrativa, alla tenuta delle relazioni istituzionali con esponenti della P.A., ai rapporti con i media, alle informazioni al mercato.

In ragione del ruolo del socio pubblico, foriero di sconfinamenti, se non di indebite pressioni politiche sulla partecipata, è indispensabile un monitoraggio delle posizioni di conflitto di interesse, o di potenziale carenza di autonomia e indipendenza da parte di chi rivesta particolari incarichi, o eserciti determinati ruoli. Altrettanto indispensabile si dimostra la definizione di procedure obbligatorie e formali per la tenuta dei rapporti istituzionali con il socio (ente locale o amministrazione), con enti della P.A. (ad es. dipartimenti e uffici competenti) e con *Authority*, specie quando finalizzate ad assolvere obblighi di comunicazione (periodiche o eventuali).

Una particolare attenzione è poi prestata dalle menzionate linee guida dell'AODV al ruolo e alla funzioni dell'Organismo di Vigilanza.

I requisiti dell'Organismo di Vigilanza fissati dal d.lgs. 231/2001 devono essere integrati da specifiche condizioni, in punto di assenza di circostanze ostative alla nomina o alla permanenza in carica, per prevenire situazioni di conflitto d'interesse o di "soggezione politica" del componente per effetto di concomitanti o pregressi incarichi pubblici rivestiti.

Considerato che spetta all'organo amministrativo la facoltà di revoca del soggetto nominato, rispetto alle società partecipate pubbliche, risulta oltremodo opportuna una puntuale regolamentazione di detto potere, mediante il rafforzamento di quelle misure di tutela del componente (es., la ricorrenza e la verifica di una "giusta causa" di revoca) da determinazioni del socio pubblico rispondenti a logiche eminentemente politiche.

Particolare attenzione è poi prestata al principio della necessaria onerosità dell'incarico per le funzioni espletate, il quale si ritiene rafforzi il requisito dell'indipendenza e dell'autonomia e contrasti il determinarsi di posizioni di soggezione.

La determinazione del compenso deve fondarsi su criteri quanto più obiettivi possibile, anche in un'ottica di trasparenza. Di regola, non deve sorreggersi su componenti variabili, specie se collegate a risultati economico-finanziari, ovvero al buon esito di operazioni straordinarie, posto che l'OdV è estraneo necessariamente all'attività gestoria.

Quanto alla composizione dell'OdV, le menzionate linee guida reputano preferibile la configurazione plurisoggettiva, di modo da garantire competenza specialistica e multidisciplinare, autonomia e continuità d'azione nella gestione dei molteplici ed eterogenei profili della sua attività.

Nella specie, viene raccomandata l'istituzione di un Organismo collegiale misto, composto da almeno tre componenti, in maggioranza esterni (tra cui il Presidente) e almeno un interno, preferibilmente il responsabile dell'*internal auditing* o, se presenti, della *compliance* o del *risk management*.

Infine, si ritiene che, a presidio dell'autonomia e indipendenza della partecipata dall'invadenza del socio pubblico, le prescrizioni e gli eventuali vincoli procedurali regolanti l'operatività dell'OdV non dovranno trovare collocazione nel Regolamento interno, che costituisce strumento di auto-organizzazione nella libera disponibilità dell'Organismo stesso, bensì nel c.d. Statuto dell'OdV.

Ove la società pubblica ne sia priva, le modalità e le garanzie del corretto espletamento delle funzioni dell'Organismo potranno essere dichiarate nel Codice etico, o nella parte generale dei Protocolli comportamentali.

10. I PIANI TRIENNALI DI PREVENZIONE DELLA CORRUZIONE E DELLA TRASPARENZA EX L. 190/2012

Come già accennato, al fine di prevenire il compiersi di comportamenti corruttivi, la l. 190/2012 affida un ruolo prioritario nella gestione del rischio corruttivo ai Piani Triennali di prevenzione della corruzione e della trasparenza, basati sull'**analisi del contesto**, sulla **valutazione del rischio** di potenziale corruttela (identificazione, analisi e ponderazione), sul **trattamento del rischio** (individuazione e programmazione delle misure) sul **monitoraggio e riesame** delle misure adottate.

L'obbligo di adozione ricade non solo sulle pubbliche amministrazioni tradizionali ma anche sulle società *in house* e sulle società controllate da un ente pubblico (per cui i futuri riferimenti alle 'amministrazioni' dovranno sempre considerarsi comprensivi anche delle società controllate).

Il primo *step* raccomandato per l'emersione dei possibili rischi di corruzione è rappresentato dall'analisi del contesto esterno (ambiente in cui l'impresa opera) e del contesto interno all'amministrazione (propria organizzazione).

In particolare, come riportato nelle "Indicazioni metodologiche per la gestione dei rischi corruttivi" elaborate dall'ANAC[50], l'analisi del **contesto esterno** consiste nell'individuazione e descrizione delle caratteristiche culturali, sociali ed economiche del territorio o del settore specifico di intervento nonché delle relazioni esistenti con gli *stakeholder* e di come queste ultime possano influire sull'attività dell'amministrazione, favorendo eventualmente il verificarsi di fenomeni corruttivi al suo interno.

---

[50] http://www.anticorruzione.it/portal/rest/jcr/repository/collaboration/Digital%20Assets/anacdocs/Attivita/ConsultazioniOnline/20190724/All.1.PNA2019.pdf

Riguardo alle fonti esterne, l'amministrazione può reperire una molteplicità di dati relativi al contesto culturale, sociale ed economico attraverso la consultazione di banche dati o di studi di diversi soggetti e istituzioni (ISTAT, Università e Centri di ricerca, *etc.*). Particolare importanza rivestono i dati giudiziari relativi al tasso di criminalità generale del territorio di riferimento, alla presenza della criminalità organizzata e/o di fenomeni di infiltrazioni di stampo mafioso nelle istituzioni, nonché più specificamente ai reati contro la Pubblica Amministrazione (corruzione, concussione, peculato ecc.) reperibili attraverso diverse banche dati. Può essere molto utile inoltre condurre apposite indagini relative agli *stakeholder* di riferimento attraverso questionari online o altre metodologie idonee (es. *focus group*, interviste ecc.).

Quanto all'analisi del contesto interno, oltre alla rilevazione dei dati generali relativi alla struttura e alla dimensione organizzativa, è la cosiddetta mappatura dei processi a giocare un ruolo fondamentale, consistendo nella individuazione e analisi dei processi organizzativi. L'obiettivo è che l'intera attività svolta dall'amministrazione venga gradualmente esaminata al fine di identificare aree che, in ragione della natura e delle peculiarità dell'attività stessa, risultino potenzialmente esposte a rischi corruttivi[51].

---

[51] Il piano nazionale anticorruzione riporta le aree di rischio obbligatorie per tutte le amministrazioni:

A) Area acquisizione e progressione del personale
   1. Reclutamento
   2. Progressioni di carriera
   3. Conferimento di incarichi di collaborazione

B) Area affidamento di lavori, servizi e forniture
   1. Definizione dell'oggetto dell'affidamento
   2. Individuazione dello strumento/istituto per l'affidamento
   3. Requisiti di qualificazione
   4. Requisiti di aggiudicazione
   5. Valutazione delle offerte
   6. Verifica dell'eventuale anomalia delle offerte
   7. Procedure negoziate

Nell'analisi dei processi organizzativi è necessario tener conto anche delle attività che un'amministrazione ha esternalizzato ad altri soggetti pubblici, privati o misti, in quanto il rischio di corruzione potrebbe annidarsi anche in questi processi. Si fa riferimento, in particolare, alle attività di pubblico interesse, che possono consistere: a) nello svolgimento di vere e proprie funzioni pubbliche; b) nell'erogazione, a favore dell'amministrazione affidante, di attività strumentali; c) nell'erogazione, a favore delle collettività di cittadini, dei servizi pubblici nella duplice accezione, di derivazione comunitaria, di "servizi di interesse generale" e di "servizi di interesse economico generale".

---

8. Affidamenti diretti
9. Revoca del bando
10. Redazione del cronoprogramma
11. Varianti in corso di esecuzione del contratto
12. Subappalto
13. Utilizzo di rimedi di risoluzione delle controversie alternativi a quelli giurisdizionali durante la fase di esecuzione del contratto

C) Area provvedimenti ampliativi della sfera giuridica dei destinatari privi di effetto economico diretto ed immediato per il destinatario
1. Provvedimenti amministrativi vincolati nell'an
2. Provvedimenti amministrativi a contenuto vincolato
3. Provvedimenti amministrativi vincolati nell'an e a contenuto vincolato
4. Provvedimenti amministrativi a contenuto discrezionale
5. Provvedimenti amministrativi discrezionali nell'an
6. Provvedimenti amministrativi discrezionali nell'an e nel contenuto

D) Area provvedimenti ampliativi della sfera giuridica dei destinatari con effetto economico diretto ed immediato per il destinatario
1. Provvedimenti amministrativi vincolati nell'an
2. Provvedimenti amministrativi a contenuto vincolato
3. Provvedimenti amministrativi vincolati nell'an e a contenuto vincolato
4. Provvedimenti amministrativi a contenuto discrezionale
5. Provvedimenti amministrativi discrezionali nell'an
6. Provvedimenti amministrativi discrezionali nell'an e nel contenuto

Le Linee Guida ANAC, adottate con la Determinazione n. 8 del 17 giugno 2015, hanno evidenziato come uno dei principali fattori di rischio di corruzione sia costituito dalla circostanza che uno stesso soggetto possa sfruttare un potere o una conoscenza nella gestione di processi caratterizzati da discrezionalità e da relazioni intrattenute con gli utenti per ottenere vantaggi illeciti. Al fine di ridurre tale rischio e avendo come riferimento la l. n. 190 del 2012 che attribuisce particolare efficacia preventiva alla rotazione, è pertanto auspicabile che questa misura sia attuata anche all'interno delle società, seppur nel rispetto delle esigenze organizzative d'impresa. Ciò comporta che deve essere garantito una più frequente rotazione dei dipendenti preposti alla gestione di processi più esposti al rischio di corruzione. La rotazione non deve comunque tradursi nella sottrazione di competenze professionali specialistiche ad uffici cui sono affidate attività ad elevato contenuto tecnico. In aggiunta a ciò, l'ANAC suggerisce la procedura della distinzione delle competenze (cd. "segregazione delle funzioni") con cui viene "segmentata" l'attività, affidando a soggetti diversi i compiti di: a) svolgere istruttorie e accertamenti; b) adottare decisioni; c) attuare le decisioni prese; d) effettuare verifiche.

L'attività di identificazione dei rischi è svolta nell'ambito di gruppi di lavoro, con il coinvolgimento dei funzionari responsabili con il coordinamento del responsabile della prevenzione e con il coinvolgimento del nucleo di valutazione, il quale contribuisce alla fase di identificazione mediante le risultanze dell'attività di monitoraggio sulla trasparenza ed integrità dei controlli interni. A questo si aggiunge lo svolgimento di consultazioni ed il coinvolgimento degli utenti e di associazioni di consumatori che possono offrire un contributo con il loro punto di vista e la loro esperienza; il risultato va combinato con i dati tratti dall'esperienza e, cioè, dalla considerazione di precedenti giudiziali o disciplinari che hanno interessato l'amministrazione.

La fase di trattamento del rischio ha lo scopo di intervenire sui rischi emersi attraverso l'introduzione di apposite misure di prevenzione e contrasto, azioni idonee a neutralizzare o mitigare il livello di rischio-corruzione connesso ai processi amministrativi posti in essere dall'Ente. Il trattamento del rischio rappresenta la fase in cui si individuano le misure idonee a prevenire il rischio corruttivo cui l'organizzazione è esposta e si programmano le modalità della loro attuazione

L'individuazione delle misure di prevenzione non dovrà essere fatta in maniera astratta e generica: l'indicazione della mera categoria della misura non può, in alcun modo, assolvere al compito di individuare la misura (sia essa generale o specifica) che si intende attuare. Nei Piani, infatti, dovrà essere chiaramente indicata la misura puntuale che l'amministrazione ha individuato ed intende attuare. Dai monitoraggi effettuati dall'ANAC sui Piani Triennali è emerso un diffuso uso di misure di prevenzione espresse in maniera generica che, così come indicate, non consentono di comprendere le azioni e le modalità di attuazione delle stesse. Ad esempio, indicazioni generiche quali organizzazione di incontri, comunicazioni interne, regolamenti, controlli, sebbene utili a identificare la categoria di misura prevista, non possono essere considerate idonee ad indicare la misura concreta che si intende adottare.

In effetti, consultando i Piani Triennali redatti da alcune società controllate dell'Emilia e Romagna, emergono riferimenti generici a misure di eliminazione del rischio attraverso l'enucleazione di principi di controllo cui devono essere conformate tutte le operazioni aziendali.

Ricorre frequentemente il riferimento a:

- la verificabilità (tracciabilità), documentabilità, coerenza e congruenza di ogni operazione;
- l'applicazione del principio di separazione delle funzioni (vale a dire che nessuno può gestire in autonomia un intero processo);
- tutti i contratti e gli atti interni rilevanti devono essere sottoscritti in ottemperanza alle specifiche regole e agli specifici poteri aziendali;

- l'applicazione di regole e criteri improntati a principi di trasparenza;
- la documentazione dei controlli effettuati;
- la previsione e l'attuazione di un adeguato sistema sanzionatorio per la violazione delle regole e delle procedure previste dalle Misure di anticorruzione e trasparenza;
- l'individuazione dei requisiti dell'OdV che sia in grado di assicurare: autonomia, indipendenza, professionalità, continuità di azione, l'assenza di cause di incompatibilità e di conflitti di interesse con l'organo di vertice;
- le operazioni "in deroga" alle procedure aziendali devono comunque essere svolte con l'osservanza dei principi generali e devono essere motivate per iscritto.

Il trattamento del rischio si completa con l'azione di **monitoraggio**, ossia la verifica dell'efficacia dei sistemi di prevenzione adottati e l'eventuale successiva introduzione di ulteriori strategie di prevenzione: essa è attuata dai medesimi soggetti che partecipano all'interno del processo di gestione del rischio.

11. PROFILI PROBLEMATICI DEL RACCORDO TRA MODELLI 231 E PIANI TRIENNALI DI PREVENZIONE DELLA CORRUZIONE

Le due normative paiono presentare elementi di forte differenziazione, che hanno portato a dubitare dell'opportunità di sovrapporre i modelli prevenzionistici (ammettendo una semplice integrazione "quantitativa" di quello *ex* d.lgs. 231/2001) e soprattutto di sovrapporre le due figure soggettive «chiamate a fungere da garante e motore primo dell'attuazione»[52].

Sono state segnalate profonde differenze (se non addirittura delle inconciliabilità) dal punto di vista sia strutturale che funzionale.

I. Dal punto di vista strutturale, si è osservato anzitutto come ai fini del d.lgs. 231/2001 la responsabilità dell'ente scatta solo in caso di commissione di uno dei reati puntualmente indicati nel decreto, mentre ai fini della l. 190/2012 rilevano fenomeni ben più ampi di *maladministration*, fra cui rientrano anche condotte prodromiche penalmente irrilevanti.

II. Dal punto di vista funzionale, invece, il d.lgs. 231/2001 si incarica di sanzionare l'illecito "proprio" dell'ente, cioè addebitabile alle sue scelte di politica aziendale e organizzativa, commesso nel suo interesse o a suo vantaggio. Al contrario la l. 190/2012 ha quale proprio obiettivo la condotta deviante della persona fisica, che non diviene mai "fatto proprio" dell'ente, perché posto in danno dello stesso. Si vuole qui infatti «prevenire e contrastare condotte individuali che contraddicono esattamente la funzione dell'ente pubblico nel cui seno pure si manifestano. Si tratta, cioè, di comportamenti volti a strumentalizzare la funzione pubblica attribuita (ma anche arbitrariamente assunta) a fini meramente privati, o comunque estranei al patrimonio precipuo della Amministrazione pubblica coinvolta»[53].

Tutto ciò determina peraltro una incompatibilità insanabile fra le figure chiamate a garantire la felice attuazione dei modelli di prevenzione, ossia l'organismo di vigilanza di cui all'art. 6 d.lgs. 231/2001 e il Responsabile della prevenzione della corruzione e della trasparenza.

---

52 G. Caputi, *Disciplina anticorruzione e modelli organizzativi ex d.lgs. 231/2001*, cit., 500.

53 G. Caputi, *Disciplina anticorruzione e modelli organizzativi ex d.lgs. 231/2001*, cit., 503.

In entrambi i casi, la prevenzione prende avvio con l'autonalisi organizzativa, ma nel caso della prevenzione della corruzione, tale compito deve essere affidato a un soggetto interno all'amministrazione, normalmente il dirigente di vertice, che sia espressione della struttura, chiamata a difendersi dagli attacchi provenienti dal suo interno.

Nel caso invece del sistema di prevenzione di cui al d.lgs. 231/2001 la funzione di controllo deve essere affidata a un organismo indipendente, che «senza entrare all'interno della macchina organizzativa, ne valuta il funzionamento e l'assetto in funzione della rispondenza dei parametri di qualità cristallizzati nel Modello (...). Pe questo, si configura come un organismo di controllo di secondo grado ben distinto e distante dalle ordinarie funzioni aziendali»[54].

12. LA DISCIPLINA DEI CONFLITTI DI INTERESSE

Nella normativa italiana non compare una definizione di 'conflitto di interessi', ma ricorrono comunque varie previsioni volte a contenere il rischio che un soggetto, sia all'interno della pubblica amministrazione in senso tradizionale, sia all'interno di una società pubblica, con le proprie azioni o omissioni possa determinare un pregiudizio all'interesse pubblico generale «a causa della compresenza di un interesse personale, che "inquina" o potrebbe inquinare il corretto perseguimento e realizzazione dell'interesse (...) primario»[55].

In particolare, sono previste *(i)* **incompatibilità** specifiche per gli incarichi di amministratore e per gli incarichi dirigenziali, *(ii)* **regole per l'attività successiva alla cessazione del rapporto**

---

54 G. Caputi, *Disciplina anticorruzione e modelli organizzativi ex d.lgs. 231/2001*, cit., 505.

55 G. Terracciano, *Il conflitto di interessi nella disciplina del procedimento amministrativo e degli appalti pubblici*, in F. Cerioni-V. Sarcone (a cura di), *Legislazione anticorruzione e responsabilità nella pubblica amministrazione*, cit., 325.

di lavoro dei dipendenti pubblici, *(iii)* **rotazioni del personale** deputato alla gestione di processi caratterizzati da discrezionalità.

(i) All'interno delle società pubbliche in controllo pubblico è necessario che sia previsto un sistema di verifica della sussistenza di eventuali situazioni di incompatibilità nei confronti dei titolari degli incarichi di amministratore e nei confronti di coloro che rivestono incarichi dirigenziali.

Le situazioni di incompatibilità per gli amministratori sono quelle indicate dai seguenti articoli del d.lgs. n. 39/2013. (v. art. 1, co. 2 lett. c e d)

- Art. 9: «1. **Gli incarichi amministrativi di vertice e gli incarichi dirigenziali**, comunque denominati, **nelle pubbliche amministrazioni**, che comportano poteri di vigilanza o controllo sulle attività svolte dagli enti di diritto privato regolati o finanziati dall'amministrazione che conferisce l'incarico, **sono incompatibili** con l'assunzione e il mantenimento, nel corso dell'incarico, di incarichi e cariche in enti di diritto privato regolati o finanziati dall'amministrazione o ente pubblico che conferisce l'incarico. 2. Gli incarichi amministrativi di vertice e gli incarichi dirigenziali, comunque denominati, nelle pubbliche amministrazioni, gli incarichi di amministratore negli enti pubblici e di presidente e amministratore delegato negli enti di diritto privato in controllo pubblico **sono incompatibili con lo svolgimento** in proprio, da parte del soggetto incaricato, di un'attività professionale, se questa è regolata, finanziata o comunque retribuita dall'amministrazione o ente che conferisce l'incarico»;
- art. 11, co. 2 e 3: «2. Gli **incarichi amministrativi di vertice** nelle amministrazioni regionali e gli incarichi di amministratore di ente pubblico di livello regionale sono **incompatibili**: (…) c) con la carica di presidente e amministratore delegato di un ente di diritto privato in controllo pubblico da parte della regione. 3. Gli incarichi amministrativi di vertice nelle amministrazioni di una provincia, di un comune con

popolazione superiore ai 15.000 abitanti o di una forma associativa tra comuni avente la medesima popolazione nonché gli incarichi di amministratore di ente pubblico di livello provinciale o comunale sono **incompatibili**: (...) c) con la carica di componente di organi di indirizzo negli enti di diritto privato in controllo pubblico da parte della regione, nonché di province, comuni con popolazione superiore ai 15.000 abitanti o di forme associative tra comuni aventi la medesima popolazione abitanti della stessa regione»;

- art. 12: «1. Gli incarichi dirigenziali, interni e esterni, nelle pubbliche amministrazioni, negli enti pubblici e negli enti di diritto privato in controllo pubblico sono **incompatibili** con l'assunzione e il mantenimento, nel corso dell'incarico, della carica di componente dell'organo di indirizzo nella stessa amministrazione o nello stesso ente pubblico che ha conferito l'incarico, ovvero con l'assunzione e il mantenimento, nel corso dell'incarico, della carica di presidente e amministratore delegato nello stesso ente di diritto privato in controllo pubblico che ha conferito l'incarico.
- art. 13: «2. Gli incarichi di presidente e amministratore delegato di ente di diritto privato in controllo pubblico di livello regionale sono **incompatibili**: (...) c) con la carica di presidente e amministratore delegato di enti di diritto privato in controllo pubblico da parte della regione, nonché di province, comuni con popolazione superiore ai 15.000 abitanti o di forme associative tra comuni aventi la medesima popolazione della medesima regione.;

A queste ipotesi di incompatibilità si aggiunge quella prevista dall'art. 11, co. 8, del d.lgs. 175/2016, ai sensi del quale «Gli amministratori delle società a controllo pubblico non possono essere dipendenti delle amministrazioni pubbliche controllanti o vigilanti».

Le Linee Guida Anac 2017 hanno previsto che, a tali fini, le società in controllo pubblico debbano adottare le misure necessarie ad assicurare che:

a) siano inserite espressamente le cause di incompatibilità negli atti di attribuzione degli incarichi o negli interpelli per l'attribuzione degli stessi;

b) i soggetti interessati rendano la dichiarazione di insussistenza delle cause di incompatibilità all'atto del conferimento dell'incarico e nel corso del rapporto;

c) sia effettuata dal Responsabile della prevenzione della corruzione e della trasparenza un'attività di vigilanza, eventualmente anche in collaborazione con altre strutture di controllo interne alla società, sulla base di una programmazione che definisca le modalità e la frequenza delle verifiche, nonché su segnalazione di soggetti interni ed esterni.

(ii) Come anticipato, la normativa italiana persegue il contrasto ai fenomeni di conflitto di interesse anche regolando l'attività successiva alla cessazione del rapporto di lavoro dei dipendenti pubblici, prevedendo all'art. 53, co. 16 *ter*, d.lgs. 165/2001 (t.u. pubblico impiego) che «I dipendenti che, negli ultimi tre anni di servizio, hanno esercitato poteri autoritativi o negoziali per conto delle pubbliche amministrazioni (...) non possono svolgere, nei tre anni successivi alla cessazione del rapporto di pubblico impiego, attività lavorativa o professionale presso i soggetti privati destinatari dell'attività della pubblica amministrazione svolta attraverso i medesimi poteri. I contratti conclusi e gli incarichi conferiti in violazione di quanto previsto dal presente comma sono nulli ed è fatto divieto ai soggetti privati che li hanno conclusi o conferiti di contrattare con le pubbliche amministrazioni per i successivi tre anni con obbligo di restituzione dei compensi eventualmente percepiti e accertati ad essi riferiti». Si tratta del c.d. divieto di *pantouflage*, previsto per «evitare che le prospettive di futuri incarichi possano compromettere l'esercizio imparziale delle funzioni pubbliche e scongiurare, quindi, che il pubblico dipendente possa sfruttare indebitamente la propria posizione per locupletare vantaggi futuri».

Al fine di assicurare il rispetto di tale previsione, le società in controllo pubblico sono chiamate ad adottare, secondo le citate Linee Guida, le misure necessarie a evitare l'assunzione di dipendenti pubblici che, negli ultimi tre anni di servizio, abbiano esercitato poteri autoritativi o negoziali per conto di pubbliche amministrazioni, nei confronti delle società stesse.

In effetti il legislatore ha espressamente esteso tale obbligo all'art. 21, d.lgs. 39/2013, dal quale si desume tuttavia, come confermato dal Piano Nazionale Anticorruzione del 2019, che negli enti di diritto privato in controllo, sono certamente sottoposti al divieto di *pantouflage* gli amministratori e i direttori generali, in quanto muniti di poteri gestionali; mentre non sembra consentita una estensione del divieto agli altri dipendenti, attesa la formulazione letterale del citato art. 21 che fa riferimento solo ai titolari di uno degli incarichi considerati dal d.lgs. 39/2013 (il quale considera appunto solo quelli che conferiscono poteri gestionali).

Nello specifico, le società devono assumere iniziative volte a garantire che:

a) negli interpelli o comunque nelle varie forme di selezione del personale sia inserita espressamente la condizione ostativa menzionata sopra;

b) i soggetti interessati rendano la dichiarazione di insussistenza della suddetta causa ostativa;

c) sia svolta, secondo criteri autonomamente definiti, una specifica attività di vigilanza, eventualmente anche secondo modalità definite e su segnalazione di soggetti interni ed esterni.

(iii) Infine, è previsto la **rotazione** per evitare che uno stesso soggetto possa sfruttare un potere o una conoscenza nella gestione di processi caratterizzati da discrezionalità e da relazioni intrattenute con gli utenti per ottenere vantaggi illeciti.

Al fine di ridurre tale rischio, le Linee Guida Anac ha ritenuto auspicabile che questa misura sia attuata anche all'interno delle società in controllo pubblico, compatibilmente con le esigenze organizzative d'impresa. Essa implica una più elevata frequenza del *turnover* di quelle figure preposte alla gestione di processi più esposti al rischio di corruzione, ossia di quei soggetti che sono preposti con un certo grado di stabilità allo svolgimento di attività di pubblico interesse;

La rotazione non deve comunque tradursi nella sottrazione di competenze professionali specialistiche ad uffici cui sono affidate attività a elevato contenuto tecnico. Altra misura efficace indicata dall'Anac, e da attuarsi in combinazione o alternativa alla rotazione, è quella della distinzione delle competenze (c.d. "segregazione delle funzioni") che attribuisce a soggetti diversi i compiti di: a) svolgere istruttorie e accertamenti; b) adottare decisioni; c) attuare le decisioni prese; d) effettuare verifiche.

13. I CODICI DI COMPORTAMENTO

L'ordinamento italiano prevede l'adozione di codici di comportamento, attraverso i quali vengono tipizzate una serie di condotte socialmente stigmatizzabili, quali strumenti per la prevenzione (anche) della corruzione.

I codici di comportamento sono anzitutto adottati nel settore privato, quale elemento imprescindibile del Modello organizzativo *ex* d.lgs. 231/2001.

Maggiore attenzione è riservata dal legislatore però ai codici di comportamento nel settore pubblico. La l. 190/2012 all'art. 1 co. 44, ha disposto la sostituzione dell'art. 54 del d.lgs. n. 165 del 2001 (t.u. del pubblico impiego), prevedendo, da un lato, un codice di comportamento generale, nazionale, valido per tutte le amministrazioni pubbliche e, dall'altro, un codice per ciascuna amministrazione, obbligatorio, che integra e specifica il predetto codice generale.

Il codice nazionale è stato emanato con D.p.r. 16 aprile 2013, n. 62 e prevede i doveri minimi di diligenza, lealtà, imparzialità e buona condotta per i dipendenti pubblici e all'art. 1, co. 2 rinvia al citato art. 54 del d.lgs. 165/2001 prevedendo che le disposizioni ivi contenute siano integrate e specificate dai codici di comportamento adottati dalle singole amministrazioni.

È oggi indiscusso che tale obbligo ricade anche in capo alle società controllate da enti pubblici.

L'art. 1, co. 60 l. 190/2012 infatti prescrive la sollecita adozione anche da parte dei soggetti di diritto privato sottoposti a controllo pubblico, «del codice di comportamento di cui all'articolo 54, comma 5, del decreto legislativo 30 marzo 2001, n. 165, come sostituito dal comma 44 del presente articolo». Secondo le Linee Guida Anac 2020, «per tali enti non sussiste l'obbligo di adottare un vero e proprio codice di comportamento. Tuttavia le misure individuate ai sensi della l. n. 190/2012 è necessario siano assistite, ove ritenuto più opportuno, da doveri di comportamento, ulteriori rispetto a quelli eventualmente già definiti con riguardo alla cd. corruzione attiva. Tale operazione va compiuta integrando il modello di organizzazione e gestione o il codice etico o di comportamento, se adottati ai sensi del d.lgs. n. 231/2001, con una apposita sezione dedicata ai doveri di comportamento dei propri dipendenti per contrastare fenomeni corruttivi ai sensi della l. 190/2012. Tali doveri sono individuati tenendo conto dell'analisi dei rischi effettuata ai fini dell'adozione delle "misure integrative del modello 231"». Laddove sprovvisti del "modello 231", le società a controllo pubblico definiscono doveri di comportamento avendo riguardo alla prevenzione dei reati di corruzione passiva e tenendo conto dell'analisi dei rischi effettuata e delle misure organizzative di prevenzione elaborate ai sensi della l. 190 del 2012, in relazione alle funzioni svolte e alla propria specificità organizzativa.

Le società soggette alla l. 190/2012 sono dunque chiamate a dotarsi di un codice di comportamento, ritenuto lo strumento che più di tutti si presta a regolare le condotte dei funzionari e a orientarle alla migliore cura dell'interesse pubblico, in una stretta connessione con i Piani triennali di prevenzione della corruzione e della trasparenza.

È necessario, infatti, che i presìdi identificati in conformità alle indicazioni normative siano assistiti, ove possibile, da doveri di comportamento, pur nell'ambito del rapporto di lavoro di natura privatistica. In tal senso, occorre integrare i doveri di comportamento inseriti nel modello di organizzazione e gestione e nel codice etico eventualmente adottati ai sensi del decreto legislativo 8 giugno 2001, n. 231, con altri da definire in relazione alle misure di prevenzione della corruzione passiva.

Le Linee Guida ANAC[56] hanno rilevato una prassi stigmatizzabile: i codici di comportamento adottati sono meramente riproduttivi del codice generale nazionale, e non realizzino quell'integrazione e specificazione richiesta dalla legge. Ciò appare con tutta evidenza elusivo della finalità della legge, che aveva immaginato il codice nazionale come un contenitore di disposizioni a carattere generale e di principio, da integrarsi necessariamente ad opera delle singole amministrazioni alla luce della propria realtà organizzativa e funzionale, dei propri procedimenti e processi decisionali.

Il ruolo dei codici di amministrazione è infatti quello di integrare e specificare i doveri individuati dal codice nazionale, con riferimento alla propria amministrazione: con i doveri integrativi si garantisce il completamento dei precetti, allo scopo di meglio conseguire gli obiettivi, con i doveri specificativi, invece, si traducono le prescrizioni generiche in prescrizioni specifiche.

Le Linee Guida in parola precisano che non è compito dei codici di comportamento quello di introdurre misure sull'imparzialità dei funzionari pubblici tese a limitarne l'accesso o la permanenza nelle cariche pubbliche o lo svolgimento delle attività dell'ufficio (v. § 12), perché esse sono già previste dalla legge. Piuttosto i

---

56 https://www.anticorruzione.it/portal/rest/jcr/repository/collaboration/Digital%20Assets/anacdocs/Attivita/Atti/Delibere/2020/Del_177_2020LL%20GG_cod_comp_%202020.pdf

codici devono dettare regole sul comportamento soggettivo del funzionario, a cui viene cioè chiesto di seguire particolari canoni comportamentali nello svolgimento delle proprie funzioni.

Ad esempio, se è la legge a prevedere casi di incompatibilità derivanti da sentenze di condanna o da situazione di conflitto di interesse, il codice di comportamento dovrebbe, dal canto suo, ad esempio prevedere il dovere in capo ai dipendenti interessati da procedimenti penali di segnalare immediatamente l'avvio di tali procedimenti, o ancora, l'obbligo in capo ai dirigenti di comunicare tempestivamente l'insorgere di cause di incompatibilità dell'incarico.

Pertanto, i codici di comportamento operano individuando i doveri di comportamento che possono contribuire, sotto il profilo soggettivo, alla piena realizzazione delle misure oggettive di prevenzione della corruzione individuate nei Piani triennali di prevenzione della corruzione.

Le misure declinate nei Piani triennali di prevenzione della corruzione sono, dunque, di tipo oggettivo e incidono sull'organizzazione dell'amministrazione; viceversa, i doveri declinati nel codice di comportamento operano sul piano soggettivo in quanto sono rivolti a chi lavora nell'amministrazione e incidono sul rapporto di lavoro del funzionario, con possibile irrogazione, tra l'altro, di sanzioni disciplinari in caso di violazione.

Gli ambiti generali previsti dal codice nazionale entro cui le amministrazioni definiscono i doveri, avuto riguardo alla propria struttura organizzativa, possono essere ricondotti a cinque:

a) prevenzione dei conflitti di interesse, reali e potenziali;

b) rapporti col pubblico;

c) correttezza e buon andamento del servizio;

d) collaborazione attiva dei dipendenti e degli altri soggetti cui si applica il codice per prevenire fenomeni di corruzione e di malamministrazione;

e) comportamento nei rapporti privati.

Le Linee Guida ANAC hanno fornito alcuni esempi di integrazioni e specificazioni dei doveri.

a) Ad esempio, in relazione alla prevenzione dei conflitti di interesse, va rilevato che la legge impone ai dipendenti pubblici di dichiarare al proprio dirigente, al momento della assegnazione all'ufficio, i rapporti di collaborazione, diretti o indiretti, in qualunque modo retribuiti, intrattenuti con soggetti privati nel triennio precedente alla instaurazione del rapporto di lavoro, nonché i rapporti finanziari che presentemente leghino loro medesimi, o i parenti e gli affini entro il secondo grado, al soggetto privato con cui nel triennio precedente avevano collaborato. Il codice chiede, inoltre, che il dipendente stesso dichiari se il soggetto privato con cui intrattiene o ha intrattenuto precedentemente rapporti finanziari o di collaborazione retribuita abbia interessi in attività dell'ufficio che rientrino nelle sue attribuzioni.

Dal canto suo il codice di comportamento dovrebbe individuare gli ambiti di interesse privato che possono interferire con l'attività dell'ufficio, allo scopo di rendere più semplice la identificazione dei casi in cui scattano gli obblighi comunicativi. Del pari, i codici di comportamento potrebbero provvedere alla definizione dei modi con cui rendere le dichiarazioni; all'indicazione di una soglia minima di rilevanza delle attività di collaborazione retribuita pregressa o degli interessi attuali da ricomprendere nella dichiarazione; la previsione della possibilità di operare verifiche; il dovere di comunicare tempestivamente eventuali variazioni delle dichiarazioni già presentate; misure che possono essere adottate, con l'eventuale coinvolgimento del RPCT, per rimuovere il conflitto di interessi, quando assume un carattere strutturale.

b) Quanto poi al rapporto con il pubblico, l'ANAC evidenzia l'importanza della previsione, ad esempio, di specifici doveri cui il dipendente deve attenersi nel rapporto con i cittadini/utenti che inoltrano reclami e segnalazioni. Anche il dovere di impiegare un linguaggio chiaro e comprensibile potrebbe essere richiamato dal codice di amministrazione.

Nell'ambito dei comportamenti da assumere nei rapporti con il pubblico, soprattutto negli enti di media/grande dimensione, potrebbe valutarsi l'utilità di disciplinare i rapporti con gli organi di informazione sugli argomenti istituzionali individuando i soggetti cui spetta curare i rapporti con i media e le agenzie di stampa e quindi definire il comportamento che deve essere assunto dai dipendenti e dagli altri soggetti cui si applica il codice.

c) Con riferimento al piano della correttezza e del buon andamento, le amministrazioni possono valutare di integrare questo ambito, ad esempio, con il dovere di accedere ai social network nel rispetto delle regole interne che dettano permessi e divieti di utilizzo delle piattaforme social. Potrà essere previsto, ad esempio, che i destinatari del codice mantengono la funzionalità e il decoro degli ambienti, utilizzando gli oggetti, le attrezzature e gli strumenti esclusivamente per finalità lavorative, e adottano comportamenti volti alla riduzione degli sprechi e al risparmio energetico. O, ancora, prevedendo che i destinatari del codice si astengono dal rendere pubblico con qualunque mezzo, compresi il *web* o i *social network*, i *blog* o i *forum*, commenti, informazioni o foto e video che possano ledere l'immagine dell'amministrazione, l'onorabilità dei colleghi, nonché la riservatezza o la dignità delle persone.

d) Fondamentale poi è la collaborazione attiva dei dipendenti per la prevenzione di fenomeni di corruzione.

A tal fine le amministrazioni sono chiamate a declinare nei propri codici, in relazione alle aree di rischio specifiche e alle relative misure introdotte, i doveri di comportamento che i dipendenti sono tenuti ad osservare.

Così, ad esempio, un'azienda del Servizio Sanitario Nazionale che ha individuato nel Piano Triennale come area di rischio lo svolgimento dell'attività libero professionale e introdotto come misura l'obbligo di prenotazione di tutte le prestazioni attraverso il sistema aziendale, dovrà prevedere nel proprio codice il dovere di rispettare le liste di attesa e il divieto di condizionare il paziente orientandolo verso la visita in regime di libera professione.

e) Il codice nazionale vieta al dipendente di sfruttare o nominare la mansione che ricopre per ottenere utilità non dovute o comunque di comportarsi in modo da nuocere all'immagine della sua amministrazione.

Stante tale ampia formulazione, i codici di amministrazione possono utilmente indicare i comportamenti che i propri dipendenti devono evitare di porre in essere, allo scopo di chiarire i confini tra consentito e non consentito.

Così i codici possono richiamare, con riguardo ai rapporti del dipendente con altre amministrazioni, il divieto di: promettere uno scambio di favori; chiedere di parlare con i superiori facendo leva sulla propria posizione gerarchica; diffondere informazioni lesive dell'immagine e dell'onorabilità dei colleghi; chiedere ed offrire raccomandazioni e presentazioni.

Quanto ai rapporti con soggetti privati, invece, i codici possono precisare il divieto di anticipare il contenuto e l'esito di procedimenti; avvantaggiare o svantaggiare i competitori; facilitare terzi nel rapporto con il proprio ufficio o con altri uffici; partecipare a incontri e convegni, a titolo personale, aventi ad oggetto l'attività dell'amministrazione di appartenenza, senza averla preventivamente informata.

I codici di comportamento non vanno confusi con i codici etici, i quali hanno una dimensione "valoriale" e non disciplinare e sono adottati dalle amministrazioni al fine di fissare doveri, spesso ulteriori e diversi rispetto a quelli definiti nei codici di comportamento, rimessi alla autonoma iniziativa di gruppi, categorie o associazioni di pubblici funzionari. Con tali codici vengono individuate anche sanzioni etico-morali che vengono irrogate al di fuori di un procedimento di tipo disciplinare, in quanto fondate essenzialmente sulla riprovazione che i componenti del gruppo esprimono in caso di violazione delle regole autonomamente fissate.

I codici di comportamento, invece, fissano doveri di comportamento che hanno una rilevanza giuridica che prescinde dalla personale adesione, di tipo morale, del funzionario ovvero dalla sua personale convinzione sulla bontà del dovere. Essi vanno rispettati in quanto posti dall'ordinamento giuridico e, a prescindere dalla denominazione attribuita da ogni singola amministrazione al proprio codice, ad essi si applica il regime degli effetti e delle responsabilità conseguenti alla violazione delle regole comportamentali previsto dall'art. 54, co. 3, del d.lgs. 165/2001.

14. LA DISCIPLINA DELLA TRASPARENZA

La normativa italiana detta una disciplina articolata in tema di trasparenza della pubblica amministrazione, con il cui termine si intende «la conoscibilità dell'attività delle istituzioni pubbliche, attraverso meccanismi che si inseriscono fra esse (che devono rendersi conoscibili) ed i cittadini (che hanno diritto o interesse a sapere), consentendo a questi ultimi di accedere a dati e informazioni». La trasparenza è a tutti gli effetti un «predicato irrinunciabile della stessa forma democratica»[57].

La trasparenza amministrativa si sostanzia in tre istituti: *(i)* l'accesso documentale, *(ii)* l'accesso civico e *(iii)* gli obblighi di pubblicazione.

Fino agli anni Novanta del secolo scorso la normativa italiana è stata improntata al modello opposto rispetto alla conoscibilità dell'azione amministrativa, ossia al modello del segreto d'ufficio, che fissava la regola del divieto di dare notizia all'esterno di informazioni detenute dalla p.a.

(i) Solo con la legge sul procedimento amministrativo (l. 241/1990) è stato riconosciuto il diritto di accesso ai documenti

---

[57] R. Cantone, *La prevenzione della corruzione nelle società pubbliche*, in *Le società*, cit., 1623.

e alle informazioni in possesso delle pubbliche amministrazioni, diritto da riconoscersi però soltanto in capo a chi sia titolare di posizioni differenziate e qualificate dall'ordinamento, ossia chi abbia necessità di tale informazione per la tutela di situazioni giuridicamente rilevanti.

Tale diritto di accesso è espressamente escluso ex art. 24, co. 1 l. 241/1990 soltanto ove si tratti di documenti coperti da segreto di Stato, di documenti afferenti a procedimenti tributari, per i quali restano ferme le particolari norme che li regolano, di atti normativi, amministrativi generali, di pianificazione e di programmazione, per i quali restano ferme le particolari norme che ne regolano la formazione, di documenti amministrativi contenenti informazioni di carattere psico-attitudinale afferenti ai procedimenti selettivi. Con regolamento, il Governo può prevedere ulteriori casi di divieto di accesso, ad esempio qualora dalla divulgazione di determinati documenti possa derivare una lesione, specifica e individuata, alla sicurezza e alla difesa nazionale, all'esercizio della sovranità nazionale e alla continuità e alla correttezza delle relazioni internazionali (art. 24, co. 6 l. 241/1990).

In ogni caso, precisa l'ultimo comma dell'art. 24 l. 241/1990, l'accesso non può essere negato ove sia necessario per curare o per difendere i propri interessi giuridici; qualora l'accesso possa comportare la conoscenza di dati sensibili o giudiziari deve trattarsi di esigenza di difesa "strettamente indispensabile" e ove possa comportare la conoscenza di dati super-sensibili (attinenti allo stato di saluto o alla vita sessuale) deve trattarsi di esigenza di difesa "strettamente indispensabile" di interessi di pari rango.

Tale istituto deve essere garantito ai privati non solo dalle pubbliche amministrazioni tradizionali, ma anche dai soggetti privati preposti all'esercizio di attività amministrative, espressamente menzionati all'art. 1, co. 1 ter l. 241/1990, quali soggetti obbligati al rispetto, fra i vari, del principio di trasparenza «con un livello di garanzia non inferiore a quello cui sono tenute le pubbliche amministrazioni in forza delle disposizioni di cui alla presente legge».

Solo molti anni più tardi, con la già più volte citata l. 190/2012 è stata data delega al governo per l'adozione di una sorta di "codice della trasparenza". Il governo ha esercitato tale delega con l'adozione del d.lgs. 33/2013, poi successivamente riformato con il d.lgs. 197/2016.

A oggi il d.lgs. 33/2013 contiene gli ulteriori due istituti prima menzionati: l'accesso civico (*reactive disclosure*) e gli obbligo di pubblicazione (*proactive disclosure*).

(ii) L'accesso civico generalizzato consente a qualsiasi cittadino di visionare dati e documenti amministrativi a prescindere dall'esistenza di un interesse giuridicamente rilevante e senza necessità di addurre alcuna motivazione. Per questo motivo tale istituto viene assimilato a quello di matrice anglosassone, il *Freedom of Information Act* (FOIA), in quanto riconosce un diritto a essere informati (*right to know*, che si contrappone al *need to know* proprio dell'accesso documentale) *uti cives*, cioè semplicemente in quanto cittadini e quali strumenti diffusi di promozione della trasparenza e della lotta alla corruzione.

Se da un lato l'accesso civico generalizzato non richiede né motivazione né la titolarità di un interesse giuridicamente rilevante, dall'altro però pone più ipotesi di esclusione dall'accesso più ampi. Infatti, l'art. 5bis d.lgs. 33/2013 stabilisce che l'accesso civico è rifiutato se il diniego è necessario per evitare un pregiudizio concreto alla tutela a) della sicurezza pubblica e dell'ordine pubblico; b) della sicurezza nazionale; c) della difesa e delle questioni militari; d) delle relazioni internazionali; e) della politica e della stabilità finanziaria ed economica dello Stato; f) della conduzione di indagini sui reati e del loro perseguimento; g) del regolare svolgimento di attività ispettive; h) dei dati personali; i) della libertà e della segretezza della corrispondenza; l) degli interessi economici e commerciali di una persona fisica o giuridica, ivi compresi la proprietà intellettuale, il diritto d'autore e i segreti commerciali.

(iii) Il terzo livello di trasparenza è costituito dalla previsione secondo la quale una serie di dati e di documenti, individuati agli artt. 12 ss. d.lgs. 33/2013, devono essere resi pubblici per mezzo del proprio sito istituzionale, all'interno del quale è necessario creare la sezione 'amministrazione trasparente'. Si tratta di obblighi di pubblicazione concernenti:–l'organizzazione delle pubbliche amministrazioni (titolarità di incarichi politici, di amministrazione, di direzione o di governo e di incarichi dirigenziali, di incarichi conferiti nelle società controllate);–i dati relativi agli enti pubblici vigilati, e agli enti di diritto privato in controllo pubblico, nonché alle partecipazioni in società di diritto privato;–gli atti di concessione di sovvenzioni, contributi, sussidi e attribuzione di vantaggi economici a persone fisiche ed enti pubblici e privati;–l'uso delle risorse pubbliche; *etc.*

Tali informazioni vanno mantenute per 5 anni, allo scadere dei quali restano comunque accessibili per mezzo dell'istituto dell'accesso civico.

Per tutti i dati e i documenti detenuti dalle amministrazioni, diversi ed ulteriori rispetto a quelli per i quali vige l'obbligo di pubblicazione, è riconosciuto il diritto di accesso civico.

Per quanto riguarda le società pubbliche, vi sono due regimi differenziati:

- **le società in controllo pubblico** devono applicare la stessa disciplina prevista per le pubbliche amministrazioni, ma nei limiti della "compatibilità". Secondo le Linee Guida ANAC 2017, gli obblighi di trasparenza scattano in relazione ai compiti esercitati nell'ambito di funzioni di pubblico interesse. Non vige pertanto alcun obbligo di trasparenza in relazione alle attività svolte *iure privatorum.* In relazione agli *(iii)* obblighi di pubblicazione si evidenzia la necessità di intitolare la sezione del sito 'società trasparente' e di ricalibrare gli obblighi di pubblicazione, specie quelli inerenti l'organizzazione, tenendo conto della veste privatistica. In relazione all' (ii) accesso civico generalizzato, si sottolinea la necessità di intendere in maniera più stringente i limiti che lo impediscono fondati sulla compresenza di «interessi economici e commerciali di una persona fisica o giuridica, ivi compresa la proprietà intellettuale, il diritto d'autore e i segreti commerciali».

- **le società a partecipazione pubblica**, invece, attuano gli obblighi del d.lgs. 33/2013 "limitatamente ai dati e ai documenti inerenti l'attività di pubblico interesse" e "in quanto compatibile". Ciò significa che sono chiamate a rispettare gli obblighi pubblicitari in relazione all'esercizio di funzioni amministrative, alla gestione di pubblici servizi, alla produzione di beni e servizi a favore dell'amministrazione, nonché tutte quelle attività riconducibili a finalità istituzionali delle amministrazioni affidanti che vengono fatte espletare alle società (par. 2.4). In relazione agli *(iii)* obblighi di pubblicazione, stando alle Linee Guida, esse non devono istituire una sezione ad hoc del proprio sito istituzionale, potendo liberamente scegliere il canale comunicativo verso l'esterno delle informazioni relative alla sola attività di pubblico interesse, comunicando però pur sempre agli utenti la modalità prescelta. In relazione all' *(ii)* accesso civico generalizzato, anch'esso opera solo in relazione all'attività di pubblico interesse.

15. IL WHISTLEBLOWING

L'approccio marcatamente preventivo legato al sistema del *whistleblowing* ha fatto ingresso a partire dal 2012 anche nell'ordinamento italiano, dapprima in relazione al settore pubblico, per poi estendersi anche ai rapporti di lavoro alle dipendenze di enti di diritto privato sottoposto a controllo pubblico e ai lavoratori e ai collaboratori delle imprese fornitrici di beni o servizi e che realizzano opere in favore dell'amministrazione pubblica e, da ultimo, al settore privato.

Il *whistleblowing* è spesso oggetto di studi da parte del penalista, pur non trattandosi di strumento deputato alla prevenzione dei soli fenomeni criminosi, ma essendo piuttosto volto – come suggerisce la definizione data da Trasparency International[58] – all'emersione, più genericamente, di "negligenze e abusi" nelle attività di un'organizzazione che minacciano l'interesse pubblico, la sua integrità e la sua reputazione. La definizione è così ampia da abbracciare qualsivoglia *serious malpractice*[59].

Il primo passo della normativa italiana verso l'adeguamento alle istanze sovranazionali[60], è stato registrato nel settore pubblico, con la c.d. legge Severino del 2012 (l. 190/2012).

Le ragioni del considerevole ritardo con cui si è giunti a tale riallineamento con le indicazioni del legislatore europeo sono state da taluni rintracciate nella tendenziale autosufficienza della giurisdizione giuslavoristica, che parrebbe tutelare adeguatamente il lavoratore dipendente dal rischio di licenziamenti ritorsivi[61], nonché nella chiara esclusione, ad opera nostro codice penale, del lavoratore dall'ambito dei soggetti su cui ricadono obblighi

---

58 «Making a disclosure in the public interest by an employee, director or external person, in an attempt to reveal neglect or abuses within the activities of an organisation, government body or company (or one of its business partners) that threaten public interest, its integrity and reputation».

59 *Feasibility Study on the drawing up of a Convention on civil remedies for compensation for damage resulting from acts of corruption* (*Multidisciplinary Group on Corruption – Working Group on Civil Law, Strasbourg*, 15 gennaio 1997, CM(97)19), punto 4.4.

60 Convenzione del Consiglio d'Europa siglata a Strasburgo il 4 novembre 1999, ratificata in Italia con L. 8 giugno 2012, n. 112.

61 Bettini, *Il diritto di critica del lavoratore nella giurisprudenza*, in AA.VV., *Diritto e libertà. Studi in onore di Matteo Dell'Olio*, Torino, 2008, 241 ss.; Lattanzi, *Prime riflessioni sul whistleblowing: un modello da replicare ad occhi chiusi?*, in, *Riv. it. dir. lav.*, 2010, 146 ss.

di segnalazione di illeciti (artt. 361 e 362 c.p.)[62]. Forse più propriamente, l'iniziale titubanza del legislatore nostrano è stato legato a forme di diffidenza verso «strumenti alieni al nostro sistema giuridico»[63], che avrebbero (e anzi hanno) imposto un nuovo bilanciamento fra interessi contrapposti, quali le esigenze di segretezza e l'interesse all'emersione di forme di devianza, la protezione del segnalante e l'interesse del segnalato ad accedere alle informazioni del segnalante.

15.1. Il recepimento della Direttiva 2019/1937/UE nell'ordinamento italiano

La Direttiva 2019/1937/UE ha il dichiarato obiettivo di armonizzare la disciplina dei Paesi membri in materia di *whistleblowing*, introducendo norme minime comuni atte a garantire una protezione efficace degli informatori con riguardo agli atti e ai settori in cui occorre rafforzare l'applicazione delle norme (settore degli appalti pubblici, dei servizi finanziari, della sicurezza dei prodotti, della sicurezza dei trasporti, dell'ambiente, della radioprotezione e sicurezza nucleare, della filiera alimentare, della salute pubblica, della protezione dei consumatori, della tutela della vita privata e protezione dei dati personali e sicurezza delle reti e dei sistemi informativi, degli interessi finanziari dell'Unione, della concorrenza[64]), sulla scorta del fatto che l'insufficiente segnalazione da parte degli informatori è un fattore chiave che incide negativamente su tale applicazione e le violazioni del diritto dell'Unione possono arrecare grave pregiudizio al pubblico interesse.

---

62 Rugani, *I profili penali del whistleblowing alla luce della l. 30 novembre 2017 n. 179*, in *Leg. pen.*, 3 giugno 2018, 5.

63 Parrotta, Razzante, *Il sistema di segnalazione interna. Il whistleblowing nell'assetto anticorruzione, antiriciclaggio e nella prevenzione della responsabilità degli Enti*, Pacini giuridica, 2019, 38.

64 V. Considerando da 6 a 18 e art. 2.

Si rinnova ancora una volta la riflessione in ordine alla natura preziosa e cruciale delle informazioni detenute dall'*insider*, il quale, nello svolgimento della propria attività professionale, è spesso la prima persona a venire a conoscenza di minacce o pregiudizi al pubblico interesse sorti in tale ambito. Tuttavia, si nota come i potenziali informatori siano spesso poco inclini a segnalare inquietudini e sospetti nel timore di ritorsioni. In tale contesto, (ri-)emerge l'importanza di garantire una protezione equilibrata ed efficace degli informatori, tanto nel settore pubblico quanto in quello privato.

Il recepimento della Direttiva ad opera del D.Lgs. 10 marzo 2023 n. 24 ha implicato una non minimale opera di implementazione della normativa vigente in materia di *whistleblowing*, specialmente nel settore privato, il cui meccanismo deve necessariamente fuoriuscire dallo schema facoltativo del modello organizzativo *ex* d.lgs. 231/2001.

15.2. Le esigenze di adeguamento della normativa italiana in funzione di protezione, adeguata ed efficace, degli 'informatori'

Dalla lettura del testo della Direttiva erano emersi con chiarezza i punti di assoluta novità per la normativa italiana, che hanno imposto dunque un profondo *restyling* del diritto vigente in relazione *(i)* alla nozione di segnalante (art. 4 Direttiva); *(ii)* alla nozione di notizia segnalata (art. 5, co. 1); *(iii)* alle condizioni per la protezione del segnalante (art. 6); *(iv)* all'istituzione di un canale esterno (art. 11); *(v)* alla possibilità di pubbliche divulgazioni (art. 15); *(vi)* alle misure di sostegno ai potenziali segnalanti (art. 20); *(vii)* alle sanzioni per chi ostacoli, ponga in essere ritorsioni o procedimenti vessatori oppure violi gli obblighi di riservatezza (art. 23).

La normativa italiana, era già sostanzialmente allineata in punto di *(a)* garanzia della riservatezza (art. 16 Direttiva); *(b)* divieto di ritorsioni (art. 19); *(c)* misure di protezione dalle ritorsioni (art. 21); *(d)* misure di protezione delle persone coinvolte (art. 22).

Il recepimento della direttiva ha richiesto anzitutto un ampliamento della nozione di *whistleblower,* tanto nel settore pubblico quanto in quello privato, non potendosi più esso identificare soltanto, rispettivamente, con il dipendente pubblico (vecchio art. 54 *bis* t.u. pubblico impiego, ora abrogato) e con i soggetti apicali o subordinati (artt. 5 e 6 d.lgs. 231/2001): al contrario, ai sensi dell'art. 4 della Direttiva, devono essere aggiunti i riferimenti a tutti quei soggetti variamente ricollegabili all'organizzazione e che potrebbero temere ritorsioni in considerazione della situazione di vulnerabilità in cui essi versano

Inoltre, anche la nozione di fatto segnalato di cui all'art. 6, co. 2 *bis* d.lgs. 231/2001 non era più *compliant* rispetto alle richieste del legislatore europeo, dovendosi ora ricomprendere, in aggiunta a quanto già previsto dalla previgente normativa (condotte illecite, rilevanti ai sensi del presente decreto e fondate su elementi di fatto precisi e concordanti), qualsiasi atto od omissione illecito relativi ai settori che rientrano nell'ambito di applicazione materiale della Direttiva oppure che vanificano l'oggetto o la finalità delle norme previste negli atti dell'Unione e nei predetti settori.

Il legislatore è stato poi chiamato a mettere mano alle condizioni per la protezione del segnalante, dovendo abbandonare la formulazione dell'art. 6, co. 2 *bis* d.lgs. 231/2001 («segnalazioni circostanziate»), in favore della previsione di cui all'art. 6 della Direttiva: «Le persone segnalanti beneficiano di protezione a norma della presente direttiva, a condizione che: abbiano avuto fondati motivi di ritenere che le informazioni segnalate fossero vere al momento della segnalazione e che tali informazioni rientrassero nell'ambito di applicazione della presente direttiva; e abbiano effettuato una segnalazione internamente a norma dell'articolo 7 o esternamente a norma dell'articolo 10, ovvero abbiano effettuato una divulgazione pubblica a norma dell'articolo 15».

Viceversa, il co. 9 dell'art. 54 *bis* t.u. pubblico impiego («le tutele di cui al presente articolo non sono garantite nei casi in cui sia accertata, anche con sentenza di primo grado, la responsabilità penale del segnalante per i reati di calunnia o diffamazione o comunque per reati commessi con la denuncia di cui al comma 1 ovvero la sua responsabilità civile, per lo stesso titolo, nei casi di dolo o colpa grave»), era già pienamente compatibile con il citato articolo della Direttiva, anche nella parte in cui faceva cadere le tutele per il segnalante che versasse in colpa grave, posto che il legislatore eurounitario richiede pur sempre che il *whistleblower* abbia potuto contare su motivi fondati, che viceversa non ricorrono ove un soggetto agisca con colpa grave.

Del pari, si è potuto riscontrare ancora una volta una sostanziale adeguatezza della disciplina pubblicistica e, viceversa, un bisogno di integrazione di quella privatistica, in relazione all'obbligo di istituire – accanto a canali interni – anche canali esterni di segnalazione. L'art. 11 della Direttiva, infatti, ha introdotto l'obbligo di istituire canali di segnalazione esterna e di seguito alle segnalazioni, imponendo agli Stati membri di designare le autorità competenti per ricevere, fornire un riscontro e dare seguito alle segnalazioni e le dotano di risorse adeguate.

In relazione a tale obbligo del tutto carente era il 'Sistema 231', che oltre ad essere di facoltativa adozione, prevedeva la possibilità di adottare anche solo un canale interno.

Inoltre, carenti nel sistema nazionale erano le misure di sostegno ai segnalanti di cui all'art. 20 della Direttiva, che ha richiesto di fornire a tali soggetti la possibilità di accedere ad informazioni e consulenze esaustive e indipendenti, facilmente accessibili al pubblico e a titolo gratuito, sulle procedure e i mezzi di ricorso disponibili in materia di protezione dalle ritorsioni e sui diritti della persona coinvolta; ad un'assistenza efficace da parte delle autorità competenti per la protezione dalle ritorsioni; al patrocinio a spese dello Stato nell'ambito di un procedimento penale e di un procedimento civile transfrontaliero; ad un'assistenza finanziaria e sostegno, anche psicologico, nell'ambito dei procedimenti giudiziari.

Infine, ai sensi dell'art. 23 della Direttiva, l'Italia è stata chiamata a prevedere sanzioni effettive, proporzionate e dissuasive applicabili alle persone fisiche *o* giuridiche che: ostacolano o tentano di ostacolare le segnalazioni; attuano atti di ritorsione contro le persone di cui all'articolo 4; intentano procedimenti vessatori contro le persone di cui all'articolo 4; violano l'obbligo di riservatezza sull'identità delle persone segnalanti di cui all'articolo 16. Del pari, andranno previste sanzioni effettive, proporzionate e dissuasive applicabili alle persone segnalanti per le quali sia accertato che hanno scientemente effettuato segnalazioni o divulgazioni pubbliche false.

Sino al 2023, infatti, nel settore privatistico – ove le lacune erano complessivamente più severe – solo gli enti che decidevano di adottare un modello organizzativo erano chiamate a inserire nel sistema disciplinare adottato ai sensi del comma 2, lettera e), «sanzioni nei confronti di chi viola le misure di tutela del segnalante, nonché di chi effettua con dolo o colpa grave segnalazioni che si rivelano infondate».

Nel settore pubblicistico era invece già previsto che «qualora venga accertata, nell'ambito dell'istruttoria condotta dall'ANAC, l'adozione di misure discriminatorie da parte di una delle amministrazioni pubbliche o di uno degli enti di cui al comma 2, fermi restando gli altri profili di responsabilità, l'ANAC applica al responsabile che ha adottato tale misura una sanzione amministrativa pecuniaria da 5.000 a 30.000 euro. Qualora venga accertata l'assenza di procedure per l'inoltro e la gestione delle segnalazioni ovvero l'adozione di procedure non conformi a quelle di cui al comma 5, l'ANAC applica al responsabile la sanzione amministrativa pecuniaria da 10.000 a 50.000 euro. Qualora venga accertato il mancato svolgimento da parte del responsabile di attività di verifica e analisi delle segnalazioni ricevute, si applica al responsabile la sanzione amministrativa pecuniaria da 10.000 a 50.000 euro. L'ANAC determina l'entità della sanzione tenuto conto delle dimensioni dell'amministrazione o dell'ente cui si riferisce la segnalazione» (art. 54 *bis*, co. 6).

15.3. IL D.LGS. 10 MARZO 2023 N. 24

Tale intervento di recepimento disciplina espressamente la protezione delle persone che segnalano violazioni di disposizioni normative nazionali o dell'Unione europea che ledono l'interesse pubblico o l'integrità dell'amministrazione pubblica o dell'ente privato, di cui siano venute a conoscenza in un contesto lavorativo pubblico o privato (art. 1). Viceversa il decreto non si applica con riferimento alle contestazioni legate ad un interesse di carattere personale del segnalante che attengano esclusivamente ai rapporti individuali di lavoro o di pubblico impiego, nonché alle segnalazioni di violazioni già disciplinate in via obbligatoria di cui alla parte II dell'Allegato al d.lgs. e alle segnalazioni in materia di sicurezza nazionale.

Le disposizioni del decreto si applicano alle persone espressamente indicate all'art. 2, co. 3: a) i dipendenti delle amministrazioni pubbliche (sia in regime di diritto privato che di diritto pubblico) e i dipendenti delle autorità amministrative indipendenti di garanzia, vigilanza o regolazione; b) i dipendenti degli enti pubblici economici, degli enti di diritto privato sottoposti a controllo pubblico, delle società in house, degli organismi di diritto pubblico o dei concessionari di pubblico servizio; c) i lavoratori subordinati di soggetti del settore privato; d) i lavoratori autonomi che svolgono la propria attività lavorativa presso soggetti del settore pubblico o del settore privato; e) i lavoratori o i collaboratori, che svolgono la propria attività lavorativa presso soggetti del settore pubblico o del settore privato che forniscono beni o servizi o che realizzano opere in favore di terzi; f) i liberi professionisti e i consulenti che prestano la propria attività presso soggetti del settore pubblico o del settore privato; g) i volontari e i tirocinanti, retribuiti e non retribuiti, che prestano la propria attività presso soggetti del settore pubblico o del settore privato; h) gli azionisti e le persone con funzioni di amministrazione, direzione, controllo, vigilanza o rappresentanza, anche qualora tali funzioni siano esercitate in via di mero fatto, presso soggetti del settore pubblico o del settore privato.

In ossequio alle indicazioni della Direttiva, a tali soggetti si aggiungono anche i facilitatori (ossia la persona fisica che assiste una persona segnalante nel processo di segnalazione, operante all'interno del medesimo contesto lavorativo), le persone del medesimo contesto lavorativo della persona segnalante, coloro che sono legate ad essi da uno stabile legame affettivo o di parentela entro il quarto grado e i colleghi di lavoro della persona segnalante che lavorano nel medesimo contesto lavorativo della stessa e che hanno con detta persona un rapporto abituale e corrente, nonché gli enti di proprietà della persona segnalante e gli enti che operano nel medesimo contesto lavorativo delle predette persone.

La tutela si applica a tali segnalanti anche a) quando il rapporto giuridico non è ancora iniziato, se le informazioni sulle violazioni sono state acquisite durante il processo di selezione o in altre fasi precontrattuali; b) durante il periodo di prova; c) successivamente allo scioglimento del rapporto giuridico se le informazioni sulle violazioni sono state acquisite nel corso del rapporto stesso.

Agli artt. 4 e 5 vengono descritti le caratteristiche e gli obblighi di gestione e attivazione dei canali di segnalazione interni (la gestione del canale di segnalazione deve essere affidata a una persona o a un ufficio interno autonomo dedicato e con personale specificamente formato per la gestione del canale di segnalazione, ovvero a un soggetto esterno, anch'esso autonomo e con personale specificamente formato) ed esterni (a questi ultimi, attivati dall'ANAC, ci si può rivolgere se non è prevista, nell'ambito del suo contesto lavorativo, l'attivazione obbligatoria del canale di segnalazione interna ovvero questo, anche se obbligatorio, non è attivo o, anche se attivato, non è conforme alla legge; se la persona segnalante ha già effettuato una segnalazione interna e la stessa non ha avuto seguito; se la persona segnalante ha fondati motivi di ritenere che, se effettuasse una segnalazione interna, alla stessa non sarebbe dato efficace seguito ovvero che la stessa segnalazione possa determinare il rischio di ritorsione; se la persona segnalante ha fondato motivo di ritenere che la violazione possa costituire un pericolo imminente o palese per il pubblico interesse).

La tutela è inoltre estesa all'ipotesi di divulgazione pubblica, purché, al momento della divulgazione pubblica, ricorra una delle seguenti condizioni: a) la persona segnalante abbia previamente effettuato una segnalazione interna ed esterna ovvero abbia effettuato direttamente una segnalazione esterna, a cui non sia seguito alcun riscontro nei termini; b) la persona segnalante abbia fondato motivo di ritenere che la violazione possa costituire un pericolo imminente o palese per il pubblico interesse; c) la persona segnalante abbia fondato motivo di ritenere che la segnalazione esterna possa comportare il rischio di ritorsioni o possa non avere efficace seguito in ragione delle specifiche circostanze del caso concreto, come quelle in cui possano essere occultate o distrutte prove oppure in cui vi sia fondato timore che chi ha ricevuto la segnalazione possa essere colluso con l'autore della violazione o coinvolto nella violazione stessa.

Gli enti e le persone citate, ai sensi dell'art. 17, non possono subire alcuna ritorsione, della cui nozione vengono offerti esempi non tassativi (il licenziamento, la sospensione o misure equivalenti, la retrocessione di grado o la mancata promozione, il mutamento delle funzioni, il cambiamento del luogo di lavoro, l'adozione di misure disciplinari, l'intimidazione e le molestie, il trattamento discriminatorio o sfavorevole, il mancato rinnovo di un contratto a termine, la richiesta di sottoposizione ad accertamenti psichiatrici, *etc.*). Gli atti assunti in violazione del divieto di ritorsioni sono nulli, in caso di licenziamento si acquisisce il diritto alla reintegrazione nel posto di lavoro e le eventuali rinunce o transazioni aventi ad oggetto i diritti e le tutele introdotte dal d.lgs. cit. non sono valide, salvo che non siano state effettuate in sede di conciliazione dinanzi al giudice civile ai sensi dell'art. 185 cod. proc. civ. o ai sensi degli artt. 410, 411, 412 ter e 412 quater cod. proc. civ.

In caso di violazione, l'ANAC applica al responsabile le seguenti sanzioni amministrative pecuniarie: a) da 10.000 a 50.000 euro quando accerta che sono state commesse ritorsioni o quando accerta che la segnalazione è stata ostacolata o che si è tentato di ostacolarla o che è stato violato l'obbligo di riservatezza; b) da

10.000 a 50.000 euro quando accerta che non sono stati istituiti canali di segnalazione, che non sono state adottate procedure per l'effettuazione e la gestione delle segnalazioni ovvero che l'adozione di tali procedure non è conforme a quelle di cui agli articoli 4 e 5, nonché quando accerta che non è stata svolta l'attività di verifica e analisi delle segnalazioni ricevute. I soggetti del settore privato devono prevedere nel sistema disciplinare adottato ai sensi dell'articolo 6, co. 2, lettera e) d.lgs. n. 231/2001, sanzioni nei confronti di coloro che accertano essere responsabili dei predetti illeciti.

16. IL MODELLO ITALIANO DI OSSERVATORIO: LA VIGILANZA E IL MONITORAGGIO DELL'ANAC

(i) Il sistema della lotta alla corruzione delineato dalla l. 190/2012 ha affidato all'ANAC un ruolo cruciale di vigilanza e monitoraggio, chiamando detta Autorità a esercitare la vigilanza e il controllo sull'effettiva applicazione e sull'efficacia delle misure adottate dalle pubbliche amministrazioni per la prevenzione della corruzione e sul rispetto delle regole sulla trasparenza dell'attività amministrativa. A tal fine, la legge ha attribuito all'ANAC poteri ispettivi mediante richiesta di notizie, informazioni, atti e documenti alle pubbliche amministrazioni, e il potere di ordinare l'adozione di atti o provvedimenti richiesti dai Piani triennali di prevenzione della corruzione e dalle regole sulla trasparenza dell'attività amministrativa, oppure di ordinare la rimozione di comportamenti o atti contrastanti con i piani e le regole sulla trasparenza.

Dal canto suo l'ANAC, per meglio assolvere al compito di monitoraggio nella macro-area della lotta alla *maladministation,* ha adottato quattro regolamenti sull'esercizio dei propri poteri, rispettivamente in materia contratti pubblici, trasparenza amministrativa, misure di prevenzione della corruzione, integrità del pubblico dipendente e *whistleblowing.* In tutti e quattro si evince come l'obiettivo perseguito sia quello di fornire rimedi di matrice collaborativa, al fine di valorizzare il controllo preventivo e così «agevolare la riuscita e la tempestività dei rimedi correttivi ritenuti utili»[65].

Il Regolamento in materia di vigilanza sulle misure di prevenzione della corruzione è stato adottato il 29 marzo 2017 e prevede che l'ANAC possa avviare un procedimento di vigilanza sia d'ufficio che su segnalazione di un cittadino (o mediante il format messo a disposizione dall'ANAC o in carta libera, purché non in forma anonima[66]). Da ciò prende avvio un procedimento che si conclude con l'adozione di uno dei seguenti atti:

a) atto con il quale l'Autorità registra che l'amministrazione ha adottato, nel caso esaminato, buone pratiche amministrative;

b) raccomandazione, indirizzata alle amministrazioni interessate, di adottare misure di prevenzione della corruzione da inserire nei propri Piani di prevenzione della corruzione e di trasparenza (PTPCT);

c) segnalazione, indirizzata all'organo di indirizzo dell'amministrazione interessata, di atti o fatti che possano dar luogo alle responsabilità amministrativa per danno erariale o disciplinare;

d) ordine, indirizzato alle amministrazioni interessate, di adottare misure di prevenzione della corruzione previste dal Piano Nazionale Anticorruzione, dai suoi aggiornamenti, nonché da Linee guida avente il medesimo valore di atto di indirizzo;

---

65 A. Bianconi-C. Bova, *Il piano di riordino dell'ANAC: un nuovo modello per una gestione efficiente*, in R. Cantone-F. Merloni (a cura di), *La nuova Autorità Nazionale Anticorruzione*, Torino, Giappichelli, 2015, 28 s.

66 Le segnalazioni anonime che riguardano fatti di particolare rilevanza o gravità e presentino informazioni adeguatamente circostanziate potranno essere tenute in considerazione al fine di integrare le informazioni in possesso dell'ufficio nell'esercizio dell'attività di vigilanza. Il dirigente dell'ufficio può altresì proporre al Consiglio di avviare un autonomo procedimento di vigilanza (art. 6, co. 3 Regolamento ANAC).

e) ordine, indirizzato alle amministrazioni interessate, di adottare atti e provvedimenti attuativi delle misure di prevenzione della corruzione inserite nel Piano Triennale di Prevenzione della Corruzione e della Trasparenza, ovvero di rimuovere di atti e provvedimenti contrastanti con tali misure.

Le segnalazioni relative alla mancata adozione dei PTPCT, ivi comprese le relative sezioni dedicate alla trasparenza, alla mancata adozione di misure integrative del modello organizzativo di cui al decreto legislativo 8 giugno 2001, n. 231, nonché alla mancata adozione dei Codici di comportamento da parte delle amministrazioni, sono trattate esclusivamente in sede di procedimento per l'irrogazione delle sanzioni previste dall'articolo 19, comma 5, del decreto legge 24 giugno 2014, n. 90.

(ii) L'attività di vigilanza e monitoraggio è svolta altresì dall'ANAC, al di fuori del procedimento qui descritto, già in sede di elaborazione dei Piani Nazionali Anticorruzione e dei relativi aggiornamenti. Si tratta infatti di documenti programmatici che contengono l'indicazione di misure, talvolta vincolanti, atte ad orientare le pubbliche amministrazioni e le società controllate nella valutazione delle proprie specificità e nella predisposizione della propria strategia di prevenzione della corruzione attraverso i Piani Triennali.

Peraltro i Responsabili della Prevenzione della Corruzione sono chiamati a redigere annualmente, entro il 15 dicembre di ogni anno, una relazione recante i risultati dell'attività svolta, che deve essere pubblicata nel sito web dell'amministrazione (art. 1, co. 14 l. 190/2012). Tale strumento è assai utile per rilevare il grado di conformità e i rischi concretizzatisi nel panorama nazionale.

(iii) L'ANAC si serve poi di tavoli tecnici, ossia di protocolli di azione per la vigilanza collaborativa, sottoscrivibili volontariamente da parte di pubbliche amministrazioni, che richiedano una collaborazione più stretta con l'Autorità Anticorruzione per la prevenzione della *maladministration*. È quanto accaduto, ad esempio, il 29 luglio 2015 con Roma Capitale: le parti hanno siglato un protocollo di azione finalizzato a verificare la conformità degli atti di gara del Comune alla

normativa del Codice dei contratti pubblici, e a individuare clausole e condizioni idonee a prevenire tentativi di infiltrazione criminale.

Tali atti vengono pertanto trasmessi all'ANAC prima della loro formale adozione da parte di Roma Capitale; l'ANAC esprime un proprio parere, anche formulando eventuali osservazioni; quando si individuano irregolarità, l'ANAC formula un rilievo motivato; se Roma Capitale ritiene tale rilievo fondato, vi si adegua modificando o sostituendo l'atto; altrimenti deve presentare le proprie controdeduzione all'ANAC.

(iv) Infine, all'ANAC è attribuito il potere di vigilanza sul rispetto, da parte delle amministrazioni pubbliche, degli enti pubblici e degli enti di diritto privato in controllo pubblico, delle disposizioni in materia di inconferibilità e incompatibilità, anche con l'esercizio di poteri ispettivi e di accertamento di singole fattispecie di conferimento degli incarichi. L'ANAC può sospendere la procedura di conferimento dell'incarico con un proprio provvedimento che contiene osservazioni o rilievi sull'atto di conferimento dell'incarico. L'amministrazione, ente pubblico o ente privato in controllo pubblico che intenda procedere al conferimento dell'incarico deve motivare l'atto tenendo conto delle osservazioni dell'Autorità Anticorruzione (art. 16 d.lgs. 39/2013).

Sul versante più propriamente collaborativo, l'ANAC è chiamata ad esprimere pareri facoltativi sulla presenza o meno di cause di inconferibilità o di incompatibilità (art. 1, co. 2 lett. e) l. 190/2012), su richiesta delle singole pubbliche amministrazioni o società in controllo pubblico.

Capitulo XVI
Risultati dell'indagine a campione sulla cultura della* compliance *nelle società pubbliche dell'emilia-romagna

LAVINIA MESSORI
Jueza del Tribunal de Rovigo y colaboradora de la Cátedra de Derecho Penal de la Universidad de Modena y Reggio Emilia.

1. CRITERI PER LA SELEZIONE DELLE SOCIETÀ PUBBLICHE

La selezione delle società campione è stata guidata da quattro distinti criteri, cercando di diversificare in ragione: della collocazione geografica, della tipologia di ente pubblico controllante o partecipante, della tipologia di società pubblica (cioè del grado di influenza esercitata dall'ente pubblico), nonché del settore in cui la società opera.

Quanto alla collocazione geografica, si è tentato di coprire quasi tutte le 9 Province dell'Emilia-Romagna, volendo così prendere a paradigma esempi differenti di "contesti esterni" (cioè contesti territoriali, sociali, economici, culturali e organizzativi), che possono condurre ad una differente valutazione del rischio di *maladministration.*

Dal particolare rapporto con l'ente pubblico, dall'eventuale esercizio di un pubblico servizio, nonché dal particolare rapporto con il patrimonio dell'ente pubblico derivano poi importanti conseguenze sul piano del rischio-reato (es. rischio di corruzione passiva o di responsabilità erariale e dunque responsabilità per peculato).

Infine, si è voluto diversificare anche in ragione del settore in cui la società opera, in modo da coprire sia i settori strategici (acqua, gas, poste, trasporti, telecomunicazioni) sia i settori diversi: es. teatri. Ciò perché nei settori strategici riemerge per le cc.dd. imprese pubbliche l'obbligo di rispettare – per i contratti "inerenti" – la normativa in materia di contratti pubblici.

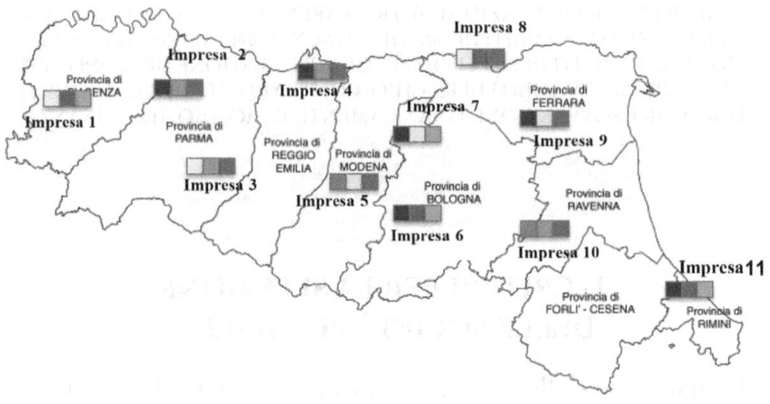

Mappa esemplificativa

Tipo di partecipazione:

- società in house ■
- società a controllo pubblico ■
- società partecipata ■

Ente controllore/partecipante:

- Regione ■
- Provincia ■
- Comune ■

Settore in cui opera l'impresa:

- Settori strategici: acqua, gas, luce, trasporti, *etc.* ■
- Altri settori: es. teatri ■

Alle imprese selezionate sono stati posti quesiti relativi alla regolamentazione in materia di etica e integrità; ai canali d'allerta; all'analisi dei rischi; alla gestione dei rischi; al modello di prevenzione; alla trasparenza; alla formazione e sensibilizzazione; ai diversi ambiti di rischio delle assunzioni e della carriera professionale, dei conflitti di interesse, della contrattualistica e delle sovvenzioni; nonché quesiti relativi all'accesso alla finanza.

2. REGOLAMENTAZIONE IN MATERIA DI ETICA E INTEGRITÀ

L'impresa è stata dotata di una regolamentazione in materia di etica o integrità aziendale, quali codici di condotta, codici etici, linee guida, buone prassi?

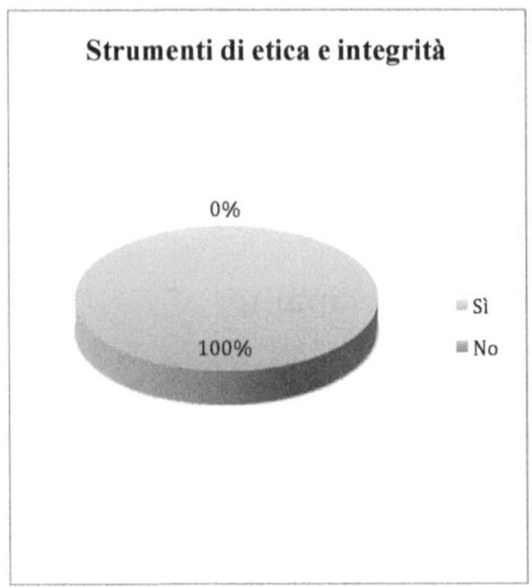

Il 100% ha risposto affermativamente. L'adozione di codici etici è peraltro obbligatorio per le imprese soggette alla l. 190/2012 (società in controllo pubblico). Nelle società solo partecipate esso invece rientra negli strumenti preventivi facoltativi del Modello *ex* d.lgs. 231/2001.

Esistono un comitato o una commissione per il controllo dell'attuazione di questo regolamento?

Nelle società in cui il Codice etico ricade all'interno del Modello *ex* d.lgs. 231/2001, il controllo potrebbe essere reputato compito dell'Organismo di Vigilanza, il quale è – il più delle volte – a composizione collegiale. Le risposte negative sono giunte dalle società che hanno inserito il Codice etico nei Piani Triennali di Prevenzione della Corruzione e della Trasparenza *ex* l. 190/2012, poiché la vigilanza è rimessa ad un organo monocratico (il Responsabile della Prevenzione della Corruzione e della Trasparenza) e pertanto non può essere qualificato come 'comitato' o 'commissione'.

Peraltro si reputa che tra i compiti dell'Organismo di Vigilanza non rientri il monitoraggio sul rispetto puntuale del Codice etico, che contiene principi e non regole tassative di condotta.

Esiste un canale etico?

L'adozione di un canale per le segnalazioni non è obbligatorio, al momento, per le società non soggette alla l. 190/2012. Peraltro, il canale di *whistleblowing* che deve necessariamente essere adottato *ex* art. 54 *bis* d.lgs. 165/2001 (come modificato dalla l. 190/2012 e poi dalla l. 179/2017) riguarda la segnalazione di "condotte illecite", fra cui potrebbero non rientrare quelle violative dei codici etici.

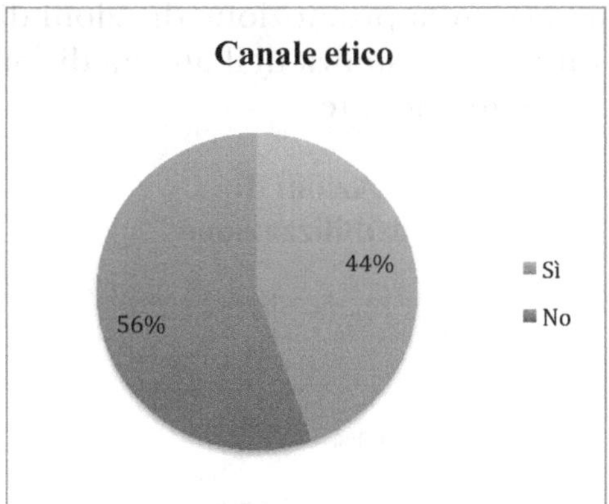

Sono state rilevate eventuali inosservanze del codice etico e/o di condotta o di qualsiasi altra normativa in materia?

I casi di rilevazione di inosservanze sono esigui. Anche le imprese che hanno dichiarato di aver rilevato inosservanze, hanno indicato solo uno o al massimo due casi di violazione del codice a partire dalla sua adozione.

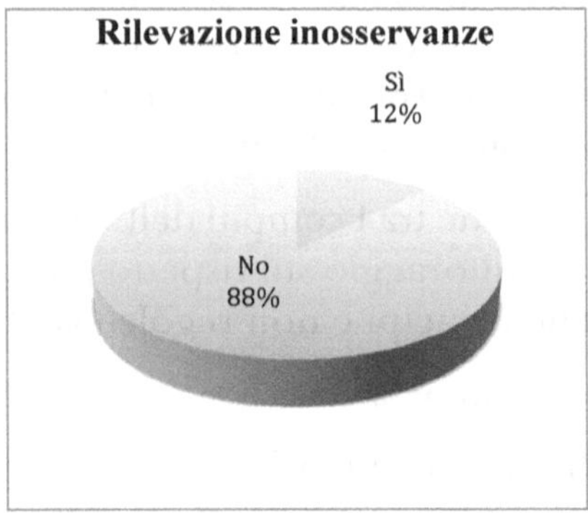

Avete direttamente promosso o partecipato a eventi o azioni di sensibilizzazione sul tema dell'anticorruzione e della cultura dell'integrità all'interno della vostra collettività di riferimento (locale o nazionale)?

Chi ha risposto negativamente o non ha inserito sul proprio sito notizia dell'avvenuta promozione di azioni di sensibilizzazioni riporta tuttavia l'esistenza dell'attività di formazione del proprio personale dipendente.

Fra chi ha risposto positivamente alla precedente domanda si rileva la prevalenza di sottoscrizioni di protocolli di intesa con Prefetture locali o altri enti pubblici per la promozione della legalità.

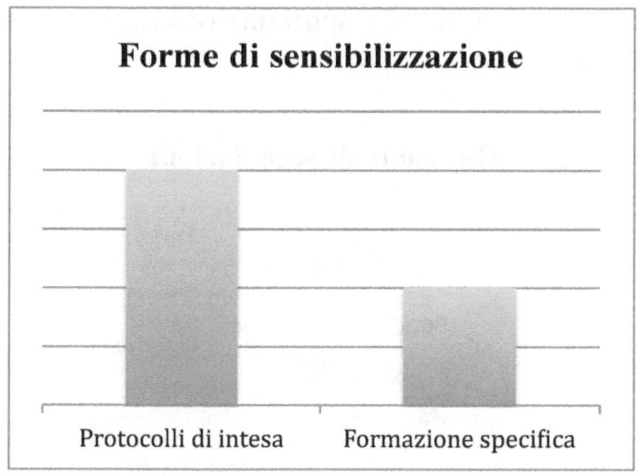

3. CANALI D'ALLERTA

Esiste un canale per la segnalazione delle irregolarità?

Tale canale, come prima anticipato, è obbligatorio *ex* art. 54 *bis* d.lgs. 165/2001 per le società soggette alla l. 190/2012. Ad ogni modo, si rileva l'adozione di simili strumenti di segnalazione in tutte le società contattate, anche in quelle non soggette all'applicazione della l. 190/2012, che hanno deciso comunque di provvedere spontaneamente all'adozione di tali strumenti.

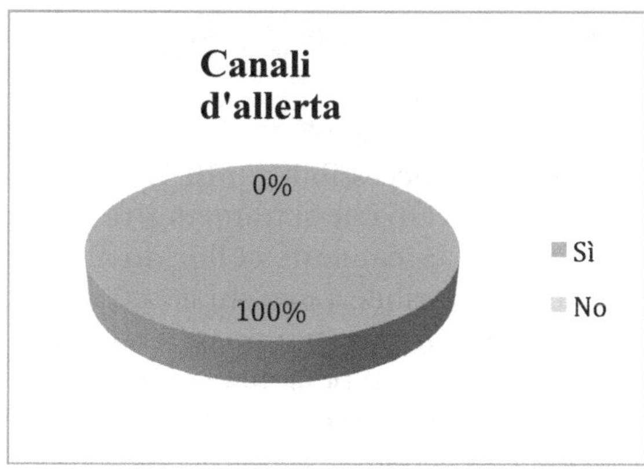

Sono stati ricevuti avvisi o segnalazioni da quando il canale è stato implementato?

Nel 20% dei casi si registra la ricezione di almeno una segnalazione di condotta deviante.

Con quali mezzi è possibile effettuare l'avviso o la segnalazione?

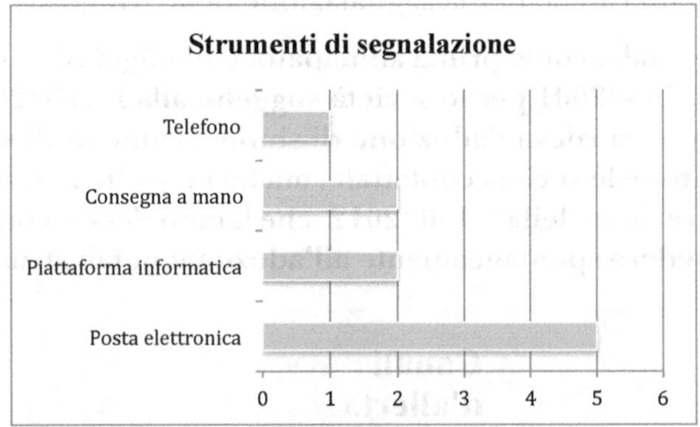

Si tratta di strumenti accessibili a tutti, tranne in un caso in cui la società ci ha indicato che si tratta di strumento riservato ai dipendenti, perché fisicamente collocato all'interno della struttura (e dunque accessibile a solo chi si trovi ad operare nella sede). In alcuni casi gli strumenti sono differenti a seconda che si tratti di canale riservato al personale autorizzato o aperto a tutti i cittadini (in quest'ultimo caso vengono impiegati indirizzi di posta elettronica dedicati).

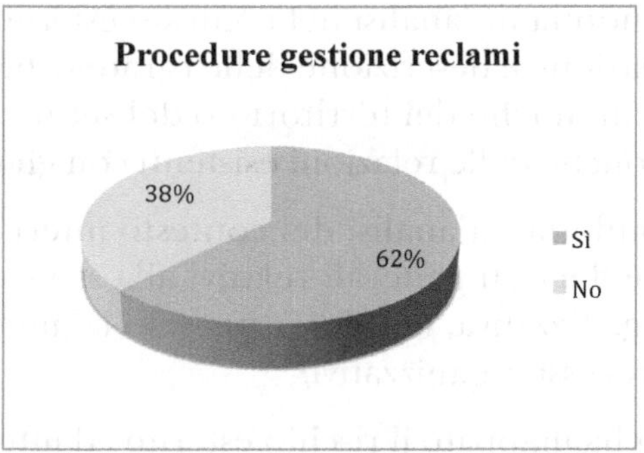

Esistono procedure approvate o regolamentate per indagare su allarmi o reclami?

La legge non richiede una specifica messa a punto di una procedura di gestione, essendo però necessario che venga garantita, a certe condizioni, la tutela dell'identità del segnalante, nonché la protezione di quest'ultimo dall'adozione di misure ritorsive.

4. ANALISI DEI RISCHI

È stata condotta un'analisi dei rischi che tenga conto del possibile verificarsi di pratiche di corruzione o di altre pratiche che potrebbero determinare responsabilità penali?

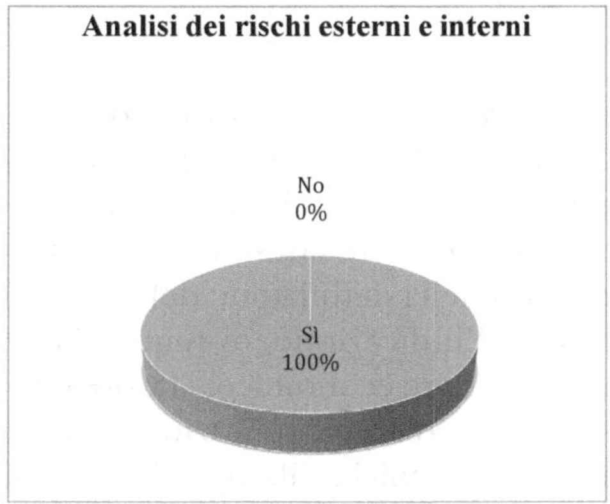

È stata condotta un'analisi del contesto esterno consistente nell'individuazione e descrizione delle caratteristiche culturali, sociali ed economiche del territorio o del settore specifico di intervento nonché delle relazioni esistenti con gli stakeholder?

È stata condotta un'analisi del contesto interno, attraverso la rilevazione dei dati generali relativi alla struttura e alla dimensione organizzativa, nonché attraverso la individuazione e analisi dei processi organizzativi?

La totalità ha mappato il rischio esterno ed interno che rappresenta il primo passo essenziale per la mappatura del rischio sia *ex* l. 190/2012 sia *ex* d.lgs. 231/2001. Quanto al rischio interno, per le società soggette alla l. 190/2012, vi è l'obbligo di mappare il rischio relativo ad attività e processi reputati rischiosi *in re ipsa*.

Quali sono i rischi più importanti rilevati in relazione alle attività criminali?

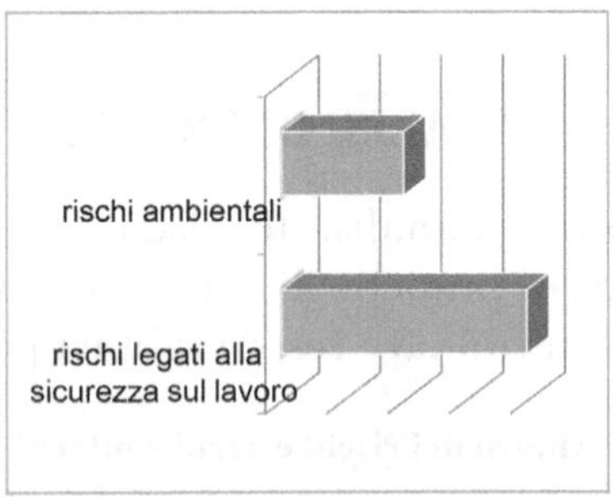

Oltre ai rischi legati alla commissione di illeciti in materia ambientale e in materia di sicurezza sul lavoro, assai avvertito è il rischio corruttivo, specie in relazione all'attività di affidamento di lavori, servizi e forniture in cui si individua il rischio di:–restrizione del mercato nella definizione delle specifiche tecniche alla gara, attraverso l'indicazione, di requisiti che favoriscono un determinato operatore economico; - favoreggiamento di una determinata impresa mediante l'indicazione nel bando di gara di requisiti tecnici ed economici calibrati sulle capacità di un determinato operatore economico;–elusione delle regole dell'evidenza pubblica attraverso l'improprio utilizzo dell'affidamento diretto.

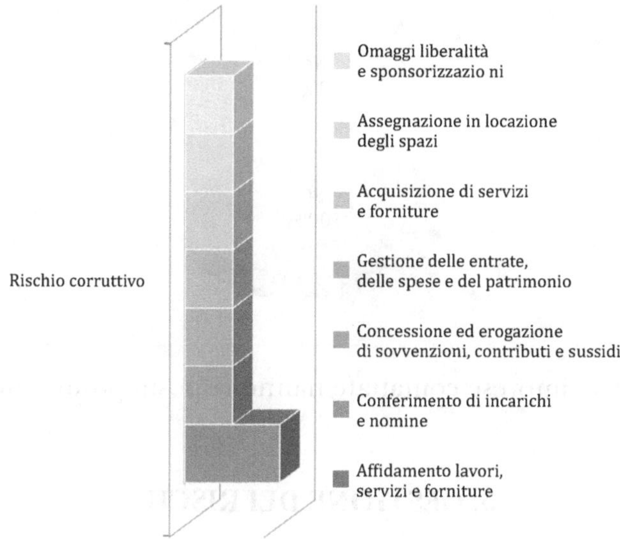

Tale rischio ovviamente riguarda unicamente le società pubbliche chiamate alla scelta del contraente mediante gara, il che accade unicamente in presenza di una società *in house* o di un organismo di diritto pubblico o di un'impresa pubblica nei soli settori speciali.

Parimenti il rischio corruttivo **è** stato ravvisato nell'isolamento del responsabile, nella mancanza di controllo e nella mancata segregazione delle funzioni.

Il consiglio di amministrazione sviluppa e supervisiona efficaci politiche e procedure di gestione del rischio per quanto riguarda i rischi finanziari e operativi, ma anche per quanto riguarda i diritti umani, il lavoro, l'ambiente e gli obblighi fiscali?

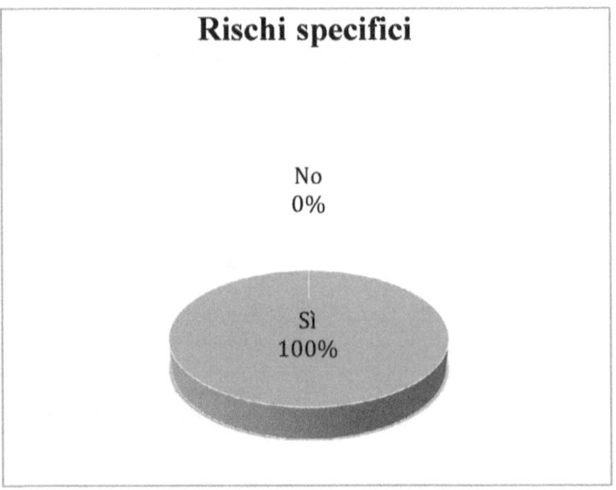

Tutte le imprese contattate hanno risposto positivamente.

5. GESTIONE DEI RISCHI

Sono previste forme di procedimentalizzazione dei flussi di cassa?

Esempi:

— le operazioni che comportano utilizzazione o impiego di risorse finanziarie devono essere motivate, documentate e registrate, con mezzi manuali o informatici;

— eventuali operazioni finanziarie atipiche o inusuali devono essere portate a conoscenza dell'Organismo di vigilanza per iscritto;

— i pagamenti devono essere eseguiti previo confronto dei giustificativi di spesa con i rispettivi ordini, preventivi di acquisto o lettere d'incarico e con segnalazione degli eventuali scostamenti, per i necessari chiarimenti, alla direzione della società;

— non sono autorizzate forme di pagamento in denaro contante, se non per importi assolutamente trascurabili;

— la cassa contanti per spese urgenti è sempre e solo di modesta entità).

Si registra una particolare attenzione alla tracciabilità dei pagamenti, attraverso varie prassi operative. Ad esempio, viene previsto che: tutte le operazioni che comportano utilizzazione o impiego di risorse finanziarie devono essere motivate, documentate e registrate, con mezzi informatici; i pagamenti devono essere eseguiti previo confronto dei giustificativi di spesa con i rispettivi ordini, preventivi di acquisto o lettere d'incarico e previo visto di pagabilità del responsabile di cui all'ordine e con segnalazione degli eventuali scostamenti, per i necessari chiarimenti, alla direzione Afc (Amministrazione Finanza e Controllo); non sono autorizzate forme di pagamento in denaro contante, se non per importi assolutamente trascurabili; la cassa contanti per spese urgenti **è** sempre e solo di modesta entità; non sono consentiti pagamenti in contanti, se non per importi assolutamente trascurabili; i pagamenti devono essere preceduti da una comparazione con gli ordini di acquisto dei beni e servizi, mentre il pagamento degli appalti di lavori **è assoggettato all'approvazione degli Stati di Avanzamento Lavori;** l'Amministratore Unico, in virtù e nei limiti dei poteri conferitigli dallo Statuto, ha la responsabilità gestionale e quindi sovraintende a tutte le attività della società, dirigendo, organizzando e vigilando, con potere rappresentativo e decisionale.

6. MODELLO DI PREVENZIONE

È stato adottato il Modello *ex* d.lgs. 231/2001?

Nell'ordinamento italiano, vi è l'obbligo per le società controllate di dotarsi di un Piano Triennale Anticorruzione. Non vige invece un obbligo di dotarsi di un Modello *ex* d.lgs. 231/2001. In ogni caso tutte le società controllate sono dotate di un Piano Triennale di Prevenzione della Corruzione e della Trasparenza.

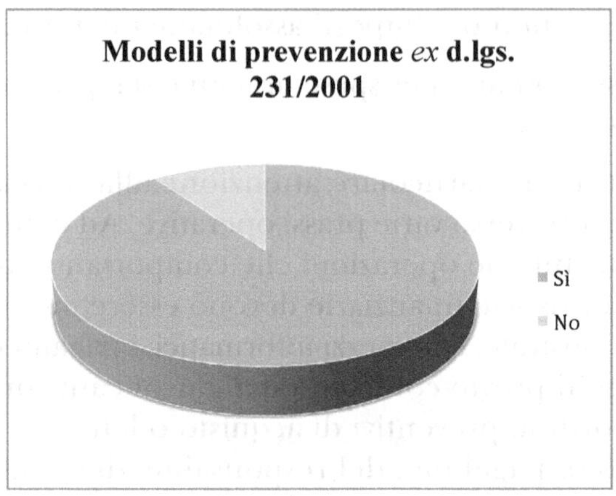

In caso affermativo, il modello è stato rivisto dopo la sua approvazione e, in caso affermativo, quando è stato rivisto?

Anno di aggiornamento

2018 2020 in corso

Esiste uno stanziamento di bilancio per lo sviluppo del modello di prevenzione della criminalità?

La società ha istituito un comitato indipendente, oltre agli organi interni di vigilanza e controllo, con lo scopo di vigilare sull'efficacia dei controlli e, in generale, sull'adeguatezza del proprio modello di prevenzione dei reati? In caso negativo, questa opzione è stata prevista per il futuro o vagliata ed esclusa?

Le imprese contattate non hanno ulteriormente implementato la vigilanza della corretta attuazione del modello. La vigilanza è dunque assegnata al Responsabile della Prevenzione della Corruzione e della Trasparenza (che è soggetto apicale interno alla società) e all'Organismo di Vigilanza (a composizione variabile, monocratica o collegiale, interna o esterna).

Vi è un coinvolgimento degli alti funzionari e dell'amministrazione/ente pubblico nell'attuazione, nella supervisione e nell'esecuzione del modello di prevenzione?

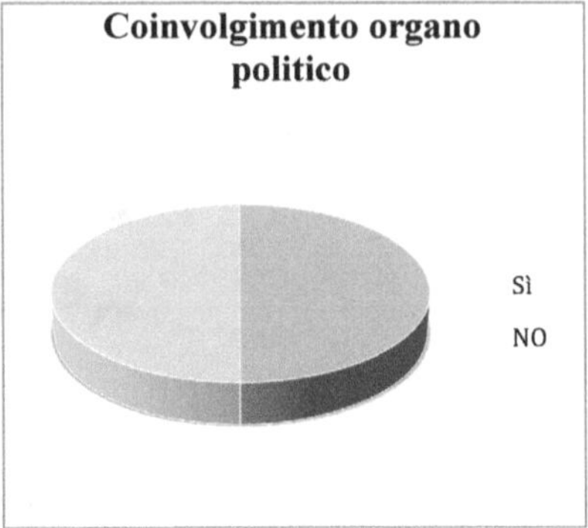

Il coinvolgimento dipende dal grado di partecipazione dell'ente pubblico. Il modello viene approvato dal Consiglio di amministrazione, in cui possono – a seconda dai casi – sedere anche funzionari dell'amministrazione.

7. TRASPARENZA

Vengono periodicamente analizzate e rese pubbliche dal socio pubblico le ragioni della partecipazione o del controllo detenuto?

L'art. 20, co. 1 del d.lgs. 175/2001 del resto prevede che le amministrazioni pubbliche effettuano annualmente, con proprio provvedimento, un'analisi dell'assetto complessivo delle società in cui detengono partecipazioni, dirette o indirette, predisponendo, ove ricorrano i presupposti di cui al comma 2, un piano di riassetto per la loro razionalizzazione, fusione o soppressione, anche mediante messa in liquidazione o cessione.

8. FORMAZIONE E SENSIBILIZZAZIONE

I dipendenti e/o dirigenti ricevono una formazione su temi quali l'etica professionale pubblica dell'impresa, la prevenzione dei rischi per l'integrità dell'istituzione, i conflitti di interesse nell'esercizio delle loro funzioni, la trasparenza, le norme disciplinari, i reati contro la pubblica amministrazione o altri reati che possono essere commessi all'interno dell'organizzazione, le norme disciplinari, i reati contro la pubblica amministrazione o altri reati che possono essere commessi all'interno dell'organizzazione, trasparenza, regime disciplinare, reati contro la pubblica amministrazione o altri reati che potrebbero essere commessi all'interno dell'organizzazione e/o sull'uso del canale delle segnalazioni o dei reclami?

Qual è la modalità di formazione (in presenza, online, etc.)? È obbligatoria o facoltativa?

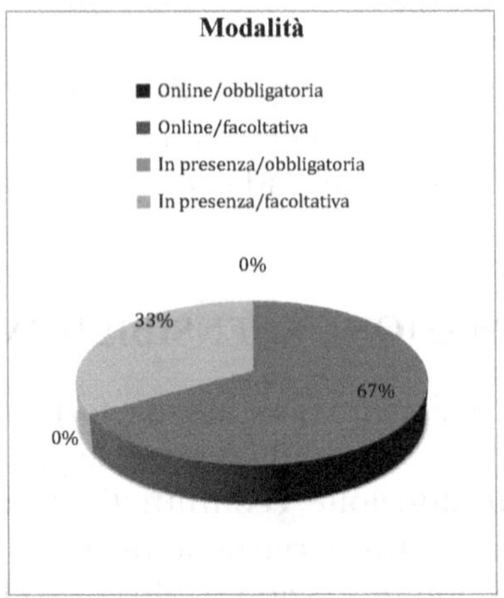

Nella totalità dei casi la formazione è obbligatoria. Durante l'emergenza pandemica si è registrato un cambiamento in favore della modalità online.

9. AMBITI DI RISCHIO: ASSUNZIONI E CARRIERA PROFESSIONALE

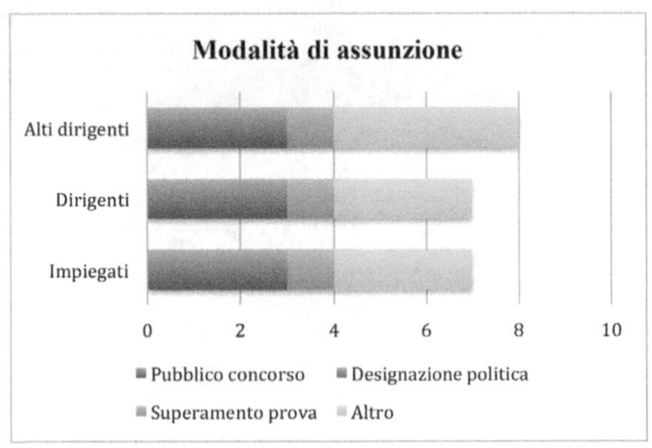

Quali modalità di selezione/assunzione del personale vengono seguite per ognuna delle seguenti categorie? **izzati attraverso vari canali (es. stampa locale), seguita da valutazione dei** cEsempio di 'altro': assunzione tramite pubblicazione di avvisi di selezione sul sito internet aziendale, pubblic**urricula e colloqui tecnico motivazionali con una** commissione esaminatrice.

Sono previsti meccanismi (es. obblighi dichiarativi o clausole di decadenza/giusta causa di licenziamento) volte ad evitare che in nessun caso le scelte del personale possano essere dettate da nepotismi, favoritismi, clientelismi?

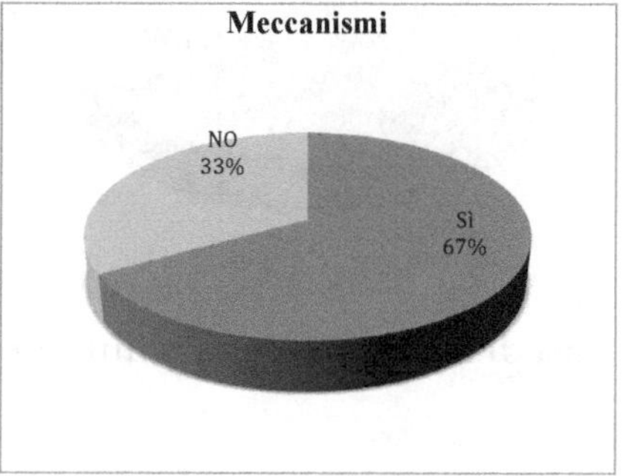

Avete previsto forme premiali o di riconoscimento sia economico che non economico per i dipendenti che dimostrino di aver condotto il proprio lavoro con integrità? La valutazione etica positiva è un pre-requisito per le progressioni di carriera?

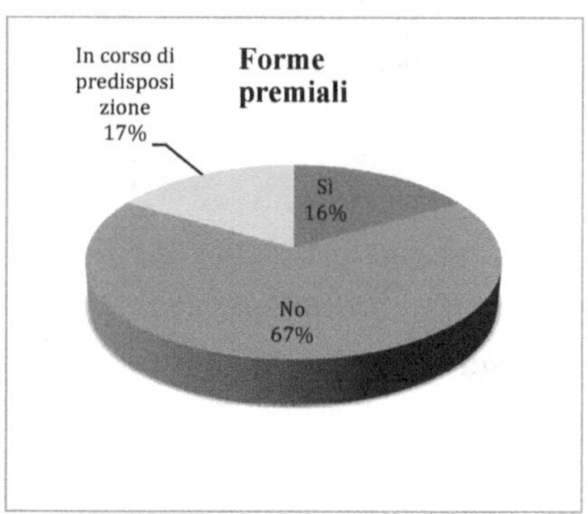

10. AMBITI DI RISCHIO: EMERSIONE E GESTIONE DEI CONFLITTI DI INTERESSE

Esistono meccanismi per individuare e gestire i conflitti di interesse nelle diverse aree di rischio?

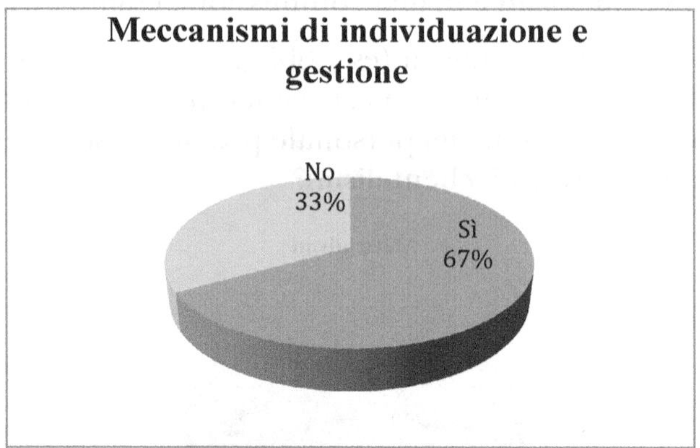

Ci sono stati casi di astensione e/o rifiuto nelle diverse aree di rischio?

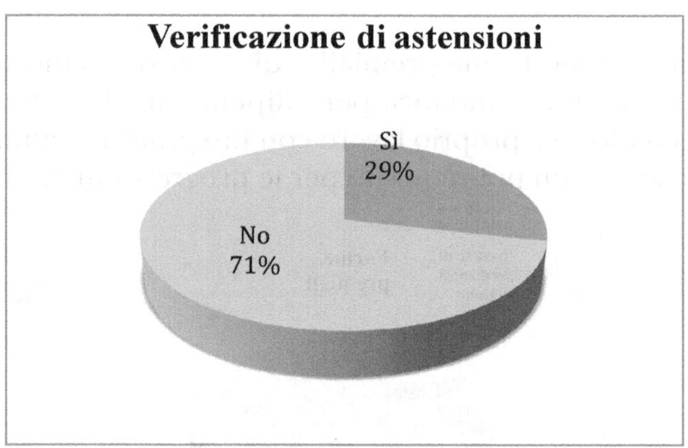

La politica dei regali è stata regolata?

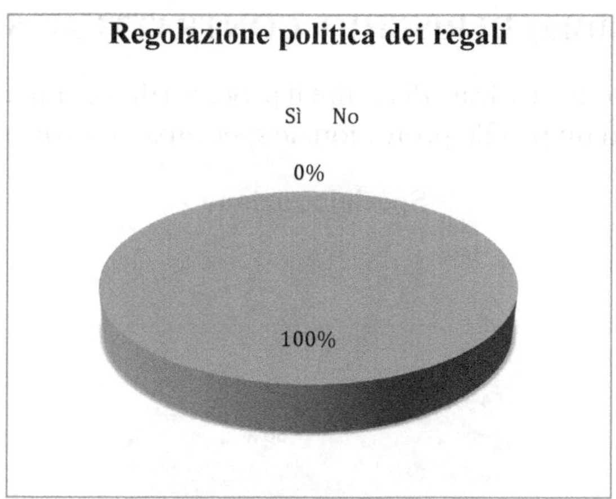

In certi frangenti più delicati, ossia immediatamente dopo l'emanazione di provvedimenti favorevoli che coinvolgono l'impresa (es. autorizzazioni, licenze, concessioni, positiva conclusione di attività ispettive, finanziamenti, sgravi fiscali, gare pubbliche, affidamenti diretti) sono previsti divieti secchi di conferire incarichi collaborativi-consulenziali, di corrispondere regali o accordare benefits ai funzionari che hanno operato per conto della pubblica amministrazione e ai loro prossimi congiunti?

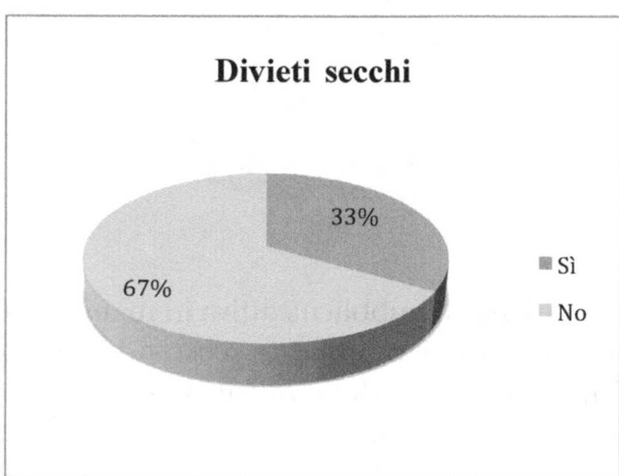

11. AMBITI DI RISCHIO: CONTRATTUALISTICA

Le persone incaricate di gestire il processo di contrattazione sono persone con un profilo professionale specializzato in questo settore?

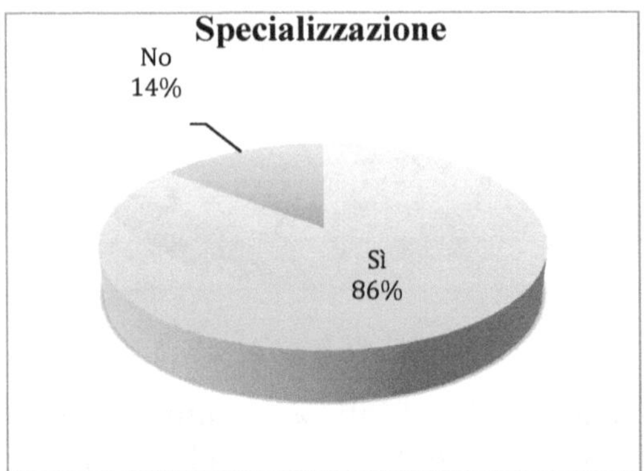

La società ha un servizio o un'unità specializzata nella contrattazione?

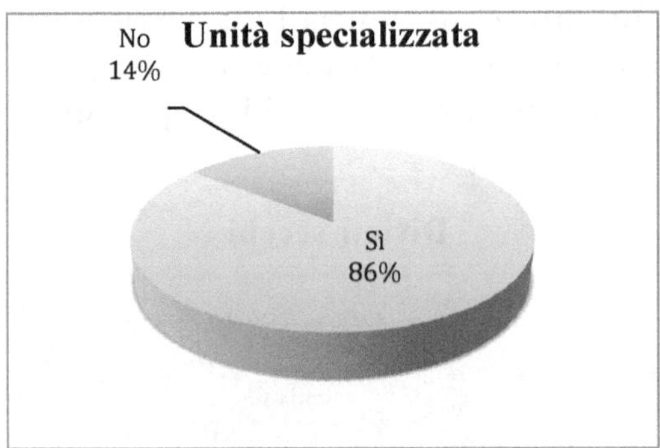

Oltre agli obblighi di pubblicità attiva in materia contrattuale, l'informazione che viene pubblicata si estende ad aspetti come, per esempio, l'esecuzione del contratto, in particolare le non conformità, i subappalti, etc.?

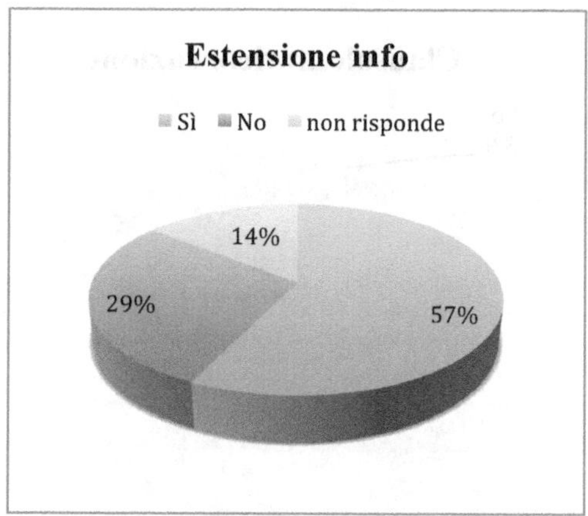

Utilizzate qualcuna delle linee guida esistenti sulla prevenzione delle pratiche anticoncorrenziali (Antitrust, etc.) per la contrattazione?

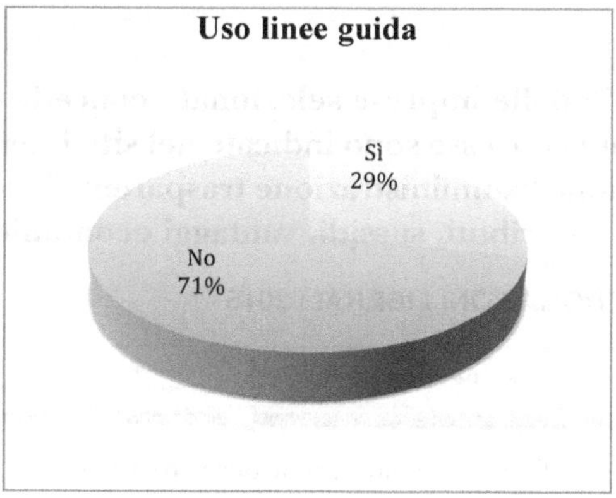

Nei contratti con i terzi sono previste clausole anti-corruzione (ad es. che richiedano il rispetto della controparte di una politica anti-corruzione e l'adozione di un programma anticorruzione equivalente al proprio e che attribuiscano alla società il diritto di controllare e ispezionare i libri contabili e il diritto di rescindere il contratto se la controparte agisce in modo incompatibile con il programma anticorruzione)?

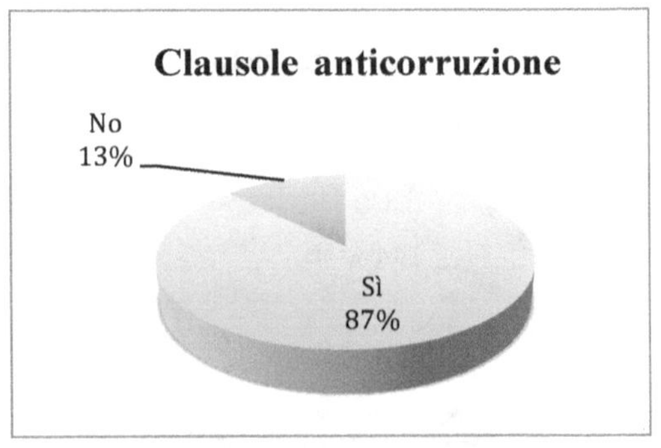

12. AMBITI DI RISCHIO: SOVVENZIONI/FINANZIAMENTI

L'ente concede sovvenzioni?

Solo il 25% delle imprese selezionate concede sovvenzioni. Le sovvenzioni concesse sono indicate nel sito internet della società alla sezione "amministrazione trasparente" (sotto-sezione: sovvenzioni, contributi, sussidi, vantaggi economici).

EROGAZIONI LIBERALI 2015

N.	Beneficiario - Denominazione sociale	Codice fiscale beneficiario	Importo erogazione liberale in Euro
1			

(Esempio di indicazione delle erogazioni)

Vengono adottate per massimizzare la pubblicità e la trasparenza in tutte le fasi dell'attività di sovvenzione?

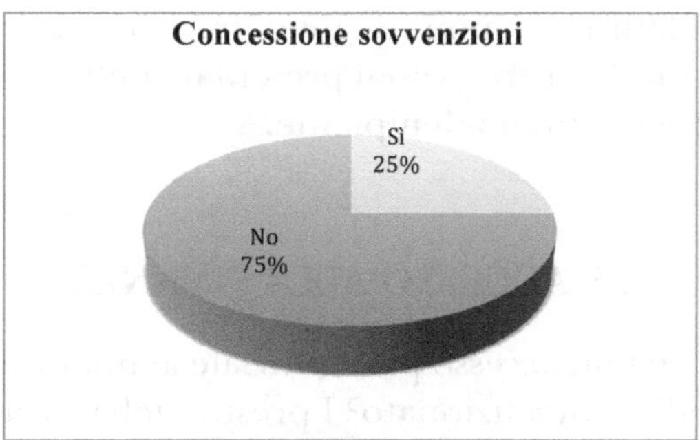

Nei casi in cui le imprese hanno risposto affermativamente, si registrano procedure di pianificazione della sovvenzione di giustificazione della concessione, di giustificazione e controllo dell'uso dei fondi concessi.

Esiste una politica di rimborso delle sovvenzioni concesse in caso di non conformità o azioni irregolari rilevate?

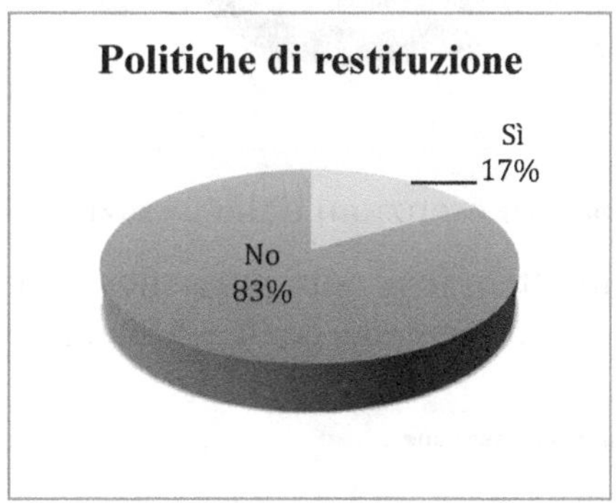

In alcuni casi sono previste politiche di rimborso (per il momento mai applicate).

Ad esempio, una impresa ci ha indicato come sia previsto da un regolamento interno che in caso di mancata, parziale o diversa attuazione, la società, con apposito atto del soggetto competente, procede alla revoca di quanto concesso e all'eventuale recupero totale o parziale delle somme erogate/vantaggi economici attribuiti, in relazione a quanto realizzato. Verificandosi quest'ultima fattispecie non vengono prese in considerazione le eventuali richieste di erogazioni presentate nell'anno successivo da parte del soggetto inadempiente.

13. ACCESSO ALLA FINANZA

La società ha un accesso preferenziale ai finanziamenti sotto forma di credito sovvenzionato? I prestiti della società sono implicitamente o esplicitamente garantiti dal governo?

La società gode di esenzioni dalla tassazione?

La società può ottenere prestiti più o meno facilmente di altre aziende? Esistono garanzie statali per le perdite, gli arretrati, i debiti?

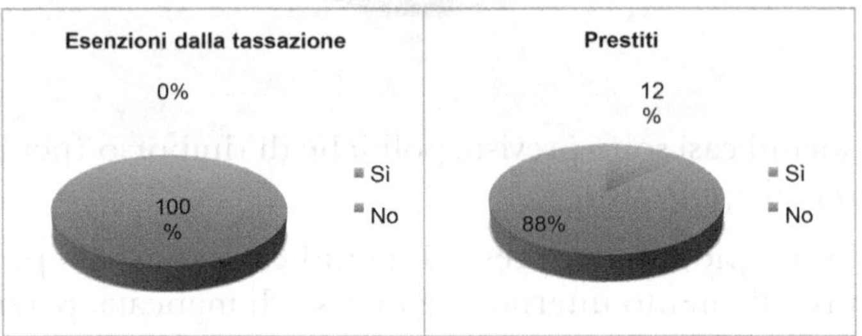

Nel caso dei prestiti, in alcuni casi è stato segnalato un accesso agevolato in ragione della stipula di contratti di garanzia da parte della Regione controllante.